云在阁经藏

增广印光法师文钞

印光法师 著
张景岗 点校

九州出版社 JIUZHOUPRESS | 全国百佳图书出版单位

图书在版编目（CIP）数据

增广印光法师文钞 / 印光法师著；张景岗点校．
—北京：九州出版社，2012.12（2022.6 重印）
ISBN 978-7-5108-1686-4

Ⅰ．①增… Ⅱ．①印… ②张… Ⅲ．①净土宗
—文集 Ⅳ．①B946.8-53

中国版本图书馆 CIP 数据核字（2012）第 287892 号

增广印光法师文钞

作　　者　印光法师 著　张景岗 点校
责任编辑　张万兴　周红斌
出版发行　九州出版社
地　　址　北京市西城区阜外大街甲 35 号（100037）
发行电话　（010）68992190/3/5/6
网　　址　www.jiuzhoupress.com
印　　刷　三河市兴博印务有限公司
开　　本　720 毫米 ×1020 毫米　16 开
印　　张　40　插　页　6P
字　　数　400 千字
版　　次　2012 年 12 月第 1 版
印　　次　2022 年 6 月第 2 次印刷
书　　号　ISBN 978-7-5108-1686-4
定　　价　298.00 元

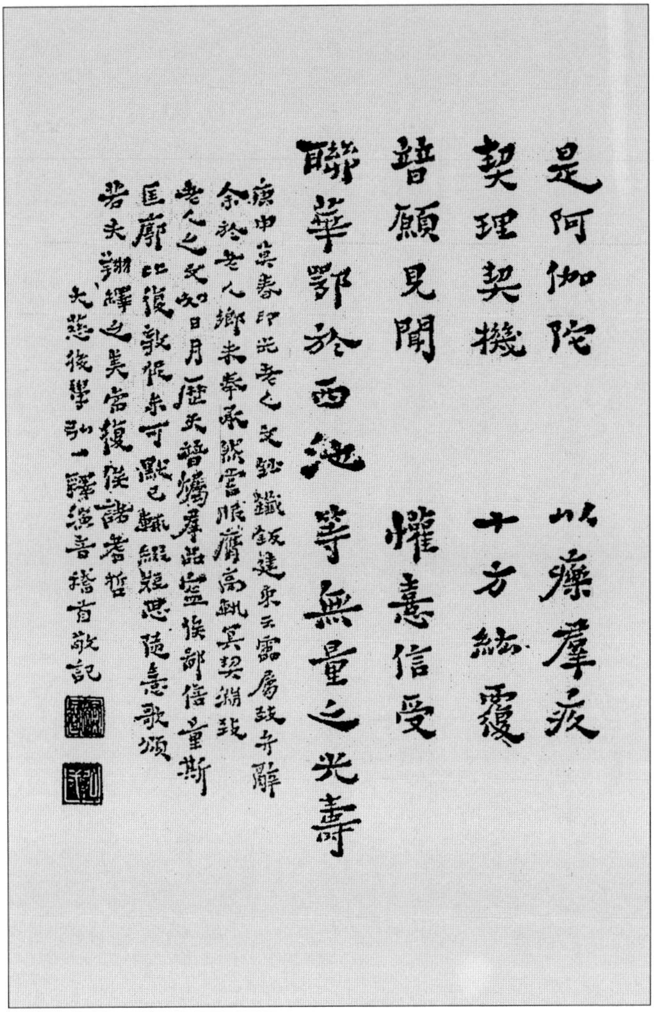

弘一题词释文　是阿伽陀，以疗群疚。契理契机，十方宏覆。普愿见闻，欢喜信受，联花萼于西池，等无量之光寿。庚申暮春，印光老人《文钞》镌版，建东、云雷嘱致弁辞。余于老人向未奉承，然尝服膺高轨，冥契渊致。老人之文，如日月历天，普烛群品。宁俟鄙倍，量斯匡廓？比复敦促，未可默已，辄缀短思，随喜歌颂。若夫翔绎之美，当复俟诸耆哲。大慈后学弘一释演音稽首敬记。

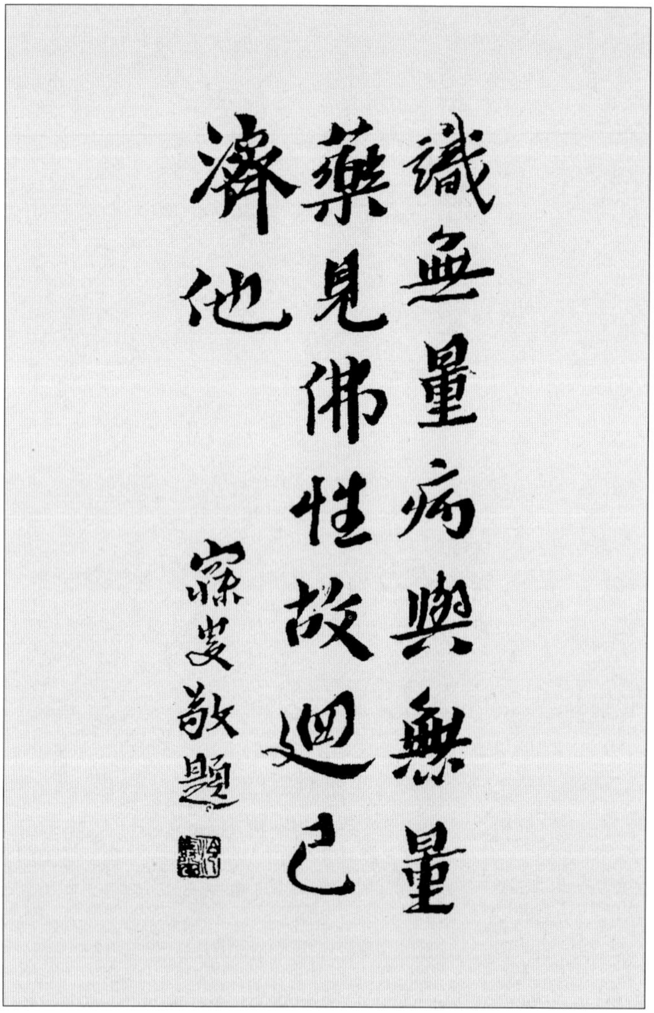

寐叟题词释文　识无量病，与无量药，见佛性故，回己济他。寐叟敬题。

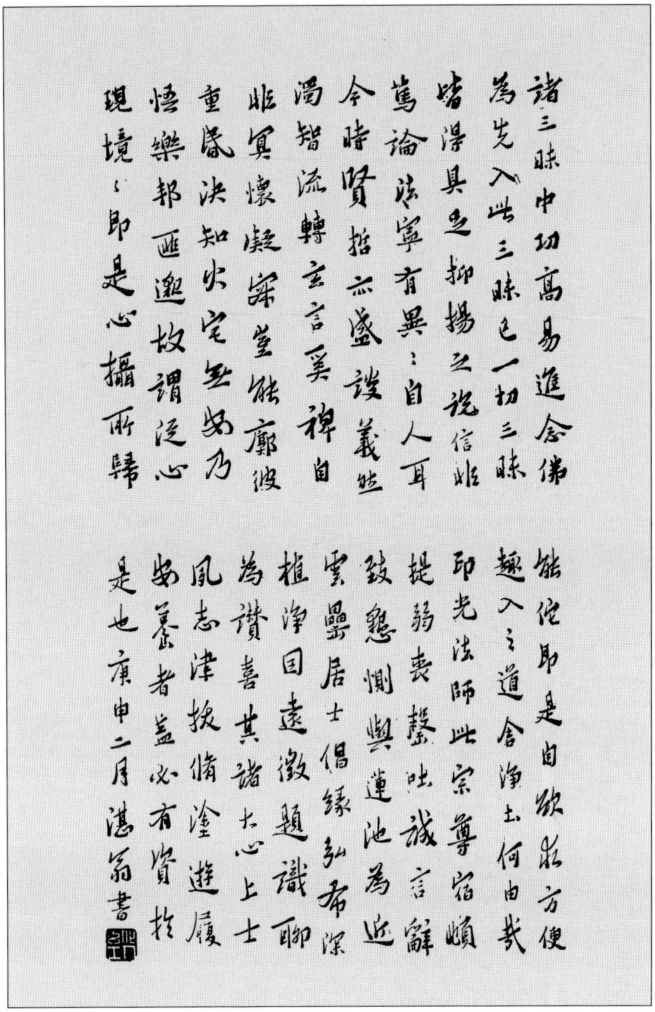

湛翁题词释文　诸三昧中，功高易进，念佛为先。入此三昧已，一切三昧，皆得具足。抑扬之说，信非笃论。法宁有异，异自人耳。今时贤哲，亦盛谈义。然浊智流转，玄言奚裨？自非冥怀凝寂，岂能廓彼重昏？决知火宅无安，乃悟乐邦非邈。故谓从心现境，境即是心。摄所归能，他即是自。欲求方便趣入之道，舍净土何由哉！印光法师，此宗尊宿。俯提弱丧，罄吐诚言。辞致恳恻，与莲池为近。云雷居士，倡缘弘布，深植净因。远征题识，聊为赞喜。其诸大心上士，夙志津拔修途、游履安养者，盖必有质于是也。庚申二月湛翁书

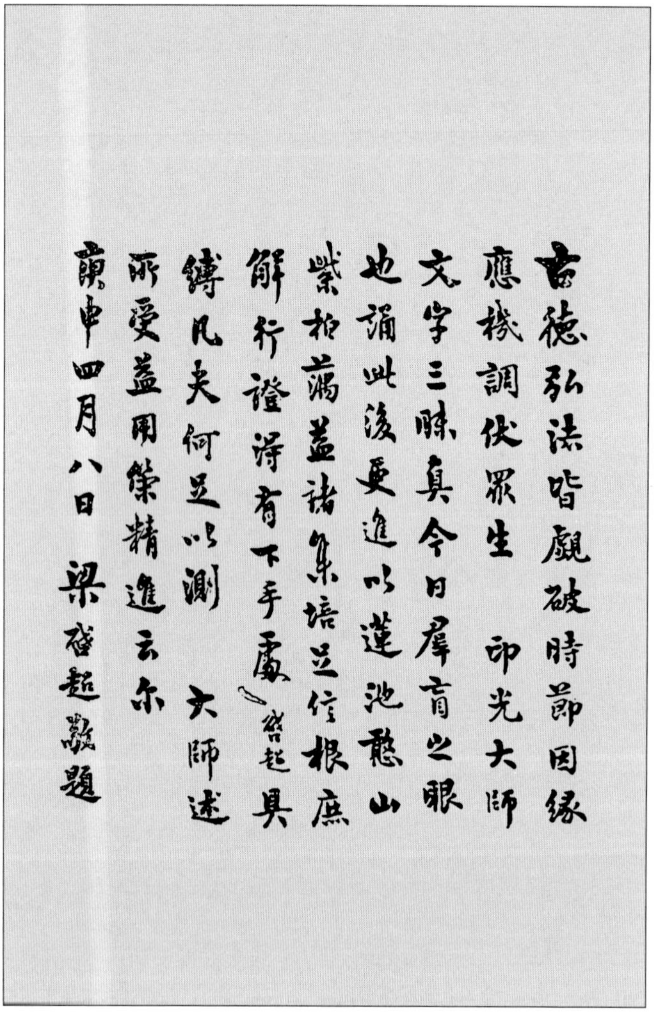
古德弘法皆覰破時節因緣
應機調伏眾生 印光大師
文字三昧真今日羣盲之眼
也誦此後更進以蓮池憨山
紫柏蕅益諸集培足信根庶
解行證得有下手處 啓超具
縛凡夫何足以測 大師述
所受益用策精進云尔
庚申四月八日 梁啓超敬題

梁启超题词释文　古德弘法，皆觑破时节因缘，应机调伏众生。印光大师，文字三昧，真今日群盲之眼也。诵此后，更进以莲池、憨山、紫柏、蕅益诸集，培足信根，庶解行证得，有下手处。启超具缚凡夫，何足以测大师？述所受益，用策精进云尔。庚申四月八日梁启超敬题

出版说明

印光法师（1862～1940），法名圣量，别号常惭愧僧，是中国上世纪最具影响力的佛教高僧，净土宗理论与实践的集大成者，被尊为净土宗第十三祖。其传世著述一百余万字，汇编为《印光法师文钞》，风行海内外，被无数信众奉为圭臬。

现行《印光法师文钞》分为三部，即《增广印光法师文钞》、《印光法师文钞续编》、《印光法师文钞三编》。其中《增广印光法师文钞》由印光法师亲自编定，于民国十六年（1927）由上海中华书局印行。其后于苏州报国寺、灵岩山寺弘法期间所撰文稿，先后经明道、妙真、德森等法师抄录，编为《印光法师文钞续编》，于民国二十八年（1939）印行。印光法师圆寂后，《弘化月刊》多次向海内外征集大师遗稿，由罗鸿涛居士于1950年整理完成，是为《印光法师文钞三编》，延至1989年至1990年，由莆田广化寺圆拙法师、灵岩山寺明学法师先后印行。此外，还有今人陆续拾遗补录的《印光法师文钞三编补》等。

《增广印光法师文钞》，简称《增广文钞》（或与《续编》、《三编》相对，称为《文钞初编》），汇集了印光法师中前期弘法的书信、论著、疏记、序跋等各类文稿约四十万字，内容包括净土宗修行原理与方法，修行者日常生活中立身持家、待人处世的准则等，谆谆引导信众以积极态度行善积德，利世利民，立志求生净土，圆成佛道，体现了一位伟大的智者对世间苍生的无尽关怀，在其著作中占有核心地位。

考印光法师所撰佛学文稿，最早由到普陀山参访的高鹤年居士携至上海，发表于民国元年创办的佛学刊物——《佛学丛报》。其中《净土法门普被三根论》，发表于《佛学丛报》第九期（民国三年2月15日出版），无署名。《宗教不宜混滥论》、《佛教以孝为本论》、《如来随机利生浅近论》，发表于《佛学丛报》第十期（同年3月15日出版），前论署名“释常惭”，附有编者按，后两论署名“普陀僧”。《释迦如来真身舍利来仪记》、《释迦如来玉像来仪记》、《印施极乐图序》、《重刻阿弥陀经序》、《与大兴善寺体安和尚书》，发表于《佛学丛报》第十二期（同年6月15日出版），署名“释常惭”。其后《佛学丛报》停刊，应约撰写的《净土决疑论》一文未及发表。

民国六年（1917），徐蔚如居士见到印光法师写给邓伯诚、邓新安二居士的三封书信，读后深为钦服，印行五千本，题名《印光法师信稿》，送人结缘。次年春，将《佛学丛报》所载九篇，及通过高鹤年、周孟由等居士搜集的文稿，共计二十二篇，题名《印光法师文钞》，于北京刻经处印行，按论、记、序、书顺序编排，首篇即《净土决疑论》。民国八年（1919）秋，又将此后收集到的三十八篇文稿，题名《印光法师文钞续编》，于北京刻经处印行。民国十年（1921）春，初、续二编合排，并新增三十四篇，共计九十四篇，分为上下两卷，按论、疏、记、序、跋、杂著、书一、书二、附录顺次编排，此外卷首有弘一、寐叟、湛翁、梁启超所作题词四篇，卷后附印光法师所录《南五台山圆光寺观音菩萨示迹之记》一篇，徐蔚如居士跋一篇，仍名《印光法师文钞》，由上海商务印书馆出版。

出于当时读者对本书的大量需求，印光法师不久又委托扬州藏经院刊行木刻版，增编为四册，仍名《印光法师文钞》，于民国十二年（1923）出版。民国十三年（1924）六月，于原书再加增编，更名为《新印印光法师文钞》，分为四册，由上海商务印书馆出版，收录大师文稿二百九十五篇，附录七篇。民国十六年（1927）七月，原书继续增编，共收录大师各类文稿约四百二十篇，分为四卷，按书一、书二、论、疏、序、跋、记、杂著、附录依次编排，题名为《增广印光法师文钞》，由上海中华书局印刷出版，即今之流通本。

印光法师注重佛教典籍的普及与流通，一生亲力亲为校勘整理了大量的佛学典籍与读物，他还非常重视对原文的准确断句，一般均使用逗号、句号两种标点，以避免歧义，增加可读性，本书也是如此。今天流通的各种《印光法师文钞》版本，主要是原版的影印本，或在原版基础上的简体横排本。虽然也有《文钞》简体标点本出版，但仍存在编排、标点、分段及文字讹误等诸多缺憾。鉴于本书在中华传统文化传承，以及近代佛教净土宗思想的完备与确立，所起到的里程碑意义，将原书按现代方式重加校勘整理，使其更易被今天的读者所接受，对于大师思想的准确解读及正信佛教文化的传播，有着重要的意义。

此次校勘，经我社委托张景岗先生，以台湾佛教出版社《印光大师全集》第一册（《增广印光法师文钞》民国十六年初版影印本）为底本，以灵岩山一九九〇年重版本为主要参校本，并参考国家图书馆所藏民国年间各《文钞》版本，及《嘉言录》等相关文献，对原文采用现代标点、分段，所有引文一一查其出处以定起止，通假字、异体字按照字义采用通行的简体字，忠于原著，考证严谨，力求完备，相信一定会受到海内外广大读者的欢迎。

九州出版社

二〇一二年十二月

序　一

大矣哉净土之为教也！诸佛出广长舌而赞叹，列祖发真实语以显扬。万汇咸收，三根普被。故念佛往生者，不间下凡上圣。称机利导者，无论教祖禅宗。试观著述传流，经论结集，其间赞扬净土法门者，不一而足。可见佛祖利生之旨，人同此心，心同此理也。

我震旦自晋时远祖，溯西竺之高风，结东林之胜社。于是而缁素名流、教宗硕德，都以净土法门为化导之资，而此宗盛行。乃者去圣时遥，真修日鲜。研教典者，徒滞文言。习宗乘者，罕明心地。欲求秉教修心，真参实悟，于百尺竿头得一进步者，实不易多觏也。甚且呵佛骂祖，斥净土为小乘。瞎练盲修，嗤念佛为愚事。举世滔滔，迷流蠢蠢。明哲罕遇，慨也何如！

惟我普陀印公，智光雪亮，梵行冰清。具正知见，发大慈悲。烛智炬以破昏衢，挥慧剑而裂见网。阐扬正道，挽教海之狂澜。指示真乘，作法门之保障。虽卅年苦行，与世罕通。而四海传名，问津日众。或航海梯山，而请求开示。或鸿来雁去，而乞赐南针。举凡所说所书之只言片句，莫不奉为明训，宝逾奇珍。浙西徐蔚如、瓯东张云雷等诸居士，将印公所为文，一再编录，寿枣流通。阅是编而能循文悟旨，慕果修因者，何可胜计。

闲四十年来，奉释尊之诚言，遵智者之悲愿，所以自修而兼利者，其归结处，亦不外一句弥陀，信愿往生而已。今契西居士等，重将印公文镌版印行，以垂永远。手民将竣，问序于予。利人益物，共结法喜之缘。流水高山，一为知音之奏。安得以不文辞？深愿是编，流布于三千界内，宣传于百亿国中。普使见所未见，共获真修。情与无情，同圆种智。庶不负印老人之无量悲心，与诸居士之连番义举也夫。

民国壬戌五月释谛闲述

序　二

佛以一大事因缘故，出现于世，随机设化，开示种种方便法门。而求其简易直捷，一生可以成办者，莫如念佛求生净土。《起信论》谓之如来胜异方便，诚方便中之最胜者也。世每以愚夫愚妇所能为，而鄙不屑学，必欲别求玄妙。不知如来说法，无法不玄。所立行门，无门不妙。然大都皆限于上根利智，未能遍引群机。独此净土一门，普被三根，不拣异类。以言玄妙，孰逾于斯？夫《华严》一经，王于三藏，恒沙法海，靡不赅罗。末后普贤乃为证齐诸佛之善财，宣说十大愿王，导之归向极乐。此之境界，岂凡情所可思议者哉！况夫修行其他法门，必至断惑证真，方出三界。欲了生死，难乎其难。此则但须持名真切，不妨带业往生。一登莲邦，长劫侍佛，亲承教诲，终必至于一生补处。其玄妙为何如！又修他法者，专仗自心佛力，不求他佛加被，知见非正，或致受魔。此则有弥陀愿力摄持，感应道交，永无魔事。其玄妙又何如！《大集经》中，如来悬记："末法亿亿人修行，罕一得道。唯依念佛，得度生死。"今正末法时期，欲求解脱，舍此奚由哉！

印光法师为当今有道高僧，博览藏经，淹通宗教，归心净土，自利利他，纵无碍之辩才，弘契机之妙法。诚所谓是如来使，行如来事者。著有

《文钞》，风行于世，辞义深显，理事圆融，实足追云栖、灵峰之法轨。兹者诸大居士发愿捐赀刊版，永久流通，广作度生宝筏。马子契西以序请，勉述数语，敬志赞扬。普愿法界诸众生，同往无量光佛刹。

上海黄庆澜熏沐序

目　录

印光法师文钞卷一

书　一

印光法师文钞卷二

书　二

论

疏

印光法师文钞卷三

序

跋

印光法师文钞卷四

记

杂 著

附 录

传 记

印光法师文钞卷一

书一

与大兴善寺体安和尚书

（戊戌年稿。教、行、理三，唯约教论。今以教、理约教，行、果约机，谓依教、理以起行，行满方克证果也。）

教、理、行、果，乃佛法之纲宗。忆佛、念佛，实得道之捷径。在昔之时，随修一法，而四者皆备。即今之世，若舍净土，则果证全无。良以去圣时遥，人根陋劣，匪仗佛力，决难解脱。夫所谓净土法门者，以其普摄上、中、下根，高超律、教、禅宗，实诸佛彻底之悲心，示众生本具之体性。汇三乘五性，同归净域。导上圣下凡，共证真常。九界众生离此法，上不能圆成佛道。十方诸佛舍此法，下不能普利群生。所以往圣前贤，人人趣向。千经万论，处处指归。自《华严》导归之后，尽十方世界海诸大菩萨，无一不求生净土。由祇园演说以来，凡西天、东土中一切著述，末后皆结归莲邦。

粤自大教东流，庐山创兴莲社，一倡百和，无不率从。而其大有功而显著者，北魏则有昙鸾，鸾乃不测之人也。因事至南朝见梁武帝，后复归北。武帝每向北稽首曰："鸾法师，肉身菩萨也。"陈、隋则有智者。唐则有道绰，踵昙鸾之教，专修净业，一生讲净土三经，几二百遍。绰之门出善导，以至承远、法照、少康、大行，则莲风普扇于中外矣。由此诸宗知识，莫不以此道密修显化，自利利他矣。

至如禅宗，若单提向上，则一法不立，佛尚无着落处，何况念佛求生净土？此真谛之一泯一切皆泯，所谓“实际理地，不受一尘”，显性体也。若确论修持，则一法不废，不作务即不食，何况念佛求生净土？此俗谛之一立一切皆立，所谓“佛事门中，不舍一法”，显性具也。必欲弃俗谛而言真谛，则非真谛也。如弃四大五蕴而觅心性，身既不存，心将安寄也？若即俗谛以明真谛，乃实真谛也。如在眼曰见，在耳曰闻，即四大五蕴而显心性也。此从上诸祖密修净土之大旨也，但未广显传述，故非深体祖意，则不得而知。然于百丈立祈祷病僧、化送亡僧之规，皆归净土。又曰：“修行以念佛为稳当。”及真歇了，谓：“净土一法，直接上上根器，傍引中下之流。”又曰：“洞下一宗，皆务密修，以净土见佛，尤简易于宗门。”又曰：“乃佛乃祖，在教在禅，皆修净土，同归一源。”可以见其梗概矣。

及至永明大师，以古佛身，乘愿出世，方显垂言教，著书传扬。又恐学者路头不清，利害混乱，遂极力说出一《四料简偈》，可谓提《大藏》之纲宗，作歧途之导师，使学者于八十字中顿悟出生死、证涅槃之要道，其救世婆心，千古未有也。其后诸宗师，皆明垂言教，偏赞此法。如长芦赜、天衣怀、圆照本、大通本、中峰本、天如则、楚石琦、空谷隆等诸大祖师，虽宏禅宗，偏赞净土。至莲池大师参笑岩大悟之后，则置彼而取此。以净业若成，禅宗自得。喻已浴大海者，必用百川水；身到含元殿，不须问长安。自后蕅益、截流、省庵、梦东等诸大祖师，莫不皆然。盖以因时制宜，法须逗机。若不如是，则众生不能得度矣。自兹厥后，佛法渐衰，加以发匪、回匪，则法轮几乎停转。虽有知识，各攻其业，以力不暇及，置此道于不问。有谈及此事，闻者若将浼焉。幸有一二大心缁白，刊刻流布，令祖教不灭，使来哲得闻，实莫大之幸也。

弟以阐提出家，自揣根性庸劣，罪业洪深，故于宗、教二途，概不敢妄行染指。惟于仗佛慈力，带业往生一法，颇生信向。十余年来，悠悠虚度，毫未得益。但自西徂东，由北至南，往返万余里，阅人多矣。其有平日自命通宗通教，视净土若秽物，恐其污己者，临终多是手忙脚乱，呼爷叫娘。其有老实头持戒念佛，纵信愿未极，瑞相不现，皆是安然命终。其故何哉？良由心水澄清，由分别而昏动。识波奔涌，因佛号以渟凝。所以上智不如下愚，弄巧反成大拙也。伏愿和尚发菩提心，宏扬此法。倘净土经论，尽皆通彻，则何幸如之。若或未尽钻研，或恐违背本宗，不敢称性发挥，当权将宗、教两门工夫，暂时歇手，凡有阐扬净土者，平心和气读之。使扬禅抑净之心，无丝毫芥蒂，必究佛祖偏赞之所以，四众遵违之利害，则不被门庭隔碍，而敢于一切禅、教、律人前，称性发挥，无复畏惮矣。然净土书多，最要唯《十要》。《十要》中断疑生信，尤推《或问》、《直指》、《合论》，为破坚冲锐之元勋也。其外《净土圣贤录》历载诸菩萨、祖师、居士、妇女，及恶人、畜生往生事迹，读之则知历代禅、教、律诸四众求生净土，如群星之拱北，众水之朝东。而《龙舒净土文》言浅义周，词详理备，为接引初机第一要书，若欲普利众生者，此书万不可忽也。

弟昔遇善子平者言，寿不过三十八，今适满其数，恐无常倏至，所以专持佛号，预待临终。设无常果至，则后会无期，兼欲雪在家毁谤佛法之罪，故不避忌讳，略采野芹，献于饱餐王膳大富长者座下。祈悯而纳之，福我秦邦，提永明之正令，遵莲池之遗规，使自他同出生死，幽显共生西方，则净土兴而宗风不坠，众生福而国运常亨，所谓“移花赚蝶至，买石得云饶”。书此大旱望雨之诚，用卜同归莲邦之庆。祈垂海涵，则法门幸甚，众生幸甚。

与友人论校经纲要书

佛经义理无穷，随人所见，各自著述。只一经也，别、圆、终、顿，所判不同；因缘、观心，所释各异。况复后世禅道大行，人皆乐闻直指之说，谓其亲切痛快，易于得益。由是多有以祖意释经意，挽佛说徇己说。抹除事相，专谈本分。或以机锋为转折，或以表法为通关。但能不背心宗，皆堪辅弼佛说。纵不能普被三根，称佛本怀，亦可以各利一类之机，令其就路还家。又显经义幽远，佛理圆通，法法归真，头头合道。良以者个如太虚空，杳无疆界，不妨随人所住，以分南北西东。如摩尼珠，非青黄赤白等色，而复遇青现青，逢黄现黄。青黄虽非本色，本色不离青黄。倘欲离青黄以觅本色，非蕴空大士不可。如李长者之《华严论》、憨山之《法华击节》、曾凤仪之《三宗通》，及禅家以念佛作话头看、以净土依正作本分说等，不得律以教家常格，谓为错讹而稍加更改。以彼另属一宗，揽一切法指归向上。设一更改，于本注前后血脉隔断，又不能于教理始终意义吻合。一经稍改，两途俱失。剜肉作疮，有损无益。还他本来面目，流通后世。譬如春兰秋菊，各擅其美。尽忠行孝，俱振纲常耳。以师在海山，言憨山所注《法华》，有不合经旨处，以憨山多约本分作直指之谈故也。又校经一事，甚不容易。恐师无暇及此，委任他人。须有出格见识，十分细心，再三详审，勤加考稽，方可一正讹谬，令其芜秽尽除，天真彻露。否则宁可依样画葫芦，庶不至大失其本真矣。

与融明大师书

古人云："人身难得，中国难生，佛法难闻，生死难了。"我等幸得人身，生中国，闻佛法。所不幸者，自愧业深障重，无力断惑，速出三界，了生脱死耳。然又幸得闻我如来彻底悲心所说之大权巧，异方便，令博地凡夫带业往生之净土法门，实莫大之幸也。若非无量劫来深植善根，何能闻此不思议法，顿生真信，发愿求生乎！今见好心出家、在家四众，多是好高务远，不肯认真专修净业，总由宿世善根浅薄，今生未遇通人。汝于净土虽有微信，然不明净土理致，又僻处于佛法流通不及之地，诚恐日与俗人酬酢，久而久之，与之俱化。近墨者黑，近火者焦，势所难免。当时时努力。若能念念在道，随忙随闲，不离弥陀名号。顺境逆境，不忘往生西方。便可于父母之邦，随缘常住。若不能如是，当往他方净业道场，及亲近净业知识，方不负前来所说种种大幸，及闻净土法门莫大之幸也。谛法师专修净业，予料其必得大利益。以彼撑持道场种种心，皆死尽无余。念佛之心，又恳切之极。恐彼深得三昧，我尚未能一心，他日何颜见彼？故当仁不让，又欲闭关，大约总在普陀，未知定归何所。恐汝于净土法门错过，便可惜三年护关之一番辛苦，故不禁落索如此耳。祈深体鄙怀，则幸甚幸甚！

与悟开师书

窃闻净土者，乃究竟畅佛本怀之法也，高超一切禅、教、律，统摄一切禅、教、律。略言之，一言一句一偈一书，可以包括无余。广说之，虽三藏十二部之玄言，五宗诸祖师之妙义，亦诠不尽。纵饶尽大地众生同成正觉，出广长舌，以神通力、智慧力，尘说刹说、炽然说、无间说，又岂能尽？良以净土本不思议故也。试观《华严》大经，王于三藏，末后一着，归重愿王。《法华》奥典，妙冠群经，闻即往生，位齐等觉。则千经万论，处处指归者，有由来也。文殊发愿，普贤劝进。如来授记于《大集》，谓末法中，非此莫度。龙树简示于《婆沙》，谓易行道，速出生死。则往圣前贤，人人趣向者，岂徒然哉！诚所谓一代时教，皆念佛法门之注脚也。不但此也，举凡六根所对一切境界，所谓山河大地、明暗色空、见闻觉知、声香味等，何一非阐扬净土之文字也。寒暑代谢、老病相摧、水旱兵疫、魔侣邪见，何一非提醒当人速求往生之警策也。广说其可尽乎？

言一言统摄者，所谓“净”也。净极则光通，非至妙觉，此一言岂易承当？于《六即佛颂》研之可知也。一句者，“信愿行”也。非信不足以启愿，非愿不足以导行，非持名妙行不足满所愿而证所信。净土一切经论，皆发明此旨也。一偈者，《赞佛偈》也。举正报以摄依果，言化主以包徒众，虽只八句，净土三经之大纲尽举也。一书者，《净土十要》也。字字皆末法之津梁，言言为莲宗之宝鉴。痛哭流涕，剖心沥血，称性发挥，随机指示。虽拯溺救焚，不能喻其痛切也。舍此则正信无由生，邪见无由殄也。就中最要者惟《要解》。而初心入门，断疑生信，作险道之善导，示宝所以必趣者，天如《或问》、妙叶《直指》，尤为破坚冲锐之元勋也。

须知净土法门，具四法界。所有事相，皆事事无碍之法界也。读而修者，切不可执理废事。倘一执之，则事理两丧。如人知意根最胜，而废弃五根，则意根亦无地可立矣。唯即事以明理，由理以融事者，方可无过。所谓净土要旨，全事即理。理事圆融，即契本体。早知师已饱餐王膳，而犹汲汲于献芹者，不过表穷子思归之寸忱，兼欲雪往昔谤法之愆尤也。

复海曙师书

友人以"《时事新报》征文启"见寄。光企座下发挥佛祖道妙，以结法缘。座下以：①执心在内；②直指见性是心非眼；③色阴本如来藏妙真如性；④眼入本如来藏妙真如性；⑤十二处本如来藏妙真如性；⑥地大周遍；⑦一心二门等七题，令光作论，而曰拟作模范。光幼失问学，长无所知，兼以宿业深厚，生即病目，近十余年来，一切经论皆不能看，但只执持佛号，忏除宿业，企其仗佛慈力，速生西方而已，何能作论，况曰拟作模范乎？其谦恭自牧，诚可嘉尚，其意见错谬，有不堪详言者。夫欲发挥《楞严》、《起信》之奥，何不取法乎释迦如来，与马鸣菩萨及历代古德之注此经此论者，而反拟以光作者为模范。是何异儒者欲发挥二帝三王孔孟之薪传，不以《四书》、《五经》、《十三经》作模范，而以樵歌牧唱为模范。织师欲织回文古锦，不取织锦者之法则以为模范，而取编芦席者之法则以为模范。何颠倒一至于此？虽然，人之相交，唯贵各尽其分量而已。昔有童子捧沙供佛，佛即欢喜纳受，以沙乃童子力所能办，其供之之诚，与供无上珍馐妙味，等无有异。今以光所易办之沙，供之座下。固知无用，聊将其诚。倘亦用以涂地，庶可灭我罪垢，长我福田。因将七题一串穿来，笼统论之，以塞其责。

论曰：执心在内、在外、在中间等，乃凡夫之情见也。执心定不在内、在外、在中间等，亦凡夫之情见也。非直指见性是心非眼，即末显本，指波即水之真智也。何也？以五阴、六入、十二处、十八界、七大，一一皆如来藏妙真如性，周遍法界也。若有在，有不在，则非如来藏妙真如性，不周遍矣。以如来藏妙真如性，含育生佛，包括空有。世出世间，无有一法能出其外，不在其中故也。以凡情观之，岂但五阴、六入、十二处、十八界、七大，皆属生灭，皆非真如。即断惑证真，成等正觉，亦不出生灭之外。以圣智观之，非但断惑证真，成等正觉，固属真如。即五阴、六入、十二处、十八界、七大，全体真如，从本以来，原无一毫生灭之相可得。再进而论之，真亦不立，如本无名。一心尚不可得，有何二门之可论哉？是为究竟真如，究竟如来藏妙真如性，究竟心。正所谓五蕴皆空，度诸苦厄，圆满菩提，归无所得者也。

如上一番说话，乃光二十年前偶尔梦着者。今承其雅意，献于座下。如曰必须分而论之，详其文义语脉旨趣，则非光之衰颓心目、荒唐学业所能办也。请求之古德，及当代讲家，自能畅座下之本怀，惬座下之素志耳。

与四明观宗寺根祺师书

接手书，并《显感利冥录》，不胜欢喜。知谛公此番讲经，比前次更觉光辉。因逐一看毕，即送余人。多有见闻，深为诧异，私相谓曰：“谛公已证圣果，关帝尚未明心。”

光闻而谓之曰："此事须从白、关用心处究，则事理两当，绝无滥圣屈贤之失。白公且置弗论。夫关帝者，在生时乃富贵不淫、贫贱不移、威武不屈之大丈夫，歿后皈依智者，愿为伽蓝，护持佛法。自智者至今千三百余年，天下丛林之主人，多有法身大士乘愿弘法者。关帝一一护持亲近，岂至于今，尚有未了，而求决择开示于谛公？何聪明如帝君，而复愚钝不蒙法益之如是乎？是大有说。现今时值末法，僧多败类。只知着一件大领，即名为僧。僧之名义事业，多了无所知。在俗之人有信心者，纵能研究佛法，终皆下视僧侣。其不信者，见彼游行人间，造种种业之僧，遂谓僧皆如是，佛法无益于国，有害于世。因有此种我慢、邪见、下劣等知见故，关帝护法心切，以京师乃天下枢机之地，高人名士咸来莅止，遂现身说法，请谛公之开示，祛彼在家我慢、邪见之凡情，振兴劣僧无惭无愧之鄙念。古人称如来不舍穿针之福，曰如八十翁作舞，为教儿孙故。光于关帝此举亦然。此虽系盲猜瞎断，若质诸关帝、谛公，当皆点头微笑，不露否否不然之声迹矣。如上所说，且约迹论。至于关帝、谛公之本，唯关帝、谛公自知，光何能测度而评论之哉！"

根敏道心虽切，恐规矩不洞，不解用功法则。祈教以量力而为，不可强勉硬撑，以致心身受病，遂难亲获法利矣。闻某某不善用心，致吐血不止，因而反成废弛。初学人皆须以此意告之。

与佛学报馆书（节录）

大觉世尊，于无量劫，剥皮为纸，析骨为笔，刺血为墨，以髓为水，流通常住法宝，普度一切众生。《佛学丛报》一书，直使佛法流通中外，含识尽证一乘。但以世俗读书，绝无敬畏。晨起则不加盥漱，登厕则不行洗濯。或置座榻，或作枕头。夜卧而观，则与亵衣同聚。对案而读，则与杂物乱堆。视圣贤之语言，同破坏之故纸。漫不介意，毫无敬容。甚至书香家之妇女，花册皆是经传。世禄家之仆隶，揩物悉用文章。种种亵渎，难以枚举。积弊已久，习矣不察。若不特示祸福，决定难免亵渎。未曾得益，先获大罪。悯斯无知，须预指陈。若以愚见，皮面图画，可不必印。名标其傍，如常书式。中间或作伽陀，或作散文，少则数句，多则十余，言须简明，字须粗大，诫令视者加意珍重，毋或亵污，大觉法王度生妙道，敬则获福，慢则致祸。皮里宜用小字，详陈此书虽名报书，实同佛经，而且首有佛菩萨像，内中之文或录经文，或宗经义，不同世谛语言，理宜格外敬重。再引经论传记中敬亵经典，罪福案证。庶知好歹者，不致仍存故态，误造恶业。此二或一册一换，或间次一换，或永远不换，只用一种文字，皆无不可。若换，则只可换文，不可换义。则庶乎师严而道尊矣。书后皮面，不可印字，以免涂污而昭敬重。西天二十一祖婆修槃头尊者，自言往劫将证二果，因误以杖倚壁画佛面，遂全失之。吾谓二果尚失果位，若是凡夫，则永失人身，常处恶道无疑矣。譬如巨富犯大辟，尽家资以赎死，贫人则立见斩首矣。事载《传灯录·二十祖阇夜多尊者章》。故知亵慢，其罪非小。

乾为大父，坤为大母，四海内外，同是同胞。清朝虽属满洲，毕竟同一父母。况列庙圣德，直同天高地厚，虽尧舜汤武，亦不过如是。近以兵歉迭遭，强邻见逼，政宪更新，稍有参差。然推究皇仁，仍复如故。但以境缘不嘉，致见倾覆。今既成共和，正好一体同观。论政体，则盛称共和。论前清，则褒美皇仁。譬如新官上任之后，不妨竖碑立祠，以彰旧官之德。共和既成之后，二百余年之抚育栽培，岂可顿忘？吾见第三册中，有独夫、专制、奴隶等语，心甚怏怏。夫吾国自开辟以来，其继天立极、君临天下之大圣人，亦未必不虑及此。或恐民若强悍，则号令有所不行，而反致乱亡。此圣人传子孙之本心。岂羲、农、汤、武，尽欲私受其利乎？以非此不足以振纲常、息争端，亦时势使之然也。非羲、农诸圣，皆有惭德也。今人各为公，共和郅治，亦时势使之然也，非今人便优于羲、农等诸圣也。似宜推美共和，不必苛论前清，方合共和之体，免蔑古圣之愆。佛世毗耶离国即用此法。如来于诸经中，亦未深斥轮王世世相承之非。善乎孔子之言曰："君子之于天下也，无适也，无莫也，义之与比。"义之与比者，因时适宜之谓也。夏葛而冬裘，渴饮而饥食，不可互非，亦不可专主一法，唯求其适宜，则有大利而无少弊矣。然人心不一，倘再有投稿者，带此词意，祈略事笔削，以归完善。俾天下后世之阅者，佩服诸君大公之量，佛法平等之怀。所有言论，唯理是尚，毫无偏私。因兹古今来大圣大贤，无不归心而崇事焉。

世出世间之理，不出"心性"二字。世出世间之事，不出"因果"二字。众生沉九界，如来证一乘，于心性毫无增减。其所以升沉迥异，苦乐悬殊者，由因地之修德不一，致果地之受用各别耳。阐扬佛法，大非易事。唯谈理性，则中下不能受益。专说因果，则上士每厌闻熏。此书科分十门，法不一律，正好事理并进，顿渐齐驱，庶得三根普被，利钝均益。宜将古今来由学佛得力，发之而为大忠大孝、纯义纯仁之事迹，与夫恭敬三宝、谤毁三宝之祸福，及高人淑世导俗之嘉言，戒杀放生之至论，于后数科，册册登载。则愚夫愚妇，有所禀承。而通方哲士，因悟理而亦欲实践，从兹不敢摇头掩耳，更急急于愿乐欲闻也。然因果、心性，离之则两伤，合之则双美。故梦东云："善谈心性者，必不弃离于因果。而深信因果者，终必大明乎心性。此理势所必然也。"而末法众生，根机陋劣。禅、教诸法，唯仗自力，契悟尚难，何况了脱？唯有仗佛力之净土法门，但具真信切愿，纵五逆十恶，亦可永出轮回，高预海会。此不可思议之最上乘法，宜理事并谈，诚劝齐施。震海潮音，霈大法雨。破鲁川辈之邪执，续莲池等之法脉。俾普天同受佛法之益，庶大地悉感诸君之德。则法满寰宇，世复唐虞，道通天地有形外，恩遍飞潜异类中矣。

刻论佛法式微，实不在于明末。明季垂中，诸宗悉衰。万历以来，勃然蔚兴。贤首则莲池、雪浪，大振圆宗。天台则幽溪、蕅益，力宏观道。禅宗幻有下四人，而天童、磬山，法遍天下。洞下则寿昌、博山，代有高人。律宗则慧云中兴，实为优波；见月继踵，原是迦叶。而妙峰、紫柏、莲池、憨山、蕅益，尤为出类拔萃，末法所不多见。虽不及唐宋盛时，亦可谓佛日重辉矣。及至大清启运，崇重尤隆。林泉隐逸，多蒙礼敬，如玉林、憨璞、木陈等。世祖遂仰遵佛制，大开方便，罢除试僧，令其随意出家。因传皇戒，制护戒牒，从兹永免度牒矣。佛法之衰，实基于此。在当时高人林立，似乎有益。而世宗以大权乘愿，建中立极，其发挥佛祖慧命之言论，精深宏博。入藏流通者不必言。外有《御制拣魔辨异录》，八卷四册，系吾友子任氏乞食京师，于书肆中得之，送于杨仁山，令寄东洋，附于新印《大藏》之内。想其书已出，好古探奇之士，试一读之，不但于性命有益，而学识文章，当顿高十倍矣。呜呼盛哉！世宗实为法流震旦，皇帝中之绝无而仅有者，其君如此，则宰官僧侣，概可知矣。迨至高庙以后，哲人日稀，愚夫日多，加以频经兵燹，则鄙败无赖之徒，多皆混入法门，自既不知佛法，何能教徒修行？从兹日趋日下，一代不如一代，致今僧虽不少，识字者十不得一，安望其宏扬大教，普利群生耶？由是高尚之士，除夙有大根者，但见其僧，而不知其道，厌而恶之，不入其中矣。夫流通佛法，非一朝一夕之故，须深谋远虑，随机设法。佛制固不可不遵，而因时制宜之道，亦不可不亟亟研求，以预防乎世变时迁，庶不至颠覆而不能致力，有如今日之佛法也。倘诸君不乘时利见，吾恐此时震旦国中，已无佛法声迹矣。呜呼险哉！

佛法高深，非浅见所能窥。若欲深知，必须由教而入，次及禅宗，方可无弊。宋儒若周、程、张、朱等，夙世固有灵根。奈最初所亲近者，皆属直指宗师，于一席话、一公案下，仿佛领会得个虚灵不昧、具众理而应万事之意义，实未彻悟自心，遂自以为得，画地自限，不肯前进。良由一向在义路上着脚，绝未曾真参力究也。且见宗家法法头头，指归向上。因此纵看经教，亦作宗意解会，谓佛法但只如此而已。而因果罪福之实事实理，亦皆以指归向上之意见领会。遂致瞒昧自心，拨无因果。攘人之物，以为家宝。拾佛法之遗余，扶儒教之门墙。又恐后生高推释氏，因巧设方法，作盗铃计，横造谤议，陈其祸害，关闭后生，永不能出。又恐或不死心，遂现身说法，谓："吾昔求道，亦曾旁及释老，然皆了无所得，后反求于《六经》而得之，从此释老之破绽，一一彻见矣。"夫诸子诚意正心，躬行实践，诚足为儒门师表。但以扶持门墙之念过重，致于最宜感佩表彰之处，反掩人之长以为短。以己之得于人者，反谓人不我若。竟使诚意正心，躬行实践，不能圆满完备，彻头彻尾。噫，可哀也已！一乘居士谓其入室操戈，喧宾夺主，其言甚确。然不详陈其故，关里人决不肯服。宜将诸子学佛得益处，及以宗意错会教意，因兹不信因果、不信轮回，不唯悖佛，亦悖儒经处，及自谓求道于释老皆不得，后于《六经》反得处，详陈而明辩之。则赃证俱在，不但闭关者佩服而直下出关，纵诸子复生，亦当任过自责，无从置喙强辩。从兹慧风扫荡障翳尽，佛日重辉宇宙中矣。

复濮大凡居士书

遥捧云章，实深惭愧。不慧幼失问学，长无所知，客路跉跰，寄食普陀。不意阁下，以宿承佛嘱，乘愿再来，得儒佛之心宗，穷性相之秘藏，遍参缁素，力修净业之出格豪杰、过量大人，乃不耻下问，询于刍荛，而过为谦誉，令人无地容身，设大地有缝，当即彻底深入，何敢仰答？继思阁下学问如是之博，见地如是之高，如斯数则，义甚浅近，岂真怀疑不决哉？殆欲发起同人耳。阁下既以了知为不知，不慧不妨以无知为有知。因即据款批判，随语剖析。非敢效老吏之断狱，不过如课士之纳卷耳。所陈菲词，详列后幅。其当与否，祈垂麈政。

念佛虽贵心念，亦不可废口诵。以身、口、意三，互相资助。若心能忆念，身不礼敬，口不持诵，亦难得益。世之举重物者，尚须以声相助，况欲摄心以证三昧者乎？所以《大集经》云："大念见大佛，小念见小佛。"古德谓大声念，则所见之佛身大；小声念，则所见之佛身小耳。而具缚凡夫，心多昏散，若不假身口礼诵之力，则欲得一心，末由也已。

实际理地，方无生灭。佛事门中，何一非生灭法乎？等觉菩萨破四十一品无明，证四十一分秘藏，亦不出于生灭之外。是生灭乃生死之根，亦菩提之本，视其人之所用何如耳。都摄六根，净念相继，乃以彼背觉合尘之生灭，转而为背尘合觉之生灭，以期证于不生不灭之真如佛性也。

念念在净土方可往生，乃上品往生者之身份。若执定此义，以自求上品，何善如之。若执定此义，以教中下根人，则阻人胜进不浅。何以故？以彼必以为此法太高，遂以卑劣自居，不肯修持耳。又此念佛虽属意识，而诸识咸具。不观上文“都摄六根”乎？六根既摄，则六识将何为乎？即转送含藏者，亦唯此事而已。“刀砍不入”一段，原无可疑。以阁下将自力、他力，禅宗、净宗之界限未分，致成一大疑团耳。

念佛一法，乃仗佛力出三界，生净土耳。今既不发愿，亦岂有信？（有真信者，必有切愿。）信、愿全无，但念佛名，仍属自力。以无信愿，故不能与弥陀宏誓感应道交。若见思惑尽，或可往生。若全未断，及断未净尽，则业根尚在，何能即出轮回？五祖戒、草堂青等，即是确证。须知去却信愿念佛，与宗家之参究无异，若得往生，则因果不相符契矣。蕅益云：“得生与否，全由信愿之有无。品位高下，全由持名之深浅。”乃铁案也。

经云“一心不乱”，远承前文依正功德，即是教令生信；近承上文“众生闻者，应当发愿，愿生彼国”，即是教令发愿。又况下文劝信、劝愿，不一而足。阁下截断前文，只执一句，故有不贵发愿之疑。又以无信愿之一心，与有信愿之一心，敌体同观。故有刀砍不入，岂非纯一，何以无愿不得往生之疑。又念佛之外，第二念，夹杂，难以枚举。举其正者，如求大彻大悟，得大总持等。非指发愿为第二念，为夹杂也。

须知净土一法，以信、愿、行三法为宗。行如车牛，愿如御者，信如前导。导与御者，正成就其车牛之进趣耳。是以朝暮必须向佛发愿。又不念佛时，亦不可泥。纵令一念万年，不妨日有起止。若谓有不念时，有发愿时，便成间断夹杂，便难成办。试问此一心念者，亦曾见色闻声、着衣吃饭、举手动足与否？若有，彼既不间断夹杂，此何独间断夹杂？若无，除非法身大士。然法身大士，端居一处，而现身尘刹，其间断夹杂，将不胜其多矣。心具众理，应万事，岂止佛、愿同时而已。约常途修持，发愿当在朝暮。亦有念佛一进毕，即发愿者。

阁下深通性相，谓佛念、求生念，不能两具，似于事事无碍之圆理，未能彻信。又谓有则此念当剖为二，一半归佛，一半归愿，如此，一人应成两佛。阁下于日用之中，眼见色时，耳鼻舌身意便不闻声及缘法等耶？若一时并行不悖，何独于此而疑之？须知一念心体，其用无量。八识非一心之体用乎？彼既不成八佛，此何以成两佛也耶？

平生绝无信愿者，临终决定难仗佛力。既云善恶俱时顿现，且无论“阿弥陀佛”四字不现者，不得往生，即现，亦不得往生。何以故？以不愿生故，以不求佛，因不得蒙佛接引故。《华严经》云：“假使恶业有体相者，十方虚空不能容受。”古德云：“如人负债，强者先牵。心绪多端，重处偏坠。”今善恶皆现，由无信愿，便不能奈恶业何矣。须知仗自力，则恶业有一丝毫，便不能出离生死，况多乎哉？又无信愿，念至一心，无量无边之中，或可有一二往生。决不可以此为训，以断天下后世一切人往生净土之善根。何以故？以能仗自力，念至业尽情空，证无生忍者，举世少有一二。倘人各依此行持，置信愿而不从事。则芸芸众生，永居苦海，无由出离，皆此一言为之作俑也。而其人犹洋洋得意，以为吾言甚高，而不知其为断佛慧命，疑误众生之狂言也。哀哉！（世间善业，不出轮回。若对信愿具足之往生净业，则彼善业仍属恶业。）净土一法，须另具只眼，不得以常途教义相例。使如来不开此法，则末世众生之了生死者，不可得而见之矣。

蕅益大师《弥陀要解》，理事各臻其极，为自有此经以来之第一注解。当以之为的，则他日往生品位，咸不得与阁下齐肩矣。

古人修行，皆能证道。今人修行，少见明心。岂人根之不等耶，抑亦敬慢之所致耳。历观传记高人，咸皆视经像如视活佛。其敬畏之迹，虽忠臣之奉圣主，孝子之读遗嘱，何能仿佛一二。因其恭敬之极，故能断惑证真，超凡入圣。观于二祖立雪，程门立雪，可见矣。今人视佛像如土木，视佛经如故纸，纵有信心，读诵受持，亦不过供其口头滑利而已，有何实益之可论也？虽种远因，而亵慢之罪，有不堪设想者。愿阁下以博学宏词，提倡佛法时，必须常以此普利一切，则法门幸甚，众生幸甚。

复泰顺谢融脱居士书一

“吾有知乎哉？无知也。有鄙夫问于我，空空如也，我叩其两端而竭焉。”此圣人以己之心无念虑，而随机说法示人也。断断不可会作谦词。夫圣人之心，犹如明镜，空空洞洞，了无一物，有何所知？鄙夫致问，如胡来汉来。叩两端而竭，如胡现汉现。“叩”字，义当作“即”。“两端”者，所问与其机也。“而竭焉”者，恰恰合宜，无过无不及也，即佛门所谓契理契机之谓也。若唯契于理，而不契机，于彼无益，便成闲言语矣。如问仁、问孝、问政等，所问是同，而所答各异。乃即彼之机，答彼之问，看孔着楔，对病发药，恰恰合宜，了无一毫机教不投之弊。若非心空如镜，安能使之若是乎！

讲章以“空空”属于鄙夫，可谓枉读圣贤书矣。孔子之心，至诚无妄，故曰“空空如也”。颜子去圣一等，虽未能究竟无妄，而其妄亦无几何，故亦得屡至于空。三月不违，即是其事。故夫子许之以庶。若以为箪食瓢饮屡至空乏，而不改其乐，故许以庶。则是舍本逐末，大失圣人因机定评之至论也。至于子贡货殖，乃随类论及，何可以令其针锋相对？圣人因人论人，岂效后世做试帖诗，必须对得恰好，方为合格乎？然此乃以阁下志慕佛法，不妨将圣人之心，随机指点。若向三家村里训蒙，当以朱注是守，否则守文之徒，谤焰四起，不但不能知圣人之心，反因之毁谤佛法，由是永沉苦海，大失圣人叩两端而竭焉之深旨矣。

复泰顺谢融脱居士书二

得手札，知阁下尚未圆具，及贵宅贵乡佛法流通之象，喜不自胜。虽然，吾于喜中，不无大忧。何以言之？夫佛法者，乃九法界公共之法，无一人不当修，亦无一人不能修。持斋念佛者多，推其效则法道兴隆，风俗淳善，此则唯恐其不多，愈多则愈美也。至于出家为僧，乃如来为住持法道与流通法道而设。若其立向上志，发大菩提，研究佛法，彻悟自性，宏三学而偏赞净土，即一生以顿脱苦轮，此亦唯恐不多，多多则益善也。若或稍有信心，无大志向，欲借为僧之名，游手好闲，赖佛偷生，名为佛子，实是髡民。即令不造恶业，已是法之败种，国之废人。倘或破戒造业，贻辱佛教，纵令生逃国法，决定死堕地狱。于法于己，两无所益。如是则一尚不可，何况众多？古人谓："出家乃大丈夫之事，非将相所能为。"乃真语实语，非抑将相而扬僧伽也。良以荷佛家业，续佛慧命，非破无明以复本性，宏法道以利众生者，不能也。

今之为僧者，多皆鄙败无赖之徒，求其悠悠泛泛，持斋念佛者，尚不多得，况能荷家业而续慧命乎？今之佛法一败涂地者，以清世祖不观时机，仰遵佛制，革前朝之试僧，永免度牒，令其随意出家，为之作俑也。夫随意出家，于上士则有大益，于下士则大有损。倘世皆上士，则此法固于法道有益。而上士如麟角，下士如牛毛，益暂得于当时（清初至乾隆年间，善知识如林，故有益），祸广覃于后世。致今污滥已极，纵有知识欲一整顿，无从措手，可不哀哉！

以后求出家者，第一要真发自利利他之大菩提心，第二要有过人天资，方可薙落，否则不可。至若女人有信心者，即令在家修行，万万不可令其出家，恐其或有破绽，则污败佛门不浅矣。男若真修，出家更易，以其参访知识，依止丛林也。女若真修，出家反难，以其动辄招世讥嫌，诸凡难随己意也。如上拣择剃度，不度尼僧，乃末世护持佛法、整理法门之第一要义。祈与令师及一切相识之僧，剀切言之，则其功德无量无边矣。至祷至祷！

复邓伯诚居士书一

相晤以来，忽满六年，不但星霜屡更，即国历已非其旧。世相无常，诚可叹悼！接手书，知不废净业，洵足嘉美。而云身心不安之至，为境遇不嘉致不安耶？抑或疾病缠绵致不安耶？若境遇不嘉者，当作退一步想，试思世之胜我者固多，而不如我者亦复不少，但得不饥不寒，何羡大富大贵。乐天知命，随遇而安，如是则尚能转烦恼成菩提，岂不能转忧苦作安乐耶？若疾病缠绵者，当痛念身为苦本，极生厌离，力修净业，誓求往生。诸佛以苦为师，致成佛道。吾人当以病为药，速求出离。须知具缚凡夫，若无贫穷疾病等苦，将日奔驰于声色名利之场，而莫之能已。谁肯于得意烜赫之时，回首作未来沉溺之想乎？孟子曰："故天将降大任于是人也，必先苦其心志，劳其筋骨，饿其体肤，空乏其身，行拂乱其所为，所以动心忍性，增益其所不能。"故知天之成就人者多以逆，而人之祗承天者宜顺受也。然孟子所谓大任，乃世间之爵位，尚须如此忧劳，方可不负天心。何况吾人以博地凡夫，直欲上承法王觉道，下化法界有情。倘不稍借挫折于贫病，则凡惑日炽，净业难成，迷昧本心，永沦恶道，尽未来际，求出无期矣。古德所谓"不经一番寒彻骨，争得梅花扑鼻香"者，正此之谓也。但当志心念佛以消旧业，断不可起烦躁心，怨天尤人，谓因果虚幻，佛法不灵。须知吾人自无始以来，所作恶业，无量无边。《华严经》谓："假使恶业有体相者，十方虚空，不能容受。"岂泛泛悠悠之修持，便可消尽也？所以释迦、弥陀两土教主，痛念众生无力断惑，特开一仗佛慈力，带业往生之法门。其宏慈大悲，虽天地父母，不能喻其恒河沙分之一。只宜发惭愧心，发忏悔心，自可蒙佛加被，业消身安耳。若病苦至剧，不能忍受者，当于朝暮念佛回向外，专心致志念南无观世音菩萨。观音现身尘刹，寻声救苦。人当危急之际，若能持诵礼拜，无不随感而应，即垂慈佑，令脱苦恼而获安乐也。

念佛一法，乃至简至易、至广至大之法。必须恳切志诚之极，方能感应道交，即生亲获实益。若懒惰懈怠，毫无敬畏，虽种远因，而亵慢之罪，有不堪设想者。纵令得生人天，断难高预海会。至于佛像，当作真佛看，不可作土木铜铁等看。经典乃三世诸佛之师、如来法身舍利，亦当作真佛看，不可作纸墨等看。对经像时，当如忠臣之奉圣主，孝子之读遗嘱。能如是，则无业障而不消，无福慧而不足矣。现今士大夫学佛者多，然率皆读其文，解其义，取其供给口头，以博一通家之名而已。至于恭敬志诚，依教修持者，诚为难得其人。余常谓欲得佛法实益，须向恭敬中求。有一分恭敬，则消一分罪业，增一分福慧。有十分恭敬，则消十分罪业，增十分福慧。若无恭敬而致亵慢，则罪业愈增，而福慧愈减矣，哀哉！凡遇知交，当谆谆以此意告之，乃莫大之法施也。

净土法门若信得及，何善如之。若己智有不了，即当仰信诸佛诸祖诚言，断不可有一念疑心，疑则与佛相背，临终定难感通矣。古人谓：“净土法门，唯佛与佛乃能究尽。登地菩萨，不能知其少分。”夫登地大士尚不全知，岂可以博地凡夫，妄生臆断乎？若欲研究，当看《净土十要》，此书乃蕅益大师于净土诸书中采其菁华，妙契时机，最为第一。其开首《弥陀要解》，自佛说此经以来，为西天、东土中绝无而仅有之注解也，宜恪遵守，不可忽略。

今之聪明人，虽学佛法，以未亲近具眼善知识，率皆专重理性，拨弃事修及与因果，既拨事修因果，并理性而失之。所以每有才高等辈，词惊鬼神，究其行为，与市井无知无识者无异，其病根皆由拨事修因果之所致也。俾上智者徒生怜愍，下愚者依样妄为，所谓以身谤法，罪过无量。《法苑珠林》一书（一百卷，常州天宁寺订作三十本，苏州玛瑙经房订作廿四本。玛瑙经房版残伤模糊，天宁寺版系新刻），详谈因果，理事并进。事迹报应，历历分明。阅之令人不寒而栗，纵在暗室屋漏，常如面对佛天，不敢稍萌恶念。上中下根，皆蒙利益。断不至错认路头，执理废事，归于偏邪狂妄之弊。梦东所谓："善谈心性者，必不弃离于因果。深信因果者，终必大明乎心性。此理势所必然也。"梦东此语，乃千古不刊之至论，亦徒逞狂慧者之顶门针也。各流通处皆有，宜请而阅之，其利益当自知之，亦宜令一切知交阅之。令弟去秋复来山，亦曾以恭敬相勉，但未知伊以余言为是否也？

复邓伯诚居士书二

接手书，读之令人心神畅悦。蘧伯玉行年五十，而知四十九年之非。孔子年将七十，尚欲天假之年，卒以学《易》，以祈乎无大过。圣贤之学，未有不在起心动念处究竟者。近世儒者，唯学词章。正心诚意，置之不讲。虽日读圣贤书，了不知圣贤垂书训世之意。而口之所言，身之所行，与圣贤所言所行，若明暗之不相和，方圆之不相入，遑问究及于隐微几希之间哉！

佛经教人常行忏悔，以期断尽无明，圆成佛道。虽位至等觉，如弥勒菩萨，尚于二六时中，礼十方诸佛，以期无明净尽，圆证法身。况其下焉者乎？而博地凡夫通身业力，不生惭愧，不修忏悔。虽一念心性，与佛平等。由烦恼恶业障蔽心源，不能显现。譬如大圆宝镜，经劫蒙尘，不但了无光明，即铜体亦不显现。若知即此全体尘垢之镜，具有照天照地之光。用力磨砻，日复一日，积功不已，铜质自露。又复加功，光明渐发。光明虽发，磨砻更切。力极功纯，垢尽明复，照天照地，为世至宝。须知此光，镜本具足，非从磨得。若非本具，从磨得者，磨砖磨石，亦应发光。又须知此光，镜虽本具，不磨则永无发光之日。众生心性，亦复如是。虽则与佛平等，若不改恶修善，背尘合觉，性具功德，永不能发。以本具佛性之心识，造长劫沉沦之业苦。犹如暗室触宝，不但不得受用，反致受其损伤，可哀也已。

念佛一法，乃背尘合觉、返本归元之第一妙法。于在家人分上，更为亲切。以在家人身在世网，事务多端。摄心参禅，及静室诵经等，或势不能为，或力不暇及。唯念佛一法，最为方便。早晚于佛前随分随力，礼拜持念，回向发愿。除此之外，行住坐卧，语默动静，穿衣吃饭，一切时，一切处，皆好念。但于洁净处，恭敬时，或出声，或默念，皆可。若至不洁净处（如登厕等），或不恭敬时（如睡眠、洗浴等），但宜默念，不宜出声，非此时处不可念也。睡出声念，不但不恭敬，又且伤气，久则成病。默念功德，与常时一样。所谓念兹在兹，造次必于是，颠沛必于是也。

居士既能发露忏悔，于净土法门最易相应，所谓心净则佛土净也。然既知非，又肯发露忏悔，必须改过迁善。若不改过迁善，则所谓忏悔者仍是空谈，不得实益。至谓欲心不贪外事，专念佛，不能专，要他专，不能念，要他念，不能一心，要他一心等，亦无奇特奥妙法则，但将一个“死”字贴到额颅上，挂到眉毛上，心常念曰：“我某人从无始来，直至今生，所作恶业，无量无边。假使恶业有体相者，十方虚空不能容受。宿生何幸，今得人身，又闻佛法。若不一心念佛求生西方，一气不来，定向地狱镬汤、炉炭、剑树、刀山里受苦，不知经几多劫。纵出地狱，复堕饿鬼，腹大如海，咽细如针，长劫饥虚，喉中火燃，不闻浆水之名，难得暂时之饱。从饿鬼出，复为畜生，或供人骑乘，或充人庖厨。纵得为人，愚痴无知，以造业为德能，以修善为桎梏，不数十年，又复堕落。经尘点劫，轮回六道，虽欲出离，末由也已。”能如是念，如上所求，当下成办。所以张善和、张钟馗，临终地狱相现，念佛数声，即亲见佛来接引往生。如是利益，一代时教，百千万亿法门之所无者。吾常曰“九界众生离此法，上不能圆成佛道；十方诸佛舍此法，下不能普利群萌”者，此之谓也。果能生死心切，信得及，不生一念疑惑之心，则虽未出娑婆，已非娑婆之久客；未生极乐，即是极乐之嘉宾。见贤思齐，当仁不让，岂肯因循怠忽，以致一错而成永错乎哉？有血性汉子，断断不肯生作行肉走尸，死与草木同腐矣。勉旃勉旃！

又念佛固贵专一。然居士上有父母，下有妻室。分外营谋，妄希富乐，实所不应。至于分内所当为者，亦须勉力为之。非必屏弃一切，方为修行也。若屏弃一切，能不缺父母妻室之养则可，否则便与孝道相背，虽曰修行，实违佛教，是又不可不知也。又须以净土法门利益劝父母，令其念佛求生西方。若能信受奉行，临命终时，定得往生。一得往生，直下超凡入圣，了生脱死，高预海会，亲炙弥陀，直至成佛而后已。世间之孝，孰能与此等者？又若能以此普告同人，令彼各各父母皆得往生，则化功归己，而亲与自己之莲品更当高增位次矣。《诗》云："孝子不匮，永锡尔类。"欲孝其亲者，宜深思而力行之。

复邓新安居士书

今春令兄来书，观其词意，恳挚真切，光因不揣固陋，略为启发。至四月间又来一书，其讼过自责，询求出要，颇合克己复礼、亲师取友之行。光阅之，不胜庆悦，因亦缕析条陈以复之。兹接居士信片，虽词句无几，其意亦与令兄相为伯仲。可谓难兄难弟，天伦佛法，咸为同气连枝。非多劫同种善根，同修净行，曷克臻此？今居士有所请益，光实难于复答。何以故？以居士所志者大，光之所知者小，小大不相袭，机教不相契耳。虽然，一乘实相之中，觅小大相了不可得。于此不可得中，举大则大为法界，一切法趣大，是趣不过。举小则小为法界，一切法趣小，是趣不过。光所知之小法，乃统包十法界一切诸法之法也。善导和尚云："若欲学解，从凡夫地，乃至佛地，一切诸法，无不当学。若欲学行，当择其契理契机之一法，专精致力，方能速证实益。否则经劫至劫，尚难出离。"所谓契理契机之法，无过信愿持佛名号，求生西方。其法备在《弥陀要解》，及净土诸书中。当寻绎之，兹不多赘。

须知佛法乃十法界公共之法，无一人不应修，亦无一人不能修。彼谓佛教为弃人伦、害圣道者，皆未见颜色之瞽论也。何以言之？佛于父言慈，于子言孝，于君言仁，于臣言忠，夫唱妇随，兄友弟恭，举世谛之嘉言懿行，佛经无不详陈其宿因现果，现因后果。其言慈孝等，则与儒教相同。其详示三世因果处，则儒教便无闻焉。况其断惑证真，及圆满菩提，归无所得之法乎？惜其人之未睹也，倘详阅而深思之，则当痛哭流涕，声震大千世界，悲昔谤佛之罪咎也。虽然，以言谤者其罪小，以身谤者其罪大。今之口谈大乘，自命悟道，谓："我即是佛，何必更去念佛。烦恼即是菩提，何必断烦恼。淫怒痴即是戒定慧，何必断淫怒痴。"由是之故，出言则高于九天之上，行事则卑入九地之下。如斯之流，名为佛怨，比之不知佛法而谤者，罪深万倍。其曾研究佛法，非全无利益，但作未来得度之因。其以身谤法之罪，不知经几何劫量，在三途中受诸罪苦也。

居士当以研究大乘经论开圆顿解为先导，信愿持名求生西方为正行。至于居心行事，或恐过起于不知，福消于不觉，当详阅《安士全书》，及《法苑珠林》，自然法法头头，有所取则，心心念念，无或逾越矣。倘尤恐鉴察不及，当取《孚佑帝君功过格》着实行去，则超凡入圣，断惑证真，于震旦国中，当推君为第一矣。《功过格》乃明云谷禅师传袁了凡者，切不可谓其落索而藐视之。令兄次书，于身心性命大有裨益，不如是自怨自艾，断难克己寡过。今一并寄来，亦企居士亦如令兄之自怨自艾，以期至于断惑证真、圆满菩提而后已也。

与福建刘廷诚居士书

原夫诸佛为一大事因缘故，出现于世。所谓大事因缘者，无非欲令众生开示悟入佛之知见，直下成佛而已。第以众生之根性不一，故如来之教法万殊。是以一代时教，随机演畅，法门虽浩若尘沙，而行人依教修持，究竟归元，皆证即心自性。然于尘沙法门之中，求其不离事修，全彰心性，三根普被，利钝全收，上上根不能逾其阃，下下根亦可臻其域，高超一切禅、教、律，统摄一切禅、教、律，下手易而成功高，用力少而得效速，最利末法，直出五浊者，无如净土持名念佛之殊胜超绝也。诚所谓九界众生离此法，上不能圆成佛道；十方诸佛舍此法，下不能普利群生。所以千经万论，处处指归。往圣前贤，人人趣向。若群星之拱北，万水之朝东也。

居士既深信念佛，若未参承净业知识，又不广阅净土经论，则真信切愿从何而生？纵能执持名号，只因不求出离，便成人天因果，受享痴福。因福造业，仍沉恶道。倘再路头不真，涉入邪见，则善因反招恶果。人天福报，亦不可得。阿鼻极苦，长劫难出。譬如入海，既无导师，又乏指南，漂流于狂波巨浪之中，茫茫不知所趣，纵能撑篙摇橹，岂能免于沉溺？光少乏问学，长无所知，唯于净土一法，颇切向往。感子之诚，今将净土经论之最切要者略开一二，一一标其大意。若能归而求之，则心领神会，自有手之舞之、足之蹈之而不自知者，远胜愚之喋喋也。

复高邵麟居士书一

谢恩光来山，持阁下书，展读之下，见其慕道心切，而愿力宏大，誓期深入，而不肯得少为足，欣慰无量。至于过赞不慧，令人惭愧无似耳。阁下欲了生死大事，况复年临知命，来日无多，又无知识益友之可亲近，而不专修净业，一心念佛，而欲泛泛然研究诸经奥义典句，似未深知净土法门之所以然者。宜往华严寺借阅《净土十要》，及《净土圣贤录》，息心详阅，自知所趣。

一切众生，皆是过去父母，未来诸佛。杀而食之，何能下咽？若知此义，即丧身失命，亦不能吃一切肉矣。然佛之教人，循循善诱，上根则令其全断，中、下则令其渐减，而遂至于全断耳。

发愿文，文虽宏大，然须真实从心而发，方名为愿，否则心口相违，何名为愿？现世之愿，虽亦无妨，欲生福慧子孙，须从大积阴德、广行方便中求。况阁下年当六八，续娶三妻，但只生女，即此可征宿世现生，皆少栽培。今欲转回天心，必须真实改过迁善，如明季袁了凡先生之笃实做去，断未有不蒙感格而满所愿者。且勿谓吾家素寒，不能广积阴德，大行方便。须知身口意三业皆恶，即莫大之恶。倘三业皆善，即莫大之善。至如愚人不信因果，不信罪福报应。侃侃凿凿，依《安士全书》等所说，为其演说，令其始则渐信因果，继则深信佛法，终则往生西方，了生脱死。一人如是，功德尚无量无边，何况多人。然须躬行无玷，方可感化同人。自己妻女，能信受奉行，别人自能相观而善矣。岂在资财多乎哉？但求不饥不寒，何思财发巨万。遗子黄金满籝，不如教子一经。祖德若亏，便当愧死。祖业纵亏，有何所伤？而以来日无多之身，思欲顿复。徒生妄想，了无实益。且自随缘度日，便为乐天知命矣。健寿处世，有顺无逆，世人谁不愿得？然而得者甚少，不得者甚多。以宿世现生，无大栽培，无因不能得果故也。

今阁下欲生西方了生死，但当愿高曾祖父母等神识，仗自己自行化他修持净业之力，即蒙佛慈接引往生，则可谓大孝尊亲。其不绝先祖祀，及复祖业等，皆世间凡情所共知见之浅近境界也。况求生西方者，不可怕死。若今日即死，今日即生西方，所谓朝闻道，夕死可矣。岂可今日要死，且不愿死，既贪恋尘境，不能放下，便因贪成障，净土之境不现，而随业受生于善恶道中之境便现，境现，则随业受生于善恶道中矣，往生西方，便成画饼。故修西方人，今日死也好，再活一百二十岁死也好，一切任彼前业，不去妄生计较。倘信愿真切，报终命尽，便即神超净域，业谢尘劳，莲开九品之花，佛授一生之记矣。又世人无子，每多广置妾媵，不知培德节欲，如此乃是速死之法，非求子之道。此事上关风化，及与宗祀，人皆冒昧而为，其于人之大伦，不亦有愧于衷乎？

不慧人微德薄，百无一能，寄食普陀，苟延残喘，不敢为人作师。故谢恩光在先亦有此说，皆辞而不受。阁下皈依三宝，随于本地择其品行端方者，拜以为师，则已得为如来弟子矣。下次再有笔札，不得用皈依字样。贵地既无明眼通人，光自愧道业未成，不敢作师，然复随缘开示者。喻如无足之人，一步难移，安坐三叉路口，有欲直达家乡，不知所趣者，指令得其正道，速达家乡。而归家之人，断不以彼之不能行，并其言而废之也。

复高邵麟居士书二

来书言礼《法华经》，摄心念佛，及欲寡其过而未能，拟欲依《功过格》日常检点。足见汝近来操修，实属为己之学，非如今人之唯欲沽名邀誉、自欺欺人之可比也。幸甚幸甚！礼诵持念，种种修持，皆当以诚敬为主。诚敬若极，经中所说功德，纵在凡夫地，不能圆得，而其所得，亦已难思难议。若无诚敬，则与唱戏相同。其苦乐悲欢，皆属假妆，不由中出。纵有功德，亦不过人天痴福而已。而此痴福，必倚之以造恶业，其将来之苦，何有了期？当以此意普告同侪，俾修须真修，行须实行，则其利溥矣。

所立拜经规矩，理固无碍。若依事相论之，若笼统通拜，当念："南无大乘《妙法莲华经》、法华会上佛菩萨。"拜下想《礼经偈》云："真空法性如虚空，常住法宝难思议。我身影现法宝前，一心如法归命礼。"想全经放光，及经中所说佛菩萨各各放光，照触自身，及法界有情。若逐字礼拜，当念："一心顶礼大乘《妙法莲华经》某字法宝。"拜某字则念某字。从"如是我闻"，至经尽，皆如此念。然观想一法，大非易事。若理路不清，及心识纷乱，或致起诸魔事。但以至诚恭敬为主，能观则观。否则竭诚致敬，蓦直拜去，亦自功德无量。

若汝所立章程，对经而拜，拜下想偈，及拜起念佛、观佛，固不若供经佛前，专一礼阿弥陀佛，为专精一致。且勿谓缘想一佛，不如缘想多佛之功德大。须知阿弥陀佛是法界藏身，所有十方法界诸佛功德，阿弥陀佛一佛全体具足。如帝网珠，千珠摄于一珠，一珠遍于千珠，举一全收，无欠无余。若久修大士，缘境不妨宽广，境愈宽而心愈专一。若初心末学，缘境若宽，则心识分散，而障深慧浅，或致起诸魔事。故我佛世尊，及历代诸祖，皆令一心专念阿弥陀佛者此也。待其念佛得证三昧，则百千法门，无量妙义，咸皆具足。古人谓："已浴大海者，必用百川水。身到含元殿，不须问长安。"可谓最善形容者矣。

至于止恶修善，刻实检察，虽莫善于《功过格》，然使心不主于诚敬，纵日记功记过，亦是虚文。《功过格》，此间未有其书。若约予所见，但当主敬存诚，于二六时中，不使有一念虚浮怠忽之相。及与世人酬酢，唯以忠恕为怀。则一切时，一切处，恶念自无从而起。倘或宿习所使，偶尔忽生，而诚敬忠恕在怀，自能念起即觉，觉之即失，决不至发生滋长，举三业而随之矣。小人之所以伪为善而实为恶者，意谓人不我知。不知其不知者，但只世间凡夫耳。若得道圣人，固了了悉知。而天人鬼神，虽未得道，以报得他心通，亦了了悉知。况声闻、缘觉、菩萨、诸佛，他心道眼，圆见三世，如视诸掌者乎？欲无知者，唯己不知则可耳。己若自知，则天地鬼神、佛菩萨等，无不悉知之而悉见之矣。若知此义，虽暗室屋漏之中，不敢怠忽。人所不知之地，不敢萌恶。以天地鬼神、诸佛菩萨共知，纵不知惭愧者，知此亦当惭愧无地矣，况真修实践之士哉！故欲寡其过，先须从畏此诸圣凡悉知悉见起。"见先哲于羹墙，慎独知于衾影"，犹是约世间情见而浅近言之。实则我心与十方法界，觑体吻合。由我迷故，其知局在于一身。彼十方法界圣人，彻证自心本具之法界藏心，凡法界中一切有情举心动念，无不亲知亲见。何以故？以同禀真如，自他无二故。若知此义，自能战兢惕厉，主敬存诚。初则勉力息妄，久则无妄可得矣。（恶念原属妄想，若不觉照，便成实恶。倘能觉照，则妄想灭而真心现矣。）

复高邵麟居士书三

书中语语真实，欲得佛法实益，但以未知净土法门之所以，其心愿便与佛愿相违。世之修持求了生死者多矣，然每每以己愚见，测度如来不思议大法，遂致北辕适越，不能了脱。今生尚无正见，况来生乎？万一复得人身，而被今生所修之痴福所迷，安望其更加精进以求出离也耶？佛说一切大小权实法门，皆须仗己功力，断惑证真，方出生死。若惑业有一丝毫，生死决定难出。是以从生至生，从劫至劫，展转修持。或有力量充足，直进不退，即能了脱者。多皆旋觉忽迷，暂进久退，经尘点劫，不能出离。所以尔我今日尚为凡夫，皆坐不知如来普被三根、至极圆顿之净土法门故也。汝纵未亲知识，亦曾诵《弥陀经》、《无量寿经》、《十六观经》，及各净土发愿文、《龙舒文》、《归元直指》。彼皆令即生往生，汝偏欲展转来生。佛愍众生无力断惑，难了生死，故特开一仗佛慈力，带业往生之横超法门。无论断惑与否，若具真信切愿，持佛名号（此是正行），及修行众善，回向往生（此是助行），无一不得生者。即五逆十恶之人，临终地狱相现，若心识不迷，闻善知识教以念佛求生西方，若念十声，或只一声，当下命终亦得往生。（此在《十六观经·下品下生章》，系金口诚言。）既往生已，即已高预海会，永出轮回，渐次进修，以圆佛果。若此逆恶罪人，不闻此不思议法，经尘点劫，难出地狱。饿鬼、畜生尚难得，况欲得人身而修行了生死耶？当须发决定心，临终定欲往生西方。且莫说碌碌庸人之身，不愿更受。即为人天王身，及出家为僧，一闻千悟，得大总持，大宏法化，普利众生之高僧身，亦视之若毒荼罪薮，决定不生一念欲受之心。如是决定，则己之信愿行，方能感佛。佛之誓愿，方能摄受。感应道交，蒙佛接引，直登九品，永出轮回矣。

三皈五戒，为入佛法之初门。修余法门，皆须依此而入，况即生了脱之至简至易、至圆至顿之不思议净土法门耶？不省三业，不持五戒，即无复得人身之分，况欲得莲花化生、具足相好光明之身耶？

汝日暮途远，宜从径直之法。且专门读诵《净土三经》，及《普贤行愿品》，研究净土诸经注疏。若诸语录、《金刚》、《法华》，且先置之度外。以事宜急先，心无二用故也。

至于寡过一事，实为儒佛切要工夫。蘧伯玉行年五十而知四十九年之非，使人谓其欲寡其过而未能。此实在意地上用功，非身口动辄有过也。在家居士日与常人酬酢，固宜刻刻堤防，否则不但意业不净，即身口亦或污秽不净。

欲其自他兼利，莫过于多识前言往行，以存龟鉴。《安士全书》实为古今第一融通儒佛心法，详示因果报应，及修持方法之导俗奇书，宜常翻阅，庶无疑不释，无行不谨矣。《法苑珠林》更加阔大，虽非甚深经典，然初心由浅及深，则无误会之失。若不先悉罪福因果，便拟直探第一义谛实相妙理，或恐见地不清，错认消息，则以迷为悟，求升反坠矣。

汝既专修净土，宜以莲池大师《新定净土发愿文》为主。（《省庵语录》下卷，有此愿文注解，阅之自知其妙。）汝自立四愿，或兼用或不用皆可。以彼愿文，事理周到，了无一义一法之渗漏。彼云“法界”，则包括无遗。汝云“大千”，较法界量，奚啻大地一尘，大海一滴。

历观汝书，似是真实在心地上用功。然今之学者，每每专说假话，不修实行，意拟沽名邀誉以求体面，并非真实自省寡过而作是言也。此名自暴自弃，名大妄语，名不知惭愧。若非此等，则为圣贤之徒。若带此气，则是下流坯，乃法之罪人，佛之逆子。有则改之，无则加勉。直心直行，方与佛合。又自既修持净业（谓改过迁善及念佛，即生即愿往生西方），亦当教一切相识者，亦修净业。宜依《龙舒文·普劝门》，令其随分随力，种此不思议善根。然既欲教人，须由亲及疏。妻妾子女，忍不令得此利益乎？文王刑于寡妻，至于兄弟，以御于家邦。世出世自行化他，莫不如是。

汝专求往生，晨朝十念外，凡行住坐卧，语默动静，着衣吃饭，屙屎放尿，一切时，一切处，皆当以六字洪名，置之心口之间。但于如法时处，声默随宜。若大小便、睡眠，则只许默念，切勿出声。默则功德齐等，声则不恭。睡则又加伤气，不可不知。

须知西方极乐世界，莫说凡夫不能到，即小乘圣人亦不能到，以彼系大乘不思议境界故也。小圣回心向大即能到。凡夫若无信愿感佛，纵修其余一切胜行，并持名胜行，亦不能往生。是以信愿最为要紧。蕅益云：“得生与否，全由信愿之有无。品位高下，全由持名之深浅。”乃千佛出世不易之铁案也。能信得及，许汝西方有分。（《弥陀经》、《无量寿经》、《观无量寿佛经》亦名《十六观经》，此名净土三经。加《普贤行愿品》，名净土四经。仿单中有《净土四经》一本，其《无量寿经》系魏承贯删削，又依余经增益，理虽有益，事实大错，不可依从。）

复高邵麟居士书四

接手书，知居士近来修持亲切，自讼寡过，希圣希贤，非徒博一修行之虚名而已，欣喜无量。夫欲学佛祖了生死，须从惭愧忏悔、止恶修善而来。（惭愧忏悔，止恶修善，即自讼寡过，克己复礼。若能自讼，自然寡过，寡过即克己之实行，既能克己，自然复礼矣。）持斋警策，意甚真切。但须脚踏实地，尽力做去，否则便成妄语中妄语。知之匪艰，行之维艰。世间多少聪明人，皆以唯说不行，了此一生。徒入宝山，空手而归。可痛惜哉，可痛惜哉。

若夫妄念满腔，憧憧往来，朋从尔思。由未真提正念故也。倘正念真切，则朋从于专注一境之正念矣。所谓调御得法，即寇贼皆为赤子。调御失道，虽手足亦作怨家。在凡夫地，谁无烦恼？须于平时预先堤防，自然遇境逢缘，不至卒发。纵发亦能顿起觉照，令其消灭。

起烦恼境，不一而足。举其甚者，唯财、色与横逆数端而已。若知无义之财，害甚毒蛇，则无临财苟得之烦恼。与人方便，究竟总归自己前程，则无穷急患难求救，由惜财而不肯之烦恼。色则纵对如花如玉之貌，常存若姊若妹之心，纵是娼妓，亦作是想，生怜悯心，生度脱心，则无见美色而动欲之烦恼。夫妇相敬如宾，视妻妾为相济继祖之恩人，不敢当作彼此行乐之欲具，则无徇欲灭身，及妻不能育，子不成立之烦恼。子女从小教训，则无忤逆亲心，败坏门风之烦恼。至于横逆一端，须生怜悯心，悯彼无知，不与计较，又作自己前生曾恼害过彼，今因此故，遂还一宿债，生欢喜心，则无横逆报复之烦恼。

然上来所说，乃俯顺初机。若久修大士，能了我空，则无尽烦恼悉化为大光明藏。譬如刀以磨利，金以炼纯。莲因淤泥滋培，方得清净光洁。境无自性，损益在人。三业四仪（四仪即行、住、坐、卧），常持颜渊之四勿。五戒十善，必效曾氏之三省。暗室虽无人见，而天地鬼神咸知。念始萌乎隐微，罪福判若天渊。若能如是修省，将见举动皆善，恶无从生矣。此实正心诚意之宏规，切勿谓释氏琐屑，不若儒者之简捷也。

若论念佛法门，唯以信愿行三法为其宗要。三法具足，决定往生。若无真信切愿，纵有真行，亦不能生，况悠悠泛泛者哉？蕅益所谓“得生与否，全由信愿之有无；品位高下，全由持名之深浅”，乃三世不易之常谈，三根普被之妙道也。宜通身靠倒，庶亲证实益耳。信愿行三，《十要》中皆悉详示。而第一要，《弥陀要解》“五重玄义”中，第三明宗，发挥三法，最为精详。其后节节段段，皆有指示，宜细参阅，此不备书。

至于念佛心难归一，当摄心切念，自能归一。摄心之法，莫先于至诚恳切。心不至诚，欲摄莫由。既至诚已，犹未纯一，当摄耳谛听。无论出声、默念，皆须念从心起，声从口出，音从耳入。（默念虽不动口，然意地之中，亦仍有口念之相。）心口念得清清楚楚，耳根听得清清楚楚，如是摄心，妄念自息矣。如或犹涌妄波，即用十念记数，则全心力量，施于一声佛号，虽欲起妄，力不暇及。此摄心念佛之究竟妙法，在昔宏净土者，尚未谈及，以人根尚利，不须如此便能归一故耳。印光以心难制伏，方识此法之妙，盖屡试屡验，非率尔臆说，愿与天下后世钝根者共之，令万修万人去耳。所谓十念记数者，当念佛时，从一句至十句，须念得分明，仍须记得分明。至十句已，又须从一句至十句念，不可二十、三十。随念随记，不可掐珠，唯凭心记。若十句直记为难，或分为两气，则从一至五，从六至十。若又费力，当从一至三，从四至六，从七至十，作三气念。念得清楚，记得清楚，听得清楚，妄念无处着脚。一心不乱，久当自得耳。

须知此之十念，与晨朝十念，摄妄则同，用功大异。晨朝十念，尽一口气为一念，不论佛数多少。此以一句佛为一念。彼唯晨朝十念则可，若二十、三十，则伤气成病。此则念一句佛，心知一句；念十句佛，心知十句。从一至十，从一至十，纵日念数万，皆如是记。不但去妄，最能养神。随快随慢，了无滞碍。从朝至暮，无不相宜。较彼掐珠记数者，利益天殊。彼则身劳而神动，此则身逸而心安。但作事时，或难记数，则恳切直念。作事既了，仍复摄心记数。则憧憧往来者，朋从于专注一境之佛号中矣。大势至谓："都摄六根，净念相继，得三摩地，斯为第一。"利根则不须论，若吾辈之钝根，舍此十念记数之法，欲都摄六根，净念相继，大难大难。又须知此摄心念佛之法，乃即浅即深，即小即大之不思议法。但当仰信佛言，切勿以己见不及，遂生疑惑，致多劫善根，由兹中丧，不能究竟亲获实益，为可哀也。掐珠念佛，唯宜行住二时。若静坐养神，由手动故，神不能安，久则受病。此十念记数，行住坐卧皆无不宜。卧时只宜默念，不可出声。若出声，一则不恭，二则伤气。切记切记。

居士以年将半百，身系樊笼，素未参寻知识。倘欲即生了脱，但当专主净土一门。《金刚》、《法华》，且先置之度外。待净土大通，一心已得后，再行研究不晚也。若此刻便即从事，恐智力不给，得彼失此，一法未精，二利咸失耳。《拣魔辨异录》系禅宗，深通教理者尚不易知，况居士乎？凡禅宗典章，概勿研究，以禅宗意在言外，若按文解义，则错会佛法，以善因而招恶果。《释氏稽古略》乃记事之书，而以禅宗为主。凡属此种言句，皆当置之勿究可也。

吾常谓欲得佛法实益，须向恭敬中求。有一分恭敬，则灭一分罪业，增一分福慧。有十分恭敬，则灭十分罪业，增十分福慧。若全无恭敬，虽种远因，其亵慢之罪，有不堪设想者。凡见一切信心人，皆须以此意告之。此系从初心至究竟之决定实义，若当做腐僧迂谈，便为自暴自弃，岂特辜负印光，实为辜负自己也已。

与陈锡周居士书

如来出世，说法度生，原欲一切众生直下了生脱死，亲证无上觉道而已。但以众生根机不等，不能究竟畅佛本怀，只得随顺机宜，循循善诱。大根则称性直谈，为说佛乘，令其即生圆证佛果，如《华严经》之善财、《法华经》之龙女等。次则为说菩萨乘、缘觉乘、声闻乘，令其渐次修习，渐次证果。又其次则为说五戒十善，令其不堕恶道，受人天身，渐种善根，随其所种善根大小，将来于三乘法中，随宿善力，发诸现行。或依菩萨乘，修六度万行，而得亲证法身。或依缘觉、声闻乘，悟十二因缘及四谛法，而得断惑证真。此诸法门，虽则大小不同，顿渐各异，然一一皆须自己修习力深，断惑证真，方可超出轮回，了生脱死。若三界内见思二惑，丝毫未尽，则生死根本，未能斩断，纵令定慧力深，依旧无由解脱。如三果圣人，尚生五不还天，经许多劫，方证四果。若证四果，则生死根本断尽无余，然只是小果声闻，尚须回己所证小果，趣向如来大道，于十方世界乘愿受生，广行六度万行，上求佛道，下化众生。随己功行深浅，或渐或顿，以次证入十住、十行、十回向、十地、等觉诸位。至等觉已，再破一品无明，证一分三德，便入妙觉位而成佛矣。如来一代时教，所说法门，虽则无量无边，其证入地位，毕竟不能超越于此。虽禅宗直指人心，见性成佛，最为圆顿直捷。然见性成佛，乃约本有法身，不涉凡圣因果修证而论。若依修证地位而言，亦与教家了无异趣。而末世之中，人根陋劣，知识鲜少，悟者尚难其人，何况实证？

如来知诸众生唯仗自力了脱之难，故于一切法门之外，特开念佛求生净土一门。但能信愿真切，即五逆十恶极重罪人，临命终时，地狱相现，有善知识教以念佛，若能念佛十声，或只数声，或只一声，亦得蒙佛慈力，接引往生。况彼修行世善，不作诸恶者乎？若是精修梵行，禅定力深，则往生品位更高，见佛闻法最速。即大彻大悟，断惑证真之人，亦须回向往生，以期圆证法身，速成佛果。其余法门，小法则大根不须修，大法则小根不能修。唯兹净土一门，三根普被，利钝全收。上之则观音、势至、文殊、普贤，不能超出其外。下之则五逆、十恶、阿鼻种性，亦可预入其中。使如来不开此法，则末世众生欲即生了生脱死，便绝无企望矣。然此法门如是广大，而其修法又极简易，由此之故，非宿有净土善根者，便难谛信无疑。不但凡夫不信，二乘犹多疑之。不但二乘不信，权位菩萨犹或疑之。唯大乘深位菩萨，方能彻底了当，谛信无疑。能于此法深生信心，虽是具缚凡夫，其种性已超二乘之上。喻如太子堕地，贵压群臣，虽其才德未立，而仗王力故，感如此报。修净土人，亦复如是，由以信愿持佛名号，即能以凡夫心，投佛觉海，故得潜通佛智，暗合道妙也。欲说净土修法，若不略陈诸法仗自力了脱之难，此法仗佛力往生之易，则不是疑法，便是疑自。若有丝毫疑心，则因疑成障，莫道不修，修亦不得究竟实益也。由是言之，信之一法，可不急急讲求，以期深造其极乎哉！

所言信者，须信娑婆实实是苦，极乐实实是乐。娑婆之苦，无量无边。总而言之，不出八苦，所谓生、老、病、死、爱别离、怨憎会、求不得、五阴炽盛。此八种苦，贵极一时，贱至乞丐，各皆有之。前七种是过去世所感之果，谛思自知，不须详说，说则太费笔墨。第八五阴炽盛苦，乃现在起心动念，及动作云为，乃未来得苦之因。因果牵连，相续不断，从劫至劫，莫能解脱。五阴者，即色、受、想、行、识也。色，即所感业报之身。受、想、行、识，即触境所起幻妄之心。由此幻妄身心等法，于六尘境，起惑造业，如火炽燃，不能止息，故名炽盛也。又“阴”者，盖覆义，音义与“荫”同。由此五法，盖覆真性，不能显现。如浓云蔽日，虽杲日光辉，了无所损，而由云蔽故，不蒙其照。凡夫未断惑业，被此五法障蔽，性天慧日，不能显现，亦复如是。此第八苦，乃一切诸苦之本。修道之人，禅定力深，于六尘境界，了无执着，不起憎爱，从此加功用行，进证无生，则惑业净尽，斩断生死根本矣。然此工夫，大不容易，末世之中，得者实难。故须专修净业，求生极乐，仗佛慈力，往生西方。既得往生，则莲花化生，无有生苦。纯童男相，寿等虚空，身无灾变。老、病、死等，名尚不闻，况有其实？追随圣众，亲侍弥陀。水鸟树林，皆演法音。随己根性，由闻而证。亲尚了不可得，何况有怨？思衣得衣，思食得食。楼阁堂舍，皆是七宝所成，不假人力，唯是化作。则翻娑婆之七苦，以成七乐。至于身则有大神通，有大威力，不离当处，便能于一念中，普于十方诸佛世界作诸佛事，上求下化。心则有大智慧，有大辩才，于一法中，遍知诸法实相，随机说法，无有错谬。虽说世谛语言，皆契实相妙理。无五阴炽盛之苦，享身心寂灭之乐，故经云“无有众苦，但受诸乐，故名极乐”也。娑婆之苦，苦不可言。极乐之乐，乐莫能喻。深信佛言，了无疑惑，方名真信。切不可以凡夫、外道知见，妄生猜度，谓净土种种不思议胜妙庄严，皆属寓言，譬喻心法，非有实境。若有此种邪知谬见，便失往生净土实益，其害甚大，不可不知。

既知娑婆是苦，极乐是乐，应发切实誓愿，愿离娑婆苦，愿得极乐乐。其愿之切，当如堕厕坑之急求出离，又如系牢狱之切念家乡。己力不能自出，必求有大势力者提拔令出。娑婆世界一切众生，于逆顺境，起贪瞋痴，造杀盗淫，秽污本有妙觉明心，乃无底之厕坑。既造恶业，必受恶报，久经长劫，轮回六道，乃不赦之牢狱。阿弥陀佛于往劫中，发四十八愿，度脱众生，有一愿云：“若有众生，闻我名号，求生我国，乃至十念，若不生者，不取正觉。”阿弥陀佛誓愿度生，若众生不求接引，佛亦无可奈何。倘志心称名，誓求出离娑婆者，无一不蒙垂慈摄受也。阿弥陀佛有大势力，能拔娑婆无底厕坑、不赦牢狱之人，直下出离其中，悉皆安置于极乐本有家乡，令其入佛境界，同佛受用也。欲生西方，最初须有真信切愿。若无真信切愿，纵有修行，不能与佛感应道交，只得人天福报，及作未来得度之因而已。若信愿具足，则万不漏一，永明所谓“万修万人去”者，指信愿具足者言也。

既有真信切愿，当修念佛正行。以信愿为先导，念佛为正行。信愿行三，乃念佛法门宗要。有行无信愿，不能往生。有信愿无行，亦不能往生。信愿行三，具足无缺，决定往生。得生与否，全由信愿之有无。品位高下，全由持名之深浅。

言念佛正行者，各随自己身份而立，不可定执一法。如其身无事累，固当从朝至暮，从暮至朝，行住坐卧，语默动静，穿衣吃饭，大小便利，一切时，一切处，令此一句洪名圣号，不离心口。若盥漱清净，衣冠整齐，及地方清洁，则或声或默，皆无不可。若睡眠及裸露、澡浴、大小便时，及至秽污不洁之处，只可默念，不宜出声。默念功德一样，出声便不恭敬。勿谓此等时处，念不得佛，须知此等时处，出不得声耳。又睡若出声，非唯不恭，且致伤气，不可不知。虽则长时念佛，无有间断。须于晨朝向佛礼拜毕，先念《阿弥陀经》一遍、《往生咒》三遍毕，即念《赞佛偈》，即“阿弥陀佛身金色”偈。念偈毕，念“南无西方极乐世界大慈大悲阿弥陀佛”。随即但念“南无阿弥陀佛”六字，或一千声，或五百声，当围绕念。若不便绕，或跪或坐或立皆可。念至将毕，归位跪念观音、势至、清净大海众菩萨各三称。然后念《净土文》，发愿回向往生。念《净土文》者，令依文义而发心也。若心不依文而发，则成徒设虚文，不得实益矣。《净土文》毕，念三归依，礼拜而退。此为朝时功课，暮亦如之。若欲多多礼拜者，或在念佛归位之时，则礼若干拜佛外，九称菩萨，即作九礼。礼毕即发愿回向。或在功课念毕礼拜。随己之便，皆无不可。但须恳切至诚，不可潦草粗率。蒲团不可过高，高则便不恭敬。

若或事务多端，略无闲暇。当于晨朝盥漱毕，有佛则礼佛三拜，正身合掌念“南无阿弥陀佛”，尽一口气为一念，念至十口气，即念《小净土文》，或但念“愿生西方净土中”四句偈，念毕礼佛三拜而退。若无佛即向西问讯，照上念法而念。此名十念法门，乃宋慈云忏主为王臣政务繁剧，无暇修持者所立也。何以令尽一口气念？以众生心散，又无暇专念。如此念时，借气摄心，心自不散。然须随气长短，不可强使多念，强则伤气。又只可十念，不可二十、三十，多亦伤气。以散心念佛，难得往生。此法能令心归一处，一心念佛，决定往生。念数虽少，功德颇深。极闲、极忙，既各有法。则半闲半忙者，自可斟酌其间而为修持法则也。

又念佛之人，必须事事常存忠恕，心心堤防过愆。知过必改，见义必为，方与佛合。如是之人，决定往生。若不如是，则与佛相反，决难感通。又举凡礼拜读诵大乘经典，及作一切于世于人有益之事，悉皆以此回向西方。不可唯以念佛回向西方，其余功德另去回向世间福报，则念不归一，便难往生。须知真能念佛，不求世间福报，而自得世间福报（如长寿无病、家门清泰、子孙发达、诸缘如意、万事吉祥等）。若求世间福报，不肯回向往生，则所得世间福报，反为下劣。而心不专一，往生便难决定矣。

此念佛法门，一代时教大乘经典，尽皆赞扬。小乘经中，绝不提起。有不通教理者，斥为小乘，乃无知邪说，不可听从。又乩坛所说，多属灵鬼依托当人之智识而作。若说世间道理，则是者尚多。若说佛法，则非己所知，妄造谣言。如《金刚直解》后所附之“先天古佛宝号”，乃灭人慧命，瞎人正眼，极恶无比之魔话。以此施人，罪过无量矣。

与心愿居士书

（代友人作）

心者，一身之主，万法之宗，顺之则速成菩提，逆之则永沉生死。一切众生，迷背本心，随逐妄境，起贪瞋痴，造杀盗淫，轮回于六道之中，汩没于三界之内，久经长劫，莫能出离。汝既发心归依三宝，为佛弟子，须发菩萨四宏誓愿，自利利他。四宏誓愿者，即“众生无边誓愿度，烦恼无尽誓愿断，法门无量誓愿学，佛道无上誓愿成”也。须知此四宏誓愿，乃三世一切诸佛誓愿之本。汝于日用举心动念，须令与此相合。若与合者，扩充令其圆满。若不合者，断除令其净尽。

然欲利他，先须自利，若非自己先出生死，何能度彼生死众生？譬如溺于海者，不能救海中沉溺之人。如来所说了生死法无量无边，唯净土一法，下手易而成功高，用力少而得效速，若欲即生了办，舍此末由。所谓净土者，即生信发愿，念阿弥陀佛，求生西方极乐世界也。果能信愿真切，一心念佛，至临命终时，决定蒙佛接引，往生彼国。既得往生，则俯谢凡质，高预圣流，见佛闻法，证无生忍，神通智慧，不可思议。然后乘本愿轮，回入娑婆，种种方便，度脱众生。如观世音菩萨，应以何身得度者，即现何身而为说法，普令一切众生同出生死，同成佛道。方可圆证自己本具之妙真如心，方可究竟契合乎菩萨四宏誓愿，与阿弥陀佛四十八愿，及普贤菩萨十大愿王也已。

“心愿”之义，如是如是。若能顾名思义，身体力行，可谓超格丈夫，火里莲花，如来真子，大士嫡孙矣。勉之勉之！

与卫锦洲居士书

（因邻火延烧，物屋一空，其妻惊骇病故，遂心神迷闷，如醉如狂。）

《法华经》云：“三界无安，犹如火宅。众苦充满，甚可怖畏。”天之所以成就人者，有苦有乐，有逆有顺，有祸有福，本无一定。唯在当人具通方眼，善体天心，则无苦非乐，无逆非顺，无祸非福矣。是以君子乐天知命，上不怨天，下不尤人，随遇而安，无往而不自在逍遥也。所以素富贵行乎富贵（“素”者，现在也。“行”者，优游自得之意。富则周济贫穷，贵则致君泽民，尽其富贵之分，是之谓素富贵行乎富贵也），素贫贱行乎贫贱（若家无余财，身未出仕，则守乎贫贱之节，不敢妄为），素夷狄行乎夷狄（若尽忠被谗，贬之远方，如云贵、两广、黑龙江等，则心平气和，不怨君上，不恨谗人，若自己就是彼地之人一样），素患难行乎患难（或者不但远贬，且加之以刑，轻则楚打监牢，重则斩首分尸，或至灭门，仍然不怨君上，不恨奸党，若自己应该如此一样。人与之患难，尚然如是。何况天降之患难，岂有怨恨者乎？如是之人，则人爱之，天护之。或在此生，或在后世，或在子孙，决定有无穷之福报，以酬其德矣）。居士虽有好善之资，未明儒佛至理，以故一遇逆境，便发狂乱耳。

今谕之曰：世间最博厚高明者，莫过天地日月。而日中则昃，月盈则食。高岸为谷，深谷为陵。沧海变桑田，桑田成沧海。古今最道高德备者，莫过孔子，而且绝粮于陈，被围于匡，周游列国，卒无所遇。只有一子，年才五十，即便死亡，幸有一孙，得绵世系。降此而下，颜渊短命，冉伯牛亦短命。子夏丧明，左丘明亦丧明。屈原沉江（屈原尽忠被谗，后以怀王被秦所留，不胜忧愤，而力无能为，五月五日沉于汨罗江中），子路作醢（醢音海，肉酱也。子路仕卫，卫蒯聩与其子辄争国，子路死于其难，遂被敌兵斩作肉酱）。天地日月，犹不能令其常然不变。大圣大贤，亦不能令其有顺无逆。唯其乐天知命，故所遇无不安乐也。而且千百世后，自天子以至庶人，无不景仰。以当时现境论之，似乎非福。以道传后世论之，则福孰有过于此者。

人生世间，千思万算，种种作为，究到极处，不过为养身口、遗子孙而已。然身则粗布亦可遮体，何必绫罗绸缎？口则菜羹尽可过饭，何必鱼肉海味？子孙则或读书，或耕田，或为商贾，自可养身，何必富有百万？且古今为子孙谋万世之富贵者，莫过秦始皇。吞并六国，焚书坑儒，收天下兵器以铸大钟，无非欲愚弱其民，不能起事。谁知陈涉一起，群雄并作。一统之后，不上十二三年，便致身死国灭，子孙尽遭屠戮，直同斩草除根，靡有孑遗。是欲令子孙安乐者，反使其速得死亡也。汉献帝时，曹操为丞相，专其威权，凡所作为，无非弱君势，重己权，欲令自身一死，子便为帝。及至已死，曹丕便篡，而且尸犹未殓，丕即移其嫔妾，纳于己宫。死后永堕恶道，历千四百余年，至清乾隆间，苏州有人杀猪出其肺肝，上有“曹操”二字。邻有一人见之，生大恐怖，随即出家，法名“佛安”，一心念佛，遂得往生西方，事载《净土圣贤录》。夫曹操费尽心机，为子孙谋。虽作皇帝，只得四十五年，国便灭亡。而且日与西蜀、东吴互相争伐，何曾有一日安乐也？下此若两晋、宋、齐、梁、陈、隋，及五代之梁、唐、晋、汉、周，皆不久长。就中唯东晋最久，仅一百三年。其他或二、三年，或八、九年，一、二十年，四、五十年，即便灭亡。此乃正统。其余窃据伪国，其数更多，其年更促。推其初心，无非欲遗子孙以富贵尊荣。究其实效，反令子孙遭劫受戮，灭门绝户也。且贵为天子，富有四海，尚不能令子孙世受其福。况区区凡夫，从无量劫来，所作恶业，厚逾大地，深逾大海，可保家道常兴，有福无殃也耶？

须知世间万法，悉皆虚假，了无真实，如梦如幻，如泡如影，如露如电，如水中月，如空中花，如热时焰，如乾闼婆城。（梵语“乾闼婆”，此云“寻香”，乃天帝乐神。其城乃幻现非实，世俗所谓蜃楼海市即此也。）唯自己一念心性，亘古亘今，不变不坏。虽不变坏，而常随缘。随悟净缘，则为声闻、为缘觉、为菩萨、为佛，由功德有浅深，故果位有高下。随迷染缘，则生天上、生人间、堕修罗、堕畜生、堕饿鬼、堕地狱，由罪福有轻重，故苦乐有短长。若不知佛法之人，则无可如何。汝既崇信佛法，何不由此逆境，看破世相，舍迷染缘，随悟净缘，一心念佛，求生西方，从兹永出六道之轮回，高证四圣之果位。岂不是因此小祸，常享大福耶？而乃昧昧不了，如醉如狂。倘若焦思过度，或致丧身失命，则长劫难出轮回矣。而且弱妾孤子，何以自立？本欲自利利他，反成自害害他（他谓妾与子也），何愚痴一至于此也？

经云：“菩萨畏因，众生畏果。”菩萨恐遭恶果，预先断除恶因，由是罪障消灭，功德圆满，直至成佛而后已。众生常作恶因，欲免恶果，譬如当日避影，徒劳奔驰。每见无知愚人，稍作微善，即望大福；一遇逆境，便谓作善获殃，无有因果。从兹退悔初心，反谤佛法。岂知报通三世、转变由心之奥旨乎？

报通三世者，现生作善作恶，现生获福获殃，谓之现报。今生作善作恶，来生获福获殃，谓之生报。今生作善作恶，第三生，或第四生，或十百千万生，或至无量无边劫后，方受福受殃者，谓之后报。后报则迟早不定。凡所作业，决无不报者。

转变由心者，譬如有人所作恶业，当永堕地狱，长劫受苦。其人后来生大惭愧，发大菩提心，改恶修善，诵经念佛，自行化他，求生西方。由是之故，现生或被人轻贱，或稍得病苦，或略受贫穷与彼一切不如意事，先所作永堕地狱长劫受苦之业即便消灭，尚复能了生脱死，超凡入圣。《金刚经》所谓“若有人受持此经，为人轻贱，是人先世罪业，应堕恶道，以今世人轻贱故，先世罪业，即为消灭，当得阿耨多罗三藐三菩提”

者，即转变由心之义也。

世人稍遇灾殃，不是怨天，便是尤人，绝无有作偿债想，生悔罪心者。须知种瓜得瓜，种豆得豆。种稂莠则不能得嘉谷，种荆棘则勿望收稻粱。作恶获福者，宿世之栽培深也。若不作恶，则福更大矣。譬如富家子弟，吃喝嫖赌，挥金如土，而不即冻馁者，以其金多也。倘日日如是，纵有百万之富，不几年即便家败人亡，扫地而尽矣。作善遇殃者，宿世之罪业深也。若不作善，则殃更大矣。譬如犯重罪人，未及行刑，复立小功，以功小故，未能全赦，改重为轻。倘能日日立功，以功多且大故，罪尽赦免，又复封侯拜相，世袭爵位，与国同休。

大丈夫生于世间，当具超格知见，岂可使身外之物，累坏自身？譬如金珠满屋，强盗来抢，只宜舍之速逃，岂可守财待死。良以金珠虽贵，若比身命，犹然轻贱，既不能两全，只可舍金珠而全身命耳。且汝财物已烧，空忧何益？唯宜随缘度日，竭力念佛，求生西方，则尽未来际，永离众苦，但受诸乐。如是则由此火灾，成无上道，当感恩报德之不暇，何怨恨迷闷之若是耶？祈以予言详审忖度，当即释然解脱，如拨云雾以见天日，从兹即灾殃翻为善导，转热恼直下清凉矣。倘犹执迷不悟，势必发颠发狂，则本心已丧，邪魔附体，纵令千佛出世，亦不能奈汝何矣。

复泰顺林介生居士书一

不慧为儒未能，学佛不就，久离故乡，欲返未能，每一省察，惭惶无地。忽接华翰，若遇故人，但书中赞誉过分，令人如临𫓧钺耳。祈以后再有笔谈，勿用此套。令兄枝芬于七月十四日晤面，因询居士修持家道，言其为善益力，道念日增，但以家门不幸，令郎早夭，二孙尚幼，颇怀忧思。予闻之不禁慨然长叹。须知逆来顺受，始名乐天。修身植德，方曰尽性。世有愚人，不知夙生善恶，唯观眼前吉凶。见作善而得祸，便谓善不当为。作恶而得福，便谓恶不足戒。不知善恶之报，非一朝一夕之故，其所由来者渐。譬如三尺之冰，岂一朝之寒所能结。百川之泮，亦岂一日之暖所能消。切不可怨天而尤人，犹豫而退悔。宜学俞净意之修身，袁了凡之立命。将见二孙必成佳士，麟儿屡见诞生矣。至于华严重建，诚属莫大功德，然居处深山，募化维艰，只可随缘，不宜勉强。有殿可以供佛，有寮可以安身，行道居处有所庇覆，足矣。何必多造殿宇，广列长廊，不为利益自他，唯取快悦俗目乎？

谢友才志虽高，可惜从未一遇通人。所言自悔时过难学者，特举业耳。不知学圣学贤之时，无过无不过，其学亦无难无易。何以言之？孔子七十尚欲假年学《易》，为免大过计耳。岂为熟其词义以雄笔札，得高爵者哉？十五志学，七十尚学。彼年临四十，岂时过不能为学耶？尧舜之道，孝悌而已矣。一日克己复礼，天下归仁焉。圣罔念而作狂，狂克念而成圣。有何难易之可论于其间哉？予谓谢友，为学莫善此际，有父母可以尽孝，有兄弟可以尽悌，有儿女可以教训，有诗书可以取法，正合夫子居家为政之道。此时不学，真是时过难学矣。纵令文章盖世，官居一品，终是一穷微极妙之艺人，非适时力学之儒士也。因闻佛语，遂持长斋，可知宿因深厚。废弃前功，意欲出家，可知道眼昏朦。如来说法，恒顺众生。遇父言慈，遇子言孝。外尽人伦，内消情虑，使复本有真心，是名为佛弟子，岂在两根头发上论也？况贵乡僻居深山，知法者少，高明者以语言不通之故，皆不至其地。仗此好心，竭力学道，孝悌修而闾里感化，斋戒立而杀盗潜消。研究净土经论，则知出苦之要道。受持《安士全书》，则知淑世之良谟。以净土法门谕亲，以净土法门教子及诸亲识，正以生死事大，深宜痛恤我后。不必另择一所，即家庭便是道场，以父母、兄弟、妻子、朋友、亲戚尽作法眷，自行化他，口劝身率，使其同归净域，尽出苦轮，可谓戴发高僧，居家佛子矣。宜以鄙意告之。倘闻此不加诽毁，又欲进步，路头不决。身事暇适，不妨亲至普陀来访一番。否则但观《净土十要》，及《净土圣贤录》，自知取法，不劳更问他人矣。

令兄忠厚有余，似与此道有缘，宜劝受持《安士全书》，庶不虚此一晤。《弥陀疏钞》、《安士全书》各一部，随书带来，以结净缘。

复泰顺林介生居士书二

数载未晤，时常忆念。今秋令兄枝芬赴乡试，持书来山，方悉居士近来操持。又言家门不幸，丧其爱子，旦夕忧思，不能置怀。予欲详陈事理因果，以录遗期迫，不能住宿，故略言之。今嘉平望日，彻权师至，又言居士怨尤之状，及无知俗人谓作善获殃、修行无益等种种邪说。予闻之凄然，恐上智者因兹惰行，下愚者敢于作恶，故不揣固陋，直词以告。

如来说经，报通三世。凡人生子，略有四因。

报通三世者。第一现报，谓现在作善作恶，现生获福获殃。如士子习举业，现身得功名，此凡眼能见者。第二生报，谓今生作善作恶，来生享福受罪。如祖父重斯文，子孙方发达。此则凡眼所不能见，天眼犹能见之。（今生来生，皆约本人说。然隔世之事难以喻显，权约祖父、子孙，欲人易了。不可以词害义，至祷。）第三后报，谓今生作善作恶，至第三生，或四、五、六、七生，或十、百、千、万生，或一、十、百、千、万劫，或至无量无边恒河沙劫，方受善恶之报。如商、周之王业，实肇基于稷、契弼舜佐禹之时。若三四生等，天眼犹能见之。若百千万劫，天眼则不能见，声闻道眼犹能见之。若无量无边恒河沙劫，唯如来五眼圆明者能见，尚非声闻道眼之境，况天眼、肉眼哉？知此三报之义，则作善降祥，不善降殃，圣言原自无爽。富贵贫贱，寿夭穷通，天命未曾有偏。境缘之来，若镜现像。智者但修镜外之容，愚人徒憎镜内之影。逆来顺受，方为乐天。不怨不尤，始可立命。

子有四因者，一者报恩，二者报怨，三者偿债，四者讨债。报恩者，谓父母于子宿世有恩，为报恩故，来为其子。则服劳奉养，生事死葬，必使生则亲欢，祭则鬼享，乃至致君泽民，名垂青史，令天下后世敬其人而并敬其亲。若曾鲁公、陈忠肃、王龟龄、史大成（曾、陈、王三公皆宋名臣，史公清初状元。四公皆信佛，唯忠肃悟入甚深，以前世皆为高僧，故虽处富贵，犹能不昧本因耳），今世之孝子贤孙，皆此类也。报怨者，谓父母宿世于子有负恩处，为报怨故，来为其子。小则忤逆亲心，大则祸延亲身。生无甘旨之养，死贻九泉之辱。又其甚者，身居权要，谋为不轨，灭门戮族，掘坟夷墓，使天下后世唾骂其人并及其亲。若王莽、曹操、董卓、秦桧等是也。偿债者，子宿世负亲资财，为偿债故，来为其子。若所负者多，则可以终亲之身。若所负者少，故不免半途而去，如学甫成名而丧命，商才得利而殒身。讨债者，谓亲宿世负子资财，为讨债故，来为其子。小债则徒费束脩聘金，延师娶妻，及种种教诲，欲望成立，而大限既到，忽尔丧亡。大债则不止如此，必致废业荡产，家败人亡而后已。谛观令子，恐是讨债而来，幸所负者少，故弱冠而去。当忏悔宿业，努力勤修，天必畀汝好子，光大门户。况孔子圣人，中年丧子。颜渊大贤，壮岁夭亡。原宪赤贫，子路殉难。夷齐饿死于首阳，伯玉穷困于卫国。将谓圣贤因修德而遭天谴耶？抑亦死生有命，富贵在天耶？但责己德之不诚，勿问天报之祸福。能如是者，五福自然临门，六极决定避舍。谓予不信，有如皦日。

须知人生世间，具足八苦。纵生天上，难免五衰。唯西方极乐世界，无有众苦，但受诸乐。将非天以汝倡导净土，以此无福无寿之子，为汝作顶门一针。使汝知三界无安，犹如火宅。众苦充满，甚可畏惧。人命无常，速如电光。大限到来，各不相顾。一切有为法，如梦幻泡影。于此犹不惺悟，力修净业，则与木石无情，同一生长于天地之间矣。有血性汉子，岂肯生作走肉行尸，死与草木同腐，高推圣境，自处凡愚，遇大警策而不愤发，闻圣贤佛祖之道而不肯行。是天负人耶？抑人负天耶？祈垂慧察。

与泰顺林枝芬居士书一

李纲是一通方作家，以《易》与《华严》对论，谓其全合，是善知识不拒来学，引人入胜，就彼所知而令扩充。如孟子以齐王不忍一牛之死，推此恻隐之心，可以保民而王天下，非谓徒爱一牛而便能王天下也。是引喻，非敌论。凡读古人文字，贵得其意，否则糟粕而已。

夫《华严》乃如来自证之法，所有诸度、诸位，皆是实事，皆可表法。声闻四果，虽处法会，犹如聋哑。人天凡品，岂能知见？纵有天龙八部，皆已亲证法身，为上求下化利益有情，特现八部身耳，非实业之凡夫也。《易》乃立虚象以兆吉凶，顺天理而导人情，是治世之常法，非出世之大道，乃伦常之仪准，非佛道之标的。然通佛法者，法法头头，无不是道，横说竖说，有何轨迹。若未能彻了自心，亦效其说，如庸医未能诊脉，即效剐骨，弱羽尚难栖枝，即欲奋飞，其不自他俱殒躯命者鲜矣！

今以喻明：《易》以父母称为“严君”，又古人以邑令亦称为“君”。岂父母、邑令，与圣天子敌体相齐，无有高下也？又如举一沤曰：“此海也。”举一尘曰：“此地也。”知沤与尘是海与地之少分则可，谓沤尘与海地同其深广，同其博厚，则不可。一隙之日，即照天照地之日。一管之天，即无边无际之天。但当出户而瞻日，舍管而窥天，岂可谓隙之外别无有日，管之外别无有天哉？古人为儒者道，语多类此。若即为实说，是抑圣天子与邑令同其尊也，俾海地与沤尘同其深广博厚也，一隙一管之天日与无边无际之天日同其普遍也。是齐东野人之鄙论，非明心见性之法言也。

阁下且宜持戒念佛，以儒家修持为常法，以佛教修持为加行。入理深谈，且缓数年。欲学佛祖，先须取法圣贤。倘躬行有玷，伦常乖舛，尚为名教罪人，何能为佛弟子？佛教虽出世法，然遇君言仁，遇臣言忠，遇父言慈，遇子言孝，由浅而入深，下学而上达。熟读《安士全书》，可以知其梗概矣。凡人改过迁善，并修净业，唯贵真诚，最忌虚假，不可外扬行善修行之名，内存不忠不恕之心。蘧伯玉行年五十而知四十九年之非，如此方可希圣希贤，学佛学祖，为名教之功臣，作如来之真子，固不在穷达缁素上论也。不慧之所望于阁下者，望阁下亦以望一切亲知。则不负一至普陀朝礼大士，与不慧一得觌面，而即闻佛乘也。

与泰顺林枝芬居士书二

佛法至今，衰残实甚。茫茫众生，如盲无导。纵有一二知识为之开示，以业深障重故，正智不开，虽闻正法，不生信向。纵生信向，亦属浮泛，如醉如梦，了无定见。一遇邪魔外道，则如蝇逐臭，如蛾赴火，蚁聚乌合，动盈千万。故光绪初年，关东有一混元门，每年归依者有十余万人。至十一二年，以劣迹已彰，人多见恶，一年之内，尚有数万。近有出家魔子，拟欲大得名利，于三十年前即抄袭古人语录中成言，改头换面，谓是自己语录。而此魔子，一不通宗，二不通教，三无学问。恐人或谓已无学问，何能说此，特意用许多白字以实之，令人谓为真是大彻大悟，随口所说，词理超妙，其有不大恰当者，盖因不曾读书，不通字义之故。举凡《万法归心录》、《六祖坛经》、《寒山诗》中诗偈，整个录来，换三五字而已，所有言句尽皆如是，随即远近流布，然亦无大招徕。近又得一妙法，致令善男信女，相率归依。且道得何妙法，便能如是？以此魔子，初则妄充悟道，人未归附。近则妄充得道，故得远近争赴。且自谓："我所说法，令人易于得道。"故一境若狂，咸相崇奉。妄充得道，须有事实，人方肯信，故肆无忌惮，随口乱说，常为人言："我能入定，超度亡魂，令其生天，或生净土。能知一切亡人，或生天上，或生人间及三恶道。又知某人生西方上品，某人生中品，某人生下品。"由是之故，不但愚夫愚妇靡然从风，即不明佛理之士大夫亦以为实属得道，而归依信奉者，日见其多。纵有智者斥其狂妄，由彼邪说入人深故，了不见信。自古高僧，或古佛再来，或菩萨示现，然皆常以凡夫自居，断无说我是佛、是菩萨者。故《楞严经》云："我灭度后，敕诸菩萨，及阿罗汉，应身生彼末法之中，作种种形，度诸轮转。""终不自言我真菩萨，真阿罗汉，泄佛密因，轻言未学。唯除命终，阴有遗付。"而智者大师实是释迦化身，至临终时，有问所证位次者，答曰：“我不领众，必净六根。损己利人，但登五品。”是仍以凡夫自居也。五品者，即圆教观行位，所悟与佛同俦，圆伏五住烦恼，而见惑尚未能断。智者临终，尚不显本，意欲后学励志精修，不致得少为足，及以凡滥圣耳。今此魔徒，妄充得道者，乃坏乱佛法，疑误众生之大妄语人。此大妄语之罪，甚于五逆十恶百千万倍。其师其徒，当永堕阿鼻地狱，经佛刹微尘数劫，常受极苦，末由出离。何苦为一时之虚名浮利，膺长劫之惨罚酷刑？名利惑人，一至于此。

此魔子自谓所说之法令人易于得道者，即是以生灭心作常住解。以不修善，不断恶，为不生不灭。拨无因果，堕邪见坑。此即魔子招徕徒众，令皆得道之实际。故有平日持斋念佛之人，一亲近彼，即不持斋，不念佛。其余一切改恶迁善，知因识果，培德植福等事，概行弃置，唯只令人看一话头，而实不知如何是看，如何是话头，遂将古人酬机之语，令人依文解义，卜度思量。如“狗子无佛性”、“庭前柏树子”、“干矢橛”、“麻三斤”、“七斤布衫”等，一一学拆字讲义者，拆而讲之，谓之为参禅，谓之为透公案。稍微能坐，及能按文解义，便为印证曰：“某人夙根深厚，某人现行精纯，故得用功不久，便已透彻。”夫参禅一事，谈何容易。古人如赵州谂禅师，从小出家，至八十余岁，尚且行脚。故有颂之者曰：“赵州八十犹行脚，只为心头未悄然。”长庆坐破七个蒲团，后方开悟。涌泉四十年尚有走作。雪峰三登投子，九上洞山。此等大祖师，大彻大悟如是之难。彼魔子之徒，一闻魔说，遂皆开悟，如前所说祖师，直是替他提鞋也无用处矣。须知祖师之悟，乃从迷至悟，一悟永悟。魔徒之悟，乃因迷入误，一误永误。悟之音虽同，悟之事实反。以彼魔徒，从初发心，一无戒行，二无正智，三不知话头是参叩自心之方便，而以按文义卜度为参。如此参禅，尽世间聪明人，通通皆是大彻大悟之人。如人不识摩尼宝珠，见一鱼目，宝而藏之，夸耀于人，谓我已得此珠。诸人亦不知何者是珠，何者鱼目，遂群聚而寻求之，各各皆得此珠，从兹发大誓愿，普令贫穷同胞皆得此珠。一朝遇见贾胡，欲得贸易多金，贾胡掷而唾之曰：“何持鱼目，用黩我眼？”方知费尽心机，只落得惭愧欲死而已。

且人之常情，纵恣则易，摄束则难。教以持斋念佛，便觉口头失美味，身心常辛勤。魔子则曰："只要心好，何必持斋？汝本是佛，何须更念他佛？"以此恰合自己懒惰懈怠、不愿摄束、任意放纵之机，如囚遇赦书，庆幸无已。又进而叩其所以，则曰："达摩西来，不立文字，直指人心，见性成佛。汝但看一话头，自能见性。既见性已，即名成佛。既成佛已，则一切俱空，无因无果，无修无证。一法不立，名真解脱。彼教人持斋念佛、改恶修善、畏因果、培福德者，皆不知自性之中，无一法不具，亦无一法可立。执着法相，不肯舍离。舍本逐末，无绳自缚。如是之人，名为小乘，何可以为知识而亲近之哉？须知如来所说因果修证等法，皆是以黄叶作金，为止小儿啼故。彼等反执为实，则其智与小儿何异？若大丈夫，佛尚不可得，何有因果修证等法？若立一尘，便非佛法。汝但识得自己是佛，一任食肉饮酒，行盗行淫，何一法不是佛法？上天堂，下地狱，天衣天食，镬汤炉炭，何一境不是佛境？自己即是弥陀，当处即是极乐。岂待汝鼓起妄想业识心，鼓动父母所生口，毕生终日念佛，受许多冤枉苦，求到临命终时，往生西方？舍己求人，抛家浪走，岂非知见颠倒，错乱修习乎？"种种魔说，大抵如是。

今试论曰："只要心好，何必持斋。"杀彼之身，悦己之口，是好心耶？非好心耶？且兵劫之时，贼来杀人，亦当皆是好心？设杀汝时，为感恩乎？为怀恨乎？汝本是佛，尚不肯念他佛，何肯杀而食彼皆是过去父母、未来诸佛之众生乎？如是，则汝之心性，本来是佛。汝之行为，原是众生。何可未得谓得，以凡滥圣，以念他佛为辱，以杀众生为荣哉！

达摩西来，不立文字者，欲人彻证本体，不以徒诵语言为事。若契本体，则文字即是本体，即解脱相。终日读诵，依教修行，毕竟无文字相可得。如永明寿、首山念、栖贤湜、育王微等诸大老，皆尽寿读诵，岂彼尽皆不知不立文字之旨乎？只因汝错认不立为废弃，遂谓如来所说一切大小乘经、无量法门，皆是黄叶作金，哄骗小儿。若然，则迦叶、阿难、马鸣、龙树、永明、首山等，皆是弄黄叶汉。汝既以彼为非，何得承嗣其法，言是禅宗？彼若果是，则汝之禅宗，便非彼之禅宗。汝的的是冒彼之名，以坏彼法之恶贼耳。且汝执着废弃文字为不立文字者，六祖云：“只此不立，便是文字。”况尚有“直指人心，见性成佛”等八字，且此“达摩西来”十六字，是文字耶？非文字耶？

又“一切俱空，无因无果，无修无证，一法不立，名真解脱。”何又立破斋谤佛、怙恶废善、瞒因昧果、折福损德等法，而不肯令其俱空乎？上智知空而进德，下愚知空而废善。佛祖于千百年前，早为汝判断停当矣。汝谤人执着善法为舍本逐末，为无绳自缚，为小乘。汝执着恶法，不肯弃舍，现生当遭国宪，死后永堕阿鼻，应是弃末循本，应是即缚无缚，应是大乘矣。汝谓：“大丈夫，佛尚不可得，何有因果修证？若立一尘，便非佛法。”是佛与因果修证，皆是尘，皆不容立，而食肉、饮酒、行盗、行淫，何得便非是尘，便皆容立？且问食肉、饮酒、行盗、行淫之心，是佛心耶？是众生心耶？若道是佛心，佛岂存此心，行此事耶？若道是众生心，何得便超因果之外，便非是尘，便是佛法乎？地狱尚是佛境，当处即是西方，是则苦亦不厌，乐亦不求，无取无舍，忘憎忘爱。何得贪图现生名利，妄企死后流芳，剽窃古人言句，改头换面，以为自己语录？未得谓得，未证谓证，以凡滥圣，妄充知识。教彼许多信心男女，堕邪见坑，丧失慧命，从兹永堕恶道，欲出末由。此魔子者，究其本因，不过欲得虚名浮利，企人谓己为大善知识而已。详其后报，则其苦痛惨凄之状，罄竹难书矣。可不哀哉！

汝既发心念佛，当依净土经论所说而修。如此魔子所说，乃是窃取宗门祖师之言，妄以己见误会宗意，故其所说皆似是而非，实与宗门道理相反，实为佛法之怨。若被彼所诱，堕彼党中，则难免以好心而招恶果矣。如此魔子，断断不可亲近。当恪守净宗列祖成规，持斋念佛，改恶修善，知因识果，植福培德，以企现生消除业障，临终正念往生，庶不虚此一生，及亲为如来弟子耳。须知禅宗一法，名为教外别传，凡所提倡，意在言外。千言万语，总皆指归不涉因果修证、凡圣生佛之法身理体，令人先悟此体，然后起彼修因证果，超凡入圣，即众生而成佛道之事。但其酬机之语，名为机锋，名为转语，欲令人参而自得，故无义路。若会得，固属大幸。若会不得，但当将此一句话当做本命元辰，废寝忘餐，终日竟夕，如一人与万人敌，不敢稍有间断放纵。一年不悟两年参，十年不悟二十年参，一生不悟，即生生参。果真拌此深心参者，决无不悟之理。既悟之后，乃名悟道。尚须历诸境缘，锻炼习气，直得烦惑净尽，方名证道。彼魔子者，乃以误为悟。悟尚全体是误，何况说证？乃不知惭愧，不惧因果，竟致无量好心男女受彼所骗，同断善根。汝宜笃信吾言，自不被彼所陷矣。至嘱至嘱。

复永嘉某居士昆季书

仲春一别，忽值夏令，光阴迅速，殊堪惊人。每忆二位信心真切，法眼未明，致令舍高明而取卑暗，何异弃家里之活佛，供野外之土偶，不特自失正见，贻诮大方，即光亦进退咸乖，殊深惭赧耳。来书谓后有所著，随时见贶。光目昏体衰，无事不亲翰墨，纵因事有作，亦同集字聚叶，有何可观？然恐辜负所期，今将以前残羹馊饭，略盛一二，倘不嫌酸臭，亦可作反尝尝自性之前茅。

《净土决疑论》，系民国三年狄楚青居士以端甫回籍，十三期报料不足，令作一二篇以助热闹耳。后竟以主持无人，遂停版不出。此论文虽鄙菲，而于断疑生信，不无少补。至于《永明料简》训释处，须仔细参详。若不如是信向，便成虚文。此不慧数十年痛心疾首者，于此以发挥之。万不可以今人所说为的，致辜负永明大慈悲心也。《持经利益随心论》，以今人受持经典，了无敬畏而发。欲得佛法实益，须向敬畏中求，能竭诚致敬，纵究竟果德，尚能即得，况其下焉者哉？余皆随事而书，所谓他山之石，可以攻玉。但取其益，勿校其迹，自有裨益。倘以古德著作绳之，则将焚毁之不暇，何可令其一经于目哉！

《拣魔辨异录》，文理高深，禅教融贯，系雍正十一年夏初始著，至十三年方毕，未及刊版，龙驭宾天。迨后刊时，以草书替字，钞者不察，便许多直作本字，而错讹便不胜其多。使世宗在世，断断不至如此耳。今春细校两次，俾还本来面目。倘后因缘果就，当不负世宗一番至意矣。

善导和尚系弥陀化身，有大神通，有大智慧。其宏阐净土，不尚玄妙，唯在真切平实处教人修持。至于所示专杂二修，其利无穷。专修谓身业专礼（凡围绕及一切处，身不放逸皆是），口业专称（凡诵经咒，能志心回向，亦可名专称），意业专念。如是则往生西方，万不漏一。杂修谓兼修种种法门，回向往生。以心不纯一，故难得益，则百中稀得一二，千中稀得三四往生者。此金口诚言，千古不易之铁案也。二位当以此自利，又当以此普利一切。

至于持咒一法，但可作助行。不可以念佛为兼带，以持咒作正行。夫持咒法门，虽亦不可思议。而凡夫往生，全在信愿真切，与弥陀宏誓大愿感应道交而蒙接引耳。若不知此意，则法法头头，皆不思议，随修何法，皆无不可，便成“无禅无净土，铁床并铜柱，万劫与千生，没个人依怙”矣。若知自是具缚凡夫，通身业力，匪仗如来宏誓愿力，决难即生定出轮回。方知净土一法，一代时教，皆不能比其力用耳。持咒诵经，以之植福慧，消罪业，则可矣。若妄意欲求神通，则所谓舍本逐末，不善用心。倘此心固结，又复理路不清，戒力不坚，菩提心不生，而人我心偏炽，则着魔发狂，尚有日在。夫欲得神通，须先得道，得道则神通自具。若不致力于道，而唯求乎通，且无论通不能得，即得则或反障道。故诸佛诸祖，皆严禁之而不许人修学焉。以世每有此种见解人，故因觑缕及之。

二位令亲在堂，宜以净土法门，感应事迹，常时解说，令其发欢喜心，信受奉行。若不以此为孝，则纵能尽世之所谓孝者，究竟于亲有何利益？大禹，大圣人也，不救于鲧之神化为黄能（音乃平声，即三足鳖），入于羽渊。观此，可不惕然惊，憬然悟，以求导亲之神，高预海会，亲炙弥陀，以证夫即心本具之无量光寿乎？志莲居士苦行虽好，恐净土宗旨有所不知，或求转女身，及生人天乐处之心，不能彻底放下，致无边利益随世间小乐而失之，亦宜常为讲说，令其志向决定耳。夫劝一人生净土，即成就一众生作佛。凡成佛必度无量众生，而其功由我始，其功德利益，何可思议也哉。又自既修净土，尚须以此法门普告一切，况妻妾子女，岂可不劝令发心，而失此巨益乎？倘天性相近，则何善如之。如稍相远，亦须渐磨渐染，俾即远而成近耳。此所谓深爱，所谓宏慈。舍此而为慈爱，皆名有而实无耳。

吾言不足为轻重，略录一二，以见其概。当详阅《净土十要》、《净土圣贤录》、《乐邦文类》等，则取法有地，怀疑无由矣。《法苑珠林》一书，详谈因果，理事并进，可治近世排因拨果、肆无忌惮等膏肓痼疾。凡有信心读书人，皆当令阅此书，岂但有益于身心性命，实于格物致知，文章学问，大有裨益也。《安士全书》亦与此同其气类耳，文人皆不可不知。

娑婆之苦，说不能尽。纵时属升平，仍然日在苦恼中，以众生久习相安，遂不知耳。近来中国屡经兵燹，已是苦不堪言。而外洋各国三年大战，人死近千万，为开辟第一兵劫，而战势尚盛，不知何所底极？静言思之，诚堪畏惧。而彼方力求其所以剿灭他国之道，其众生往昔恶业所招之恶报，亦何至于此极哉！今闻此说，当愤发大心，以速求往生，然后回入娑婆，普度一切。经云："菩萨畏因，众生畏果。"菩萨恐招恶果，故断恶因，恶因断而恶果无从而生。众生竞作恶因，至受恶果。受恶果时，不知自忏往业，又复更造恶法以为对治，则怨怨相报，经劫不息。可不哀哉？可不畏哉？知是而不求生西方者，非夫也！

复永嘉某居士书一

综观二十年间决择问学，备历艰险。竟能从儒入佛，即俗修真。简去自力，专宗净土。可谓三生有幸，一道同归者也。幸甚慰甚！夫人宿世果种善根，且无论为学求道，可为出世大事之前茅，即贪瞋痴等烦恼惑业，疾病颠连种种恶报，皆可以作出生死入佛法之因缘，顾其人之能自反与否耳。不能自反，且无论碌碌庸人，为世教之所拘。即晦庵、阳明、靖节、放翁等，虽学问、操持、见地，悉皆奇特卓荦，然亦究竟不能彻悟自心，了脱生死。其学问、操持、见地，虽可与无上妙道作基，由不能自反，竟为入道之障。可知入道之难，真难于登天矣。

不执着等语，理则是，而事非博地凡夫之所能为也。终日穿衣吃饭，侈谈不执饥寒，与终日枵虚，不得杯水粒米，饿且将死，而谓人曰："吾视龙肝凤髓，直同秽物，思之即呕，况其下者乎？"同一空谈耳。今时不明教理，即参禅宗者，每多中此空解脱病。至于静坐澄思，空境现前，不过以静澄伏妄，偶尔发现之幻境耳。若错认消息，生大欢喜，则丧心病狂，佛亦难医矣。幸能体察而不执着，弃舍幻妄，卒得贯通诸法法门，可谓久历荆棘，忽达康庄矣。末世人根陋劣，知识稀少。若不仗佛慈力，专修净业，但承自力，参叩禅宗，不第明心见性、断惑证真者，罕有其人，而以幻为真，以迷为悟，着魔发狂者，实繁有徒矣。所以永明、莲池等，观时之机，极力主张净土法门也。至于逐吏之譬，乃现今数年来千真万真之确论也。兴利除弊，必须推及将来毕竟结果处，方为济时之务，否则与断头脚而医头脚，同一覆辙，能不令人痛哭流涕长太息也耶？

若夫"信心真切，行愿专一"之问答，理虽的确，但未能发或人之信心，伸自己之主见。今代为答曰：吾已遍研教理，普亲诸圣，故能如是，岂寻常所谓研究亲近者哉？何以言之？净土法门，释迦、弥陀之所建立也，文殊、普贤之所指归也，马鸣、龙树之所弘扬也，匡庐、天台、清凉、永明、莲池、蕅益之所发挥倡导，以普劝大若圣若凡或愚或智也。此诸菩萨大士于千百年前，早已为吾遍研藏教，特地拣出此不断惑业，得预补处，即此一生，定出樊笼，至圆至顿，至简至易，统摄禅、教、律而高出禅、教、律，即浅即深，即权即实，殊特超越天然妙法也。吾信仰佛祖，以古为师，岂不如亲近今时知识之为愈乎？《华严》一经，王于三藏，末后一着，归重愿王。华藏海众，悉证法身，咸求往生，企圆佛果。吾何人斯，敢不景从？舍尔狂心，力行斯道。功德利益，当自证知。何待遍参，方为知法哉！

复永嘉某居士书二

《弥陀衷论》，若经、若论，皆有功于净业行人。亦有启后人妄作排古之端，其过殊非浅浅。当取其闭关专修之法。其所谓自匡庐创建莲宗以来，无一识经义者，其亲证三昧，唯一省一大师。皆其偏见局论，最为轻藐古德。开我慢之道，邀来哲共游，岂非谤法谤僧？而其所以作此说者，实欲露出自己乃亲得圣师真传，实为净宗第一功臣而已。至于指斥紫阁、云栖、蕅益等，适彰其少见少闻，不达如来权实法门，欲以己之一机为准。如古德谓："得鸟者网之一目，不可以一目为网。治国者功在一人，不可以一人为国。"王耕心决欲以一目为网，一人为国，发而为论，颇自矜张，犹是少年时空腹高心，不可一世之狂态。谓己掩关二期，亦有所证，断难取信。何以言之？证三昧人，非不开议论之辩口，但心平气和，唯理是尚。若彼所论，多皆矜己斥人，乃坚白同异辩士之言，非契理契机决定之论也。纵然有功，吾不敢向人赞叹，令其受持流通也。

流通佛法，大非易事。翻译经论，皆非聊尔从事。故译场之中，有主译者、译语者、证义者、润文者，岂敢随自心裁，传布佛经？王龙舒《大弥陀经》，自宋至明末，人多受持。由云栖以犹有不恰当处，故此后渐就湮没。魏承贯之学识，不及龙舒，其自任过于龙舒。因人之迹以施功，故易为力，岂承贯超越龙舒之上耶？莲池尚不流通王本，吾侪何敢流通魏本，以启人妄改佛经之端。及辟佛之流，谓佛经皆后人编造，初非真实从佛国译来者。然此经、此论，若真修上士观之，亦有大益。以但取其益，而不染其弊。若下士观之，则未得其益，先受其损。以徒效其改经斥古之愆，不法其直捷专精之行耳。观机设教，对症发药。教不契机，与药不对症等耳。敢以一二可取，而遂普令流通，以贻下士之罪愆乎？

《释群疑论》，光昔曾请得，亦曾看过一遍，以目力不给，不能多看为欠。若论逗机最妙之书，当以《净土十要》为冠。而《弥陀要解》一书，为澫益最精最妙之注，自佛说此经以来之注，当推第一。即令古佛再出于世，现广长舌相，重注此经，当亦不能超出其上。况后生浅闻薄解，便欲指斥，冀其超越乎哉？以萤光而较日，多见其不知量也。惜哉王生，何苦如此？

澍庵之问书皆能诵，乃他心通耳。本欲详言其旨，以修补《藏经》无暇，且待异日。

复永嘉某居士书三

《弥陀经》当依澫益《要解》。《衷论》诠释，多有任己见，违经旨处，不可依从。佛为九法界众生说法，岂可以己之智力不能，而遂断以决无此理？其一日七日之释，显是以己量九法界。若如是诠，岂特《弥陀》一经，不能统摄群机。一代教典之圆顿妙谈，皆当以己智不能，而疑为妄语。谤佛、谤法、谤僧，罪在不原。虽于下根有警发处，然伤其大体，此印光不敢劝人受持也。

净土法门，犹如大海，长江大河亦入，杯水滴水亦入。证齐诸佛者，尚求往生。五逆十恶者，亦预末品。何得以得一心及三昧，而拒其未得者？但取法乎上，仅得其中。自己决志求生，唯当企及于此。若谓非此决不得生，是又自立科条，不依佛说矣。

净土三经，自古流通，并《行愿品》为四经，岂可谓不奉为圭臬乎？今之修净业者，多皆不知宗旨，但依事相。与而言之，亦可云净宗中人。夺而言之，实百有九十九皆属无禅无净土。何得以此等人为准？但以小本文简义丰，故列于日诵。余则随人受持有异耳。

《衷论》所说，有益者固多，有碍者亦复不少。若无择法智眼，或恐未得其益，而备受其损。如一日七日、十念不度等是也。

受持读诵，为佛门始终正行。即禅宗专务参究者，亦复如是受持，如药山、仰山、永明、首山、栖贤湜、育王微等。但以拈提向上，则有似乎拨。不知拈提向上，举尽世间法法头头，皆归本分。彼未得其门者，遂随语生解，从兹一辈参禅者，率多藐视经教。此辈虽自名禅人，实属法门罪人，如来逆子，何足挂齿？劝令受持读诵，诸经无不如是，岂特《金刚》、《行愿》乎哉？

《华严》一经，王于三藏，末后一着，归重愿王。但宜尊重《华严》，不可小视余经。以诸大乘经，皆以实相为经体故。《华严》之大，以其称性直谈界外大法，不摄二乘等故。《法华》之妙，在于会三归一，开权显实，开迹显本处故。台宗谓《法华》纯圆独妙，《华严》犹兼乎权（即指住、行、向、地、等觉而言）。然佛于《法华》，赞《法华》为经王，于《华严》亦然。岂后世宏经者，必须决定于五大部，分出此高彼下，不许经经偏赞乎？修禅宗者赞禅宗，修净土者赞净土，不如是，不能生人正信，起人景仰。但宜善会其义，不可以词害意。

孟子称孔子生民未有之圣。然孔子见尧于羹，见舜于墙，见周公于梦，其效法企慕乎三圣者，何其至诚如是之极也。念佛人但能真切念佛，自可仗佛慈力，免彼刀兵水火。即宿业所牵，及转地狱重报，作现生轻报，偶罹此殃。但于平日有真切信愿，定于此时蒙佛接引。若夫现证三昧，固已入于圣流，自身如影，刀兵水火，皆不相碍，纵现遇灾，实无所苦。而茫茫世界，曾有几人哉？

《行愿品》义理宏阔，文字微妙，诵之令人人我众生之执着，化为乌有，往生净土之善根，日见增长，理宜自行化他。但不可以未持此经，即修净土，亦属偏僻薄福耳。莲池、蕅益等，亦皆极力赞扬。《弥陀要解》中有云："如来一代时教，唯《华严》明一生圆满。而一生圆满之因，末后普贤以十大愿王，导归极乐，劝进善财，及华藏海众。噫！《华严》所禀，却在此经。而天下古今，信鲜疑多，词繁义蚀。余唯有剖心沥血而已。"所以无隐谓："《华严》即广本《弥陀》，《弥陀》即略本《华严》。"观二大师之言，则知看经不具圆顿眼，其辜负佛恩处多矣。

不慧拙作，虽义有可取，不当以"实千古之杰构，非一代之常文"过誉，不几以凡滥圣，置寸木于岑楼之上乎？

汝前书谓扬州之行，愿相随喜，吾未曾进止。继思汝高堂有亲，室有弱妻少子，理宜在家修持，不可外面奔驰。以主人若在，外虞自然不起。倘久出不归，不但孝教有失，或恐小人乘间，盗贼水火，皆须预计。不但扬州不可去，即普陀亦不须来。纵欲谈叙，邮局代为通知，彼此之情既达，而所费实无几何，岂不两得其宜乎？祈此后切勿发信，若有所叙，当于三月半后发之。扬州之行，总在四月半间。若决定又欲来山，亦当在三月半后。人皆于正香期来，不知香客过多，诸凡皆难如法。近来轮船开通，从正月至八月，皆有人来。闲时来，种种次第。忙时则诸凡皆成潦草矣。真心礼谒大士者，不可不知。

“佛道非深不高，非浅不大，能深能浅，始名常住”，词不达意。当云：“即浅即深，即小即大，法法圆通，故名常住。”

复永嘉某居士书四

云栖大师立法教人，皆从平实处着手。依之修持，千稳万当，断不至得少为足，着魔发狂。王耕心入道之要未能十分明了，便任意操笔，肆开大口，抹煞一切。虽有宏法之心，实任坏法之咎。此皆由不亲明眼知识，及反心自问二病所致。

心跳、恶梦，乃宿世恶业所现之兆。然现境虽有善恶，转变在乎自己。恶业现而专心念佛，则恶因缘为善因缘。宿世之恶业，翻为今世之导师。惜世人多被业缚，不能转变，遂成落井下石，苦上加苦矣。

光以目盲不能看经、书字。今夏拟作《竭诚方获实益论》，未及半而目力不堪，因兹中止。尚欲冬月专心忏悔宿业，倘能目力稍强，当续成之。又于去年应陈锡周居士修《普陀山志》，光亦以目力祈缓二三年。目明愿尽五、六年力，将《大藏》所有观音事迹，悉分门别类，排成赋式，详录本文于下。书成，刻版两副，一存经房，一存本山，俾一切有缘，同沾大士不思议恩。若目仍如旧，则只可曰命也何如耳。

大教东渐，所有派别盛衰，非读破全藏，一闻即记者不能。倘率尔而为，不但不足为佛法光，反为佛法辱矣。《十往生经》，今藏无有，不须遍求。《集诸经礼忏悔文》、《西方礼赞》等，若偈若文，多是善导《观经四帖疏》中之文。若将《四帖疏·上品往生章注》详看，方知所言《观经》，只举《观经》一句，下即详释，非全体尽属经文。善导《观经四帖疏》，中国多年失传，近方由东瀛请来，金陵刻版。而流传既久，错讹甚多。即《诸经礼忏悔文》，亦属讹谬不少。《四帖疏》、《忏悔文》互观，亦可正其少分。余者亦有依义可正之处。光十年前，曾一再阅而标之。虽未敢必其复彼初出之原，然亦正正者多，而正讹者少，为自信得及耳。

他心通有种种不同，且约证道者说。如澍庵无论问何书，即能一一诵得清楚，一字不错。其人素未读书，何以如此？以业尽情空，心如明镜。当无人问时，心中一字亦不可得。及至问者将自己先所阅过者见问，彼虽久而不记，其八识田中已存纳此诸言句之影子。（看佛经亦如此，古人谓一染识神，永为道种，当于此中谛信。）其人以无明锢蔽，了不知觉。而此有他心通者，即于彼心识影子中，明明朗朗见之，故能随问随诵，一无差错。即彼问者未见此书，亦能于余人见者之心识中，为彼诵之。此系以他人之心作已心用，非其心常常有如许多经书记忆不忘也。凡夫不了，将谓有许多奇特。究其实只是业消慧朗、障尽智圆耳。

扶乩多是灵鬼假冒仙佛神圣。鬼之劣者，或无此通力。其优者则能知人心，故能借人之聪明智识而为之。纪文达谓："乩多灵鬼假托。余与兄坦然扶乩，余能诗而不能书，余扶则诗词敏捷，书法潦草。坦然扶则诗词庸常，书法遒劲。所冒古人，问及集中奥窍，则云年代久远，不复记忆，故知非真。"然此鬼之灵，但能于人现知之心，借而为用。于识田中有，现知中无者，或此义非己所知者，便不能引以示人。其去业尽情空之他心通，实有天渊之远，但其气分似之，又恐汝等或为乩教所迷，故不得不引及而并言之。又《宋高僧传》载，僧缄往王处厚斋，处厚读文章甚得意，因问："读何文字？"处厚言："此我中进士策。"缄曰："风檐之下，有此从容乎！"于囊中取出一编曰："此非汝策乎？"处厚视之，即当日原策。处厚曰："此吾后来笔削者。"缄曰："吾固知非汝原策也。"因问："师囊中何以有我此策？"缄曰："非但此策，汝自读书以来，乃至戏顽，一笔一画，吾囊中一一俱有。"处厚惊惧，不敢致问。澍庵但有他心通，未见其有神通。僧缄乃有他心通，而兼有大神通，能将彼心识中所现之书，现出形质以示其人，实非自己囊中存留而取出也。近来上海乩坛大开，其所开示改过迁善，小轮回，小因果等，皆与世道人心有大裨益。至于说天，说佛法，直是胡说。吾等为佛弟子，不可排斥此法，以其有阻人迁善之过。亦不可附赞此法，以其所说佛法皆属臆撰，恐致坏乱佛法，疑误众生之愆。印光宿多恶业，致今生有目如盲，断不敢随情不依理，自误而误人。祈斟酌情理而行，则无弊矣。

念佛十种利益，谨考《净土指归集》下卷末"十种胜利"，慈云忏主谓诸经具说，未知的出何经。或是约义纂集，亦未可知。前数纸中有高声念佛，诵经，及礼佛，皆有十种功德，则标之曰《业报差别经》。

《护净经》未检，容暇时阅之。书面之文，不宜多，只宜简而明了。多者当于书皮里面，或于皮后另印一张。

念佛、回向，不可偏废。回向即信愿之发于口者。然回向只宜于夜课毕，及日中念佛诵经毕后行之。念佛当从朝至暮不间断。其心中但具愿生之念，即是常时回向。若夫依仪诵文回向，固不得常常如是。

诸大乘经，经经皆令诸众生直成佛道。但恨人之不诚心念诵，致不得其全益耳。《楞严》五卷末《大势至菩萨章》，乃净宗最上开示。只此一章，便可与《净土四经》参而为五。岂有文长之畏哉！

君子之学为己，乃念念叩己而自省耳。梦觉一如，唯功夫到家者方能。但于觉时操持，久之梦中自能无大走作矣。

复永嘉某居士书五

自去腊至三月下旬，所接四书，及师殿所持二位与徐君问答，并布匹、食物等，足见为法心切，爱我情深。初则企徐君来，次则阅彼所印《文钞》，目似吃亏，以故迟迟其复耳。

去腊之书，实得以友辅仁之义。但以推我过高，令人益加惭赧。夫人生大伦，其数唯五，谓君臣、父子、兄弟、夫妇、朋友。而父生，师教，君食，三者相等。何五伦之中，不列其师？不知师有成我之德者，则属于父；次则诱掖奖劝，以达其材，则属于兄。故孟子谓："师也，父兄也。"次则丽泽互益，如二月互照，二手互援，则属于友。（"朋"从二月，"友"从二手。古文"友"作"𠬤"。又，手也，"𠂇"系"又"之变体。）故佛门每谓寻师访友。印光毫无实德，不敢为人作师，而以友辅仁之心，固自志学以至今日，未尝息念。而人不我谅，不但不加磋磨，或时反见弃舍。汝企吾亲证三昧，又恐有负初衷，致书劝进，不遗余力。吾自束发受书以来，未遇此之益友，感甚愧甚！而"死罪"四字，乃直臣谏君激其必纳之词。施于师友，殊为失体。

印光宿业深重，初生半载，病目六月。号咷哭泣，除食息外，了无一刻止息，其痛苦不知其何如。幸承夙善根力，得见天日，实为万幸。成童受书，由宿业引发，致服韩欧辟佛之毒。继则深自省察，自知惭愧，归命三宝，出家为僧。若非三宝冥垂加被，使我自省，则当今之时，久在阿鼻地狱受诸剧苦，何能与诸君子指东话西，论自力他力，以期同证真常、诞登觉岸乎哉？其七期已满，三昧未成，一由夙业深重，二由精神衰颓所致。然佛固不见弃于罪人，当承兹行以往生耳。

十念记数，不是数息。以其从一至十，同于数息。又以《莲宗宝鉴》讹作至百千万，恐受其病，引为证明。目为数息持名，断断不可。

欲证三昧，自有佛祖所示三世不易之法。何得问我所证，方能缵步？《弥陀经》云：“执持名号，若一日乃至若七日，一心不乱。”（此一日、七日，乃是举例之词，不可执定。若是等觉根性，一念即能不乱，何待一日。若是逆恶根性，毕生亦难一心，何况七日。王耕心混上中下根为一例，发而为论，深自矜夸，谓为发前人所未发。实为上违佛祖诚言，下启后进狂妄，令人不胜悲痛哀怜而莫之能止也。）《观经》云：“诸佛如来，是法界身，入一切众生心想中。是故汝等心想佛时，是心即是三十二相、八十随形好。是心作佛，是心是佛。”（“作”指心想，“是”指心是。观想既是作，持诵、礼拜岂不是作？举一反三，儒者尚然。况博地凡夫，上窥佛意，何得不依圆顿妙解，而以担板之见推测乎？）《楞严》大势至云：“都摄六根，净念相继，得三摩地，斯为第一。”《文殊选圆通偈》谓：“反闻闻自性，性成无上道。”今例之曰：“反念念自性，性成无上道。”《四十二章经》云：“夫心者，置之一处，无事不办。”梦东云：“真为生死，发菩提心，以深信愿，持佛名号，此十六字为念佛法门一大纲宗。”欲修三昧，何不于此等语句中全身靠倒？不以圣言为量，而以我之罪业凡夫为准，岂不颠倒之甚乎？

然汝发此言，盖亦有由。以《衷论》详示省一大师所见之境，及耕心谓承彼心传。意者必有种种不思议妙境，及口传心受之妙诀耳。不知三昧者，华言“正定”，亦云“正受”。正定者，寂照双融之谓。正受者，妄伏真现之谓。寂照双融，有何境界之可得？《心经》云：“照见五蕴皆空，度一切苦厄。”又曰：“以无所得故，三世诸佛得阿耨多罗三藐三菩提。”《楞严》云：“圆满菩提，归无所得。”修禅定人（指四禅八定）及参禅人，以唯仗自力，不求佛加，故于工夫得力，真妄相攻之时，每有种种境界，幻出幻没。譬如阴雨将晴之时，浓云破绽，忽见日光，恍惚之间，变化不测。所有境界，非真具道眼者，不能辨识。若错认消息，则着魔发狂，莫之能医。念佛人以真切之信愿，持万德之洪名。喻如杲日当空，行大王路，不但魑魅魍魉，铲踪灭迹，即歧途是非之念，亦无从生。推而极之，不过曰：念至功纯力极，则全心是佛，全佛是心，心佛不二，心佛一如而已。此理此行，唯恐人之不知，不能合佛普度众生之愿。岂秘而不传，独传于汝乎？若有暗地里口传心受之妙诀，即是邪魔外道，即非佛法。

然印光实有人所不得而已所独得之诀，不妨由汝之请，以普为天下之诸佛子告。其诀唯何？曰诚，曰恭敬。此语举世咸知，此道举世咸昧。印光由罪业深重，企消除罪业，以报佛恩，每寻求古德之修持懿范，由是而知诚与恭敬，实为超凡入圣、了生脱死之极妙秘诀，故常与有缘者谆谆言之。《持经利益随心论》虽发其端，未明其概。拟续一二万言，历引古德诚敬之迹，与其感应之道，并参已芜语，发挥评论，俾阅者法戒分明，知所取舍，自不至以巨因而获微果，与夫以善因而招恶果耳。斯言已与徐君说之。须知诚与恭敬，非唯学佛宜然。世出世间，一切诸法，欲得精一，莫不以此而为基本。观《孟子》弈秋诲弈一事，可以知矣。

徐君夙具灵根，而且历代奉佛，自出世来，即受庭训，又经二三十年之学问阅历，何舍高明而取卑劣，宝印光之文而为之流布也？须知宏法利生，贵识时机。今人应受之法，与所受之病，高明者不肯详言。其所言者，纵极玄妙，多非应病之药。或由彼妙药，反增其病。印光譬如无知无识之庸医，不但不知病原，亦且不知药性。唯以先祖秘制之阿伽陀万应丸，举虚实寒热种种诸病，皆以此药投之。倘不怀疑，取而服之，立见痊愈。即秦缓扁鹊无从措手之症，一服此药，立见起死回生。于是有心活人济世者，为之广出招帖，令有病者，同服此药。虽知秦缓等之神妙不测，而不广告者，以病属宿业，有神仙不能疗者，况神医乎？

至于所断评《衷论》语，实属婆心真切，与印光交互发明，特欲开人正眼，非是文饰印光。仁老评语，亦极痛切，然于王生心病，及《衷论》流弊，尚欠发挥。印光所说，多致力于此二者耳。及余所答，皆悉圆融恰当。唯论四土一段，约理固无大碍，约事殊欠精详。以凡圣同居、方便有余二土，乃约带业往生之凡夫，与断见思惑之小圣而立，不可约佛而论。若约佛论，非但西方四土，全体寂光。即此五浊恶世、三途恶道，自佛视之，何一不是寂光？故曰："毗卢遮那，遍一切处，其佛所住，名常寂光。"

遍一切处之常寂光土，唯满证光明遍照之毗卢遮那法身者，亲得受用耳。余皆分证。若十信以下至于凡夫，理则有而事则无耳。欲详知者，当细研《弥陀要解》论四土文。而《梵网玄义》，亦复具明。（毗卢遮那，华言“光明遍照”，亦云“遍一切处”，乃一切诸佛究竟极果，满证清净法身之通号。圆满报身卢舍那佛亦然。若释迦、弥陀、药师、阿闳等，乃化身佛之各别名号耳。卢舍那，华言“净满”，以其惑业净尽、福慧圆满，乃约智、断二德所感之果报而言。）又须知实报、寂光，本属一土。约称性所感之果，则云实报。约究竟所证之理，则云寂光。初住初入实报，分证寂光。妙觉乃云上上实报，究竟寂光。是初住至等觉，二土皆属分证。妙觉极果，则二土皆属究竟耳。讲者于实报则唯约分证，于寂光则唯约究竟。寂光无相，实报具足华藏世界海微尘数不可思议微妙庄严。譬如虚空，体非群相，而一切诸相，由空发挥。又如宝镜，虚明洞彻，了无一物，而复胡来胡现，汉来汉现。实报、寂光，即一而二，即二而一。欲人易了，作二土说。

“金轮咒法”所示，乃三世因果。为猎，为僧，乃前世因果。今得为人，福尽将堕，乃约迷不修，示前因后果。念佛阅经，悟二空理，证实相法，乃约省悟修持，示现因后果。且勿笼统自任，谓现生便能如是。现生证实相者，非无其人，恐贤契无此善根。若不详陈其故，或致妄期圣证，则志高而行不逮，久而久之，必致丧心病狂，未得谓得，未证谓证，求升反坠，弄巧成拙。究其结果，难免永沦恶趣，不但埋没己灵，实为辜负佛恩。二空理唯言悟，则利根凡夫即能。如圆教名字位中人，虽五住烦恼，毫未伏断，而所悟与佛无二无别。（五住者，见惑为一住，思惑为三住，此二住于界内；尘沙惑、无明惑共为一住，此二住于界外。）若约宗说，则名大彻大悟。若约教说，则名大开圆解。大彻大悟，与大开圆解，不是依稀仿佛明了而已。如庞居士闻马祖：“待汝一口吸尽西江水，即向汝道。”当下顿亡玄解。大慧杲闻圆悟：“熏风自南来，殿阁生微凉。”亦然。智者诵《法华》，至《药王本事品》：“是真精进，是名真法供养如来。”豁然大悟，寂尔入定，亲见灵山一会，俨然未散。能如是悟，方可名大彻大悟，大开圆解。若云证实相法，则非博地凡夫之所能为。南岳思大禅师，智者之得法师也，有大智慧，有大神通。临终有人问其所证，乃曰："我初志期铜轮，但以领众太早，只证铁轮而已。"（铜轮，即十住位，破无明，证实相，初入实报，分证寂光。初住即能于百三千大千世界示作佛身，教化众生。二住则千，三住则万，位位增数十倍，岂小可哉？铁轮，即第十信位。初信断见惑，七信断思惑，八、九、十信破尘沙、伏无明。南岳思示居第十信，尚未证实相法。若破一品无明，即证初住位，方可云证实相法耳。）智者大师，释迦之化身也。临终有问："未审大师证入何位？"答曰："我不领众，必净六根（即十信位，获六根清净，如《法华经·法师功德品》所明）。损己利人，但登五品。"（五品，即观行位，圆伏五住烦恼，而见惑尚未断除。）蕅益大师临终有偈云："名字位中真佛眼，未知毕竟付何人？"（名字位人，圆悟藏性，与佛同俦。而见思尚未能伏，何况乎断？末世大彻大悟人，多多是此等身份。五祖戒为东坡，草堂清作鲁公，犹其上者。次则海印信为朱防御女，又次则雁荡僧为秦氏子桧。良以理虽顿悟，惑未伏除，一经受生，或致迷失耳。藏性，即如来藏妙真如性，乃实相之异名。）蕅益大师示居名字，智者示居五品，南岳示居十信。虽三大师之本地，皆不可测。而其所示名字、观行、相似三位，可见实相之不易证，后进之难超越。实恐后人未证谓证，故以身说法，令其自知惭愧，不敢妄拟故耳。三大师末后示位之恩，粉骨碎身，莫之能报。汝自忖度，果能越此三师否乎？若曰：念佛阅经，培植善根，往生西方之后，常侍弥陀，高预海会，随其功行浅深，迟早必证实相。则是决定无疑之词，而一切往生者之所同得而共证也。

又"金轮咒法"，不许问事，唯许问善根、问法门。而末世众生，无论有善根、无善根，皆当决定专修净土，法门亦不须问。善根有，固宜努力。无，尤当笃培。则善根亦不须问。只宜持咒，助修净业。勿辄作法，烦渎佛圣。倘动辄作法，若身心不恭敬，不至诚，或致起诸魔事。唯一事宜作法，而非汝等分上事。如有发心出家者，自未证道，不能观机，上叩佛慈，冥示可否，庶无匪徒败种混入之弊。而今之收徒者，唯恐其不多，明知为下流，尚急急欲收，唯恐其走脱，谁肯如此决择？贪名利，喜眷属，致令佛法一败涂地，莫之能兴也。

至于业障重，贪瞋盛，体弱心怯，但能一心念佛，久之自可诸疾咸愈。《普门品》谓："若有众生，多于淫欲、瞋恚、愚痴，常念恭敬观世音菩萨，便得离之。"念佛亦然，但当尽心竭力，无或疑贰，则无求不得。然观音于娑婆有大因缘，于念佛外，兼持观音名号亦可。或兼持《楞严》、《大悲》等咒，亦无不可。

至于阅经，若欲作法师，为众宣扬，当先阅经文，次看注疏。若非精神充足，见解过人，罔不徒劳心力，虚丧岁月。若欲随分亲得实益，必须至诚恳切，清净三业。或先端坐少顷，凝定身心，然后拜佛朗诵，或只默阅。或拜佛后端坐少顷，然后开经。必须端身正坐，如对圣容，亲聆圆音，不敢萌一念懈怠，不敢起一念分别。从首至尾，一直阅去，无论若文若义，一概不加理会。如是阅经，利根之人，便能悟二空理，证实相法。即根机钝劣，亦可以消除业障，增长福慧。六祖谓："但看《金刚经》，即能明心见性。"即指如此看耳，故名曰"但"。能如此看，诸大乘经，皆能明心见性，岂独《金刚经》为然？若一路分别，此一句是什么义，此一段是什么义，全属凡情妄想，卜度思量，岂能冥符佛意，圆悟经旨，因兹业障消灭、福慧增崇乎？若知恭敬，犹能少种善根。倘全如老学究之读儒书，将见亵慢之罪，岳耸渊深。以善因而招恶果，即此一辈人也。

古人专重听经，以心不能起分别故。如有一人出声诵经，一人于旁摄心谛听，字字句句，务期分明，其心专注，不敢外缘一切声色，若稍微放纵，便致断绝，文义不能贯通矣。诵者有文可依，心不大摄，亦能诵得清楚。听者唯声是托，一经放纵，便成割裂。若能如此听，比诵者能至诚恭敬之功德等。若诵者恭敬稍疏，则其功德难与听者相比矣。

今人视佛经如故纸，经案上杂物与经乱堆，而手不盥洗，口不漱荡，身或摇摆，足或翘举，甚至放屁、抠脚，一切肆无忌惮，而欲阅经获福灭罪，唯欲灭佛法之魔王，为之证明赞叹，谓其活泼圆融，深合大乘不执着之妙道。真修实践之佛子见之，唯有黯然神伤，潸焉出涕，嗟其魔眷横兴，无可如何耳。

智者诵经，豁然大悟，寂尔入定。岂有分别心之所能得哉？一古德写《法华经》，一心专注，遂得念极情亡，至天黑定，尚依旧写。侍者入来，言："天黑定了，只么还写？"随即伸手不见掌矣。如此阅经，与参禅看话头，持咒念佛，同一专心致志。至于用力之久，自有一旦豁然贯通之益耳。

明雪峤信禅师，宁波府城人，目不识丁，中年出家，苦参力究，忍人所不能忍，行人所不能行，其苦行实为人所难能。久之大彻大悟，随口所说，妙契禅机。犹不识字，不能写。久之则识字矣。又久之则手笔纵横，居然一大写家。此诸利益，皆从不分别专精参究中来。阅经者亦当以此为法。此老语录，已入《清藏》。谭埽庵以名进士，皈依座下，为制《道行碑》，有一万余言。

阅经时，断断不可起分别，自然妄念潜伏，天真发现。若欲研究义理，或翻阅注疏，当另立一时，唯事研究。当研究时，虽不如阅时之严肃，亦不可全无恭敬，不过比阅时稍舒泰些。未能业消智朗，须以阅为主，研究但略带。否则终日穷年，但事研究，纵令研得如拨云见月、开门见山一样，亦只是口头活计，于身心性命，生死分上，毫无干涉。腊月三十日到来，决定一毫也用不着。

若能如上所说阅经，当必业消智朗。三种情见，当归于无何有之乡矣。若不如是阅经，非但三种情见，未必不生。或恐由宿业力，引起邪见，拨无因果。及淫杀盗妄种种烦恼，相继而兴，如火炽燃。而犹以为大乘行人，一切无碍，遂援六祖"心平何劳持戒"之语，而诸戒俱以破而不破为真持矣。甚矣！修行之难得真法也。所以诸佛诸祖主张净土者，以承佛慈力，制伏业力，不能发现耳。当以念佛为主，阅经为助。若《法华》、《楞严》、《华严》、《涅槃》、《金刚》、《圆觉》，或专主一经，或此六经一一轮阅，皆无不可。而阅之之法，断断不可不依吾说，而苟且从事，致令不思议利益，由肆无忌惮，并分别妄情而失之，岂不哀哉！

吾昔谓汝与师殿已能彻底信向净土法门，及观汝问徐君诸稿，则又欲持咒，又欲研究戒学，以密咒功德，净土中无此称述，便中心漾漾，毫无定见。汝是何等根机，而欲法法咸通耶？其急切纷扰，久则或致失心。吾与徐君言，祈彼极力开示，以尽法门师友之谊。师殿以密宗气冲尘沾皆获解脱，净宗无此等益。何不观五逆十恶，临终狱现，念佛数声，即获往生乎？又何不观《华严》证齐诸佛之等觉菩萨，尚以十大愿王回向往生，以期圆满佛果乎？若谓有胜此者，便欲废此修彼，何不体贴佛祖千经万论殷勤叮咛之至意乎？刻实论之，大乘法门，法法圆妙。但以机有生熟，缘有浅深，故致益有难得与易得耳。善导，弥陀化身也，其所示专修，恐行人心志不定，为余法门之师所夺，历叙初、二、三、四果圣人，及住、行、向、地、等觉菩萨，末至十方诸佛，尽虚空，遍法界，现身放光，劝舍净土，为说殊胜妙法，亦不肯受，以最初发愿专修净土，不敢违其所愿。善导和尚早知后人这山看见那山高，渺无定见，故作此说，以死尽展转企慕之狂妄偷心。谁知以善导为师者，尚不依从。则依从之人，殆不多见。岂夙世恶业所使，令于最契理契机之法，觌面错过，而作无禅无净土之业识茫茫、无本可据之轮回中人乎？哀哉！

吾以汝究学心切，若常致书通问，彼此皆为烦扰。因问师殿有无《教乘法数》等书，令请去，则有处查阅。《翻译名义》，系释梵语名义之书。《释氏稽古略》，系载历代佛门事迹之书。《阅藏知津》，系标示《大藏》经论语录及诸著述大意之书。《龙藏汇记》，即是《清藏》目录。此诸书皆不可不有。有此诸书，如一师相随，有问即答。

未断烦惑之人，须依事忏。恳切极处，不思议妙理，彻底圆彰。若舍事说理，只成得一个画饼利益，说时则有，用时则无。又《高僧传》初二三四集、《居士传》、《比丘尼传》、《善女人传》、《净土圣贤录》，皆记古德之嘉言懿行，阅之自有欣欣向荣之心，断不至有得少为足，与卑劣自处之失。《宏明集》、《广宏明集》、《镡津文集》、《折疑论》、《护法论》、《三教平心论》、《续原教论》、《一乘决疑论》，皆护教之书，阅之则不被魔外所惑，而摧彼邪见城垒矣。此等诸书，阅之能令正见坚固，能与经教互相证明。且勿谓一心阅经，置此等于不问，则差别知见不开，遇敌或受挫辱耳。

汝书所陈，有未标示者，若能详细体察，其意固自彰彰。又二空，即我空、法空。我空者，谓于五阴色受想行识中，了知若色若心（色即色法，下四即心法），悉皆因缘和合而生，因缘别离而灭，了无主宰之实我可得。法空者，于五阴法，了知当体全空。《心经》“照见五蕴皆空”，即是其义。只此法空之理，即是实相。由破无明，证实相，故曰“度一切苦厄”也。实相者，法身理体，圆离生灭、断常、空有等相，而为一切诸相之本，最为真实，故名实相。此之实相，生佛同具。而凡夫、二乘，由迷背故，不能得其受用。喻如衣里明珠，由不知故，不免贫穷。非曰在迷凡夫与证真谛之二乘，无此理体也。悟者，了了分明，如开门见山，拨云见月；又如明眼之人，亲见归路；亦如久贫之士，忽开宝藏。证者，如就路还家，息步安坐；亦如持此藏宝，随意受用。悟则大心凡夫，能与佛同。证则初地不知二地举足下足之处。识此悟、证之义，自然不起上慢，不生退屈。而求生净土之心，万牛亦难挽回矣。

又凡钞录文字，必须谛审精详，不可粗略了事。《弥陀要解序》，经成时大师节略，语句便不圆润。而末后云：“不敢与二翁竞异，亦不必与二翁强同。譬如侧看成峰，横看成岭，纵皆不尽庐山真境，要不失为各各亲见庐山而已。”时师略去此譬，“不必与二翁强同”之“必”字，讹作“敢”字，便成我慢自大，藐视二翁。意中便有二翁所注违经，不敢依从之义。并与下譬相反。实为冤诬蕅益，贻误后学，读之令人痛心疾首。

今之时，是何时也！南北相攻，中外相敌。三、四年来，人死四、五千万。自有生民以来，未闻有如此之惨凄者。又复风吹、水冲、地震、瘟疫，各处频频见告。又兼水旱，不一年中，每兼受其灾。诸物之贵，比昔几倍。当斯时也，幸而得生，敢不竭力专修净业，以期往生净土乎？敢以幸得之身，游逸其志，不注定一法，而泛泛然致力于不契时机之法门乎？倘或一息不来，而欲再闻如此之径直法门，恐无有如是之侥幸也已。

复永嘉某居士书六

光既无学问，又无色力，若说话过多，目即发赤，而难观字矣，何可讲经？况现有刻书一事，万不能假手于人。即无一事，亦不能应此事。汝所说之语，乃是为土木形骸装金，听得甚好，倘令人识破，则不值半文矣。以后不可如此说话，免令光生惭愧，而人见讥诮也。

学道之人，道念重一分，则凡情轻一分，此必然之势也。然未断惑之人，常须努力。若一放纵，旧病定至复发。见思惑断尽者，才好任运腾骧，无须制束摄持也。人家欲兴，必由家规严整始。人家欲败，必由家规颓废始。欲子弟成人，须从自己所作所为，有法有则，能为子弟做榜样始。此一定之理。今欲从省事省力处起手，当以因果报应为先入之言。使其习以成性，庶后来不至大有走作。此淑世善民、齐家教子之第一妙法也。

智者大师，世称释迦化身。其所证者，谁得而知？然佛为众生现身作则，故即以凡夫自居。其曰“我不领众，必净六根”者，以己诫人，乃现身说法也。以大师最初志期断惑证真，直登地、等（地，十地；等，等觉）。以弘法利生，荒旷自己禅定工夫，故只证得圆五品观行位而已，故曰：“损己利人，但登五品。”五品者，即随喜、读诵、讲说、兼行六度、正行六度五种耳。圆五品位，圆悟藏性。（藏性即实相妙理，在缠名如来藏，出缠名法身。缠，即无明。未断，故名在缠。）与佛所悟，了无有二。圆伏见思、尘沙、无明烦恼，而见惑尚未能断。若断见惑，即证初信。及至七信，则思惑断尽，得六根任运不染六尘之实证，故名六根清净位。又于一一根中，俱能具六根功德，作六根佛事，故亦名六根互用，如《法华经·法师功德品》所说。南岳即示居此位。此位之人，不但有大智慧，而且有大神通。其神通又非小乘阿罗汉所能比。故南岳生前殁后，皆有不可思议之事，令人若见若闻，发起信心。南岳、智者，皆法身大士，其实证地位，谁能测其高深？此不过欲勉后世专精学道，而作此曲折耳。岂真只证十信相似位、五品观行位而已耶？我等博地凡夫，哪堪拟彼？我等只好粗持重戒，一心念佛，兼修世善，以为助行。依永明、莲池之法行之，则无往不利矣。

自己改恶修善，一心念佛。凡一切亲故并有缘之人，亦当以此教之。其反对之人，当作怜悯想，不可强制令行。按牛头吃草，万万做不得。若曰我一心念佛，诸事不理，不唯与世法有碍，亦不与佛法相合。素位而行，方为得之。劝人念佛修行，固为第一功德。然下而妻子兄弟，上而父母祖妣，皆当劝之。倘不能于家庭委曲方便，令吾亲属同得不思议即生了脱之益，便为舍本逐末，利疏而不计利亲，其可乎哉？劝人念佛之功，净土书中说者甚多，恐费笔墨，故不详书。

汝与师寿既修净业，只可在家念佛，普陀不可常来。即其余名山，纵然朝谒，亦不过看看山景而已。岂若在家修持，不废钱财时日，不劳身心奔驰之为愈也？又无知愚人，以耳为目，一人传虚，万人传实，妄谓地藏菩萨是暹罗国太子，其肉身塔遇闰大七月，彼国之王亲来开塔。此等无稽之谈，切不可当做真实，待至其时便去，以致人多地少，或致推挤跌扑，备受痛苦。此系新罗国王族出家，姓金名乔觉，于唐玄宗时来九华，居数十年，后坐脱，肉身不坏，遂以全身入塔。绝无开塔之说。当唐之时，高丽有三国，一高句丽、二新罗、三百济。后高句丽吞灭二国，而但名高丽耳。近时愚人，不知新罗，遂讹作暹罗。唐时亦无暹罗之名。彼系两国，一暹国，一罗斛国。后并为一，遂名暹罗。此僧事迹，俱载《九华志》、《宋高僧传》。若欲一礼法颜，当于闲空时节。九华香期，香客之多，多于普陀百倍。况今年有此谣言，其朝山之人，不知比常时会期更多几倍。况塔在高处，前面若有二三百人，即有推挤跌扑之事。若不洞事带妇女去，其因挤而丧身失命者，或亦难保。何可不依法言，而专信谣话，以自讨烦恼也？光以二尊人年高，恐汝等不知利害，以为尽孝，故不禁络索言之。统祈洞察，幸甚。

与徐福贤女士书

余寄食普陀二十余年，在家二众，概无交涉。兹因至愚老友，驻锡慈岩，时常晤语。近来福严师至，不浃旬日，每过予舍，言及贞操，辄兴悲感。因慰之曰："彼虽贞烈可风，无奈不知修途。吾当略陈纲要，令随分随力，笃修净业耳。"严师即随礼恳。因为言曰：

佛法者，一切众生即心本具之法也。三乘（声闻、缘觉、菩萨）、六凡（天、人、阿修罗、地狱、饿鬼、畜生），皆当遵行。在家、出家，俱能受持。而况女身多障，诸凡不能自由，离乡别井，易招外侮讥毁。为尔虑者，只宜在家持戒念佛，决志求生极乐世界。断断不可远离家乡，出家为尼。至于研穷经教，参访明师，乃决烈男子分内之事，非女人所宜效法也。女人但当笃修净业，专持佛号。果能都摄六根，净念相继，自然现生亲证念佛三昧，临终往生上品。纵未能亲证三昧，亦得以高预海会，长侍弥陀。由是亲证无生，复本心性，无边教海，皆悉了知，如宝镜当台，万象俱现。然后承佛慈力，及己愿轮，不违安养，回入娑婆，种种方便，度脱众生。俾一切有情同登莲邦，悉证无生，庶不负一番决烈修持之心。可谓火里莲花，女中丈夫矣。

凡修净业，以决志求生西方为本。而净土法门，以信愿行三法为宗。所言信者，须信娑婆之苦，苦不可言；极乐之乐，乐无能喻。娑婆之苦，所谓生、老、病、死、爱别离、怨憎会、求不得、五阴（音印，与荫同，盖覆也）炽盛。（五阴炽盛者，谓众生于色、受、想、行、识五阴之中，起惑造业，如火炽燃，不能止息也。此一属招苦之因，前七乃所招苦果。娑婆之苦，虽多逾恒沙，此八摄无不尽。诸苦既经身历，不烦备释。）极乐之乐，约根身则莲花化生，长生不死，体禀男质，绝无女形。不闻恶道之名，况有其实。约器界则黄金为地，七宝为池，行树参天，楼阁住空。

思衣得衣，思食得食。凡所受用，无不如意。而诸凡用度，皆是化现，非如此土由人力造作而成也。而弥陀导师相好光明，无量无边，一睹慈容，即证法忍。况复观音、势至、清净海会，各舒净光，同宣妙音。故虽具缚凡夫，通身业力，若能信愿真切，即蒙佛慈摄受。一得往生，则烦恼恶业，彻底消灭。功德智慧，究竟现前。能如是信，可谓真信。

欲详知者，当熟读《阿弥陀经》、《无量寿经》、《观无量寿佛经》，此名净土三经，专谈净土缘起事理。其余诸大乘经，咸皆带说净土。而《华严》一经，乃如来初成正觉，为四十一位法身大士称性直谈一乘妙法。末后善财遍参知识，于证齐诸佛之后，普贤菩萨为说十大愿王，普令善财及与华藏海众，回向往生西方极乐世界，以期圆满佛果。而《观经》下品下生，五逆十恶，具诸不善，临命终时，地狱相现，有善知识，教以念佛，彼即受教称念佛名，未满十声，即见化佛授手，接引往生。《大集经》云："末法亿亿人修行，罕一得道，唯依念佛得度生死。"是知念佛一法，乃上圣下凡共修之道，若愚若智通行之法，下手易而成功高，用力少而得效速。以其专仗佛力，故其利益殊胜，超越常途教道。昔人谓："余门学道，似蚁子上于高山。念佛往生，如风帆扬于顺水。"可谓最善形容者矣。

若欲研究，《阿弥陀经》有蕅益大师所著《要解》，理事各臻其极，为自佛说此经来第一注解，妙极确极。纵令古佛再出于世，重注此经，亦不能高出其上矣。不可忽略，宜谛信受。《无量寿经》有隋慧远法师疏，训文释义，最为明晰。《观无量寿佛经》有善导和尚《四帖疏》，唯欲普利三根，故多约事相发挥。至于"上品上生章"后，发挥专杂二修优劣，及令生坚固真信，虽释迦、诸佛现身，令其舍此净土，修余法门，亦不稍移其志，可谓净业行者之指南针也。若夫台宗《观经疏妙宗钞》，谛理极圆融，中下根人莫能得益，故不若《四帖疏》之三根普被，利钝均益也。

既知如上所说义理，必须依此谛信。自己见得及者如是信，即自己见不及者，亦必也如是信。仰信佛言，断断不可以己凡情不测，稍生丝毫疑念，方可谓真信矣。

既生信已，必须发愿。愿离娑婆，如狱囚之冀出牢狱。愿生极乐，如穷子之思归故乡。若其未生净土以前，纵令授以人天王位，亦当视作堕落因缘，了无一念冀慕之想。即来生转女为男，童真出家，一闻千悟，得大总持，亦当视作纡曲修途，了无一念希望之心。唯欲临命终时，蒙佛接引，往生西方。既得往生，则了生脱死，超凡入圣，位居不退，忍证无生。回视人天王等，及出家为僧，不知净土，修余法门，历劫辛勤，莫由解脱者，如萤火之与杲日，蚁垤之与泰山矣。可胜悲哉？可胜悼哉？以故修净土人，断断不可求来生人天福乐，及来生出家为僧等。若有丝毫求来生心，便非真信切愿，便与弥陀誓愿间隔，不能感应道交，蒙佛接引矣。以此不可思议殊胜妙行，竟作人天有漏福因。而况享福之时，必造恶业。既造恶业，难逃恶报。如置毒于醍醐之中，便能杀人。不善用心者，其过如是。必须彻底斩断此等念头，庶净土全益，通身受用矣。

既有真信切愿，必须志心执持“南无阿弥陀佛”六字圣号。无论行住坐卧，语默动静，穿衣吃饭，及大小便利等，总不离此六字洪名（或四字持亦可）。必须令其全心是佛，全佛是心，心佛无二，心佛一如。若能念兹在兹，念极情忘，心空佛现。则于现生之中，便能亲证三昧。待至临终，生上上品。可谓极修持之能事也已。至于日用之中，所有一丝一毫之善，及诵经、礼拜种种善根，皆悉以此功德，回向往生。如是则一切行门，皆为净土助行。犹如聚众尘而成地，聚众流而成海，广大渊深，其谁能穷。然须发菩提心，誓愿度生，所有修持功德，普为四恩、三有、法界众生回向。则如火加油，如苗得雨。既与一切众生深结法缘，速能成就自己大乘胜行。若不知此义，则是凡夫、二乘自利之见，虽修妙行，感果卑劣矣。

念佛虽一切时，一切处，皆无妨碍。然须常存敬畏，必须视佛像一如活佛。视佛经祖语，一如佛祖对己说法一样，不敢稍存疑慢。虽孝子之读遗嘱，忠臣之奉敕旨，当不过是。至于平时念佛，声、默随意。若睡卧、大小便、澡身、濯足等，及经过臭秽不洁之地，俱宜默念，不可出声。出声则便为不恭，默念则功德一样。吾常谓欲得佛法实益，须向恭敬中求。有一分恭敬，则消一分罪业，增一分福慧。有十分恭敬，则消十分罪业，增十分福慧。若或了无恭敬，则虽种远因，而亵慢之罪，有不堪设想者矣。今之在家读佛经者，皆犯此病。故于有缘者前，每谆谆言之。

念佛必须摄心，念从心起，声从口出，皆须字字句句，分明了了。又须摄耳谛听，字字句句，纳于心中。耳根一摄，诸根无由外驰，庶可速至一心不乱。大势至所谓“都摄六根，净念相继，得三摩地，斯为第一”者，即此是也。文殊所谓“反闻闻自性，性成无上道”者，亦即此是也。切不可谓持名一法浅近，舍之而修观像、观想、实相等法。夫四种念佛，唯持名最为契机。持至一心不乱，实相妙理，全体显露；西方妙境，彻底圆彰。即持名而亲证实相，不作观而彻见西方。持名一法，乃入道之玄门，成佛之捷径。今人教理、观法皆不了明，若修观想、实相，或至着魔，弄巧成拙，求升反坠。宜修易行之行，自感至妙之果矣。

《净土十要》，乃蕅益大师以金刚眼，于阐扬净土诸书中，选其契理契机，至极无加者。第一《弥陀要解》，乃大师自注，文渊深而易知，理圆顿而唯心，妙无以加，宜常研阅。至于后之九种，莫不理圆词妙，深契时机，虽未必一一全能了然，然一经翻阅，如服仙丹，久之久之，即凡质而成仙体矣（此是譬喻法门之妙，不可错会谓令成仙）。《净土圣贤录》，历载弥陀因中行愿，果上功德；及观音、势至、文殊、普贤、马鸣、龙树诸菩萨，自行化他之事；次及远公、智者，暨清初诸大祖师、善知识往生事迹；及比丘尼、王臣、士庶、妇女、恶人、畜生，念佛往生之事。又复采其言论之切要者，并录传中，俾阅者取法有地，致疑无由。以古为师，力修净业，较参叩知识，更加真切矣。《龙舒净土文》，断疑起信，修持法门，分门别类，缕析条陈，为导引初机之第一奇书。若欲普利一切，不可不从此以入手。此上三种，及《无量寿经疏》、《观经四帖疏》，共五种，前已为福严师说，令请而邮寄，不知已请得否？若无，当寄回音，即为邮寄。有此诸书，净土众义可以备知，纵不遍阅群经，有何所欠。倘不知净土法门，纵令深入经藏、彻悟自心，欲了生死，尚不知经几何大劫，方能满其所愿。阿伽陀药（梵语“阿伽陀”，此云“普治”，普治一切诸病也），万病总治。此而不知，可痛惜哉。知而不修，及修而不专心致志，更为可痛惜也已矣。

女人出门，大有妨碍，况用度艰难，更为不便。受戒一事，若男子出家为僧，必须入堂习仪，方知丛林规矩、为僧仪则，则游方行脚了无妨阻，否则十方丛林莫由住止。若在家女人，家资丰厚，身能自主，诣寺受戒，亦非不可。至于身家穷困，何必如此。但于佛前恳切至诚，忏悔罪业一七日，自誓受戒。至第七日，对佛唱言："我弟子福贤，誓受五戒，为满分优婆夷（优婆夷，此云"近事女"，谓既受五戒，堪事佛故。满分者，五戒全持也），尽形寿不杀生，尽形寿不偷盗，尽形寿不淫欲（若有夫女，则曰不邪淫），尽形寿不妄语，尽形寿不饮酒。"如是三语，即为得戒。但自志心受持，功德并无优劣。切勿谓自誓受戒者为不如法，此系《梵网经》中如来圣训。普陀秋不传戒，传戒在于正月上旬开堂，至二月十九圆满。然祈安住修持净业，不可奔驰跋涉。倘或执着不改，便为不识好恶，妨自己之清修，负老僧之忠言。我欲汝即生成就道业，断不至障汝法缘。汝但谛思，自知取舍。

至于不能出家，即欲舍命。此念虽烈，此心实痴。今之尼僧，谁堪为师？住持庵庙，强暴实多。汝既是女，上士则难为御侮，为避嫌故；下愚则竭力夤缘，欲造业故。汝只知出家为尼之解脱，不知出家为尼之障碍，故不辞烦琐，剀切言之。汝将谓舍命便解脱乎？不知识随业牵，又复受生。驴女马女，亦未可知。欲复得人女之身，恐未有此之大幸。纵令复得人女，或得为男，或为人王、天王，安保其能遇佛法而信受也。又安保其于佛法中，又复遇此即生了脱之净土法门也。纵令能遇，何若今生忍耐住世，报尽即生西方之为愈也。汝从生以来，有如此为汝筹画者否？倘或不依吾言，即为忘恩负义，则将来之苦，当更甚于今日无量无边倍矣。把手牵他行不得，直须自肯始相应。可听与否，祈自裁度。并祈以此告福莲贞女知之。

与康泽师书

光宿业深重，现行劣弱。虽起长期，绝无进步。妄念胜于佛念，业识障彼智识。佛慈普被，犹不蒙益。每一思及，惭赧无喻。然佛既不以摄受诳人，光必以死期败烈（死期败烈，北方土语。烈者功烈，败者败坏。如张巡守睢阳，誓立灭贼功烈，以死为期，决不退败，若不死必定要成此功烈，若死才见败坏耳。此语北人常谈，南方来曾未闻，故标其意致耳），哀求加被。即当时不蒙加被，终有加被之日。今拟三十随众过年，至初一日仍复起期，直至和尚退院，方始解期，再定后来章程。决定要得心佛相应，方可稍安此心。现在法道日见倾颓，后来事体，将有不忍言者。宜着力念佛求生西方，庶不虚此出家修行矣。否则恐后来虽欲修行，无地可修，虽欲求法，无法可求矣。奈何奈何！

期中略将《无量寿经疏》细阅两遍，其玄谈、总判，虽不及台宗，而消释文义，甚是清楚，不可不看。《观经疏》阅三遍。善导和尚专以平实事相法门，接引末世凡夫，不用观心、约教等玄妙法门，其慈悲可谓至极无加矣。良以业识未消，三昧未成，纵谈理性，终成画饼。又以古人闻理性当体便是，则进行弥速。今人闻此等语言，则废弛道业，但欲任己业识茫茫之天真耳。其书经中外抄录，错讹不胜其多。仁山杨子，凡点句读处皆恰当，至于校讹，亦只照样校对，并未厘正错讹，如所刻《弥陀疏钞》等。光不惜获罪，略为正订。觉善导婆心，更加亲切。然不敢与杨子及今之当道弘法者观，彼若见之，将又如通公之骂聪明人耳。《往生论注》阅一遍，文义显豁直捷，真能上继匡庐，下启天台、西河、长安等，宜细看之。此三种讹字皆标于顶格，待明春解期时当呈上一览。

与谛闲法师书

光自出家以来，即信净土一法。但以业障所遮，二十年来，悠悠虚度。口虽念佛，心不染道。近蒙法师训励，誓期不负婆心。无奈昏散交攻，依旧昔时行履。因日阅十余纸净典，以发胜进之心。至《宝王》随息法门，试用此法，遂觉妄念不似以前之潮涌澜翻。想久而久之，当必有雾散云消彻见天日之时。又查《文类》、《圣贤录》，皆录此一段。因悟慈云十念，谓藉气束心，当本乎此。而《莲宗宝鉴》亦载此法。足见古人悬知末世机宜，非此莫入，而预设其法。然古人不多以此教人者，以人根尚利，一发肯心，自得一心。而今人若光之障重根钝者，恐毕生不能得一念不乱也。故述其己私，请益高明，当与不当，明以告我。光又谓只此一法，具摄五停心观：若能随息念佛，即摄数息、念佛二观。而摄心念佛，染心渐可断绝，瞋恚必不炽盛，昏散一去，智慧现前，而愚痴可破矣。又即势至都摄六根法门。愚谓今之悠忽念佛者，似不宜令依此法，恐彼因不记数，便成懈怠。有肯心者，若不依此法，决定难成三昧。法师乘愿利人，自虽不用，当为后学试之，以教来哲。若是利根，一七、二七定得一心。纵光之昏钝鲁劣，想十年八年或可不乱矣。

与玉柱师书

窃闻如来为一大事因缘故出现于世，随机逗教，说种种法，无非欲令众生开示悟入佛之知见而已。然佛之知见，众生本具。而无始迷昧，浅深不同。迷之浅者，随修一法，便得悟入。迷之深者，匪仗弥陀宏誓愿力，往生净土，决难克证。况兹一门，为诸法之归宿，乃修证之极致。如来初成正觉，说《华严经》，具无量法门，收一乘根性。而善财于证齐诸佛之后，普贤菩萨乃令发十大愿王，导归极乐，并劝海会大众，咸求往生。由是而诸大乘经皆悉赞扬，而净土三经专明其致。有谓净土为权渐小乘，而不肯修习，复障他修者，总因未能研究大乘经论，但执直指之指，未见自心之月。观《华严·行愿品》可以知矣。而况迦叶、阿难、马鸣、龙树、智者、永明等诸大祖师，皆注经造论，极力赞扬。谓非六方诸佛之化身，两土教主之嫡嗣者乎？所谓千经万论，处处指归；往圣前贤，人人趣向。矧兹末世，人根陋劣，知识稀少。舍此一法，其何能淑？愿兄于宗、教之暇，略分心于此法，自利利他，报佛深恩。如或不无疑惑，当广阅净土经论。而《净土十要》，断疑启信，乃破坚冲锐之元勋，当先读之。而《弥陀疏钞》并《演义》，尤为参研宗、教之良导，愈当熟读而精思之，非徒发明净土而已。中峰谓："禅者净土之禅，净土者禅之净土。"二书之谓也。又兄欲遍搜贤宗妙注，而《疏钞》二书，乃贤宗妙注之最切于身心修证者，当购而研之，其妙利非弟所能形容也。

与广东许豁然居士书

（代康泽师作）

居士身居善堂，力行善事，终日宣讲，劝人为善。担荷圣贤居家为政、在野尽忠之道，遵守佛祖诸恶莫作、众善奉行之法。每一思及，羡慕不已。然善事固有大小不同，善书亦有浅深不等。欲令自他同登善域，宜择其善书之最精微显著者，刊印流通。使天下后世之见闻此书者，皆悉改过迁善，希圣希贤，何异阁下遍提天下后世之耳而面命之。较宣讲于一时一处者，其功德大小，不可同年而语矣。但善书虽多，所说皆世间小因小果。唯《安士全书》，觉世牖民，尽善尽美。讲道论德，超古超今。言简而该，理深而著。引事迹则证据的确，发议论则洞彻渊源。诚传家之至宝，亦宣讲之奇书。言言皆佛祖之心法，圣贤之道脉，淑世善民之要道，光前裕后之秘方。若能依而行之，则绳武圣贤，了生脱死，若操左券以取故物。与彼世所流通善书，不啻有山垤海潦之异。兹因了得师由普陀朝九华，衲特令绕道至金陵请来，呈于阁下，祈细心玩索，则食嘉肴而知旨，学至道而知善，其刊版流通博施济众之心，必有决江河而莫御之势焉。

安士先生，姓周名梦颜，一名思仁，江苏昆山诸生也。博通三教经书，深信念佛法门。弱冠入泮，遂厌仕进。发菩提心，著书觉民，欲令斯民先立于无过之地，后出乎生死之海。故著戒杀之书曰《万善先资》，戒淫之书曰《欲海回狂》。良以众生造业，唯此二者最多，改过亦唯此二者最要。又著《阴骘文广义》，使人法法头头，皆知取法，皆知惩戒。批评辩论，洞彻精微，可谓帝君功臣。直将垂训之心，彻底掀翻，和盘托出，使千古之上，千古之下，垂训受训，两无遗憾矣。以其以奇才妙悟，取佛祖圣贤幽微奥妙之义，而以世间事迹文字发挥之，使其雅俗同观，智愚共晓故也。又以修行法门，唯净土最为切要，又著《西归直指》一书，明念佛求生西方，了生脱死大事。良以积德修善，只得人天之福，福尽还须堕落。念佛往生，便入菩萨之位，决定直成佛道。前三种书，虽教人修世善，而亦具了生死法。此一种书，虽教人了生死，而又须力行世善。诚可谓现居士身，说法度生者，不谓之菩萨再来，吾不信也。窃念虞舜为善，舍己从人。《商书》修德，主善为师。素知阁下及同堂诸位善人，无功不立，有善皆纳。敢请刊版，宣讲流通，则展转传扬，灯灯相续，尽未来际，皆受其赐。祈发救世之婆心，勿以人微而废言，则幸甚幸甚！

《居士传》，系乾隆间苏州长洲进士彭绍升，博览群书之暇，采自汉至今之大忠大孝，清正廉洁，有功名教，深通佛法者，录其入道修证之事，兼载发挥佛法之文。人有数百，书成六册。《三教平心论》，系元学士刘谧所作。先明三教并是劝人止恶行善，不可偏废；次明极功浅深不同；后广破韩愈之说，并欧阳、程、朱之说。《释氏稽古略》，以历代纪年为纲，儒释事迹为目。自伏牺至明末以来，国家之治乱，佛法之兴衰，信毁之罪福，修持之利益，祖师法言，高僧行实，并及出格忠孝，至极奸恶，皆录其大端。使人展卷便知法戒，端坐旷观古今。岂徒有益于修道之士，而实为读书论古者之袖里奇珍也。

佛法唯教人止恶修善，明心见性，断惑证真，了生脱死。一大藏经，绝无一字教人运气炼丹，求成仙升天，长生不老者。国初魔民柳华阳作《慧命经》，尽用佛经祖语，证炼丹法，挽正作邪，以法谤法。未开眼人，见其邪说，认为真实，正见永失。所言所修，皆破坏佛法，而犹嚣嚣自得，谓吾幸遇真乘，得闻正法。所谓认贼为子，煮砂作饭，一盲引众盲，相牵入火坑。可不哀哉！夫炼丹一法，非无利益。只可延年益寿，极功至于成仙升天。尚非老子真传，况是佛法正道？孔子曰："朝闻道，夕死可矣。"老子曰："吾有大患，为吾有身。"若能领会此语，便不被彼所迷。兼能熟阅《安士全书》、《居士传》、《平心论》、《稽古略》等书，则明镜当台，妍丑自分；洪炉验金，真伪立判。恐曾从事此书，故不禁觌缕云。

禅宗一法，唯令人真参实悟，故所有言句，皆无义路，不可以凡夫知见，作文字义理领会。若非亲近明眼善知识，及用拌命死心一番工夫参究，必不能顿明自心。心既不明，必不解祖师意旨。切不可依文解义，学口头禅。譬如山野小民，妄号帝王，罪必灭族。凡《稽古略》、《居士传》及一切语录中机锋转语，切勿妄会，至祷至祷。

复丁福保居士论臂香书

臂香者，于臂上燃香也。灵峰老人日持《楞严》、《梵网》二经，故于燃香一事，颇为频数。良以一切众生，无不爱惜自身，保重自身。于他则杀其身，食其肉，心更欢乐。于己则蚊嚼芒刺，便难忍受矣。如来于《法华》、《楞严》、《梵网》等大乘经中，称赞苦行，令其燃身、臂、指，供养诸佛，对治贪心及爱惜保重自身之心。此法于六度中仍属布施度摄，以布施有内外不同，外则国城妻子，内则头目髓脑。燃香、燃身，皆所谓舍。必须至心恳切，仰祈三宝加被，唯欲自他业消慧朗（言自他者，虽实为己，又须以此功德，回向法界众生，故云自他），罪灭福增，绝无一毫为求名闻及求世间人天福乐之心，唯为上求佛道、下化众生而行，则功德无量无边，不可思议。所谓三轮体空，四弘普摄，功德由心愿而广大，果报由心愿而速获。其或心慕虚名，徒以执着之心，效法除着之行，且莫说燃臂香，即将全身通燃，亦是无益苦行。以以执着心，求名誉念，既无三轮体空之解，又无四弘普摄之心，以如来破除身见之法，转增坚固身见。罪福由心而分，果报由心而异。故《华严》谓“牛饮水成乳，蛇饮水成毒，智学证涅槃，愚学增生死”者，此也。

与广东萧永华孝廉书

（代康泽师作）

《五灯会元》，各经房仿单俱无，无从购请。但不知阁下求此书之意，故不禁觍缕云。为真参实悟，洞明自心，彻见父母未生前本来面目耶？抑欲学其一棒一喝，喝佛骂祖，但取口舌辩给，以邀誉于流俗耶？或欲记其言句，以雄笔札，使挥毫染翰时，神机活泼，文词幽邃，如苏子瞻辈出词吐气，殆非食人间烟火者所能也？

若欲得第一者，须先研究佛经，使教眼明了。又须亲近具眼高人，得闻一言一句，穷参力究。至力极功纯，自然冷灰豆爆，彻悟自心，如伸手见掌，了无自他之疑。又须高人印证，恐或错认消息。若能如此，再看此书及一切禅书，犹家里人共家里人说家里话，但有所益，毫无所损。若未能如上用功，及开悟印证，先观禅书欲得开悟者，如蒙尘古镜，欲顿发光明，不去磨垢，但涂白粉，涂至经劫，亦无光发。所谓依他作解，塞自悟门，说食数宝，何济饥贫。

若欲得第二者，则虽是善因，反招恶果，此现世僧俗同陷之万丈深坑也。良以禅宗举扬，皆归向上一着。悟者便能神会，迷人尽随语转。不知古人棒喝喝骂之意，便以此为行持。其失岂止王莽学周公，曹操学文王。

醍醐上味，为世所珍，遇斯人等，翻成毒药。裴公美谓：“得其意则疾成佛道，失其旨则永入泥犁。”可不惧哉？祈阁下勿萌此念也。

至于欲文类古人，作词料用者。不知古人皆于自心大有发明，故出言吐词，妙合禅机。譬如庖丁解牛，由基射猿，非学而能者也。

与某居士书

（代了余师作）

仲春来山，瞬息半载。纵寿百年，弹指即过。一息尚存，当求出路，毋使临终，悔之无及。每忆经云：“人身难得，中国难生，佛法难遇，信心难生。”四者幸备，尤当努力。如登宝山，要得摩尼。良以在凡夫地，未断惑业，生死不了，难免堕落。所以如来极劝众生，发真信心及切愿心，持佛名号，求生净土。当以供养三宝，守戒一生，一切所作，种种功德，不求来生人天福报，不求现世长寿康宁，唯求临终往生净土，则与佛誓愿相契相合，感应道交，定满所愿。如人堕海，有船来救，若肯上船，即登彼岸。求人天福，不求往生，如不上船，难免沉溺。佛欲令汝超凡入圣，汝却愿得有漏之福。福报一尽，永堕三途。如摩尼珠，用弹黄雀，所得者少，所失者多，可不惜哉！宜警省焉。

当知念佛往生一法，乃一切众生速出生死之第一要道，实一切诸佛疾成正觉之最上法门。不可以简便易行，视作等闲。必须以勤恳志心，方能成办。至于修持法则，《龙舒文》中具载。又有《安士全书》，具载念佛往生法则，并随事积德、居尘学道、齐家教子、淑世善民种种法则，悉臻奥妙，可谓通儒释于不二，冠古今而无双。一切缁素男女，皆堪永为龟鉴者也。

与海盐某夫人书

（代悟开师作）

身乃招苦之本，厌乃得乐之基。宿因厚而现善浓，则多劫之重报，转而现生轻受。罹灾戾而猛修持，则娑婆之痛苦，即是极乐导师。当作偿债之想，懊闷自消。倘生怨尤之心，罪障续起。逆来顺受，始为乐天知命之人。厌此欣彼，方是修净念佛之士。

缅想居士崇信大法，世德相承，固当报享康宁，何缘身膺笃疾？得非弥陀如来、观音大士，他心天眼，放大光明，借夫人之幻病，作同人之棒喝，俾于苦海普拯沉溺耶？敢祈深劝子媳，以及奴仆，外及族党，与诸亲眷，悉令戒杀放生，吃素念佛。则净如之家法，千秋续美。庶熙朝之天爵，万古联芳。如是则只此凄凄之病身，为苦海之舟楫；惶惶之病话，作尘世之津梁。又何待证无生忍，方可入俗利生；登不退地，始堪现身说法也哉？经云：“至心念佛一声，能灭八十亿劫生死重罪。教人念佛一声，胜于百年所行七宝布施。”但能至心念佛，则病无不愈，冯氏夫人之芳躅可追。教人念佛，则生品最高，荆王夫人之懿范不远。以此祷佛，立见痊愈。请即致力，无或疑贰。

又净如《弥陀疏钞撷》，言简而精，理深而著，乃净土之要书，实初机之良导，宜熟阅之。并祈有便人来，多带几部，以广净如法施。

与海盐顾母徐夫人书

（代悟开师作）

某某来山，问及起居，言日阅禅录，常谈机锋。愚谓衰老之年，当勤念佛，即净为宗，方有实诣。请试论之：禅与净土，理本无二。若论事修，其相天殊。禅非彻悟彻证，不能超出生死。故沩山云：“可中顿悟正因，便是出尘阶渐。生生若能不退，佛阶决定可期。”又云：“初心从缘，顿悟自性，犹有无始旷劫习气，未能顿尽，须教渠尽除现业流识。”弘辨谓：“顿悟自性，与佛同俦。然有无始习气未能顿尽，须假对治，令顺性起用。如人吃饭，不一口便饱。”长沙岑谓：“天下善知识未证果上涅槃，以功未齐于诸圣故也。”所以五祖戒又作东坡，草堂清复为鲁公。古今宗师，彻悟而未彻证者，类多如此。良由唯仗自力，不求佛加，丝毫惑业不尽，生死决不能出。净土则具信愿行三，便可带业往生。一得往生，则永出生死。悟证者顿登补处，未悟者亦证阿鞞。所以华藏海众，悉愿往生。宗、教知识，同生净土。良由全仗佛力，兼自恳心，故得感应道交，由是速成正觉。

为今之计，宜屏除禅录，专修净业。于一尘不染心中，持万德洪名圣号。或声或默，无杂无间。必使念起于心，声入乎耳，字字分明，句句不乱。久之久之，自成片段。亲证念佛三昧，自知西方宗风。是以观音反闻闻自性之工夫，修势至都摄六根、净念相继之净业。即净而禅，孰妙于是！

复永嘉某居士书一

念佛之人，亦非不可持咒。但须主助分明，则助亦归主。若泛泛然无所分别，一目视之，则主亦非主矣。《准提》、《大悲》，岂有优劣？心若至诚，法法皆灵。心不至诚，法法不灵。一句佛号，包括一大藏教，罄无不尽。通宗通教之人，方能作真念佛人。而一无所知、一无所能之人，但只口会说话，亦可为真念佛人。去此两种，则真不真皆在自己努力，依教与否耳。至于修行净土，有决定不疑之理，何必要问他人之效验？纵举世之人皆无效验，亦不生一念疑心，以佛祖诚言可凭故。若问他人效验，便是信佛言未极，而以人言为定，便是偷心，便不济事。英烈汉子，断不至舍佛言而取信人言。自己中心无主，专欲以效验人言为前途导师，可不哀哉！

《随自意三昧》，乃从凡至圣通途修法。其言"初发心菩萨"，虽该摄一切凡夫，实则乃是三心圆发、三德圆证之圆初住菩萨（约别教则是初地）。以正因理心发，证法身德；了因慧心发，证般若德；缘因善心发，证解脱德。故能于十方世界，现十法界身，普应群机，上求下化。汝将谓"初发心"即凡夫之初发心修行者而已乎？汝见《金轮》所示悟二空法、证实相理，便踊跃欢喜，即欲担荷。光恐汝着魔，故详示其身份，令汝了然无惑。悟二空法，证实相理，止此初发心菩萨之身份耳。其书中所示之法，凡夫皆可依之而修。其所示之身份，且莫说凡夫，声闻、缘觉具大神通，尚不能够，何况凡夫？其书另刻出时，当谛视之，于无所住生心、不住法而行布施、三轮体空、一道清净之义（此四句乃佛法纲要，看经修行者宜知之），大有发明。光欲取此义为颂揭出，令阅者得其纲要，已与蔚如言之，而人事丛沓，力不暇及，且待来年。

《十往生经》，乃《观经》初首三种净业之流，刻以传世，亦无不可，已与蔚如言之。而其错字等未暇标示，当将原经寄去。古字虽不错，亦不宜用。至言："观身不观一切，唯观无缘。""无缘"者，即《随自意三昧》谓空无所有性。既无所有，故无从用其攀缘。若不从根本上一刀两断，则心缘纷纷，何能解脱？此数语简略之极，而意义宏深。祈与蔚如言之。

复永嘉某居士书二

法幢和尚，宿具灵根，初为真儒，后为真释，可谓不枉读书学道耳。世有真儒，方有真僧。彼无赖之徒出家者，固皆破坏佛法之魔王外道也。其语录皆痛快直捷，豁人心目，可以刊版流通，以为禅家法宝。然此乃唯发挥直指人心、见性成佛之道，吾人专修净业，勿于彼言句中捉摸卜度，以致两失其益，不可不知。宗家提倡，唯指本分，此外概不阐发。其修因克果，断惑证真，皆密自修持耳。门外汉见宗家不提此等修证道理，遂谓宗家全不用此等法，便成谤宗及谤佛谤法矣。马僧摩见地高超，文字美妙，亦可寿梓流通。

王幻如于宗门非无见处，但以不肯深研教理，兼亦绝未亲近知识，故只成一个宗门文字知见而已。其人于光绪廿一年乙未春至普陀，于法雨寺住持化闻和尚座下披剃，未受戒，居半载归家，而遂复为居士。初册中谓丙申至普陀，与化闻为知己，拟欲剃染，因家事促归。其言行不相应，于此可见。光曾见其人，未与一言相交。问其常与相晤者，彼何行持，言亦不念佛，亦不看经。其《明心录》中所说，半皆彼昔时《镜花集》中之言。其禅宗之意，实有所得。禅宗之行，实未措办。故致不知时务，妄投法药，致令无知无识者，学此空套子话，反拨弃经中实理实事以自盲盲人耳。其始终不露出朝代及年号者，皆其意欲后世谓己是上古之高人而已。此全体是凡夫生死结业心，何尝有任运随缘、自乐天真之意？此等人亦不可赞，恐人因我赞而认彼为全是。亦不须谤，恐人因我谤而谓彼为全非。但子守子法，吾行吾道即已，哪有闲工夫论他家不关己分之闲事乎？

《卍莲净土诗小序》，前两行发明遮表一心，亦属谬论。善导专修净业，可名表专一心。永明万善圆修，何名遮专一心？直是一错到底。当云净土法门，修有专、圆，由众生根器不一，致诸祖立法不同。善导令人一心持名，莫修杂业者，恐中下人以业杂致心难归一，故示其专修也。永明令人万善齐修，回向净土者，恐上根人行堕一偏，致福慧不能称性圆满，故示其圆修也。要之人未到大彻大悟地位，其立言决难无弊。譬如井蛙，只见一井量之青天而已。

《〈随自意三昧〉校正重刻序》，于初发心菩萨，约大心凡夫，通说；约圆教初发心住菩萨，正说。了此则不生我慢与退屈二种过愆矣。

复永嘉某居士书三

普陀已来过几次，当在家息心念佛，不可常来，来则旷功费日耗财，于己于他均无利益。未曾来过，一瞻菩萨道场则可。已经来过，便可在家供养恭敬礼拜，岂菩萨唯在普陀，不遍界以应感乎哉？观音菩萨常在一切众生起心动念处，显大神通，演说妙法。无奈众生迷背错过，辜负慈恩。倘能常念观世音菩萨名号，自于一切时一切处，常蒙覆被矣。宜以此意转告一切知交。

复永嘉某居士书四

兹知欲居通州之意。虽志在成就子弟，而不知子弟之成，唯在家教。凡属子女，必须从幼教以孝悌忠信、勤俭温恭，至其长而入学读书，方有受益之基。倘自幼任性而惯，且无论无天资无善教，即有天资有善教，亦只成得个文字工人、儒门败类而已。世有才高北斗，学富五车，而其所作所为，皆仗此聪明以毒害生灵、毁灭道义者，其原皆由初无家教以为之肇也。文王刑于寡妻，至于兄弟，以御于家邦。与《大学》欲治天下国家者，必从格物致知、诚意正心而起，同一臭味。此儒门教人希圣希贤之无上秘诀，舍是而求，皆其末耳。

为今之计，子女当能言语、知人事时，即于家庭先令认字块。（女子虽不必令其造大学问，断不可不识字、不通文理。母尚宜胎教，若识字通文理，则所生子女便易为学矣。）每一块纸方，只写一字，不可两面俱写。若两面写，则便同记口歌矣。日限几字，每日将认过熟字，又须遍认一二过。不上年余，便认许多。后读书时，凡读过者，通皆认得，不致有只记口歌之弊。凡彼力能为者，必须令其常做以习勤（如洒扫、执侍等）。凡饮食衣服，勿令华美。但凡抛撒五谷及损坏什物，无论物之贵贱轻重，必须告其来处不易，及折福损寿等义。倘再如此，定遭扑责，决不放过。如此则自能俭约，断不至奢侈暴殄。及能读书，即将《阴骘文》、《感应篇》，令其熟读，为其顺字面讲演之。其日用行为，合于善者，则指其二书之善者而奖之。合于不善者，则指其二书之不善者而责之。（彭二林居士家，科甲冠于江浙，历代以来，遵行二书。其家状元甚多，然皆终身守此不替。）如金入模，如水有堤，岂有不能成器，仍旧横流之理乎？人之为人，其基在此。此而不讲，欲成全人，除非孟子以上之天资则可矣。然读书之时，不可即入现设学校。宜合数家请一文行兼优、深信因果之师，令其先读《四书》及《五经》耳。待其学已有几分，举凡文字道理，皆不被邪说俗论所惑，然后令其入现学校，以开其眼界，识其校事，不致动与时乖，无由上进矣。能如是，则有天资者，自能有为；无天资者，亦为良善。独善兼善，自利利他，实不外此老僧常谈也。

又前在扬州请《感应汇编》十三部送人，云雷亦送一部。次日云雷至寓，令为汝带一部去。彼令送余人，言当于有正书局去请，不知已请与否？此书文笔议论，悉皆超妙（有三几处微有碍，然大体俱好，故可取），但不如《安士全书》之贯通佛法耳。除《安士全书》之外，当推此为第一，然此不易与妇孺开导。光于扬州，因见此书首未刻《感应篇》文，令其补刻，因寻其书，遂遇一本《感应篇直讲》。此书系大通家所著，其注直同白话，但顺文一念，其义自显，最宜于幼年子女。今将此寄来，以企依此训诲其子女，将来必能得实用而释亲忧矣。（王雷夏曾刻彭希涑《二十二史感应录》，系正史事实，最易令人警惕，只有二本。）

复永嘉某居士书五

蔚如所说，颇有道理。但尔我乃无知无识自了汉，其教人亦以自了汉之法则。彼乃欲人大通佛法，方期由兹深信净土。故致表面似不相合，而内情实各有所主，各有所长。及其弊也，则各有所失。若能取其益，不致成弊，则法门之大幸也，然而难矣。如来诸祖所立之法，后人尚依之成弊，况吾侪乎？但各守一法，以期自利兼以利于有缘者，则可耳。无缘者，佛尚不能度，吾侪纵设种种法，亦将曰奈何奈何而已。

蔚如两书，过誉不慧，令人惭惶无地。此之派头，断不可学，学之则是令人疑藐古人，反致彼此受损矣。汝书说得亦甚有理。但光事体甚多，无暇详述。彼请问者，合则告之，违则令其别参高人。如市间店铺，各有专售之货。或一种货，亦可通商裕国，兴家立业。或多种货，亦不过通裕兴立而已。吾人既不竖大法幢，检得大富长者门首所弃之残羹馊饭以自资养。有不嫌酸臭者，不妨展转相施。否则任伊取龙肝凤髓以自资补。岂曰尽人皆贻、尽人皆受我此残羹馊饭，方惬吾心哉？市间专售一货者往往起家，俱售众货者或亦折本。弘法利生，何独不然？千机并育，乃如来出世事。如来降迹为善知识，亦不以此为准。吾法法不通，但肯念佛，亦可仗之以了生死。吾之不通，亦何愧哉？所愧者言行不相应，有名而无实耳。

复永嘉某居士书六

嘉梦奇特，必有嗣书香而绳祖武，出类拔萃之嘉男，赐自佛天也。不胜欣慰，贺贺！《华严经》云：“一切众生皆具如来智慧德相，但因妄想执着，不能证得。”是知智慧德相，乃生佛所同，即性德也。有妄想执着、离妄想执着，则生佛迥异，即修德也。修德有顺有逆。顺性而修，愈修愈近，修极而彻证，证而了无所得。逆性而修，愈修愈远，修极而永堕恶道，堕而了无所失。了此则愚者可贤，贤者可愚，寿者可夭，夭者可寿。富贵贫贱，及与子孙之蕃衍灭绝，一一皆可自作主宰。则有凭据者亦可无凭据，无凭据者亦可有凭据。如山之高不可登，人不能由，不妨凿岩设砌，则绝顶亦可直到矣。古今人不知随心造业、随心转业之义，多少大聪明大学问人，弄得前功尽弃，尚且遗害累劫。若不修德，即亲身做到富有天下，贵为天子，与夫位极人臣、声势赫奕之宰辅地位，有不即世而身戮门灭者哉？是亲得者皆无凭也。袁了凡颇会此义，故一切所享者，皆非前因所定也。前因，俗所谓天。天定者胜人，谓前因之难转也。人定者亦可胜天，谓兢业修持，则前因不足恃，是以现因为因而消灭前因也。若恣意妄为则反是。了此则欲愚者贤，庸平者超拔，皆在自己之存心修德与随时善教而已。可不以努力栽培，以祈嘉梦有据也已？

复永嘉某居士书七

《一行居集》，其刻字迹过细，少刷数千部。此蔚如诸人不仔细体贴处。其校对颇精细，不见错讹。其书诚为净宗之一大护卫。然亦有令人受病之处，今不得不为汝说，余人当从略耳。二林居士最信扶乩，所录乩语，实皆与教吻合，若肯依之而行，自能得大利益。然彼一时也，此一时也，倘执着乩语皆悉与教吻合，皆悉可依从，必有从乩违教之失。乩中多系灵鬼，绝少真仙，纵是真仙，岂能超于诸佛诸祖之上？切不可以二林居士尚信乩，吾人何敢不信，则错之多多矣。内有《〈禅宗秘密了义经〉跋》，谓为的系佛说。此二林之差别智未开，而启后人滥漫杜撰之端也。此经法雨先亦有一本，光曾看一过，其语实无过咎，但是摘取《楞严》、《华严》、《圆觉》、《金刚》等经，及《六祖坛经》，并净宗合会禅净二宗之语句以凑成之。通家看之固有益，不通家以此准一切乩语则误。光因烧之以灭祸胎。二林为之校正重刻，此二林之智只知其有益，而不知其流弊之无穷。将有以邪说作正教，皆此一跋倡导之也。若印光刻此书，断不刻此一跋。流通佛法，大非细故，岂可不慎之于始哉？

尔我世外人，何须贺节贺岁？阳历过年，何亦送片相贺，岂非无事生事？即尧历过年，亦不须贺。此世谛人情之俗套，如有因缘，随便提句亦可，特为贺岁数千里转致一片，则不如息心省事为妙矣。

复永嘉某居士书八

接手书，知由病中蒙三宝力，化险为夷，方知生死了手，非一门深入，不克济事。因研阅净宗各书，方知弥陀为我发愿立行，以期成佛；我违弥陀行愿，以故长劫恒沦六道，永作众生。了知弥陀乃我心中之佛，我乃弥陀心中之众生，心既是一，而凡圣天殊者，由我一向迷背之所致也。如是信心，可为真信。从此信心上，发决定往生之愿，行决定念佛之行，庶可深入净宗法界，一生取办，一超直入如来地，如母子相会，永乐天常矣。虽然，知之匪艰，行之维艰。世有一班掠虚汉，闻得心、佛、众生三无差别之理，或由阅教参宗，悟及此理，遂谓我与佛同，而了无所用其若修若证，遂放心恣意于一切境缘之中。误谓六尘即觉，贪瞋痴即戒定慧，何须制心摄身，无绳自缚？此种见解，最为下劣，谓之执理废事，拨无因果，如以画饼充饥，凌空作屋，自误误人，罪岂有极。以善因而招恶果，三世诸佛名为可怜悯者。汝当仗此心佛因果不二之理，切实修持信愿行法，则往生可期，成佛有望矣。幸甚慰甚。

《一行居集》“《禅宗秘密了义经》序”，已与蔚如言之。彼回书云，彼绝未见此经，故刻时忽略过去，当将此序抽去，免滋疑误。又令刻字须粗，以期多刷，彼亦言已与刻工嘱令粗些。又言于二月初当即北上。光亦不问仍复从政与否。然北京现创刻经处，非蔚如照应不可。“戒烟方”散布四远，有依之戒者，皆得药尽病除，真神方也。

如来说法，原为被机，故有为实施权，开权显实，五时施化之事。又以仗自力了脱则难，仗佛力了脱则易，兼以末世众生根机陋劣，故特开净土法门，俾上中下三根，等蒙利益，同登不退。世有好高务胜者，不观时机，每以多分不能契悟者令人修习，其意虽亦甚善，然约教而遗机，则其用力也多，而得益者少矣。

复永嘉某居士书九

来书颇合善导专修之说，又契吾人庸劣之机，喜甚。众生习气，各有所偏，愚者偏于庸劣，智者偏于高上。若愚者安愚，不杂用心，专修净业，即生定获往生，所谓其愚不可及也。若智者不以其智自恃，犹然从事于仗佛慈力、求生净土一门，是之谓大智。倘恃己见解，藐视净土，将见从劫至劫，沉沦恶道，欲再追随此日之愚夫，而了不可得。彼深通性、相、宗、教者，吾诚爱之慕之，而不敢依从。何也？以短绠不能汲深，小楮不能包大故也。非曰一切人皆须效我所为。若与我同卑劣，又欲学大通家之行为，直欲妙悟自心，掀翻教海，吾恐大通家不能成，反为愚夫愚妇老实念佛往生西方者所怜悯，岂非弄巧翻成大拙，腾空反坠深渊乎哉？一言以蔽之，曰自审其机而已矣。吾人但安分守愚，一任举世之人尽作通家，俾佛法大明于世，众生尽得度脱而已，快何如之。师寿处祈亦以此言告之。弘一师拟僻居深山，可谓笃信真修之士矣。欣慰无量。

复永嘉周群铮居士书

汝所说颇有道理，慰甚。生死大事，须当预办。若待临行方修，恐被业力所夺。闭方便关，拒绝不急事缘，甚为有益。

罗台山之不往生，堕福处，在于文字气习重耳。此习既重，则虽曰念佛，实念念在文字里做工夫。念佛工夫，只是支撑门面而已。此文人通病，非台山一人而已也。世智辩聪，佛谓为八难之一者，正为此也。念佛欲得一心，必须发真实心，为了生死，不为得世人谓我真实修行之名。念时必须字字句句从心而发，从口而出，从耳而入。一句如是，百千万句亦如是。能如是，则妄念无由而起，心佛自可相契矣。又须善于用心，勿致过为执着，或致身心不安，或致起诸魔事。都摄六根，净念相继。依此而行，决无歧误。

《了凡四训》，不知是钞《安士书》中者，或单有流通之本？光见一流通本，"积善篇"中，缺十条因果事迹。若欲排印，当以《安士书》后所载者校之，缺则补之，讹则改之。序文凑千余字，意虽可取，文不舒畅。光本欲发挥《四训》未畅之旨，而意为词阻，究亦无所发明，但弁之于首，亦可作互相参证之微益耳。

又现在见佛之志，可谓真切，然此事颇不容易。当以都摄六根，净念相继，以期一心不乱，为决定主宰。于未得一心前，断断不萌见佛之念。能得一心，则心与道合，心与佛合，欲见即可顿见，不见亦了无所碍。倘急欲见佛，心念纷飞，欲见佛之念固结胸襟，便成修行大病。久之，则多生怨家，乘此躁妄情想，现作佛身，企报宿怨。自己心无正见，全体是魔气分，一见便生欢喜，从兹魔入心腑，着魔发狂，虽有活佛，亦末如之何矣。但能一心，何须预计见佛与否。一心之后，自知臧否。不见固能工夫上进，即见更加息心专修。断无误会之咎，唯有胜进之益。世间不明理人，稍有修持，便怀越分期望。譬如磨镜，尘垢若尽，决定光明呈露，照天照地。若不致力于磨，而但望发光。全体垢秽，若有光生，乃属妖光，非镜光也。光恐汝不善用心，或致自失善利，退人信心，是以补书所以耳。永明云：“但得见弥陀，何愁不开悟。”今例其词曰：“但期心不乱，不计见不见。”知此当能致力于心与佛合之道矣。

复弘一法师书

接手书，知发大菩提心，誓证念佛三昧。刻期掩关，以祈遂此大愿。光阅之不胜欢喜。所谓最后训言，光何敢当。然可不尽我之愚诚以奉之乎？虽固知座下用此种络索不着，而朋友往还，贫富各尽其分，则智愚何独不然？但尽愚诚即已，不计人之用得着与否耳。窃谓座下此心，实属不可思议。然于关中用功，当以专精不二为主。心果得一，自有不可思议感通。于未一之前，切不可以躁妄心先求感通。一心之后，定有感通，感通则心更精一。所谓明镜当台，遇形斯映，纭纭自彼，与我何涉。心未一而切求感通，即此求感通之心，便是修道第一大障。况以躁妄格外企望，或致起诸魔事，破坏净心。大势至谓：“都摄六根，净念相继，得三摩地，斯为第一。”敢为座下陈之。

复无锡尤惜阴居士书

居士无我，乐受磋磨。但有误会光意之失，故首称“师尊”，不用“印光法师”四字。未免于光于己，皆所未安。夫印光一粥饭僧耳，称为法师，已经过分之极，然通途泛称，亦不能不如是。至于不名，且称为师尊，实失正名交友之道。下次切勿用此故套。

至于署名之下，古今通用，凡平交皆当如是，非于尊者前方用“和南”、“顶礼”等也。今礼教陵迟，凡研究佛学者与知识信札，多皆用“合十”、“合掌”、“谨启”等，而不肯稍屈。夫禹拜昌言。子夏丧明怨天，曾子责之，尚投杖而拜。是同侪有一言启迪于我者，皆以屈礼谢之。今行于歧路，有所不决，拟欲问人尚须合掌。况欲资之以了生死大事，而以行路之仪奉之，是轻法也，轻法则不能实得法益。昔古灵赞禅师大悟后，欲报剃度师恩，多方启迪，其师异之，令其为伊宣说。彼谓当设法座，令其师迎己升座礼拜，然后可说。其师依之，遂于言下大悟。使古灵不如此重法，其师不如此重得法之人，莫道不说，说亦只得文字知见而已，决不能一言之下，明白本心。语云：“下人不深，不得其真。”

夫如来灭度，所存者唯经与像。若以土木金彩等像视作真佛，即能灭业障而破烦惑，证三昧而出生死。若以土木金彩视之，则亦土木金彩而已。又土木金彩，亵之则无过。若以亵土木金彩之佛像，则其过弥天矣。读诵佛经祖语，直当作现前佛祖为我亲宣，不敢稍萌怠忽。能如是者，我说其人必能即生高登九品，彻证一真。否则是游戏法门，其利益不过多知多见，说得了了，一丝不得真实受用，乃道听途说之能事也。

古人于三宝分中，皆存实敬，不徒泛泛然口谈已也。今人口尚不肯谈一屈字，况实行乎？昔清世祖章皇帝，拜玉琳通琇禅师为师，尚欲取一法名。琇师谓帝王何须用此？彼不肯，祈取一丑字眼名之。玉琳乃书十余丑字，令其自选。乃取一“痴”字。其派在“行”字辈，故名“行痴”。凡与玉琳之法徒书，其署名则云：“法弟行痴和南”。开国之皇帝尚如此自屈，若以今人推之，当先加以刑，然后问法，方合其式，否则平人失其为平人，皇帝失其为皇帝矣。

光于佛学，一无所得，如盲对五色，聋对五声，了不知其如何为声，如何为色。然于主敬存诚之表面，颇愿竭我愚诚，以尽他山石之小益。既属心交，当不以琐屑弃之。

拟答某居士书

［**附原书**］鄙人信从净土，已决定奉行，而于愿、行两字，尚须乞教。愿与行是否两种分运，抑须同运？一、若以两种而论，则念佛时先发愿求生，如慈云十念求生文，然后再念。惟念佛时只存心外无佛、佛外无心之旨，心口如一，历历而转。于念念中但存这么念，并亦无求生之愿。而依此念法，往生均属上品，此是照彻悟禅师之语。二、若以愿行同运而论，则念佛时声声如婴儿堕水急呼母救，此杭州玉峰禅师之说。又若坚密大师云："六字洪名，念念之间，欣厌具足。"与玉峰师说正同。惟以上两说，第一说所云，念佛时似少恳切之旨。蕅益大师曾云："求生净土，全赖信愿。若无信愿，则虽念至风吹不入，雨打不湿，如银墙铁壁，亦无得生之理。"然则虽念到一心不乱，恐未能十足稳当。照第二说所云，虽念佛时愿行具足，而念念之间，心中多存一愿，则于一心不乱，似又嫌不纯。近时杭僧□□师亦以不能兼顾，不能不顾为虑。玉峰有用兵之喻。末学钝根未明究竟，想高贤必有确论以作后学津梁。

净土法门，以信愿行三法为宗。如鼎三足，缺一不可。阁下既已笃修净业，信之一字，谅已全体担荷，究竟无疑矣。至于愿、行二法，似犹有彼此对待之执，不能融会贯通，致于圆融无碍法中生起许多障碍，俾彻悟、坚密、蕅益三大师之普照万汇圆满月光，只因一丝当目，便成分隔矣。惜哉！

今谓真念佛人，当念佛时，信愿行三，全体具足。如子忆母，其间断无狐疑不信与不愿见母之念头可得。说甚同运、分运？说甚愿存则一心不纯？原是一个，何得头上安头，以不能兼顾及不能不兼顾为虑？观阁下之所说，与某僧之论，皆实未能着实从事，乃于未发足前，先拟议到家景象，故于古人对治分别之法言，反生出种种分别。试问心外无佛，佛外无心，不恳切而能然乎？无信愿而能然乎？彻悟、坚密二师之语虽有异，而意实相资而相成。认做分运、同运，可谓无择法眼。至于蕅益所说，乃是为一辈倚傍宗门，念自性弥陀，生唯心净土，及不依净土宗旨而修，但以念至一心不乱为究竟极则事者之法药也。何可引此净宗门外之事，以例信愿具足之真修，致门径混滥也？

此上约理通说也。若约事别说，发愿当于朝暮念佛毕时（晨朝十念，亦先念佛后发愿），或用《小净土文》。若身心有暇，宜用莲池大师《新定净土文》，此文词理周到，为古今冠。须知发愿读文，乃令依文发愿耳，非以读文一遍，即为发愿也。除朝暮发愿外，一切时但以至诚恳切念佛即已。

与高鹤年居士书

南五台山，乃千三百年前，观世音菩萨现比丘身，降伏毒龙，所开之古道场也。亦莲宗八祖云栖莲池大师，中兴莲宗之发源处也。明嘉靖时，有性天文理老和尚者，隐居此山无门洞。后因云游至杭州，住西山黄龙庵。莲池大师仰其道风，与夫人汤氏，归依座下。不二三年，又依之出家。使此老无有出格道德，岂能令如大师之博学鸿词、躬行实践盛德君子，屈身座下，始终依止，以为弟子乎？大师出家后，老人复归关中。大师志慕遍参，未能远从。而关中法道，至清乾隆后，日渐式微。哲人云亡，志乘佚失。致老人嘉言懿行，无由永传于世。何胜悼叹！然以异地之僧，能令莲池归依出家，可以想见其为人。事见《云栖法汇·莲池大师塔铭》中。其派为："宗福法德义，普贤行愿深，文殊广大智，成等正觉果。"大师正在"殊"字辈。其改为"袾"者，以洪武时，有一高僧，洪武诏见，甚加优宠，特以玉盏，赐乳令服。因咏谢恩诗，有"一盏琼浆来殊域，九重恩德自上方”之句。洪武姓朱，遂谓“殊”者，“歹朱”，是骂己，即令斩之。及斩，乃悟其非骂，而已悔无所及矣。此宿世杀业所感，业力现时，不能自主。杀业之难消如此，可不戒哉？如来于诸戒之中，皆以杀戒居首，其深慈大悲，至极无加矣。而迷倒愚夫，不知感恩，反加谤毁，势必从劫至劫，互相杀戮，可不哀哉？莲池大师以此之故，去“歹”加“衣”，而用“袾”字。世多不察，每每讹作从“示”之“袾”。其不识字义，粗心浮气，有如此者。而大师慎微杜祸、正名顺言之道，遂因之埋没。惜哉！

无门洞者，即今之湘子洞。意昔或名湘子洞，老人居之，改为无门洞。及老人去世，无知僧俗，不知“无门”之义，以韩湘子修行成仙为奇，故仍呼为湘子洞耳。何以知之？南五台山无有大洞可以住人，亦无有洞名“无门”者。唯湘子洞，高深宽大，可以住人。兼复僻居山后，上下悬崖。而逼近圣泉，柴水方便。又复地势向阳，冬暖夏凉。游人、樵夫，皆所不至。洵为办道最胜之地。咸、同以来，兵火连绵，以故久无人住。至光绪初，法忍、冶开等老，卜居于此，至今成大兰若。而道由人宏，地由人灵，可不信哉？名“无门”者，盖以大士以普门法道，度脱众生。老人效法大士，名其居曰“无门”。亦取《楞伽》“佛语心为宗，无门为法门”之义。须知无门即是普门。良以法法头头，迷之则皆可起惑造业，悟之则皆可断惑证真。故《楞严》二十五圣，于六根、六尘、六识、七大，各证圆通。故无一法不是三谛妙理，亦无一法不契三德秘藏。唯其普皆是门，故不须另立一门，而号为“无门”焉。居士幸住此山，谅亦宿受此老之法润所致。宜将此意详告大茅篷主僧，令知有高人故事，及无上甚深之真正名目在。不可仍以外道虚名，相沿传去，以致失却佛法中之正名耳。

摄身岩者，以其峰峦陡峻，壁立万仞，至其巅者，向下望之，不禁战兢惕厉，身心悚然，妄想消灭，正念昭彰，即《楞严》所谓“都摄六根，净念相继”之意。盖以身为总名，六属别目，以总摄别，故但曰“摄身”耳。其后哲人悉没，志乘佚失。无知僧俗，遂讹作“舍身”。以讹传讹，无人改正。诬罔名山，莫此为甚。岂有菩萨现身亲开之山，而以此害道误人之名，以名其山峰之理乎？又有魔民，造作魔说，谓观音于此舍身，方成道果，以诳惑愚夫愚妇。如是齐东无稽之谈，玷污大士，贻辱法道，招外道之邪谤，启愚人之魔思，为害诚非浅浅。此与普陀以“观音眺”作“观音跳”，同一魔见，诚令人可叹可恨可悲可怜！

南五台山开山缘起，昔年毫无根据。光绪十一年，光住大顶，亲侍大士香火。一日下山，至刘村西寺中（系大顶下院），见有数碑，所载皆非最初缘起。中有一碑，被水垢封蔽，成一石板。光取砖磨之，乃元至元七年依古碑所序之《缘起碑》也。使光不磨出，安知无知俗僧，不取之以作石板用乎？则大士救苦不思议灵迹，永劫埋没矣。今幸失而复得，故为居士详言耳。碑记钞奉，并祈存览。（碑记列入附录）

致谛闲法师问疾书

二月下旬，闻公自温归来，身婴笃疾，手足不便运动。光固知我公悲心深重，欲令现在诸学子，及一切四众，及早努力修行，勿待病魔临身时，则不易摆脱矣。其直以口说，尚恐不亲切，遂现身以说，可谓深慈大悲无以复加矣。光自愧财法两缺，欲效愚忱，直无其力，但只旁问于根祺、然云辈。后闻佛曦谓病已复原，但足尚不能大行。意谓行固能行，但艰于出外而已。昨万年寺住持了悟见访，问及，言吃饭说话与好人无异，唯手足绝不能动，虽饮食便利，一一须人代为周旋。光窃念病体如此，何以弘法？或令浅见之人，谓佛法无灵，以故数十年讲经，天下闻名之大法师，身婴痼疾，只管求医服药，亦不见愈。彼素谓依教修持，能转定业，及阿伽陀药，万病总持者，皆诳人耳，若其不诳，彼当依教转彼定业。彼素崇净土，以弥陀名号为阿伽陀药，何不服之？又《普门品》、《观音圆通》，讲时不晓得多有道理，直是菩萨跟到称名求救者。彼既如此，何不放下身心，拚一条穷性命，志心念观音菩萨，以求身心悉皆安隐，以及得大解脱，获真圆通也？光念世人多有此见。倘我公能仰求大士垂慈，即令贵体复原，福慧崇朗，则彼浅知浅见者，将断尽狐疑，增长正信，当相率而出邪途，入佛道，以期普利自他于无既也。是诚所谓以大慈悲，现身说法也，其利益大矣。

按周克复《观音持验记》载一事，其病与公稍同，其人品与公天地悬殊。彼尚能蒙菩萨加被，令其宿业顿消，痼疾立愈。况我公为现在法门第一人，其法道之兴衰，系于一身之存亡，倘能将平日与人讲《普门品》及《观音圆通》之全幅精神，用称念洪名，当不离此心，即蒙消宿业而获安隐，转使先生讥诮，谓为佛法不灵者，皆相援而皈依信奉，唯恐或后也。明崇祯辛巳，当涂县官圩，有山东一瘫子至，以手代足，乞食于市，人多厌之。瘫者虽病而负气，被骂詈，辄不平，闻塘桥庵有修行僧曰水谷，往诉以乞食艰难之苦。谷曰："汝能发心出家，仗慈悲大力，或有施主。"瘫子从之，遂剃发，受斋戒。虽行乞，不茹荤血。虽被辱骂，安忍而受。谷又教以念观世音名号，兼持《准提咒》。受持逾二年，戊子秋，忽梦一老妪呼之曰："汝起！汝起！"瘫子云："我是瘫子，何能起？"老妪以手扯其两足，觉直而不拳。晨起瘫病遂愈，居然一昂藏之僧矣。取号曰半崖，遂有供养之者。出唐宜之《己求书》。观音大士唯以寻声救苦为事，从古至今，其蒙感应而离苦恼者，何止百千万亿也，而载籍所传，乃亿万中略见一二而已。然公之本心，光固不得而知，且约己浅见为论。即实受安乐，绝无苦恼，亦当以求菩萨救苦，为大众作榜样也。

复弘一师书一

座下勇猛精进，为人所难能，又欲刺血写经，可谓重法轻身，必得大遂所愿矣。虽然，光愿座下先专志修念佛三昧，待其有得，然后行此法事。倘最初即行此行，或恐血亏神弱，难为进趣耳。入道多门，唯人志趣，了无一定之法。其一定者，曰诚，曰恭敬。此二事虽尽未来际诸佛出世，皆不能易也。而吾人以博地凡夫，欲顿消业累，速证无生，不致力于此，譬如木无根而欲茂，鸟无翼而欲飞，其可得乎？今将办法之利弊，并前人证验，略开一二，庶可随意作法矣。

刺血写经，有专用血写者，有合金、合硃、合墨者。合金一事，非吾人力所能为。憨山大师写经，系皇太后供给纸与金耳。金书之纸，须用蓝色方显，白纸则不显。即蓝纸金字，亦不如白纸墨字，及硃字之明了。光曾已见过矣。若合金、硃、墨等，则血但少许，以表其志诚心。如憨山于五台妙德庵，刺舌血研金，写《华严经》。妙峰日刺舌血为二分，一分研硃书《华严经》，一分着蒙山施食中，施鬼神。高丽南湖奇禅师，见蕅益《弥陀要解》，欲广流通，刺舌血研墨写《要解》，用作刻版底样刻之，冀此书遍法界，尽来际，以流通耳。其写一字，礼三拜，绕三匝，称十二声佛名。可谓识见超拔，修持专挚者也。此三老之刺舌血，当不须另行作法，刺出即研金、硃、墨而写之便了。决非纯用血，当仍用水参合之。

若专用血写，刺时先须接于小碗中，用长针尽力周匝搅之，以去其筋，则血不糊笔，方可随意书写。若不抽筋，则笔被血筋缚住，不能写矣。古有刺血写《华严》，以血筋日堆，塑成佛像，有一寸余之高者。又血性清淡，着纸即散，了无笔画，成一血团。其纸必须先用白矾矾过，方可用。矾过之纸不渗，最省血。大纸店中有卖的，不须自制，此系备画工笔者之用也。其矾过之纸，格外厚重，又复经久。如黄纸已染者便坚实，未染之纸头即硗脆。古人刺血，或舌或指，或臂或胸前，亦不一定。若身则自心以下，断不可用，若用则获罪不浅。

不知座下拟书何经？若小部头，则舌血或可供用。若大部，及专用血书，则舌血恐难足用，须用指及臂血，方可告圆。以舌为心苗，取血过多，恐心力受伤，难于进修耳。光近见刺血写经者，直是造业，以了无恭敬，刺血则一时刺许多，春秋时过二三日即臭，夏日半天即臭，犹用以写。又有将血晒干，每写时，用水研干血以写之者。又所写潦草，毫不恭敬，直是儿戏。不是用血以表志诚，乃用刺血写经，以博自己真心修行之名耳。窃谓指血、舌血，刺则不至太多。若臂则一刺或可接半碗血。与其久则臭而仍用，及晒干研而方用，似不若最初即用血合硃作锭，晒干听用，为不虚耗血，又不以臭血污经，为两适其宜矣。然此锭既无胶，恐久则硃落。研时宜用白芨再研，庶不至落。又将欲刺血，先几日即须减食盐及大料调和等，若不先戒食此等，则其血腥臊。若先戒食此等，则血便无浊气。

又写经不同写字屏，取其神趣，不必工整。若写经，宜如进士写策，一笔不容苟简，其体必须依正式体。若座下书札体格，断不可用。古今人多有以行草体写经者，光绝不赞成。所以宽慧师发心在扬州写《华严经》，已写六十余卷，其笔法潦草，知好歹者，便不肯观。光极力呵斥，令其一笔一画，必恭必敬。又令作《讼过记》以讼已过，告诫阅者。彼请光代作，故芜钞中录之。方欲以此断烦惑，了生死，度众生，成佛道，岂可以游戏为之乎？当今之世，谈玄说妙者，不乏其人。若在此处检点，则便寥寥矣。

尤君来书，语颇谦恭。光覆之，已又致谢函，可谓笃信之士。然仍是社会之知见，于佛法中仍不能息心实求其益。何以见之？今有行路之人，不知前途，欲问于人，当作揖合掌。而尤君两次来函，署名之下，只云“合十”。是以了生死法，等行路耳。且书札尚不见屈，其肯自屈以礼僧乎？光与座下心交，与尤君亦心交，非责其见慢，实企其获益耳。

复弘一师书二

接手书，见其字体工整，可依此书经。夫书经乃欲以凡夫心识，转为如来智慧。比新进士下殿试场，尚须严恭寅畏，无稍怠忽。能如是者，必能即业识心，成如来藏。于选佛场中，可得状元。今人书经，任意潦草，非为书经，特借此以习字，兼欲留其笔迹于后世耳。如此书经，非全无益，亦不过为未来得度之因，而其亵慢之罪，亦非浅鲜。

座下与尤居士书，彼数日前亦来信，意谓光之为人，唯欲人恭敬，故于开首即称“师尊”，而“印光法师”四字亦不用。光已详示所以。座下信首，亦当仍用“印光”二字，不得过为谦虚，反成俗套。至于古人于同辈有一言之启迪者，皆以作礼伸谢，此常仪也，无间僧俗。今礼教陵替，故多多皆习成我慢自大之派头。学一才一艺，不肯下人，尚不能得，况学无上菩提之道乎？此光尽他山石之愚诚也。

刺血写经一事，且作缓图，当先以一心念佛为要，恐血耗神衰，反为障碍矣。身安而后道隆，在凡夫地，不得以法身大士之苦行是则是效。但得一心，法法圆备矣。

复汪梦松居士书

昨接手书，备悉介怀。虽未觌面，却叨知心。光一介庸僧，毫无淑状，不过所说皆按己本分，不敢以过头大话自瞒瞒人。蔚如居士以其与己之意见合，遂屡为排印流布，致其残馊酸臭之气遍刺人耳目。不意阁下不以酸臭见弃，而复过为推崇，不禁令人惭惶无地。然由此一函，备知阁下之德与过。不以光为无知，且请言其大略。

厌儒者假圣贤经传以欺世盗名，佛者假普度众生以诓骗钱财。有此志操，自强不息，必能正心诚意，以为真儒；断惑证真，以为真佛。厌之之心愈切，则修之之心愈力。修之之心愈力，则证之之益愈大矣。其德诚可继往开来。若惟知厌而不肯从事，则成厌世疾俗狷介者之志操耳。所谓不善用厌，则即德成过矣。阁下一向似偏于用厌，今于厌中打一转身，遂全过以为德，而其于儒佛之心法，将必因是而亲得矣，敢为阁下预贺！欲为真佛，须先从能为真儒始。若于正心诚意、克己复礼、主敬存诚、孝友弟恭等，不能操持敦笃，则根基不固，何以学佛？选忠臣于孝子之门，岂有行悖儒宗，而能担荷如来家业，上续慧命，下化众生乎？佛法大无不包，细无不举，世出世间无一法不在范围之中。世之拘墟者，每以出家为悖伦理，遂不体究，反加谤毁，因噎废食，自丧性命，实可哀怜。若能放开眼界，方知佛法流布中外，二千年来，其道盛行，经几多圣君贤相、杰士伟人为之护持传布者，固自有非凡情所测之真道在也。纵有一二拘墟之儒辟之，暴恶之君毁之，究属只手遮日，仰面唾天，适自形其少知少见，妄作妄为之过咎耳，于佛究何损哉？又有外彰辟拨之名，内取修证之实。由宋以来，凡儒门大宗，莫不皆然。光所谓诚意正心，由此致有欠缺者，实属决定论也。

阁下宿根深厚，故能于厌中企求其真，不以光不肖而求其入阶。然光学喻如蚊虫饮于大海，只知饱腹，不测深广。若欲作大通家，须从通途佛学而论，则《起信论》、《楞严经》最为切要，当专攻之，以为自利利人、上求下化之本。然其道理宏深，得大通且不易，况由通而亲证乎？其余大乘经论，悉当研究。而法门无量，必须以禅、净二法为本。如是则自可宏扬法化，导利众生。若非天资高迈，断难实获巨益。若欲随分随力修持，即生便了生死，当专主净土一门，以真信切愿，念佛求生西方，则不论工夫深浅，无不临终得遂所愿。此之一法，乃如来为末世众生无力断惑，不能了生死者，特设一决定了之之法。使佛不开此法，则无力断惑者，皆于了生死无望也。何幸得遇此法，虽无大根，能自断惑，而带业往生，速出生死，又何歉憾乎？然此一法，统摄一切。能自断惑、自了生死者，犹须回心向往，方可速登佛地。切勿谓此为浅近之法，以为愚夫愚妇之所从事者，则当自得其益矣。其宜看书，光《文钞》中亦略标一二，今不复赘。就欲念佛求生西方，必须知因识果。身之所行，心之所念，须与佛合。若与佛悖，则纵能念佛，亦难往生，以感应之道，不相交故。若能生大惭愧、大怖畏，改过如去毒疮，立志如守白玉，则万无一失，各得往生。其意光《文钞》，及净土诸书，皆详言之，不须多说。

复陈慧超居士书

接手书，知居士慕道之心极其恳切，不胜欣慰。但以校定《安士书》，及诸冗务，不暇裁复，故迟至今。

贪瞋痴心，人人皆有。若知彼是病，则其势便难炽盛。譬如贼入人家，家中主人若认做家中人，则全家珍宝皆被彼偷窃净尽。若知是贼，不许彼在自家中停留一刻，必须令其远去净尽，庶财宝不失，而主人安泰矣。古德云："不怕念起，只怕觉迟。"贪瞋痴一起，立即觉了，则立即消灭矣。若以贪瞋痴为自家正主，则如认贼为子，其家财宝必致消散矣。

念佛时不能恳切者，不知娑婆苦、极乐乐耳。若念人身难得，中国难生，佛法难遇，净土法门更为难遇。若不一心念佛，一气不来，定随宿生今世之最重恶业，堕三途恶道，长劫受苦，了无出期。如是则思地狱苦，发菩提心。菩提心者，自利利他之心也。此心一发，如器受电，如药加硫。其力甚大，而且迅速。其消业障，增福慧，非平常福德善根之所能比喻也。

被境所转，系操持力浅，则喜怒动于中，好恶形于面矣。操持者，即涵养之谓也。若正念重，则余一切皆轻矣。是以真修行人，于尘劳中炼磨。烦恼习气，必使渐渐消灭，方为实在工夫。

在家人不随众，各人念佛，坐立绕跪，皆无不可。但不可执定一法，若执定，则人易劳而心或难得相应。当斟酌其自己之色力及工夫，而取其合宜行之，则有益矣。若常途通行，宜先绕，次坐，次跪。绕、跪皆觉辛苦，宜坐念。坐念若起昏沉，宜绕念，或立念。昏沉去，当复坐念。宜按钟，不宜掐珠，以掐珠难养心故。

《安士全书》，实为末世最胜良导。尤惜阴居士极欲全国流布，俾大家同开眼界，由兹挽回世道人心，止息天灾人祸，现已募得一万余部，尚难广布。今寄上通告，并办法一张，祈阁下阅之，随分随力相助，随缘随机相劝。无力出资，则以言赞叹，令人发心，亦是功德。务使迷昧之流，闻晨钟而梦醒。贪恶之辈，见因果而心惊。人心若转，天灾自息。此系正本清源之道，即世谛浅近之法，而直达乎出世深远莫测之法之最胜方便也。凡在知交，当为劝发。无信心人，亦勿强劝，以系结善缘故。若一强勉，便杂烦恼，虽有小功，实获大咎，未能令彼得巨益，有碍自己利人心故。

复郦隐叟书

昨由嘉兴海尸道人处，转来阁下手书。知其久攻道学，深有所得，今又欲问津于佛法中成始成终之净土法门。可谓宿生曾于佛法深种善根，不执河伯之拘见，而拟知法海之要津也。既知海尸道人，何不问彼，乃舍高明而求卑劣，致负所望。夫海尸者，乃宗教兼通，禅净双修，实生死海中之大愿船也。但以谦抑过甚，故以尸名。生死海中，若遇此尸，管保速登彼岸，归家安坐矣。若光者，寻常粥饭僧耳，法门中事一无所知。然既谬为过问，不妨为君稍除疑滞而已。

窃以释、道本源，原无二致。其末流枝派，实有天殊。佛教教人，最初先修四念处观：观身不净，观受是苦，观心无常，观法无我。既知身、受、心、法全属幻妄，苦、空、无常、无我、不净，则真如妙性自可显现矣。道教约原初正传，亦不以炼丹运气、唯求长生为事。后世凡依道教而修者，无一不以此为正宗也。佛教大无不包，细无不举，不但身心性命之道，发挥罄尽无余，即小而世谛中孝悌忠信、礼义廉耻等，亦毫善弗遗。唯于炼丹运气等，绝无一字言及，而且深以为戒。以一则令人知身心为幻妄，一则令人保身心为真实耳。此所谓心，乃指随缘生灭之心，非本有真心也。炼丹一法，非无利益，但可延年益寿，极而至于成仙生天。若曰了生脱死，乃属梦话。阁下既知仙劫有数，佛寿无量。当此高年，正宜于念佛法门，专精致力。其余禅、教诸法，且从简略。以彼诸法，广大深远，不易研穷。即穷到极处，尚须归宗净土法门，方能究竟了办。凡净土经论，当急急研穷，依教奉行。不可以己见不到，稍生一念疑心。仰信佛祖诚言，生信发愿，持佛名号，自能蒙佛慈力，接引往生。一得往生，则便超凡入圣，了生脱死，长侍弥陀，参随海众，当即彻证无生，速登补处矣。回视成仙而为天帝所辖，殆天渊相隔矣。

阁下所言《梦东语录》及彭绍升诸说，似皆炼丹家抄录妄行改削之文，非从原书中见也。以炼丹家亦有以打坐为参禅者，故云"念佛与参禅同，与道法少别"。"与道法少别"一句，的是丹家糅入。除此一句外，其上下之文，虽于义无大谬，然亦笼统颟顸。《梦东语录》绝无此文。殆彼取其义，而实不知其所以然者之抄录耳。今亦不须详辨，祈息心看《梦东语录》自知矣。所引彭二林居士语，亦与此同，而其讹更有甚焉。所云："阿弥陀佛四字易念，只要念念相续，一心不乱，才能一气循环，精气神凝聚一处，久之成舍利子，再久之结为菩提珠，而成佛矣。"此语乃以念佛法，作炼丹法。二林断断不为此语。正眼未开，援正入邪，诸多此类。《慧命经》、《仙佛合宗》，乃其甚者。引人之语而不知其义，妄为改削，以作己法之证。其蔑理诬人、惑世误人之罪，非口笔所能宣也。欲图一时之虚名，不惧长劫之实祸，如来称为可怜愍者。至云回光返照之法，虽无大碍。两眼看着手尖，当是鼻端之讹。此或是二林居士所立。虽亦有益，然长时合掌，甚为吃力，固不如观鼻端白之安乐自在，身心各适其适也。以初心习定，念难归一，若能常观鼻端，则心自不外驰而纷动耳。此系最初之浅近法耳。

《梦东语录》，乃钱伊庵居士于《梦东遗集》中，摘其专示净土言句，于南方流通，以补久仰无缘会晤之憾。全集北京则有，南方唯伊庵略本。此书词理精妙，为蕅益、省庵后之第一著作。若于此书能一踏到底，谛信无疑。光敢保阁下莲蕊敷荣于珍池，临终即托质其中，而为净土之嘉宾矣。《弥陀要解》，为自有此经以来之妙注，实为修净业者之指南。其书载于《净土十要》之首。《净土十要》，乃大师采净土著述之最契理契机者，汇而成之，共十种，故名《十要》。以《要解》注经，故居其首，乃尊经也。

言“舍利”者，系梵语，此云“身骨”，亦云“灵骨”，乃修行人戒定慧力所成，非炼精气神所成。此殆心与道合、心与佛合者之表相耳。非特死而烧之，其身、肉、骨、发变为舍利。古有高僧沐浴而得舍利者。又雪岩钦禅师剃头，其发变成一串舍利。又有志心念佛，口中得舍利者。又有人刻《龙舒净土文》板，板中出舍利者。又有绣佛绣经，针下得舍利者。又有死后烧之，舍利无数，门人皆得，有一远游未归，及归致祭像前，感慨悲痛，遂于像前得舍利者。长庆闲禅师焚化之日，天大起风，烟飞三四十里，烟所到处，皆有舍利，遂群收之，得四石余。当知舍利，乃道力所成。丹家不知所以，妄臆是精气神之所炼耳。以丹家见佛法中名相，不究本而着迹，故以己丹家之事，妄为附会耳。得菩提道则成佛。未闻炼精气神，先为舍利子，后为菩提珠而成佛也。丹家保固色身，谓其保之及极，则可成佛，此其一证。明眼人见之，不值一笑。丹家所谓性，所谓命，皆在色身神识上作活计。反谓佛教只知修性，不知修命。不知彼之所从事者，皆系佛教之所破除者。观四念处，自可了知。

《慧命经》，系清初魔民柳华阳所著。彼出家为僧，而种性邪谬，故引佛经中文，一一皆以己意妄会，以作炼丹之证。有不便者，则改其字句，而且又自为注，其意欲人以己为千古第一高人。而一班无知无识辈，为之刻版，私相授受。恐明眼人知之，则殃祸不浅。凡看此种书者，皆邪正不分之流。若具眼者见之，当即付之烈火，以免瞎天下后世人之正眼。《仙佛合宗》，其诬谤佛法，比《慧命经》为更甚。夫欲炼丹，即以己炼丹家之言论倡导即已，何得挽正作邪，作掩耳盗铃之计，引人之言而不依人之义，既慕其名而反恶其实，岂非丧心病狂，求升反坠乎哉？此等本不足挂齿，何堪详谈，但以阁下未知彼此之源虽同，彼此之流迥异，若不分辨，则尚以丹法为负郭田，不能如庄复真之直下舍彼而取此耳。光岂好辩哉？诚恐含糊其词，致阁下二门皆不得其益矣。

观世音菩萨于往劫中久已成佛，号正法明。但以慈悲心切，虽则安住常寂光土，而复垂形实报、方便、同居三土。虽则常现佛身，而复普现菩萨、缘觉、声闻及人天六道之身。虽则常侍弥陀，而复普于十方无尽法界，普现色身。所谓但有利益，无不兴崇，应以何身得度者，即现何身而为说法。普陀山者，乃菩萨应迹之处，欲令众生投诚有地，示迹此山，岂菩萨唯在普陀，不在他处乎？一月丽天，万川影现，即小而一勺一滴水中，各各皆现全月。若水昏而动，则月影便不分明矣。众生之心如水，若一心专念菩萨，菩萨即于念时，便令冥显获益。若心不志诚，不专一，则便难蒙救护矣。此义甚深，当看印光《文钞》中《石印普陀山志序》自知。名“观世音”者，以菩萨因中由观闻性而证圆通，果上由观众生称名之音声而施救护，故名为观世音也。“普门”者，以菩萨道大无方，普随一切众生根性，令其就路还家，不独立一门。如世病有千般，则药有万品。不执定一法，随于彼之所迷，及彼之易悟处，而点示之。如六根、六尘、六识、七大，各各皆可获证圆通。以故法法头头，皆为出生死、成正觉之门，故名普门也。若菩萨唯在南海，则不足以为普矣。阁下于佛菩萨不思议事理，概未究心，故于此浅近之事，悉皆迷闷不了耳。

此上所说，乃以阁下所问而谈，实非阁下究竟得益之净土法门之事也。若欲详说，则太费笔墨。当请《无量寿经》、《观无量寿佛经》、《净土十要》、《净土圣贤录》、《彻悟语录》看之，自知其若何修，若何证也。又徐蔚如居士裒集印光应酬笔札，两次排印于京，名《印光法师文钞》，二本。所带来者，已经散了。今春又令商务印书馆另编重排，兼令留版。而本馆又谓凡各处分馆，皆为代售。现在尚未出书，或年终、春初出书，祈购而阅之。虽无大发挥，而于初机颇有小益，以故蔚如为之屡印，而期其广传也。阅此，则禅、净之界限分明，自力、佛力之利益大小，明如观火。自不致欲了生死，不知路头。并于一切法中，见其法法圆妙，不至无所适从耳。

复光弘如居士书

阁下宿根深厚，慕道心切。又与弘一大师，向为挚友。今又欲扳光为莲池会中法契，不胜欣怍。但以晒经因缘，不暇即复，歉甚。光少失问学，老无所知。近三二年，每有谬听人言，有所问讯者，然只以己之所知所能者告之。至于佛法之精义，禅定之实证，则非光所知，亦不敢以不知为知，而妄为谈叙也。弘一师博学多闻，以光虽固陋，而其居心颇真实，其修行颇依固陋者之本分，故相与周旋，实未一觌其面。今发心掩关，拒绝一切，当必亲证念佛三昧，以之饷一切有缘也。不胜盼望之至。

今人研究佛法，多多皆欲作一通家，拟于一切大众前，清谈高论，令人悦服，少有为了生死特学佛法者。阁下若欲作第一等人，则光之知见，了无裨益，当请益于当世缁素中之大通家，则可不辜所期。若欲即俗修真，以有限光阴，兼营世事，又期即生定了生死者，则光不妨以闻于古人者，转以告阁下也。梦东云："真为生死，发菩提心，以深信愿，持佛名号。此十六字为念佛法门一大纲宗。"此一段开示，精切之极，当熟读之。而《梦东语录》通皆词理周到，的为净宗指南。再进而求之，则蕅益老人《弥陀要解》，实为千古绝无而仅有之良导。倘能于此二书，死心依从，则即无暇研究一切经论，但常阅《净土三经》，及《十要》等，仰信佛祖诚言，的生真信，发切愿，以至诚恭敬，持佛名号。虽在暗室屋漏，如对佛天，克己复礼，慎独存诚，不效近世通人了无拘束、肆无忌惮之派。光虽生死凡夫，敢为阁下保任即生便可俯谢娑婆，高预海会，亲为弥陀弟子，大士良朋矣。如于净土一法，不能死尽偷心，决志修持。于主敬存诚、克己复礼等，犹欲以不执着，为疏散放逸作遮护之巧符。则其所得之利益，固非光劣知劣见所得而知也。余则光芜钞中已备言之，故不多渎。

看经一事，唯恭敬方能得益。若不恭敬，纵得，亦不过依文解义之益。而其业消智朗，彻悟自心，断断无此侥幸。况亵慢之过，有不可胜言者乎。此举世通病，可为痛哭流涕长太息者。

复戚智周居士书一

既在杭州，便可息心办道，何须待香会过，又来普陀？大士无刹不现身，何处不好礼拜供养？即曰特为见光，亦不必来。《文钞》此番所印，有九十余篇。光满腹中草料，通通倒出矣，岂更有口传心授之秘诀，以私授于汝乎？光学识褊浅，无大发挥，然能依之而行，决定有益无损，决定能了生死于现生，侍弥陀于没后。诚恐视为卑劣，则卑劣矣。譬如金木泥彩所造之佛，以真佛敬之，即可成佛。以金木泥彩视之，则亦金木泥彩而已。然亵金木泥彩，则无罪愆。若亵金木泥彩之佛像，则罪过弥天矣。善得益者，无往而非益。鸦鸣鹊噪，水流风动，无不指示当人本有天真（禅宗所谓祖师西来大意）。况光之《文钞》，文虽拙朴，所述者皆佛祖成言，不过取其意而随机变通说之，岂光所杜撰乎哉？光乃传言译语，令初机易于晓了耳。然虽为初机，即做到极处，亦不能舍此别修。以净土一法，乃彻上彻下之法。非如小乘之法，大乘便不用以修习也。

复戚智周居士书二

光顺师至，持汝手书，并夏布、莲子交光，言汝已住伊庵等情。窃念汝资非余裕，何须效世谛人情，作投桃报李之仪？尔我以道相交，当以直道而行耳。兹既寄来，当以为作福之资。谢谢。

令严、令岳母，既生信向，当时以净土利益为之启迪，令其信心，由微而著。倘能信愿真切，决定可生净土。其为孝也，岂世间之孝所能比拟乎哉？

汝于净土修法尚未了了，当唯以翻阅研究净土为事，半日学解，半日学行，必期于彻头彻尾，了无疑惑而后已。《楞严正脉》，且作缓图。纵亲见如来藏妙真如性，亦不能即了生死。见性是悟，非是证。证则可了生死。若唯悟未证，纵悟处高深，奈见思二惑不能顿断，则三界轮回，决定莫由出离矣。若不通《楞严》，倘净土法门，能仰信佛言，决定无疑，真信切愿，以修实行，则决定往生，为极乐世界中人。况兼现世国界危岌，尚欲以危险时际，有限精神，作不急之法务，企得大通家之名闻，以充体面，致自己专修一事，竟成颟顸乎哉？倘净土法门，悉皆谛信深知，不妨再研《楞严》，及各经论。

汝昔求光开示，光以《文钞》相寄，尚不一一全阅。光固知汝不知缓急，泛泛然学时人研究佛经，只期作一通家而已。光《文钞》文字虽劣，颇能示人修持门径。昔大智律师，深通台教，严净毗尼，行愿精纯，志力广大。唯于净土，不生信向。后因大病，方知前非。嗣后二十余年，手不释卷，专研净土。方知此法，利益超胜，遂敢于一切人前，称性发挥，了无怖畏。虽则三岁孩子，亦会念佛。汝此法门径，尚未认清，又非讲期见逼，如讲家之拟撑门庭，何须先研《楞严》，不以归家识路为急务乎？

至于光之所说，不过搪塞差事，不致负彼来意，岂真能显示《楞严》之要义乎？如来欲令一切众生，就路还家，故令二十五圣，各陈宿因。末世众生，无论上中下根，皆当以势至念佛法门，自利利人，都摄六根，净念相继，反念念自性，性成无上道。此居士所当致力者。至于征心辨见，破阴超浊，且待念到心佛不二，心佛两忘，亲证念佛三昧后再商量，则可如世尊拈花，迦叶微笑矣。否则入海算沙，脑晕心迷，说食数宝，饥寒莫济。知好歹者，决不以吾言为河汉也。

复戚智周居士书三

光意欲令阁下，安居己家，即俗修真。上可感发上人，发生净信。下可率其妻子，同沾佛恩。如必欲寄居他寺亦可。至于听经，不须往灵隐去，以慧明法师，脱略文义，专以援引宗门公案为事。大达之人，或得其益。初机之士，将茫无所从。稍聪明点，或致宗、教混滥。其过诚非浅鲜。

普贤十愿，文殊一行，若能精修，一切经论即不贯通，亦可顿脱烦笼，高预海会。若于此仗佛力一法，信不真，靠不定，即深通宗、教，亦只是口头三昧。欲以此口头三昧了生死，真同欲以画饼充饥，必致途穷深悔，而毫无裨益也。现今世道，不知将来作何相状，尚欲以将尽之光阴，作不急之务哉？

光虽有修山志之愿，若非大士冥加，俾目力明了，断不能从事。倘目力有余，何地不堪纂集，而必欲往杭，借居他所耶？祈专心念佛，即是真法门眷属。切勿来山，以致彼此为难。至于必欲出家，当另礼高明知识，断勿以光为隔碍，不便另拜余师，致失巨益也。宁波观宗谛法师病未好，亦不须往彼听经。古人云：“少实胜多虚，大巧不如拙。说得一丈，不如行取一寸。”真心为己者，其绎思之。

复范古农居士书一

净土一法，以信、愿、行三法为宗。唯其具真信切愿，方有笃行。祸害迫切便能诚恳，优游无事便宽缓，此凡夫通病也。然当今之时，其世道局势，有如安卧积薪之上，其下已发烈火，但未烧至其身。转瞬则全体炽燃，遍界无逃避处。尚犹悠忽度日，不能专志求救于一句佛号，其知见之浅近甚矣！

佛法诸宗修持，必到行起解绝，方有实益。不独净宗修观为然。宗家以一无义味话头，置之心中，当作本命元辰，不计时日，常为参叩，待至身心世界，悉皆不知，方能大彻大悟，非行起解绝乎？六祖谓："但看《金刚经》，即能明心见性。"非行起解绝乎？愚谓"起"之一字，义当作"极"。唯其用力之极，故致能所双忘，一心彻露。行若未极，虽能观念，则有能有所，全是凡情用事，全是知见分别，全是知解，何能得其真实利益？唯其用力及极，则能所情见消灭，本有真心发现。故古有死木头人，后来道风辉映古今，其利益皆在"极"之一字耳。

又今人多尚空谈，不务实践。劝修净业，当理事并进，而尤须以事为修持之方。何也？以明理之人，全事即理，终日事持，即终日理持。若理事未能大明，一闻理持，便觉此义深妙，兼合自己懒惰懈怠，畏于劳烦持念之情，遂执理废事。既废于事，理亦只成空谈矣。愿阁下以圆人全事即理，为一切人劝，则利益大矣。

复范古农居士书二

中阴者，即识神也。非识神化为中阴，即俗所谓灵魂者。言中阴七日一死生，七七日必投生等，不可泥执。中阴之死生，乃即彼无明心中，所现之生灭相而言，不可呆作世人之死生相以论也。中阴受生，疾则一弹指顷，即向三途六道中去，迟则或至七七，并过七七日等。初死之人，能令相识者或见于昼夜，与人相接，或有言论。此不独中阴为然，即已受生善恶道中，亦能于相识亲故之前一为现形。此虽本人意念所现，其权实操于主造化之神祇，欲以彰示人死神明不灭，及善恶果报不虚耳。否则阳间人不知阴间事，则人死形既朽灭，神亦飘散之瞽论，必至群相附和。而举世之人，同陷于无因无果，无有来生后世之邪见深坑。将见善者则亦不加惕厉以修德，恶者便欲穷凶极欲以造恶矣。虽有佛言，无由证明，谁肯信受？由其有现形相示等，足征佛语无妄，果报分明。不但善者益趋于善，即恶者其心亦被此等情理折伏，而亦不至十分决烈。天地鬼神，欲人明知此事，故有亡者现身于人世，阳人主刑于幽冥等，皆所以辅弼佛法，翼赞治道。其理甚微，其关系甚大。此种事古今载籍甚多，然皆未明言其权之所自，并其事之关系之利益耳。

中阴虽离身躯，依旧仍有身躯之情见在。既有身躯之情见，固须衣食而为资养。以凡夫业障深重，不知五蕴本空，仍与世人无异。若是具大智慧人，则当下脱体无依，五蕴空而诸苦消灭，一真显而万德圆彰矣。其境界虽不必定同，不妨各随各人之情见为资具。如焚冥衣，在生者只取其与衣之心，其大小长短，岂能恰恰合宜？然承生人之情见，并彼亡人之情见，便适相为宜。此可见一切诸法，随心转变之大义矣。

死之以后，尚未受生于六道之中，名为中阴。若已受生于六道中，则不名中阴。其附人说苦乐事者，皆其神识作用耳。投生必由神识与父母精血和合，是受胎时，即已神识住于胎中。生时每有亲见其人之入母室者，乃系有父母交媾时，代为受胎，迨其胎成，本识方来，代识随去也。《欲海回狂》卷三，第十二页，第八、九、十、十一、十二行，曾有此问。原答颇不中理，光为之改正，当查阅之。原答云："譬如鸡卵，有有雄者，有无雄者。未有识托之胎，如卵之无雄者也。"不知卵之无雄者，即令鸡孵，亦不生子，何可为喻？光只期理明，不避僭越，故为居士陈其所以。圆泽之母怀孕三年，殆即此种情事耳。此约常途通论。须知众生业力不可思议。如净业已成者，身未亡而神现净土。恶业深重者，人卧病而神婴罚于幽冥。命虽未尽，识已投生。迨至将生，方始全分心神附彼胎体。此理固亦非全无也。当以有代为受胎者，为常途多分耳。三界诸法，唯心所现。众生虽迷，其业力不思议处，正是心力不思议处，亦是诸佛神通道力不思议处。

光近十余年，目力不堪为用，故于经论不能广引以证。然其理固非妄出臆见，以取罪戾也。死生，众生之大事。因果，教化之大权。愿阁下不惜广长舌，以因果报应为转烦恼生死、成菩提涅槃之一助，则法门幸甚，众生幸甚。

复吴希真居士书一

念佛一法，约有四种，所谓持名、观像、观想、实相。就四法中，唯持名一法，摄机最普，下手最易，不致或起魔事。如欲作观，必须熟读《观经》，深知是心作佛，是心是佛，及心净佛现，境非外来。唯心所现，不生取着。既不取着，则境益深妙，心益精一。能如是，则观想之益，殊非小小。如观境不熟，理路不清，以躁妄心，急欲境现。此则全体是妄，与佛与心，皆不相应，即伏魔胎。因兹妄欲见境，心益躁妄，必致惹起多生怨家，现作境界。既最初因地不真，何能知其魔业所现？遂大生欢喜，情不自安，则魔即附体，丧心病狂，纵令活佛现身救度，亦末如之何矣。须自量根性，勿唯图高胜，以致求益反损也。善导和尚云：“末法众生，神识飞扬，心粗境细，观难成就。是以大圣悲怜，特劝专持名号。以称名易故，相续即生。”诚恐或有不善用心，致入魔境也。宜自详审。又志诚恳切，亦消除躁妄魔境之一妙法也。宜竭尽心力以行之，则幸甚。

复吴希真居士书二

得预《楞严》法会，何胜庆幸。观想一法，非理路明白，观境熟悉，无躁妄欲速之心，有镇定不移之志者，修之则损多益少。至于实相念佛，乃一代时教一切法门通途妙行，如台宗止观、禅宗参究向上等皆是，所谓念自性天真之佛也。《楞严》一经，实为念实相佛之最切要法，然又为持名念佛决志求生极乐无上大教。何以言之？最初征心辨见，唯恐以妄为真，错认消息。迨其悟后，则示以阴、入、界、大，皆如来藏妙真如性，乃知法法头头，咸属实相。既悟实相，则觅阴、入、界、大之相，了无可得，而亦不妨阴、入、界、大行布罗列。所示二十五圆通，除势至圆通正属持名，兼余三种念佛之外，余者总为念实相佛法门。以至七趣因果，四圣阶位，五阴魔境，无非显示于实相理，顺背迷悟之所以耳。如是念实相佛，说之似易，修之证之，实为难中之难。非再来大士，孰能即生亲证？以此之难，固为持名念佛之一格量劝赞。了此而犹欲仗自力以断惑证真，复本心性，不肯生信发愿，执持佛号，求生西方者，无有是处。以实相遍一切法。持名一法，乃即事即理，即浅即深，即修即性，即凡心而佛心之一大法门也。于持名识其当体实相，则其益宏深。外持名而专修实相，万中亦难得一二实证者。能得苏东坡、曾鲁公、陈忠肃、王十朋等之果报，犹其上焉者。了生脱死一事，岂可以志大言大而成办乎哉？宜自详审。是知实相之理，不可不知。息心研究《楞严》，则凡圣因果迷悟修证之若事若理，明如观火。而自力、佛力，持名、实相之利益大小，亦明若观火。固当若自若他，皆期以即持名而实相。决不致以好高务胜，离持名以修实相，致使徒有修心，而无证果也。

复吴希真居士书三

佛视众生皆是佛，众生视佛皆是众生。佛视众生皆是佛，故随顺机宜，为之说法，俾得消除妄业，亲证本有。即一切众生皆得究竟涅槃，了不见我为能度，众生为所度，以彼原是佛故。众生视佛皆是众生，故西天九十五种外道，及此方拘墟儒士，莫不竭尽心力，多方毁谤，必期于佛法断灭，了无声迹，而其心始快。然杲日当空，只手焉遮？适足以彰佛法之光明，而形自己之浅陋而已。有宿根者，由谤佛辟佛因缘，遂复归依佛法，为佛弟子，代佛扬化。无宿根者，当乘此业力，永堕阿鼻地狱，待其业报尽时，往劫闻佛名之善根当即发现，由兹方入佛法，当即渐种善根，以至业尽情空，复还本有而后已。甚矣！佛恩之广大深远，莫能形容也。一句染神，永为道种。譬如闻涂毒鼓，远近皆丧。食少金刚，决定不消。能如是生信，是谓正信。尔宜勉之。

又善得益者，无往而非益。甘受损者，无往而非损。今之人每以世智辩聪之资，研究佛学。稍知义路，便谓亲得。从兹自高位置，藐视古今。且莫说现今之人不入己目，即千数百年之高僧，多有古佛再来，或法身菩萨示现者，彼皆以为庸常，不足为法。未得谓得，未证谓证。听其言，高出九天之上。察其心，卑入九地之下。如是习染，切宜痛除。否则如贮醍醐于毒器中，便能杀人。若能念念返究自心，不但如来所说诸法，即能得益。即石头碌砖，灯笼露柱，以及遍大地所有种种形色音声，无非第一义谛实相妙理也。谓古今无人者，何曾梦见！祈谛信而勉行之。

与陆稼轩居士书

昨晚鹤年居士，持来庄居士所书《法华经》，见其笔法坚劲精秀，不胜钦佩。但其用笔，犹有文人习气，于流通法道，似有未合。如俗体、帖体、变体等，则有从俗之弊。又有执泥古体，如“魔”作“磨”，“悬”作“县”，“玛瑙、砗磲”作“马脑、车渠”，“阵”作“陈”等，则有违时之失。如必曰悉依古文，即时行正体，皆不堪用，则字字皆须更换，无一字可用矣。杨仁山破泥古者曰：“字须遵时，何必泥古？如必欲从古，且请先从‘人’、‘入’二字改起。古‘人’字作‘入’，‘入’字作‘人’。如‘人’、‘入’不能改，则余字何须特改？且古体亦非当日苍颉所制之字，不知几何变更，方成此体。君既好古，宜从虫文鸟书为正体，则吾无由置喙矣。否则毕竟为无事生事，劳而无功。生今反古，圣有明训。”如庄居士志在流通，当一扫文人习气，字字遵时。凡诸破体、俗体等，一概不用。俾一笔一画，皆可为法。则刊而传之，令见者闻者，发起信心。光虽固陋，当为序赞。此本且请保存家中，以为后世子孙作遗念可也。又凡书经，中缝必须书经名、卷数、页数，俾阅者一目了然，即纷乱亦不难整理。何可不依此法，以致后遇不通佛法之人，便成颠倒错乱之咎。祈将中缝宜书之字，按页补足，则书经功德，方堪圆满矣。光目力不给，兼以略无闲暇，未能逐一齐阅。其中有三、四字，随便标出。余未阅者，不能知也。

复刘智空居士书①

昨接手书，知久病始愈，不胜欣幸。生死事大，无常迅速。耳闻者之惊惧，远不如身历者之痛切也。当发起大菩提心，以教家亲眷属，外及朋友故旧，及有缘者，则其利溥矣。书中言念佛急进，中气虚极，此汝不善用心所致。夫念佛一事，当随各人力量，随便出声、默念，大声、小声，皆无不可。何得一向大声念，致令伤气受病耶？然汝此大病，虽由伤气而起，实无量劫来业力所现。以汝精进念佛之故，遂转后报为现报，转重报为轻报。即此一病，不知消几何劫数三途恶道之罪。佛力难思，佛恩难报，当生大庆幸，生大惭愧，生大净信。以净土一法，自行化他，俾家中眷属，与一切有缘者，同生西方，则可不负此病，及佛为现身也。普陀可不必来，以来往用费，动须数十。居家念佛，一易进功，二不需费，甚好甚好。

---

① 据民国十三年上海商务印书馆《新印印光法师文钞》篇目，本篇后依次是《复包右武居士书一》至《复崇明黄玉如书》各篇，这也正是这些书信原先的写作顺序。考《增广文钞》初排时以本篇为卷一末篇，《复包右武居士书一》等顺次排入卷二。今卷一末《复周智茂居士书》等各篇，系付印前陆续补入的新作，参见下注。

复周智茂居士书 ①

周木居士鉴，接手书，知生净信心，欲皈依佛法。然皈依佛法，必须诸恶莫作，众善奉行，力敦伦常，恪尽己分，生信发愿，念佛求生西方。并须戒杀护生吃素，如不能净素，亦当以不贪食为是，更须持六斋，或十斋，否则便与佛相背矣。今为汝取法名为“智茂”。以心性如木，由烦恼障蔽故，心性不能显现，如木枯槁。既有智慧，则烦恼不生，而心性之木自然茂盛也。所言五戒，且自考心，如能受而不犯，则向化三问其佛前受之规矩，彼当教汝，光不备书。既皈依佛法，当熟读《文钞》，依之而行，自不致受庸人所误，致求来生福报，及外道炼丹运气，以求成仙等。汝果能领会得《文钞》义，纵百千外道亦不能摇动汝心。且勿谓此系光所说，恐不足依据，须知光乃取佛菩萨、祖师、善知识之意而说，非光自出心裁妄说也。祈慧察，则幸甚。

汝心高如天，志劣如地，口虽云依光所说，实则全依自己偏见。净土法门，唯信为本。信得极，五逆十恶皆能往生。信不及，通宗通教未曾断

---

① 《增广文钞》各类文稿编排大体按写作时间为序，只有卷一末《复周智茂居士书》至《与马契西书》共十七篇例外。考其写作时间，应在民国十六年初至七月出书前，大致在卷二末《与方圣胤居士书》等几篇书信之后，此时《增广文钞》版已排竣不便改动，故将后增各篇补排在卷一末。

又《增广文钞》原书各篇正文均不作分段。本篇原文所分四段，实为四节，乃示全篇由前后四封书信编录而成，今以空行标示。以下《复黄智海居士书》、《复袁闻纯居士书》、《复袁福球居士书》，及卷二《复周孟由昆弟书》、《复马舜卿居士书》等同此。

惑者，皆无其分。汝既不能通宗通教，断惑证真，仗自力以了生死。又不信佛力不可思议，自性功德不可思议，若具真信切愿，念佛求生西方，无一人不得生者。净土法门，乃即生了生死之无上直捷圆顿法门，于此法门方向尚未知，便以好高务胜之狂妄心，去研究《起信论》。《起信论》实为学佛之纲要，然于劣根，及初机人，亦难得益。即研得《起信论》通彻无疑，其用功尚须依念佛求生，方为稳当。况法相禅教之精微奥妙高深而不可企及乎哉？汝心如此其高，乃不知分量之高。其志又谓“根性劣弱，何望生西，但能不堕恶道，此堪自慰”。不知不生西方，将来必堕恶道。此系违背佛教，及与光说，何可云始终奉行教诲，一心持念弥陀乎哉？今以汝之身，膺人之职业，又非上等资格，其所立之心与志，真令人可叹可笑。

汝且息彼做大通家之狂妄心，专心研究净土法门中书，《文钞》与高邵麟、徐女士书中备说。随所开示，依之生信发愿，不以自己根器下劣，高推往生于度外。且常随动随静，将一句弥陀，当做本命元辰。其居心行事，须要与诸恶莫作、众善奉行之宗旨合。倘有余力，诸大乘经不妨随意受持读诵，当以志心受持为本，且勿急欲洞彻其义理为事也。果能志诚之极，教理自会透彻。若先欲透彻，不从志诚持诵做，即透彻亦无实益，况决难透彻乎？法相禅教，毕生研究，也难得其旨归。即得，谁能不断惑业，了生脱死？欲断惑业了生死，恐梦也梦不着。汝于光《文钞》尚未详阅，故其所说，高则冲于霄汉，卑则入乎沧溟。《文钞》中屡屡说所当看之书，及看经等法则，并法相禅教之难以得益处。以净土法门，仗佛慈力。其余法门，皆须己力。一为通途教理，如世之士人，由资格而为官。一为特别教理，如世之王子，一堕地即为一切臣宰所恭敬。二种法门，不可并论。而具足惑业之凡夫，可不慎所择哉？

流通基金，纵欲增益，何可作募缘办法？有信心有财力者，与之商量，俾其补助，即可矣。又经典甚多，汝心欲大开门庭，郑州有几个人请？但取普通人能看者，请以备购。有大部普通人不看者，须预订，转为代请，则省资本，亦不至请来售不出，将钱占到不得受用耳。

汝自谓来日无多，实力有限，光故作如此说。倘不以为然，仍依自己心相而行，则光亦不强汝。能做得一个大通家，亦是佛门之幸。恐汝大通家做不到，净土法门又信不及，则两头落空。今生稍修点功德，来生必定生于富贵家。汝试细思之，富贵人有几个不造业的？今日之国运危岌，民不聊生，皆是一班无智慧修行人之来生福报所捣乱而成者。汝打什么穷妄想，欲不堕恶道？不生西方，则一生不堕者或有之，二生不堕者便少也。

佛说经咒甚多，谁能一一遍持？古人择其要者列为日课，早则《楞严》、《大悲》、《十小咒》、《心经》，念毕，则念佛若干声，回向净土；晚则《弥陀经》、《大忏悔》、《蒙山》，念佛回向。今丛林皆图省工夫，早则只念《楞严咒》、《心经》，晚则单日念《弥陀经》、《蒙山》，双日念《大忏悔》、《蒙山》。汝言《禅门日诵》经咒甚夥者，不知乃朝暮课诵外之附录者。在家居士，功课亦可照禅门朝暮功课做，亦可随自意立。如早晚专念《弥陀经》、《往生咒》，念佛。或早则专念《大悲咒》，念佛，晚则念《弥陀经》、《往生咒》，念佛。或有持《金刚经》者亦可。然无论诵何经持何咒，皆须念佛若干声回向，方合修净业之宗旨。

汝之所说，乃见异思迁，虽是好心，实为心无定主，随境所转。何经何咒不称赞其功德殊胜？依汝知见，则看此经必废彼经，持此咒则废彼咒，以力不能兼顾，势必如此，是尚得名为明理真修之士乎？再推广言之，汝若遇参禅者赞禅而破斥净土，必至随彼参禅。及他天台、贤首、慈恩、秘密各宗，每遇一知识提倡，必至舍此修彼。不知汝是什么根性，要做法法皆通之大通家？但以业深智浅，大通家做不到，并将仗佛慈力带业往生一法置之度外，待到临命终时，不向镬汤炉炭里去，定向驴胎马腹里去。即幸而不失人身，以今生尚无正智，颇有修行之痴福，以兹享彼痴福，便造恶业，一气不来，直入三途，欲得知天地父母之名尚不能，况得知净土法门乎？

汝看光《文钞》，作么生解？须知一句阿弥陀佛，持之及极，成佛尚有余。将谓念《弥陀经》、念佛者，便不能灭定业乎？佛法如钱，在人善用，汝有钱则何事不可为？汝能专修一法，何求不得？岂区区持此咒、念此经，得此功德，不得其余功德乎？善体光言，自可一了百了，否则纵说的多，汝仍是心无定见，有何益乎？

凡夫在迷，信心不定，故有屡信屡退、屡修屡造之迹，亦由最初教者不得其道所致。使最初从浅近因果等起，便不至有此迷惑颠倒也。然已往之罪，虽极深重，但能志心忏悔，改往修来，以正知见，修习净业，自利利他，而为志事，则罪障雾消，性天开朗。故经云："世间有二健儿，一者自不作罪，二者作已能悔。"悔之一字，要从心起，心不真悔，说之无益。譬如读方而不服药，决无愈病之望。倘能依方服药，自可病愈身安。所患者立志不坚，一暴十寒，则徒有虚名，毫无实益矣。

复某居士书

《易》本圣人观象立法，示人以明明德、亲民之道，非徒只为卜吉凶已也。后世学者，舍本逐末，遂成艺术，可哀也已。试观每卦之《大象》，其语言多剀切详明。如《乾卦》则曰："天行健，君子以自强不息。"《坤卦》则曰："地势坤，君子以厚德载物。"六十四卦之《大象》，可录之一幅，以为立身行道之准。将由此以继往圣，开来学，岂区区然只成一算命之艺，以求糊口而已哉？吾言不足为轻重，试熟读各卦之《大象》，自可悉知。况各卦之全文，及一部之全文乎。《易》乃圣道之源也，故孔子读至韦编三绝，年将七十，尚期天假以年，以期学《易》而免大过。其自强不息，厚德载物，为何如哉！愿深长思之，则幸甚。

复黄智海居士书

接手书，知修持严密，欣慰之至。五旬外人，兼以事务多端，只好专修净业。若泛泛然研究，或恐经论不能大通，净业反成副事。

所言性、心、意之分别。心，多约体而言。意，即念虑，乃心之用。

性，则约心体之不变动者为论。若泛言之，心、性皆可通称，而意则必指其念虑而已。然心有真心，有妄心。言约体者，乃指真心。妄心亦属念虑，乃心体上之妄念耳。

藏、通、别、圆四教，乃如来随众生根机，说相契之法，有此等义，故智者依义而立此名目。藏教，为小乘根性说经、律、论之三藏，故名藏教。大乘亦有三藏，此单指小乘说耳。通教，乃大乘初门，以根机不同，钝根则通前藏教，利根则通后别、圆，故名通教。别者，各别，此教独菩萨法，所有教、理、智、断、行、位、因、果，一一各别，未能如圆教之圆融互摄，故名别教。圆者，圆满、圆融，以法法圆融，法法圆具，故名圆教。此教为最上佛法，乃佛以自己所证所悟之理，与一切大根菩萨所说者。当看《教观纲宗》，自知其义。若欲用笔墨叙说，不但太费力，且不如看彼之为得也。

末世众生，根机浅薄，欲于教义、禅宗，得真利益，甚难甚难。唯净土法门，方可依怙。试观显荫之死，远不如愚夫愚妇。而显荫之所知，非愚夫愚妇所能企及，而愚夫愚妇之所得，又非显荫所能企及。正光所谓性水澄清，由分别而昏动；识波奔涌，因佛号以渟凝。故致上智不如下愚，弄巧翻成大拙也。愿居士专志净业，勿歆羡于宗通说通，庶可于了生脱死，不成画饼。

周德广，二月初二，念佛坐逝，无悲恋之情，有悦豫之色，当必直入莲邦，为弥陀弟子矣。去年病中，发愿以所积万金作善举。因以七千元交光，三千四百元印《大士颂》一万部，一千六百元印《不可录》，二千元印新排之《增广文钞》。余三千元，作别种善举。其子四人，俱不甚丰裕，而能以亲所积者，为亲作功德，不肯自己受用，亦可谓难行能行矣。

祈专志净宗，勿被密宗现身成佛之语所动。现身成佛，乃理性，非事实。若认做事实，则西藏、东洋之佛，不胜其多。且勿说平民，即班禅之心行作为，佛气尚无，况说成佛乎？以彼于民不聊生之时，犹然不惜百姓脂膏，任其铺排耗费，而钱到己手，便当命宝贵，毫无慈悲喜舍之念故。显荫自命得密宗正传，谓佛法东流中国，唯弘法大师教理圆妙。历斥中国各宗祖师，皆不及弘法大师之正传。而死时竟成一业识茫茫、无本可据之人。其已现身成佛矣，何又结果如是也？祈洞察是幸。

菩萨之心，犹如太虚，无不包括，欲利益众生，作种种方便，先以欲钩牵，后令入佛智，不得以凡夫知见，妄生测度。以彼已证法忍，了无人我之可得，唯欲摄受一切众生，入于如来大觉法海。若有计较，便属情见，便与无人我之道不能冥契矣。云布施头、目、髓、脑，则诚然。至于伎女、彩女等，不过扩充菩萨布施之心，不可以词害意。若死执其语，则“愿令阿僧祇世界伎女充满”之文，又将如何安置乎哉？此显菩萨内外俱舍，了无贪惜，内而头、目、髓、脑，外而国、城、妻、子，无一法生贪着，故能于生死中独得解脱。彼受施者，由菩萨愿力摄持，或于即时，或于后世，无不亲蒙利益，了生脱死。如歌利王之割截身体，后为最初得度之憍陈如。此种如太虚量之大菩提心，何可以凡夫小知小见测量？须知未得法忍之凡夫，心中当慕菩萨之道，其行事当依凡夫常理，否则便于住持法道，或有妨碍。若未证无生法忍，即不住持法道，亦不宜学菩萨之舍头目髓脑等。以自力不足，不堪忍受，若自若他，俱无所益。凡夫须按凡夫能行者行之，则可矣。

复潘对凫居士书

前者大梦未醒，致有冲突，不胜惭愧。今梦醒矣，本欲无言，然恐阁下或有未喻，且略陈之。

孟子云：“有不虞之誉，有求全之毁。”孟子此语，极确切，而未明其所以然。佛说一切利、衰、毁、誉、称、讥、苦、乐，各有前因，致获现果。了此，则只宜自忏宿业，何暇怨人乎哉？所以君子上不怨天，下不尤人，素富贵行乎富贵，素贫贱行乎贫贱，素夷狄行乎夷狄，素患难行乎患难，受宠若惊，受辱不怨，逆来顺受，无往而不自在逍遥也。

此传作于民国十三年，彼在青岛悦来公司，函告于光，实未寄文来。光极力呵斥，令毁其稿。至今年四月，彼持其自作之《年谱》令光看，于十三年谱内，有此文。光即将传文撕作粉碎，极力呵斥，谓彼是什么人，何得自作《年谱》？而又何得妄造谣言，陷光于以凡滥圣，藐视天下宗、教知识及贤士大夫之极大罪中乎？令永勿再录。至八月，因催印《观音颂》到申，于友人处，见彼油印之文，光持回撕之。时彼亦寄居太平寺，谓之曰："汝以此恭维光，甚于持刀杀光百千万倍，令勿流布。"岂知彼早已寄于《海潮音》令登报矣。及阁下寄来，光意谓才印未久，尚可收拾，所以祈蔚如劝阁下尽行焚毁，务成爱我之实。又令上海居士林、净业社，各于林刊、月刊声明，免致不知者谓彼承光意而作耳。及阁下来书，方知不可收拾，遂悟孟子、子思，及佛所说之各事理，而心中已于此了不介意。是盖宿业所使，只可自怨宿生少栽培，何暇怨彼之妄造谣言乎！

马契西此举，光于一切前境，皆悉无烦计虑，或可完我天真，卒能无愧于自心耳，则是因祸而得福，实为大幸。阁下所印之传，随阁下意，烧之也好，散之也好。如其爱我情殷，略将光诫彼之意，撮略叙百数十字，印于皮子里边之白垫纸中，以免无知者之效尤更好，并非为洗雪此诬，免人唾骂也。何以故？唾骂者愈多，光得利益愈深，以非光自为，而光受唾骂，则其消业障而增福慧，有如《金刚经》十六分所说者。光色力衰弱，冗事繁多，以致净业工夫徒惭疏略，得此因缘，用作不修而获益之据，幸何如之！

与聂云台居士书

接贵家语，不胜钦佩。文正公心法，阁下得而传之，故能脱离富贵习气，乐我天真，不随物转也。致某君书，实为振兴颓敝之妙法。恐某君无此志向，则了无所益。然公之众览，必有肯取法者。盗窃因缘，推至其极，则可以为圣为贤，实为救世至文。由是知因果之道，至深至远，彼以因果为权渐小乘者，皆道听途说之流也。光常曰：“因果者，世出世间圣人平治天下、度脱众生之大权也。当今之世，若不提倡因果报应，虽佛菩萨圣贤俱出于世，亦末如之何矣。”又曰：“善教儿女，为治平之本，而教女尤要。”又曰：“治国平天下之权，女人家操得一大半。”以世少贤人，由于世少贤女。有贤女，则有贤妻贤母矣。有贤妻贤母，则其夫其子女之不贤者，盖亦鲜矣。彼学堂提倡男女平权，直是不知世务。须知男有男之权，女有女之权。相夫教子，乃女人之天职，其权极大。不于此讲究，令女子参政等为平权，直是不识皂白者之乱统也。光之愚见如是，不知阁下以为然否？如其不甚悖谬，敢祈大加发挥，亦未始非挽回世道之一助也。

复乔智如居士书

凡人做事，当认真做，不可潦草塞责。况佛弟子为监狱之教诲师，有感化人心，成就正器之责任乎？语云：“君子思不出其位。”既膺此职，必期于令监犯革心服化为事，则功德大矣。

所言三女居士，既欲归依，当与彼说，要吃素念佛，求生西方，不可求来生人天福报。必须要诸恶莫作，众善奉行，戒杀护生，善教儿女。儿女虽小，万不可任性骄惯，必须对彼常说因果报应，使彼心中常存畏惧，自然不至将来作伤天损德之事。此提倡因果报应，及善教儿女，乃天下太平之根本法轮，对一切人皆当以此相劝，非但为女人言也。陈吴氏法名志清，康金氏法名志净，倪康氏法名志澄，总以出此浊恶世界，生彼清净佛国为志而已。祈为函致，兼说光所嘱之意，令彼作一真实修行人，并教儿女亦修行，庶不愧归依佛法之一大事也。天下治乱，在于家庭中操之有道与否，此根本上之切实议论也。

复江易园居士书

接手书，知贵地净土法门，由阁下提倡，得以大行，慰甚。光徒张虚名，毫无实德，但愿有益于人，即属虚张声势，其损在我，而人或得益，亦所乐为。如谈梅口酸，想崖足战，虽无实事，人起斯心，亦非无益。至于阁下拟以慈觉故事，直令光惭愧无地耳。光愿再寄二十包《文钞》，以期送有缘，并留图书馆以长供阅览。又今之提倡佛学，须注重于净土法门，及因果报应。并令入社之人，各各戒杀护生，各各善教儿女。国之荒乱，由乏贤人，其源由家无善教而始。而家庭之教，母教更为要紧，故教女比教子关系更大也。有贤女，则有贤妻贤母矣。人少有贤母，长有贤妻，欲不为贤人，不可得也，此正本清源图太平之良策也。愿阁下于提倡佛学时，谆谆以此告之，庶佛法、世间法皆振兴也。

复唐大圆居士书

观汝书言学生话，不禁令人好笑。今说一喻，譬如太医院御医，凡医书、病源、脉诀，读得熟如明镜映现，及至临症，则茫无所从，不知该用何药。汝之所问，与此医生见识，毫无有异。佛法原是教人了生死的，非只当一种高超玄妙话说说。彼下劣知见之当哲学研究佛法者来，必须先对彼说佛说法之所以然，是要人对治习气，洗心涤虑，敦伦尽分，慈悲仁让，诸恶莫作，众善奉行，断惑证真，了生脱死，自利利他，共证真常，渐次修习，至成佛道耳。所有经教，皆为发明如上所说诸事理故。若唯求明了，不欲实行，岂非优人作戏，尚得谓之为学生乎？如其天资聪敏，不妨研究性相各宗，仍须以净土法门而为依归，庶不至有因无果，致以了生脱死之妙法，作口头活计，莫由得其实益也。必须要主敬存诚，对经像如对活佛，不敢稍存怠忽，庶几随己之诚大小，而得浅深诸利益也。至于根机钝者，且专研究净土法门，果真信得及，守得定，决定现生了生脱死，超凡入圣。较彼深通经论，而不实行净土法门者，其利益奚啻天地悬殊也。如上所说，无论什么资格，最初先下这一味药。则无论什么邪执谬见，我慢放肆，高推圣境，下劣自居等病，由此一味阿伽陀万病总治之药，无不随手而愈。汝学到一肚皮佛法，于此二种学生，便没奈何，可知汝但知说药，自己也未实行，使汝实行，断不至怀此种疑。而以昔某某为文殊、普贤之俦，此皆由不能鉴别真伪，遂致茫无所从，或至以伪为真也。

汝父之不能吃素，由于不细心体贴，反身而观。设使自己作了食物之牲，断不至愿人杀而食我。今有五谷养命，尚欲助其贪馋。生死不了，到了被人食时，诚可哀悯，而已无可救援矣。哀哉！

念如已剃发，受戒固为正理，何必又待？但须审其本心，及察其平日对境之感想，果能具足清操，便当成就僧相。如或虽近此种气象，难具百折不回之真切铁心，则还是从夫为嘉。念光亦然。

汝于某报中，载念如、念光二人之论，光绝不以为然。即使实是九岁童女所说，不登报有何所损？倘代为作，则成欺世欺人而令作伪。即彼自作，或致自矜自恃，遂成我慢。此等皆汝不知临症下药之实案。汝既不以光为无知，光不妨以无知为有知而与汝言之。汝绝不知教小人之法则，故有此举。使汝知者，断不登报。显荫之天资极聪明，自己本好胜好名，谛法师不能下抑彼矜张之药，至丁短命而死。汝丁念光亦然。

无得居士，既有六十老父，何得要出家？使不出家，无由闻法修行，尚有可原。今藩篱大撤，在家人研究修习者其多如林，得利益生西方者，亦常有其事，何得要离亲出家乎？此事光绝不赞成。按实说，当今修行，还是在家人好。何以故？以一切无碍故。出家人之障碍比在家人多，是以非真实发道心者皆成下流坯，无益于法，有玷于佛也。

复汪雨木居士书

[**附来书**]雨木念佛十年，略知旨趣。窃谓灵峰、梦东诸大师，及我师《文钞》，所示念佛方法，大抵皆就愚夫愚妇通途立说。若吾辈能通文字、心思复杂之人，仍用彼愚夫愚妇之念佛方法，断断不能往生净土。鄙意以为念佛求生之人，当先求知念佛的是谁，盖既见主人翁，则念佛方有用处，往生方有把握。不特念佛应当如是，即念经、持咒，亦何莫不然？今人动谓老实念佛，死心念佛，即可往生。不知苟不能识得念佛的是谁，则念佛何能老实，何能死心？纵使日夜十万声，于生死有何相干哉？有以古人多专主持名，不参是谁相诘者，雨木曰："此乃古德罢参以后之事，初心非可效法也。"雨木见今日念佛之人，十九不明此旨，实可哀愍，尝时时苦口劝人，而居士中竟有谓我为邪见者。佛法真义，沉晦至此，曷胜痛叹！兹特披陈所怀，敬求印证，并乞详加阐示，众生之幸，非仅雨木一人之幸也。

详观来书，不胜钦佩。阁下欲令一切人亲见本来，直登上品，《观经》所谓"读诵大乘，解第一义，发菩提心，劝进行者"，其阁下之谓乎。虽然，说法当须观机，若不察机，妄投法药，则与庸医以药杀人无异。须知禅、净二宗，归元是一，修法各别。禅以彻见本来面目为宗，净以信愿念佛求生为宗。使世皆上根，则阁下所说，诚为有益。而上根甚少，中、下甚多。不教以信愿求生，而教以参究是谁。参而得之，固为大幸，尚须重发切愿，以求往生。若参而不得，以心中常存一不知是谁不能往生之念，则断无与佛感应道交、亲蒙接引之事矣。而今之参者，其能真到大彻大悟地位者有几？夫知念佛的是谁者，乃大彻大悟明心见性也。勿以余人论，即阁下亦未曾到此地位。何以知阁下未到？以到则决不敢说灵峰、梦东为就愚夫愚妇立说，而不知是谁，即老实念、死心念，亦不得名为老实、死心，纵使日夜十万，于生死有何相干，及谓古人专主持名为罢参后事，初心不可效法等语。由是言之，阁下之心，实欲自利利人，阁下之语，实为自误误人矣。切请缄默莫说，否则如来普度众生之一大法门，被阁下关塞锢蔽，莫由开通，其罪当与谤佛、谤法、谤僧相等，可不慎乎？阁下之见，以不知契理契机之所以然，妄执利上根之法，而普劝一切修习，遂成偏执谬见。以不合机之法，妄行劝修，谓为佛法真义。光虽庸劣，敢与阁下同陷谤佛、谤法、谤僧之咎，而妄为赞许乎哉？如谓不然，祈付丙丁，各行各道即已，光岂能强阁下舍己所学而从我乎？不过以阁下见问，不得不直贡愚诚耳。祈洞察是幸。

复盛机师书

昨接汝书，不胜慨叹。汝学佛者，何得以自己知见，测佛境界，测之不得，遂生疑惑乎？夫证真如者，则三际坐断，十界平沉。有因缘故，亦可于一念现无量劫，于无量劫作一念，念劫圆融，两不混滥。汝谓六十小劫犹如食顷，五十小劫只如半日，无此事理。然则经中所有大小互入、念劫互现之说，皆为妄语乎？如来初成正觉，现圆满报身相，为四十一位法身大士，说《华严经》。二乘在座，不见不闻。所见之佛，乃老比丘相。所闻之法，乃生灭四谛。故《维摩经》云："佛以一音演说法，众生随类各得解。"汝将谓无此事理乎？

须知时无定法，随人所见不同。佛菩萨境界且置，姑以凡小之境明之。周灵王子子晋，学仙，过七日，于缑山出现，已到晋朝。故有诗曰："王子去求仙，丹成入九天，洞中方七日，世上几千年。"（几，读平声，近也。从周灵王至晋彼出时，将及一千年耳。）又吕纯阳遇钟离权于邯郸逆旅中，钟劝其学仙，吕意欲得富贵后方学，钟与一枕令睡，则梦见由小至大，以至宰相，五十年富贵荣华，世所罕有，子孙满堂，其乐无央，后以一事与上意不合，遂自引退，乃醒。睡时逆旅主人煮黄粱米粥，梦中出入将相，做许多大事，经五十年之久，及醒，黄粱粥尚未煮熟。此不过仙人所现，尚能于一念中作五十年境界事业。况佛为天中天、圣中圣，诸大菩萨已证法身之境界乎？故善财入弥勒楼阁，入普贤毛孔，皆于十方世界，行六度万行，经佛刹微尘数劫。汝看此文，又将何以测度乎？

须知三际无实体，而在凡夫分中，只见凡夫所应见之境，不得以凡夫所见之境，谓佛菩萨亦复如是，了无有异也。今为喻明，如镜照数十重山水楼阁，实无远近，而复远近历然。世间色法，尚能如是，况已证唯心自性之心法者乎？故曰：于一毫端，现宝王刹；坐微尘里，转大法轮。十世古今，始终不离于当念；无边刹土，自他不隔于毫端也。

汝既发心闭关，当恳切至诚礼拜持诵，以求三宝加被，令其业消智朗，障尽福崇。凡属不思议境界，但当仰信佛言，勿妄测度。果能恳切至极，自可悉皆明了，亦不须问人也。若不在恳切至诚礼拜持诵上致力，终日取非凡夫所能测之境界而妄测之，则与幻人法师同一覆辙，欲不受谤佛、谤法、谤僧之罪报，何可得乎？祈慧察是幸。

与方远凡居士书

世间人之病，多多都是自己造者。即如令严之病，乃不知慎口腹，贪食水果凉物之所致者。及乎有病，不能从善养上令恢复，而一味靠医生转移。医生每遇富贵人之病，便大喜过望，遂用种种方法，令其阔张，而后始令收敛，则金钱自可大得矣。然医之善者，亦只医病，不能医业。即如子重病肠痈，医云非开剖不可。汝四婶不放心，遂不医，与德章拌命念佛，念《金刚经》，五日即愈。此病可谓极大极危险矣，然不医而五天即愈。子庠之癫，乃属宿业，汝四婶以至诚礼诵，半年即愈。汝父既皈依佛法，当依佛所说，不当信从洋医，特往彼医院去医也。使一切病皆由医而始好，不医便不好者，则古来皇帝及大富贵人，皆当永不生病，亦永不死亡。然而贫贱者病少，而寿每长。富贵者病多，而寿每短。其故何哉？以一则自造其病，二则医造其病。有此二造之功能，欲脱病苦，其可得乎？祈为汝父说，不必往上海求西医，就在家中求阿弥陀佛、观世音菩萨之大医王，则自可勿药而愈矣。求西医，好否参半。求大医王，或身躯上即好，即身躯上未好，而神识上决定见好。若妄欲即好，完全废弃先所持之戒，大似剜肉做疮，有损无益。西医未入中国，中国人有病皆不治乎？固宜放下妄想，提起正念，则感应道交，自可痊愈矣。

所言天冷身弱衣丝绵者，必须非此不能生活方可。若借冷弱为名，以自图华美轻快，则是不知惭愧之人，以所杀蚕命，实非小可。至于服阿胶，更非所宜问者，此与吃肉有何分别？阿胶吃了就会不冷乎？倘日常礼拜，身体自然强壮，何用阿胶为哉？彼贫人亦曾过冬，谁曾用丝绵、阿胶乎？一言以蔽之，曰不知惭愧，与不知自己是什么人而已。祈洞察是幸。

复慧朗居士书

接手书，不胜感愧。光粥饭庸僧耳，何可与诸君论外典事？然既见托，只得略说所以。欲知此义，及所主，先须知“命”为何物，“力”为何物，并列子意中将二子认作何物，然后再讲所主，则便成有功于世道人心之言论。若俱不知，则此“力命”之说，皆非儒佛所许。

命者何？即前生所作之果报也。又依道义而行所得者，方谓之命。不依道义而行所得者，皆不名命，以此得之后，来生之苦，殆有不忍见闻者。如盗劫人钱财，暂似富裕，一旦官府知之，必至身首两分。何可以暂时得乐，便谓之为命？

力者何？即现生之作为之谓。然作为有二，一则专用机械变诈之才智，一则专用克己复礼之修持。

列子所说之命，混而不分。所说之力，多主于机械变诈。故致力被命屈，无以回答。以孔子困陈蔡、田恒有齐国为命，是尚可谓之知命哉？孔子不遇贤君，不能令天下治安，乃天下群黎之业力所感，于孔子何干？颜渊之夭，义亦若此。田恒之有齐，乃篡夺而有，何可为命？现虽为齐君，一气不来，即为阿鼻地狱之狱囚。谓此为命，是教人勿修道义而肆志劫夺也。吾固曰：列子不知命。不观孟子之论命乎？必穷理尽性以至于命，方为真命。则不依道义而得，不依道义而失，皆非所谓命也。

列子论力，多属于机械变诈之才智，圣贤之所不言。圣贤所言者，皆克己复礼之修持也。“唯圣罔念作狂，唯狂克念作圣。”“积善之家必有余庆，积不善之家必有余殃。”“作善降之百祥，作不善降之百殃。”“木从绳则正，后从谏则圣。”“惠迪吉，从逆凶，惟影响。”“行年五十而知四十九年之非，欲寡其过而未能。”“假我数年，五十以学《易》，可以无大过矣。”“人皆可以为尧舜。”“戒慎乎其所不睹，恐惧乎其所不闻。”皆力也，此儒者之言也。至于佛教，则以一切众生皆有佛性，皆当作佛，令其忏悔往业，改恶修善，必期于诸恶莫作，众善奉行。以戒执身，不行非礼。以定摄心，不起妄念。以慧断惑，明见本性。皆克己复礼修持之力，依是力而行，尚可以上成佛道，况其下焉者。故《楞严经》云：“求妻得妻（求妻者，求贤慧贞静之妻也，否则妻何得向菩萨求），求子得子，求长寿得长寿，求三昧得三昧，如是乃至求大涅槃得大涅槃。”大涅槃者，究竟佛果，皆由依教修持而得。其力之大，何可限量！

袁了凡遇孔先生，算其前后诸事，一一皆验，遂谓命有一定。后蒙云谷禅师开示，兢业修持，孔生所算，一毫不应。然了凡乃一贤者，使其妄作非为，则孔生所算，亦当不灵。是知圣贤训世，唯重修持。如来教人，亦复如是。故所说大小权实法门，无非令众生断除幻妄之惑业，彻证本具之佛性。故世有极愚极钝者，修持久久，即可得大智慧、大辩才。列子以一切皆归于命，则是阻人希圣希贤之志，而奖人篡夺奸恶之心。俾下焉者，受此祸害于无穷。即上焉者，亦颓奋志时勉之气，以致终身不入圣贤之域，作一碌碌庸人。此一篇文，完全于世无益，有何可研究之价值乎哉？

光少不努力，老无所知，偶因问及，任己意说，其是与非，任人所指。又光年近七旬，精神衰颓，兼以冗务繁多，直是不能支持。祈勿再以此种事来问，再来问，则原函寄回，决不答复，以免于人无益，于己有损也。祈慧察是幸。

复庞契贞书

道济禅师，乃大神通圣人，欲令一切人生正信心，故常显不思议事。其饮酒食肉者，乃遮掩其圣人之德，欲令愚人见其颠狂不法，因之不甚相信，否则彼便不能在世间住矣。凡佛菩萨现身，若示同凡夫，唯以道德教化人，绝不显神通。若显神通，便不能在世间住，唯现作颠狂者，显则无妨，非曰修行人皆宜饮酒食肉也。世间善人尚不饮酒食肉，况为佛弟子，要教化众生，而自己尚不依教奉行，则不但不能令人生信，反令人退失信心，故饮酒食肉不可学。彼吃了死的，会吐出活的。你吃了死的，尚不能吐出原样的肉，何可学彼吃肉？彼喝了酒，能替佛装金，能将无数大木从井里运来。汝喝了酒，把井水也运不出来，何可学他？《济公传》有几种，唯《醉菩提》最好。近有流通者，云有八本，多后人敷衍之文。《醉菩提》之若文若义均好，所叙之事，乃当日实事。世人不知所以然，不是妄学，便是妄毁。妄学则决定要堕地狱。妄毁则是以凡夫之知见，测度神通圣人，亦属罪过，比之学者，尚轻之多多矣。见其不可思议处，当生敬信。见其饮酒食肉处，绝不肯学，则得益不受损矣。祈洞察是幸。

复袁闻纯居士书

接大圆书，谓居士与夫人，并令郎，皆欲皈依于光。夫光一迂腐不堪之粥饭僧，大圆不详察而谬为皈依，何居士又踵袭其谬，而不以为浼乎？虽然，泥塑木雕之佛，敬之亦可生福。汝既发心，且即将错就错，一旦翻然悟其非真，不妨再转而敬真佛，固未始不可也。

今为汝取法名为智纯，令夫人为智本。以众生本具佛智，由烦恼夹杂，则如金在矿，不得真实受用，则此本具之智，变而为妄知。虽此妄知依本智而起，而本智之体用全失。若反而念佛以自摄其心，则其智渐归于纯而得其本矣。此与令夫妇命名之大意也，不知有合於于汝心否？又智本既能持月十斋、年三斋，何不长斋？食彼之肉，养我之身，人固习而安之，试一反思，则将战惧不安，况实杀之食之乎？孟子谓："如知其非义，斯速已矣。"夫与子皆长斋，汝何忍不长斋？净业正因，以慈心不杀、修十善业为第一。食肉之人，虽不自杀，亦难免杀业，以非杀无肉故，以钱雇人代杀故。

扶球当名福球。以环球之祸，由于不知因果报应、生死轮回之事理，遂致任自己野蛮心，行弱肉强食、互相残害之惨事。汝既皈依佛法，当以此事此理，由自行而渐及于他，俾一切内而眷属，外而乡党邻里，与一切相识之人，同知此理，同皆诸恶莫作，众善奉行，戒杀护生，吃素念佛，则杀业消而风俗淳厚，神人和而天下太平矣。"诸恶莫作"二句，乃三世诸佛之略戒经，切勿浅视，当从举心动念处审察。若能推致其极，尚可以上成佛道，况其余福慧果位乎哉。佛于大乘经中屡言之，非出于《阴骘文》，乃文昌帝君引用佛经耳。其余修持净业之说，《文钞》中具说之，此不详书。

今之世道，乃患难世道，若不以阿弥陀佛、观世音菩萨为依怙而常念之，则祸患之来，或所不测，及其卒遇，徒唤奈何？倘能预先持念，必有冥为转移。况生死到来，人各有此日，故宜常作临终想，则一切非分之妄想，与不能资之以了生死之诸法门，自不致力驰骛，而令此决定仗之可了生死之法荒疏不修也。愿汝夫妻父子，同不以光言为迂腐，则幸甚。

末世众生，根机陋劣，不依净土法门，决定无由了脱。一班好高务胜者，多多越分自命，觉得禅教之理性渊深，遂不以净土为事。从兹弃佛力而仗自力，弄到结局时，皆成种远因而了不得其实益耳。智本与汝夫妇也，汝能实行，彼久而久之，则相观而化，固无所用其忧虑也。

谭碧云之着急，不独彼一人独犯此病，一切学佛之人，多多皆犯此病。既有此病，不是招感魔境，便是未得谓得。须知心本是佛，由烦恼未除，枉作众生，但能使烦恼消灭，本具佛性自然显现。如磨镜然，只期垢净，勿虑无光。如医目然，但能去瞖，自复本明。若于垢未净，翳未去时，即欲大发光明，曷可得乎？若发，便是妖魔所现，决非镜目之真正光明也。凡初发心人，俱宜以此意告之。

复袁福球居士书

所言由《佛学撮要》，顿生正信，一以宿有善根，一以令严慈之熏陶使然。印光一介庸僧，于法道无所知晓，唯谛信净土，以期带业往生，有志愿相同者，随便酬答以自分之事业，意似有可取者，而文笔肤浅，实为贻诮高明，不禁惭惶无地。何得以“理圆词妙”等以誉之，不惧膺以凡滥圣之愆乎？

所言念佛三昧，说之似易，得之实难，但当摄心切念，久当自得。即不能得，以真信切愿摄心净念之功德，当必稳得蒙佛接引，带业往生。事一心，若约蕅益大师所判，尚非现世修行人之身份，况理一心乎？以断见思惑，方名事一。破无明证法性，则名理一。若是内秘菩萨行，外现作凡夫，则此之二一，固皆无难。若实系具缚凡夫，则事一尚不多得，况理一乎？当过细看印光与永嘉某居士之极长一信，则可知。

至于悟无生以后，护持保任，销熔余习，彼自了明，何须预问，如人饮水，冷暖自知。否则纵令饮者说得十分的确，而未饮之人，究不知其是何滋味。以居士将此悟无生忍，看得容易，恐自己或悟而不知保任护持，致余习复蒙，得而复失，故有此问。真无生忍，实非小可，乃破无明，证法性，最下者为圆教初住菩萨，即别教之初地也，谈何容易。祈且依印光《文钞》所说而行，待其悉知净土法门之所以然，及信愿行俱能不被一切知识异说所夺，此后若有余力，不妨兼研诸大乘经论，以开智识，以为宏净土之根据。如是则虽是凡夫，可以随机利生，行菩萨道。且勿妄意高远，恐或于事理不清，则难免着魔。永嘉某居士之长信，专治此病。彼病与汝病，名目不同，性质是一。光固不愿多说，祈于彼信领会之。

须知悟后之人，与未悟之人，其修持仍同，其心念则别。未悟无生者，境未至而将迎，境现前而攀揽（“攀揽”二字，赅摄好恶憎爱，勿谓好爱为攀揽，憎恶为不攀揽），境已过而忆念。悟无生者，境虽生灭，心无生灭，犹如明镜，来无所黏，去无踪迹。其心之酬境，如镜之现像，绝无一毫执着系恋之思想。然虽于境无心，犹然波腾行海，云布慈门，凡世间纲常伦理，与夫上宏下化之事，必须一一认真实行，虽丧身命，不肯逾越。且莫认作于境无心，便于修持自利利他、上宏下化之事，悉皆废弛，则是深着空魔，堕于顽空，由兹拨无因果，肆意冥行，乃成以凡滥圣、坏乱佛法、疑误众生之阿鼻地狱种子矣。此中关系，甚深甚深，光固不得不为略陈其利害也。

人能弘道，非道弘人。世间之乱，乃众生同分恶业所感，彼邪僻诸说亦然。世风之变，最初皆一二人为之发起，治乱邪正，无不皆然。何可不于人力转变处讲，而专归于佛菩萨显神变乎？佛菩萨非不能显神变，奈众生业重，亦无如之何。譬如浓云厚雾，渺不见夫天日，将谓天日已无有乎？而人与天、地，称为三才。僧与佛、法，名为三宝。其如此称者，以参赞化育、宏扬法道之义而名之。汝专欲弃人力，而任佛菩萨天地之力，是尚可谓知道者乎？大乱之世，大悲菩萨示现救护，亦救其有缘耳。以乱乃同业，其宿因现缘乃别业，有感菩萨之别业，则蒙菩萨加被救护，何可笼统而论？

菩萨逆顺方便，救护众生之事，非胶知板见者所能知。今为汝说一例，由此而推，勿道是菩萨，即真怨家，亦好作入道成佛之基。诸佛以八苦为师，成无上道，是苦为成佛之本。又佛令弟子最初即修不净观，观之久久，即可断惑证真，成阿罗汉，则不净又为清净之本。北俱卢洲之人了无有苦，故不能入道。南阎浮提苦事甚多，故入佛道以了生死者，莫能穷数。使世间绝无生老病死、刀兵水火等苦，则人各醉生梦死于逸乐中，谁肯发出世心，以求了生死乎？至谓："拥强兵踞高位，作种种苦恼众生事者，或亦有大悲示现者欤？"此义唯可与通人言，不可与无知无识者道。若是通人，即真恶魔，亦可得益。无知无识者若知此义，则不知发心修行，反去毁谤佛法。譬如用药，小儿不肯吃药，涂之于乳，则不吃而吃矣。汝欲作通人大张此义，则害人处多而利人处少矣，且祈缄默，勿妄谈说。佛菩萨之境界，非凡夫所能测度。

中国之贫弱，由于不依礼义，依礼义何至贫弱？试问贫弱之因，何一不是贪赃受贿以利外人乎？汝未认清病源，便谓药不见效，可谓智乎？外国之强，以国小，不同心协力，不能自立。中国则人各异心，纵有同者，外人以贿诱之，则随贿所转，不但不顾国与民，并将自身亦不顾。谓为奉行礼义之失，其可乎哉？昔林文忠公之驱夷，即是其证。以后大小事，何一非中国代为周旋令成乎？中国之人，多半皆属亡八字，故致外国如是之强，中国如是之弱。使皆守礼义，则外国之无益各货，将无处可消，而中国一年当保全数千万万金矣。中国人之下作，诚可谓下作之极矣。孟子曰："独孤臣孽子，其操心也危，其虑患也深，故达。"汝虽读书阅世，未知读书阅世之道，故有此问也。为今之计，当以提倡因果报应、生死轮回，及改恶修善、信愿往生，为挽回劫运、救国救民之第一着。谈玄说妙，尚在其次。然欲救世，非自己躬行，断无实效。由身而家，由家而邑，由邑而国，此风一倡，或可有意料不及之效，否则便难梦见矣。

与周法利童子书

人之一生成败，皆在年幼时栽培与因循所致。汝已成童，宜知好歹，万不可学时派。当学孝，学悌，学忠厚诚实。当此轻年，精力强壮，宜努力读书。凡过读之书，当思其书所说之事，是要人照此而行，不是读了就算数了。书中所说，或不易领会。而《阴骘文》、《感应篇》等皆直说，好领会，宜常读常思，改过迁善。于暇时尤宜念阿弥陀佛，及观世音菩萨，以期消除业障，增长福慧，切勿以为辛苦。古语云："少壮不努力，老大徒伤悲。"此时若错过光阴，后来纵然努力，亦难成就。以年时已过，记性退半，所学皆用力多而得效少耳。第一先要做好人，见贤思齐焉，见不贤而内自省焉。第二要知因果报应，一举一动，勿任情任意。必须想及此事，于我、于亲、于人有利益否。不但做事如此，即居心动念，亦当如此。起好心，即有功德。起坏心，即有罪过。要想得好报，必须存好心，说好话，行好事，有利于人物，无害于自他方可。倘不如此，何好报之可得？譬如以丑像置之于明镜之前，决定莫有好像现出，所现者，与此丑像了无有异。汝果深知此义，则将来必能做一正人君子，令一切人皆尊重而爱慕之也。祈审慎思察，则幸甚幸甚。

与马契西书

人生世间，须安本分。越分作为，及与赞誉，皆为招祸取辱之本。光一庸劣粥饭僧，汝为什么为我作传？胆敢以"去圣时遥，真修日鲜"等四句下，便以我承之，令我得罪于天下宗、教知识，贤士大夫。汝意谓说得好听，便为荣幸乎？不知以凡滥圣，罪在不原。汝亦曾看《楞严经》，何不知犯大妄语，其罪重于杀盗淫罪百千万亿倍乎？汝如此妄为，不但汝自己罪过得不得了，且令光现在受明眼人唾骂，将来受阿鼻地狱之苦报，无有出期。譬如庶民，妄称帝王，罪必灭族。良以大妄语能坏乱佛法，疑误众生。汝以此当架子摆乎？祈将其稿焚之，以后不得另有所述。我只要得生西方，要传做什么？汝将谓由此便可留芳百世乎？而不知瞎造谣言之传，不但遗臭万年，且复受苦永劫也。若以吾言为非，则是魔王眷属，请从此绝。

印光法师文钞卷二

书 二

复包右武居士书一

适接手书，不胜感愧。印光一粥饭僧耳，法门中事，概不能知，唯于净土颇欲自他同生，以故凡有缁素见访，皆以此奉答。徐蔚如居士以其于禅、净界限分析明了，并佛力、自力之难易得失，及主敬存诚等种种肤论，皆于初机稍有利益，以故虽文词鄙拙，亦不见弃，而三四次排印流布，以期有志了生死者，同皆纳此刍议而已。然以残羹馊饭，陈于饱餐王膳者前，则恶心发呕矣，况敢注经乎哉？阁下既不以酸臭见弃，敬赠芜钞一部。此去年蔚如令商务印书馆另编排印，今年所出者。彼书馆恐售不出，故只印二千。出书后，尚未发行，已经售尽。虽已留版，但以彼馆急于时尚之新书，至今未印二版。一二年来，亦有知友劝光刻版，光拟待商务书馆编好出书后再刻，则可省心力。去岁北地大荒，各善士设法筹捐，光遂尽数将刻款助赈矣，两次共五百元。如以为有益初机，肯为刊布，未始非利人之一端也。

复包右武居士书二

生死大海，非念佛无由得度。欲知念佛之所以然，不看净土经论，何由而知？固当日诵《阿弥陀经》，常看《无量寿经》，及《观无量寿佛经》。此名净土三经。读此则知弥陀之誓愿宏深，净土之境缘殊胜，行人之往生行相。此外最亲切开示念佛方法，有《楞严经》第五卷末后《大势至菩萨念佛圆通章》。又有《华严经·普贤行愿品》，以十大愿王，导归极乐。读此知念佛求生西方一法，乃《华严》一生成佛之末后一着，实十方三世诸佛因中自利、果上利他之最胜方便也。彼妄谓净土法门为权渐小乘者，皆毁谤《华严》，及谤佛、谤法、谤僧之极重罪人也。其净土三经之注，并净土诸书之宜专精看者，光《文钞》中与徐女士书中备言之，此不具书。

晨朝十念，当于盥漱后、功课前行之。《净土十要》、《西归直指》中，各有其仪，依而行之即已。但不可过十念，以多则伤气。光《文钞》中亦屡言其利害。朝暮功课，照功课中念之即已。如公事多端，不暇念功课，则但用十念亦可。此外则但只念一句“南无阿弥陀佛”即已。所谓十念者，以尽一口气为一念，如是念十口气，名为十念。如气壮之人，一口气多念一二十句。气弱之人，只能数句。不论佛数多少，但以一口气，至十口气，为度耳。其法之妙处，《文钞》亦说之。若多念，则又伤气受病矣，不可不知。

古语云：“聪明不能敌业，富贵岂免轮回。”生死到来，一无所靠，唯阿弥陀佛，能为恃怙。惜世人知者甚少，知而真信实念者更少也。通州王铁珊，前清曾作广西藩台，其地土匪甚多，彼设计剿灭，所杀无算。前年得病，合眼即见在黑屋中，其鬼甚众，皆来逼恼，随即惊醒。如是三昼夜，合眼即见此象。人已困极，奄奄一息。其夫人劝令念佛，随念数十声即睡着，因睡一大觉。而精神渐健，病遂痊愈，即长斋念佛。使此时无人以念佛告之，恐万不能至今日也。故知教人念佛，功德无量。知念佛利益者，皆多生多劫善根所使也。

所示令亲之事，甚为稀奇，可谓宿有善根。然又须兢兢业业以自修持，庶不虚此一梦。倘以凡夫知见，妄谓我已蒙三宝加被，已入圣流，从兹生大我慢，未得谓得，未证言证，则是由善因而招恶果。末世之人，心智下劣，每受此病。《楞严经》所谓“不作圣心，名善境界；若作圣解，即受群邪”者，此也。请以力修净土法门自勉，则将来决定获大利益矣。须知净土一法，乃十方三世诸佛，烹凡炼圣之大炉鞴。九法界众生，无一不入其中、能出其外者，以出则究竟成佛矣。能如是信，方名正信，方名有净土耳。

复永嘉某居士书一

昨接来书，言及教女为齐家治国之本，可谓见理透彻。周之开国，基于三太。而文王之圣，由于胎教。是知世无圣贤之士，由世少圣贤之母之所致也。使其母皆如三太，则其子纵不为王季、文王、周公，而为非作奸，盖亦鲜矣。而世人只知爱女，任性骄惯，不知以母仪为教，此吾国之一大不幸也。人少时常近于母，故受其习染最深。今日之人女，即异日之人母。人欲培植家国，当以教女为急务。勿曰此异姓之人，吾何徒受此忧劳哉？须知为天地培植一守分良民，即属莫大功德。况女能德镇坤维，其子女必能肖其懿范，荣何如之！况自己子孙之媳，亦人家之女乎？欲家国崛兴，非贤母则无有资助矣。世无良母，不但国无良民，家无良子，即佛法中赖佛偷生之蟒流僧，一一皆非好母所生，使其母果贤，断不至下劣一至于此。惜哉！

佛法大无不包，细无不举。譬如一雨普润，卉木同荣。修身、齐家、治国、亲民之道，无不具足。古今来文章盖一时，功业喧宇宙者，与夫至孝仁人，千古景仰。人徒知其迹，而未究其本。若详考其来脉，则其精神志节，皆由学佛以培植之。他则不必提起，且如宋儒发明圣人心法，尚资佛法以为模范，况其他哉？但宋儒气量狭小，欲后世谓己智所为，因故作辟佛之语，为掩耳盗铃之计。自宋而元而明，莫不皆然。试悉心考察，谁不取佛法以自益？至于讲静坐，讲参究，是其用功之发现处。临终预知时至，谈笑坐逝，乃其末后之发现处。如此诸说话、诸事迹，载于理学传记中者，不一而足。岂学佛即为社会之忧乎？宋葛繁之日行利人事，赵阅道之日之所为，夜必焚香告帝，袁了凡之立命，周梦颜之著书，莫不汲汲然企人诸恶莫作，众善奉行，明因果，示罪福。使人知举心动念，天地鬼神无不悉知悉见，虽欲欺人，以天地鬼神悉知悉见，而有所不敢。从兹勉力为善，实心戒恶。虽最刚强难化，不可以理喻者，闻三世因果之道，必渐行戢敛，以致转暴恶为良善者，不知其几。

窃谓父母爱子，无所不至，唯疾病患难，更为婴心。小儿甫能言，即教以念“南无阿弥陀佛”及“南无观世音菩萨”名号，即令宿世少栽培，承此善力，必能祸消于未萌，福臻于不知，而关煞、病苦等险难可以无虑矣。稍知人事，即教以忠恕仁慈，戒杀放生，及三世因果之明显事迹，俾习以成性。在儿时不敢残暴微细虫蚁，长而断不至作奸作恶，为父母祖先之辱。佛法遇父言慈，遇子言孝，遇兄言友，遇弟言恭，夫唱妇随，主义仆忠。虽统名为出世之法，实具足乎经世良谟。经世良谟，亦同儒教。但儒教只令人尽义，而佛教一一各言因果。尽义则可教上智，难化下愚。因果则上智下愚，无不受益。今之社会，专以智巧而为主体，故发而为事，则借为民作共和幸福之名，成同室操戈之实，使国势日危，人民日益困悴于争意气、争权力中。若是结果，总以不知因果报应。使人人知因果，则自利利他，己立立人矣，何至如此其极乎？所谓小儿学佛者，学其前来所说数义而已，岂即令其参禅悟性、阅教观心等耶？王君未知佛法，所以过虑如是之甚。若即其言而推之，殆将毕世不敢言及佛法矣。答王君书，当并光所说之意而融会之，则更阔大矣。

法名如数写来。窃谓小儿取一名，恰当即已，何必定取三名？孔子之名，原是乳名，岂乳名便只可儿时用乎？法名亦后世所立。佛诸弟子，莫不皆是在家俗名。今之取法名者，以别其入法与否。若儿女辈俗名，最初即取好，毕生可用，何须络索二三耶？先尽人事，后听天命。人谋不及处，以三宝之威神是托，则冥冥中自有不思议之转旋矣。

复永嘉某居士书二

昨接汝书，知师寿已心有回转，不决定即欲出家，幸甚。出家一事，今人多以为避懒偷安计。其下焉者，则无有生路，作偷生计。故今之出家者，多皆无赖之徒，致法道扫地而尽，皆此辈出家者为之败坏而致然也。光观师寿根性，在家修持，固不失为一乡之善士。虽不能大弘法化，于自于他，皆有实益。若出家，则年时已过，又且身弱，不堪受苦。其于学教参禅一道，若不问津，则了不知其方向。若去参学，则尽此生力，亦未有得。宗、教不知，于一心念佛之道，唯能利己。其于利人，尚欠参学。以故不如在家，依龙舒、安士、二林等之修持为愈也。

复永嘉某居士书三

昨接手书，知又得麟儿，喜甚。书中所说，皆有道理。张奂伯教子女之事，乃知体而不知用，不可全取为法。至于幼时，又须以因果报应之事，与净土法门之利益，于学堂回时谆谆训诲，则子女现时蒙念佛之益，必能免意外之虞，将来以为立家立业及灭罪得福之本。若全不与学堂交涉，则不谙时务，纵有作为，亦难进步，况庸常者乎？在家人必须先要得一谋生之法。奂伯之举，可用于三十年前，不可用于今日。今之时，是何时也？乃伪妄排挤，互相竞争之时。倘与伊等全无交涉，必受其欺侮，而难以安身矣。

至于法名，大儿已经皈依，即不须另取。余者仍以福字为首，慧、融、渊、和、明。其母宜名师越。以宋荆王夫人王氏，自行化他，专修净业，为女中之冠。若名师王，似不合宜。以夫人亦称越国夫人，故以名越为妥。又离五浊，生净土，乃超越凡俗浊恶，至往生以后之渐渐上升，亦超越事也。名者，实之宾。必须常垂训诲，令诸子女知世间道理，知佛法道理，将来为人父母时，自能为子女立规立法。不至虽有上等天资，如俗某某、僧某某者，皆以堪作佛祖之资，为自他塞人天之正路，掘地狱之深坑，其源皆由于乃父乃母初未尝以因果报应之若事若理以启迪之故也。因果不讲，则名、实绝不相应矣，而况欲得为圣为贤、成佛作祖之实效乎哉？因果二字，为今日救国救民之正本清源决定要义，舍此则无术矣，况教子女乎哉？

复永嘉某居士书四

汝家属甚多，倘诸弟妇、令妹、令女等学堂归来，宜以因果报应及念佛利益与之谈论，俾彼等各各心中自知己心与天地鬼神相通，与弥陀慈父相通，由兹断除恶念，增长正信，俾彼现在堪为人之贤妻，将来堪为人之贤母。以此风于乡邑，是亦治天下国家之根本法轮也。菩萨随俗利生，并不另起炉灶。对病发药，令彼各各就路还家而已。现今学堂中妇女，多多妄生异图，拟操政权。不知各守本分，相夫教子，乃天下太平之根本。以故周之王业，基于三太。彼太姜、太任、太姒，乃女中圣人，但以阴相其夫，胎教其子为事。今人不此是学，其所计虑，皆为乱天下之媒蘖，可胜道哉？光本世外人，何论妇女事？以汝家女眷多故，亦愿将来师表女流，仪型闺阃，以扬佛日之光耳。

复永嘉某居士书五

教子女当于根本上着手，所谓根本者，即孝亲济众，忍辱笃行，以身为教，以德为范。如熔金铜，倾入模中，模直则直，模曲则曲。大小厚薄，未入模之先，已可预知，况出模乎？近世人情，多不知此。故一班有天资子弟，多分狂悖。无天资者，复归顽劣。以于幼时失其范围。如熔金倾入坏模，则成坏器。金固一也，而器则天渊悬殊矣。惜哉！佛以无我为教。今人每每稍有知见，便目视云汉，是以知文字义理为佛法，而不知以修身净心，灭除我相，力修定慧，以期断惑证真为佛法也。

复永嘉某居士书六

娑婆世界，是一大冶洪炉，能受得烹炼，则非世界中人矣。不能受得烹炼，则烹炼之大冶洪炉，反为毒器，为苦具。是在各人能自得益耳。同室之人，固宜于闲暇无事时，委曲宛转，开陈至理，令其心知有是非可否，则心识不知不觉，渐摩渐染而为转变。至其愚傲之性发现时，可对治，则以至理名言，和气平心以对治之。否则任伊，一概置之不理，待其气消，再以平心和气论其曲直，久之则随之而化。若用强蛮恶辣手段，断非所宜，以彼有所恃（所恃者子女也），兼失子女观法之训。念佛要时常作将死、将堕地狱想，则不恳切亦自恳切，不相应亦自相应。以怖苦心念佛，即是出苦第一妙法，亦是随缘消业第一妙法。

复永嘉某居士书七

灵峰老人，乃末法绝无而仅有者。其言句理事具足，利益叵测。随人分量，各受其益。

子弟之有才华，有善教，则易于成就正器。无善教，则多分流为败种。今日之民不聊生，国步艰难，几于蹶覆者，皆有才华无善教者，渐渐酿成之也。无才华，固宜教其诚实。有才华，益宜教其诚实。然诚实亦可伪为。最初即以因果报应，及人之一举心动念，天地鬼神一一悉知悉见，作常途训诲。而《阴骘文》、《感应篇》，必令其熟读。且勿谓此非佛书而忽之。以凡夫心量浅近，若以远大之深理言之，则难于领会。此等书，老幼俱可闻而获益。而况德无常师，主善为师乎？佛尚以死尸、粪秽、毒蛇，令人作观，以之证阿罗汉者，逾恒河沙。况此种贴实存养省察之言句乎？

《楞严》一经，不知净土者读之，则为破净土之元勋。知净土者读之，则为宏净土之善导。何以言之？以自力悟道之难，净土往生之易，十法界因果，一一分明。若不仗佛力，虽阴破一二，尚或着魔发狂，为地狱种子。而且二十四圆通之工夫，今人谁能修习？唯如子忆母之念佛，凡有心者，皆堪奉行，但得净念相继，自可亲证三摩。知好歹者读之，其肯唯主自力，不仗佛力乎？不知好歹者反是，以其只欲为通家，无心了生死耳。

复永嘉某居士书八

来书发明普敬僧尼，此理此事，实为至当。然教儿辈，又须反复为论。若只一往，则或恐不知去取亲疏，或致受损。譬如有人，若诗若文，若宗若教，皆悉高超，而其品行卑劣，不堪为人榜样。倘不加分别，概行亲近。此人亲之，不但行为或随彼转，而其任己臆见，妄说道理处，无真知见，或被所惑。须必居心则若贤若愚，通皆恭敬，不生傲慢。行事则亲贤远愚，取优去劣。如是则可免相染之弊，及挂误之愆。天下事，有一定之理，无一定之法。若不以情事而为定夺，如执死方子医变症，则生者少而死者多矣。必使情与理相合，法与事相契，则得之矣。

复永嘉某居士书九

来书所说，皆从自己身心习气上究竟，不胜欣慰。然在凡夫地，不能无病，亦不能任而不治。其治之之法，最省力、最得益处，在以病为药。以病为药，则病不为累矣。即如爱子女之病，决不能断，不妨即以此爱为本，必欲使子女生为正人，没生净土，此其爱乃以世间凡情成就出世间圣果。若不善用爱，任性娇养，则与杀其身，过百千万亿无量无边倍者多多也。国之灭亡，民之涂炭，皆此种不洞事之父母酿成之，可不哀哉！每日功课回向，一一当与法界众生。若此功课为此，彼功课为彼，亦非不可。然必又有普回向之愿，方为与三种回向相合。三种回向者：一回向真如实际，心心契合；二回向佛果菩提，念念圆满；三回向法界众生，同生净土。人各有志，人各有业（业谓职业），但随缘随分即可，不必与一切人皆同也。

复何槐生居士书

接手书，知居士有向上志，然未知法门所以，及与时机，纵曾读光《文钞》，亦未究光所说之意旨也。夫修行用功，原为了生死耳。倘用功而生死不能了，犹不肯依能了者而为之，岂非担麻弃金，自贻其咎乎？参禅纵能大彻大悟，如五祖戒、草堂青、真如喆、断崖义，尚不能了，而再一受生，反致迷失，较前为远不能及，况吾侪乎？

某某和尚，虽于禅门知所向方，犹未打破禅之区域，故不能令阁下息心念佛。意谓一悟即便无生死可了，亦无涅槃可证耳，不知纵悟到无生死可了、无涅槃可证地位，依旧仍在生死中不能出，在涅槃中不能证。末世众生，仗自力断惑证真、了生脱死者，甚难甚难。况汝既看此一念落在何处，当时时专一看此念之落处。除此之外，皆不理会，直如怨家相寻，不肯一瞬失照，令彼走脱，必欲直下捉得，令其丧身失命而后已。而说出此念来时种种境界，遂将看落处全体丢开，而以现出之境界为心得，不知此种境界虽由静定而发，实为参禅之障。何以故？以忘却穷究此念落处，而以幻境为得故。且此境界，夹杂炼丹家之境界，阁下殆先曾用过彼之工夫，今由静定而发现耳，倘以为得，后来尚有着魔发狂之虑在。阁下不知全体抛却，尚企常久，以不能得，为之椎心警呵，岂非认贼为子，令守家业乎？《金刚经》云："凡所有相，皆是虚妄。"《心经》云："照见五蕴皆空，度一切苦厄。"阁下此相，为是相耶，非相耶？为是五蕴耶，非五蕴耶？若是相，是五蕴，皆在所弃，何得宝贵？若非相，非五蕴，则能看之念尚不可得，此种境相从何而出？古云："学道之人不识真，皆因从前认识神。无量劫来生死本，痴人认作本来人。"正阁下贴切之对症妙药也。禅岂可妄以己意参乎？当此一念起时，直须看其落处。不在此处着力，则差之毫厘，失之千里，而犹以为得，岂不大可哀哉！

虽然，光非禅客，绝不以禅学教人。此不过以阁下不识其境为邪正是非，不禁稍为辩析。倘阁下欲高竖禅帜，以大彻大悟为事，当更参禅宗大老。如曰吾于即生决定要了生死，请将参禅之念，抛向东洋大海外。依净土法门，生信发愿，念佛求生西方，则仗佛慈力，决定可以满其所愿。倘不依净土法门，所有修持，皆成人天福报，及未来得度之因缘而已，欲了生死，断难梦见。欲知禅、净之所以然，非博览禅、净诸书不可。即能博览，倘无择法智眼，亦成望洋兴叹，渺不知其归着。是宜专阅净土著述。然净土著述甚多，未入门人，犹难得其纲要。求其引人入胜，将禅、净界限，佛力、自力，分析明白，了无疑滞，语言显浅，意义平实，为研古德著述之初步向导者，其印光《文钞》乎。祈息心研究，当自知之。

复周群铮居士书一

蕅益生于明末，没于清初。一生弘法，皆在南方，未曾一到北地。兼以顺治初年，南方多未归服，故大师于崇祯升遐，明图版荡之后，凡所著述，但书岁次，不书国号及年号耳。及至福建、宁波，各处归顺之后，不一二年，即入涅槃。而台宗有仿之者，于康熙时著述，亦不书国号、年号，可谓诬蔑蕅益与国家耳。其不善学，有如此者。

南方学者，多宗台教。北方学者，多宗贤首、慈恩。彼既不相习，故其流通也少。世宗虽倡刻《大藏》，其年初夏即已宾天。其《清藏》中，所入所出，容有世宗裁夺者，实多半由当时所派之亲王，总理刻藏首领大和尚主持。又刻藏预事之僧，尽属贤首、慈恩、临济宗人。台宗只一人，而且尚属校阅无权之人。蕅益著述，所入唯《相宗八要》、《释大乘止观法门》二种。余者北方所无，将何由而附入乎？此系雍正末、乾隆初年事。至乾隆末年，蕅益著述，京中尚无多少。彻悟老人见《阅藏知津》，即欲刻版。拟再得一部，即不须另写，庶省心力。因遍询各刹，只得一部。凡大师流通到京之著述，彻悟及彻悟之门人皆为刻版，亦有一二十种。不知世务之人，一归之于世宗不取，可谓诬罔世宗。使世宗若全见蕅益著作，断当具足入藏，一部不遗。

须知《清藏》肇始于世宗，及世宗崩后，高宗继立，凡刻藏事，皆当时僧俗中之权人主之，高宗亦不过应名而已。何以知之？世宗所著《拣魔辨异录》，草稿甫毕，尚未誊清，随即崩驾。高宗虽令缮写刻版，亦不暇检点，由未派一大通家主事，竟致错讹不胜其多。此其父之手泽，尚且如是，况《大藏》乎？又世宗于开首著此之时，即颁上谕，内有入藏流通之语。迨后只刻书册版，竟未入藏，但将此上谕，附于《圆明居士语录》之后。将谓世宗亦嫌其习气而不入乎？此其不入之由，以汉月藏子孙之外护，多属当权之人，故不敢提倡耳。

若言习气，蕅益可谓绝无。而一般瞎眼禅和，谓为徒有文字，未得大悟，贡高我慢。此等人乃仰面唾天，何得据以评论耶？至于毁世宗者，亦与毁蕅益者知见相同，皆道听途说、随声附和之流辈耳。

复周群铮居士书二

昨接师导信，言汝上月病势甚险，近已痊愈，幸甚。人之处世，一一须按当人本分，不可于分外妄生计虑，所谓君子思不出其位，又曰君子素其位而行。汝虽于净土法门颇生信心，然犹有好高务胜之念头未能放下，而未肯以愚夫愚妇自命。须知了生死，愚夫愚妇则易，以其心无异见故也。若通宗通教，能通身放下，做愚夫愚妇工夫，则亦易。否则通宗通教之高人，反不若愚夫愚妇之能带业往生。净土法门，以往生为主。随缘随分，专精其志，佛决定不欺人。否则求升反坠，乃自误耳，非佛咎也。

复周群铮居士书三

学佛必须专以自了为事，然亦须随分随力以作功德。若大力量人，方能彻底放下，彻底提起。中、下之人，以无一切作为，遂成懒惰懈怠，则自利也不认真，利人全置度外，流入杨子“拔毛不肯利人”之弊，故必须二法相辅而行，但专主于自利一边。二林之语，亦不可误会，误会则得罪二林不小。二林之意，乃专主自利，非并随分随力教人修习净土法门全废也。利人一事，唯大菩萨方能担荷。降此谁敢说此大话？中、下之人，随分随力以行利人之事，乃方可合于修行自利之道，以修行法门有六度万行故。自未度脱，利人仍属自利。但不可专在外边事迹上做，其于对治自心之烦恼习气置之不讲，则由有外行，内功全荒，反因之生我慢，自以功利为德，则所损多矣。譬如吃饭，须有菜蔬佐助。亦如身体，必用衣冠庄严。何于长途修行了生死之道，但欲一门深入，而尽废余门也？一门深入，尽废余门，唯打七时方可。平时若非菩萨再来，断未有不成懈慢之弊者，以凡夫之心，常则生厌故也。天之生物，必须晴雨调停，寒暑更代，方能得其生成造化之实际。使常雨常晴，常寒常暑，则普天之下，了无一物矣。况吾侪心如猿猴，不以种种法对治，而欲彼安于一处，不妄奔驰者，甚难甚难。人当自谅其力，不可偏执一法，亦不可漫无统绪。以持戒念佛，求生西方为主。遇一切人，上而父母，中而兄弟朋友，下而妻子奴仆，皆以此为导，将谓非自利乎？一灯只一灯，一灯传百千万亿灯，于此一灯了无所损。孰得孰失，何去何从，岂待问人方了知乎？

复周群铮居士书四

前月十五，接到汝书。以汝言孟由一到，即便登程，恐回书落空，是以不复。即午复接汝书，知孟由尚未归省。其所以稽迟不归者，殆不敢担由彼归而汝即走出之担子也。汝何不体我心，及诸人之心，而硬做道理乎？光亦出家之人，岂必定碍滞汝，阻止汝，学在家人恋恋于家，不愿令人速得解脱乎？但人之际遇，万有不齐。约汝分论，实为在家益大，而出家益小。汝祖业颇可度用，上有慈亲可事，中有兄弟可靠，室有贤妻，膝无子女。而且汝之大兄颇信佛法，三弟、四弟亦皆与道不相悖戾。汝在家笃修净业，亦可为慈亲生信念佛，以期了脱之导。亦可为兄弟在外，料理家门之事。亦可以率其妻室、弟妇等，同修净业，同出轮回之计。外而乡党亲戚，随缘开导。即家舍为道场，举慈亲，及兄弟、妻室、子侄、乡党亲朋，皆为法眷，随力随分，身率言化。俾永嘉一班迷途之人，并彼邪见种性之人，同纳于佛法至极圆顿净土法门大冶洪炉之中，共成法器，同修净业，将来同登莲邦，共证菩提。岂不如汝出家为僧，舍亲远去，室人有无依之恨，慈亲有怨子之怀，而且一班不明至理之人，反谓佛法为背畔世道，妄生谤毁，俾此等人造口业，堕恶道，未见其益，而先受此等大损之为愈乎？况汝慈亲既不应许，岂可不遵慈命，仍怀此心乎？如汝亲绝不许汝修行，犹有可原。汝亲甚欢喜汝修行，何得必欲离亲修行乎？佛法中有六度万行种种之功业，皆为利益众生。汝不出家，则于亲有大利益。只此一事，即可曲顺亲心，居尘学道，俾亲日见之熟，不期其信向而自然信向，即为莫大功德，况不止亲一人乎？又亲既不许，则义不可再思出家。以佛戒律中，父母不许出家，自己任意求出家者，不许摄受剃度，及受戒等，否则师、弟各皆得罪。汝既以光为师，谓为善知识，然光实非善知识，而于背佛法事断不敢为。但祈依光所说，顺亲之心，在家修行可也。古人有为知己者，不妨以身许之。况慈亲留汝，光劝汝，岂可违抗，固执不改乎？当知孝顺父母，奉事师长，慈心不杀，修十善业，乃往生正因。宜随王虚中、周安士、彭尺木三先生，则不愧为佛弟子矣！

复周群铮居士书五

天下事皆有因缘，其事之成与否，皆其因缘所使。虽有令成令坏之人，其实际之权力，乃在我之前因，而不在彼之现缘也。明乎此，则乐天知命，不怨不尤，素位而行，无入而不自得矣。汝独不知身为人子，义当从亲之命。又欲为人徒，犹当从师之命。然父母为子谋者，或有不当，以恩爱重而或有偏处。师则既能视为知识，断不至所谋过于失当。居尘学道，即俗修真，乃达人名士，及愚夫愚妇，皆所能为。勉力修持，以在家种种系累，当作当头棒喝。长时生此厌离之心，庶长时长其欣乐之志。即病为药，即塞成通。上不失高堂之欢，下不失私室之依。而且令一切人同因见闻，增长净信。何乐如之！但祈上遵母命，并顺光心，随分随缘，自利利人。菩萨舍头目髓脑，以救众生饥饿。在家修行，于亲于汝，皆有大益，何得妄生违拒？如必曰决欲依我心行，光岂能令其不许如是？但祈将师徒之假名字取消，一任汝拜什么高僧，光概不过问。他日相见，一同路人，不得犹执师弟之礼。若不如是，且请依我所说，代光劝化瓯江士女，同入莲池海会。较与汝强欲为僧，致高堂失其欢心，兄弟、妻室各怀忧念，而瓯人妄生诽谤佛法之心与业，其得失实不啻天地悬隔。汝试详审思之，光其为汝耶？害汝耶？光言尽于此矣，过此则一字不肯虚写，任汝自便而已。

复周群铮居士书六

因果一法，为佛教入门之初步，亦为诚意、正心、修身、齐家、治国、平天下之要图。丁氏所录，或有纰缪，然其大体却好，未可以袁氏之不德，而谓其为不足流通也。且袁氏往矣，能知其不德者几何人哉？使因果报应之事，寓诸目，感诸心。即素鄙袁氏者，亦当闲邪存诚，克己复礼，以自求免于罪戾，培植来福耳。未可以一眚而掩之也。且袁氏初则辟佛，继则阅历转深，的知因果毫无差忒。虽未息心研究佛典，观其所载感应事迹，实于佛法心悦诚服。所以未能如彭二林者，以文字障深，又以懒惰懈怠，致其结果，只为将来因种，为可惜耳。吾谓以袁氏、纪氏之博达，尚孜孜然以因果报应是辑。后之鉴者，或必有深感焉。不欲流通即已，若意欲流通，即便流通，正不宜过于计虑也。

复周群铮居士书七

讲《起信论》甚好，但恐能领会者少，则于天机浅者失利益矣。似宜净土法门与之并行，令彼先知了生死之要道，又知佛法心法之要，则为机理双契矣。现在人的对症药，唯因果为第一。宜修法，唯净土为第一。

若夫研究《起信》，虽亦具因果、净土，而凡夫知见，不能普领全义，又不能按论起修，则只一解义了之矣。无论何等根性，因果、净土，为必不可不先讲究也。至于教相，亦须择人而施。以学生各有所学之事，佛学乃兼带耳。天机若浅，则专务教相，或将净土抛在脑后，致成有因无果之结果，是不可不相机而设法也。今之崇相宗者，其弊亦复如是。彼提倡者，实不为了生死，只为通理性，能讲说耳。使彼知自力了生死之难，断不肯唯此是务，置净土于不问，或有诽薄之者。此其人皆属好高务胜，而不知其所以高胜也。使真知之，杀了亦不肯弃置净土法门而不力修也。甚矣！学道之难也。

弘一师之志，唯弘一师则可。若无大精进，生死心不切，则成懒惰懈怠之流矣。

今之僧人，实难令人生信。但既追悼僧人，何可诽谤僧人？若举其善者，戒励不善者，则无过矣。然自既在学生之列，即戒励亦宜缄默。以此种事，唯有德望者方可举行，非黄口雏生之所宜为也。

残经无可修补，烧则无过。如可看可补者，则不宜烧。有不知变通，一向不敢烧。此经毕竟不能看，兼不能如好经收藏，反成亵渎，兼以亵渎之过贻于后人也，岂可不知权变乎哉？

光常曰：因果者，世出世间圣人平治天下、度脱众生之大权也。今时若不以因果为救国救民之急务，任汝智巧道德，如何高超，皆属虚设。以不讲道理，兼无王法故也。

复洪观乐居士书

古之圣贤，无不战战兢兢，以自操持，故其心不随富贵穷通所转，穷则独善其身，达则兼善天下。今之人于日用云为，父子、兄弟、夫妇之间，尚不能一一如法。稍有知见，便妄企作出格高人。未得其权，则肆其狂妄之瞽论，以惑世诬民。已得其位，则逞其暴虐之恶念，以误国害民。

其病根皆在最初其父母师友，未曾以因果报应之道以启迪之也。使稍知因果报应，则举心动念皆有所畏惧，而不敢肆纵，即不欲希圣希贤，战战兢兢，如临深渊，如履薄冰，不可得也。以故天资高者，更须要从浅近处着手，勿以善小而不为，勿以恶小而为之。少时栽培成性，如小树标使壁直。其至长成，欲令其曲，不可得也。

复汪谷人居士书

真境有限量，乃不识“真境”二字之妄计。世界无同异，唯圆证寂光者方见。生死、涅槃同一源，而迷悟不同，故缚、脱有异。真妄本无二体，而迷真成妄，则只见其妄，不见其真。若问何故如是？且请扣己而参，直待己亦了不可得，则故自亲知，如人饮水，冷暖自知。若向别人口里讨分晓，纵令别人说得了了，亦如话饼，岂能令自己知其滋味，消其饥饿乎？全真成妄，何问真体奚有，有在何处？全妄即真，何问妄相本无，无至何底？如是问者，不名智人。佛语虽如雷，奈业障于心耳何？一乘若真通达，则四大各失本性，六根一一互用矣。如是理体，说之似易，证之实难。在昔或有其人，而今皆成好高务胜，不事实修，妄谈般若之掠虚流派。祈熟读《普贤行愿品》，与证齐诸佛之等觉菩萨同求往生，乃光之所深望也。否则各守己志，不须相商。

复徐蔚如居士书一

《律藏》不许未受戒者看，一则恐其未明远理之人，见其因犯制戒之迹，不知乃大权菩萨欲佛制戒以淑后世，遂现作不如法相，以启如来立制以垂范耳。由其未明此理，唯据近迹，遂谓如来在世，佛诸弟子多有不如法者，从兹起邪见以藐视僧伦，则其罪不小。二则《律藏》中事，唯僧知之。倘令未为僧者阅之，或有外道假充比丘，作不法事，诬谤佛法，则其害非小。故此严禁而预防耳。至于好心护法，校正流通，何可依常途为例？若执定此语，则律须僧书、僧刻、僧印、僧传，方可不违佛制矣。天下万事，皆有一定之理。而当其事者，须秉一定之理，而行因时适宜之道。理与权相契，法与道相符，斯为得之。律中必有明文，光以目昏，未能遍阅。蕅益《毗尼集要》，亦有此议，亦不须检查。但无上不明远理，只据近迹，及欲知佛法中机密之事，拟欲假充比丘等过，则放心安意，校正流通，其功德无量无边，何须过虑。然须缄默，不可以律中文相，对无知无识之人宣说，及泛泛然录之于寻常文集中，以启无知人妄造口业之衅。世出世间，理皆有定，法皆无定。大而经国治世，小而一饮一啄，莫不如是。何独于《律藏》而板执乎哉？

与徐蔚如居士书二

前在扬州，知太夫人身婴贵恙，阁下回申侍疾。意谓年过七十，净业已熟，或欲警策同流，以西归一大事，为当头之棒喝乎。及光于九月初四至申，次日见云雷，言太夫人身已康健，阁下亦已回京数日矣，不胜幸庆之至。谁知太夫人，毕竟不欲久住此界，以身说法，唯企一切亲朋眷属咸知世相无常，生必有死，笃修净业，速求出离此五浊恶世，彻证吾人本具之天真佛性而后已，可谓真大慈悲，现身说法也。适接云雷之信，心甚悲伤。继思太夫人，实欲免吾等轮回之苦，示现来去耳。所可伤者，阁下失恃，坤伦失导而已。虽然，既已神超净域，业谢尘劳，莲开九品之花，佛授一生之记。纵阁下天眼未开，不能彻见。在太夫人覆庇分上，固不间丝毫，更甚曩昔也。祈节哀念佛，以企莲品转高、无生速证为事。断不可过为悲伤，以致彼此无益也。光忝蒙不弃，得预友伦，财法俱贫，将何为礼？亦只可朝暮礼诵时，为太夫人回向菩提，以尽方外友谊而已。

与徐蔚如居士书三

昨接手书，并哀启，读之，不禁悲感无已。夫诸佛菩萨、法身大士，愍念众生，示生世间。和光同事，以行教化。或男或女，或国王、大臣、妃后、大家，及与贫穷下贱之流，俾触目感发，随地随人，而得入于一乘阃奥而不自知。如是则法道流通，如春回禹甸，日朗尧天，无一处一人不蒙其光明，沐其含育也。观太夫人一生行迹，及临终景象，光前所谓乘愿轮以示生，居坤维而说法者，为的确之极。光虚受男身，滥厕僧伦，四十年来，于法门毫无裨益。读太夫人汲汲流通《大藏》，刻印契理契机之书，直欲愧死。而朝暮礼诵时回向，乃摅我愚诚。尚望太夫人慈愍，挽弥陀圣众，以速度我，何可谓为法施？然不妨借此缘事，以增长自利利他之心。故博地凡夫，当礼诵时，尚为诸佛回向，况示居凡位，于理又有何妨。

至于七中，及一切时，一切事，俱宜以念佛为主，何但丧期。以现今僧多懒惰，诵经则不会者多，而又其快如流，会而不熟，亦不能随念。纵有数十人，念者无几。唯念佛，则除非不发心，决无不能念之弊。又纵不肯念，一句佛号入耳经心，亦自利益不浅。此光绝不提倡作余道场之所以也。

人当临终，唯同声念佛为有益。若识心未去，沐浴举哀等，大有所妨。是以修净业人，须于平日，与眷属说其所以，庶不至误用亲爱。若过量大人、出格高士，正不必惧其被此牵挂耳。良由彼福德深厚，当秽业已灭，净境现前时，即在此时，其所见所闻，已非此间景象矣。

太夫人盖非常流，固不得以常格律之。其往生可必，其品位当不在中下。然佛法宏旷，唯成佛方可歇手。欲决得往生，正不妨恳切念佛，常行追荐。即佛经所谓虽知罪性本空，而常悔先罪，不说已得清净。莲池谓年中常须追荐先亡，不得谓已得解脱，遂不举行耳。须知念佛诵经，虽曰荐亲，实为现前眷属亲知，开心地，种善根，及所有荐亲功德回向法界一切众生，以广大自他存亡之心量，以消灭自他存亡之执碍耳。至于不主于诚，唯以奢华张罗夸耀于人，则所谓以亲丧作闹热，非人子所宜为也。阁下深通佛法，断不至此，或恐眷属知交，有被近来诸大家行事，艳羡歆动者，不妨与阁下言之，以杜其违法违理趋时之心耳。

与徐蔚如居士书四

前日云雷寄无依道人《金刚了义》，阅之，知阁下佛学，其来也远，不胜感佩。孟由将《一行居集》寄来，见其字迹过细，不受久刷。此京中刻经处未能虑及者。明书册藏，刻得甚粗。现今版小，不能照彼，然亦当如南京、扬州款式。祈寄信经理人，说其所以，令一副版多印几千，其利益大矣。

又《一行居集》，若文若理，通通皆好。唯《〈禅宗秘密了义经〉跋》，为醍醐中含有毒味之作。此经出于乩坛，其文悉取《华严》、《法华》、《楞严》、《圆觉》之成文，并《六祖坛经》，及合会禅净语录中文。大通家看之固有益。不具眼者，谓此经乩坛中出，金口亲宣，由兹遂谓乩坛中经，皆是佛经。古有闭目诵出之经，皆不流通者，恐其肇杜撰之端耳。《大明仁孝皇后梦感经》，其义理、利益，皆不思议。而灵峰老人《阅藏知津》，目为疑伪。《清藏》初亦刻入，高宗后又撤去，以防伪滥。二林见地甚高，何以虑不及此？法雨先亦有一本，光烧之以杜祸胎耳。以法门知己，不妨络索一上。

现今国穷民困，已至极点。贴骨之烟患，尚未能除，亦有世道民生之责任者一大憾事。今夏有友，自哈尔滨来，言其地烟禁大弛。亦有二三友人，欲戒而苦无良方。光先闻陈锡周“戒烟方”，灵得非常，为从来所未有。候其来山，令开出寄去。又开一张与本寺副寺，令其送人。以彼曾在商务中做过事，交游必宽，企其普遍流传。至十一月间，哈尔滨有信来，言光所寄方，灵得非常，代为戒好友人致谢。不胜欢喜。因问本寺副寺，彼言其友汪蟾清，其内人以气痛吃烟。后欲戒之，即买市卖药丸服之，终不断根。若不吃药，烟、气二病即发。得此方一料服完，烟、气二病，化为乌有。其子开汪李济堂药店，生大感激，印其方送人，并依方制成丸药、药水，以期济人，于自己各店卖之。光即令要二百张方子来，凡远近知交有信来，皆为附寄一张，有力者令其排印广传。窃念阁下及云雷，悉皆有心利人，宜将此方，长年上报，俾举世咸知，则功德无量矣。已与云雷谈过，当出半分报费，此费当觅三五有心世道之人均认，则事在必行，于报馆，于自己，皆无妨碍。倘欲戒者，即可顿离此苦，亦救国救民之一端也。光于广东、云南各处，皆随《文钞》寄去，令其排印此方，普遍传布。前与哈尔滨寄方时，亦令彼觅三五有财力肯利人者出资，于当地两报馆，长年登报，俾本界及外界咸知。今既亲获灵验，当必能常时登报矣。真办道人，何预他事？但未能通身放下，斩断万缘，不妨带培心地，以救取一半耳。（方附集末）

与徐蔚如居士书五

王弘愿居士虽则崇信密宗，颇有效验。然始则错认消息，将有未得谓得之失。继由多阅教典，方知错认。次则现虽工夫得力，而虚火上炎，无法自治。光以此二事，断其密宗一法，不能普被三根，不如净土法门之千稳万当，谓："君宿具灵根，见地高超，尚有错认及受病不知对治之失，则世之不及君者可知矣。"彼谓密宗高出显教之上，引种种言论以辩。然佛无二心，亦无两法。欲抬高密宗，但当论密宗所以高处，既以密宗之妙处与显教之妙处证同，是欲推尊而实持平也。彼之所论，乃约教而遗机。光乃约机而论教之利益，盖契理而不契机，则不能感应道交，所谓说法不投机，便是闲言语矣。大意如此。光所说多络索，兼以目力不给，凡属信札，概无存稿。

一位摄一切位，而从浅至深，行相仍复历然。"圆融不碍行布"二语，最为恰当。盖以圆融，正圆融其行布。若无行布，说甚圆融？行布，正行布其圆融。若无圆融，则其行布便成生灭，便属小乘谛理，便非因该果彻之道矣。

与徐蔚如居士书六

接手书，及《观经嘉祥大师义疏》。一再细阅，其文法实在令人迷闷。一句话反复数说，而义意含糊。兼且只派名义，前不详其所以，后不结其归宿。光意此疏，恐未必是嘉祥大师亲笔，当是东洋耳食之徒冒名而作。否则纵令传写致讹，不致通皆不成文理，杂沓琐碎，绝无显示大义，如须弥高出于海，八风悉吹不动，纵令好为更端者不能移易一字之处，是为可疑。《十一面疏》亦然。彼慕吾国高人之名，妄自著书，不知自非高人，冒名亦冒不到耳。

又北京近所印书，皆用毛边纸。此纸现视颇好，久则发脆。光在京时，见百余年外之书，纸皆发脆。粗心人翻阅，便见破碎。心窃疑之，而不知其所以。光绪三十一年，问仁山先生，彼云被煤烟熏过之故。其说虽有理，亦不能息疑。以藏书多者，岂皆在有煤烟处？红螺无煤，书亦发脆。知先生此言，殆想出之理由，非实验之的据。至前年到藏经院，与一老做书者谈及纸性，因说北京旧书皆发脆，彼云："此系毛边。毛边新时觉得厚实坚固，以草料多，竹料少，故久则发脆。毛太、重太纸质，不如毛边坚实，经久不变。外行人多以毛边为美，我等做书各工亦愿做毛边，以其硬爽好做。实则毛太、重太经久。"光闻，疑心豁释。

与徐蔚如居士书七

《观经疏》，释文释义，甚为疏漏。其科则三四次频标，直是芜蔓不堪。今阁下亦知是伪，似宜令发心者息此刻事，勿令嘉祥大师受诬。凡流通古人注疏，须择其义理文字能启发人心、畅彻经义者为准。如此疏文，刻之何益？即令光修，亦无生色。若大改换，直成另著，不名为修。况天台、善导各疏，遍法界流通。何不惜金钱，作此无益之事耶？取其嘉者流通，则于古人有光，于后学有益。若不论真伪，并皆流通，则令古人受诬，令后人烦神乱思，而了无利益。祈为彼言之。光前年见《十一面疏》，亦以为伪，特未形之言论耳。此等书断以不流通为是。

与丁福保居士书

近世士大夫多守拘墟之见，有以因果报应、生死轮回之事理相告者，则曰此稗官野史小说家凭空造者，何足信乎？其人亦曾读经阅史，虽见此种事，亦不体察其所以然，其拘墟也仍复如是。居士将历史之因果报应、生死轮回等事，集之于一编之中，上而《麟经》，下及《明史》，其事迹的的可考。彼拘墟者读之，当必哑口不敢谓其无稽妄造矣。

至于学佛一事，原须克尽人道，方可趣向。若于孝悌忠信、礼义廉耻等事，一不实践，虽终日奉佛，佛岂祐之哉？良以佛教该世出世间一切诸法，故于父言慈，于子言孝，各令尽其人道之分，然后修出世之法。譬如欲修万丈高楼，必先坚筑地基，开通水道，则万丈高楼，方可增修，且可永久不坏。若或地基不坚，必至未成而坏。语云："选忠臣于孝子之门。"学佛者亦复如是。昔白居易问鸟窠禅师，曰："如何是佛法大意？"师曰："诸恶莫作，众善奉行。"欲学佛法，先须克己慎独，事事皆从心地中真实做出。若此人者，乃可谓真佛弟子。若其心奸恶，欲借佛法以免罪业者，何异先服毒药，后服良药，欲其身轻体健，年延寿永者，其可得乎？《实验》一书，堪破此弊。流通于世，大有利益。

又苏州彭希涑曾辑《二十二史感应录》，于历史中，摘录因果事实百八十余条。不知阁下曾有此书否？若有，宜一并排印，以辟拘墟者之眼界。又《二十四史》，奇事固多。居士博览无遗，宜将非凡情所测之事，如《欲海回狂》后所标者，并诸因果轮回等事，尽录而辑作一书，以为治国安民、了生脱死之一助，则其功德大矣。不知肯满我愚愿乎？

复宁波某居士书

接手书，知治习之心，唯勤唯切，而消习之效，未得未见。其故何也？盖以生死心不切，而只将此超凡入圣，消除惑业，成就净念，作口头活计，故无实效也。倘知人身难得，佛法难闻，净土法门更为难闻，今幸得此大丈夫身，又闻最难闻之净土法门，敢将有限光阴，为声色货利消耗殆尽，令其仍旧虚生浪死，仍复沉沦六道，求出无期者乎？直须将一个“死”字（此字好得很），挂到额颅上。凡不宜贪恋之境现前，则知此吾之镬汤炉炭也，则断不至如飞蛾赴火，自取烧身矣。凡分所应为之事，则知此吾之出苦慈航也，则断不至当仁固让，见义不为矣。如是则尘境即可作入道之缘，岂必屏绝尘缘，方堪修道乎？

盖心有所主，不随境转，则即尘劳为解脱。所以《金刚经》屡屡令人心不住相，发心度尽一切众生，而不见能度之我，所度之人与众生，并所得之无余涅槃之寿者相，方为真行菩萨道。若见有我为能度，生为所度，及无余涅槃之所度法者，虽则度生，实于一乘实相之道，未能相契。以不了众生当体是佛，佛性平等平等，妄起凡情圣解，致无为利益，成有为功德矣。何况声色货利之贪恋粘着乎哉？然人生世间，不可无所作为。但自尽谊尽分，决不于谊分之外，有所觊觎。士农工商，各务其业，以为养身养家之本。随分随力执持佛号，决志求生。凡有力能及之种种善事，或出资，或出言，为之赞助。否则发随喜心，亦属功德。以此培植福田，作往生之助行。如顺水扬帆，更加橹棹，其到岸也，不更快乎！

腊月三十日，乃一岁之尽日。倘预先未曾打叠得好，则债主怨家，群相系缚，哪容你过？临命终时，乃一生之腊月三十日也。倘信愿行资粮未具，贪瞋痴恶习犹存，则无量劫来怨家债主，统来逼讨，哪肯饶你？莫道不知净土法门者，无可奈何，随业受生。即知而不务实修者，亦复如是，被恶业牵向三途六道中，永永轮回去也。欲求出苦之要，唯有念念畏死，及死而堕落三途恶道，则佛念自纯，净业自成，一切尘境，自不能夺其正念矣。《心经》云："照见五蕴皆空，度一切苦厄。"内之根身，外之器界，五蕴包含净尽。能见其是空，则即五蕴，离五蕴，法法头头，皆是大解脱法门，大涅槃境界矣。

与友人书

凡为善知识，一举一动，皆有关于如来慧命，众生善根。非只升座说法，方为宏法利生也已。吾读《续传灯录》，见投子颙禅师，有大智慧，具大作略。升座而左右顾视，能令富郑公直下知归，从兹力参，径造其极。而以十余担行李，令司马温公欲见而中止，毕生于如来大法，自己本性，为门外汉。使颙师一钵一杖，则温公未必不如郑公。而温公以吹毛求疵，自失巨益。颙师以什物过多，损众福田。有法道之任者，俱宜鉴之。

复岳仙峤居士书

若欲此生亲得实益，当依净土法门，信愿念佛，求生西方，则可决定了生脱死。若不依念佛法门，且莫说未得佛教之真传者不能了，即得亦不能了。何以故？以得真传，乃大彻大悟，非是实证。证则可了，悟则未了。修余法门，皆须断惑证真，方了生死。净土法门，但具真信切愿，持佛名号。诸恶莫作，众善奉行。正助合行，不但决定往生，而且品位优胜。不但精粹纯笃之人，决定往生。即五逆十恶之流，临终能生大惭愧，生大怖畏，志心念佛数声，随即命终者，亦得决定往生。以佛慈广大，专以度生为事，一念回光，即蒙摄受，所谓仗佛慈力，带业往生也。末世众生，不依净土，修余法门，但得人天福报，及作未来得度之因缘而已。以无力断惑，则生死根尚在，何能不发生死之苗芽乎哉？

与扬州万寿寺寂山和尚书

久仰高风，未获一晤。幸由通公《开蒙》法缘，得承謦欬。而且不轻末学，下询刍荛。感愧之私，笔难尽述。昨悟开师一接华翰，即持以相示。知黎端甫居士，已允修治，刻期告圆。晚喜出望外，不禁手舞足蹈。公在山时，晚亦议及黎公，但虑应聘校对《地论》，恐不暇及。今既允公请，足征大士智慧，犹如日轮当午，大地普照，非我辈持萤火以寻行墨者可比也。

然通公《开蒙》，实纂集诸家菁华。其于发挥理性，可谓深切著明。但以赋性率真，不事支末，故于措词立言，不无参差疏漏之弊。若夫略玄黄而取神骏，须待得意忘言之人。玩图象而怖真龙，每多寻行数墨之士。若不大加修治，决难三根等益。窃思鲁史《春秋》，一经仲尼笔削，遂成千古致治之大经。《憨山全集》，因嘱谦益修治，即为随藏流通之妙典。古既如是，今亦宜然。只期彻露庐山真面，不必确守原稿成规。譬如拆倒五凤楼以重修，打散左氏序以另集。材料虽则仍旧，结构须随所宜。不妨以柱为梁，一任截长补短，文之赘者去之，义之阙者补之，宜在前者移之于前，当在后者置之于后。俾大佛顶理，圆通常性，与夫若义若文，悉皆彻底掀翻，和盘托出，使上中下根无不一目了然，各获巨益。庶可令通公、黎公、我公之本怀，究竟舒畅矣。若限以两月告圆，恐致成略加雠校。日期过促，黎公之匠手莫形。修治不精，通公之婆心仍晦。刊而传之，欲与《楞严》诸注，并寿于世，恐难必矣。宜革欲速见，多限数月，俾得反复研究，谛审精修。自然上契诸佛之妙心，下满诸公之宏愿，罄来际以流通，尽生界而得度也已。

疏首题名，二公并书，初云“忆莲沙门通智寻源述”，次云“端甫居士黎养正重治”。虽黎公心游华藏，志在利人，悟人我以皆空，了自他之不二。然在吾人感恩颂德分上，固应如是施设也。修治已讫，即付手民，不须寄来。黎公儒门山斗，法海津梁，宗说兼通，行解相应。若非观音、普贤之应化，定是方山、无为以再来。所有著述，机理双契。倘悬之国门，易一字者，赏以千金，当穷年竟月，无一人敢一着笔。有何所疑，尚须傍人相证耶？待至全部刻圆，即祈普惠法施。晚虽盲目，不能亲见日光，然长夜重昏之中，常欲蒙其照烛也已。临颖依依，不任神驰。

复江西端甫黎居士书

东风解冻，企阐显密融通之宗。化日舒长，愿蒙佛顶圆满之光。恭维端甫黎公大居士，夙植德本，乘愿再来。博极群书，深入经藏。悯象教之衰颓，明法性之纲要。出言成章，机理双契。立愿济世，解行俱崇。破梦醒迷，震惊心之霹雳。扶教宏宗，施当头之棒喝。而且成人之美，不辞劳苦，曲引末学，和光利物。若非普门应现，维摩后身者，俦克如是也耶！

光幼失问学，长无所知。宗、教门高，末由进步。权依净土，以为躲根。天资陋劣，故无从广参知识。客路跉跰，因廿载寄食普陀。壬子仲冬，得睹《佛学丛报》，始知宏法大士，多现儒门，欢喜感叹，非言可喻。其于阁下著述，更加钦佩，但恨根钝骨朽，不能常侍丈室，叨蒙雕琢耳。季秋万寿寂公，以《开蒙》因缘，俯临光舍，因劝重治。注意于公，又虑其力不暇及。幸三宝加被，预示梦兆，得蒙俞允，幸何如之！寂公即函示其由，期以两月告成。光以公未详睹原稿，彼未细陈修法，恐公但随彼意，略加雠校。因稍陈梗概，以致寂公，不意转蒙莲鉴，感愧无极。兹于除日，得承手教。足征我公接物阅经，直同洪钟在簴，有叩则鸣。宝镜当台，无形不映。感荷感荷！

窃谓《开蒙》草稿，虽属通公。其发挥润色，全仗阁下。若精神不给，只得将计就计。倘色力强健，何妨于显宗外，处处另标密宗纲要。俾阅者知显密圆通，法门无二。事修宜一门深入，理性固二法融摄。当不惜如椽之笔力，使《佛顶》放圆满之光明，以普照于尽未来际一切有情也。又末世讲家，每好谈宗，致令听众，多随语转。窃谓禅家机语，绝无义味，唯就来机，指归向上。只宜参究，何可讲说？如是讲经，唯超格大士，能得其益。其他中下之流，尽受其病。于宗则机锋转语，不知力参，妄自以义路卜度。于教则实理实事，由非己境，便认作寓意表法。以宗破教，以教破宗。近世流弊，莫此为甚。伏祈出广长舌，拯此沉溺。

又悟开师宿根固深，好胜心切。始则专意禅宗，藐视净土。后预通公法会，从兹渐生信心。但负性狂妄，志愿则高不可扳。色力尫羸，行持则远难相应。去冬曾露本心，光遂深加呵斥，奈执心过重，岂能挽回。不意亦白阁下。冬月廿一，抱病回山，与其师兄叙外面事未毕，即不能言。至次日未刻即逝，有何祥瑞感应之可言也。杨次公谓："爱不重，不生娑婆。念不一，不生极乐。"悟师非不信有西方，但以爱根固结，念头不一，平生所期，皆成画饼。其求见道，求临终普现瑞相，皆其爱根发露处。"打头不遇作家，到老终是骨董"，悟师之谓也。哀哉！

又壬子腊月，因念《佛学丛报》，印用洋纸，不如本国纸之耐久。致诸公所著奇文伟论，因用纸失当，不能经久广益。遂不避罪责，略陈鄙怀。事虽数条，唯此为主。于癸丑正月初，寄至编辑所。岂料一乘濮公，嫌其芜秽，绝不寓目。高居士来，重为抄录，企转达诸公，以详知洋纸之害。不知曾蒙青盼否？现虽《丛报》停版，亦须仰白者，以洋纸之害，甚于洪水猛兽。穷国屈民，断灭儒释圣教，其祸无有底极。企有力大人，遏此习风，以福同胞而永法道耳。楚青狄公，有志流通。有正书局，近印数种，皆用洋纸。若不痛示利害，将来各处所刻《大藏》，定难免用，则是以流通而致速灭亡。此不慧所痛心疾首，吁诉无门者。今幸蒙垂教，故敢上呈。我公学冠通国，道高当世，交游遍于中外，言论服于人心。恳祈普告宏法诸公，并撰述鸿文，长登报纸。俾举世同胞，咸知祸害。凡属圣贤传世经书，及契约文凭，概勿用此。庶三教不至速灭，五族同沾洪惠矣。

与张连胜总戎书

（代友人）

禹甸春回，尧天日永。北苑梅开，花陈箕畴之五福。东园竹秀，叶报华封之三多。恭维总戎张大人，才兼文武，职任爪牙。道随时以畅茂，爵共日以高升。入春以来，荣膺尊秩，而复地近南海，密迩观音。此乃多生多劫，于大士所，曾种善根。及大士悲心，欲仗其威力，护持法门之所致也。其道体康泰，起居纳福，可以不卜而知矣。慰慰贺贺！

窃念普陀，乃大士应化之地。历朝敕建，举世钦崇。而尤与总戎，有大因缘。往古则不及详，近世有大功勋于此山者有三。明万历间，总戎侯公继高，讲武之暇，纂修山志，护持流通，拳拳于兹。国初以来，海氛不靖，山寺颓败。至康熙廿八年，世道升平，翠华南幸。总戎黄公大来，启奏名山废坠状。随即赐帑敕修。而黄公未经一年，即升尊爵。次年总戎蓝公理莅任，奉旨监造，鞠躬尽瘁，竭力经营，佛事王事，一肩担荷。前后两寺为立生祠，永随大士享受香火，而于黄公亦设祠祀之。其他武臣，护持此山者，多难枚举。良由武臣，每当两军对垒，锋矢交驰之际，多默念大士，密蒙护佑，由之立战功，致太平，故致然也。纵时属靖谧，亦借大士威力，镇军威于遐域，消祸乱于未萌。唯其沐恩也深，故其报恩也切。唯其报恩也切，故其食报也厚。如黄、蓝二公，及近世曾、彭、左等诸公，莫不皆然也。

现今时值末法，法弱魔强。每有无赖之徒，混入法门，不守清规，败坏佛法。由是不达深理之儒士，见此游行人间造作恶业之僧，遂谓举世僧众无不如是，从兹一唱百和，诽谤沮遏，甚至毁废寺宇，焚烧经像。不知玉虽出于昆冈，必玉隐而石露。若不钻凿，则只见其石，不见其玉。以不见玉，遂欲措以烈火，则因恶顽石而尽焚美玉矣。昔人负荆山之世宝，尚且两获刖足。况负无上大涅槃山实相妙宝者，而世俗知见，何能识之？宜其频加毁辱也。伏愿阁下，护持名山，摧邪辅正。以国家之爪牙，作大士之金汤。继黄、蓝之芳踪，抉俗眼之瞖膜。其食报也，当必果证无生，地登不退，成正觉于将来，作调御之丈夫。岂第印变成方，秩转为文，百年福寿，裔世联芳而已哉！

复张云雷居士书一

梁任公，有出群之才，值相忌之世，何不卷而怀之，赋归欤而力究出世大法，以期彻悟本具妙性。又须力修净业，回向往生，俾所悟者一一亲证。然后乘大愿轮，示生浊世，以不思议神通变化，作对治法。于强弗友，刚克。燮友，柔克。无论上中下根，无一不被其泽。此大丈夫继往开来、自利利他之究竟实义，于此时此世而不竭力研究，徒存忧世之心，不免危身之虑，乃英雄豪杰愤世闷时之迹，非圣贤素位而行、乐天知命之本色也。宿生培此慧根，固不容易。倘不于此专精致力，以期亲证，则如坯器未火，经雨则化。光阴短促，人命几何，一气不来，即属后世。未证道人，从悟入迷者，万有十千。从悟增悟者，亿无一二。忍令无上法器之坯，经再生之雨，而复为尘土乎哉？任公与光，素无交情。近以谬听人言，亦可攀为知己。知己者为知己谋，须于大体统处立言，方不失为一言相契，毕生知己之谊也。不知梁公视此，为竖点头乎？抑横摇首乎？祈以此意转达之。

复张云雷居士书二

《入佛问答》一书，导引未悟，令生正信，随机开示，渐入渐深。赠送结缘，诚属莫大功德。然此系泛论入佛事理，虽亦偏赞净土，实未大畅厥旨。若已有信心，当阅净土诸书。若不能多阅，其最显豁者如《径中径又径》一书，采辑诸家要义，分门别类，令阅者不费研究翻阅之力，直趣净土壸奥。于初机人，大有利益。《入佛问答》所示研究次第，唯天资高，宿根深者，方堪担荷。若二俱退半，仍欲依彼所示而为研究，恐教理不能大通，而净土一法，由笃志研穷教理，遂成耽搁矣。佛法因人而施，断不可执通途宏规，而与机相违，致失即生了脱之殊胜利益。是在当人自量根性，而为修持耳。

《往生咒》梵文，学之亦甚好。但不得生分别心，谓此略文为非。一起此念，则一大藏所有咒，皆生疑心，谓为未合佛意。须知译经之人，皆非聊尔，何可以他译不同，便藐视之乎？千余年持之得利益者，何可胜数。岂千余年来之人，皆不知梵文乎？学固宜学，断断不可起优劣胜负之念，则利益自不可思议矣。又持咒一法，与看话头相似。看话头以无义路，故能息分别之凡情，证本具之真智。持咒以不知义理，但只至诚恳切持去，竭诚之极，自能业消智朗，障尽福崇，其利益有非思议所能及者。礼佛仪式，极忙之人，不便特立。但至诚恳切，口称佛号，身礼佛足，必致其如在之诚则可矣。

世当劫浊，互相戕贼。不有护身符子，断难永无祸害。所谓护身符子，亦只至诚礼念阿弥陀佛而已。而观音大士悲愿洪深，寻声救苦，随感即应。宜于朝暮礼念佛外，加以礼念大士，则冥冥之中，必蒙加被，自可转祸为福，遇难成祥，而不自知也。此方外野人为知己作救世之方法也。若曰为举世，非不能救，但人不肯依法而行，则无如之何矣。

复张伯岩居士书

《息战书》，略阅一遍。江神童，可谓非常之人，抱非常之志，拟欲作非常之事，普令天下人民，同得非常之常道，实为千古稀有，若非圣贤再世，便是菩萨示生，其生也必非聊尔。而天下万国，当由此长夜洪钟，通皆震醒，由兹己欲立而立人，己欲达而达人，自利利他，视人犹己，同归无我之域，共享大同之风。光老矣，恐不及见，不妨预为万国贺。虽然，其立法犹有不合时机处。光无知无识，何敢评论江君著述？而知己人前，不妨一为商榷，谅无罪责见加耳。

当今世道人心，坏至极点。欲挽救之，但以五教圣贤道德为训，此唯能转变天机深者。若中下之人，任汝说得唇敝舌焦，彼纵能领会，亦与自心了无干涉，况不领会者居其多半乎？则用力多而收效鲜矣。欲万国共敦此谊，除非万国之人皆属上等天资，欲力求圣贤之道，而未得其门径者，方有实益也。否则诲尔谆谆，听我藐藐，卫武公早言之于二千余年前矣。江神童可谓知体而不知用，得根本智而未明差别智也。

又其设会之法，范围过大，恐无此汪洋支费，不落空谈，亦属有始无终。又此种大会，何可特设女会？女会一立，将必全国女人，戮力争权，事事皆须男女一体。果皆如虞之二妃、周之三太，则实为大幸，否则其弊有不可胜言者。以天生非常之奇人，而开此弊端，实为不慧所痛惜。吾尝谓治国平天下之权，女人操得一大半。以相夫教子于家庭之中，俾有天资者，即可希圣希贤，大立德业；无天资者，亦可循规蹈矩，作一善良人民。若舍此不讲，而专欲操权与男人同，则是乱天下之第一大祸也。神童何其未虑及此？

又其论佛教，亦大有失言之弊。若上等人闻之，当必汲汲以求其戒、定、慧、空。若下等人闻之，或致欲人其人、火其书者，相继而起。当此杀劫炽盛之时，不以佛之慈周无形、悲拔三世之道，为救国救民第一要义为训，而发挥“伪佛教”，即以弃伦物、谈祸福为证。夫因果报应，乃世出世间圣人，平治天下，度脱众生之大权。当此人心陷溺之际，正宜倡明因果报应，使中下之人虽欲为恶而有所不敢，虽欲不为善而有所不能。而反破斥谈祸福为伪，为所痛恨，岂真知佛教哉？夫弃伦物，谈祸福，何尝无伪，又何尝无真？而概以伪目之，则释迦如来便成罪魁。自佛以下，何堪再论？若曰诸贤所辟者迹，未知其真，则吾无间然。而谓诸贤辟者是伪，则过在佛教，不在诸贤。充所谓“伪佛教”之词，则非灭除佛教，唯留戒、定、慧、空不可也。夫戒、定、慧、空，佛未出世，法未东来，固已充塞宇宙，无少欠缺，而尧、舜、周、孔之圣，亦未发明。迨至佛教东来，则方知吾人日在戒、定、慧、空中过活，从生至死，不能出乎其外，而无端怖头狂走，为可怜耳。医家治病，急则治标，缓则治本。譬如有人咽喉臃肿，饮食难入，气息难出，必先消其肿，然后方可按其病原，调理脏腑。若不先消其肿，则人将立毙，纵有治本之良方妙药，将何所施？因果者，即今日消肿之妙法也。然因果一法，标本统治。初机依之，可以改恶修善。通人依之，可以断惑证真。乃彻上彻下，从博地凡夫，以至圆满佛果，皆不能离者，岂徒治标而已哉！

与谢融脱居士书

贵乡之知有净土法门，由林介生之请净土典章。倘诸居士于宿世中，向此法门，未种善根，何能以古为师，一闻之下，即便生信发愿，自行化他，不十五年，其道大行之若是乎？观阁下之天资境缘，及现在之法运时机，似宜以持五戒而护持三宝，宏净土而普劝往生，为契理契机之第一要义。何以言之？阁下年已过四十，天资非上等，欲研穷经藏，参访知识，恐有法门无量，光阴不多，纵欲钻研，措手不及之叹。又现今虽有知识，而僧多滥污，同行乏人。（同行，名为内护，能互相磋磨，挟持进道。）若向上之志一衰，则懒惰懈怠随之，而不复振矣。如不慧二十一岁辞亲出家，亦可谓发心真而立行猛矣。至今五十三岁，若宗若教，毫无所得，徒负亲恩，空为佛子。所幸者净土一法，于出家学《弥陀经》时，已生信心。实未蒙一知识开示。以当时业师，与诸知识，皆主参究，所有开示，皆破净土。吾则自量己力，不随人转，虽佛祖现身，犹不改作，况知识所说乎？又现今法弱魔强，欲护持佛法，在俗则易，在僧则难。阁下若能严持五戒，专念弥陀，克己复礼，言行相应。然后广行化导，普利群伦。不可居师位而自高，不可受钱财而自益。在家为一家演说，对众为大众详陈。则人皆仰其德而信从其言。所谓其身正不令而行，草上之风必偃也。

令郎不信此道，亦不可强。俟其遇境逢缘，天机发现时，一启迪之，自有沛然莫御之势矣。

莲社初开，须有定规。女人入社，断乎不可。切不可效他方之漫无检约，以致一法才立，而百弊丛生矣。至要至要。

舍利不能礼拜，丛林不能亲炙，有何所欠？但能见佛像，即作真佛想。见佛经祖语，即作佛祖面命自己想。必恭必敬，无怠无忽。则终日见佛，终日亲炙诸佛菩萨、祖师、善知识，舍利、丛林云乎哉！

市井习气，出家若不真修，更甚于俗。若欲远离，先须了知世间一切诸法，悉皆是苦、是空、是无常、是无我、是不净，则贪瞋痴三毒，无由而起矣。倘犹不能止，则以忠恕忍辱治之，则自止矣。若又不止，则设想于死，自然无边热恼化为清凉矣。

《报恩经》谓次第受戒。今出家受戒者，亦先三皈，次五戒，次十戒，次具戒，次菩萨戒。但古之受戒者，是发心为了生死。今之受戒者，多是为充大僧而图体面，得戒之言，从未措怀。故外方之蟒流子、下流坯，无不皆是受过三坛大戒之僧。此其弊由于清世祖罢试僧、免度牒，与近世之为师者贪名利、喜眷属之所致也。吾恐贵地诸僧，不知此义，谓度人出家是第一好事，致匪类入法，法随以灭，故不避繁琐，而觌缕言之也。

须知净土一法，乃如来一代时教，最玄最妙、至圆至顿之法门（一法具一切法名圆，即生修即生证名顿）。博地凡夫，亦能入此法中。等觉菩萨，不能出此法外。实上圣下凡速成佛道之一条捷径，诸佛诸祖普度众生之一只慈航。于此不生信心，或信不真切，便是业深障重，不合了生脱死、超凡入圣，永世永劫在此世界，常轮六道，无有出期。纵得人天，为时甚少，如客邸寄居。一堕三途，则其时甚长，如安住家乡。每一思及，衣毛皆竖。不惜苦口，恳告同人。

今为阁下引一明证，庶可策发信愿之心，而鼓励宏赞之力耳。此之法门，唯《阿弥陀经》、《观无量寿佛经》、《无量寿经》专说。其余一切大乘经中，无不发明此事。其他勿论。《华严》一经，乃佛初成道，为十住、十行、十回向、十地、等觉，四十一位法身大士，直说界外大法，不与凡夫、二乘所共。末后《入法界品》，善财童子（童子，乃断惑证真、破无明复本性之美称，非如塑像作小孩子，为童子也。文殊菩萨，《华严》有处亦称文殊童子，余经亦有作此称者），受文殊教，遍参知识。初见德云，即闻念佛法门，遂证初住。从此随参随证，至五十三普贤菩萨所，普贤以威神加被，令善财所证与普贤等，与诸佛等（是名等觉菩萨）。然后普贤令善财，与华藏海众，一切诸大菩萨，发十大愿王，以此十大愿王功德，回向往生西方极乐世界，以期圆满佛果。又《观无量寿佛经·下品下生章》云：下品下生者，或有众生，作不善业。五逆十恶，具诸不善。如此愚人，应堕恶道，经历多劫，受苦无穷。临命终时，遇善知识，教称佛名。满十声已，灭罪往生。《龙舒净土文》中，张善和、张钟馗等，即是其人。上之则文殊（文殊有《发愿经》）、普贤，久成佛道之大菩萨。下之则五逆十恶，将堕地狱之恶众生。皆承弥陀接引之力，皆为净土所摄之机。可见法门广大，了无弃物。佛愿宏深，等视众生。吾尝有联云："舍西方捷径，九界众生，上何以圆成佛道；离净土法门，十方诸佛，下不能普利群萌。"

阁下当发大勇猛，发大精进，担荷此法，取古人宏扬净土之逗机言论，为乡里倡，居尘不染，即俗修真，方合"融脱"命名之义。盖"融脱"者，乃和光而不同其尘之谓也。鄙见如此，不知阁下以为何如？祈自裁度。

复顾显微居士书

令友某君，对于佛学种种情见，及复阁下书，虽数百言，只因因果、空有、事理、性相混乱，致于《金刚》、于净土悉皆不依佛祖诚言生信，妄自违理究理。欲为出格之大智慧人，不肯堕于愚夫愚妇之窠臼，而自谓为理障，实则是业障于心。如盲睹日，了不见其光相，尚谓见者为妄。岂不大可哀哉！此种知见，诚不易破。况光之所说，语涉支离，理难彻透，固当愈滋疑议，有损无益矣。欲不奉命，恐或见责，且作塞责之计，而妄评之，祈勿致于某君，否则撕裂践踏，或所不免。若以光之文论，则适当其宜。若以其中所说，不是引经之文，便是宗经之义，而字又为世间至宝，被彼践踏，不但彼自获罪不浅，阁下与光亦复获罪不浅也。

今代为复曰：谛观来书，种种议论，一言以蔽之，曰以凡夫知见妄测佛智而已。且吾人从生至死，内而身心，外而境界，何一能知其所以然？从自有知识以来，见前人之所为，而自亦为之，遂得身体成立，诸事顺适，身心安乐，从生至死，受用自在。若如来谕，已不知佛之所以然，及净土之所以然，虽佛祖诚言，亦不肯因之生信。推是以求，阁下终日吃饭，终日穿衣，其充饥御寒之所以然，为知也？否也？若道知，则知者为谁？请的的指出。若指不出，犹依前人成规穿衣吃饭，何于了生死第一妙法，必企其先知所以然而生信，断不肯因佛祖之诚言而生信耶？又阁下有病，须服药者，为先遍阅《本草》、《脉诀》，知其药性、病原，方始按病立方，而后服药耶？为即请良医诊脉，立即服药耶？若立即服药，则治病与学佛相悖矣。纵令遍阅《本草》、《脉诀》，知其药性、病原，亦与学佛相悖。何以故？《本草》、《脉诀》，系前人之成言。汝未能亲见，何可取信？若谓《本草》、《脉诀》之言，不可不信。则佛祖、善知识之言，何以皆不生信，必欲自见方信耶？如汝知见，刻实论之，当先见某药走某经，治某病，方肯开方服药，断不肯依《本草》、《脉诀》所说，以开方服药。何以故？以未见故。今充饥、御寒、治病之所以然未见，而即穿衣、吃饭、服药。佛与净土之所以然，己未亲见，纵佛祖诚言，皆不生信者，此何故也？一则以性命相关，虽不知不敢不如是行。一则以高明自诩，必彻见方肯修持其法。古今来几多出格豪杰，由此知见，毕生不沾佛法实益。彼谓为愚夫愚妇者，初亦不知，而能依前人成规，颛蒙念佛，因兹潜通佛智，暗合道妙，遂得带业往生，及断惑往生者，将见悉证佛果，况徒知之而已乎？而此种自命出格者，因疑生谤，将从劫至劫，长堕恶道，被彼愚夫愚妇念佛往生者之所怜悯，欲垂救援亦不可得。何也？以宿世之不信恶业所障也。阁下之智，如干将、莫邪，切玉如泥。以不善用其智，如以干将、莫邪切泥，则泥无所成，徒损锋芒。可不哀哉！

佛法乃心法，非世间一切法所能喻。其喻者，不过令人会其义。何得死执其事，而敌体论之？举扇喻月，动树训风。必于扇上求光明，于树上求披拂，是尚得名为智乎？梦境是假的，因果是真的。亦不妨以梦境喻因果，悉令敌体相符。何也？妄心是因，梦境是果。若无妄心，决无梦境。此决定不易之论也。善恶及修持之心之事是因，得善恶及修持之果报是果。阁下为信也？否也？妄心为梦因，则得梦境。念佛之心为佛因，则近之即得往生西方，远之毕竟圆成佛道。是滋君之疑也？抑起君之信也？

佛为究竟有无且置。阁下必欲致诘佛之有无，且问阁下自己毕竟是有是无？若谓是无，此一上络索，是谁述说？若谓是有，请的的指出其述说者。语言，系喉舌与识心相即而有。文字，亦识心手笔运动而现。二者皆不出色、受、想、行、识五蕴之外，皆非阁下自己。离此五法指得出，许阁下问佛究竟有无，为大智慧问。若指不出自己之有无，欲先知佛为有无，乃狂妄无谓之问，非切己穷理之问也。佛毕竟是有，因汝凡情未涤，决不能见。阁下自己亦是有，因汝五蕴未空，亦不能离色、受、想、行、识，的的指出也。

《金刚经》令发菩提心菩萨，发心度尽一切众生，令其皆证无余涅槃，而不见有一众生得灭度者，不住色、声、香、味、触、法而行布施。

布施为六度万行之首，举布施，则持戒、忍辱、精进、禅定、智慧，乃至万行，皆当不住色、声、香、味、触、法而修。此经文略，唯举布施以该其余。应无所住而生其心，无我、人、众生、寿者相，修一切善法。如上所说，且道是有相耶？是无相耶？如此广大光明之相，逼塞太虚，而谓之为无，是何异于生盲乎哉？其言“无一众生得度”、“不住相”、“无相”、“无所住”者，欲人不滞凡情圣见之执着相耳。其言“度尽众生”、“行布施”、“生心”、“修善法”，欲人称性修习自利利他之法，以期自他同得圆满菩提而后已。不于此中着眼，妄执无相为究竟，与嗹酒糟汉同一知见，尚得谓有智慧人乎？

信有何难起？疑有何难去？汝决定不肯起，决定不肯去。虽佛亲与之说法，亦无如之何，况吾侪具缚凡夫乎？欲知佛之虚实，《净土文》、《西归直指》，所论之理，所载之事，何不于此起信断疑？将谓此种言论事迹，皆系妄造谣言，不堪寓目乎？若作此见，则灵魂决定不堕余五道，唯在阿鼻地狱，尽未来际，长享随心所现之镬汤炉炭、剑树刀山，种种自在受用之“乐境”耳。其为“乐”也，莫能喻焉。

必欲知佛虚实，虽《净土文》、《西归直指》所说，皆非实，唯自己亲见亲证方为实。今有一事相问，汝须直心相酬，不得含糊躲托。北通州王铁珊者，前清曾作广西藩台，其时广西土匪甚多，彼于作兵备道时，即设计剿灭其党，所杀甚多。四年前得病甚重，一合眼即见在黑屋中，其屋甚大，又甚黑，其鬼无数，皆来逼迫，遂即惊醒。久则复合眼，其境仍如是，复惊醒。三昼夜不敢合眼，其人已奄奄一息。其妻因谕之曰：“你如此只么样好？你念南无阿弥陀佛吧，念佛总会好。”铁珊一闻此言，遂拌命念。未久，即睡着，遂睡一大觉，了无境界可得，而病亦渐渐痊愈矣。因长斋念佛。铁珊前年与陈锡周来山，亲与光说耳。设阁下当此境，为先知佛之虚实而后念耶？为一闻即念耶？若此时不暇究虚实而即念，则现在何得并前人与人示虚实之言论事迹，概指为妄。唯求于仲，援救此徜恍迷离之心境，而欲涕泣求之耶？富贵尚能如敝屣，何不以执着亦作敝屣，净尽弃之乎？汝将谓此知见为入道之门耶？不知乃堕阿鼻地狱之达道也。

以梦喻佛者，妄心为因，梦境为果，喻念佛为因，往生见佛为果。何可以《金刚》“六喻”为证？夫世间语言文字，虽是一字一事，不妨尊卑并诠，美恶兼训。即如“子”之一字，称夫子亦好单用，称平人亦好单用，称儿子亦好单用。须必以文定义，断不能将称夫子者，亦作儿子训也。佛国为梦境，须待阁下成佛以后说。此刻就说，则唯损无益矣。

事理、性相、空有、因果混而不分，但可学愚夫愚妇，颛蒙念佛，须致恭致敬，唯诚唯恳，久而久之，业消智朗，障尽福崇，此种疑心，彻底脱落。则佛之有无，己之有无，入佛之门径，彼岸之确据，何待问人。若不专心致志念佛，而于别人口里讨分晓，亦与看《金刚经》而不知实相，看《净土文》、《西归直指》而不生信心，以业障于心，不能领会。如盲睹日，日固在天，睹固在眼，其不见光相，与未睹时无异也。倘复其明，则一睹即见光相矣。念佛一法，乃复明之最切要法。欲见实相之相，当竭诚于此法，必有大快所怀之时矣。

真我欲亲见，非大彻大悟不可。欲证，非断惑证真不可。欲圆证，非三惑净尽、二死永亡不可。若论所在，则阁下之长劫轮回，及现今之违理致诘，皆承真我之力而为之。以背觉合尘，故不得真实受用。譬如演若之头，衣里之珠，初未尝失，妄生怖畏，妄受穷困耳。

念佛人临终蒙佛接引，乃生佛感应道交。虽不离想心，亦不得谓独是想心所现，绝无佛圣迎接之事。心造地狱，临终则地狱相现。心造佛国，临终则佛国相现。谓相随心现则可，谓唯心无境则不可。唯心无境，须是圆证唯心之大觉世尊说之，则无过。阁下若说，则堕断灭知见，是破坏如来修证法门之邪说也，可不慎诸？一一具说，太费笔墨。知一反三，当无遗义矣。

复四川谢诚明居士书

适奉手书，知贵地尚有儒佛心法一肩担荷者，欣慰无似！至于誉不慧处，颇涉世谛俗套，夸鱼目逾宝珠，谓寸木高岑楼，令人惭惶无地耳。光一介庸僧，无法自给，常时行乞于大富长者之门，见其所弃之残羹馊饭，取而自资。有不嫌酸臭者，亦复以此用施。而徐蔚如谓其有益饥人，遂屡为流布。虽意有可取，而文不足观。不意竟渎阁下青眼，感愧何极！芜钞二次所印，以蔚如丁母忧出京，托友人校对。由通家不能细心，遂致错讹数十。去春蔚如又令上海商务印书馆，另编另排，兼以留版（此次校对颇精）。至今春正月出书，以印二千部，未出正月，即已售尽。该馆事忙，不暇再印。后由请者屡催，许抽暇先印一千以应之，待后有暇，再为多印。今奉上二部，祈查收。此中比京中二次印者，多卅余篇。其于正心诚意、竭诚尽敬之旨，亦略为发挥，以对治今人向外驰求，及肆无忌惮之病。于初学稍有裨益，若通宗通教者见之，未免有发呕者。然果呕尽宗、教不消之陈食，则此残羹馊饭，亦可培补元气。待其气力充足，再用王膳，则方得实益矣。川中若有不嫌酸臭者，当令商务印书分馆，代为发售可也。

至律、教、禅、净之种种法门，何者合机，当于《净土决疑论》息心详阅，自知梗概，今不具书。至谓以佛法助儒道，二法并行，俾一切人于世法为真儒，于出世法为真释。若大通家，则禅净双修，而必以净土为主。若普通人，则亦不必令其遍研深经奥论，但令诸恶莫作，众善奉行，一心念佛求生西方即已。此人不废居家业，而兼修出世法，虽似平常无奇，而其利益不可思议。良以愚夫愚妇，颛蒙念佛，即能潜通佛智，暗合道妙。较比大通家之卜度思量，终日在分别中弄识神者，为益多多也。以故愚夫愚妇念佛，易得益。大通家能通身放下，亦易得益。

若唯以义理是卜度者，则不得益，或反得病，及未得谓得，流入狂派者有之。参禅一法，非现今人所宜学，纵学亦只成文字知见，决不能顿明自心，亲见自性。何以故？一则无善知识提持决择，二则学者不知禅之所以，名为参禅，实为误会。光于《宗教不宜混滥论》，及《净土决疑论》，已示大概。

今人无论上中下根，皆须以力敦伦常，主敬存诚，深信因果，广行众善，一心念佛求生西方为事。因果一法，乃世出世间圣人，烹凡炼圣之大冶洪炉。若最初不以因果是究，则通宗通教之后，尚或有错因果事。因果一错，则堕落有分，超升无由矣。且勿谓此理浅近而忽之。如来成正觉，众生堕三途，皆不出因果之外。而凡夫心量小，凡经中所说之大因果处，或领会不及，当以世间浅近者为入胜之方便，如《文昌阴骘文》、《太上感应篇》等（《感应篇》，上海中华书局有《感应篇汇编》，为古今注此篇者之冠，文理俱佳，有二本），俾熟读而详审以行之，则人人可以为良民，人人可以了生死矣。光前年曾刻《安士全书》（《文钞》中有二序，可知大概）版存扬州，各经房皆为流通，诚淑世善民之要书也。

念佛所重在往生，念之至极，亦能明心见性，非念佛于现世了无所益也。昔明教嵩禅师，日课十万声观音圣号，后于世间经书，悉皆不读而知。当看《净土十要》、《净土圣贤录》，方可知念佛之妙。而光之芜钞，屡屡言之。居士谓现世无益者，不但未深体净宗诸经论，即光钞亦属走马观灯，未暇详究耳。律不独指粗迹而已，若不主敬存诚，即为犯律。而因果又为律中纲骨，若人不知因果，及瞒因昧果，皆为违律。念佛之人，举心动念，常与佛合。则律、教、禅、净，一道齐行矣。

须知如来所说一切法门，皆须断惑证真，方可了生脱死。绝无惑业未断，得了脱者。念佛法门，断惑业者往生，则速证法身；具惑业者往生，已超登圣地。一则全仗自力。一则全仗佛力，又兼自力。二者难易，奚啻天渊。每有聪明人，涉猎禅书，觉其有味，遂欲以禅自命，拟为通方高人。皆属不知禅净所以，妄自尊大之流类。如是知见，断断不可依从，依之则了生脱死，恐经尘点劫数，尚无望也。祈细阅光《文钞》自知。

与吴璧华居士书

吾人心性，与佛同俦，只因迷背，轮回不休。如来慈悯，随机说法，普令含识，就路还家。法门虽多，其要唯二，曰禅与净，了脱最易。禅唯自力，净兼佛力，二法相较，净最契机。如人渡海，须仗舟船，速得到岸，身心坦然。末世众生，唯此堪行，否则违机，劳而难成。发大菩提，生真信愿，毕生坚持，唯佛是念。念极情忘，即念无念，禅教妙义，彻底显现。待至临终，蒙佛接引，直登上品，证无生忍。有一秘诀，剀切相告：竭诚尽敬，妙妙妙妙。

复马契西居士书一

所言长斋念佛外之应守规律，即是敦行孝友，务尽伦常。诸恶莫作，众善奉行。居心动念，不干邪僻，并及虚伪。与人做事，克尽厥职。遇有缘者，劝令入道。其种种行相，不须具标，但勤看印光《文钞》及《安士全书》自知。须知为佛弟子，凡所作为，必须超过世俗所行，方能自己得真实益，令他相观而善。若口说修行，心怀不善，于父母兄弟，以及一切世人上，未能尽其本分，如是之人，名为假善人。因地既伪，实益何得？圣贤之学，皆从格物致知、诚意正心而始。况欲了生脱死，超凡入圣者乎？格物致知，当看《四书蕅益解重刻序》，及《袁了凡四训序》。昔白居易问鸟窠禅师：“如何是佛法的的大意？”窠曰：“诸恶莫作，众善奉行。”白曰：“这两句话，三岁孩童也会恁么道。”窠曰：“三岁孩童虽道得，八十翁翁行不得。”须知此语，乃一切学佛法人之总关切要语。诸恶、众善，皆须在心地上论，不专指行之于事而已。心地上了不起恶，全体是善，其念佛也，功德胜于常人百千万倍矣。欲得心地唯善无恶，当于一切时处，主敬存诚，如面佛天，方可希企。心一放纵，诸不如法之念头，随之而起矣。

复马契西居士书二

《西方路》书中，权实顿渐辨疑之文。须先明权、实、顿、渐四字，然后再论念佛、参禅之为权、为实，为顿、为渐，则可了无疑义矣。权者，如来俯顺众生之机，曲垂方便之谓也。实者，按佛自心所证之义而说之谓也。顿者，不假渐次，直捷疾速，一超直入之谓也。渐者，渐次进修，渐次证入，必假多劫多生，方可亲证实相之谓也。

彼参禅者，谓参禅一法，乃直指人心、见性成佛之法，固为实为顿。不知参禅纵能大彻大悟，明心见性，但见即心本具之理性佛。若是大菩萨根性，则即悟即证，自可永出轮回，高超三界，从兹上求下化，用作福慧二严之基。此种根性，就大彻大悟人中论之，亦百千中之一二人耳。其或根器稍劣，则纵能妙悟，而见思烦恼未能断除，仍须在三界中，受生受死。既受生死，从悟入迷者多，从悟入悟者少。是则其法虽为实为顿，苟非其人，亦不得实与顿之真益，仍成权渐之法而已。何以故？以其仗自力故。自力若十分具足，则何幸如之。稍一欠缺，则只能悟理性，而不能亲证理性。今时则大彻大悟者，尚难其人，况证其所悟者哉？

念佛一法，彻上彻下，即权即实，即渐即顿，不可以寻常教理批判。上至等觉菩萨，下至阿鼻种性，皆须修习（此彻上彻下之谓也）。如来为众生说法，唯欲令众生了生脱死耳。其余法门，上根则即生可了，下根则累劫尚难得了。唯此一法，不论何种根性，皆于现生往生西方，则生死即了。如此直捷，何可名之为渐？虽有其机，不如寻常圆顿之机，有似乎渐。而其法门威力、如来誓愿，令此等劣机顿获大益。其利益全在仗佛慈力处。凡禅讲之人，若未深研净宗，未有不以为浅近而藐视者。若深研净宗，则当竭尽心力，而为宏扬。岂复执此权实顿渐之谬论，而自误误人哉？

念佛须善发心者，心为修持之主。心若与四宏誓愿合，则念一句佛，行一善事，功德无量无边。况身口意三业，恒以念佛利生为事乎哉？心若唯求自利，不愿利人，所行之事虽多，而所得之功德甚少。况或再加以倾人害人之意，及自炫自矜之心，则所念之佛，所行之善，亦非全无功德。实属百千万亿分中，仅得一分半分。而其恶念之过，亦复不少。故修行人，皆须善于发心，不止念佛人耳。

言取舍者，此约究竟实义为难（难者，反诘问也）。不知究竟无取无舍，乃成佛以后事。若未成佛，其间断惑证真，皆属取舍边事。既许断惑证真之取舍，何不许舍东取西、离垢取净之取舍？若参禅一法，则取舍皆非。念佛一法，则取舍皆是。以一属专究自心，一属兼仗佛力。彼不究法门之所以然，而妄以参禅之法破念佛，则是误用其意。彼无取舍，原是醍醐。而欲念佛者，亦不取舍，则便成毒药矣。夏葛而冬裘，渴饮而饥食，不可相非，亦不可固执，唯取其适宜，则有利无弊矣。

所愿汝笃尽伦常，专志念佛。以其余力，于父母、兄弟、妻子、朋友等，随分随力，为之劝导。俾可同得念佛实益，庶不虚此生此遇矣。

复马契西居士书三

《傅大士语录》，错讹不胜其多，兼且偈颂多属提倡禅宗，恐汝无此学识，不是疑大士讹说，便是以己意误会，则罪过无量。宜送大通家看，汝千万勿看。纵要看，待明年兴慈法师二次刻成刷印出，再请看之。初兴慈法师得此本鉴定刻版，前年送光一部，光息心校正，劝彼另刻。彼拟明年方刻，此版当好看多矣。《护法录》甚好，但非专主净土者。其谈宗处，不可妄会。而高僧嘉言懿行，阅之则能长人善根。《往生论注》，照光标示，已标过否？此书文理甚好，宜熟看之。

汝妄想之心，遍天遍地，不知息心念佛。所谓向外驰求，不知返照回光。如是学佛，殊难得其实益。孟子曰：“学问之道无他，求其放心而已矣。”汝学佛而不知息心念佛，于儒教尚未实遵，况佛教乃真实息心之法乎？观世音菩萨反闻闻自性；大势至菩萨都摄六根，净念相继；《金刚经》应无所住而生其心，不住色声香味触法而行布施，乃至万行；《心经》照见五蕴皆空，皆示人即境识心之妙法也。若一向专欲博览，非无利益，奈业障未消，未得其益，先受其病矣。

复马契西居士书四

永明等录，有何不合？汝且认真念佛。《净土十要》一书，多看即已足矣。余且待财智有余时，再请而读之，不晚也。念佛之乐，唯真念佛者自知。然必须志诚恳切，摄心而念，不可着外境相。否则心地不通，观道不熟，魔境现前，亦不了知，则殆矣。切嘱切嘱。今之真宏净土者，实难其人。遍参知识之念，改作一心念佛，则利益大矣，否则徒成一个劳碌奔跋而已。谛法师处，宜多请教，余则非光所知也。

《安士全书》为古今善书之冠，拟排印普遍流布，借以挽回世道人心。幸尤惜阴居士极力料理，特出广告，普劝印施。因令打四副纸版，拟印二、三十万部，俾全国二千四十一县之各要机关，及各要人，皆得瞻视，则以后之流通，当更普遍广远矣。然成事在天，不必预计，但以救国救民为事，尽力而为即已。

念佛不能纯一，必须制心不令外驰，久久自会纯一。成片者，纯一无杂之谓也。大丈夫能令文章盖天下，功业宣宇宙，而不能断惑证真、了生脱死者，以着于外而遗其内，着于有为之末而遗其无为之本也。世间人谁能一一占全？吾人但取其克尽伦常、力修净业即已，何暇计其他哉！

复马契西居士书五

念佛时，各随所宜。今丛林念佛堂，皆先念《弥陀经》，经完，念《往生咒》，或三遍，或一遍，然后举《赞佛偈》，至偈毕，接念“南无西方极乐世界大慈大悲阿弥陀佛”，即绕念。须从东至南至西至北绕，此为顺从，为随喜，顺从有功德。西域最重围绕，此方亦与礼拜均行。若从东至北至西至南，则是反绕，有罪过，不可不知。绕念一半，即坐默念，约一刻，又出声念。念毕跪念佛十声，观音、势至、清净大海众各三声，然后念《发愿文》。在家人恐室小难绕，则立、跪、坐念，皆须按己精神而定，正不必令他人为立法则也。

念而无念，无念而念者，乃念到相应时，虽常念佛，了无起心动念之相。（未相应前，不起心动念念，则不念矣。）虽不起心动念，而一句佛号，常常称念，或忆念，故云念而无念，无念而念也。无念，不可认做不念。无念而念，谓无起心动念之念相，而复念念无间。此种境界，殊不易得，不可妄会。

观想一法虽好，必须了知所见佛像乃属唯心所现，若认做心外之境，或致着魔发狂，不可不知。唯心所现者，虽其像历历明明，实非块然一物。若认做外境，作块然实有，便成魔境矣。合眼、开眼，但取合宜可也。兼持观音圣号，甚有恃怙，一切人皆宜如此修之。作事时，不能念兹在兹者，以未到一心不乱境界，则心无二用，难免间隔。苟能常存觉照，亦无所碍。

人须各守本分。汝上有祖母、父母，下有小弟、妻室，而且职业极闲，最易修持。不于此境，真实用功，而妄欲出家修行。汝出家有此好机缘，专心办道乎？不知出家有出家之事，谁能一事不理？即如光了无一事，亦几终岁长忙，无暇专心念佛。况其余者哉？祈随分随力修持，勿作分外之想，则幸甚。

复马契西居士书六

修行之人，要息心静养。汝名静庵，何不顾名思义？一味无事找事，弄得一切人讨厌，自己胸膈膨胀，头晕神疲。再不自重，必致吐血，轻则便成废疾，重则或致殒命。反贻人谓汝学佛修行，不唯无益，而反受损。从兹一班无知，遂谓佛法之咎，因之诽谤阻遏，断人善根，不知由汝不依佛教而行之所致也。汝须自知好歹，修行要各尽其分，潜修默契方可。汝之病，皆尔自取，谓之何哉？急急改过，摄心念佛，即经典亦暂且勿看，过一二月，便可复原。不然，即绝交，他日再见，一任情同陌路而已。

复马契西居士书七

名者，实之表。有实有名，亦不为荣。何以故？以属本分故。无实得名，辱孰甚焉。况欲张罗，动人视听，必致遍登报纸，彼于表彰处，必加一番疑议，则成欺世盗名之实案矣。汝只知其一，不知其二，以故不得不一再详告也。汝信心颇深，但好张罗，及好游，好结交，实为修行一大障。且汝年始二十余，即如此结交。后来佛学大通时，当日不暇给矣。祈沉潜杜默，则其益无量。戒之。

复马契西居士书八

屡次戒汝，沉潜杜默，一心念佛，然究不肯将张罗习气放下。显荫将知事稿寄《海潮音》，已属太不洞事。汝又以为得意，不亦唯名是求乎？募印《文钞》之事且止，以汝尚非做此种事业之时。汝且息心念佛，毋求博览。令内既发心皈依，当名“契净”。名说以现无工夫，且待暇时为之。汝后所问者，实皆切要之语，只因汝不能息心念佛，故茫然不知下落。汝且认真念佛，久当自知，不须人说。令内既皈依，当令心依佛说，身去女习，庶可获大利益。依佛说，即依四宏誓愿，及诸恶莫作，众善奉行。虽尚非彼分，然其心固宜发利己利人之心。除女习，即勿事妆饰，勿怀谄曲。于上人、同辈，必尽孝尽友。如此方不愧为佛弟子矣。

复马契西居士书九

《便蒙钞》，乃道光末年，红螺山慕莲法师所著。《净土决疑论》特借彼口气，而作发起。民国三年，狄楚青致书令作论，以凑《佛学丛报》材料。光先概不用印光之名，故借彼名，于题下标云：“红螺山慕莲法师遗稿，云水僧释常惭钞寄”。及与孟由寄，则标云“借红螺慕莲法师口气”。及蔚如排印，两种标语全删去，故致汝疑光曾著有此书也。

前所问者，今条示之：

心本无象，而森罗万象皆由心现。心本非法（法即事也，世间凡可以名目者通谓之法），而一切诸法皆由心显。故曰：“无象而为万象之主，非法而为诸法之宗。”（宗者，归趣之义，如江汉朝宗于海；又主质之义，以诸法莫不以心为体故。）

生佛体同，有何差别？差别何可名同？汝将相、用，混而为体，故有此问。生佛体本无二，其不同者，乃迷悟顺逆于体之相用耳。生迷逆于体，佛悟顺于体。迷逆悟顺之相与用，则天地悬殊也。

普贤以十大愿王，劝进善财，及与华藏海众。当看《普贤行愿品》自知。光《文钞》中，处处说之，何不领会？

极乐四土，带业往生者，居同居；断见思惑者，居方便；破无明者，居实报；无明净尽者，居寂光。又实报，约所感之果报说。寂光，约所证之理性说。本属一土。讲者冀人易晓，故以分证者属实报，满证者属寂光。实则二土中，俱有分证、满证。《文钞》中亦详述之。同居虽具三土，而未断惑者，只受用同居之境耳。虽属带业往生之人，不可以凡夫定名之，以皆得三种不退故。此乃以常途教理与极乐往生所证者相比较，细阅自知。

事持者，信有西方阿弥陀佛，而未达是心作佛，是心是佛。但以决志愿求生故，如子忆母，无时暂忘。此未达理性，而但依事修持也。理持者，信西方阿弥陀佛，是我心具，是我心造。心具者，自心原具此理。心造者，依心具之理而起修，则此理方能彰显，故名为造。心具即理体，心造即事修。心具即是心是佛，心造即是心作佛。是心作佛，即称性起修。是心是佛，即全修在性。修德有功，性德方显。虽悟理而仍不废事，方为真修，否则便堕执理废事之狂妄知见矣。故下曰："即以自心所具所造洪名，为系心之境，令不暂忘也。"此种解法，千古未有。实为机理双契，理事圆融。非法身大士，孰克臻此！以事持纵未悟理，岂能出于理外，不过行人自心未能圆悟。既悟焉，则即事是理。岂所悟之理，不在事中乎？理不离事，事不离理，事理无二。如人身心，二俱同时运用，断未有心与身彼此分张者。达人则欲不融合而不可得。狂妄知见，执理废事，则便不融合矣。

全真成妄，全妄即真。犹如全水成波，全波即水。水是静相，波是动相。动静虽异，湿性原同。终日随缘，终日不变。终日不变，终日随缘。犹如虚空了无诸相，而云屯则暗，日照则明。尘由风起则昏浊，尘因雨洒则澄清。虚空是不变，不妨随种种缘，成明暗清浊。虽则明暗清浊不同，而虚空本体了无改变。了此，则可随悟净之缘，以造即心本具之佛界；弃迷染之缘，以灭即心幻现之六界，与三界也。（此约十法界说，故以六道为六界，三乘为三界也，勿错会。）此心周遍常恒，如虚空然。吾人由迷染故，起诸执着。譬如虚空，以物障之，则便不周遍、不常恒矣。然不周遍、不常恒者，乃执着妄现。岂虚空果随彼所障之物遂不周遍、不常恒乎？是以凡夫之心，与如来所证之不生不灭之心，了无有异。其异者，乃凡夫迷染所致耳，非心体原有改变也。弥陀净土，总在吾人一念心性之中。则阿弥陀佛，我心本具。既是我心本具，固当常念。既能常念，则感应道交。修德有功，性德方显。事理圆融，生佛不二矣。故曰：“以我具佛之心，念我心具之佛。岂我心具之佛，而不应我具佛之心耶？”下所说由不了真无自相，随迷染而当体成妄。妄无自性，当迷染而其体原真。“终日随缘，终日不变”，“终日不变，终日随缘”两语，乃互相发明，互为赞助。由汝心无正智，遂疑矛盾。

念佛毕，起我人，则是自生障碍。凡行菩萨道者，须发四宏誓愿，能以四宏要心，纵有我人之境，心地内究不起我人之执着也。起我人者，皆由心住于相，不知菩萨心无所住，而行六度万行上求下化之微旨也。如上所说，能自领会固好。如仍不领会，但息心念佛，到业消智朗时，自可了了悉知，不必专以问人为事也。

复马契西居士书十

令爱法名，宜作福贞。贞者，正也，女德之本。若能一心念佛，俾烦恼惑业，消灭净尽；功德智慧，彻底全彰。亦如女德之贞而无所外染，正而卓然自立也。故《易》曰：“贞者，事之干也。”干为树之正身。故修行人得其菩提正身，则道业自可成就，福慧自可满足。虽小人未能即如是，然须以如是望之，以如是呼之。期彼顾名思义，而终得如是。则后之为人贤妻，为人贤母，助成夫德，胎教子女，荣孰大焉！令内既皈依，须当勤为修持，勿令有名无实，则幸甚。

经目略为一阅，不宜看者勾之，即宜看者，亦祈少看，但以念佛治习消业为事。业消看书，一览知妙，此由约而得之妙法也。今人根性陋劣，一博则泛漫无依，心绪纷张，难以相应矣。

与马契西居士书十一

两次飓风，各处被灾，普陀亦然，殆众生同分恶业之所感召。不知贵宅房屋如何？居科长年正壮盛，气象淳厚，堪为入道之器。光之为人，绝无执着。前念相信，不妨相交。后念不信，不妨即绝。来去任人，我固无心于交与绝也。然他人教人，多在玄妙处着力。光之教人，多在尽分上指挥。设不能尽分，纵将禅、教一一穷源彻底，也只成一个三世佛怨而已，况尚无穷源彻底之事乎？居君既已到过山上，何必七月又来？往返跋涉，路途资费，动需若干，祈勿复来。即有疑问，尚有显微居士。即欲问光，邮递最便，何必重来，作无益以害有益也。今为居君取名契心。以彼名秉磐，字漱庵。以其心果能如磐石之贞固不动，又加以漱荡其外垢，则心之本体自可显现矣。心字，指常住真心而言，非随缘所起之习心也。习心，乃情染耳，非本体也。

与马契西居士书十二

（戒磕头布上打印）

下院当家来，以所寄壬年信，及物件交光。知所寄白布，托壬年以打印者。此事罪过之极，以菩萨名号作拜垫用，已属亵渎至极，况尚有就地作坐垫用者。余光绪二十年在普陀一见，二十一年在育王又见，以为诧异，告于舍利殿殿主，彼云此宁波家风也。自惭无力挽此恶风。使光若作一方主人，当必到处声明此事之过，俾有信心者，唯得其益，不受其损也。且托者既属至戚，何不开陈罪福，以祈用白布作垫，一则仍不污衣，二则唯益无损，其于彼方为有益。何可循例缄默，仍代为彼转求？

《安士全书》书底印字，汝尚肯说其过失。此过失大于彼百千万倍，固宜为一切信心人详言之。育王之印，现已破碎不成字相（此约光绪二十一年所见说），实则“释迦如来真身舍利宝塔之印”。普陀印有几颗，法雨寺金印、玉印，皆是“敕建南海法雨禅寺观音宝印”。世有子孙将其祖父之名，用作拜垫，人必以为忤逆。况佛菩萨大圣人之名号哉？宜于亲信人前，劝其勿用，以一传十，至百至千至万，岂不能即灭此恶风耶？凡事皆由一人倡之，众人和之，遂成俗例。反邪归正，何独不然？

致陕西陈柏生督军书

光一介庸僧，毫无淑状。虽出家四十一年，离秦三十六年，而道业依然未成，无颜见故乡人，不敢再赋归欤。去岁蒙阁下青盼，令定慧和尚促光回秦，弘扬法化。光虽感不去心，而实无才德胜此重任，故以最初立愿，倘道业不成，即老死他乡，终不回秦为辞。阁下藻鉴高悬，遂原情而恕之。不肖如光，尚蒙如是嘉许，足见阁下尊德好道，为法为民之心。今春上海商务印书馆排印光《文钞》出版，特寄五部，以答厚爱。

秦地之民，素称良善。世风日变，法律废弛，游手游食之败类，遂得肆意横行，勾通当地坏人，劫掠乡村，惨不忍闻。近数年中，有自秦来，言及秦地现状，无不哽噎涕零。盖土匪一至，遇稍有余裕者，则炮烙烧燎，无所不施，以期其尽献贮积而后已。其苦不堪，势必尽献。而一受此刑，即当时不死，亦难久生。多有富人之室，通皆掘地三尺，凡灶炕墙壁，悉皆毁坏，以求埋金。其淫掠之迹，为千古所未闻。以官府不能制，百姓无控诉。直同长处地狱，了无出期矣。此大帮土匪也。至于小帮，其人众虽少，其酷烈亦然。其来多在夜间。凡闻有此消息，天将暮，先送女人于村外，或田禾中、树林间、坟墓间，即风雨霜雪，亦不敢归。小儿啼哭，则以物杜口，每有闭气致死者。男子多宿于房上。土匪一过，如火燎原，了无生物。此种苦况，说不能尽。尚不知其何所底止。阁下虽在秦地，实所未闻，以出则兵拥，居则兵卫，既未亲身察访，百姓亦难控诉，则无由而知。以是之故，凡稍有家资，可逃出外方者，悉皆弃祖籍，而逃命于他乡矣。上海逃者，不计其数，况各处乎。只一土匪，已属不堪，再加以靖国一军，数年交战，其兵所到处，蹂躏淫掠，何可名言？呜呼！秦人何辜，罹此鞠凶。

阁下宿根深厚，才略宏远，以故士卒推为督帅。惜于往昔劫中，少结人缘，致多数人民不肯爱戴。由是一般不为国与民虑者，私投南军，为靖国军，以与阁下对敌。虽鏖战数年，未分胜负，而两军对敌，炮声如雷，子弹如雨，所杀伤者皆吾秦之同胞。其两军之兵所经之地，人民遭其淫掠，亦吾秦之同胞。哀哉同胞，呼天不应，入地无门，身为鱼肉，其谁痛惜？光窃谓阁下虽则位尊威重，人莫敢侮，实与百姓之畏土匪不相上下。凡欲行刺者，不知几何，况靖国军之揭旗声鼓，以为对敌者乎？幸阁下宿福深厚，卒未有虞，然两军交攻，固已危险万状矣，倘一有不测，则高堂二亲，及兄弟妻子，将何倚靠？况敌人之心，决难推孝友之情，以保护全家，不肯一加残伤乎？是百姓之苦荼，其毒尚浅。阁下之苦荼，其毒更深。中央政府，轸念民生，意谓阁下虽则才德深远，但以未洽民心，故有靖国一军为之发起。阁下若退，靖国自可取消。以故特派阎督相代。阁下已经交谢，固当回思数年以来，仇敌林立，虽未受伤，亦甚危险。纵然军威赫赫，实属梦寐不安，即欲抽身事外，亦不可得。今幸有人替代，自可释此重任，退归田里，逍遥安乐。以孝友为为政，乐我天真。屏竞争于度外，化彼贪残。虽处竞争时代，身作羲皇上人。一则不负所学，一则永为民望。其于“废专制而兴共和，与同胞而作幸福”之名词彻底相应，了无乖违矣。何可听不知大体、妄冀得功者之扇惑，拒不受命，帅兵相攻，俾人民涂炭，国用空乏乎哉？纵令阁下一战即胜，仍复原职，岂能免以后之各军相攻乎？夫兵者不祥之器，圣人不得已而用之。今非出于不得已，特以听谗谄面谀之人言，徒欲固己爵位，不顾百姓常遭涂炭，国家丧失元气。如此作为，如竖立射侯，以期众矢交集。何可以最重之身命，与严慈、兄弟、妻子，日在仇敌中讨生活？印光虽愚，亦不以是为得计。纵始终无虞，于清夜静思中，能不愧怍于战死饥亡之兵民乎？孟子曰：“虽有智慧，不如乘势。虽有镃基，不如待时。”阁下之才略，乃智慧、镃基也。其民不佩服，群起而攻之，乃宿世少结人缘，现政未洽民心，是无势可乘也。无势可乘而强为之，是失时也。大丈夫欲建大功、立大业，未有不上顺天理、下合民心而能者。故孔子可以仕则仕，可以止则止，可以久则久，可以速则速，相时适宜，无所适莫。曾谓颜渊曰：“用之则行，舍之则藏，惟我与尔有是夫。”祈阁下以孔子为法。以督军之位，视若毒薮，不但不起战事，亦复不生憾心。非惟秦民受赐，国家无虞。实则阁下获福无疆，余庆覃及后裔矣。若坚持此见，不肯回虑，则成《乾卦》上九亢龙之象。以其贵而无位，高而无民，必有后悔。悔之于后，将何及乎？孔子释之曰：“亢之为德也，知进而不知退，知存而不知亡，知得而不知丧。其惟圣人乎，知进退存亡，而不失其正者，其惟圣人乎！”再言“其惟圣人乎”者，令人深思而取法也。纵阁下不以圣人自居，亦岂不欲趋吉避凶为哉？恳祈阁下上思绵祖宗之厚德，下思贻子孙之幸福，生知足想，顿息战事。则秦地人民，尚可苏息。各处强暴，无从借口。虽退归田里，实与秦民普施生死肉骨之莫大恩泽也。印光才德俱无，何敢干冒钧威？不过欲报答阁下一番厚爱，以冀秦民少受兵灾耳。由是不避诛戮，直词上陈。倘能俯鉴愚诚，则秦民幸甚，国家幸甚。

又以阁下念切民生，必欲究祸福之所由来，善恶之所结果。一以开拓心胸，一以导化同人。故将自所存之《感应篇汇编》一部，《佛学捷径》、《佛学基础》、《佛学起信编》、《佛学指南》、《六道轮回录》各一本，随函寄来，以期闲暇无事时阅之，则诚意正心，穷理尽性，超凡入圣，了生脱死之道，当自得于心矣。《安士全书》为天下古今善书之冠，刘省长曾请四百部结缘，当已送阁下垂览矣。此外则《感应篇汇编》即属第一，其论议虽不及《安士全书》之十分透彻，然于诸善书中，未见及者，况能过乎？余五书皆以由浅入深，由因果而至于了生死，无机不被，无法不摄。深者见深，自可断惑证真。浅者见浅，亦堪消灾增福。法无定相，损益在人。有志于己躬下永劫常存之大事者，当不以光为多事也。佛法一闻，利益无尽。北通州王铁珊者，前清曾作广西藩台，以其地土匪甚多，彼遂设法剿灭，杀戮无算。至前年得病，一合眼即见身在黑屋中，其鬼无数，欲来逼恼，遂惊醒。久则复合眼，所见亦然，随复惊醒。凡三昼夜不能安寝，人已困惫不堪。其夫人教令念“南无阿弥陀佛”，彼遂竭诚朗念，未久即睡着，遂睡一大觉，病渐痊愈。方知念佛功德，不可思议。铁珊去夏来山，亲与光道其事。光以此陈于阁下者，亦欲阁下得念佛之实益也。

复甬江某居士书

色欲一事，乃举世人之通病。不特中下之人被色所迷，即上根之人，若不战兢自持，乾惕在念，则亦难免不被所迷。试观古今来多少出格豪杰，固足为圣为贤，只由打不破此关，反为下愚不肖，兼复永堕恶道者，盖难胜数。《楞严经》云：“若诸世界六道众生，其心不淫，则不随其生死相续。汝修三昧，本出尘劳。淫心不除，尘不可出。”学道之人，本为出离生死，苟不痛除此病，则生死断难出离。即念佛法门，虽则带业往生，然若淫习固结，则便与佛隔，难于感应道交矣。

欲绝此祸，莫如见一切女人，皆作亲想、怨想、不净想。亲想者，见老者作母想，长者作姊想，少者作妹想，幼者作女想。欲心纵盛，断不敢于母姊妹女边起不正念。视一切女人，总是吾之母姊妹女，则理制于欲，欲无由发矣。怨想者，凡见美女，便起爱心，由此爱心，便堕恶道，长劫受苦，不能出离。如是则所谓美丽娇媚者，比劫贼虎狼、毒蛇恶蝎、砒霜鸩毒，烈百千倍。于此极大怨家，尚犹恋恋着念，岂非迷中倍人？不净者，美貌动人，只外面一层薄皮耳。若揭去此皮，则不忍见矣。骨肉脓血，屎尿毛发，淋漓狼藉，了无一物可令人爱。但以薄皮所蒙，则妄生爱恋。花瓶盛粪，人不把玩。今此美人之薄皮，不异花瓶。皮内所容，比粪更秽。何得爱其外皮，而忘其皮里之种种秽物，漫起妄想乎哉？

苟不战兢乾惕，痛除此习，则唯见其姿质美丽，致爱箭入骨，不能自拔。平素如此，欲其没后不入女腹，不可得也。入人女腹犹可，入畜女腹，则将奈何？试一思及，心神惊怖。然欲于见境不起染心，须于未见境时，常作上三种想，则见境自可不随境转。否则纵不见境，意地仍复缠绵，终被淫欲习气所缚。固宜认真涤除恶业习气，方可有自由分。

每日除了己职分外，专心念佛名号。朝暮佛前，竭诚尽敬，恳到忏悔无始宿业，如是久之，当有不思议利益，得于不知不觉中。《法华经》云："若有众生，多于淫欲，常念恭敬观世音菩萨，便得离欲。"瞋恚、愚痴，亦然。是知能至诚念弥陀、观音圣号者，贪瞋痴三惑，自可消除也。又现今乃患难世道，须于念佛外，加念观音圣号，冥冥中自有不可思议之转回，庶不至宿业现前，无法躲脱耳。更宜常阅戒淫因果报应之书，远离狂荡匪鄙之友，则内志正而外诱绝，净业自可成就矣。勉之勉之！

复徐蔚如居士书

接手书，以琐务纷沓，未能即复。光为太夫人虽则朝暮回向，岂能有益于太夫人？实则企太夫人悯我一念之诚，挽弥陀、观音而拔济我耳。阁下誉之过甚，不禁令人惭惶。令弟同皆发心，祈为讲演。足知宿世同种善根，将来同作莲池海会之永劫昆季。慰慰贺贺！"戒烟方"登报，须长年常登，方能广知。须拉有财力者共之，若一人供费，恐力绵而难久矣。

芜钞所节，皆恰当之至。以光信笔所书，原只对彼一人。若普及大众，当须了无所妨，方可不招讥议。唯斥魔子之狂妄处，用撮略叙法，于文体甚合，然今之宗徒，多不识宗，既未指彼妄造谣言之实迹，彼宗徒必谓光为谤宗。即《宗教不宜混滥论》，不知宗气之宗徒，亦以为谤宗。宗徒多分之见识皆如是，则宗法殆扫地而尽矣。

近来佛法流通，潮州居士王弘愿，素好密宗，依之修持，颇有效验。

于余宗虽未大通，亦各涉其藩篱。彼译出《东瀛密教纲要》，刻出寄两部来。今寄上一部，以祈随喜。然彼系弘密之人，故偏抬高密宗。约教而论，固无大碍。若与净土三根普被、教机相投之法门论，固相悬殊。王弘愿来书所说，皆约教而遗机。光与彼书，乃约机而论教之利益也。虽不相合，亦无大背。其人年四十余，若再研究得十余年，当亦可为一大通家矣。

《〈禅宗秘密了义经〉跋》，断宜取消，免滋疑误。

至于声闻回己所证小果，趣向如来大道。虽则顿渐有异，而中间位次，必不磨灭。大鹏一举九万，亦是自下升高。利刀一截千纸，亦是从一至千。顿教唯约顿说，故有无位次之论。然无位次中，不妨位次历然。若异渐，则渐非顿家之渐，顿非渐家之顿，二法判然各别，了不相即。唯宜以实义立言，不当以渐顿之表语为据，则佛法无一法不相通矣。王弘愿论密宗，亦以弘密宗之诠表为论，是知尚未知如来教须契机之至意也。罗汉根性亦不一定，有回向即超证深位者，有入住渐升者。然顿渐有异，位次仍复历然，似无大谬。十方世界随类现身，圆教初住即能。不历行、住、向等，唯佛后所示罗汉则然。若实证，实回小向大之罗汉，恐无此本领。若有，则住、行、向、地等位菩萨，皆成钝根无奇之人矣，有是理乎？

离顿说渐，离渐说顿。离教说宗，离宗说教。高抬密宗，藐视显教。皆所谓徐六担板，只见一边耳。佛法善会，则法法皆通，否则法法互碍。光实少闻少见，然约理约义而论，当如是为融通，断无两个道理。鄙见如是，不知阁下以为何如？

复徐彦如、轶如二居士书

所言俗务纠缠，无法摆脱者。正当纠缠时，但能不随所转，则即纠缠便是摆脱。如镜照像，像来不拒，像去不留。若不知此义，纵令屏除俗务，一无事事，仍然皆散妄心，纠缠坚固，不能洒脱。学道之人，必须素位而行，尽己之分，如是则终日俗务纠缠，终日逍遥物外。所谓“一心无住，万境俱闲，六尘不恶，还同正觉”者，此之谓也。

至于念佛一事，最要在了生死。既为了生死，则生死之苦，自生厌心。西方之乐，自生欣心。如此则信愿二法，当念圆具。再加以志诚恳切，如子忆母而念。则佛力、法力、自心信愿功德力，三法圆彰。犹如杲日当空，纵有浓霜层冰，不久即化。

初心念佛，未到亲证三昧之时，谁能无有妄念？所贵心常觉照，不随妄转。喻如两军对垒，必须坚守己之城郭，不令贼兵稍有侵犯。候其贼一发作，即迎敌去打。必使正觉之兵，四面合围，俾彼上天无路，入地无门，彼自惧获灭种，即相率归降矣。其最要一着，在主帅不昏不惰，常时惺惺而已。若一昏惰，不但不能灭贼，反为贼灭。所以念佛之人，不知摄心，愈念愈生妄想。若能摄心，则妄念当渐渐轻微，以至于无耳。故云：“学道犹如守禁城，昼防六贼夜惺惺。将军主帅能行令，不动干戈定太平。”

致包师贤居士书

温州之灾，闻之惨然。天灾人祸，无有底极。实足为“三界无安，犹如火宅”之证，亦堪为信愿念佛、往生西方之最切警策也。念佛心不归一，由于生死心不切。若作将被水冲火烧，无所救援之想，及将死、将堕地狱之想，则心自归一，无须另求妙法。故经中屡云：“思地狱苦，发菩提心。”此大觉世尊最切要之开示，惜人不肯真实思想耳。地狱之苦，比水火之惨，深无量无边倍。而想水冲火烧则悚然，想地狱则泛然者，一则心力小，不能详悉其苦事，一则亲眼见，不觉毛骨为悚然耳。

与弘一上人书

讲《起信论》，虽不必定宗《裂网疏》，然决不可谓《裂网》为非，此决定不易之法也。灵峰著述，千古少有。彼等正眼未开，不知其要，故辄吠影以惑初学。果真具正知见者闻之，则彼之心腹彻底了知矣。灵峰老人乃末法绝无而仅有者，其言句理事具足，利益叵测。随人分量，各受其益。

复法海大师书

座下十余年来，参师访道，自利利他，不胜钦羡。今则放下万缘，一心念佛。以果地觉，为因地心。当必亲证念佛三昧，临终定登上品。但办肯心，决定成就。然世人念佛者多，证三昧者甚少甚少。良由未能通身放下，一念单提，故致心与佛难得相应也。座下之放下既真切，决无不得之理。

所说了生脱死，明心见性，及证道把柄在手等，须稍分别。若按通途教理而修，虽明心见性，去了生死，尚大远在。以明心见性是悟，不是证。今人能悟者尚少，况能证乎？证则惑业净尽，生死之因既断，自不感生死之果矣。初果七生天上，七返人间，方能断尽见思二惑，而证阿罗汉果。天台示居五品，南岳示居十信。如此大士，尚自隐其本德，示居内外凡位。则证道之说，实非易易。此约通途教理，欲即生证道之难也。若按如来所立之特别法门，生信发愿，念佛求生西方。则上至等觉，下至五逆十恶之流，莫不蒙佛慈力，往生西方。既生西方，则悟道证道，直同拾芥，极速极易。

座下既专心念佛，于临终不曰往生，而曰可能得证道凭据到手。夫曰证道即已，何得说凭据到手？凭据到手，则不须论。凭据不到手，又将如何？观座下之语意，似是唯只念佛，不生信，不发愿求生。乃禅家以念佛作话头用者，非净土宗信愿行三并行之法也。无信愿念佛，虽较参禅看话头功德大。然自未断惑，自力不能了脱，又无信愿，不能蒙佛接引了脱，犹是仗自力之通途法门。其证道也，大非容易。且勿谓信愿求生为卑劣。华藏海会，同以十大愿王，回向往生，为《华严》末后一着。况净土诸菩萨祖师，所有言教，皆示信愿求生。何座下自立门庭，不按佛祖之成规乎？

且终日终年终身念佛之人，岂可于佛不行礼敬？十大愿王，礼敬居首。座下一切可以不，礼佛决不可以不。若不礼佛，便难感通。何以故？以身图安逸，心之诚亦末由必致其极也。善导专修，身业专礼，口业专称，意业专念。念至其极，则心佛外佛，一如不二。其证道也，非自力证道之所能比也。古人谓劣夫乘轮宝力，一日可以遍游四大部洲。何得以念佛之特别法门，修通途之自力观行？光虽下愚，不敢肯许。倘以此一尘不染之清净心，圆发三心，则现生亲证三昧，临终往生上品，便可预为座下贺。一得之愚，尚祈矜鉴。

复王与楫居士书

光一介庸僧，毫无淑状。一向行乞，亦不能得。遂于大富长者之门，拾取所弃之残羹馊饭，以自滋养。亦有不嫌酸臭者，迫以求施，遂即以此见与。但取彼此相适，并不计余人之所厌闻而不欲见也。以故一无所宗，二无门庭，三无眷属。并未与人结一同参，立一社会。凡有来者，则令其各尽己分，诸恶莫作，众善奉行，信愿念佛，求生西方。即上等天资，出格学识，亦以此相奉。喻如童子奉沙，只期摅我之诚，绝不计及彼之可用与否。不意二字贱名，竟渎阁下之耳。二十日接手书，不胜惭惶惊惧欣慰忧戚之至。以阁下误听人言，误许为法门中人。遂将错就错，陈我劣见于左右，以答谬为称许之意。知所说固不当阁下一盼，然不妨聊表我心而已。

窃谓现今世道人心，陷溺至于极点。又加国用空乏，赋税比前重得数倍。诸物昂贵，民不聊生。天灾人祸，频频降作。值此时际，欲宏法道，只可普与来者，指其学佛要义。于父言慈，于子言孝，兄友弟恭，夫倡妇随，各尽己分，以立基址。由是加以主敬存诚，克己复礼。明因识果，期免轮回。诸恶莫作，众善奉行。信愿念佛，求生西方。天资纵高，亦当依此而行。于有余力时，不妨研究一切经论。令其在己家庭，随分修持，则不须广建屋宇，备立人员，彼此往来，旷职费日。此诚现今宏法，将计就计之最上一着也。

若如阁下所订之破天荒章程，虽国家兴盛，人民丰富之时，亦不能办。况此国运危岌，民不聊生之时乎？然阁下此议一出，全国之人当无一不欢喜赞叹，庆法道之将兴。光实怀深忧，不能不为阁下略陈其概。谨按章程所列之事，虽数百万万，亦不足用。若阁下能变大地作黄金，则光之所说，诚为愚痴无知。若欲靠捐款而作此弥纶宇宙之事业，则直同春梦，毫无实际。况阁下未闻已具大神通，无论何人，在远在近，皆能以法摄持，令其不稍逾越，如优波毱多尊者。则如此大事，其所用之人，能保其一一悉以为公之心而为之，绝无弊端乎？现今之人，子于父事尚作弊，况此汪洋无边际之大事乎？又今人了无定志，无论何等社会，多皆彼此同入。倘有心怀异图之人，入于其中，引诱无知无识者为之党援，一旦事发，必至火炎昆冈，玉石俱焚。阁下当此人心陷溺已极之时，何不计虑及此乎？宋慈云忏主，赴苏讲经，听者日万夜千，屠沽为之不售。法道之盛，诚所未有。慈云惧之，恐致意外之虞，遂即中辍。夫慈云乃具大智慧，大辩才，兼有神通之高僧，当国家成平，人心淳善之时，尚如此慎重。阁下内秘，则非光所知。若据外现者，则比慈云，何止泰山之比须弥耳？况时当上无道揆，下无法守。虽父母之大恩，夫妇之各别，尚欲弃置。公然提倡，谓尽孝为奴隶性质，共妻为大同之道。倘此等人混入，则将何以处？否则彼忌我法，加以蜚语，又将何以处乎？

夫一法既立，百弊潜生。不谨于始，决难令终。且古德宏法，皆各人自为范围。阁下于废置专制世代，立一佛法专制之门庭，居然我为法王，于法自在，千机并育，万派朝宗。美则美矣，诚恐无神通制伏，必有奸人入中以破坏，或怀嫉忌以诬谤，则未见兴法之益，竟罹灭法之祸。以大菩提心，获此恶果。有人心者，莫不痛伤。然虽痛伤，究有何益？以故光不得不预为阁下言之，而不计其见录否也。即决欲依所订章程而行，光亦只有赞美阁下之心而已，岂能强阁下以勿行哉？千祈将印光贱名取消，印光决不敢承认上座导师之名与职也。光一向退缩，故所见与人不同。若不以光之言为是，将有悔无所及之时。《易》曰："其唯圣人乎，知进退存亡而不失其正者，其唯圣人乎！"愿阁下详察焉。

与永嘉某居士书

令友求子，拟舍百金。当令请百部《感应篇汇编》，以送通文理有信心之正人君子，实为不可思议功德，当获感通。又须知求子，先须从培德节欲起。印施善书，乃培德之一端，非止乎此而已。培德，当常看《感应篇》、《阴骘文》，善则随分随力而行，恶则如怨如仇而去。袁了凡行《功过格》，乃认真体察，丝毫不容放过，故命本不寿而寿，无大功名而大功名，无子而有子。果能追彼芳躅，以期德日增而过日减，即不用《功过格》，凡了凡之所得者，令友亦当得之。况彼主持报馆，握言论机关之权。凡伤风败俗之无益文字，概勿登报。凡淑世善民之格言至论，日载几则。渐摩渐染，令人日趋于善而不自知。此实大丈夫不据位而行救国救民善政之大权。具此因缘，不知如此而为，所谓虽登宝山，仍复空手而归耳，惜哉！

节欲一事，其理甚深，其关系甚大，其话甚不易说。夫天生男女，圣人法天立则，令男女居室，以为人伦之最大者。以上关风化，下承宗祧。岂为人日图快乐，而常以欲事为事乎？贪欲之人，其精薄而无力，如秕种不能生芽，故难生。即生，多多皆未成人而夭。即幸而不夭，亦必单弱柔懦，无大树立。若能保养精神，节欲半年，待其妇天癸发后，择良宵吉期，相与一交，决定受孕。从此永断欲事，则所生之子，不但性行贞良，欲念轻薄，而且体质庞厚，无诸胎毒、痘疹、疾病等患。天癸，即经水也。经水尽后方受孕，余时多不受孕。经水未尽，断不可交，交则妇即受病成带，勿望受孕矣。人之大伦之事，岂可恶日恶时而行，故须择良宵也。《礼记·月令篇》，记圣王于仲春，先雷三日，奋木铎以令兆民曰："雷将发声，有不戒其容止者，生子不备，必有凶灾！"奋木铎以令兆民者，令地方官声铎以告百姓也。容止，犹言动静。不戒容止，谓行房事也。生子不备，即五官不全等。世每有生子，或异人类，或形体缺损，皆坐此故。必有凶灾，言其父母，尚有凶祸灾殃，如恶病、夭寿等，不止生子不备也。古圣王重民生，故特注意其事，奋木铎以告之。不但震雷当忌，即大风、大雨、恶星值日，及天时交节、佛圣诞期，皆所当忌。此实尊天敬圣，遵王制而敦人伦之大道。惜世人概不肯出诸口，俾其子子孙孙体质，一代劣于一代，或者少年早夭，或由欲事过度，虽不早夭，竟成衰残，无大树立。多半皆乃父乃母，不知人伦之道之所致也。乃父乃母之不知，由于乃祖乃妣之无教也。子女成人时，当以节欲保身等，委曲开导。父教女不便，母则无妨。能如此，方为真爱子女。而世之爱者，多皆任其纵欲，则其害更有甚于杀子女者，可不哀哉？圣人重胎教，于此致意，乃未胎而预教也。

予滥厕僧伦，何得论夫妇房室之事？一以出家之前，曾阅过古人敦本至论，欲以馈知己而报护法之恩。一以佛为大医王，无病不疗，光为佛弟子，亦欲随分随力而行医道。此病乃举世间人之通病大病。若通病大病，任其发生滋长，而去详治别病小病，岂非轻重倒置乎？邓伯诚亦欲求子，光答书亦略述此意。及蔚如所印《三信稿》，及《文钞》，皆删去，意谓此事不合僧道，亦不合于佛法中说。其意固善。然人苦无子，敢以其事向佛求，向僧说，僧为说其所以然之善法，令彼子子孙孙得大受用，又有何过？将谓僧教人节欲，便涉淫欲。则僧教人戒杀，便涉杀业乎？但此事不可为无知无识者告，恐彼不会其意，反作笑柄。若对明理君子说之，正是不据位而振木铎以令兆民也。致治于未乱，保邦于未危，与此同一作略。谓之为过，则圣王、圣贤、佛菩萨，乃过之渠魁元首也。

湖南一儒士姓刘，忘其名，娶妻不与相亲。妻谓曰："娶妻原为生子，汝不相亲，则宗支断绝矣。"遂亲一次，即生子，因名传支，即绝欲。妻又谓曰："一子独立，孤无倚靠，曷若再生一子？"又亲一次，复生一子，名再支。二子皆入翰院。其人一生只行两次房事，而又详述房事忌日，并清心寡欲、保元毓神之事，载于家乘，冀子孙世守焉。湖南友为予言之。欲求贵子，舍是而求，纵得之，亦属侥幸。依是而求，求则得之矣。

凡发科发甲，皆其祖父有大阴德。若无阴德，以人力而发，必有大祸在后，不如不发之为愈也。历观古今来大圣大贤之生，皆其祖父积德所致。大富大贵亦然。其子孙生于富贵，只知享福造业，忘其祖父一番栽培，从兹丧祖德以荡祖业，任其贫贱，此举世富贵人之通病。能世守先德，永久勿替者，唯苏州范家为古今第一。自宋文正公以来，直至清末，八百余年，家风不坠，科甲相继，可谓世德书香之家。而长洲彭家，自清初以来，科甲冠天下。其家状元有四五人，有同胞三鼎甲者。而世奉佛法，虽状元宰相，犹日诵《感应篇》、《阴骘文》，以为诚意正心、致君泽民之鉴。彼狂生谓此等书，乃老斋公、老斋婆之所从事者，非但不知圣贤之所以为圣贤，并不知人之所以为人。生为行肉走尸，死与草木同腐，而且恶业难消，永沉恶道。彼嚣嚣然自命为博雅通人，致令后世并天地父母之名字亦不得闻者，何可胜数？

欲子孙之不趋败途，共入正道者，当以《感应篇汇编》、《阴骘文广义》，为定南针。则世俗习染之恶浪滔天，黑云障日，亦不至不知所趋，而载胥及溺。否则纵令风平浪静，天日昭彰，亦难保不入洄澓，而随即沉溺矣，况绝无风平浪静、天日昭彰之望之世道人心乎？须知阴德二字，所包者广。成就他人子弟，令入圣贤之域，固属阴德。成就自己子弟，令入圣贤之域，亦是阴德。反是，则误人子弟固损德，误己子女亦损德。力能兼及，何幸如之。否则且就家庭日用云为，以作为圣为贤之先容，正所谓即俗修真，现居士身而说法者。祈以此意，与令友，及一切知交，剀切言之，亦未始非己立立人，自利利他之一端也。

复黄涵之居士书一

接手书，知夫人身婴贵恙，已经月余，用药颇难，诸医束手。当此时机，正好用万病总持之阿伽陀药。阁下每以此药普施于人，何于夫人之病，尚沾沾然以难于用药为忧哉？其令郎、令爱、令媳等，既受生育之恩，当此大病临身、存亡莫保之时，教以各各为其母志诚恳切念“南无阿弥陀佛”，以祈寿未尽则速愈，寿已尽则速得往生西方。令郎等孝心淳笃，当必皆如救头燃，而常持念也。如是则岂但有益于夫人，实则深有益于令郎等也。

凡人有病，可以药治者，亦不必决不用药。不可以药治者，虽仙丹亦无用处，况世间药乎？无论能治不能治之病，皆宜服阿伽陀药。此药绝不误人，服则或身或心，必即见效。然人生世间，无论久暂，终有一死。其死不足惜，其死而所归之处，可不预为安顿乎？有力量者，自己预为安顿妥帖，则临终固不须他人为之辅助，然能辅助，则更为得力。无力量者，当令家属代为念佛，则必能提起正念，不致恩爱牵缠，仍旧被爱情所缚，住此莫出也。光之为此言者，非徒为令夫人计也。以太夫人已经八十有三，虽阁下之德，足能延亲之寿，而期颐之后，终必有去世之一日。恐阁下未能虑及于此，而犹复注意于医药，则为舍本逐末，益不能得，而反将一心念佛，由忙碌于医药而成间断，不能纯一，则其损大矣。故借夫人之病，预为阁下陈其尽心力于亲之神识得所，以期阁下究竟能报亲恩耳。今将陈了常之佛性助念发隐，附函寄来，虽文不雅驯，而意义有可取焉。

至于保病、荐亡，今人率以诵经、拜忏、做水陆为事。光与知友言，皆令念佛，以念佛利益多于诵经、拜忏、做水陆多多矣。何以故？诵经则不识字者不能诵，即识字而快如流水，稍钝之口舌，亦不能诵，懒坯虽能，亦不肯诵，则成有名无实矣。拜忏、做水陆，亦可例推。念佛则无一人不能念者。即懒坯不肯念，而大家一口同音念，彼不塞其耳，则一句佛号，固已历历明明灌于心中，虽不念，与念亦无异也。如染香人，身有香气，非特欲香，有不期然而然者。为亲眷保安荐亡者，皆不可不知。

复黄涵之居士书二

五月廿八接廿四手书，知尊夫人病体沉重，诸医束手，因祈令令眷，代为念佛，以祈寿未终则速愈，寿已终则速生耳。岂料夫人净业已熟，脱体而去。昨由契西来函方知，不禁为阁下失贤助，为令郎失所恃叹。然夫人宿根深厚，殆欲令令慈，及阁下，并令郎等，切念世相无常，急求出离，特以身说法，冀同修净业，同生净土耳。光过蒙青盼，亦不能不尽我心。但光向与时人异道，虽挚友亲丧，绝不行挽诔等仪，但于朝暮课诵时，于佛前回向一二七，以尽友谊。已于昨晚为尊夫人回向，拟以二七为度，以日间诸冗丛集，惟夜方克有暇耳。祈阁下以大义开示令郎等，俾息哀念佛，以期存殁咸益。倘唯执世谊，哀毁纵至其极，究于其亲之灵有何利益？至于作佛事，不必念经、拜忏、做水陆，以此等事皆属场面。宜专一念佛，俾令郎等亦始终随之而念。女眷则各于自室念之，不宜附于僧位之末。如是则不但尊夫人、令眷实获其益，即念佛之僧，并一切见闻，无不获益也。凡作佛事，主人若肯临坛，则僧自发真实心。倘主人以此为具文，则僧亦以此为具文矣。如一期佛事已毕，夜间放台焰口即已。光以四十三年之阅历，谨为知己者陈之，若不以为迂腐，则幸甚幸甚。

书尚未封，适邮差持阁下初五日书至。因知夫人病体虽重，正念尚自昭彰，既能常见大士，兼有信愿，其往生也，可以决断。所言尼姑服饰，则所不须。其既愿受皈戒，仍照常服，但加法衣于上即已（即僧人所穿之袍子），或着于身，或附于棺。棺已盖，则烧之于灵前。皈戒当于今夜，光一人于佛前虔诚礼拜后，为说之。固不须作铺张罗列诸仪，但取其至诚感通即已。法名当云蕴空，乃三皈五戒优婆夷也。若作尼师形式，于事于理，皆有妨碍。但宜勖诸子女媳等，以成就母往生之志为孝，认真代母念佛，俾莲品转高，花开转速以尽孝，切勿徒效世人作无益以害有益也。至于丧事，始终不须一荤，借此倡导愚俗，亦公之一大责任也。

复黄涵之居士书三

初九之书，谅已收到。昨得初十手书，知尊夫人确得往生，了无疑虑。其宿世固于净土法门，有大栽培。惜阁下提倡较晚，倘于十年前即提倡，俾净土法门之若事若理，一一明了，兼以力修，则其净业之成，当比此高超数倍矣。平时爱子孙心重，自顾劣弱，至临终时，则反能摆脱情爱，决志求生，乃宿世善根所使。平时面东卧，终时则面西右胁，亦宿善根力所使，有不期然而然者。有临终种种景相，即可决其往生，并无须验其顶胸之热，何处先凉也。着法衣为佛弟子相，能满其愿，甚善甚善。

既嘱儿媳女辈早晚灵前多念佛，阁下当开示彼等，祈以妥亲之神识，为孝之极致。即真实往生，亦须志诚念佛，以祈莲品高升，无生速证，以各尽孝思。此虽为利亡者，实则令儿女媳辈同种善根也。孙之能念者，亦令随之而念。终时全家能不哭泣念佛，最有利益，然其时犹短，宜以三小时不断佛声，不起哭声及动转等为最善，祈切记之。

六数亦不必敷衍附会，以无关紧要。若认定以说，反成穿凿。须知六为坤数，夫人德镇坤维，堪为世范。即无一数是六，而从生至死，日在六数中周旋，固无一息不是六也。六之义在躬行，不在年月房屋等。然年月房屋等，适逢其数，亦极平常，毫无奇特。所谓诸法从缘生，诸法从缘灭。恶业重者，动辄得咎。善根深者，无往不吉。亦自然而然，非有所安排者，而实似有安排者。世人欲得吉庆，不知培德，如灭烛以求明，北辕而适越，徒劳苦心，有损无益。祈以此义，与令郎及媳女等说之，则其利大矣。

做佛事一事，光前已详言之。祈勿徇俗，徒作虚套。若念四十九天佛，较诵经之利益多多矣。念佛之法，重在信愿。信愿真切，虽未能心中清净，亦得往生。何以故？以心中有佛为能感，故致弥陀即能应耳。如江海中水，未能了无动相，但无狂风巨浪，则中天明月，即得了了影现矣。感应道交，如母子相忆。彼专重自力，不仗佛力者，由于不知此义故也。

复黄涵之居士书四

接手书，不胜欣慰。尊夫人宿生有大善根，故感阁下曲为成就净业，资以往生。兼率儿女媳等为之长时念佛，岂但亡者得益，实令彼等深种善根。如是之法，可谓大慈。较彼世人存者以杀生折福折寿，令亡者拘滞幽途者，不可同年而语矣。尊夫人之事，可谓得法。

然太夫人年已八十有三，当常劝谕，令其信愿念佛。若令终日长念，或恐不能如是。前者颇欲设法，在生助念，思之未得。镇守使王悦山奉母来山，见其眷属甚多，因得一绝妙之助念法，已与彼略说之。亦与彼说，当与阁下言之。倘阁下能实行，彼亦不至漠然置之，亦自利利他之道也。阁下眷属，儿辈则各有职业，固难常时依行。若媳辈，则无事清闲。女使辈若奶妈等，则无甚要事。当令诸人，按钟点日在太夫人旁，高声念佛半点钟，过时换班，一日不断佛声。太夫人能随之而念亦好，如不能随，但令摄心谛听，则一日之中，常不离佛。在诸人亦不吃力，以一日之中不过当一回值，或至两回，亦隔许久时候。彼等一无事事，借此令尽孝思，令种善根。即女使等，亦得因此之故，得植出离生死之缘。从此以往，率以为常。即太夫人寿过期颐，此法无令中辍，其利益不可思议。凡有信心人，欲成就父母往生之道业者，皆当以此告之。阁下政务多端，不能按定，若有暇亦如是念一次，以作表率，则儿媳女使等当更踊跃欢喜也。光意谓如此而行，实为利便。当以此法述为一文，以附于排印《文钞》之后。俾欲报父母之恩者，不至徒咏昊天罔极也。

复崇明黄玉如书

接手书，不胜欣慰。持名一法，最为末法透机之法。善导虽疏《观经》，实最重持名一行，不观“末法众生，神识飞扬，心粗境细，观难成就。大圣悲怜，特劝专持名号，以称名易故，相续即生”之言乎？观虽十六，行者修习，当从易修者行，或作如来白毫观，或作第十三杂想观。至于九品之观，不过令人知行人往生之前因与后果耳，但期了知即已，正不必特为作观也。观之理，不可不知。观之事，且从缓行。若或理路不清，观境不明，以躁心浮气修之，或起魔事。即能观境现前，若心有妄生喜悦之念，亦即因喜成障，或复致退前功。故《楞严》云：“不作圣心，名善境界。若作圣解，即受群邪。”祈一心持名，以为千稳万当之行，待至心归于一，净境自会现前。《四帖疏》错讹甚多。光二十年前，先曾约校。去年南京羊皮巷观音庵妙莲和尚，要其本去另刻，明年当可出书，祈为请阅。

《随自意三昧》，为上中下三根同修之行。念佛人虽不专以彼为主，亦不可不知。知此，则念佛之菩提心更为殊胜，以其知行、住、坐、卧、食、语，无非自利利他之时也。然须从诸恶莫作，众善奉行，吃素戒杀做起，则方为真念佛人矣。

复何慧昭居士书

接手书，知宿根甚深，现行颇纯，故有种种胜境相现。然今人多半是要体面，凭空造楼阁，有一分半分，便说有百千万分。如某居士录，其境界皆是手笔所做，不是心地所做。汝固不妄，诚恐或有此习气，则其过不小。佛以妄语列于根本五戒者，正为防此弊也。若或见言不见，不见言见，乃妄语之流类。若凭空造楼阁，妄说胜境界，即犯大妄语戒，乃未得谓得，未证谓证，其罪甚于杀盗淫百千万亿倍。其人若不力忏，一气不来，即堕阿鼻地狱，以其能坏乱佛法、疑误众生故也。汝切须慎重，所见之境有一分，不可说一分一，亦不可说九厘九，过说亦罪过，少说亦不可。何以故？以知识未得他心道眼，但能以所言为断耳。此种境界，向知识说，为证明邪正是非，则无过。若不为证明，唯欲自炫，亦有过。若向一切人说，则有过。除求知识证明外，俱说不得，说之则以后便永不能得此胜境界。此修行人第一大关，而台教中屡言之。所以近来修行者，多多着魔，皆由以躁妄心，冀胜境界。勿道其境是魔，即其境的是胜境，一生贪着欢喜等心，则便受损不受益矣，况其境未必的确是胜境乎？倘其人有涵养，无躁妄心，无贪着心，见诸境界，直同未见，既不生欢喜贪着，又不生恐怖惊疑，勿道胜境现有益，即魔境现亦有益。何以故？以不被魔转，即能上进故。此语不常对人说，因汝有此种事，固不得不说也。

汝最初礼佛所见之大士像不的确，以若果实是，不至因念与《观经》不合而隐。然汝由此信心更切，是亦好因缘，但不宜常欲见像，但志诚礼拜而已，庶无他虑。临睡目前白光，及礼佛见佛像悬立虚空，虽属善境，不可贪着，以后不以为冀望，当可不现。窥汝根性，似是宿生曾习禅定者，故致屡有此相也。明虞淳熙在天目山高峰死关静修，久之，遂有先知，能预道天之阴晴，人之祸福。彼归依莲池大师，大师闻之，寄书力斥，谓彼入于魔罥，后遂不知矣。须知学道人，要识其大者，否则得小益必受大损。勿道此种境界，即真得五通，尚须置之度外，方可得漏尽通。若一贪着，即难上进，或至退堕，不可不知。

梦入佛殿所记之二句经文，固属善境。然此二句，语甚明白。“返虚依觉路，归真悟常空”者，谓人妄认世间诸法为实，故迷入生死，若能返观诸法当体本空，则便依乎觉路，出迷入悟，归真谛而悟真常之真空实相矣。魔境、胜境之分别，在与经教合不合上分。果是圣境，令人一见，心地直下清净，了无躁妄取着之心。若是魔境，则见之心便不清净，便生取着躁妄等心。又佛光虽极明耀，而不耀眼，若光或耀眼，便非真佛。佛现以“凡所有相，皆是虚妄”之理勘，则愈显。魔现以此理勘，则便隐。此勘验真伪之大冶洪炉也。夜见白光，及虚空清白等境，乃心净所现，何可以法界一相、寂照不二自拟？以此自拟，则成以凡滥圣矣，其过殊非浅浅。二句经文，未见所出，盖亦宿生记忆之文，未必即经中文也。修净业人，不以种种境界为事，故亦无甚境界发生。若心中专欲见境界，则境界便多，倘不善用心，或致受损，不可不知。

彼头陀之所说，乃属禅家道理。彼尚不破净土，是其长处，然彼绝不知净土宗旨，故与禅对论。彼注重祥光胜境一语，大须斟酌，否则误人不浅。又谓不可着，以佛法无量，着则成有量，即不能入佛智。何止不入佛智，亦复或入魔界耳。至所云之各佛，乃禅家约心理之论，与净宗无涉。白光清空，既为如来一毛头许功德，汝何得以法界一相、寂照不二妄认？实则宿世定境，由净心而发，固不得当做奇特也。

净土法门，以信愿行三法为宗。有信愿，无论行之多少浅深，皆得往生。无信愿，即到能所两忘、根尘迥脱之地步，亦难往生。以真证到能所两忘、根尘迥脱之实理，便可自力了生死，则不必论。若但有工夫见此理，尚未实证，若无信愿，亦难往生。禅家说净土，仍归于禅宗，去信愿说，果能依之而做，亦可开悟。而未断惑业，欲了生死，则梦也梦不着。以凡夫往生，由信愿感佛，故能仗佛慈力，带业往生。今既不生信愿，又将佛一一说归自心，何由感佛？感应不符，则生自生，佛自佛，以横超法，作竖出用，其得益浅而受损深，不可不知。得益者，依彼所说，亦能开悟。受损者，既去信愿，则无由仗佛慈力。吾故曰：真修净土人，用不得禅家开示，以法门宗旨不同故。祈为慧察。如不以为然，请求之大通家，庶可契汝心志矣，光固不执着也。

复汤昌宏居士书

接手书，不胜感愧。光何人斯，何堪如是过誉耶？虽然，同病者相怜，固不得不各道衷曲也。今之学圣贤者，但学其文言而已，于圣贤之所以为圣贤处，盖忽略不究，此举世学人之病根，非尔我一二人之病根也。既有此根，决定不能素位而行，决定随富贵、贫贱、威武之境，而为之淫与移、屈也。勿道今人，即宋儒之传圣人之心法者，于“格物”二字，尚未认清，况后人乎？欲明明德，不先格其心人欲之物，则明明德便是空谈。即学得文章盖世，固常在人欲中盘桓，何能不随境转乎哉？所云“明明德，如证菩提，儒佛固无二致”，及“学孔学佛，理不外《大学》一章”等语，盖是以明白人强作糊涂，欲试印光于此有分晓否，有则可证阁下之明见，无则将欲发挥其所以然之至意耳。然既是同病相怜，何妨各道苦况，聊以舒其抑郁而已。

儒佛之本体，固无二致。儒佛之工夫，浅而论之，亦颇相同，深而论之，则天地悬殊。何以言之？儒以诚为本，佛以觉为宗。诚即明德，由诚起明，因明致诚，则诚明合一，即明明德。觉有本觉、始觉，由本觉而起始觉，由始觉以证本觉，始本合一，则成佛。本觉即诚，始觉即明，如此说去，儒佛了无二致。阁下所谓“学孔学佛，理不外《大学》一章”者，乃决定无疑之语，此浅而论之也。至于发挥其修证工夫浅深次第，则本虽同，而所证所到，大有不同也。儒者能明明德，为能如佛之三惑圆断、二严悉备乎？为如证法身菩萨之分破无明、分见佛性乎？为如声闻、缘觉之断尽见思二惑乎？三者唯声闻断见思最为卑下，然已得六通自在。故紫柏云：“若能直下忘情，山壁由之直度。”初果尚七生天上，七返人间，而其道力，任运不犯杀戒，故凡所至处，虫自离开，所谓初果耕地，虫离四寸。况二、三、四果乎？儒教中学者且置，即以圣人言之。其圣人固多大权示现，则本且勿论。若据迹说，恐未能与见思净尽者比，况破无明证法性之四十一位法身大士乎？即谓明其明德，堪与破无明者比肩，然破无明者，有四十一位，为与最初之初住比肩耶？为与最后之等觉比肩耶？即与最后之等觉比肩，尚于明德未明至乎其极，直待再破一分无明，方可谓为诚明合一，始本无二耳。吾故曰，体同而发挥工夫证到不同也。世人闻同，即谓儒教全摄佛教。闻异，即谓佛教全非儒教。不知其同而不同，不同而同之所以然。故致纷纷诤论，各护门庭，各失佛菩萨、圣人治世度人之本心也。可不哀哉！

六月间，广东香山杨棣棠，于太平洋檀香山，寄信于山东臧贯禅。以彼辑古今和会儒释之书，曰《儒释一贯》，欲引儒入佛，谬托贯禅，祈光作序。光少不努力，老无所知，以彼之求，恐难推脱，乃凑千余字，以塞其责。今将其稿寄来，祈为麈政。

与泉州大同放生会书

放生一事，以提倡戒杀护生为本。凡入会者，俱宜吃素，方可以吃素之利益与一切人说。纵不能人各依从，而人以贵会诸公皆盛德君子，实行吃素，自然潜移密化，悉皆不杀生，不食肉矣。若仍旧食肉，放生之功德亦不可思议，但自己所行尚自矛盾，尚不能依慈悲忠恕之道而实行，况欲令见闻者潜移密化乎？光无道德财力，不能助贵会之善举，谨献愚诚，以当布施。上海诸居士立常斋会，凡入会者，无论冠婚丧祭，概不用荤。前年关䌹之居士令光作一序，观之自知其概。欲详知者，当致书上海白克路怀安里关䌹之居士，彼有章程，祈寄来一览。光《文钞》中，劝人戒杀之文字，有十多篇，但以文词拙朴，不堪雅目所睹，然其意故有可取者，倘不以芜秽见弃，亦可作轻尘益岳之一笑具。

又贵会提倡佛学，而推尊晋苏先生，不遗余力，且为广施其《道味录》，又为介绍欲学道者求彼传授真经妙诀，以期同登觉岸。其心志可谓诚恳笃实，期于利人，惜未知佛法之所以然，以炼丹运气之长生法当作佛法。若曰凡欲求长生者，及卫生者，则为介绍，固无所碍。以炼丹法，大得之则可延年益寿，小得之亦可葆养色身，实为有益于人之一法。若笼统名之为道，驱佛弟子而求得彼之真诀，则名实大有相反者。何以故？佛法具足世间、出世间一切诸法，毫善弗遗。唯炼丹一法，绝不言及，且深以为戒。以佛入手先教人修四念处观：一观身不净，二观受是苦，三观心无常，四观法无我。欲看破此之幻妄身心，以期悟证本具之真心妙性也。炼丹者唯以葆养色身为事，与佛之宗旨不合。然各修各法，随人自取其益，固彼此不相碍。观《道味录》晋苏先生自叙，至以“抽添火候口诀，为佛门了性了命之道，会三教以同归，亘万古而不绝。离乎此道，即为外道。出乎此门，即为旁门。此先天道脉，历代一贯相承，自达摩初祖，移西过东，至白马七祖，衣钵传于火宅”等，则是借佛法名目，而传炼丹法，且反谤毁佛法。彼前月曾以二本寄来，光以彼自诩过深，彼岂肯以光之不才而依从之乎，故置之不论。今见贵会提倡佛学，犹复不知彼非佛学，固不得不尽我愚诚相告也。如以光为多事，谓光知见错谬，未闻大道，则亦任之。鸱守腐鼠，凤凰决不能令其勿食也。今寄来《文钞》一包共三部，祈贵会大家看，并与周子秀居士看。如谓为是，未始非贵会之幸。如谓为非，亦任其覆瓿代薪，从兹加工用行，以扩充晋苏先生炼丹运气之道，使天下之人同得长生，亦好。但谓此为佛法，则虽不谤佛法，亦得谤佛法之咎。窃以贵会未能分别邪正，故致如是。既以光为法门中人，光若仍以待晋苏者待贵会，则光便有负于贵会之意，故多此一番络索也。

复安徽万安校长书

贵校四语：“尽性学佛，尽伦学孔。道学为体，科学为用。”实为学道不易之宗旨。自儒者以词章为事，遂将学道之法，变作学艺，曷胜痛惜！而今之新学，多皆舍本逐末，能如贵校之宗旨者，实不多见。尽性学佛，方能尽伦学孔。尽伦学孔，方能尽性学佛。试观古今之大忠大孝，与夫发挥儒教圣贤心法者，无不深研佛经，潜修密证也。儒佛二教，合之则双美，离之则两伤。以世无一人不在伦常之内，亦无一人能出心性之外。具此伦常心性，而以佛之诸恶莫作、众善奉行，为克己复礼、闲邪存诚、父慈子孝、兄友弟恭之助。由是父子兄弟等，相率而尽伦尽性，以去其幻妄之烦惑，以复其本具之佛性，非但体一，即用亦非有二也。此实也，所云佛化之儒宗，不过表示其实而已，有何不可？然在家学佛，必须深信因果，恪尽己分，戒杀护生，至心念佛，为决定不易之修持。所言恪尽己分，即慈、孝、友、恭等。然世之不治，国乏贤人，其根本皆由家庭无善教所致。而家庭之教，母之责任更重，是以光屡言教子为治平之本，而教女为尤要者，以此。倘常以此与学生说，俾同以此相倡导，则不患不见治平之世矣。

复郁智朗居士书

福峻之事，若汝所叙，生前死后，种种是实，则可决定往生。以生时已将躯壳看破，此系最大一种利益。以女人每每唯恋幻质，日事妆饰，既无此念，自与净土法门容易相应。临终之瘦削，及病苦，乃多劫之业障，以彼笃修净业，殆转重报、后报，为现报、轻报耳。汝谓："由修持精进，致身体日弱。"此语不恰当，兼有令信心浅者因兹退惰之过。须知念佛之人，决定能消除业障。其有业障现前者，系转将来堕三途之恶报，以现在之病苦即了之也。《金刚经》谓，持《金刚经》者，由被人轻贱之小辱，便灭多劫三途恶道之苦。则福峻之将往西方，固以此小苦，了无量劫来之恶报，实为大幸。切不可学不知事务人，谓因修持而致病及死也。

念佛人平时有真信切愿，无一不得往生者，况福峻临终正念昭彰，作问讯、顶礼等相，而死后身体柔软洁净，颜貌如生，又何必以彼工夫浅为疑乎？夫弥陀愿王，十念尚度，况彼精进修持，已二三年，又有何疑？

世有种人，志意下劣，虽常念佛，不求往生，唯欲求人天福报，此种人纵毕世修行，只得来生之痴福而已。有正信者，自己以信愿感佛，佛以慈悲摄受，感应道交，必能仗佛慈力，带业往生，又何须问彼见佛与否，方可断判也。至于人未终前，若彼自能沐浴更衣，则甚善。如其不能，断不可预行沐浴更衣，令彼难受疼痛，致失正念。以汝尚以未着法衣、令其盘膝趺坐为遗憾。不知当此之时，只好一心同声念佛，万万不可张罗铺排（指沐浴、更衣、令坐等）。若一张罗铺排，即成落井下石，切记切记。令慈年迈，光若不说此弊，汝后会以尽孝之心，阻亲往生，俾长劫流转于生死中，莫之能出也。

吾人但取其实，毋矜其名。汝之记颇好，并不必求人作文以传，此皆世间虚浮之事。但宜自己并其家属念佛，以期同生西方即已。光每日朝暮课诵回向时，兼称福峻名，回向一七，以尽师徒之谊。又福峻此番之生与死，可谓不虚生浪死矣，幸甚。至于骨作面丸之事，甚好。但不可粗心为之，必须将骨研成细粉，用细罗罗过，与面无异方可。倘粗心大概研之，便和面作丸，恐小鱼食之，或有鲠刺于腹之患。光恐汝粗心，不得不说。

复某居士书

病与魔，皆由宿业所致。汝但能至诚恳切念佛，则病自痊愈，魔自远离。倘汝心不至诚，或起邪淫等不正之念，则汝之心，全体堕于黑暗之中，故致魔鬼搅扰。汝宜于念佛毕回向时，为宿世一切怨家回向，令彼各沾汝念佛利益，超生善道。此外概不理会。彼作声，也不理会作怕怖。不作声，也不理会作欢喜。但至诚恳切念，自然业障消，而福慧俱皆增长矣。看经典切不可照今人读书之毫不恭敬，必须如佛祖圣贤降临一般，方有实益。汝果能如是，则心地正大光明，彼邪鬼邪神，便无地可安身矣。倘汝心先邪，则以邪招邪，何能令彼远离不扰也？

他心通，鬼神虽有，小而且近。若业尽情空，则犹如宝镜当台，有形斯映。汝不至心念佛，而欲研究此之真相，不知此心便成魔种。譬如宝镜，无丝毫尘垢，自会照天照地。汝之心被尘垢封蔽深固，而欲得此，如尘封深厚之镜，断不能发光，或有发者，乃妖光，非镜光也。此事且置之度外，如堕水火、如救头燃以念佛，则无业魔不消矣。

复张季直先生书

光一无知无识之粥饭僧耳，由徐蔚如谬以芜稿再四排印，竟致渎及青眼，尚不以芜秽见弃，反谓其儒释融通，有体有用。殆所谓志在敬佛，遂忘其僧之庸劣也，感极愧极！易园与光，殆有宿缘，每欲拉阁下以同往西方，俾无量劫来及与现生所培之善根福德，同归实际，光极为佩服。以阁下当代文宗，光一无知无识之挂搭僧，故不敢随易园之班，以修书奉劝也。今接阁下华翰，见其曾看佛经，不知何者禅也，但觉净耳，不胜欣慰。足知阁下般若种子，殆非一佛二佛三四五佛所之所种者。夫禅至于不知，方是真禅。以见闻觉知，皆意识中事，唯其不知，方能灵光独耀，迥脱根尘，体露真常，即如如佛耳。净至于但觉，则全心是佛，全佛是心，心佛不二，心佛一如矣，否则何名但觉？阁下见解如此，已是超越近之学佛者万万。倘再能生信发愿，回向往生，则上品莲台，当可独据。或恐阁下于禅、净之所以然，佛力、自力之大小难易，未能深知，谓既悟自心，当处便是西方，不须求生，则其误非浅。何以故？以凡夫纵能悟到极处，尚有无始以来之烦恼习气，未能顿断。烦恼习气若有一丝毫，便不能超出生死轮回之外，此仗自力了生死之难也。念佛法门，但具真信切愿，无论工夫之浅深，功德之大小，皆可仗佛慈力，带业往生。末世众生，欲了生死，不依此法，其难不可以喻矣。祈详读《净土十要》、《净土圣贤录》，自知光言不谬。若不以为谬，且无多暇，但息心详阅《文钞》，自可悉知矣。

庐山青莲寺结社念佛宣言书

大觉世尊，愍诸众生，迷背自心，轮回六道，久经长劫，莫之能出。由是兴无缘慈，运同体悲，示生世间，成等正觉，随顺机宜，广说诸法。括举大纲，凡有五宗。五宗维何？曰律、曰教、曰禅、曰密、曰净。律者佛身，教者佛语，禅者佛心。佛之所以为佛，唯此三法。佛之所以度生，亦唯此三法。众生果能依佛之律、教、禅以修持，则即众生之三业，转而为诸佛之三业。三业既转，则烦恼即菩提，生死即涅槃矣。又恐宿业障重，或不易转，则用陀罗尼三密加持之力，以熏陶之。若蜾蠃之祝螟蛉，曰："似我！似我！"七日而变成蜾蠃矣。又恐根器或劣，未得解脱，而再一受生，难免迷失。于是特开信愿念佛、求生净土一门，俾若圣若凡，同于现生，往生西方。圣则速证无上菩提，凡则永出生死系缚。以其仗佛慈力，故其功德利益，不可思议也。

须知律为教、禅、密、净之基址，若不严持禁戒，则教、禅、密、净之真益莫得。如修万丈高楼，地基不固，则未成即坏。净为律、教、禅、密之归宿，如百川万流，悉归大海。以净土法门，乃十方三世诸佛，上成佛道，下化众生，成始成终之法门。故《华严·入法界品》，善财蒙普贤加被开示，已证等觉，普贤乃令发十大愿王，回向往生西方极乐世界，以期圆满佛果，复以此普劝华藏海众。而《观无量寿佛经》，下品下生，乃五逆十恶将堕阿鼻地狱之人，蒙善知识教以念佛，或念十声，或但数声，即便命终，亦得蒙佛接引，往生西方。观此，则上自等觉菩萨，不能出于其外，下至逆恶罪人，亦可入于其中。其功德利益，出于一代时教之上。以一代时教，皆仗自力以出生死。净土法门，未断惑者，仗佛慈力，即可带业往生；已断惑者，仗佛慈力，遂得速登上地。乃一代时教中之特别法门，不可以常途教道，相为并论也。以故《华严》、《法华》等诸大乘经，文殊、普贤等诸大菩萨，马鸣、龙树等诸大祖师，悉皆显阐赞导，普劝往生。

迨至大教东来，远公大师遂以此为宗。初与同学慧永，欲往罗浮，以为道安法师所留。永公遂先独往，至浔阳，刺史陶范景仰道风，乃创西林寺以居之，是为东晋孝武帝太元二年丁丑岁也。至太元九年甲申，远公始来庐山，初居西林，以学侣浸众，西林隘莫能容，刺史桓伊乃为创寺于山东，遂号为东林。至太元十五年庚寅七月二十八日，远公乃与缁素一百二十三人，结莲社念佛，求生西方，命刘遗民作文勒石，以明所誓。而慧永法师亦预其社。永公居西林，于峰顶别立茅室，时往禅思，至其室者辄闻异香，因号香谷，则其人可思而知也。当远公初结社时，即有一百二十三人，悉属法门龙象，儒宗山斗，由远公道风遐播，故皆群趋而至。若终公之世，三十余年之内，其入莲社而修净业，蒙接引而得往生者，则多难胜数也。

自后若昙鸾、智者、道绰、善导、清凉、永明，莫不以此自行化他。昙鸾著《往生论注》，妙绝古今。智者作《十疑论》，极陈得失；著《观经疏》，深明谛观。道绰讲净土三经，近二百遍。善导疏净土三经，力劝专修。清凉疏《行愿品》，发挥究竟成佛之道。永明说《四料简》，直指即生了脱之法。自昔诸宗高人，无不归心净土。唯禅宗诸师，专务密修，殊少明阐。自永明倡导后，悉皆显垂言教，切劝修持矣。故死心新禅师《劝修净土文》云："弥陀甚易念，净土甚易生。"又云："参禅人最好念佛，根机或钝，恐今生未能大悟，且假弥陀愿力，接引往生。"又云："汝若念佛，不生净土，老僧当堕拔舌地狱。"真歇了禅师《净土说》云："洞下一宗，皆务密修，其故何哉？良以念佛法门，径路修行，正按《大藏》，接上上器，傍引中下之机。"又云："宗门大匠，已悟不空不有之法，秉志孜孜于净业者，得非净业见佛，尤简易于宗门乎！"又云："乃佛乃祖，在教在禅，皆修净业，同归一源。入得此门，无量法门，悉皆证入。"长芦赜禅师结莲花胜会，普劝道俗，念佛往生，感普贤、普慧二菩萨，梦中求入胜会，遂以二菩萨为会首。足见此法，契理契机，诸圣冥赞也。

当宋太、真二宗之世，省常法师住持浙之昭庆，慕庐山远公之道，结净行社。而王文正公旦，首先归依，为之倡导。凡宰辅伯牧，学士大夫，称弟子而入社者，有百二十余人，其沙门有数千，而士庶则不胜计焉。后有潞公文彦博者，历仕仁、英、神、哲四朝，出入将相五十余年，官至太师，封潞国公。平生笃信佛法，晚年向道益力，专念阿弥陀佛，晨夕行坐，未尝少懈。与净严法师于京师结十万人求生净土会，一时士大夫多从其化。有颂之者曰："知君胆气大如天，愿结西方十万缘。不为自身求活计，大家齐上渡头船。"寿至九十二，念佛而逝。

元、明之际，则有中峰、天如、楚石、妙叶，或为诗歌，或为论辩，无不极阐此契理契机、彻上彻下之法。而莲池、幽溪、蕅益，尤为切挚诚恳者。清则梵天思齐、红螺彻悟，亦复力宏此道。其梵天《劝发菩提心文》，红螺《示众法语》，皆可以继往圣，开来学，惊天地，动鬼神。学者果能依而行之，其谁不俯谢娑婆，高登极乐，为弥陀之弟子，作海会之良朋乎！

自后国运日衰，不暇提倡，法运亦随之而衰。至咸、同时，兵灾四起，哲人日稀，庸流日多。儒者唯奉韩、欧、程、朱辟佛之说，以为至理名言，而不知佛法包括群圣之薪传，发明当人之心性，其妙义微言，功德利益，有非语言文字所能形容者。以故悉以毁灭佛法为志事，不肯读诵受持，保护流通，致令佛法，一败涂地。譬如小儿，见摩尼珠，不但不加保重，尚欲毁而弃之。至光绪末，废除举业，大开游学之端，凡天资高者，悉以博览为事。所有各种学理，皆不足以餍饫其心。唯佛学幽深宏博，无妙不备，真俗互资，空有圆融，从兹群相研究，而修习焉。《礼》云："虽有嘉肴，弗食不知其旨也。虽有至道，弗学不知其善也。"今既知其旨，知其善矣，岂肯将此无上心法，让古人独得，而自己与一切同人，皆不得乎？是故研究会、居士林、念佛社、素餐会，各处建设。其戒杀护生、吃素念佛者，日见其多。譬如穷子，自迷家乡，一旦得人指示，当即直求归路，断不肯仍旧循乞，孤露他方也。

青莲寺由黄谷法师开山以来，固为净土一大道场。其形势雄伟，实为庐山第一胜地，以故千数百年，道风不坠。经洪杨之乱，悉成劫灰。以法门式微，无人恢复，竟成荒山。妙培大师出家以来，即以净土为宗，拟欲以即生了脱之法，普利同人，特往红螺，熏修数年。今春游庐山，深慨远公之道无人振兴，于世道人心，殊失裨益。至青莲寺基，见其形势，若莲花然，而复前临三叠之瀑布，后倚五老之雄峰，左右则有狮子、象鼻二峰，以为护卫，殆天造地设一净土道场。不忍永令湮没，遂发愿恢复，以宏莲宗。乃与上海诸大居士商榷，幸得均示同心，故先建立数间殿堂，以为修持之地。至于寺之全体齐备，须待龙天感应，非今所急。为今之急务者，开莲社以行道耳。

或谓念佛求生西方即已，何必结社？是不知世间万事，须待众缘相助，方得有成，况学了生脱死之无上妙法乎。《易》曰：“丽泽兑，君子以朋友讲习。”盖取其二泽相并，彼此互益之义。又圣人以朋友列于五伦者，盖取其劝善规过，如二月互照；扶危保安，如两手相援之义也。（“友”，古作“𠬪”。“又”，手也，今文变“又”作“ナ”耳。）人之常情，若无依倚，则多涉因循怠忽之弊。大众同居，功课有定，虽欲懈怠，亦不可得。功课之外，其奋发精进者，即可摄彼懈怠者勉力而行。人皆前进，谁甘后退，彼此相辅，其行易成。或有所疑，及有所见，有可决择。每日暇时，请诸耆宿略示净宗纲要，则邪正去取，了了分明。有此诸益，故古人咸以结社为倡导。即身有职业，不能亲预，但依社章修持，待开会日，或亲往，或函告，明己修持之勤怠，利益之大小，亦与预修，相去不远，以心冀社友，不敢怠荒故也。

须知佛法原不离世间法，凡诸社友必须各各恪尽己分，如父慈子孝，兄友弟恭，夫倡妇随，主仁仆忠等。又须诸恶莫作，众善奉行，戒杀护生，不餐荤酒，闲邪存诚，克己复礼，自利利他，以为己任。如是则基址坚正，堪受法润。果具真信切愿，当必往生上品。世之愚人，每多不修实行，偏欲得一真修之虚名，以故设种种法，妆点粉饰，成一似是而非之相，冀人称赞于己。其心行已污浊不堪，纵有修持，亦为此心所污，决难得其真实利益，此所谓好名而恶实，为修行第一大忌。倘具前之所当行，无后之所当忌，则于世间则为贤人，于佛法则为开士。以身率物，由家而乡，由乡而邑，以至全国，及与天下。则礼义兴而干戈永息，慈善著而灾害不生，庶天下太平，人民安乐矣。愿见者闻者，同皆发起倡导，则幸甚幸甚！（所有简章，开列于后。）

复河南第五军副司令部杨明斋书

所言公门修行，不专指诵经、持咒、念佛而已，必须尽己职分，除暴安良，并所统之士卒一一皆以除暴安良、保护人民为志，则地方受福，而主将士卒同于冥冥中消除业障，增长福寿矣。若不以此事以恳切至诚心诫勖士卒，则兵所到处，地方受淫掠之惨，殆有不堪言者，况甚至又有毁烧屋庐，杀人示威者乎？居士果能如此，以至诚心令士卒将地方人民作自己家人想，不使彼受无谓之逼抑苦恼，则其功德大矣。能如是，再加以诵持经咒，念佛名号，则必蒙佛天护佑。无事则军威远镇，宵小潜伏，有事则承佛天力，克制敌军，则是护国将军、救世菩萨矣。

光以不德，何堪为师？然泥塑木雕之佛，若作真佛敬之，则与敬真佛之利益无异。以故且顺汝志，而为汝师。汝若看佛敬僧，则纵属粥饭庸僧，亦未必不能因之以超凡入圣了生脱死。若唯以光之道德具备是责，则便失所冀望，不如不皈依之为愈也。今为汝取法名为“智毅”。以有智之勇毅，内之可以修圣道、断烦惑，外之可以保国家、安人民。汝能顾名思义，其利益及于国家社会，岂止汝一人独得而已。至于诵经、持咒、念佛，一本于至诚恭敬而受持之即已，不必急急求解义为要也。果能如是受持，久之则业障消除，智慧发现，经之实益尚能亲得，况文义乎？《文钞》中屡屡言之，故不多述。祈熟阅《文钞》，即是常相晤对，况一函二函者乎。

复周孟由昆弟书

汝母年高，于净土一法未能认真修持，宜常与谈说六道轮回之苦，极乐世界之乐。人生世间，超升最难，堕落最易。若不往生西方，且莫说人道不足恃，即生于天上，福寿甚长，福力一尽，仍旧堕落人间，及三途恶道受苦。不知佛法，则无可如何。今既略晓佛法，岂可将此一番大利益事，让与别人，自己甘心在六道轮回中，头出头没，永无解脱之日乎？如是说之，或可发其宿世善根，信受奉行也。菩萨度生，随顺机宜，先以欲钩牵，后令入佛智。汝能力修孝友，及以净土法门劝导自己眷属，及一切有缘者，同作莲池会里人，则功德大矣。

世人有病，及有危险灾难等，不知念佛修善，妄欲祈求鬼神，遂致杀害生命，业上加业，实为可怜。人生世间，凡有境缘，多由宿业。既有病苦，念佛修善，忏悔宿业，业消则病愈。彼鬼神自己尚在业海之中，何能令人消业？即有大威力之正神，其威力若比佛菩萨之威力，直同萤火之比日光。佛弟子不向佛菩萨祈祷，向鬼神祈祷，即为邪见，即为违背佛教，不可不知。又一切众生，皆是过去父母，未来诸佛，理宜戒杀护生，爱惜物命。切勿依世俗知见，谓奉父母甘旨为孝。彼未闻佛法者，不知六道轮回之事理，妄谓为孝，尚有可原。若已闻佛法之人，杀过去父母亲属，以奉养现在父母及丧祭等，岂但不是孝道，直成忤逆矣。是以通人达士，由闻佛法之真实义谛，悉不肯依世俗之权法以行。以此权法，殆姑顺世俗迷情而立，非如来洞彻三世因果之道故也。若欲深知，取《文钞》中诸戒杀文，及《观音颂》之《普劝戒杀挽劫文》，阅之自知。

念佛人有病，当一心待死，若世寿未尽，则能速愈。以全身放下念佛，最能消业，业消则病愈矣。若不放下，欲求好，倘不能好，则决定无由往生，以不愿生故。此等道理不明白，尚能得仗佛慈力乎？汝母之病，宜切劝放下求往生。如寿未尽，求往生，反能速愈，以心至诚故，得蒙佛慈加被也。祈与汝母婉曲言之，令勿效痴人说痴话也。

昨接守良书，知汝母求生之心，尚未实发。病中且勿提及，但劝至心念佛，即得蒙佛加被，身心安乐。待大好后，婉曲劝导，令其求生，则利益大矣。并祈于汝母前，代为问好。又当为说光劝彼放下一切，一心念佛，是为自己要事，余皆是替儿孙殚心，有累自己念佛利益矣。

群铮知悉，汝母现有病，断不可不愈而去。然光看汝母，恐难高寿，宜与孟由及智昭等，日换班在旁念佛，俾其随念，不能念则静听。若世寿尽，如此行，则决定往生。若世寿未尽，亦当消除业障，增长善根。如汝决欲来山，只好照汝此议，庶两无所碍。现汝母病未愈，决不可发此心，发则于世间、世出，两俱违悖矣。人之临终，得其助念，定可往生。失其助念，或再以哭泣搬动，动其爱情瞋恨，则堕落难免矣，险极险极。汝能成就母往生，亦是三世诸佛净业正因，所谓即尘劳行佛事，其功德比寻常殊胜万分矣。祈与孟由说此助念法，并告汝母令听光言。至为亲开陈佛法，固为大善。然定省抚慰，亦须格外留意，幸甚。

汝母发愿寄款交光随意作功德，及助印芜钞。依光鄙见，做功德当以开人智识为最，拟以此款任印《观音颂》，普遍施送于远近，俾一切人同知观音大士为法界众生之恃怙，随类现身，寻声救苦，兼以辅弼弥陀，接引众生。况乎现今世人，日在患难中，无法防护。倘人人见此书，知大士之恩德，无不欲仗其威力以免灾祸。既发信仰依赖大士之心，自然心存慈善，改往修来，以期不与大士相背而得蒙其覆庇护佑也。世之不治，由于人心险恶，倘人能仰慕大士之慈悲，自可日臻善域。是故此书流通，其利无穷，比较别种暂时之益者，实相去天渊。且以此增汝母福慧，消汝母罪愆，必能生获安乐，没归莲邦。至于芜钞，则见之发心修善念佛者甚多，兹不具书。

汝母何以病不见愈？盖以宿业所致，殆转重报、后报为现报、轻报，于此时以了之乎。玄奘法师临终亦稍有病苦，心疑所译之经或有错谬，有菩萨安慰言："汝往劫罪报，悉于此小苦消之，勿怀疑也。"当以此意安慰汝母，劝彼生欢喜心，勿生怨恨心，则决定可蒙佛加被，寿未尽而速愈，寿已尽而往生耳。凡人当病苦时，作退一步想，则安乐无量。近来兵火连绵，吾人幸未罹此，虽有病苦，尚可作欲出苦之警策，则但宜感激精修，自得利益。否则怨天尤人，不但宿业不能消，且将更增怨天尤人之业。当与汝母说之，果能不怨不尤，净心念佛，其消业也，如汤消雪。光自回山，日日于课诵回向时，为汝母回向，祈三宝加被，寿未尽则速愈，寿已尽则速得往生西方耳。

接手书，知汝母已于初二日念佛往生，不胜伤叹。虽然，汝等既知佛法，当依佛法，令亲神识得益为事，不可徒为哀毁，令存亡两无所益。至于丧祭，通须用素，勿随俗转。纵不知世务者谓为不然，亦任彼讥笑而已。丧葬之事，不可过为铺排张罗。做佛事只可念佛，勿做别佛事。并令全家通皆恳切念佛，则于汝母，于汝等诸眷属，及亲戚朋友，皆有实益。有财力，多做功德。若丧事用度无出，即以之办丧事亦可，切勿硬撑架子，至有亏空，后来受窘，则不必矣。

接手书，知汝母去得甚好，此殆汝母往昔善根，及现在善愿，并汝等助成之功效也。人一生事事皆可伪为，唯临死之时，不可伪为。况其无爱恋之情，有悦豫之色，安坐而逝，若非净业成熟，曷克臻此？但愿汝昆弟与阖家眷属，认真为汝母念佛，不但令母亲得益，实则比自己念佛之功德更大。佛所以教人，凡诵经、持咒、念佛、作诸功德，皆为法界众生回向。平时尚为无干涉之法界众生回向，况母殁而不至心为母念佛乎？以能为一切众生回向，即与佛菩提誓愿相合。如一滴水，投于大海，即与大海同其深广。如未到海，则勿道一滴，即长江大河，固与大海天地悬殊也。是知凡施于亲，及一切人者，皆属自培自福耳。知此义，有孝心者，孝心更加增长，无孝心者，亦当发起孝心。请僧念七七佛甚好，念时汝兄弟必须有人随之同念。妇女不必随于僧次，以为日既多，人情熟悉，或令人起嫌疑。妇女宜另设一所，或居于幕，出入各门户，两不相见，是为表率乡邑，开通仪式之懿范。若漫无界限，或他人仿之，久则弊生。昔人立法，虽上上人，亦以下下人之法为范围，故能无弊。汝昆弟能如是为母念佛，兼又印施《观音颂》、《文钞》等，有此善心净资，并利人之事之功德，岂但汝母莲品增高，将见汝祖父母，汝父，并历代祖妣，同沾法利，同得往生也。光之所说，乃本理本情，非漫然为汝等说悦心快意语也。

富贵人家子弟，多不成器，其源由于爱之不得其道，或偏与钱财，或偏令穿好衣服。钱随彼用，则必至妄吃致病。若为彼存以生息，余不得者，于父母生嫌心，于所偏得兄弟姊妹生忌心，皆非所以教孝教悌之道。若女有钱，出嫁必以钱自骄，或轻其夫，或不洞事，以钱助夫为不法事。欲儿女成贤人，当为培福，不当为积财。财为祸本，汝等看多少白手起家者，皆由无钱，自勤而来，而大富家多多不久房产一空。故古人云："遗子黄金满籯，不如教子一经。"能读则读，不能读，或农、或工、或商，各有一业，为立身养家之本。女子若有钱，明道理，钱固为助道之本，不明道理，则害其女，并害其婿，并害其外孙孙女矣。汝母善理财，幸汝家祖德深厚，故兄弟姊妹皆贤善和睦，或于一人有偏私偏爱，亦不至彼此计较，然不可以此为法。须令儿女永无计较之嫌隙可生，及倚恃之骄情长起，庶几家道兴而子孙通皆循规蹈矩矣。光之性情多络索，以汝兄弟以光为师，恐后来或致儿女受害，故为絮叨及之，切勿谓所说无因，视作废言，幸甚。但祈汝兄弟认真念佛，则为报母之恩，亦为报佛之恩矣。

火葬一法，唐、宋佛法盛时，在家人多用之。然宜从俗葬埋，恐执泥者妄生议论。实则烧之为易泯灭，过七七日烧弥妥。葬之年辰久，或致骨骸暴露耳。三年之丧，不作礼乐，固宜遵守。前清文官必丁忧，武官不丁忧，以军事不可或辍，故不为制。今则废伦非孝，纷纷而起，守制之期尚足挂齿乎？吾人当依古礼，斟酌行之，不可遽变，不必过泥可耳。

"顶圣眼天生"等说，实可依据。光恐无知者唯以探冷热为事，意谓有信愿及临终正念分明，即可往生，不得专以探冷热为据，故云亦不一例。恐其探之频数，或致误事，不可不知。

《大宝积·无量寿如来会》所说，乃说此等堕疑悔者，名为“胎生”，亦有谓为“疑城”者。此约障蔽隔碍之义，立“胎生”、“疑城”之名，以在莲花中五百岁，不见佛闻法。何得死执其字以说义，将谓此等不在九品之数乎？须知西方无胎生，亦无城郭。乃约不能即出莲苞及与佛相隔之义，喻取于胎于城。汝遂执定其词，谓此在莲品之外。然则下品中生六劫，下生十二劫，则其胎其城为更厚更远矣。彼十二劫者尚归九品，何五百岁者便居品外？又何不观“于莲花中不能出现”八字，是莲为不列九品之莲乎？佛法本无可说，一死执，则无事生事，便费尽笔墨矣。总因自己居于疑胎，其为城也厚逾铁围。果能直下明了，则大地平沉，铁围了不可得矣。孟子谓：“以意逆志，是为得之。”只此“逆”字，亦是疑城。若知“逆”即迎合之意，则疑城化为乌有。一般死执着汉，所以终日讲说，终日违背，皆坐此死执着之病根未消，故致难得实益也。

复冯不疚居士书

若欲化人，必须自己实行，人自生信。光所言实行，尚不专指能念佛而已。凡发心学佛之人，必须所作所为，高出平人之上。所谓高出者，谓能力敦伦常，恪尽己分。父慈子孝，是所应然。一切时，一切处，务存真实。凡起心动念行事，俱须诸恶莫作，众善奉行。凡有迷而不信者，必须以真实诚意为彼宣说所知之因果等事理。不能知者，不可强说。众生在迷，如生而盲者，迷本有家。若欲归还，须待人领，方可不致撞墙磕壁，堕坑落堑。彼得人领，当须全体依从领者所说，不得稍生违抗。彼若违抗，不但不能到家，或恐丧失身命。佛所说之净土法门，即三界内一切众生之导师也。众生依佛言教而修行之，决定能到西方极乐世界，本有家乡，享受安乐。但以凡情不解圣智，故又自作聪明，妄相诘难，殊可哀怜。今一一答之。

一、物极必反，乐极生悲，为亘古今通天下毫不可易之公理公则。西方以“极乐”名，然则亦反乎悲乎？

答：世间所有若根身（即吾人之身）、若世界（即现所住之天地），皆由众生生灭心中同业（世界）、别业（根身）所感，皆有成坏，皆不久长。身则有生、老、病、死，界则有成、住、坏、空。所谓物极必反，乐极生悲者，此也。以因既是生灭，果亦不能不生灭也。极乐世界，乃阿弥陀佛彻证自心本具之佛性，随心所现不思议称性庄严之世界，故其乐无有穷尽之时期。譬如虚空，宽廓广大，包含一切森罗万象。世界虽数数成，数数坏，而虚空毕竟无所增减。汝以世间之乐，难极乐之乐。极乐之乐，汝未能见。虚空汝虽未能全见，当天地之间之虚空，汝曾见过改变否？须知一切众生皆具佛性，故佛（指释迦佛）令人念佛求生西方，以仗阿弥陀佛之大慈悲愿力，亦得受用此不生不灭之乐。以根身则莲花化生，无生、老、病、死之苦。世界则称性功德所现，无成、住、坏、空之变。虽圣人亦有所不知，况以世间生灭之法疑之乎？

二、一阴一阳之谓道。世传江慎修先生独居深山，做天地日月星辰皆成，惟居而不运，及得其婢之阴气，则能运行。西方既无女身，安非独阳不长乎？

答：江慎修系清朝一隐君子，其于圣贤心法、天文、地理，无不通达，实世间不可多得之人。先生未曾研究佛法，而于戒杀放生等事，颇形赞叹。（光曾为其书作序，并先生《年谱》一同流通。）此佛法中最浅近者，尚且如是。使当日有通法高人化之，当必深入法藏，彻证自心矣。至谓做天地日月星辰皆成，而不能运动，必待其婢之阴气而后运动。此炼丹之下流坯妄造谣言，欲引诸无识行邪僻事，特借慎修做天地，证明阴阳和合为道，乃极恶不法，无伦理，无廉耻，引人作禽兽之邪见魔话。彼无知者，认为道妙，可不哀哉！“一阴一阳之谓道”，此孔子赞《易》之言。《易》以阴阳为本，故孔子作如此说。后世之人不知道，便将“阴阳”二字，崖板认作阴阳。彼邪见者，又将阴阳移于男女。所谓鹦鹉学人语，了不知人事。今不避烦琐，略为指明，庶不致由圣人明道之言，而无知者误之以作永堕三途之恶业耳。

一非一二之一，乃混合无间之谓。阳，即明德。此之明德，人人具有，由其人欲之物障蔽，致本有明德，不能显现。若能格除人欲之物，则明德自可显露，是之谓明明德。阳，即明德。阴，即明明德之明。《中庸》所谓“诚明”。诚，即明德。明，即明明德之明。诚明合一，则是明明德。则是伏羲、神农、尧、舜、禹、汤、文、武、周公、孔子各圣所传之道。孔子在《大学》则直言“明明德”，子思在《中庸》则言“诚明”。《周易》一书，乃圣人观象喻道与教之书，故以一阴一阳为道。后世智识浅劣，遂死认阴阳，竟至拉及男女，竟至邪人引为诓骗无知行邪僻事之据。其诬蔑孔子，破坏《易》理，疑误后人，罪岂有极！我如此说，恐汝不信，试观《乾卦》六爻之龙，自可备知，亦不必遍研六十四卦矣。彼谓阴阳相合为道，深山中岂无阴阳之气，而必欲用人之阴阳乎？人之阴阳，是生儿女之本，岂天地日月星辰之本乎？此种邪说，臭秽之极，不堪挂齿，彼犹以为道。真所谓以人粪作栴檀，乃不识香臭之人也，哀哉！

三、参禅所以调神养气，信其有益。念佛则是多言伤气，岂亦有益耶？且如有人，日居汝旁，叫汝名不停，汝不厌乎？

答：禅者静坐，养气调神，亦是不知禅者之言，只得禅之皮毛，不知禅之所以也。禅者虽坐，坐而参究本来面目，非为养气调神也。念佛亦养气调神之法，亦参本来面目之法。何以言之？吾人之心，常时纷乱，若至诚念佛，则一切杂念妄想，悉皆渐见消灭，消灭则心归于一，归一则神气自然充畅。汝不知念佛息妄，且试念之，则觉得心中种种妄念皆现，若念之久久，自无此种妄念。其最初觉有妄念者，由于念佛之故，方显得心中之妄念，不念佛则不显。譬如屋中清净无尘，窗孔中透进一线日光，其尘不知有多少。屋中之尘，由日光显。心中之妄，由念佛显。若常念佛，心自清净。孔子慕尧舜周公之道，念念不忘，故见尧于羹，见舜于墙，见周公于梦。此常时忆念，与念佛何异？佛以众生之心口，由烦恼惑业致成染污。以“南无阿弥陀佛”之洪名圣号，令其心口称念。如染香人，身有香气。念之久久，业消智朗，障尽福崇，自心本具之佛性，自可显现。何得以世间唤人名而比之乎？若然，则孔子念念慕尧舜周公，亦为不是。若谓念念思慕为是，则声声称念何得非是乎？况此念佛，乃转凡成圣妙法，岂世间之法所能比乎。

四、人之病也，体中多虫。以药医之，则所以杀虫。废药必坐视其死。二者如何？

答：病有能医者，有医不能医者。能医者，外感内伤之病也。若怨业病，神仙亦不能医。念佛，便能令宿世怨家，仗佛慈力，超生善道，故怨解释而病即痊愈矣。外感内伤，念佛亦最有益，非独怨业病有益也。江易园做校长，因极力教授生徒，致用心过度，得病甚重（此时在上海），中西医俱无效。彼向不知佛法，江味农来看，谓："医既不效，则不须再医。当至心念佛，即可痊愈。"易园信之，病遂痊愈，故所以极力劝人念佛耳。后回家，有一亲戚年近七十，双目失明，易园劝彼念佛，未至一年，其目复明。今夏婺源江湾地方旱，易园劝大家念佛求雨，不七日，即得大雨。一方之民，踊跃欢喜。易园遂起佛光社，教一切男女老幼皆念佛，亦拉光为会长。可知念佛一法，随在何事，皆可成就。但不可念佛求作恶事成就，若欲作恶事念佛求成就，当被雷殛。恐愚人不知，故为表明。念佛之利益，古今不知有多少，今且以能见而问者言之，当无可疑。彼谓废药念佛，坐视其人之死。试问易园用药何以不愈，念佛又何复得痊愈乎？然此其小利益，大利益则往生西方，了生脱死，超凡入圣，以至成佛也。彼井中虾蟆，焉能知佛法大海之宽广乎？宜当作如是胡说巴道，以自逞其无知识也。

五、如鸡食虫，养鸡则是杀虫，保虫必须杀鸡，然则如何？

答：佛大慈悲，各令一切悉遂其生。鸡乃人之所养，若不设法令生，彼将断绝，非彼自生者可比。鸡食虫，以饥故，使不饥，则可不食，非必定食虫也。若如彼说，则杀鸡即为救虫。然人之吃一切物命，亦当杀之以为救一切物命，可乎不可？小智不知大理，妄以己之愚见，阻人戒杀放生之善。后来做了物类，决定不能遇放生救命之人。此时之苦，皆今日之邪智所培植也。

六、佛以万法皆空，何以有西方极乐世界？

答：万法皆空，乃凡夫惑业所感之境，何得以如来福慧所感之极乐世界相比。彼将谓西方亦同此世界，了无有异乎？以凡情测圣境，何异跛夫疑六通圣人一念便达一切世界，当即时累死也。又何异愚人谓一月普印千江，当不胜其劳也。佛言世智辩聪，不可入道。彼之所说，正佛所谓愚痴，而彼尚嚣嚣然自命为智，岂不大可哀哉！欲详说之，太费笔墨，熟读《文钞》，无疑不释。

复马舜卿居士书

接手书，知居士乐道之心，极为真切。至于誉不慧处，未免失于俗派。光一介庸僧，但只知学愚夫愚妇之专念佛名，何可如是过赞？至于所募印之《安士全书》，实格致诚正、修齐治平，与夫断惑证真、了生脱死之法，一一皆备，随人之见浅深，各得其益。所自任者，已经送完，今将友人结缘所余之一部，特为寄来，祈详阅之，自有手舞足蹈之乐。又《印光法师文钞》，乃徐蔚如三四次排印者，已散完矣。若九月到上海，当于商务印书馆请一部寄来。若过细看，则禅、净之界限及所以然，并佛力、自力之大小难易利害得失，固已明若观火，可以永无疑虑矣。但文不足观，但取其有益于初机入道即已，若以古德著述之模范绳之，则将弃置之不暇，何堪更为研究也。最初从此入，已经知其门路，再看古人所著，则固易为了然矣。他山之石，可以攻玉。无足废人，当途指路。玉与行人，当不以粗厉残废见弃也。

十三日接到手书，并乩书二部，随即送与俗人，本欲即复，以冗事多端，不暇及。至廿一日，又接手书，及其中乩语等，其意固亦欲人改恶从善，但肯改恶从善，则便为莫大利益。若谓明印师到普陀，大士赐示，则为诬蔑普陀及与大士。光在普陀，已满三十年，未曾闻有扶乩之事。明印既是高僧，当将佛教中因果报应事理，及修持净土法则，发挥示人。何得冒大士之名，以造谣言，虽亦有劝人之益，而自己先陷于诳妄罪中。至《救劫仙方》，更为俗鄙不堪，此系烧琉璃者所作，绝不知观音为何如人，玉帝为何如人。居士详看《安士书》首册，“天必锡汝以福”下注，及《欲海回狂》卷三之论天与佛菩萨之文，自不被此等胡说巴道所惑。居士信心虽切，奈绝未尝着佛法滋味，故将灵鬼妄冒仙佛等乱语一体尊重。前二部书，其劝世文颇有切实有益世道人心者，然拉杂乱录，固已不成片段。况其中说佛法者多不如法，在家善人宜取其戒劝之语，不必究其修行之语，则有大利而无少弊矣。至于《感应篇》、《阴骘文》、《觉世经》，则系示人克己复礼之宝鉴，比游移浮泛之乩文，固不可一目视之。扶乩一道，实有真仙降临，然百无二三次。若尽认做真仙，则是以平民妄称帝王矣。所临坛者，多属灵鬼，倘果有学识之灵鬼，其语言颇有可观，至说佛法，则非己所知，故多谬说。一班无知无识之人，遂谓真佛真菩萨，其语言之讹谬处，害人实深。居士宜潜心读《安士书》，并印光《文钞》，倘有入处，再去研究《法华》、《楞严》，自可明如观火矣。

接手书，不胜伤时之感，十余年来，天灾人祸，相继降作，总由不知三世因果，唯欲自利，不顾杀生害命，以及害人之所致也。欲挽劫运，非提倡三世因果、生死轮回，与戒杀护生、吃素念佛不可。现今之世，常在患难中，唯有阿弥陀佛与观世音菩萨可以倚靠，当常持圣号，冥冥中自有不可思议转移。又祈与诸眷属，及亲友乡党，皆以是为倡导，则其利大矣。其倡导之法，当以《安士书》及《文钞》为本，庶不至入于外道邪见法中。

雷峰塔倒，内中之经悉破坏不堪，好事者以重价购求，其意实非重经，乃重古也。使现所完全之经，一如宝贵此经，则功德利益，唯佛能知。彼以此系古人所藏，不思完全之经非古人所传乎？宝贵此经，固有功德，而唯以古为贵，不以经为贵，则成弃本逐末矣。

《金刚经》注解甚多，在家人素未研穷教理者，实不易领会。唯吕祖所注之《金刚经》，先用注以释义，后用讲话以消文，易于明白耳。

阁下有心救劫，当极力提倡因果报应，及戒杀护生，吃素念佛，诸恶莫作，众善奉行，力敦伦常，各尽己分，则有实益矣。否则但有空言，决无实效。

接手书，不胜感愧，光何人斯，敢膺此赞？监狱说法，乃因上海各居士发起，而常时巡往各县说法之人皆光之皈依弟子，以故彼等亦将光名列于名誉会长之列，而祈其往就近之第二监狱中一为开导也。

《观音大士颂》，其书乃光请江西一大文学居士所著，去年已脱稿，因战事起，未能付排，今秋至上海付排，明年当出书。此书于世道人心，大有关系。光欲印数十万部，遍布中外，恐人微德薄，无此感格，上十万部，当可做到，现已任及五万余矣。此书即《普陀山志》之卷首，以卷帙多，故别行也。《山志》新修已脱稿，尚待光校正过，方可刊行。光以事繁，恐在明年方可付手民耳。书出，当寄赠一二部。

至谓各教之同异处，人多偏执。或执其异，则是不知道本之见。或执其同，则是不知各教之发挥修证浅深大相悬殊之见。阁下且勿论其同异，如不以佛法为非，祈息心研究而修持之，久则自知其道体道用之同而不可相等，异而不可歧分之所以耳。佛法渊深，大聪明人尽平生心力，尚研究不得到详悉处。然佛法随机施教，若欲得其实益，即从特别超异之净土法门研究而修持之，则颇省心力，实为最要之道。阁下身居世网，又苦无知识请教，若不以光之文字拙朴见弃，请详阅《文钞》，依所说而修持之，其为利益不可思议。然光之文虽刺目，而多引经论成言，或宗经论意义，必须竭诚尽敬而阅之，方可得其利益。语云："下人不深，不得其真。"泥塑木雕之佛，作真佛敬，小则消灾增福，大则超凡入圣。其利益在自己之诚否，不在佛像之真假也。阁下果能以此意息心静阅而力行之，则为西方极乐世界之法门良朋善友矣。愿勉之，勿虚此望，则幸甚。

复裘佩卿居士书一

所言瞋心，乃宿世习性。今既知有损无益，宜一切事当前，皆以海阔天空之量容纳之，则现在之宽宏习性，即可转变宿生之褊窄习性。倘不加对治，则瞋习愈增，其害非浅。至于念佛，必须按自己之精神气力，而为大声、小声、默念及金刚念（即有声，别人听不见者，持咒家谓之金刚念）之准则，何可过猛，以致受病？此过猛之心，亦是欲速之病。今既不能出声念，岂心中亦不能默念，何可只限十念乎？况病卧在床，心中岂能一空如洗，了无有念？与其念他事，何若念佛名号之为愈乎。是宜将要紧事务交代家人，长时作将死、将堕地狱想，心中不挂一事。于此清净心中，忆想佛像，及默念佛名，并观世音菩萨像及名号。果能如是，决定业障消除，善根增长，疾病痊愈，身心康健矣。盖阁下之病，属于宿业，因念佛过猛而为发现之缘，非此病完全系念佛过猛而有。使不念佛，又当因别种因缘而得。世之不念佛者多多，岂皆不得一病，长年康健乎？了此自可不误会，谓念佛致病，有损无益也。光与阁下，未能一面，其为阁下谋者，实与自己之父母兄弟无二，以本佛慈悲，欲令有缘者同得即生往生也。念佛法门，若未详悉，宜日间略阅一二篇《文钞》，以作前途引导，则可不虚此一番往来谈叙也。

复裘佩卿居士书二

阁下既相信光，当依光所说，方有实益。否则虽有信心，但作种未来之善根而已。吾人在生死轮回中久经长劫，所造恶业，无量无边。若仗自己修持之力，欲得灭尽烦恼惑业，以了生脱死，其难愈于登天。若能信佛所说之净土法门，以真信切愿，念阿弥陀佛名号，求生西方，无论业力大、业力小，皆可仗佛慈力，往生西方。譬如一颗沙子，入水即沉。纵有数千万斤石，装于大火轮船中，即可不沉而运于他处，以随意使用也。石喻众生之业力深重，大火轮喻弥陀之慈力广大。若不念佛，仗自己修持之力，欲了生死，须到业尽情空地位方可。否则纵令烦恼惑业断得只有一丝毫，亦不能了。喻如极小之沙子，亦必沉于水中，决不能自己出于水外。阁下但生信心，念佛求生西方，不可再起别种念头。果能如是，寿未尽则速得痊愈，以专一志诚念佛功德，便能灭除宿世恶业，犹如杲日既出，霜雪即化。寿已尽则即能往生，以心无异念，即得与佛感应道交，故蒙佛慈接引往生也。阁下若信此话得及，则生也得大利益，死也得大利益。

瞋心乃宿世之习性，今作我已死想，任彼刀割香涂，于我无干，所有不顺心之境，作已死想，则便无可起瞋矣。此即如来所传之三昧法水，普洗一切众生之结业者。光特为阁下述之，非光自出心裁妄说也。

若不念佛求生西方，纵生到至极尊贵之非非想天，天福一尽，仍复轮回六道。若具志诚恳切念佛，纵将堕阿鼻地狱，尚能蒙佛接引，往生西方。万不可卑劣自居，谓我业重，恐不能生。若作此想念，则决定不能生矣。何也？以心无真信切愿，无由感佛故也。

观音菩萨久已成佛，特以慈悲心切，现九法界身，种种方便，度脱众生。（九法界即菩萨、缘觉、声闻、天、人、阿修罗、畜生、饿鬼、地狱也。）于人法界，又复种种不一，或为帝王宰官，或为隐逸庶民，或为妇女，或为乞丐，了无一定。但以菩萨之像微妙庄严，世人不能形容，以故多类女像，非菩萨原是女身也。欲供养者，当于北京路长康里佛经流通处，请石印之西方三圣像，用镜龛装好，彼处亦有，则阿弥陀佛、观音、势至，俱全矣。卧室若不洁，可将佛像供于净室，日请来熟视一二次，则心中便可作忆念矣。

念佛虽贵至诚清洁，然病人做不到，但心存至诚默念，或出声念，功德仍是一样。以佛慈广大，如父母于儿女病苦时，则不以平常之仪式见责，而且为其抚摩身体，洗濯污秽。若儿女病好，犹然令父母同彼病时一样伺候，则当被雷打。阁下何得谓卧床默念，恐有罪过乎？即无病人，睡时尚宜默念，况病人乎。

与方圣胤居士书

闻有贵恙，想日见痊愈矣。世间不明理之人，一有病，不是怨天尤人，便是求神祷鬼，徒增业障，有损无益。阁下素修净业，而且令夫人料理家事，妻贤子孝，心中了无可忧虑者。宜将一切家事，并自己一个色身，悉皆通身放下。以一尘不染心中，持万德洪名圣号，作将死想，除念佛求接引外，不令起一杂念。能如是者，寿已尽，则决定往生西方，超凡入圣。寿未尽，则决定业消病愈，慧朗福崇。若不如是作念，痴痴然唯求速愈，不唯不能速愈，反更添病。即或寿尽，定随业漂沉，而永无出此苦娑婆之期矣。祈慧察是幸。

论

净土决疑论

药无贵贱，愈病者良。法无优劣，契机则妙。在昔之时，人根殊胜，知识如林，随修一法，则皆可证道。即今之世，人根陋劣，知识稀少，若舍净土，则莫由解脱。

余自愧多生多劫，少种善根，福薄慧浅，障重业深。年当志学，不逢善友，未闻圣贤传薪之道，争服韩、欧辟佛之毒。学问未成，业力先现，从兹病困数年，不能事事。谛思天地鬼神，如此昭著。古今圣贤，如此众多。况佛法自无权力以胁人服从，必赖圣君贤相护持，方能流通天下耳。倘其法果如韩、欧所言，悖叛圣道，为害中国，岂但古今圣君贤相不能相容于世，而天地鬼神将亦诛灭无遗也久矣，又何待韩、欧等托空言而辟之也耶？《中庸》谓：君子之道，夫妇之愚，可以与知与能，及其至也，虽圣人亦有所不知不能焉。韩、欧虽贤，其去圣人远甚，况圣人所不知不能者乎？佛法殆非凡情世智所能测度之法也。遂顿革先心，出家为僧。自量己力，非仗如来宏誓愿力，决难即生定出生死。从兹唯佛是念，唯净土是求。纵多年以来，滥厕讲席，历参禅匠，不过欲发明净土第一义谛，以作上品往生资粮而已。所恨色力衰弱，行难勇猛。而信愿坚固，非但世间禅讲诸师，不能稍移其操，即诸佛现身，令修余法，亦不肯舍此取彼，违背初心。奈宿业所障，终未能得一心不乱，以亲证夫念佛三昧。惭愧何如！

一日，有一上座，久参禅宗，兼通教理，眼空四海，誓证一乘，效善财以遍参知识，至螺山以叩关余舍。时余适以《弥陀要解》文深理奥，不便童蒙，欲搜辑台教，逐条著钞，俾初学之士易于进步。非敢效古德之宏阐道妙，聊以作后进之入胜因缘。喜彼之来，即赠《要解》一本，且告以著钞之意。

上座因谓余曰："《要解》一书，吾昔曾一视之，见其词曰：'《华严》奥藏，《法华》秘髓，一切诸佛之心要，菩萨万行之司南，皆不出于此矣。'若此者不胜枚举。直是抑遏宗、教，过赞净土，谤正法轮，疑误众生。不意蕅益大师，以千古稀有之学识，不即直指人心，宏扬止观，反著斯解，以为愚夫愚妇之护身符。俾举世缁素，守一法以弃万行，取蹄涔以舍巨海，同入迷途，永背觉路。断灭佛种，罪过弥天矣。欲报佛恩者，当即毁灭令尽，又何堪著钞，以助其流通耶？"愤心厉气，若对雠仇。

余俟其气平，徐谓之曰："汝以蕅益此解为罪过薮者，但知其末流，而不知其本源。是逐块之痴犬，非择乳之鹅王也。须知其过，实不在于蕅益此解，在于释迦、弥陀，及十方诸佛，与《净土三经》，及《华严》、《法华》诸大乘经，文殊、普贤、马鸣、龙树、智者、善导、清凉、永明等诸大菩萨祖师也。汝若能为大法王，正治其罪，庶汝之所言，举世奉行矣。否则即是山野愚民，妄称皇帝，自制法律，背叛王章，不旋踵而灭门诛族矣。汝作是说，谤佛、谤法、谤僧，当即生陷阿鼻地狱，永劫受苦，了无出期。恃宿世之微福，造穷劫之苦报。三世诸佛，名为可怜悯者，即汝是也。"

彼瞿然曰："师言罪在释迦、弥陀等者，何反常之若是也？请详陈其故，若其理果胜，敢不依从？"

余曰："如来为一大事因缘故，出现于世。所谓大事因缘者，欲令众生开示悟入佛之知见，直下成佛而已，岂有他哉？无奈众生根有大小，迷有浅深，不能直下畅佛本怀。因兹随机设教，对病发药，为实施权，开权显实，于一乘法，作种种说。或有善根成熟者，令其诞登觉岸。其有恶业深厚者，令其渐出尘劳。曲垂接引，循循善诱。虽天地父母，不能喻其少分矣。

"又以一切法门，皆仗自力。纵令宿根深厚，彻悟自心。倘见、思二惑，稍有未尽，则生死轮回，依旧莫出。况既受胎阴，触境生着，由觉至觉者少，从迷入迷者多。上根犹然如是，中、下又何待言？断见惑如断四十里流，况思惑乎？了生脱死，岂易言哉！以是不能普被三根，畅佛本怀。唯念佛求生净土一法，专仗弥陀宏誓愿力，无论善根之熟与未熟，恶业之若轻若重，但肯生信发愿，持佛名号，临命终时，定蒙弥陀垂慈接引，往生净土。俾善根熟者，顿圆佛果。即恶业重者，亦预圣流。乃三世诸佛度生之要道，上圣下凡共修之妙法。由是诸大乘经，咸启斯要。历代祖师，莫不遵行。

“汝以禅、教自负，而妄谓宏净土者为谤正法轮，断灭佛种。足征汝乃魔附其身，丧心病狂，认迷为觉，指正为邪之地狱种子耳。夫释迦、弥陀，于往劫中，发大誓愿，度脱众生。一则示生秽土，以秽以苦折伏而发遣。一则安居净土，以净以乐摄受而钧陶。汝只知愚夫愚妇亦能念佛，遂至藐视净土。何不观《华严·入法界品》，善财于证齐诸佛之后，普贤菩萨乃教以发十大愿王，回向往生西方极乐世界，以期圆满佛果，且以此普劝华藏海众乎？夫华藏海众，无一凡夫、二乘，乃四十一位法身大士，同破无明，同证法性，悉能乘本愿轮，于无佛世界现身作佛。又华藏海中净土无量，而必回向往生西方极乐世界者，可知往生极乐，乃出苦之玄门，成佛之捷径也。以故自古迄今，所有禅、教、律丛林，无不朝暮持佛名号，求生西方也。汝历参丛林，何日日修习，而反生毁谤之若是也？儒书所谓“习矣不察，日用不知”者，莫汝为甚也。夫《华严》为诸经之王，王于三藏。《华严》不信，即一阐提，纵不生陷阿鼻，报终定堕无间。吾欲离苦而求生净土，汝欲得苦而毁谤《华严》。汝守汝志，吾行吾道。将军不下马，各自奔前程。道不同不相为谋，汝去，吾不语汝！”

彼曰：“道贵宏通，疑须剖决，师何见拒之甚也？尝闻：‘毗卢遮那，遍一切处。其佛所住，名常寂光。’则但证法身，当处即是寂光净土。又何必以生灭心，舍东取西，然后为得也？”

余曰：“谈何容易。寂光净土，虽则当处即是。然非智断究竟，圆证毗卢法身者，不能彻底亲得受用。圆教住、行、向、地、等觉，四十一位，尚是分证。汝若圆证毗卢法身，则不妨说当处便是寂光。其或未然，则是说食数宝，不免饥寒而死也。”

彼曰：“唯心净土，自性弥陀。宗门常谈，不应有错。”

余曰：“宗门所说，专指理性，非论事修。所以然者，欲人先识不涉因果修证、凡圣生佛之理，然后依此理以起修因证果，超凡入圣，即众生而成佛道之事。汝何事理笼统，知见颠倒之若是也？又汝以舍东取西，为生灭者。不知执东废西，乃断灭也。夫未证妙觉，谁离取舍？三祇炼行，百劫修因，上求下化，断惑证真，何一非取舍之事乎？须知如来欲令一切众生速证法身，及与寂光，所以特劝持佛名号，求生西方也。”

问：“枣柏李长者《华严合论》，谓西方净土，乃为一分取相凡夫，未信法空实理，以专忆念，其心分净，得生净土，是权非实。何以华藏海众，同愿往生？枣柏现生证圣，神通智慧，不可思议，定是华严会上菩萨示现，所有言说，当无错谬。”

答：“枣柏虽菩萨示现，以经未全来，不能预断，故作此说。按枣柏造论，在唐玄宗开元年间，论成之后，随即入灭。历五十余年，至德宗贞元十一年，南天竺乌茶国王方进《普贤行愿品》四十卷之梵文，至十四年，始译毕流通。其前之三十九卷，即《八十华严》之《入法界品》，而文义加详。彼第八十，善财承普贤威神之力，所证与普贤等，与诸佛等。普贤乃为说偈，称赞如来胜妙功德。以文来未尽，故未结而终。及《行愿品》来，第四十卷，普贤乃以十大愿王，劝进善财，及与华藏海众，令其回向往生西方极乐世界。说毕，如来赞叹，大众奉行，文方圆备。故古德以此一卷，续于八十卷后流通，欲后世学者咸得受持全经云耳。古德谓念佛求生净土一法，唯佛与佛乃能究尽，登地菩萨不能知其少分者，即此是也。则一切上根利器，净土总摄无遗矣。《大集经》云：‘末法亿亿人修行，罕一得道。唯依念佛，得度生死。’则一切人天六道具缚凡夫，净土亦总摄无遗矣。汝信枣柏而不信《行愿品》、《大集经》，是遵县令一时权宜之告示，而违皇帝万古不易之敕旨，何不知尊卑轻重之若是也？”

问：“彼既海众示现，何待经来方知？”

答：“宏扬佛法，大非易事。须有证据，方能取信。《华严》一经，迥越群典。无从引类，以自裁度。”

问：“《涅槃》全经未至，生公何以预倡‘阐提皆有佛性’？将谓枣柏不及生公？”

答：“阐提原是众生，一切众生皆有佛性，阐提何得独无？有智识者，皆可预断。往生圆满佛果，诸经绝未宣说。谁敢自出心裁，竖此奇义？二者事理绝不相侔，不可引以为证。至于二公所证，则非吾辈博地凡夫可知，何敢戏论。须知菩萨宏法，或顺或逆，种种方便，不可思议。得非枣柏示以不知，以敦后世之信向耶？”

问：“禅宗诸师，多拨净土，此又何说？”

答：“禅宗诸师，唯传佛心。所有言说，皆归向上。汝参禅有年，尚不知此，则汝之所解，皆破坏禅宗之恶知见也。”

问：“博地凡夫，岂敢自任。诸祖诚言，断可依凭。六祖谓：‘东方人造罪，念佛求生西方。西方人造罪，念佛求生何国？’赵州云：‘佛之一字，吾不喜闻。’又云：‘老僧念佛一声，漱口三日。’禅宗诸师，多有此等言句，则又何说？”

答：“六祖直指向上，令人识取自心。汝当作训文释义，辨论修持法门，所谓认驴鞍桥作阿爷下颔，几许误哉！汝须知西方之人，见思净尽，进破尘沙及与无明，只有进修，绝无造罪之事。谓彼求生何国者，若在此间，未断见思，仗佛慈力，带业往生之人，则生凡圣同居净土。一生彼土，则见思二惑，彻底消灭。喻如洪炉片雪，未至而化。德人觌面，鄙念全消。若是见思净尽，则生方便有余净土。分破无明，则生实报无障碍净土。无明净尽，福慧圆满，则生常寂光净土。在此土现证者如是，在彼土进修者亦然。汝何过虑彼无生处，而自障障人，不肯求生？闻噎废食，自丧性命，则天下痴人，莫汝若也。

“汝但知赵州‘佛之一字，吾不喜闻’。何不领取下文僧问：‘和尚还为人也无？’州云：‘佛佛’乎？但欲依‘念佛一声，漱口三日’，何不依僧问：‘和尚受大王如是供养，以何报答？’州云：‘念佛’乎？又何不依僧问：‘十方诸佛，还有师也无？’州云：‘有。’问：‘如何是诸佛师？’州云：‘阿弥陀佛，阿弥陀佛’乎？汝谓禅宗诸师，多有此等言句。不知禅家酬机之言，名为机锋，名为转语。问在答处，答在问处。不知返照回光，叩己而参，一向但噇酒糟，逐土块，有甚了期？

“吾出家三十余年，漱口佛不喜闻之言，则众口同宣。至于以佛佛为人，以念佛报恩，以阿弥陀佛为十方诸佛师，绝未闻一人说一句者。夫言出一口，既以彼为实为可依，则此亦是实是可依。何受损者即依，得益者即违？一依一违，自相矛盾。夫赵州所言，总归本分。‘佛不喜闻’，与‘念佛’等，皆属转语。若能直下识得自心，方知赵州道越常情，语出格外。当孜孜念佛，唯日不足矣。倘不能亲见赵州，则宁可以念佛为修持，不可依拨佛为把柄。依念佛，则即生便出轮回，将来定成佛道。依拨佛，则谤佛、谤法、谤僧，现生则罪业山积，福慧冰消，命终则永堕阿鼻，长劫受苦。其利害得失，奚啻天渊。总之，今人率皆福薄慧浅，业重障深。于得益者，皆若罔闻。于受损者，全身顶戴。（得益、受损，且约未悟错会说，非古德所说之法有益有损也。）诸师酬机之言，悉皆如是，不劳备释。

“汝谓诸祖诚言，断可依凭，何不依百丈云‘修行以念佛为稳当’乎？又何不依百丈立祈祷病僧、化送亡僧之规，皆悉回向往生净土乎？将谓百丈唯令死者往生，不令生者求生乎？又何不依西天第十四祖龙树菩萨，如来预记往生，龙宫诵出《华严》，广造诸论，偏赞西方，如《毗婆沙论》称为‘易行疾至’之道乎？又何不依第十二祖马鸣菩萨，于《起信论》末后，示最胜方便，令人念佛求生西方，常侍弥陀，永不退转乎？又何不依二祖阿难、初祖迦叶，结集三藏，与净土诸经乎？倘净土不足为法，有害于世，彼何不知好歹，贻后世以罪薮乎？又诸大乘经皆赞净土，而小乘经则无一字言及，将谓诸大乘经不足为法乎？又佛说《弥陀经》时，六方恒河沙数诸佛悉皆出广长舌，劝信此经，将谓六方诸佛亦贻人以罪薮乎？如谓六祖、赵州等不可不信，则龙树、马鸣、阿难、迦叶、释迦、弥陀、六方诸佛、诸大乘经，更为不可不信。若谓诸佛诸祖诸经皆不足信，又何有于六祖、赵州为哉？见近而不见远，知小而不知大。如乡民慕县令之势力，而不知皇帝之威德。小儿见铜钱而即拾，遇摩尼宝珠而不顾也。汝还知《永明四料简》，所示禅净有无，利害得失乎？夫永明乃弥陀化身，岂肯贻人罪薮，谤正法轮，疑误众生，断灭佛种乎？”

彼曰：“《永明料简》，语涉支离，不足为法。何以言之？彼谓：‘有禅有净土，犹如戴角虎，现世为人师，来生作佛祖。’若如所说，则今之禅者，类多皆看念佛的是谁。又有住念佛堂，长年念佛者。彼皆现世能为人师，来生即成佛祖乎？又云：‘无禅有净土，万修万人去，若得见弥陀，何愁不开悟。’今之愚夫愚妇，专念佛名者，处处皆有。未见几人临命终时，现诸瑞相，蒙佛接引，往生西方也。故知《永明料简》，为不足法。”

余曰：“汝何囫囵吞枣，不尝滋味之若是也？夫《永明料简》，乃《大藏》之纲宗，修持之龟鉴。先须认准如何是‘禅’，如何是‘净’，如何是‘有’，如何是‘无’。然后逐文分剖，则知字字皆如天造地设，无一字不恰当，无一字能更移。吾数十年来，见禅讲诸师所说，皆与汝言无少殊异。见地若是，宜其禅与净土，日见衰残也。”

问：“何名禅、净，及与有、无，请垂明诲。”

答：“禅者，即吾人本具之真如佛性，宗门所谓父母未生以前本来面目。宗门语不说破，令人参而自得，故其言如此。实即无能无所，即寂即照之离念灵知、纯真心体也。（离念灵知者，了无念虑，而洞悉前境也。）净土者，即信愿持名，求生西方。非偏指唯心净土、自性弥陀也。有禅者，即参究力极，念寂情亡，彻见父母未生前本来面目，明心见性也。有净土者，即真实发菩提心，生信发愿，持佛名号，求生西方也。禅与净土，唯约教约理。有禅有净土，乃约机约修。教理则恒然如是，佛不能增，凡不能减。机修须依教起行，行极证理，使其实有诸己也。二者文虽相似，实大不同，须细参详，不可笼统。倘参禅未悟，或悟而未彻，皆不得名为有禅。倘念佛偏执唯心，而无信愿；或有信愿而不真切，悠悠泛泛，敷衍故事；或行虽精进，心恋尘境，或求来生生富贵家，享五欲乐，或求生天，受天福乐，或求来生出家为僧，一闻千悟，得大总持，宏扬法道，普利众生者，皆不得名为有净土矣。”

问：“出家为僧，宏法利生，又有何过，而亦简除？”

答：“若是已断见思，已了生死，乘大愿轮，示生浊世，上宏下化，度脱众生者，则可。若或虽有智愿，未断见思，纵能不迷于受生之初，亦复难保于毕生多世。以虽能宏法，未证无生，情种尚在，遇境逢缘，难免迷惑。倘一随境迷，则能速觉悟者，万无一二。从迷入迷，不能自拔，永劫沉沦者，实繁有徒矣。如来为此义故，令人往生净土，见佛闻法，证无生忍。然后乘佛慈力，及己愿轮，回入娑婆，度脱众生。则有进无退，有得无失矣。未断见思，住此宏法，他宗莫不如是，净宗断断不许也。世多谓参禅便为有禅，念佛便为有净土。非但不知禅、净，兼亦不知文义。辜负永明古佛一番大慈悲心，截断后世行人一条出苦捷径。自误误人，害岂有极。所谓错认定盘星，毫厘有差，天地悬隔也。”

彼曰：“禅、净、有、无，略知旨趣。四偈玄文，请详训释。”

余曰：“‘有禅有净土，犹如戴角虎，现世为人师，来生作佛祖’者。其人彻悟禅宗，明心见性。又复深入经藏，备知如来权实法门。而于诸法之中，又复唯以信愿念佛一法，以为自利利他通途正行。《观经》上品上生，读诵大乘，解第一义者，即此是也。其人有大智慧，有大辩才。邪魔外道，闻名丧胆。如虎之戴角，威猛无俦。有来学者，随机说法。应以禅净双修接者，则以禅净双修接之。应以专修净土接者，则以专修净土接之。无论上中下根，无一不被其泽，岂非人天导师乎？至临命终时，蒙佛接引，往生上品。一弹指顷，花开见佛，证无生忍。最下即证圆教初住，亦有顿超诸位，至等觉者。圆教初住，即能现身百界作佛。何况此后，位位倍胜，直至第四十一等觉位乎。故曰‘来生作佛祖’也。

“‘无禅有净土，万修万人去，若得见弥陀，何愁不开悟’者。其人虽未明心见性，却复决志求生西方。以佛于往劫，发大誓愿，摄受众生，如母忆子。众生果能如子忆母，志诚念佛，则感应道交，即蒙摄受。力修定慧者，固得往生。即五逆十恶，临终苦逼，发大惭愧，称念佛名，或至十声，或只一声，直下命终，亦皆蒙佛化身，接引往生。非万修万人去乎？然此虽念佛无几，以极其猛烈，故能获此巨益。不得以泛泛悠悠者，较量其多少也。既生西方，见佛闻法，虽有迟速不同，然已高预圣流，永不退转，随其根性浅深，或渐或顿，证诸果位。既得证果，则开悟不待言矣。所谓‘若得见弥陀，何愁不开悟’也。

“‘有禅无净土，十人九蹉路，阴境若现前，瞥尔随他去’者。其人虽彻悟禅宗，明心见性，而见思烦恼，不易断除。直须历缘锻炼，令其净尽无余，则分段生死，方可出离。一毫未断者，姑勿论。即断至一毫未能净尽，六道轮回依旧难逃。生死海深，菩提路远，尚未归家，即便命终。大悟之人，十人之中，九人如是。故曰：‘十人九蹉路。’蹉者，蹉跎，即俗所谓耽搁也。阴境者，中阴身境，即临命终时，现生及历劫善恶业力所现之境。此境一现，眨眼之间，随其最猛烈之善恶业力，便去受生于善恶道中，一毫不能自作主宰。如人负债，强者先牵。心绪多端，重处偏坠。五祖戒再为东坡，草堂清复作鲁公，此犹其上焉者。故曰‘阴境若现前，瞥尔随他去’也。阴，音义与荫同，盖覆也。谓由此业力，盖覆真性，不能显现也。瞥，音撇，眨眼也。有以蹉为错，以阴境为五阴魔境者，总因不识‘禅’及‘有’字，故致有此胡说巴道也。岂有大彻大悟者，十有九人，错走路头，即随五阴魔境而去，着魔发狂也？夫着魔发狂，乃不知教理，不明自心，盲修瞎炼之增上慢种耳。何不识好歹以加于大彻大悟之人乎？所关甚大，不可不辩。

“‘无禅无净土，铁床并铜柱，万劫与千生，没个人依怙’者。有谓无禅无净，即埋头造业，不修善法者，大错大错。夫法门无量，唯禅与净，最为当机。其人既未彻悟，又不求生，悠悠泛泛，修余法门。既不能定慧均等，断惑证真。又无从仗佛慈力，带业往生。以毕生修持功德，感来生人天福报。现生既无正智，来生即随福转，耽着五欲，广造恶业。既造恶业，难逃恶报，一气不来，即堕地狱。以洞燃之铁床铜柱，久经长劫，寝卧抱持，以偿彼贪声色、杀生命等种种恶业。诸佛菩萨虽垂慈愍，恶业障故，不能得益。昔人谓修行之人，若无正信求生西方，泛修诸善，名为第三世怨者，此之谓也。盖以今生修行，来生享福，倚福作恶，即获堕落。乐暂得于来生，苦永贻于长劫。纵令地狱业消，又复转生鬼、畜。

欲复人身，难之难矣。所以佛以手拈土，问阿难曰：‘我手土多？大地土多？’阿难对佛：‘大地土多。’佛言：‘得人身者，如手中土。失人身者，如大地土。’‘万劫与千生，没个人依怙’，犹局于偈语，而浅近言之也。

“夫一切法门，专仗自力。净土法门，专仗佛力。一切法门，惑业净尽，方了生死。净土法门，带业往生，即预圣流。永明大师恐世不知，故特料简，以示将来，可谓迷津宝筏，险道导师。惜举世之人，颟顸读过，不加研穷，其众生同分恶业之所感者欤！”

彼曰：“我昔何罪，早昧真诠。宿有何福，得闻出要。愿厕门墙，执侍巾瓶。”

余曰：“余有何德，敢当此说？但余之所言，皆宗诸佛诸祖。汝但仰信佛祖，宏扬净土，则无德不报，无罪不灭。昔天亲菩萨初谤大乘，后以宏大赎愆。汝能追彼芳踪，我愿舍身供养。”

上座乃礼佛发愿云：“我某甲从于今日，专修净业。唯祈临终，往生上品，见佛闻法，顿证无生。然后不违安养，遍入十方，逆顺隐显，种种方便，宏通此法，度脱众生，尽未来际，无有间歇。虚空有尽，我愿无穷。愿释迦、弥陀、常住三宝，愍我愚诚，同垂摄受。”

余曰：“净土事者，是大因缘。净土理者，是秘密藏。汝能信受奉行，即是以佛庄严而自庄严。”

上座唯唯而退。

因录其问答，以为不知此法者劝。

净土法门普被三根论

一切众生，具有如来智慧德相，但由迷真逐妄，背觉合尘，全体转为烦恼恶业，因兹久经长劫，轮回生死。如来愍之，为说诸法，令其返妄归真，背尘合觉，使彼烦恼恶业全体复成智慧德相，从此尽未来际，安住寂光。犹如结水成冰，融冰成水，体本不异，用实天殊。然众生根有大小，迷有浅深。各随机宜，令彼得益。所说法门，浩若恒沙。就中求其至圆至顿，最妙最玄，下手易而成功高，用力少而得效速，普被三根，统摄诸法，上圣与下凡共修，大机与小根同受者，无如净土法门之殊胜超绝也。何以言之？一切法门，虽则顿渐不同，权实各异，皆须修习功深，乃得断惑证真，出离生死，超凡入圣。是谓全仗自力，别无倚托，倘惑稍未尽，则仍旧轮回矣。且皆理致甚深，不易修习，若非宿有灵根，即生实难证入。唯有净土法门，不论富贵贫贱，老幼男女，智愚僧俗，士农工商，一切人等，皆能修习。由阿弥陀佛大悲愿力，摄取娑婆苦恼众生，是故较余门得果为易也。

凡我有情，闻是净土法门者，当信娑婆极苦，西方极乐；当信多生以来，业障深重，匪凭佛力，骤难出离；当信求生决定克期得生；当信念佛定蒙慈悲摄受。由是坚定一心，愿离娑婆，如囚之欲出牢狱，绝无系恋之心。愿生西方，如客之思归故乡，岂有因循之念。从此随分随力，至心持念阿弥陀佛圣号，无论语默动静，行住坐卧，迎宾待客，着衣吃饭，务令佛不离心，心不离佛。譬如切事系心，凡百作为，不忘此事。或有公私众务，了无少暇，须于早晚十念念佛，至心发愿，亦能往生。以阿弥陀佛曾有愿云："十方众生，至心信乐，欲生我国，乃至十念，若不生者，不取正觉。"是故十念念佛，亦得往生也。

但既念佛求生西方，必须发慈悲心，行方便事，息贪瞋痴，戒杀盗淫，自利利人，方合佛意，否则心与佛背，感应道隔，但种来因，难获现果矣。若志诚念佛，行合佛心，心口相应。如是念佛之人，至临命终时，阿弥陀佛与诸圣众必然亲垂接引，往生西方。一生西方，则超凡入圣，了生脱死，永离众苦，但受诸乐矣。此则全仗佛力，不论功之深浅，惑之有无，但具真信切愿，决定万不漏一。至于已断惑者求生，则顿超十地。已登地者求生，则速证佛乘。所以文殊、普贤、马鸣、龙树等菩萨，皆愿往生也。具十恶者念佛，尚预末品。将堕狱者念佛，亦登莲邦。因兹张善和、张钟馗、雄俊、惟恭等恶人，同出轮回也。其他戒善具修，定慧均等，居尘不染，处浊恒清，克志西方，高登上品者，如群星之拱北，众水之朝东，何可得而胜数耶！是以千经万论，处处指归。往圣前贤，人人趣向。以其为如来普度众生之要道，众生即生出苦之妙法故也。

宗教不宜混滥论

（因讲经者每喜谈宗而发）

如来说经，诸祖造论。宗、教二门，原是一法。从无可分，亦无可合。随机得益，随益立名。上根一闻，顿了自心，圆修道品，即名为宗（此约后世说，当初但只圆顿教耳）。中下闻之，进修道品，渐悟真理，即名为教。及至像季，法流此土，人根聪利，多得闻持，率以记诵讲说为事。衲僧本分，向上一着，实悟亲证者少，说食数宝者多。以故达磨大师特地而来，阐直指人心之法，令人亲见本来面目，后世名之曰宗。既见本来面目，然后看经修行，方知一大藏教，皆是自己家里话，六度万行，皆是自己家里事。是以宗之悟解为目，教之修持为足。非目则无由见道，非足则不能到家。是宗、教之相需而不相悖，相合而不相离也。至于南岳、天台，其究竟指归，大略皆同。故《传灯》、《指月》二录，皆列二师于“应化圣贤科”中。而《高僧传》不列于“义解”，而列于“习禅”。是古之具眼知识，以宗、教为一贯矣。

及至曹溪以后，禅道大行，不立文字之文字，广播寰区，解路日开，悟门将塞。故南岳、青原诸祖，皆用机语接人，使佛祖现成语言，无从酬其所问，非真了当，莫测其说。以此勘验，则金鍮立辨，玉石永分，无从假充，用闲法道。此机锋转语之所由来也。自后此法日盛，知识举扬，唯恐落人窠臼，致成故套，疑误学者，坏乱宗风。故其机用愈峻，转变无方，令人无从摸索，故有呵佛骂祖、斥经教、拨净土者。（如此作用，南岳思大师两句道尽，曰：“超群出众太虚玄，指物传心人不会。”认做实法，则罪同五逆矣。）以此语言，剿人情见，塞人解路。根熟者直下知归，彻悟向上。机生者真参力究，必至大彻大悟而后已。良以知识众多，人根尚利，教理明白，生死心切，纵未能直下了悟，必不肯生下劣心，认为实法故也。

今人多是少读儒书，不明世理。未穷教乘，不解佛法。才一发心，便入宗门。在知识只为支持门庭，亦学古人举扬，不论法道利害。在学者不下真实疑情，个个认为实法。或有于今人举处，古人录中，以己意卜度出一番道理，总不出按文释义之外，便自谓彻悟向上，参学事毕，即处知识位，开导后学。守一门庭，恐人谓非通家，因兹禅讲并宏，欲称宗说兼通。谈宗则古德指归向上之语，竟作释义训文之言。讲教则如来修因克果之道，反成表法喻义之说。以教破宗，以宗破教，盲引盲众，相牵入火。致使后辈不闻古人芳规，徒效其轻佛凌祖、排因拨果而已。古人语言，绝未晓了。衲僧本分，何曾梦见？

今将宗、教语言意致，略为分别，用冀唯得其益，不受其病也。何谓宗？何谓教？演说之，宗、教皆教。契悟之，宗、教皆宗。教固有宗，宗亦有教。教家之宗，即实相妙理、三德秘藏，乃宗家之衲僧本分，向上一着也。（此对宗说，故以体为宗。若就教论，即名为体。教中之宗，乃是入体之门，不堪与宗之向上一着对论。）教家之教，即经论所说文字语言，及法门行相。无不皆诠妙理，皆归秘藏。亦犹宗家之机锋转语，种种作用也。但教则未悟亦令解了，宗则未悟不知所谓，为异耳。宗家之教，即机锋转语，扬拳竖拂，或语或默，种种作用，皆悉就彼来机，指归向上。是转语等，乃标向上。真月之指。非转语等即是向上真月。倘能依指观月，则真月直下亲见。所见真月，方是宗家之宗。今人以机锋转语为宗，不求契悟，唯学会透。是认指为月，不复知有真月矣。惜哉！

又教则三根普被，利钝全收。犹如圣帝明诏，万国钦崇。智愚贤否，皆令晓了，皆须遵行。有一不遵者，则处以极刑。佛教有一不遵者，则堕于恶道。宗则独被上根，不摄中下。犹如将军密令，营内方知，营外之人，任凭智同生知，亦莫能晓。以此之故，方能全军灭贼，天下太平。军令一泄，三军倾覆。祖印一泄，五宗丧亡。未悟以前，只许参究话头，不准翻阅禅书。诚恐错会祖意，则以迷为悟，以假乱真，即名为泄，其害甚大。大悟之后，必须广阅祖录，决择见地，则差别智开，药忌明了。尚须历缘锻炼，必使行解相应，方可出世为人，宏阐宗风。今人不教人力参，而为人讲演，使其开解路，起卜度，以己见会祖意，依稀仿佛，想个义理。全体是错，便谓就是。直饶不错，只是泥龙、画饼，岂能致雨充饥？所以宗须真参，方有实益也。未开眼者，闻其讲说，喜出望外。其有具眼者，必痛彻骨髓矣。如此宏宗，徒有大损，毫无实益。何异以军令往告敌兵，相邀共战，其不自殄灭者鲜矣。由是假充悟道者，不胜其多。坏乱佛法者，实繁有徒矣。

又教则以文显义，依义修观，观成证理，令人由解了而入。故天台以三止三观，传佛心印也。宗则离文显意，得意明心，明心起行，令人由参究而得。故禅宗以直指人心，传佛心印也。

又经教所说因果修证，凡圣生佛，事理行相，历历分明。若能修因，自然证果，超凡入圣，即众生而成佛道矣。既得此事，则不涉因果修证、凡圣生佛之理，岂待外求？宗门所说，总归本分，不涉因果修证、凡圣生佛（此“理即”也）。若得此意（此“名字”及“观行”初心也），定然依此不涉因果修证、凡圣生佛之理，而起修因证果、超凡入圣、即众生而成佛道之事矣（此“观行”至“究竟”也）。所以古德大悟后，有三次、七次阅《大藏经》者（汾州无业，三终《大藏》。育王知微，大慧杲门人，禁足于上塔院十余年，七终《大藏》，见《育王山志》）。有以坐看为不恭，跪读、行披、立诵者（栖贤湜三终《大藏》皆如此）。有毕生日持一部《法华》者（永明寿、首山念）。有看经唯恐打岔，贴帖子于方丈门首，曰“看经时不许问话”者（仰山寂）。有持观音圣号者（明教嵩日诵十万观音，世出世间经书，不读而知。又华林觉常念观音，遂感二虎常相依附）。有持《准提神咒》者（金华俱胝和尚）。有日课百八佛事者（永明寿，一部《法华》，亦在百八之数）。有对立像不敢坐，对坐像不敢卧者（大通本，又凡食物以鱼截名者，即不食）。有一日不作，一日不食者（百丈海）。至于念佛求生西方，则多不胜数也。良以百丈乃马祖传道嫡子，其开示有云："修行以念佛为稳当。"又所立清规，凡祈祷病僧，化送亡僧，皆归净土。故五宗诸师，多事密修也。多有久历年所，躬行苦行（如沩山作典座，雪峰作饭头之类）。无非欲圆满六度，自利利他。类皆重法如宝，轻身似尘。绝不似今人之轻慢古今，亵渎经论也。

是知宗为前锋，教为后劲。其所办是一事，其所说是一法，但以语言施设、门庭建立不同。门外汉不知其同而不可合、异而不可离之所以，妄用己见，强作主宰，不是互谤，便是混滥。互谤之过，愚或能知。混滥之愆，智犹难晓。盖以归元无二，方便多门。宗家方便，出于格外，所有语言，似乎扫荡。未得意者，不体离言之旨，唯噇出酒之糟，在宗则开一解路，不肯力参；在教则妄学圆融，破坏事相。唯大达之士，双得其益。否则醍醐甘露，贮于毒器，遂成砒霜鸩毒矣。教虽总明万法唯心，然须就事论事，事理因果，毫无混滥，原始要终，不出唯心。宗家的实商量，亦复如是。若举扬向上，虽指尽世间法法头头为问，答时总归本分，绝不就事论事。所谓问在答处，答在问处。纵有似乎就事说者，意则在彼而不在此。若认作就事者，即白云万里矣。的实商量者，禅书不录，所录者皆属本分话。若欲知者，必须广阅群书，否则看《万善同归集》，及《净土十要》中禅匠著述，亦可见其梗概矣。

克论佛法大体，不出真俗二谛。真谛则一法不立，所谓"实际理地，不受一尘"也。俗谛则无法不备，所谓"佛事门中，不舍一法"也。教则真俗并阐，而多就俗说。宗则即俗说真，而扫除俗相。须知真俗同体，并非二物。譬如大圆宝镜，虚明洞彻，了无一物。然虽了无一物，又复胡来则胡现，汉来则汉现，森罗万象俱来则俱现。虽复群相俱现，仍然了无一物。虽复了无一物，不妨群相俱现。宗则就彼群相俱现处，专说了无一物。教则就彼了无一物处，详谈群相俱现。是宗则于事修而明理性，不弃事修。教则于理性而论事修，还归理性。正所谓称性起修，全修在性，不变随缘，随缘不变，事理两得，宗教不二矣。教虽中下犹能得益，非上上利根不能大通，以涉博故。宗虽中下难以措心，而上根便能大彻，以守约故。教则世法佛法，事理性相，悉皆通达，又须大开圆解（即宗门大彻大悟也），方可作人天导师。宗则参破一个话头，亲见本来，便能阐直指宗风。佛法大兴之日，及佛法大通之人，宜依宗参究，喻如僧繇画龙，一点睛则即时飞去。佛法衰弱之时，及夙根陋劣之士，宜依教修持，喻如拙工作器，废绳墨则终无所成。

教多显谈，宗多密说。宗之显者，如达磨云："净智妙圆，体自空寂。"马祖云："即心即佛。"百丈云："灵光独耀，迥脱根尘。体露真常，不拘文字。心性无染，本自圆成。但离妄念，即如如佛。"此则与《法华》、《楞严》诸大乘经，毫无异致。总之六祖前多显，六祖后多密。愚人不知宗、教语言同异之致，每见宗师垂问，教家不能加答，遂高推禅宗，藐视教典，佛经视作故纸，祖语重愈纶音（纶音即圣旨）。今之欲报佛恩，利有情者，在宗则专阐宗风，尚须教印；在教则力修观行，无滥宗言。良以心通妙谛，遇缘即宗。柏树子，干屎橛，鸦鸣鹊噪，水流花放，欬唾掉臂，讥笑怒骂，法法头头，咸皆是宗。岂如来金口所说圆顿妙法，反不足以为宗耶？何须借人家扛子，撑自己门庭。自家楩、楠、豫章，何故弃而不用？须知法无胜劣，唯一道而常然。根有生熟，虽一法而益别。

然则教外别传之说非欤？曰：言教外别传者，令人于指外见月也。又宗家提持，超越常格之外，名为教外别传。然此四字，埋没多少豪杰。今为道破。对教说，则曰教外别传。机锋转语等，亦是教。对宗说，则曰机锋转语外别传。庶不至辜负佛祖，徒造口业矣。若真佛教不能传佛心印，则已得别传之迦叶、阿难、马鸣、龙树，当另宏别传之法，何用结集三藏、注经造论为哉？宗须教印者，如木须从绳则正也。予尝劝一狂僧念佛。彼言："衲僧鼻孔，三世诸佛尚摸不着，用念佛作么？"予曰："若真摸着三世诸佛摸不着的鼻孔，尚须步步随着三世诸佛脚后跟转。倘不随三世诸佛脚后跟转，则摸着者非衲僧鼻孔，乃阿鼻地狱铁床铜柱上火孔也。"达磨云："二百年后，明道者多，行道者少；说理者多，通理者少。"智者示登五品，南岳示证铁轮。故知今人于宗、教二门，开眼尚难，何况实证？其有慈悲愿深、生死心切者，宜随远公、智者、永明、莲池，专致力于念佛求生净土一门也。

书至此，有傍不甘者呵曰：“佛法广大如法界，究竟如虚空，妙性圆明，离诸名相。安用汝许多落索，分疆立界为？”予应之曰：“妙性虽离名相，名相岂碍妙性？虚空法界虽无疆界，疆界岂碍虚空法界？吾欲舍东往西，必须定南辨北，庶几方向不迷，措足有地。又恐己见错谬，欲请正于达人。是跛夫之路程，非轮王之舆版（舆版即地舆图）。若夫通方开士，过量大人，世法全是佛法，业道无非佛道。祖意、教理，佛经、禅录，本自融通，有何混滥？尽吾之智，不能测其境界。竭吾之力，不能窥其藩篱。吾之鄙论，姑就吾之鄙机言耳。子何以迦楼罗王之飞腾，用责于蠓螟蚊蚋，而令其齐驱也哉！”

佛教以孝为本论

孝之为道，其大无外。经天纬地，范圣型贤。先王修之以成至德，如来乘之以证觉道。故儒之《孝经》云：“夫孝，天之经也，地之义也，民之行也。”佛之《戒经》云：“孝顺父母、师僧、三宝，孝顺至道之法。孝名为戒，亦名制止。”是世出世间，莫不以孝为本也。

奈何世俗凡情，只知行孝之显迹，不知尽孝之极致，每见出家释子，辄随己臆见，肆其谤讟，谓为不孝父母，与荡子逆徒无异。不知世法重孝，出世间法亦无不重孝。盖世之所谓孝者，有迹可循者也。释氏之所谓孝者，略于迹而专致力于本也。有迹可循者，显而易见。专致力于本者，晦而难明。何以言之？儒者服劳奉养以安其亲，孝也。立身行道，扬名于后世以显其亲，大孝也。推极而论，举凡五常百行，无非孝道发挥。故《礼》之《祭义》云：“断一树，杀一兽，不以其时，非孝也。”故曰孝悌之道，通于神明，光于四海也。论孝至此，可谓至矣尽矣，无以复加矣。然其为孝，皆显乎耳目之间，人所易见。唯我释子，以成道利生为最上报恩之事。且不仅报答多生之父母，并当报答无量劫来四生六道中一切父母。不仅于父母生前而当孝敬，且当度脱父母之灵识，使其永出苦轮，常住正觉。故曰释氏之孝，晦而难明者也。

虽然，儒之孝以奉养父母为先者也。若释氏辞亲出家，岂竟不顾父母之养乎？夫佛制，出家必禀父母。若有兄弟子侄可托，乃得禀请于亲，亲允方可出家，否则不许剃落。其有出家之后，兄弟或故，亲无倚托，亦得减其衣钵之资，以奉二亲。所以长芦有养母之芳踪（宋长芦宗赜禅师，襄阳人，少孤，母陈氏鞠养于舅家。及长，博通世典。二十九岁出家，深明宗要。后住长芦寺，迎母于方丈东室，劝令念佛求生净土，历七年，其母念佛而逝。事见《净土圣贤录》），道丕有葬父之异迹（道丕，唐宗室，长安人。生始周岁，父殁王事。七岁出家。年十九，世乱谷贵，负母入华山，自辟谷，乞食奉母。次年往霍山战场，收聚白骨，虔诵经咒，祈得父骨。数日，父骨从骨聚中跃出，直诣丕前。乃掩余骨，负其父骨而归葬焉。事见《宋高僧传》）。故经云："供养父母功德，与供养一生补处菩萨功德等。"亲在，则善巧劝谕，令其持斋念佛，求生西方。亲殁，则以己读诵修持功德，常时至诚为亲回向，令其永出五浊，长辞六趣，忍证无生，地登不退，尽来际以度脱众生，令自他以共成觉道。如是乃为不与世共之大孝也。

推极而论，举凡六度万行，无非孝道扩充。故《梵网戒经》，一一皆言："应生慈悲心，孝顺心。"又云："若佛子以慈悲心，行放生业。一切男子是我父，一切女人是我母，我生生无不从之受生。故六道众生，皆是我父母。而杀而食者，即是杀我父母。"因兹凡所修持，皆悉普为法界众生而回向之，则其虑尽未来际，其孝遍诸有情。若以世孝互相较量，则在迹不无欠缺，约本大有余裕矣。惜乎不见此理者，不谓之为妄诞，便谓之为渺茫。岂知竖穷三际，横遍十方，佛眼圆见，若视诸掌也。

如来随机利生浅近论

人同此心，心同此理。生佛不二，凡圣一如。由迷悟之攸分，致升沉以迥别。大觉世尊，愍而哀之，示成正觉，普度众生，以醍醐之一味，随机宜而殊说。大根则为说顿法，令其速成佛道。小器则授以渐教，使彼徐出尘劳。随顺世间，循循善诱。示戒善，辟人天之坦路。明因果，陈趋避之良谟。

言戒善者。五戒不杀，即仁；不盗，即义；不邪淫，即礼；不妄语，即信；不饮酒，则心常清而志凝，神不昏而理现，即智。五戒全持，不堕三途，恒生人道。此与儒之五常大同。第儒唯令尽义，佛则兼明果报耳。十善者，不杀、不盗、不邪淫，名身三业；不妄言、不绮语、不两舌、不恶口，名口四业；不贪、不瞋、不痴，名意三业。此与五戒大同，而五戒多分约身，十善多分约心。十善具足，定生天界。至于遇父言慈，遇子言孝，对兄说友，对弟说恭，种种伦理之教，则皆欲使人各尽其分，无或欠缺，随顺世相，修出世法。

若夫广明因果报应，不爽毫厘。堕狱生天，唯人自召。乃如来至极悲心，欲令众生永离众苦，但受诸乐耳。故不惜现广长舌相，为诸众生尽情宣演。经云："菩萨畏因，众生畏果。"若欲不受苦果，必须先断恶因。若能常修善因，决定恒享乐果。此即《书》之"作善降祥，作不善降殃"，《易》之"积善必有余庆，积不善必有余殃"之意。但儒唯约现世与子孙言，佛则兼过去、现在、未来三世无尽而论。而凡情未测，视作渺茫，不肯信受。如盲背导师，自趣险道，欲不堕坑落堑，何可得耶？

是故佛法广被十法界机。若约人道而言，即无一人不堪受佛法，亦无一人不能受佛法。藉令各修戒善，则俗美人和，家齐国治，唐虞盛世之风，何难见于今日。因兹道启西乾，法流东震，历代王臣，咸皆崇奉。以其默化人心，隐赞治道，伏凶恶于未起，消祸乱于未萌故也。至于出家为僧，乃为专志佛乘，与住持法道而设，非谓佛法唯僧乃可修持也。

此诸浅说，乃如来随顺世间，渐令出世之人天乘法。余如声闻、缘觉、菩萨等乘，咸皆以此为基。若夫有大根者，直趣妙觉，彻证吾心本具之佛性，极畅如来出世之本怀，其义深远，姑置勿论。

持经利益随心论

大觉世尊所说一切大乘显密尊经，悉皆理本唯心，道符实相，历三世而不易，举十界以咸遵。归元复本，为诸佛之导师。拔苦与乐，作众生之慈父。若能竭诚尽敬，礼诵受持，则自他俱蒙胜益，幽显同沐恩光。犹如意珠，似无尽藏，取之不匮，用之无穷，随心现量，悉满所愿。《楞严》所谓求妻得妻，求子得子，求三昧得三昧，求长寿得长寿，如是乃至求大涅槃得大涅槃。夫大涅槃者，究竟果德。若论如来本心，契经全力，实属乎此。但以众生志愿狭劣，与夫致诚未极，不能直契，故随彼行心，满彼所愿。倘宿根深厚之士，则顿明自性，彻证唯心，破烦惑而直趣菩提，圆福慧而速成觉道，获契经之全益，畅如来之本怀矣。譬如一雨普润，卉木同荣，大根则拂云以蔽日，小根则长寸而增分。道本唯一真如，益随心而胜劣。然善根苟种，佛果终成。纵不能即获巨益，亦必以因兹度脱。闻涂毒鼓，远近皆丧。食少金刚，决定不消。先以欲钩牵，后令入佛智者，其斯之谓欤！

竭诚方获实益论

谚云："下人不深，不得其真。"此言虽小，可以喻大。夫世间大而经术文章，小而一才一艺，若欲妙义入神，传薪得髓，艺超侪伍，名传古今，而不专心致志，竭诚尽敬，其可得乎？故《管子》曰：“思之思之，又重思之。思之不得，鬼神其将通之。”非鬼神之与通，乃精诚之极也。

汉魏昭，见郭林宗，以为经师易遇，人师难逢，因受业，供给洒扫。林宗尝有疾，命昭作粥，粥成进之，林宗大呵曰：“为长者作粥，不加意敬事，使不可食！”昭更为粥复进，又呵之者三，昭容色不变。林宗曰：“吾始见子之面，今而后知子之心矣。”宋杨时、游酢，师事伊川。一日请益时久，伊川忽瞑目假寐，二子侍立不敢去。良久，伊川忽觉曰：“贤辈尚在此乎？归休矣。”乃退，门外雪深尺余矣。张九成，十四岁游郡庠，终日闭户，无事不越其限。比舍生隙穴视之，见其敛膝危坐，对诗书若对神明，乃相惊服而师尊之。此四子者，所学乃世间明德、新民、修齐治平之法。其尊师重道，尚如此之诚。故得学成德立，致生前没后，令人景仰之不已。至于弈秋之诲弈也，唯专心致志者胜。痀偻之承蜩也，以用志不分而得。由是观之，学无大小，皆当以诚敬为主。

而况如来于往昔劫中，欲令众生，同成觉道。以无缘种，莫由得度，因兹普现色身，垂形六道，种种方便，随机利物，千门具启，一道同归。善根未种未熟未脱者，令其即种即熟即脱。应以何身得度者，即现何身而为说法。云布慈门，波腾行海。六度齐修，四摄普益。其布施也，内外俱舍，所谓国城妻子、头目髓脑、身肉手足，欢喜施与。故《法华》云：“观三千大千世界，乃至无有如芥子许，不是菩萨舍身命处。”夫如来为众生故，经历三大阿僧祇劫，广行六度，普结缘种。待其机熟时至，然后示成正觉，宏开法会，普应群机。上根则显示实相，令其诞登道岸。中下则曲垂接引，令其渐次熏陶。显密权实，偏圆顿渐，随机而施，相宜而用。乘虽有三，道本无二。为实施权，权是实家之权。开权显实，实是权家之实。俯顺群机，循循善诱，必令机理双契，方得解行俱圆。学者虽则专主大乘，亦不可轻蔑弃舍小乘，以小乘原为进入大乘而设，乃如来之度生妙用，实下根之出苦宏猷。故《四十二章经》云：“学佛道者，佛所言说，皆应信顺。譬如食蜜，中边皆甜，吾经亦尔。”大海虽有浅深，水味原无二致。凡属佛经，固应一体尊重。如轮王命令，事虽种种不同，其为王敕则一也。而圆人受法，无法不圆。治世语言，资生业等，皆顺正法。况如来金口所说之生灭无生四谛、十二因缘等法乎哉？及如来一期事毕，示现灭度。迦叶、阿难等诸大弟子，结集法藏，遍界流通。一千年后，教传此土。两土高僧，东西往还，译布佛经，不惜躯命。读法显、昙无竭、玄奘等传，其道路险阻，非常艰辛，不觉哽噎涕泣，莫之能已。经云："人身难得，佛法难闻。"若非宿有因缘，佛经名字，尚不能闻，况得受持读诵，修因证果者乎？

然如来所说，实依众生即心本具之理。于心性外，了无一法可得。但以众生在迷，不能了知，于真如实相之中，幻生妄想执着。由兹起贪瞋痴，造杀盗淫，迷智慧以成烦恼，即常住而为生灭，经尘点劫，莫之能返。幸遇如来所说大乘显密诸经，方知衣珠固在，佛性仍存。即彼客作贱人，原是长者真子。人天六道，不是自己住处。实报寂光，乃为本有家乡。回思从无始来，未闻佛说，虽则具此心性，无端枉受轮回，真堪痛哭流涕，声震大千，心片片裂，肠寸寸断矣。此恩此德，过彼天地父母，奚啻百千万倍。纵粉身碎骨，曷能报答！唯有依教修行，自行化他，方可少舒春草仰晖、夏葵向日之微忱而已。

然今之缁素，翻阅佛经，毫无诚敬。种种亵慢，难以枚举。而习行既久，彼此相安。其亵慢之迹，不忍备言。视如来之法言，同破坏之故纸。且勿谓不知旨趣者，了无所益。即深知实义者，亦只是口头三昧，面门辉光。如饥说食，如贫数宝，虽有研究之功，绝无实证之益。况亵慢之罪，奚啻弥天。而受苦之期，岂止穷劫。虽是善因，反招恶果。纵为将来得度之因，难免多劫备受其苦。用是心怀惨伤，敢陈刍荛，企依佛教以奉行，庶唯得益而无损。

《金刚经》云："若是经典所在之处，即为有佛，若尊重弟子。"又云："在在处处，若有此经，一切世间天、人、阿修罗所应供养。当知此处，即为是塔，皆应恭敬作礼围绕，以诸花香而散其处。"何以令其如此？以一切诸佛，及诸佛阿耨多罗三藐三菩提法，皆从此经出故。而诸大乘经处处教人恭敬经典，不一而足。良以诸大乘经，乃诸佛之母，菩萨之师，三世如来之法身舍利，九界众生之出苦慈航。虽高证佛果，尚须敬法，类报本追远，不忘大恩。故《涅槃经》云：“法是佛母，佛从法生。三世如来，皆供养法。”况博地凡夫，通身业力，如重囚之久羁牢狱，莫由得出。何幸承宿世之善根，得睹佛经，如囚遇赦书，庆幸无极。固将依之以长揖三界，永出生死牢狱，亲证三身，直达涅槃家乡。无边利益，从闻经得。岂可任狂妄之知见，不存敬畏，同俗儒之读诵，辄行亵渎？既读佛经，何不依佛经所说恭敬尊重？既亵佛法，岂能得佛法所有真实利益？倘能暂息狂见，清夜自思，当必心神惊悸，涕泪滂沱，悲昔日之无知，誓毕生以竭诚。从兹心意肃恭，身口清净，永绝粗鄙之恶态，恒依经论之圣谟。果能如是，庶可于佛法大海中，随分随力，各获实益。如修罗香象，及与蚊虻，饮于大海，咸得充饱。又如一雨普润，卉木同荣。如是，则自己受持之功，方不枉用。而如来说经，诸祖宏法之心，亦可以稍得舒畅而慰悦矣。

今将古德恭敬经典之事迹利益，略录数条，企欲真修实践者，有所取法焉。

齐僧德圆，不知氏族，天水人。常以《华严》为业，读诵受持，妙统宗极。遂修一净园，树诸穀楮，并种以香草，杂以鲜花。每一入园，必加洗濯，身着净衣。溉以香水，楮生三载，香气氛馥。别造净屋，香泥壁地，结坛净器，浴具新衣。匠人斋戒，易服出入，必盥漱熏香。剥楮取皮，浸以沉水，护净造纸，毕岁方成。别筑净基，更造新室，乃至柱梁椽瓦，并濯以香汤，每事严洁。堂中别施方柏牙座，周布香花，上悬宝盖，垂诸玲珮，杂以旒苏。白檀紫沉，以为经案，并充笔管。书生日受斋戒，香汤三浴，华冠净服，状类天人。将入经室，必夹路焚香，呗先引之。圆亦形服严净，执炉恭导，散花供养，方乃书写。圆胡跪运想，注目倾心。才写数行，每字皆放光明，照于一院，举众同见，莫不悲感，久之方歇。复有神人执戟，现形警卫。圆与书生同见，余人则不睹焉。又有青衣梵童，无何而至，手执天花，忽申供养。前后灵感，杂沓相仍。迄经二载，书写方毕。盛以香函，置诸宝帐，安彼净堂，每伸顶谒。后因转读，函发异光。至于严洁，敬绝今古。此经递授，于今五代。有清净转读者，时亦灵应昭然。其经今在西太原寺贤首法师处，守护供养。

【注】此与下二条，皆系晋译六十卷《华严经》也。榖，音谷，从木，不从禾，楮之别种。德圆种楮，造纸写经。入此楮园，尚须洗濯，着净衣服。其平日礼佛诵经，诚敬净洁，盖可知矣。今人登大雄殿，尚无彼入楮园之虔洁，良可慨叹。浴具新衣者，浴，即浴室，新字宜作触，谓浴室中具有登厕之衣。匠人斋戒，易服出入者，所用匠人，皆须持五戒，日受八关斋法。凡欲登厕，先至浴室，脱去常服，着登厕衣。及出，先洗净，次洗浴，方着常服。旒苏，即须子，乃聚众丝线，于头上绾一结子，下则散分者。呗，唱赞也。五代，即齐、梁、陈、隋、唐，此传系唐人所作，故曰于今五代。德圆之诚，超越古今，故其灵感，杂沓相仍。今人虽无此财力，于力所能为者，可不竭诚尽敬，以期三宝垂慈，冥显加被乎？倘唯事形迹，了无诚敬，则无边法力，莫由感通，谓为佛法不灵，其可乎哉？此依《华严悬谈》及《会玄记》二书录出。

唐定州中山僧修德者，不知氏族。苦节成性，守道山林。以《华严》、《起信》，安心结业。于永徽四年，发心抄写。故别为净院，植楮树，兼种香花，灌以香水。凡历三年，洁净造纸。复别筑净台，于上起屋。召善书人汾州王恭，别院斋戒，洗浴净衣，焚香布花，悬诸幡盖，礼经忏悔，方升座焉。下笔含香，举笔吐气，每日恒然。德日入静室运想。每写一卷，施缣十匹，一部总六百缣。恭乃罄竭志诚，并皆不受，才写经毕，俄即迁化。德以经成，设斋庆之。大众集已，德于佛前烧香散花，发宏誓愿，方开经藏，放大光明，周七十余里，照定州城。城中士女，普皆同见。中山斋众，投身宛转，悲哽忏悔。

【注】此与上事迹大同，可见古人于三宝分上，多皆竭诚尽敬，绝不似今人之怠忽亵慢，有名无实也。举笔吐气者，或欲咳嗽，或欲呵欠，即

停笔少顷，面向旁边，令气出之，不敢以口气熏经故也。才写经毕，俄即迁化者，以专心写经，不求名利，志诚之极，致令业尽情空，了生脱死，高登上品宝莲，亲证不退转地矣。观此，可见佛法不辜负人，而今之缁素，多多皆是辜负佛法耳。奈何奈何！此一条出《会玄记》。

唐僧法诚，姓樊氏，雍州万年县人。幼年出家，以诵《华严》为业。因遇慧超禅师，隐居蓝谷高山，遂屏嚣烦，披诚请益。后于寺南岭，造华严堂，澡洁中外。庄严既毕，乃图画七处九会之像。又竭其精志，书写受持。宏文学士张静者，时号笔工，罕有加胜。乃请至山舍，令受斋戒，洁净自修，口含香汁，身被新服。然静长途写经，纸直五十。诚料其见，才写两纸，酬直五百。静利其货，竭力写之。终部已来，诚恒每日烧香供养，在其案前，点画之间，心缘目睹，略无遗漏。故其克心钻注，时感异鸟，形色稀世，飞入堂中，徘徊鼓舞，下至经案，复上香炉，摄静住观，自然驯狎，久之翔逝。明年经了，将事兴庆，鸟又飞来，如前驯扰，鸣啭哀亮。贞观初年，造画千佛，鸟又飞来，登止匠背。后营斋供，庆诸经像。日次中时，怪其不至。诚顾山岑曰："鸟既不至，吾诚无感也。将不嫌诸秽行，致有此征。"言已，欻然飞来，旋还鸣啭，入香水中，奋迅而浴，中后便逝。前后如此者，非复可述。静素善翰墨，乡曲所推。山路岩崖，勒诸经偈，皆其笔也。手写《法华》，正当露地，因事他行，未营收举。属洪雨滂注，沟涧波飞。走往看之，合案并干，余便流潦。尝却偃横松，遂落悬溜，未至下涧，不觉已登高岸，不损一毛。

【注】法诚、张静，各竭诚敬，故其感应，俱难思议。出《华严悬谈》，及《会玄记》，并《续高僧传》。

唐僧昙韵，定州人。行年七十。隋末丧乱，隐于离石北千山。常诵《法华经》，欲写其经，无人同志，如此积年。忽有书生，无何而至，云所欲洁净，并能行之。即于清旦，食讫入浴，着净衣，受八戒，入净室，口含檀香，烧香悬幡，寂然抄写，至暮方出。明又如先，曾不告倦。及经写了，如法奉赎，相送出门，斯须不见。乃至装潢，一如正法。韵受持读之，七重裹结，一重一度香水洗手，初无暂废。后遭胡贼，乃箱盛其经，置高岩上。经年贼静，方寻不见，周慞穷觅，乃于岩下获之。箱巾糜烂，拨朽见经，如旧鲜好。

【注】写经心诚，感圣来应。圣虽来应，示同凡夫，故一依其法，清旦食讫入浴，着净衣等也。八戒，即八关斋法，以过中不食为体，以不杀等八戒助成，关闭贪瞋痴等烦恼惑业，不令生起。乃令在家人受出家戒。从今朝清晨受，至明日明相出为限。写经令其日日常持，故须日日常受。至暮方出，则午亦不食矣。裹音果，包也。一重一度香水洗手者，即读一回经，先用香水洗一度手。箱巾烂而经鲜好者，一以圣人之法力加持，一以韵师之诚心感格，一以妙经之功德难思故也。韵师后住隰州，道宣律师贞观十一年至彼见之，时年已七十矣。此下数条，皆出《三宝感通录》。

唐贞观五年，有隆州巴西县，令狐元轨者，敬信佛法。欲写《法华》、《金刚般若》、《涅槃》等，无由自检，凭彼土抗禅师检校。抗乃为在寺如法洁净，写了下帙，还岐州庄所，经留在庄，并《老子五千言》同在一处。忽为外火延烧，堂是草覆，一时灰荡。轨于时任冯翊令，家人相命拨灰，取金铜经轴。既拨外灰，其内诸经，宛然如故，潢色不改，唯箱帙成灰。又觅《老子》，便从火化。乃收取诸经，乡村嗟异。其《金刚般若》一卷，题字焦黑。访问所由，乃初题经时，有州官能书，其人行急，不获洁净，直尔立题，由是被焚。具人现在，瑞经亦存。京师西明寺主神察，目验说之。

【注】《老子五千言》，即《道德经》。一切佛事，俱以戒行诚敬为本。若戒行精严，诚敬笃至，则三宝诸天皆为拥护，否则无边法力，莫之能感。观此诸经毫无所损，唯《金刚》经题，字迹焦黑，以其人既无戒力，又无诚心故也。受持佛经者，可不以持戒竭诚为急务哉！

唐河东有练行尼，常诵《法华》。访工书者写之，价酬数倍。而洁净翘勤，有甚余者。一起一浴，燃香熏衣。筒中出息，通于壁外。七卷之功，八年乃就。龙门寺僧法端，集众讲说，借此尼经，以为楷定。尼固不与，端责之，事不获已，乃自送付端。端开读之，唯见黄纸，了无文字，余卷亦尔。端愧悔送尼。尼悲泣受已，香水洗函，顶戴绕佛，七日不休。开视，文字如故。即贞观二年，端自说之云。

（本拟广录恭敬三宝之利益，及亵慢三宝之罪愆，令研究佛学者取法有地，获罪无由。以目力不给，遂止。）

挽回劫运护国救民正本清源论

道德仁义，乃吾人本具之性德。因果报应，实天地化育之大权。人生天地之间，藐尔七尺之躯，其与广大高厚莫测之天地并立为三，称为三才者，以其能仰体天地之德，皆可以为尧舜，皆可以作佛，以参赞其化育故也。故圣人于《易》“乾”、“坤”二卦之象，一以“自强不息”法天，一以“厚德载物”法地教人。夫自强不息，则闲邪存诚，克己复礼，非到明明德，止至善，人欲净尽，天理流行，以复其本具之性德不可也。厚德载物，则仁民爱物，推己及人，当必本忠恕，行慈悲，胞与为怀，物我同观，非尽其参赞之天职弗止也。然此非专指居位行政者言，即匹夫匹妇亦皆能行。以尧舜之道，孝悌而已。圣贤之学，修身而已。能修身者，必能孝悌，必能格除物欲，扩充良知，以独善其身矣，而其效必能刑于寡妻，至于兄弟，以御于家邦。况得位行政，岂有不能兼善天下之理乎？天下不治，匹夫有责。使人人各秉诚心，各尽孝悌，各行慈善，矜孤恤寡，救难怜贫，戒杀放生，吃素念佛。则人以善感，天以福应，自然雨顺风调，民康物阜，决不至常降水旱、瘟蝗、风吹、地震等灾。而时和年丰，人乐其业，加以慈和仁让，相习成风，纵有一二愚顽，亦当化为良善。如矜梁上之君子，一方永绝窃贼。赒匿室之偷儿，此后遂成善士。古人仁慈为政，真诚爱民，尚能感化异类。如虎不入境、鱼徙他方等瑞征，载诸史册，不一而足。果能各以慈善相感，断不至常有土匪刀兵、蹂躏劫掠等祸。

然人之气禀，万有不齐。天机深者，自能恪遵道义，以尽为人之分。其有宿习浓厚，障蔽性德，以至心之所念，口之所言，身之所行，每与道义相悖，然由闻其福善祸淫之理，及见其善恶报应之事，未有不战兢惕厉，以自修省，冀其获福而免祸者。是知天地以福善祸淫，为摄持人民悉遵道德仁义之大权。圣人本天地之心，以行教化。以故惠吉逆凶，五福六极，作善降之百祥，作不善降之百殃，积善之家必有余庆，积不善之家必有余殃之说，屡见于经。其所以感发人之善心，惩创人之逸志者，至深切矣。然则因果报应之吉凶祸福，乃道德仁义依违真伪之实验也。既知其实验，则欲为善而益加奋勉，必底于成。欲为不善而遂生恐惧，有所不敢矣。

如是则提倡因果报应，乃仰承天地圣人之心，以成全世人道德仁义之性德也。若以因果报应为渺茫无稽，不但违背天地圣人之心，自己神识，永堕恶趣。且使上智者不能奋志时敏，聿修厥德。下愚者无所忌惮，敢于作恶。以致天地圣人化育之权，抑而不彰。吾人即心本具之理，隐而弗现。其为祸也，可胜言哉！但以世间圣人，语言简略，又且只说现生，及与子孙。至于生之以前，死之以后，与从无始以来，随罪福因缘，轮回六道，皆未发明。以故识见浅者，虽日读圣人因果报应之言，犹然不信因果报应。如来大教，显示吾人心性之妙，与夫三世因果之微。举凡格致诚正修齐治平之道，与夫断惑证真了生脱死之法，无不备具。是故遇父言慈，遇子言孝。兄友弟恭，夫倡妇随，主仁仆忠，各尽己分。则与世间圣人所说，了无有异。而复一一各示前因后果，则非世间圣人所能及。尽义尽分之语，只能教于上智，不能制其下愚。若知因果报应，则善恶祸福，明若观火，其谁不欲趋吉而避凶，免祸而获福乎？又不知因果，多有外彰善相，实则暗存恶心，以行恶事，意谓人既不知，有何妨碍。不知吾人之心，与天地鬼神，及诸佛菩萨之心，息息相通。我心随起一念，彼则无不了知。故曰："人间私语，天闻若雷。暗室亏心，神目如电。"周安士曰："人人知因果，大治之道也。人人不知因果，大乱之道也。"

甚矣佛恩之浃于民生也！人特不深思，故弗知耳。上古之世，人情淳朴，胜过叔季之浇漓，奚啻数倍。文王之泽，及乎枯骨。不数百年，杀人殉葬之风，遍于天下。列国诸侯之死，杀所爱之臣妾，动至数十百人。不唯不生怜愍，而复反以为荣，各相效尤。以秦穆公之贤，尚杀百七十七人以殉葬。子车三子，乃国之良臣，亦复不为国与民计而免，况其他无道之暴君哉？国君如是，大夫与士，亦各随其力而为之。虽孔、孟、老、庄齐出，亦莫能止。及佛教东来，阐明因果报应，令人戒杀放生，断荤吃素。即虫蚁蚤虱，尚令护惜，勿行杀害，何况于人？以一切众生皆有佛性，皆知贪生怕死，皆是过去父母眷属，皆是未来诸佛世尊，固宜愍念怜恤，何敢妄行杀害，以充口腹乎？慈风一扇，胜残去杀。勿论诸侯大夫士，不敢杀人殉葬。即南面称朕者，亦不敢行此恶法。即有一二暴虐者行之，亦断不敢以多为荣也。使无佛法生死轮回、因果报应之说，则后世之人，能尽其天年而死者，盖亦鲜矣。此系至浅近之法，而其效尚能如是。况论心性极赜之理，与断惑证真之道乎哉！

而如来随顺众生，循循善诱。初以五戒、十善之人天乘，接引劣机，以作超凡入圣、了脱生死之前方便。若根机稍深，则为说四谛、十二因缘，令其断见思惑，证声闻、缘觉之二乘果。若是大乘根性，则令其发大菩提心，遍修六度万行，上求佛道，下化众生，兴无缘慈，起同体悲，不住色声香味触法而行布施，以及六度万行，度脱一切众生，令入无余涅槃，不见能度之我，与所度之人及众生，并所证之无余涅槃之寿者相。由其四相不着，三轮体空，故令尘沙、无明，因之消灭。随其功行，以次证夫十住、十行、十回向、十地、等觉之菩萨果，及全彰自性，彻悟唯心，福慧圆满，智断究竟之佛果耳。

又以末世众生，根机陋劣，匪仗如来洪誓愿力，决难现生即出生死。由是以大慈悲，特开一仗佛慈力了生脱死之净土法门。但具真信切愿，持佛名号，求生西方极乐世界，其所行一丝一毫之世善，并六度万行种种功德，悉以回向往生。此则以己信愿，感佛慈悲，感应道交，必蒙摄受。待至临终，蒙佛接引，往生西方。既往生已，则圆离众苦，但受诸乐，亲炙弥陀，参随海众，其证无生而成觉道，如操左券而取故物。较彼仗自力以了生死者，其难易固天渊悬殊也。又仗自力者，百千万人，难得一二即生了脱。以其必须定慧具足，惑业净尽，方可如愿。倘惑业尚有丝毫未尽，则生死轮回决难出离。仗佛力则信愿真切，万不漏一。三根普被，利钝全收。上根则速证法身，下根则带业往生。如来度生之怀，唯净土法门，方能究竟舒畅耳。由有如上种种利益，故古今来圣君贤相、杰士伟人，莫不自行化他，护持流通。以其能阴翼郅治，显淑民情，消祸乱于未萌，证本具之佛性也。

近来世道人心，日趋日下，各怀我见，互相竞争，以致刀兵连绵，无时静谧。而上有好者，下必有甚焉者。一班顽民，尽作土匪，肆行劫掠，毒害生民。人以恶感，天以灾应。水旱疾疫，风吹地震，种种惨灾，频频见告，国运危岌，民不聊生。欲行拯救，苦无其力。唯有恳求当权诸公，及一切同胞，悉本忠恕之心，以行慈悲之道。视一切人民，皆如同胞，互相扶持，勿行残害。思前因与后果，必修德而行仁。利人者实为利己，此生他世，福报无穷。害他者甚于害自，现在未来，苦报无尽。与其逞势于一时，以致神识受苦于永劫。何如修德于毕世，以期身心受乐于多生乎？然在凡夫地，未断惑业，纵生人天，终非究竟安隐之处。倘能随分随力，持佛名号，求生西方，以期尽此报身，高登极乐，方为最上脱苦之道。而堂堂丈夫，忍令本具佛性，常被惑业所缚，以受生死苦荼乎？

张季鸾君，特刊《中华新报》，每日专辟一栏，提倡佛学。举凡如来应化，法道流通，信毁罪福，修持利益，与夫戒杀放生、吃素念佛之言论事迹，随便登载。冀阅报诸君，同悟心、佛、众生三无差别之理，以行断恶修善、复本心源之事。余谓此实护国救民正本清源之道。因将吾人天职，天地化育，圣贤心法，佛教纲要，与夫乱之所始，治之所由，撮略言之，以贡当世具眼高人。所愧文字拙朴，不能畅发蕴奥。然其意义，固非妄谈杜撰，有可取焉。

又人生世间，所资以成德达才，建功立业，以及一才一艺养活身家者，皆由文字主持之力，而得成就。字为世间至宝，能使凡者圣，愚者智，贫贱者富贵，疾病者康宁。圣贤道脉，得之于千古。身家经营，遗之于子孙。莫不仗字之力。使世无字，则一切事理，皆不成立，而人与禽兽无异矣。既有如是功力，固宜珍重爱惜。窃见今人任意亵污，是直以至宝等粪土耳，能不现生折福折寿，来生无知无识乎哉？又不但有形之字，不可亵污遗弃。而无形之字，更不可亵污遗弃。孝悌忠信，礼义廉耻，若不措之躬行，则成亡八字矣。八字既亡，则生为衣冠禽兽，死堕三途恶道矣。可不哀哉！

疏

南浔极乐寺重修放生池疏

戒杀放生之事，浅而易见。戒杀放生之理，深而难明。若不明其理，纵能行其事，其心决不能至诚恻怛。其福田利益，亦随其心量而致成微浅。倘遇不知者阻诽，遂可被彼所转，而一腔善心，随即消灭者有之。以故不避繁词，用申其义。俾物类同沐慈恩，人伦各培福祉，以恳到之深仁，灭自他之杀报，同臻寿域，共乐天年。尚祈以此功德，回向西方，则永出轮回，高超三界，为弥陀之弟子，作海众之良朋矣。阅者幸注意焉。

原夫水陆众生一念心性，直下与三世诸佛，无二无别。但以宿恶业力，障蔽妙明，不能显现，沦于异类，遂致知识陋劣，除求食避死之外，了无所知。譬如大宝铜镜，经劫蒙尘，不唯毫无光明，即彼铜体亦不显现，直同废物。忽遇智人，知是宝镜，具有照天照地无边光明。遂日事磨砻，初则略露镜体，次则渐发光明。及乎磨之至极，则照天照地之光，全体显现。无智之人，方始贵重，视为至宝。须知此光，镜本自具，非从磨得。虽复自具，倘无磨砻之缘，从劫至劫，亦无发光之日。一切人天六道众生心性，悉皆如是。由无始来，惑业障蔽，不能显发本具妙明，迷背真性，造生死业。大觉世尊，知诸众生一念心性，与佛同俦。因兹种种方便，随机说法，普令修习戒定慧道，以期断惑业而复本有，圆福慧以证法身。又令世人发慈悲心，戒杀放生。良以我与一切众生，皆在轮回之中。从无始来展转相生，展转相杀。彼固各各皆为我之父母、兄弟、姊妹、儿女，我亦各各皆为彼之父母、兄弟、姊妹、儿女。彼固频频由恶业力，或于人中，或于异类，受我杀戮。我亦频频由恶业力，或于人中，或于异类，受彼杀戮。久经长劫，相生相杀，了无底止。凡夫不知，如来洞见。不思则已，思之则不胜惭愧悲悯矣。我今幸承宿世福善，生于人道，固宜解怨释结，戒杀放生，令彼一切有生命者各得其所，又为念佛回向净土，令得度脱。纵彼业重，未能即生，我当仗此慈善功德，决祈临终往生西方。既往生已，即得超凡入圣，了生脱死，永出轮回，渐证佛果矣。

且爱物放生，古圣先贤皆行此事。故《书》有“鸟兽鱼鳖咸若”之文，而文王泽及枯骨，况有知觉之物哉！至于简子放鸠，子产畜鱼，随侯济蛇，杨宝救雀，此固圣贤一视同仁之心，尚不知其蠢动含灵皆具佛性，展转升沉，互为怨亲，及将来决定成佛等义。迨至大教东来，三世因果，及生佛心性平等无二之理，大明于世。凡大圣大贤，无不以戒杀放生，为挽杀劫以培福果，息刀兵而乐天年之基址。古云：“欲知世上刀兵劫，须听屠门半夜声。”又云：“欲得世间无兵劫，除非众生不食肉。”是知戒杀放生，乃拔本塞源之济世良谟也。故陈智者大师，买临海江沪溪梁六十余所，亘四百余里为放生池，请敕立碑，禁止渔捕。有偷捕者，动辄得祸。直至唐贞观中，犹然如是。唐肃宗乾元二年，诏天下诸州各立放生池，敕颜真卿撰碑文，并书丹，有云：“我皇举天下以为池，罄域中而蒙福，承陀罗尼加持之力，竭烦恼海生死之津。揆之前古，曾何仿佛。”宋真宗天禧元年，诏天下立放生池，而杭州西湖亦宋之放生池也。明莲池大师立放生池于上方、长寿二处，其《戒杀放生文》流通天下。迄今三百余年以来，景仰高风，慈济物类之缁素通人，何可胜数！

或曰：鳏寡孤独，贫穷患难，所在皆有，何不周济，而乃汲汲于不相关涉之异类。其缓急轻重，不亦倒置乎哉？

答曰：子未知如来教人戒杀放生之所以也。夫人物虽异，佛性原同。彼以恶业沦于异类，我以善业幸得人身。若不加悯恤，恣情食啖，一旦我福或尽，彼罪或毕，难免从头偿还，充彼口腹。须知刀兵大劫，皆宿世之杀业所感。若无杀业，纵身遇贼寇，当起善心，不加诛戮。又况瘟疫水火诸灾横事，戒杀放生者绝少遭逢。是知护生，原属护自。戒杀可免天杀、鬼神杀、盗贼杀、未来怨怨相报杀。鳏寡孤独，贫穷患难，亦当随分随力以行周济。岂戒杀放生之人，绝不作此项功德乎？然鳏寡等虽深可矜悯，尚未至于死地。物则不行救赎，立见登鼎俎以充口腹矣。

又曰：物类无尽，能放几何？

答曰：须知放生一事，实为发起同人普护物命之最胜善心。企其体贴放之之意，中心恻然，不忍食啖。既不食啖，则捕者便息。庶水陆空行一切物类，自在飞走游泳于自所行境，则成不放之普放。非所谓以天下而为池乎？纵不能人各如是，而一人不忍食肉，则无量水陆生命得免杀戮，况不止一人乎？又为现在未来一切同人，断鳏寡孤独贫穷患难之因，作长寿无病、富贵安乐、父子团圞、夫妻偕老之缘。正所以预行周济，令未来生生世世永不遭鳏寡等苦，长享受寿富等乐。非所谓罄域中而蒙福乎？何可漠然置之。子审思之，戒杀放生，毕竟是汲汲为人，抑只汲汲为物，而缓急轻重倒置乎？

南浔极乐寺外，向有放生池。以磡未全砌，遂致坍塌，兼复多年未浚，淤泥充满。每有善士就河放生，虽发善心，生难获益。其旦蒙放而暮复遭捕者，当居多半。若近大江，则固宜放之江中，小河则断非所宜。园林大师心有不忍，拟欲深浚其池，外筑围墙以为防护，俾放生有地，而盗捕无由，其意亦良厚矣。尚未开工，适普陀觉三大师至，一见即志道相契，旋以寺事付托，而己则放下万缘，专修净业焉。觉师缵承旧绪，即欲速成其事，但以工程浩大，独力难成，拟募阖镇善信共襄胜事。祈予作序。予常痛念近世杀劫之惨，欲挽无力。因彼之请，触动予怀。遂将吾人与物类之本具真心，及随业升沉，并杀生护生之现未果报，撮略言之。冀诸位檀越，同发善念，同捐净资。俾此举速得成功，庶物类悉皆得所。其功德利益，无量无边。岂特现世万祸冰消，千祥云集。而未来世之衔恩报德者，正不知其几千万亿也！[①]

① 原文末“祈予作序”后文字与下文略有重复，《增广文钞》收录时略去。今据民国八年北京刻经处《印光法师文钞续编》及《安士全书》印光法师校订本所录原文补全。

金陵三汊河法云寺放生池疏

金陵为文献之邦，素称佛国。其地之人，多有大乘根性。以大法东来，百七十余年，只在北方。至吴孙权赤乌四年，康僧会尊者行化至此，以感佛舍利降临，孙权为之建塔修寺，以宏法化。至晋而佛驮跋陀罗译《华严经》，亦在其地。宋、齐、梁、陈以来，译经宏法，大有其人。一则宿昔熏陶，善根所使。一则山水崇深，地灵所致也。迨至唐肃宗时，颜鲁公真卿适守是邦，诏天下诸州各立放生池，命鲁公撰文。其曰："举天下以为池，罄域中而蒙福。"是岂独为物计哉？盖欲有所感也。今清凉山下乌龙潭，乃鲁公自立之放生池。鲁公精忠贯日月，文笔动风云，而且笃信佛法，极意护生。其懿德弘慈，千百年后，莫不景仰。

近来世道人心，陷溺已极。天灾人祸，频频降作。忧世之士，以为此等业果，皆由杀起。倘能知物不可杀，则断无杀人之理。由是各怀慈善，互相扶持，自可移风易俗，感召天和矣。于是冯梦老、王幼农、庞性存、魏梅荪等诸居士，谋立放生池，以提倡息杀行慈之道，企敦民胞物与之风。以乌龙潭鲁公故址，不能通江。另觅三汊河方家下圩，其地宽敞，有百数十亩，足可以建立道场，开池放生。幸其地主方君峻生，原属乐善君子，只取半价，亦可谓稀有功德矣。议甫成，而予适至金陵，魏君以其事告予，且令作疏，以为之倡。

予常痛近世杀劫之惨，欲挽无力。因彼之请，触动予怀。予前撰《南浔极乐寺放生池疏》，已将吾人与物类之本具真心，及随业升沉，并杀生护生之现未果报，撮略言之，兹不缕述。冀诸位檀越，同发善念，同捐净资。俾此举速得成功，庶物类各得其所。其功德利益，无量无边。岂特现世万祸冰消，千祥云集。而未来世之衔恩报德者，正不知其几千万亿也。须知放生原为戒杀，戒杀必从吃素始。倘人各戒杀，人各吃素，则家习慈善，人敦礼义，俗美风淳，时和年丰。何至有刀兵劫起，彼此相戕之事乎？此挽回天灾人祸、正本清源之要务也。凡有欲家门清泰，身心康宁，天下太平，人民安乐者，请皆于戒杀放生、吃素念佛中求之，则求无不得矣。

金陵三汊河法云寺增设佛教慈幼院疏

乾为大父，坤为大母。民吾同胞，物吾与也。故孔子以老安少怀为志，如来以普度众生为心。以一切众生，皆具佛性，皆是吾人过去父母亲属，皆于未来得成佛道。其有由恶业力，堕于水陆空行异类之中，其佛性固无少损。其贪生怕死、避苦求乐之心，与吾人初无少异。由是冯梦老邀同诸居士，发起法云寺念佛放生道场，以为提倡。冀一切善人，咸体天地父母之心，共怀民胞物与之念，弭自他之杀业，培菩提之道本。岂独注意于区区一道场而已哉，盖欲感发于普天之下也。而恻隐之心，无所不至。凡一切鳏寡孤独，颠连困苦，无所倚赖者，无不欲为救援。但以财力维艰，于法云寺放生池旁隙地增设一慈幼院。取无父无母，无法存活之孤儿，养之教之，俾其成才而自立，免令冻饿而死，以填沟壑，饱鸦犬，致彼祖宗断祭祀，兼使国家少人民。其心可谓真切恳挚，知所先务矣。良以小儿一失父母，必至死亡。即或稍能行乞，不至即死，以无力就学，亦不过终身为佣，何能开智识以达本天资，敦伦理以不悖人道乎哉？试思晋道安、唐一行、明妙峰，皆孤儿也，由得为僧，遂致道传天下，德被兆民。宋吕文穆，读书土窑，乞食活命，一僧怜而供给之，遂得高中魁选，致君泽民。故发愿有云："愿子孙世世食禄，护持佛法。不信三宝者，勿生吾家。"盖其所感深也。是知神龙之雏，每有沙碛之困。仁人能以斗升之水济之，待其羽翼既成，风云际会，便能普天之下，悉降甘霖。纵令天资庸常，无此作略，而养其良知良能，俾各为良善，亦可以为天下太平之本。况孤儿既多，当必有出类拔萃，堪能成道立德，参赞化育，如道安、一行、妙峰、文穆者。其教养成就之功德，何可称量乎哉！

所愿仁人君子，一切善信，各推幼幼之心，勿吝涓涓之助。须知施为福本，天道好还。我既济人之孤，则己之子孙，当必多皆出类拔萃，大有作为，决不至困苦颠连，无所吁告耳。宋范文正公，唯以济世济人为事，其子孙至今，多有达者。固知急人之急者，其自己与子孙，世世生生，皆不至有急而待人周济也。倘能俯纳刍荛，不惜家珍，俾此举大成，岂特孤儿之大幸哉，实天下国家之大幸也。

普劝施资助刻《大藏》疏

夫《大藏》者，乃般若之丛林，真如之府库，一切世出世间诸法之渊海也。举凡如来究竟亲证之道，众生即心本具之法，及十方世界之广，三世因果之微，与夫日用伦常孝悌慈善之道，悉皆显阐赞导，了无佚遗。以故宏法大士，莫不以流通《大藏》，为宏法利生之急务焉。

刻《大藏经》，与单刻一二部经论有异，不得谓此功德大，彼功德小，此法当机，彼不当机。良以一大藏虽有经、律、论，及西竺、此方种种著述，部类各别，卷数逾万，总是一部《大藏经》故。既是一部，何可割裂疆域，妄分优劣？譬如万川归海，同一咸味。百花成蜜，同一甜味。卉木虽有大小，春光原无偏僻。形相虽有殊异，明镜岂有二照。如修九层之塔，施砖石于各级，功德同等。如铸千尺之佛，熔金铜于一炉，哪分高低。但可即末以得本，岂宜执源而废流。菩萨度生，不见能度所度之相。菩萨行施，不着色声香味触法。故得一心无住，三轮体空，致其福德，直与十方虚空同一广大悠久。一大藏教，虽有大小、权实、偏圆、顿渐、显密、真俗、禅净、性相，种种不同。然其心光血脉，固皆融会贯通，一无滞碍。如帝网千珠，重重交映。如佛殿千灯，光光相涵。助刻檀越，但取钱不落空，勿论刊刻何种。庶经理之人，少费心力，而汪洋《大藏》，速得圆成矣。倘或以分别心，妄生拣择，则人各效尤，必致或有一种，多人愿刻，以成重复；或有一种，无人发心，常时阙漏。功德虽有，缓急失当。全藏流通，知在何时？况此时经理、校对，悉皆有人。胜缘难再，忍令错过耶？

须知为实施权，权是实家之权。开权显实，实是权家之实。如来说经，菩萨造论。若无西竺、此方诸宗古德著述，辅弼翼赞，何能中外流通，至今不替？且世主治国，尚赖文武辅弼，方得万民仰德而畏威，观光而自化。况如来所证之三德秘藏，实相妙理，若舍古德随顺机宜种种发挥，则佛心所证，唯佛与法身大士能知，其余劣机众生，将何由而知，何由而证乎哉？是知一大藏万余卷经，同是一法，何可分别？所愿施资助刻诸大檀越，同以无所住而生心，不住法而行布施，则一大藏之不思议功德，人人各获全分。如一月当空，万川普映；一气值节，大地皆春矣。

吉林哈尔滨创建极乐寺疏

佛法流通，利益无量。天机深者得其深，即可明心见性，断惑证真。天机浅者得其浅，亦可改恶修善，希圣希贤。良以如来设教，虽则正为出世，而随顺机宜，循循善诱。故于经世之道，亦复发挥净尽，毫善弗遗。遇父言慈，遇子言孝，兄友弟恭，夫倡妇随，凡一切伦常日用之道，与儒教所说，了无异致。其所异者，一一各示三世因果，善恶报应，使人心存敬畏，不敢逾越，虽在暗室屋漏之中，常如面对佛天。即下而贪残暴恶之伦，绝无信心，以久闻因果报应之事，其心已冥受制伏，亦不至十分酷烈。观于列国杀人殉葬，以多为荣。佛教东来，遂灭此风，可以见矣。其入人深而利益溥，譬如杲日丽天，生盲悉获安乐，阳春回地，焦芽亦荷生成。诚所谓如来不出世，万古冥若夜游；佛法若流通，人天悉有恃怙。教传东震，年将二千。其间具聪明睿智之资，立掀天揭地之业，学识通人天，节操凌风云者，莫不崇奉护持，极力流通，不惜巨资，建立塔寺。以其阴翼治道，显淑民情，使民日迁善而不知所以为之者。故古今首出庶物之人，莫不以流通佛法，为天下太平、万国咸宁之基址焉。

吉林哈尔滨，僻处边陲，在昔但为华俄渔场而已。自铁路开通，遂成欧亚交通重要地点，万商云集，各行星罗，较京、津、沪、汉，无多让焉。但以寺宇绝无，高僧不来驻锡。经典未布，人民无缘培修。中东铁路监察局长陈飞青君，宿植德本，笃信佛乘，欲使滨江同人，咸沐如来法化，特向中东路局请地数亩，拟建十方丛林，命名极乐，以宏佛法而资信仰。其绅商首领，若某某等数十人，莫不皆本己立立人之心，行自利利他之事，为之协力赞襄，以速其成。其建筑规模，悉仿内地大寺之制。以倓虚法师博学多闻，深通经教，志切宏法而利人，因请为住持，祈其寺成之后，长年讲经。俾莅滨人士，咸知修身淑世之道，与夫了生脱死之法。兼复堂开莲社，继庐山之遗风。室辟阅经，穷修持之秘要。

但以平地建筑，与长时宏法，其事体甚大，其费用甚繁。以故恳祈当道长官，巨绅富商，及一切善信人等，各各发菩提心，行方便事，打开宝藏，培植福田，输金输粟，转劝转募。俾含空宝殿，指日成功。满月金容，经劫常住。高僧莅止，经典流通。莲社开，而净土之宗风丕振。经教宣，而苦海之舟筏长存。从兹人慎三业，户敦十善。胜残去杀，同登仁寿之域。信愿念佛，共生极乐之邦。将见出资善士，常蒙佛天护佑。当必灾障冰消，吉庆云集。身心安泰，家门静谧。富寿康宁，现生获箕畴之五福。尊爵上章，后裔纳伊训之百祥矣。

杭州弥陀寺启建莲社缘起疏

一切众生，一念心性，与佛全同。而其居心行事，与佛全异者，其故何也？良以迷本具之性德，逐妄合尘。以性具无着之戒定慧，反作逐境染污之贪瞋痴，遂造随事争执之杀盗淫。由是之故，轮回六道，受诸极苦，久经长劫，莫之能出。大觉世尊愍之，兴无缘慈，运同体悲，示生世间，成等正觉，说法四十九年，谈经三百余会。其间教随机异，法以缘殊，大小偏圆，权实顿渐，各就机宜，令得利益。于中求其三根普被，利钝全收，下手易而成功高，用力少而得效速，不断惑业，得预海会，即此一生，定出轮回者，无如信愿念佛、求生西方之殊胜超绝也。以故《华严》、《法华》等诸大乘经，文殊、普贤等诸大菩萨，马鸣、龙树等诸大祖师，悉皆极力赞扬，普劝往生。

迨至大教东流，远公大师隐居庐山，创开莲社，宏通此法。最初结社之时，高僧巨儒之预会者，凡百二十三人。若终公之世，三十余年之内，其入莲社而念佛名，蒙接引而得往生者，则多难胜数也。自兹厥后，代有高人，宏扬莲宗，导利含识。宋初永明大师，住持净慈（净慈初名永明），圆修万善，偏赞净土。恐学者不知自力、佛力之所以然，作《四料简》，以为指南。俾上中下根，若凡若圣，皆有遵循。若非弥陀化身，何克臻此？后有省常法师，当太宗、真宗之际，住持昭庆，慕庐山之遗风，结净行之莲社。而王文正公旦，首先归依，为之倡导。凡宰辅伯牧、学士大夫，称弟子而入社者，有百二十余人。其沙门则有数千，而士庶则不胜记焉。明季莲池大师，参禅大悟之后，力修净业，重兴云栖。以契理契机，莫过净土，遂著《弥陀经疏钞》，发其甚深旨趣。净土宗风，为之丕振。而一生悲敬双修，事理不二。以故戒杀放生、济孤利冥之懿范，数百年来，中外景仰。清雍正间，省庵法师住持梵天，宏阐净土，不遗余力。其《劝发菩提心文》，堪与日月争光，虚空等寿。由此诸祖心光所映，杭州人士多皆信向。又以山水佳胜，高人蔚生，而人以类聚，故法门知识亦多莅止，因兹法化之盛，较各处为优。地灵人杰，法以缘兴，信非虚语。

迨光绪初年，玉峰法师创建弥陀寺，为净土道场。凿山镌经，宏扬净土。虽其道德不敢与永明诸祖相比，而其誓愿宏深，语言痛切，不愧为净土向导，法门知识。继往开来，厥功实非浅鲜。自后国家多故，住持非人，遂致一败涂地。近数年来，各界眼界大开，凡有志于学圣贤者，无不研究佛学，修持净业。某某等诸居士，不忍令此道场长时湮没，公推智慧法师为住持，以期提倡莲宗，普利一切。智师以己立立人、自利利他为心，仰效前修，特开莲社。每月六斋日，举行一次。有信心者，同来念佛。念毕少顷，恭请智师，或余知识，或通法居士，升座讲演净土法门中切要理事。俾诸人克治习气，增长信心，诚盛举也。

光与智师志同道合，乃委其叙述缘起，以为一切大众劝。宋时长芦赜禅师，景仰庐山莲社，启莲花胜会，而普贤、普慧二菩萨，梦中祈其书名。故知此会，是名最胜法施之会。凡入会者，各宜勉旃。又近世之人，多务虚名，不修实行，口虽念佛，心与佛违。譬如药忌并服，何能愈病？必须念念克治自己习气，心心忆念弥陀洪名。凡有与佛不合之念头起，则自责曰："汝念佛求生西方之人，何可起此念乎？"正念一起，邪念自消，决不许其稍住顷刻，必使心中净无瑕秽，如净琉璃，内含宝月。诸恶莫作，众善奉行，信愿持名，决定求生，方为真正修净土人。若有一念求来生人天福报之心，即修持精纯，亦名违背佛教。虽种善根，而了生脱死，当在驴年，可不哀哉！此段虽于缘起无涉，实为修持要义，故拉杂书之。

杭州南高峰荣国禅寺重修宝塔疏

（代住持振机作）

大觉世尊，愍诸众生，迷本妙心，轮回生死。示生世间，成等正觉。随众生根，为说妙法。普令有情，悉获利乐。及至一期事毕，示现灭度。又以悲心无尽，特碎全身为八斛四斗舍利，分布天上人间，以为未来众生灭罪植福，出离轮回，度脱生死，直至成佛之无上第一不可思议因缘。由是凡有得佛舍利者，无不高建宝塔，藏于其中。普令自他幽显，同消宿业，同种善根也。

南高峰者，省会之名山，浙江之巨镇。自下至顶，高一千六百余丈。登巅远望，长江若带，西湖如杯，极湖山之胜概，豁达士之胸怀。与北高峰对峙，相去十余里。层峦叠嶂，蜿蜒盘结。山势既峻，能兴云雨，故其上多奇云。山峰高出云表，时露双尖，望之如插，因目之为"双峰插云"，为西湖十景之一。五代石晋天福间，浙江时属吴越，有梵僧自西竺来，登南高峰之巅，见其远望无极，遂欣然曰："于斯可以立大觉世尊之表相，令四远望者，同种善根。"因出舍利一颗，托有德望僧道圆，禀吴越国主文穆王，为建宝塔，高七层，通计十丈，其规模制度，精妙绝伦。于下建寺一所，名为荣国。以如来舍利来仪，为国荣庆故也。历汉、周、宋、元、明、清，以迄于今，年满一千。其间革故鼎新，已非一次。现今宝塔崩坏，只存一级。寺院倾颓殆尽，破屋数间，不蔽风雨。前住僧人，不堪其苦，遂即舍去。

机近方接住，奉侍香火。窃念前人建塔，原为国民植福，今已崩坏将尽，忍令古迹泯灭，损西湖之胜景，荒众生之福田乎？触目伤心，不遑安处。拟欲即兴工作，揭底重修。又以前人造法，难以经久，今不得不深虑而预防之。缅维古人建塔，原为藏如来之舍利，令其远而望者，近而礼者，悉种善根，同得解脱。至其塔中设道，屈曲宛转，从下渐升，以至厥顶，四面开窗，以瞻四方。无非欲令众生，了知欲获佛果，必须脚踏实地，断恶修善，从凡至圣，渐次增进。既能身登上地，自可永断凡情。由兹彻见真空，何难直证妙觉。然由中空，致不坚久。又无知之人，不知古人之用意处，每以登高望远为事，则亵慢实深，获罪非浅。今拟中不设道，通做实心。中竖铁柱，以为刚骨。一免烈风地震之摧残，一免游戏登临之罪咎。则唯得其益，不受其损。当为佛天所允许，善信所赞成也。但以工程浩大，非三万余圆，不克成办。因恭绘塔图，谨述愚诚。恳祈十方檀越，感佛恩德，发菩提心，打开宝藏，培植福田。俾巍巍宝塔，复峙云中。穰穰众生，重瞻法相。灭过去之罪业，种未来之善根。将见佛天云护，灾障冰消。身心安泰，家门迪吉。前程随心地以远大，定获富寿康宁之征。余庆偕厚德以无疆，永膺簪缨爵位之福矣。

佛顶山万年水陆募缘疏

（此其悬叙，下叙事不录）

窃以无缘之慈，方能度无缘之辈。非常之事，必须待非常之人。溯水陆之缘起，由观音之善权。现面燃以警阿难，恳如来以宣秘咒。普使饥虚，悉获饱满。咸令鬼狱，尽生人天。迨至大教西来，梁武御极，虔修斋戒，感通幽冥，梦孤魂以求度，遂设法以荐拔。广请禅教之高僧，遍阅显密之奥典。运丝纶之睿藻，制水陆之仪文。仗三乘三密之真诠，承万德万灵之威力，销熔惑业，灭除罪愆，若轻霜之对于赫日，犹片雪之落于洪炉。利益难名，功勋罔测。其有往劫根熟，即舍苦域而顿超乐邦。纵令宿世机生，亦升人天而永离鬼狱。以故当时求佛证明，灭烛而烛遂自燃。后代依科作范，荐亲而亲蒙度脱也。

杭州石经山弥陀寺募修葺殿堂寮舍并浚放生池疏

天下名胜之宣传宇宙者，必先有其地，而后得其人，则其名始著。是胜地名山，端赖有仪刑现未之具德高人，方可令人寤寐神驰，以生景仰。若庐山之以远公著，云栖之以莲池重也。浙江山水冠天下，其地素称佛国，高人哲士，相继而出，殆所谓地灵则人杰耳。

清同治间，妙然法师专修净业。以《弥陀》一经，普被三根，实《华严》归宗之要义，亦末法最胜之慈航。拟欲镌诸山石，以垂永久。俾现未见者闻者，同种善根以生正信，修净业以往西方。因见城北松木场，石岩高峻，石性坚致，乃买其地址，倩工开凿，请善书之沈善登居士书之。居士遂栖邓尉山，先请四位发菩提心道友，昼夜念佛，以为加持。自己放下万缘，斋沐敬书。凡书一字，必先礼佛三拜，持佛号一百八声，结印持《秽迹金刚咒》七遍，跪而书之。写经之外，息心念佛，不提余事。以此佛力、法力加持功德，冀现未一切若见若闻之人，悉发菩提大心，顿出娑婆秽苦。如此五十三日，千八百余字，方始书毕。字大几寸，铁画银钩，遒劲圆润，诚为稀有。然师遂为镌刻，深及八分。日持佛号，以为加持。尚未毕工，即已西逝。其友玉峰、成方二法师，先固相与辅弼，至是遂力任其事。石经刻成，饰之以金。凡属见者，莫不肃然起敬，生稀有想。则全经功德，固已印于八识田中，作未来往生西方，究竟成佛之种子。是盖以佛力、法力，及三师、沈居士之心力，为增上缘，以显发见者闻者性具功德，俾其终得受用耳。由是诸檀越悉皆欢喜，争先布金。遂得佛殿、僧寮，一一悉备，居然一专修净业之大道场。所谓地由人著者，非乎？三门之外，开一池塘，以放水族诸物。继云栖、天台之慈行，令将登鼎镬以充口腹者，咸得游泳其中，以尽天年，乃所以息刀兵而弭杀劫之最上良策也。自建立以来，迄今五十余年，悉守成规，无忝前修。

近数年来，住持才力薄弱，颇形艰难。既无田产以充常住之需用，又无道德以感檀信之供养。此之道场，几将湮没。诸居士忧之，去秋强智慧法师为住持。因特开莲社，以绍玉峰之业。必期四众同念弥陀，同求往生，复以转化一切，悉皆同辞五浊，同登九品而后已。其殿堂、寮舍，已经五十余年，未曾修葺，兼以今夏风灾，诸多坍塌破坏，若不即修，久则更难为力。而且放生池多年未浚，淤泥充满，于放生一事，大有所碍。拟欲开拓浚掘，悉皆加倍。外竖围栏，以为防护。庶放生得所，而盗捕无由。俾流水、智者、慈云、莲池之慈惠，永久无替。岂徒曲全物命，实欲启世仁慈。倘能人各不杀，则世道有不太平者乎？但以工程浩大，所费实繁。祈光作疏，遍恳诸大檀越，各发菩提之心，共植出世之业，捐宝海之涓滴，成梵宇之庄严。须知祇园始经营，天界之宫殿已现。佛念才发起，净土之莲花即生。流水所济之鱼，已作十千天子。智者所放之物，多为海东王臣。古既如是，今岂不然？以如是因，感如是果。倘能不惜五家所共之殊珍，成就三宝兴隆之胜举。将见现生永膺多福，临终高登九品。庶可圆彰本具之佛性，速证无上之菩提矣。

募建普陀山轮船码头疏

观音大士，誓愿宏深。济度无方，津梁罔测。绝攀缘而赴众感，如一月普印于千江。住真际而应群机，犹阳春遍育乎万卉。悲运同体，慈起无缘。寻声救苦，处处现应化之身。随类逐形，在在作迷途之导。恩周庶类，泽润蒸民。冀含识亲见性天，固已无刹不赴感。欲众生投诚有地，特示应迹于普陀也。由是历朝钦敬，举世尊崇。佛殿经楼，杰出于云霄之外。伟文瑰笔，辉煌乎瀛渤之中。

按《华严经·入法界品》，善财南参第二十八，于补怛洛迦，参观世音菩萨，即此山也。在昔大教未来，道场未开，凡俗虽莫睹夫慈容，仙真固常瞻乎佛日。故秦之安期生，汉之梅子真，晋之葛稚川辈，悉皆寄寓此山，修真养道。及至朱梁开山，四众始知归向。报德心切，不惮梯山航海之劳。投诚情殷，必致瞻仪接足之敬。但以轮船无有码头，常须小船接送，稍有风浪，甚属危险。年力壮盛者犹可，老弱妇女，更为可虑。是则码头不修，实为大士慈悲心中一大憾事，亦属善信报答分中一大歉事。第以飓风一起，则怒浪冲激，数万斤巨石，直同转丸。若非下大资本，断难永久不坏。以故近来发心者众，而卒未实行者，以工大费巨，恐不久长，则徒费金钱，枉劳心力耳。

大护法兰舫祝公，与其子伊才，素固热心公益，兼复笃信三宝。愍此情形，发菩提心。虽知不易建立，而必欲实行其事。非秉如来自利利他，孔子己立立人之心，能有是勇毅乎哉！然此功德，非数十万金，固弗能办。非但己力不足，亦欲善与人同。因以缘起，委光叙述。光住山多年，深知其事之难。又幸祝公志在利人，为之提倡。必有与祝公同其心力、财力者，群起而和之。众志成城，何难成办？况普缔夫四众报恩诚心，仰契乎大士慈悲愿力，将见海若风伯，亦当上遵圣意，下顺凡情，常相拥护，俾永无虞。庶后之礼大士者，悉免虚惊，稳登彼岸也。经云：“若令众生生欢喜者，则令一切如来欢喜。”故知或以一言，或以一圆，赞成此举者，一切诸佛，悉皆欢喜。况其多多者乎？即彼最少功德而论，譬如一滴，投大海中，直下与大海同其深广，同其悠久。多者又何待论。今秉志心，以净财投于觉海，必至业海干枯，福海洪深，以迄觉海圆澄而后已也。恳祈入宝山者，切勿空手。沐法泽者，务报佛恩。

天台山上方广寺募修三圣殿疏

天台为东南第一名山，上方广乃天台开山之第一古寺也。溯自东晋昙猷尊者，以神通道力，降伏山神，而为开山，创建此寺。初名石桥寺，以在石桥之侧。过石桥则有方广寺，乃五百应真寄居之圣寺，非道邻应真者，莫能一见。猷师曾入其寺，受斋而出，知其为应真之所示现无疑。后人慕应真之胜迹，遂名石桥为“方广”云。方广寺之最高处，为西方三圣殿，向为念佛堂。正殿三楹，供三圣像，以作礼念之所。两边二楹，以作念佛僧安住之舍。窃以法门无量，皆须断尽烦惑，方可了生脱死。唯念佛一法，但具真信切愿，皆可仗佛慈力，往生西方。以故古今出格高人，莫不注重此法，自行化他，以期一切同人，咸于现生超凡入圣也。方广寺之三圣殿，历年久远，材木腐朽，早宜重新。奈住持以资斧无出，且待时机。

今年三月初，来一客僧，住其中念佛，颇着勤恳。至四月初四夜，自化其身于三圣殿。及寺众咸知，则火已大炽，无法挽救矣。然幸只烧此处，余未延及。不知此僧特欲重新此殿而为此举耶？抑山灵欲重新而使彼为此举耶？抑佛菩萨五百应真欲大宏净土法门，俾一切出资助修诸善信，同仗此善根，出此苦娑婆国土，生彼极乐世界，而令彼为此举耶？今住持即欲重修，祈光作疏。乃述其开山建寺，及此殿早宜重修，而适逢此因缘，以祈一切檀越，念净土法门具契理契机之妙，此僧有为法捐躯之诚，各舍净资，赞襄胜举，其为功德，唯佛能知矣。

普陀山伴山庵募修大殿疏

（代 撰）

圆通大士，示迹普陀，誓愿无疆，慈悲莫测。绝攀缘而赴众感，如一月普印于千江。住真际而应群机，犹一雨遍润乎万卉。伴山庵者，法雨之分蓝，大士之别院也。暮鼓晨钟，接普济之清韵。拈花竖拂，承法雨之家风。辅弼两寺，宏阐一乘，因是之故，名曰伴山。第以创建以来，历年久远，革故鼎新，代有其人。迄今雨淋日炙，雾浸云蒸，复将倾颓，急宜修葺。

衲披剃本院，遍参诸方，一朝踏破草鞋，致令脚跟点地。由是倦飞知还，忘缘乐道，得故乡之风月，持别庵之门庭。睹兹形势，触目惊心。常恐金容掩色，不镜三千之光。普门扃户，难由廿五之路。欲彻底以掀翻，复本来之面目。奈工大费巨，钵罄囊空。爰述鄙诚，遍募檀越。恳祈发菩提心，行方便事，舍本有之家珍，培不朽之功德，量力随缘，施金输粟。庶含空宝殿，指日可成。满月金容，经劫常住。使南参缁素，东请僧俗，登门归命，睹相发心。了知相相离相，亲证实相之妙相。门门普门，直入无门之法门。展劫外之玄风，翼寰中之郅治。其功德利益，岂语言文字所能形容者哉！

启建普门无遮普度胜会大道场募缘疏

（代 撰）

观音大士，乘大愿轮，以普门法，度脱众生。言普门者，以法法头头，皆归实相，根根尘尘，悉证圆通，无有一法不通涅槃，故曰普门。又复上、中、下根，皆使就路还家，善、恶、中庸，无不等蒙摄受，无有一人不垂慈济，故曰普门。但以众生在迷，妄于根尘等境起惑造业，因业受苦，久经长劫，了无出期。故致天灾人祸，更迭而兴，水火刀兵，相继而起。岂天之枉虐斯民，实民之往业所感。若不归命大士，则苦果复生苦因。倘能恳恩莲座，则善缘当获善报。

窃念吾潮，近年以来屡遭瘟疫，又经兵灾，复罹地震，水旱虫蝗不时见告。因兹数端，以致死亡贫困者，实繁有徒。纵有幸而获免，未受损伤者，亦复忧怖战兢，如吞棘蓬，如坐针毡，苦毒衷怀，无处吁诉。某等由是谨发虔心，归命慈父，企灭已往之愆尤，预培将来之福祉。拟某年月日，于南海普陀山法雨禅寺，启建普门无遮普度胜会大道场七昼夜。仗此良因，俾亡者蒙佛接引，神超极乐之天。存者沐法威力，身享康宁之福。宿业消而在在解脱，谋为顺而事事亨通。转烦恼之逼迫，成自在之逍遥。各各先亡祖祢，俱获超升。人人后代儿孙，常纳吉庆。但此道场，费用实繁。恳祈吾邑善信人等，同发善心，共襄胜事，则功德无量矣。

上海残疾院劝捐疏

一切众生，心性原同，而其身心受用苦乐悬殊者，以宿世之修持不一，致今生之感报各别也。故经云："欲知前世因，今生受者是。欲知来世果，今生作者是。"《感应篇》云："祸福无门，唯人自召。善恶之报，如影随形。"是以君子乐天知命，不怨不尤，聿修厥德，自求多福，以期消灭宿业，培植来报也。

世之最可怜可悯者，莫过于贫无衣食之瞽目残疾人。均是人也，人皆眼目明了，彻见一切，彼则虽处光天化日之下，无异暗室幽谷之中。人皆手足完全，随意动作，彼则肢体残缺，诸凡不便。如是之人，又加以无家室以庇身，无衣食以养体。彼等同为天地父母之所生，固为吾之同胞。吾人幸受天地父母之所覆载，而境遇稍亨。若不设法，令彼身有所托，心有所依，俾其宿业消灭，来报胜妙，便失天地父母平等生育之心，兼负天地父母锡吾福乐安适之念。况乎博施济众，老安少怀，视民如伤，恩先无告，古圣贤无不提倡而躬行之，以为天下后世法。岂可不仰体天地圣贤之心，以行一视同仁之道，而漠然置之乎？

以故一亭王居士，特发大心，纠集同志，立一残疾院于上海南车站附近，俾彼无家可归之残疾人安住其中，供其衣食，以尽天年。有手足不完具者，派人照护。其有目能视，手能作者，随彼身份，作诸工业，以稍贴补其服用。又请通达佛法之人，数日一往其中，为彼演说改过迁善，闲邪存诚，信愿念佛，求生西方之法。俾彼等了知前因后果，聿修厥德，一心念佛，以期往生，庶可永离娑婆生死轮回之苦，常享净土常乐我净之乐。其为彼等虑者，可谓恳切周挚，至极无加矣。然人众既多，所费实繁。端赖富有力者，发同体之悲心，捐无尽之宝藏，补天地化育之遗憾，培自己庄严之法身，则幸甚幸甚！

募修永嘉罗汉山景德禅寺疏

佛法深妙，非凡情所能测度。若非有大智慧、大辩才、大神通之圣人，而欲化导愚俗，共归正法，舍拘墟之劣见，开性具之正知，各舍家珍，创建梵刹，俾得宏宗演教，作长夜之明灯，办道修心，为苦海之巨筏者，诚非易易也。永嘉罗汉山景德寺者，唐藤萝尊者之所造也。按寺志，尊者不知何许人，于武宗会昌二年，乘木浮海而至瑞安巡简司前，邑人异之，祈师登岸。由是一方之民，崇信景仰，有如活佛。于是随机开导，令生正信。逆知武宗将有灭法之兆，故其建立梵刹，皆悉从缓。至中宗继立，佛日重明，尊者乃普遍化导温州属邑，共建梵刹十有八所，可谓大宏法化，为众福田矣。罗汉山景德寺，乃其一也。其山峰峦峻秀，景趣清幽，为永嘉之首镇，洵修道之灵区。其寺自唐迄今，历一千一百余年，其间宏扬法化，鼎革梵刹者，固难悉数。现以久未修葺，佛殿、僧寮，倾颓殆尽。尊者圣迹，将欲湮没。邑人潘鉴宗、吴碧华、叶健雄等数十人忧之，共议兴复。然以时局艰难，且缩小办，拟建佛殿五楹，前殿三楹，两廊寮舍十余楹。俾凡礼诵、栖息，各得其所。安住数位精修净业之比丘、居士，常住其中，专修念佛三昧，以期自他同出娑婆，同生净土，为弥陀之弟子，作海会之良朋耳。但以工程浩大，独力难成。恳祈十方檀越善信人等，发菩提心，行方便事，打开宝藏，培植福田。俾含空宝殿，指日成功。满月金容，经劫常住。莲社开而见闻蒙益，净宗阐而僧俗明心。将见佛天云护，吉庆骈臻。富寿康宁，现身获箕畴之五福。尊徽高爵，裔世纳伊训之百祥矣。

庐山青莲寺启建莲社缘起疏

佛法广大如法界，究竟如虚空，而其全体大用，悉在众生一念心中。但以迷而未悟，遂致于本无生死中，妄受生死轮回之苦。故我释迦世尊，特垂哀愍，示生世间，以施拯济。于是弃舍国荣，出家修道。菩提树下，成等正觉。欲使一切众生，悉皆彻证自心，圆成佛道，于是随机说法，应病与药。俾彼善根成熟者，顿证无余涅槃，善根未熟者，随分各得利益。说法四十九年，谈经三百余会，虽则大小权实不同，偏圆顿渐有异，在佛本心，无非欲直授己所证之觉道。以机多不契，故不得不曲垂方便以摄受耳，致于出世本怀，未能顿畅。由是于常途教理外，开一特别法门，所谓念佛求生净土，使彼若圣若凡，若愚若智，同于现生，出离生死。俾已破无明者，圆证法身。具足烦惑者，亦登不退。其功勋利益，出于一代时教之上，诚可谓至圆至顿之教外别传也。以故一切大乘经中，无不显阐赞导。一切菩萨祖师，无不依教奉行。以其为三世诸佛普度众生之大道，九界众生圆证佛果之妙法也。

及至大法东来，远公大师，首于庐山东林，宏扬此法。一时缁素高人，咸皆云集川赴。而庐山之名，净土之法，人皆景仰而修持焉。自兹厥后，所有律、教、禅、密，莫不以求生净土为返本还元之末后一着，以故莲风扇于中外，法利遍及古今。况兹时丁末法，人根陋劣，更宜专修此法，以期现生了脱。而庐山最胜之地，青莲寺适当其基，高踞山巅，其形势固天然一朵莲花。故晋之黄谷大师，继远公之宏猷，建寺其中，以阐扬莲宗也。自晋迄清，千五百余年，由高人相继住持，故莲风常得丕振。至洪杨之乱，悉成劫灰，法道式微，无人恢复，致令千余年选佛道场，竟成荒山。可不哀哉！

爰有妙培大师，系微军老人之高足弟子，恪遵师训，笃修净业，特往红螺，参学多年。今春来游庐山，至其寺基，见其形如莲花，而复前临三叠之瀑布，后倚五老之雄峰，左右则有狮子、象鼻二峰，以为卫护，殆天造地设一净土道场。不忍永令湮没，遂发愿恢复，以宏莲宗。乃与上海诸大居士商榷，先募千余元，用建念佛堂一座，僧寮数间，安真心办道数人，六时行道，用继远公芳规。待后有大功德主，则随力扩充。以财力维艰，行道是急，故不得不随分随力，以期修持得益，而不致有碍净业也。其结社之法，一遵远公成规。人不论僧俗，必须具真信愿，决定求生西方。又须各持斋戒，清净身口意业，朝暮课诵，三时念佛，除有病及公事外，概不得避懒偷安。暇则随意礼诵坐禅，但取其于道有益而已。唯不得习学诗文，泛览俗典，以及闲谈杂话，虚度光阴。

昔远公结社，即有一百二十三人，悉皆佛门栋梁，儒宗山斗。今则人根陋劣，远不及昔。而即心本具之佛性，三根普被之法门，古今固无二致。则是心作佛、是心是佛之理，都摄六根、净念相继之事，岂不自我而修，自我而证乎哉！用是谨立简章，以勖同志。又祈诸大檀越，发菩提心，各相护持，输金输粟，转劝转募。俾含空宝殿，指日成功。满月金容，经劫常住。莲社兴而宗风丕振，正法盛而灾障潜消。将见佛天云护，吉庆骈臻，现生备膺五福，临终高登九品。如是则可谓真大丈夫，真佛弟子，上不辜于佛化，下不负于己灵。所愿见者闻者，同修此道，以一传十，以十传百，乃至遍界，则世界太平，人民安乐矣。不胜馨香祷祝之至！

普陀山法雨寺募修天王殿及鼓楼疏

普陀名山，乃大士示迹之胜地。法雨禅寺，实国民祈福之道场。创建以来，历年久远，革故鼎新，代有其人。两颁内帑，前清蒙二次敕修。遍募众缘，乱后经一番缔造。奈大海之中，咸雾飓风，摧残诸物，较之内地，愈为速朽。现今天王殿、鼓楼，椽栋腐败，柱根蠹朽，若不早为之图，势必立见倾覆。虽则名标天王，实奉弥勒法相。弥勒慈心，与观音两相符合，随类逐形，寻声救苦，慈隆即世，悲臻末劫，作现在之恃怙，为未来之世尊。此时觌面一笑，以结系珠之缘。他年龙华三会，同授无生之记。弥勒于世，因缘甚深。若不修葺，将何以妥圣灵而致诚恳，消灾戾以福黎元？但以工程浩大，独力难成，因兹疏述愚诚，敬募十方檀护。恳祈发菩提心，行方便事，打开宝藏，培植福田。俾含空宝殿，指日成功。满月金容，经劫常住。庶一切来者，登欢喜地，入楼阁门，现在深契佛心，将来同圆种智。将见佛天云护，吉庆骈臻，阖潭永膺多福，裔世长发其祥矣。

嘉兴真如寺开念佛堂专修净业缘起疏

佛法深广，犹如大海。虽法身大士，尚不能穷源彻底，况博地凡夫乎？然如来以大慈悲，欲令一切若圣若凡，同于现生，出离生死，特开一信愿念佛求生净土法门。如跛足懦夫，终日难行数里，若乘转轮圣王轮宝，不须崇朝，即可遍达四大部洲。二者迟速，天渊悬殊。凡夫未断惑业，固无了生死分。若以信愿念佛，感佛慈悲摄受，即于现生，往生净土，超凡入圣，登不退地。较彼唯仗自力，修戒定慧，以期业尽情空，了生脱死者，殆非譬喻言说所能形容也。由是历代缁素高人，无不以此自行化他，以其为入道之要门，成佛之捷径故也。

真如禅寺，创建以来，千数百年，宏宗演教，代有其人。兵燹以后，用度日绌，致令法轮几乎停转。迩者住持念慧，志图恢复，但以资斧无出，暂拟安住清净戒僧八人，长年二时课诵外，专持佛号三支香，暇则随意礼诵。人各月给衣单银三元，凡经忏佛事，概不应酬。若施主来寺念佛，及打佛七，则无拒。如是则庶可一意精修，速获实益，亦可以上报四恩，普资三有，其为利益，固非寻常一切修持所可比拟也。但以寺产素薄，香积不充，恳祈有力檀护，发菩提心，成就胜事，或助道粮，或助灯油。俾此念佛道场，日益开扩，并令见者闻者，悉皆兴起。将见佛天云护，吉庆骈臻，生获箕畴之五福，没预珍池之九品矣。唯冀不惜家珍，庶可共沐佛恩。

南京三汊河法云寺募铸幽冥大钟疏

娑婆世界，以音声作佛事。丛林法器，唯大钟为第一。以其发聩振聋，启人天之耳目。通幽彻显，实恶趣之救援。《增一阿含经》云：若打钟时，愿一切恶道诸苦，并皆停止。若闻钟声，及佛经咒，得除五百亿劫生死重罪。故《付法藏传》中，罽腻吒王，以大杀害故，死堕千头鱼中，剑轮绕身而转，随斫随生。罗汉为僧维那，依时打钟。若闻钟声，剑轮在空。因遣信令长打，过七日已，受苦即息。又《翻译名义集》云：南唐上元县一民暴死，三日复苏，云死至阴间，见先主缧械甚严，曰："吾为宋齐邱所误，杀和州降者千余人，怨诉囚此。凡闻钟声，得暂息苦。汝还，语嗣君，为吾造一钟，长时击之。彼若不信，以吾藏玉天王像于瓦棺寺佛左膝，人无知者，以此为验。"民具告，验实。遂造一钟于清凉寺，镌其文曰："荐烈祖孝高皇帝脱幽出厄"。此击幽冥钟之所由来也。

而况法云寺效法云栖，念佛放生，教养孤儿，为江南第一慈善道场。

以近来杀劫至惨，而南京和记洋行，杀一切牛羊飞走等物，不计其数。由是冯梦老、魏梅荪等诸居士，纠集僧俗若干人，提倡戒杀放生，吃素念佛，以期挽回劫运。遂买地四百四十亩于三汊河，开放生池九区，占百余亩。又设慈幼院，教养孤儿，现已满六十名。邓璞君居士募四十八愿，启建大殿，每愿千元，现已将圆，明年当即建造。殿成之后，量资安僧，专修净业，兼以讲演。崔益荣居士发心募铸大钟，任人随心随力布施，或千元、百元、十元、一元俱可。但此钟须昼夜常击，宜用响铜，至少须三千斤。而响铜颇贵，每斤须一元多，则料及工资，当须四五千元。若所募有余，则用铸报钟、大磬、呼板各一，此俱作佛事不可少者。

须知法云寺一起，和记洋行遂止杀业，但作制蛋之厂，其关系实非浅鲜。盖由大家之诚心，感三宝冥熏加被，故致然也。所愿诸大檀越，善信人等，同发善心，成就此举。所有功德，必能超荐先亡祖祢，咸生莲邦，覆庇现在眷属，各获福庆。出资人名，当刻一大牌位，供于钟下。钟身遍刻经咒，但书总计施资若干人，及银若干圆而已。譬如一滴，投于大海，即与大海，同其深广。若人以净信心，欢喜布施，即与如来大觉法海，相契相合。其为功德，莫能名焉。

法雨寺罗汉装金募缘疏

（代 撰）

大觉法王，出现世间，随机说法，度脱众生。必有菩萨、声闻，辅弼法化，方能普使群伦，悉蒙利益。譬如一人御极，百辟辅理，方能垂衣拱手，坐致太平。故有道超十地、德迈等觉者出世，必有三祇果满、万德因圆者，隐其实德，权示小果。如《法华》所说诸阿罗汉，悉皆内秘菩萨行，外现是声闻，非到佛地，谁能测度。又佛敕诸阿罗汉，常住世间，受人天供，为世福田，如五百大阿罗汉等。而十八罗汉，乃其首领，故丛林佛殿，咸塑形仪，令瞻礼者灭罪增福。法雨常住，乃观音大士圆通道场，历朝敕建，举世尊崇。是故殿启九龙盘拱之制，圣塑大士慈悲之容，而十八罗汉分坐两旁，如星拱辰，羽翼慈化。但以久历岁月，金色剥落，非徒不副瞻仰，实为难妥圣灵。衲拟欲重装金身，俾得永镜三千。无奈屡搜囊资，何能稍完一二。用是具述愚诚，仰祈十方善信，倘随缘以乐助金币，自圣像以大放光明。将见以如是因，感如是果，未来亦当证金色身，为世福田。至其现生灾障消灭，福寿增崇，前程远大，后裔绵延，乃其小焉者耳。

法雨寺建如意寮募缘疏

（代 撰）

生老病死，人各具有。如来说法，首先陈之。盖欲令众生悟出苦之要道，证本具之佛性，由兹永离幻苦，常享真乐也。然四苦之中，病、死为最。在俗则备有眷属，照应调护。出家则孑然一身，无所依倚。故从上古德，仰体佛慈，为之寮舍，择人奉侍，饮食医药，悉令如意，较之在俗，无多让焉。此如意寮之所由始也。

普陀为天下第一名山，本寺又介乎山之三大丛林，故十方衲僧往来不绝，久居不去者恒数百人。惟如意寮狭隘褊窄，兼之常住产业微薄，既不足以适病者之身心，又无力以供病者之药饵。寮名如意，其义奚存。衲接住之初，即以是为急务，拟欲另建精舍七楹，中间前供如来圣像，后供亡僧牌位，使病者礼诵有地，观感易兴。两边隔作十有二间，除香灯寮外，皆为养病之所。少则人各一寮，多则二人共之。彼此相隔，庶无传染之患。身心适悦，易获勿药之征。愈则任彼行藏，没则相宜殡葬。使来者生有依止，死有归宿。更置田百亩，则以后之棺龛药饵，置办有资。勒碑一通，俾将来之住持职司，废替无敢。恳祈诸大护法，恺分鹤俸，喜舍蚨囊，俾此举速得圆成，庶福报永无央既。将见佛天云护，吉庆骈臻，五福萃于厥躬，余庆覃及后裔矣。

印光法师文钞卷三

序

印施《极乐图》序

（代 撰）

大矣哉！净土法门之为教也。是心作佛，是心是佛，直指人心者，犹当逊其奇特。即念念佛，即念成佛，历劫修证者，益宜挹其高风。普被上中下根，统摄律教禅宗。如时雨之润物，如大海之纳川。偏圆顿渐一切法，无不从此法界流。大小权实一切行，无不还归此法界。不断惑业，得预补处。即此一生，圆满菩提。九界众生离是门，上不能圆成佛道。十方诸佛舍此法，下不能普利群萌。是以《华严》海众，尽遵十大愿王。《法华》一称，悉证诸法实相。最胜方便之行，马鸣示于《起信》。易行疾至之道，龙树阐于《婆沙》。释迦后身之智者，说《十疑论》而专志西方。弥陀示现之永明，著《四料简》而终身念佛。汇三乘五性，总证真常。导上圣下凡，同登彼岸。故得九界咸归，十方共赞，千经并阐，万论均宣。诚可谓一代时教之极谈，一乘无上之大教也。不植德本，历劫难逢。既获见闻，当勤修习。

不慧生值末世，幸遇斯门。愧无自利利他之力，颇有己立立人之心。欲令贵贱智愚，僧俗男女，回客途以归本国，舍秽土而生莲邦。因绘《极乐世界依正庄严图》，明示净境，用生信向。旁书《念佛起止仪》，及《十念法门》，令随分随力，逐日修持。明初鄞江有大禅师，厥名妙叶，彻悟禅宗，深通教理，自行化他，专主净宗。所著《宝王三昧念佛直指》，文理兼畅，今古绝伦。其“极乐依正篇”，揭示乐邦妙境，包括净土诸经。与上图像，交光相映，一际无痕。遂依原本，录于其下。庶见闻礼诵者，知出苦之要道，修成佛之真因。信愿任运发生，佛号执持不已。从兹同离秽土，同生净邦，同侍弥陀于九莲，同圆种智于一念。如斯利益，何可名言！良由以果地觉，为因地心，故得因该果海，果彻因源也。石印万张，用结净缘。又祈善信展转流通，俾十方法界一切有情，齐还本有之家乡，常住寂光之净土云尔。

重刻《佛说阿弥陀经》序

（代 撰）

窃惟净土之为教也，肇始于弥陀导师，演畅于释迦世尊。十方诸佛，出广长舌以赞扬。两土圣贤，发金刚心而流布。总而论之，一代时教，百千法门，无非令人由文字般若而起观照般若，由观照般若而证实相般若。既证实相般若，则心净土净，情空境空。如一月普印于千江，若万籁咸鸣于一风。光明、寿命，横遍竖穷，直与弥陀世尊，同一广大悠久。如是则何经非净土之经？何行非净土之行？约而言之，唯净土三经专明其致。大启愿轮，深明缘起，其唯《无量寿经》。专阐观法，兼示生因，其唯《十六观经》。如上二经，法门广大，谛理精微。末世钝根，诚难得益。求其文简义丰，词约理富，三根普被，九界同遵，下手易而成功高，用力少而得效速，笃修一行，圆成万德，顿令因心，即契果觉者，其唯《佛说阿弥陀经》欤！良由一闻依正庄严，上善俱会，则真信生而切愿发，有若决江河而莫御之势焉。从兹拳拳服膺，执持万德洪名，念兹在兹，以至一心不乱。能如是，则现生已预圣流，临终随佛往生，开佛知见，同佛受用。是知持名一法，括囊万行。全事即理，全妄即真。因该果海，果彻因源。诚可谓归元之捷径，入道之要门。古德谓：“余门学道，如蚁子上于高山。念佛往生，似风帆扬于顺水。”良有以也。

某宿业深重，罔谙净宗。实无自利利他之力，颇有己立立人之心。重刊此经，广为流通。俾读者各各执持名号，咸归一心。迥出尘世，倏登极乐。以法藏之愿轮，摄取众生。仗净土之境缘，直趋佛果。庶无问自说，不付空谈。而有闻斯行，方为实行。遂稽首谨劝而说颂曰：

见闻随喜者，悉发菩提心，
尽此一报身，同生极乐国。

重刻《弥陀略解圆中钞》劝持序

念佛求生净土一法，乃十方诸佛普度众生之要道，九界众生速证佛果之妙门。诸大乘经，皆启斯要。净土三经，专明其致。世多习矣不察，视为浅近，谓不若教海之宏深，禅宗之直捷。每扬宗、教而抑净土，尚自力而恶佛加。当仁固让，见义不为。致如来彻底悲心，郁而不畅。众生出苦捷径，塞而罔通。今不避罪责，略引证据，冀见闻随喜，同生莲邦。

如来初成正觉，为四十一位法身大士，演《大华严》。及至《入法界品》，善财以十信满心，受文殊教，遍参知识。初见德云，一闻念佛法门，即证初住。从兹随参随证，及五十三，至普贤所。普贤以威神加被，即时善财所证，与普贤等，与诸佛等。普贤乃为说十大愿王，劝进善财，并华藏海众，回向往生西方极乐世界。而《观经》五逆十恶，地狱相现，十称佛名，即得往生。夫法身大士，悉愿往生。阿鼻罪人，尚预末品。法门之宏深直捷，孰有过于此者！诚可谓教海之南针，禅宗之北极。一切诸法，无不从此法界流。河沙妙义，无不还归此法界。以故西天文殊、普贤、马鸣、龙树，东土远公、智者、善导、永明，或发愿而说经（文殊有《发愿经》，普贤说《行愿品》），或注经而造论，莫不以此法门自行化他，普利含识。

而古人欲令举世咸修，故以《阿弥陀经》列为日课，以其言约而义丰，行简而效速。宏法大士，注疏赞扬，自古及今，多不胜数。于中求其至广大精微者，莫过于莲池之《疏钞》。极直捷要妙者，莫过于蕅益之《要解》。幽溪法师，握台宗谛观不二之印，著《略解》圆融中道之钞，理高深而初机可入，文畅达而久修咸钦。奈流通既久，错讹甚多。因校订重刻，俾复旧观。《弥陀》一经，得此三疏，法无不备，机无不收。随研一种，亦可知其指归。遍阅三书，方堪彻其阃奥。自此圆发三心，执持圣号，期出五浊之恶世，冀证四德之玄猷。如是则临命终时，定蒙弥陀接引，圣众偕迎。托质莲胎，离险道以安居宝所。闻法受记，由同居而顿证寂光。撩起便行，阿谁无分？书此愚忱，敢告同人。

《随自意三昧》校正重刻序

佛法广大如法界，究竟如虚空。欲修习者不得其要，必致望洋兴叹，生退屈想。若得其要，则虽有无量法门，无边行相，一以贯之。愈博而愈见其约，愈繁而愈见其简。虽其理性广大高深，如天如地，如山如海，而博地凡夫亦可坐进此道。由兹断烦惑以获三昧，圆福慧以证四德，直趣果觉，成无上道，况登住、行、向、地之圣人哉。其要唯何？曰根、尘、识等一切诸法，其实体实性，悉皆空无所有。了此则四相原无，三轮体空，万法森罗，一道清净。凡夫迷之，故法法头头，皆成障碍，于五阴、六入、十二处、十八界、七大，各起烦惑，造生死业。圣人悟之，故法法头头，总是真如，于五阴、六入、十二处、十八界、七大，各证圆通，成菩提道。迷悟虽异，性本无二。性虽无二，苦乐迥殊。

南岳大师悯之，因著《随自意三昧》。于行、住、坐、卧、食、语六威仪中，处处点示诸法实相，所谓根、尘、识性，空无所有，及三轮体空、四相叵得等，令人于一机一境，各得亲见实相，咸了自心。处处点示六波罗蜜殊胜妙行，令人于一动一静，皆能上求下化，自利利他。其所点示，与《楞严》阴、入、界、大，皆如来藏妙真如性；《法华》治世语言，资生业等，皆顺正法，皆与实相不相违背；《金刚》无所住而生心，不住色声香味触法而行布施，度脱一切众生，而不见能度所度之义，悉皆吻合。乃将自己所悟所证之法，彻底掀翻，和盘托出，普施后世。俾得依此而修，以期同悟同证而已。

又所言“初发心菩萨”者，具有二义：一即博地凡夫发大心者；一即圆教初发心住，初破无明见法性者。其所谓根、尘、识性，空无所有等。在凡夫地，欲趣佛果，必须先悟此理，方有实证。否则纵有修持，皆属有漏，不成菩提。其所谓于一念中，遍于十方佛前，普兴供养，受佛法化；遍于十方众生前，随类现身，应机说法，普令三根，咸得利益。此则唯圆教初住菩萨，乃能为之。若不知其理其修，通于凡夫，必有高推圣境，自处凡愚之过。若不知大体大用，初住方得，必有未得谓得，以凡滥圣之愆。了此则上慕诸圣，下重己灵。既无妄愚之失，又无滥圣之咎。其直趣觉路，速到宝所，若操左券而取故物，夫何难之有？因此流通遍于中外。其后之得失因缘，具于初刻序跋中，兹不复赘。

蔚如徐君，浙西世家，十世奉佛。君于幼时，即禀庭训，兼学佛乘。近于公暇，遍阅内典，得东瀛此书流通本，息心研究，见其错讹甚多，因取日藏校对，改正者有数十处，随即刻版，以期普利。以量属同志，遂赠数本。因焚香敬阅，见其文义，多有不安。如云笼月，不见真相。窃念此书流传至今，经千三百余年，安得无讹？乃按文按义，略事修治，则直同云开月露，光体具呈，文理俱畅，悦人心目。随以其本寄与徐君，深蒙赞许，即事重刻。又令作序以述缘起，量虽固陋，义不容辞。须知此刻，虽有修治，实无更改，不过正其传写之讹，俾还南岳本来面目而已。世有病人，医为诊脉，脏腑之虚实，尚能知之。况此文义显露，的的可据，岂不能知其赘脱错讹者乎？其大方家，必不以量之修治为失慎，而深见罪责也已。

石印《普陀山志》序

观世音菩萨于无量劫前，久成佛道，号正法明。但以度生念切，救苦心殷，不离寂光，垂形六道，遍于十方微尘佛国，普现色身，度脱众生。非独只现菩萨之身，而二乘、六道，无身不现。《法华》所谓应以何身得度者，即现何身而为说法。虽则遍入十方佛国，而于娑婆因缘，甚深甚深。虽则普现十法界身，而世人据迹而论，只云菩萨而已。以其彻证唯心，圆彰自性，故得悲运同体，慈起无缘。由本高而体大，故迹广而用宏。其随类逐形，寻声救苦，有感即应，无愿不从之迹，喻如月丽中天，影现众水。不但江湖河海，各现全月。即小而一勺一滴，无不各各皆现全月。又江湖河海中月，一人观之，则其月与己相对。即百千万人于百千万处观之，亦皆各各与己相对。人若东行，月则随之而东。人若西行，月则随之而西。人若安住不动，月则不离当处。一人乃至百千万人，悉皆如是。菩萨于一念中，遍法界感，遍法界应，感应道交，无少差殊。与此一月普现众水，随人随地各见全月，了无有异。良由菩萨心包太虚，量周沙界，以众生之心为心，以众生之境为境，故得不谋而合，无缘而应。岂世智凡情所能测度者哉？至若水昏而目盲，则不能见。非月不现，是昏盲咎。

其感应之迹，有显感显应，冥感冥应，冥感显应，显感冥应，亦冥亦显感而显应，亦冥亦显感而冥应之不同。（显感显应者，现生竭诚尽敬礼念供养，即蒙加被，逢凶化吉，遇难成祥，及业消障尽，福增慧朗等。冥感冥应者，过去生中曾修竭诚礼念等行，今生虽未修习，由宿善根，得蒙加被，不知不觉，祸灭福臻，业消障尽等。冥感显应者，宿生曾种善根，今生得蒙加被。显感冥应者，现生竭诚礼念，不见加被之迹，冥冥之中，承其慈力，凶退吉临，业消障尽等。亦冥亦显感而显应者，宿世曾种善根，今生竭诚礼念，显蒙加被，转祸为福等。亦冥亦显感而冥应者，宿世曾种善根，今生竭诚礼念，冥冥之中，承其慈力，获种种益也。了此则知功不虚弃，果无浪得，纵令毕生不见加被之迹，亦不至心生怨望，半途而废。感应之道，微妙难思。略书梗概，以勖来哲。）其应之大小优劣，在其诚之至与未至而已。纵令心不谛信，致诚未极，但能一念投诚，亦必皆蒙利益。但随己一念之诚，而分优劣，不能如竭诚尽敬者蒙益之殊胜超绝耳。如昏水中，亦有月影，但晦而不显。盲人虽不能亲见月光，又何尝不蒙其照烛也。

菩萨大慈大悲，普为法界众生恃怙。由兹举国人民，各皆信奉，故有“家家观世音”之常谈。其应化道场，固非一处，如陕西南五台山、大香山，浙江天竺山等。其感应昭著，香火肸蠁，唯南海普陀山最为第一。以其名载《华严》，昔年善财亲参。恩周庶类，历代皇帝敕建，故致举世钦崇，各国景仰。缅维菩萨应化三乘、天仙一类大机，固于此山经劫常住，何止天长地久。至于凡夫所见之迹，乃于五代朱梁贞明二年，慧锷大师由五台请铜观音像，欲归日本，至此舟胶不动，方始开山。迄今千有余年，其事迹诗文，录之成帙，名曰《普陀山志》。余尝病其于菩萨不思议感应事理，殊欠发挥，拟欲遍阅《大藏》，博览群书，凡属菩萨随机赴感之迹，悉备录之，刊版流通，一以阐菩萨度生之妙道，一以启众生出苦之良缘。但以目疾未愈，未能如愿。会稽何廉臣居士者，儒得圣心，医称国手，志行高洁，信心纯真。曾邀同人结桑榆社，以其暮景无多，拟作归计，同修净业，企生安养。又以一切众生久沉苦海，不仗法力，莫由得出。拟将菩萨应化事迹，为救生船，泛于其中，振臂疾呼，俾诸溺者相引登舟，庶可同登彼岸，直达家乡，永离众苦，但受诸乐矣。因石印《山志》以广其传，用酬大士度生之恩，用开众生投诚之路。令余作序。遂不胜欢喜，顿忘固陋，乃将菩萨感应之妙，略为发挥。其余事迹，固有全书在也，何须多赘。

绍兴何阆仙《家庆图》序

详夫春回大地，百卉各遂其生成。风起长空，万籁咸为之鸣啸。世无无因之果，亦无无果之因。喻如种瓜得瓜，种豆得豆。声和则响顺，形直则影端。此举世亲知亲见，谛信无疑者也。因果二字，遍摄世出世间一切诸法，罄无不尽。世间圣人，非不明示因果。以其专主经世，欲其可继可传，因只局在现生，及先代、后代，而不详其生之以前，死之以后，及前自无始，后尽未来。后之学者不能深体圣人之意，遂谓人物之生，特天地之气，偶尔凑泊其形骸而已，其至于死，则形既朽灭，魂亦飘散。无因无果，成断灭见，其负圣教而昧己灵也甚矣！孔子之赞《周易》也，最初即曰："积善之家，必有余庆。积不善之家，必有余殃。"箕子之陈《洪范》也，末后方明："向用五福，威用六极。"二者若不并过去、现在、未来三世而论，则上天之畀与，圣人之言论，明王之政令，诸多矛盾（如奸党荣贵，忠荩诛戮，颜渊短命，盗跖长寿等）。若知前后因果，则穷通得丧，皆我自取。纵遇逆境，不怨不尤。只惭己德之未孚，不见人天之或失。乐天知命，无往而不自在逍遥也。

人徒见何君之一门慈孝，四世同堂为庆。而不知其致此者，由多生之培植来也。须知娑婆世界，寿命短促，百年即为上寿，而能得者有几？今何君幸慈亲之寿，已满六旬。特启华筵，承欢上寿。广征诗文，用佐寿觞。可谓笃于事亲，以身设教者也。又须知其穷三际而不迁不变，历万古而无减无增者，方是老夫人即心本具之真实寿量也。盖吾人现前一念，本自灵明洞彻，湛寂常恒，直下与三世诸佛，无二无别。但以背觉合尘，迷心取境之故，致令原无迁变增减者，常受迁变增减之厄，了无一念常住不动之时矣。我大觉世尊愍之，示生世间，成等正觉，随顺机宜，广垂言教。普令一切众生，背尘合觉，复本心性，灭元无之幻业，了本有之真心。故《华严经》云："奇哉奇哉！一切众生，皆具如来智慧德相，但因妄想执着，不能证得。若离妄想，一切智，自然智，即得现前。"须知智慧德相，与妄想执着，唯是一心，原非二物。迷之则全智慧德相，便成妄想执着。悟之则全妄想执着，即为智慧德相。喻如水结成冰，冰融成水。亦如醉见屋转，屋实不转。迷谓方移，方实不移。所谓万境本闲，唯心自闹，一心不生，万法俱息者，此之谓也。然此理悟之虽易，证之实难。若非宿根成熟，孰能亲证亲到？故我世尊，特垂方便，立一信愿念佛求生净土法门。无论若圣若凡，或愚或智，与夫天仙、修罗之辈，地狱、鬼、畜之俦，但能至诚发愿，持佛名号，圣则顿成佛道，余则带业往生。既得往生，则惑不期断而自断，德不期证而自证。譬如洪炉片雪，未至而化。德人觌面，鄙念全消。

夫孝子之于亲，宜先乎本而次乎末，养其体而导其神。倘唯知服劳奉养以安之，立身行道以荣之，而不知以常住无生之道，念佛往生之法，谕令修持，使其生念佛号，死生佛国，辞生死之幻苦，享常住之真乐，承事弥陀，参随海众，闻圆音而三惑净尽，睹妙境而四智圆明，不违安养，遍入十方，上求下化，广作佛事，彻证即心本具之佛性，普作苦海度人之慈航。是所谓见小而忘大，得近而遗远，乃中人之局见，非达士之大观也。若能令慈亲与己，并及家眷，同出娑婆，同生安养，同证无量光寿，同享寂灭法乐，同作弥陀法王子，同为人天大导师。方可尽其孝慈之心，与夫教育之谊。其所谓孝慈教育，非世之所谓孝慈教育也。此《家庆图》原始要终之极致。倘不以予言为非，待至同生净土之后，用大圆智镜，摄彼莲池海会之影，普赠沉溺苦海之同胞。予亦当竭其愚诚，序而赞之。

募设千僧斋序

（代在家善人作）

泥龙虽不能致雨，祷雨者必祭泥龙。凡僧虽不能降福，求福者须供凡僧。而况观音大士现身尘刹，寻声救苦，其应化之迹，在乎普陀。是以历朝钦敬，举世尊崇。其山僧众，及十方来者，皆属如来弟子，大士儿孙。当香会时，几满二千，其中凡圣交参，行位难辨。可不念大士恩，培出世因，以至诚心，平等供养乎？心若真切，不但住世大阿罗汉如宾头卢尊者等，定来应供，即大士或亦现凡僧身，俯临法会。其功德利益，何可名言！某拟于来年二月间，于法雨禅寺虔设千僧大斋，广结良缘。非但自力微弱，实欲与人为善，因募善信，随心乐助。入宝山者切勿空手，沐法泽者各报佛恩。

重刻明宋文宪公《护法录》序

岁在己未，奉化玉仙孙君，刻《宋文宪公全集》成。又将专阐佛学诸作，依莲池、牧斋所订之《护法录》，于《全集》中挑印之。有不相接续者，则另刻之。以二集各送观宗谛闲法师一部。光往观宗见之，不胜欢喜，祈为代请《护法录》一部。初孙君拟另刻《护法录》版，祈谛师作序，师以日与学徒讲演台教，不暇命笔。孙君因光之请，遂托谛师命光勉作。光心被茅塞，见等面墙，何能发挥乘愿再来，现文雄宰官之身，即身口意三业，写《华严》大经，以宏佛祖心要之道乎？然既蒙见委，敢以陋辞？因略论其举世疑议之大关节而已。至于其文之雄浑辨博，圆融直捷，发明儒佛之心宗，永为人天之眼目处，直同杲日当空，有目咸睹，正不须光之管窥预告也。

序曰：阿弥陀佛，久证菩提，安住常寂光土，常享寂灭法乐。但以众生无尽，我愿无尽之故，不离寂光自受用土，遍入十方无尽世界，普现色身，度脱众生。或显或密，或折或摄，必期于究竟出离二种生死而后已。所谓善根未种未熟未脱者，令其即种即熟即脱。应以何身得度者，即现何身而为说法。其道大事广，罄海墨而莫书。姑以文宪公一事，以明其概。

按文宪与释幻灭作《血书华严经赞序》，末后自叙宿因曰：“无相居士（文宪道号），未出母胎，母梦异僧，手写是经，来谓母曰：‘吾乃永明延寿，宜假一室，以终此卷。’母梦觉已，居士即生。今逢胜因，顿忆前事。”余诸著作，亦辄叙述。而世之拘墟者多疑之，谓永明乃弥陀化身，岂弥陀化身者，生死犹未了耶？既以写经借室，考之文集，未有题跋，得无虚受此身，莫偿宿愿耶？予谓此正所谓以凡情测圣智，不但不知文宪，又何尝知永明与弥陀哉！极欲发挥，愧无妙笔。然词取达意，何妨直谈。

夫弥陀既已证穷法界，举凡法界中事，无不随意化现。正报则佛身、菩萨身、二乘身、六道身，随类备现，以行教化。依报则楼台殿阁，饮食衣服，但有利益，无不化现。怡山所谓“疾疫世而现为药草，饥馑时而化作稻粱”。以常寂光土，身土不二，理智一如。身能现土，土能现身。身复现身，土复现土。《弥陀经》云：“是诸众鸟，皆是阿弥陀佛变化所作。”维摩诘云：“以一切众生病，是故我病。”夫弥陀身土交现，何妨现永明而复现文宪。且永明之现文宪者，乃乘悲愿以示生。将谓永明生死未了，复随业力以受生乎？众生病故，菩萨亦病。欲度众生，若不俯顺机宜，示生世间，和光同事，以行教化，则凡圣异趣，教莫由施。白鹤、孔雀等奇妙杂色之鸟，尚肯变化。岂雅思渊才文中王，制礼作乐辅圣主之纯儒，便有所妨乎？永明乃弥陀所现，文宪乃永明所现，即身复现身之竖证。其《无量寿经》等，谓“光中化佛及诸菩萨，无量无边”，乃遍该横竖二义，以佛光横遍竖穷，无时无处不周遍也。永明之假室以写《华严》者，乃以身写，以义写，非拘拘然按文字语言论也。凡文宪毕世所作所为，并所撰述，皆所写之《华严经》也。其至德懿行，虽载《明史》，然亦略示一二而已，其遗轶者固多。其文之传于世者，唯《全集》，及此集耳。阅之，则其道德操持，可想见矣。《全集》虽不专说佛法，即世谛文字未尝不含佛法宗要。如小儿有病，不肯服药，涂药于乳，则不服而服，病即痊愈矣。彼不知佛法者，读《文宪公集》，既钦其文之洪阔，又服其理之高深，能不断疑生信，愈入愈深，大明儒佛之心法，企出生死之樊笼乎？况其中发挥佛法者，有一百七十余篇之多乎？《华严》所谓“或边咒语说四谛，或善密语说四谛，或人直语说四谛，或天密语说四谛”，是其证也。

或曰：《楞严》戒泄佛密因。文宪自说永明后身，得无违佛清净明诲，而启后世狂妄之徒，以凡滥圣之端乎？

予曰：出格之人，不可以常格律之。君岂不见傅大士之自称弥勒现身乎？彼既不以为非，此何独以为非乎？且狂妄滥圣，适足取辱，如刻人粪为栴檀形，岂能与栴檀相混哉！

或曰：如来智断究竟，其功德智慧，神通道力，不可思议。永明虽高，去佛甚远，况文宪乎？

予曰：君亦知皇帝微行之事乎？智者知是皇帝，愚人视作平民，更有疑其为细作，为盗贼者。何独于如来内秘外现而疑之？须知此正如来权巧设化，密示即生即佛，即权即实，即生灭而寂灭，即同居而寂光，治世语言、资生业等，皆顺正法，皆与实相不相违背之微旨也。上根之士，目击道存。中下之流，因言解了。以大慈悲，偶一现此即迹显本之事，俾浅见之人，备知法身大士普现色身之不思议事。如阴间之事，阳间不知，然上帝亟欲世人改恶迁善，亦尝摄阳人以入阴，示阴狱于阳世。上帝教人之权巧方便，尚非凡夫情见所能测度，况菩萨神变无方者乎？

予故表而出之，企人各遵行，同出娑婆，同生净土，以慰弥陀展转现身之大慈悲心，亦不辜负文宪写经、孙君刻版之一番至意。夫希骥之马，亦骥之乘。希颜之人，亦颜之徒。孙君之面，予初未识。若非宿承佛嘱，便是深沐宋恩，以故乘愿再来，极力流通，使现未有情，同沾法利于无既也。猗欤懿哉！

重刻《龙舒净土文》题词并序

（代王弘愿作）

众生心性，与佛同俦，由迷背故，轮回不休。
如来慈愍，随机说法，普令含识，就路还家。
无奈根性，万有不齐，非出格人，决难出离。

因兹特开，净土一门，普摄一切，上中下根。

五逆十恶，地狱相现，一念投诚，即登彼岸。

等觉菩萨，德与佛齐，尚须往生，方证菩提。

博地凡夫，具足烦恼，不肯念佛，如何是好?

寄语世人，同生信愿，执持佛号，始终莫变。

待至临终，蒙佛接引，顿出五浊，直登九品。

见佛闻法，亲证无生，乘大愿轮，普度有情。

净土法门者，如来彻底悲心，普度众生之法门也。令彼无力断惑具缚凡夫，信愿持名，现生了脱，与观音、势至同为伴侣。上而至于等觉菩萨，位邻佛果，尚须往生，方成正觉。至顿至圆，彻上彻下，超越一代时教所说一切法门。以故当佛说《弥陀经》时，六方诸佛出广长舌，一音赞叹，称为“不可思议功德一切诸佛所护念经”，又谓我释迦世尊“能为甚难稀有之事”。而我世尊，自叙宿因，谓：“我于五浊恶世，行此难事，得证菩提，为一切世间说此难信之法，是为甚难。”令其闻者，信受奉行，以究竟畅己出世之本怀而已。

然此法门，甚深难测。虽经诸佛、本师交相劝信，而世之疑者，犹复甚多。不但世智凡情不信，即深通宗、教之知识，犹或疑之。不但知识不信，即已证真谛，业尽情空之声闻、缘觉，犹或疑之。不但小圣不信，即权位菩萨，犹或疑之。即法身大士，虽能谛信，尚不能穷源彻底。良以此之法门，以果觉为因心，全体是佛境界。唯佛与佛，乃能究尽，非彼诸人智所能知故也。我辈凡夫，仰信佛言，依教奉行，自获实益。若得闻此不思议法门，便是多劫深种善根，况信受奉行乎哉！

溯自大教东来，远公创开莲社。嗣后宗、教高人，无不弘赞，如智者、慈恩、清凉、永明等。以其为初机入道之第一要门，《华严》成佛之末后一着也。由是具缚凡夫，仗佛力以了生死者，非算数譬喻所能知也。当南宋时，吾宗先德，有龙舒居士，名日休，字虚中者，乘愿再来，以身说法。虽在尘俗，不纳妻室。虽入国学，不履仕途。发挥儒佛之心宗，教授具信之子弟。又欲同人，咸生净土，作为此书，普遍倡导。言浅而典，理深而著。俯顺劣机，循循善诱。曲尽婆心，无所不至。恐其畏难不入，故以晨朝十念，作普摄群机之最胜方便。待其渐入渐深，如得嘉肴，既知其味，则日用云为，自能拳拳服膺，唯佛是念，非限于一茶之顷以为定章也。倘能具真信愿，毕生坚持十念，决定往生，况更能加功用行者乎？不但此也，即绝无信愿，绝不修持，知有弥陀圣号，亦为不可思议善根。何以故？以由知故，遇境逢缘，便能提起。如陈企被所杀之怨鬼见逼，由念佛而鬼遂不现，因兹毕世念佛，临终往生，且能归而叙述前因，亲现生西本身妙相。使先未预闻，则便被鬼夺命，永劫沉沦矣。所以《观经》“三福”，初则世善皆堪回向；及至“九品”，末则狱现尚获往生。至于一心不乱，妙观圆成，证三昧而往生者，更不须言矣。是知净土法门，普摄群机，了无弃物，猗欤大哉！

其书以真信切愿，持佛名号，即生决定往生为宗。详观“断疑生信”、“普劝修持”、“往生事迹”、“特为劝谕”等，以及居士一生所行，末后所现。则上、中、下三根，无根不被。信、愿、行三法，无法不彰矣。爰付剞劂，普遍流通。企酬释迦说法，诸佛证明，列祖传灯，居士著书之大慈悲心于刹尘海滴云耳。

《佛学指南》《佛学起信编》《六道轮回录》总序

一切众生，一念心性，直下与三世诸佛，无二无别，但以从未悟故，不得受用。故《华严经·如来出现品》云：“一切众生，具有如来智慧，但以妄想执着，而不证得。若离妄想，一切智、自然智、无碍智，则得现前。”须知智慧与妄想执着，原非二物。迷之，则全智慧，以成妄想执着。悟之，则全妄想执着，以成智慧。喻如握拳舒掌，原是一手。结冰融泮，原是一水。良由心体不变，用常随缘。体不变故，在凡不减，在圣不增，居尘不染，离垢不净，在生死而不受轮回，证涅槃而不属寂灭，无象而为万象之主，非法而为诸法之宗。从本以来，常自如如，了无凡圣生佛之异。悟之名贤，证之名圣。若但具而未悟，则虽有性德，了无修德，只为六道轮回之凡夫而已。用随缘故，则有四圣六凡，苦乐升沉之殊。而缘有染、净，必随其一。随染缘，则起惑造业，轮回六道。随净缘，则断惑证真，常住涅槃。由惑业有轻重，故有人天善道，及阿修罗之善恶夹杂道，并畜生、饿鬼、地狱之三恶道。而由惑起惑，由业造业，或善或恶，了无定相，致所受生处，辗转迁移，如轮无端，忽上忽下。以既具烦惑，皆被业缚，随业受生，不能自主故也。由断证有浅深，故断见思者，证声闻果；侵习气者，证缘觉果；破无明者，证菩萨果；若无明净尽，福慧圆满，修德功极，性德全彰者，则证佛果。证佛果者，亦不过彻底究竟证其在凡夫地本具心性功德力用，亲得全体受用而已，实未加一丝毫于其初也。若声闻、缘觉、菩萨，虽则所证高下不同，然皆未能全体受用性具功德。而一切凡夫，反承此不思议心性之力，于六尘境，起贪瞋痴，造杀盗淫，以致堕三恶道，永劫沉沦者，比比皆是，可不哀哉！纵令恪修五戒十善，得人天身。然人间福乐，乃堕落之根本。天上虽不比人间烦惑猛利，然天福一尽，决定下生。由宿福未尽，故享福。由享福，故造业。既造业已，则堕落恶道，直在瞬息间耳。况有由天命终，承宿世恶业已熟之力，直堕恶道者乎。故古德以修行之人，若无正念修持净业，唯得人天福报者，名为第三世怨。《法华经》云："三界无安，犹如火宅，众苦充满，甚可怖畏。"知好歹者，当以急求出离，企得安隐，为上计也。

大丈夫生于世间，既知自己一念心性，与佛无二。又知十法界因果修证，不出自心。固当发大菩提，力修定慧，以期断惑证真，直成佛道，普令法界众生同出迷途，共登觉岸，毕竟亲证本具心性而后已。如或根机陋劣，未能如是，必须以深信愿，笃修净业，仗佛慈力，往生西方，迨至证无生忍，再乘愿来，度脱众生。然于未生以前，尤宜发菩提心，自行化他。纵不能出广长舌，震海潮音。亦当于佛祖经论、先贤遗书中，采其契理契机，易于领会者，编辑成书，垂示将来。举凡三世因果、六道轮回，及三宝功德、佛法利益，与夫三根普被之道、凡圣共修之法，分门别类，缕析条陈。俾阅者一目了然，自知取舍，从兹断疑生信，归心大觉，或于现生即了生死，或作未来得度因缘。如其无此手眼，不可冒昧从事，当取古人契理契机之书，刊印流布，俾辗转传扬，永用舟航，实属莫大功德。如上所说，虽则志在利人，而化功实归自己。由是现生福慧增崇，临终直登上品。岂不堂堂丈夫，表表懿范者哉！若不知此义，唯依世谛而为操修，纵此生意诚心正，有大把持，恐一经转世，便致迷惑，则被业所缚，随业受报，如风飘叶，不能自主，或堕茵褥之上，或堕溷厕之中。思之诚可畏也。

福保丁居士，专精医学，历有年所。继思病从身生，身从业生，业从心生。但只治身，实非拔本塞源究竟之道。于是研究佛学，笺注各经。欲令初机易入，故用汉儒训诂之法，俾若文若义，悉皆了了。良以佛经深奥，意义无穷。古德注疏，多重提纲阐妙。字句之间，不甚详释。致令初机，殊难领会。若由训诂入门，自可登堂入室，然后进而研究古德之注疏，则如杲日当空，无微不照。正不必守此以为究竟也。又以世儒狃于见闻，不信人死神明不灭，及三世因果、六道轮回之事。上焉者，只可作自了汉，断不能移风易俗，觉世牖民。下焉者，则谓既无因果，一死永灭，何不随意所作，以取此生快乐乎？从兹肆无忌惮，安于为恶，致世道人心，日趋日下。因将佛祖经论，及古今缁素群贤遗书中，所有因果报应显著事迹，录成三册。一曰《六道轮回录》，盖以发明六道升沉之若理若事，与夫幽冥之景象，鬼神之情状，兼显欲脱冥途之苦，舍如来大法，则绝无依怙。实为改恶修善，舍迷归悟，钦崇佛法，企慕真乘之初步。次则名为《佛学起信编》，次则名为《佛学指南》，二书大旨相同，初说因果报应，次说佛法功德，但《起信》初义居多，《指南》次义居多为异耳。所说佛法功德，亦皆抄录高人轶士成言。但以限于篇幅，不免疏漏。然信根既生，则具有大藏经论及群贤诸书在，此不过为引人入佛法之前导，岂宜以此自限，止而不进哉？其事虽述，其心诚溥，其利益实非思议所能及。

光宿业深重，有目如盲。滥厕僧伦，虚消信施。愧不能力修定慧，断惑证真。唯期以仗佛慈力，带业往生。叨蒙丁君不以无状见弃，凡所著述，皆为邮寄。然字小目昏，亦不过略加翻阅，以结随喜之缘而已。近得见此三册，不禁有感于中，拟欲广为流布，无奈贫无卓锥。因不揣固陋，序其大略，企在在处处，有心世道之人，为之辗转流通，多方传播。如是，则岂但慰丁君纂辑之心，实为代佛祖群贤出广长舌、震海潮音于无既也。将见风移俗易，遄臻大同之治。民和时雍，共享无为之乐。其功德利益，当与十方虚空同其寿量，岂语言文字所能形容。倘不以人微而竟废其言，则幸甚幸甚。

重刻《安士全书》序一

大矣哉吾心本具之道，妙矣哉吾心固有之法。寂照不二，真俗圆融。离念离情，不生不灭。谓之为有而不有，不有而有。谓之为空而不空，不空而空。生佛皆由此出，圣凡俱莫能名。类明镜之了无一物，而复胡来汉现。犹太虚之远离诸相，不妨日照云屯。正所谓实际理地，不受一尘。本觉心中，圆具诸法。乃如来所证之无上觉道，亦众生所迷之常住真心。三教圣人，依此心性，各垂教迹，广导群萌。由是尼山抉诚明之奥，作修齐治平之轨。柱史说道德之经，陈长生久视之术。大觉世尊，称法界性，示真如心，演背尘合觉之道，立不生不灭之宗。虽浅深大小不同，世出世间有异，要皆不外即吾心本具之理，以发挥演畅之，普令含识，称性起修，即修显性，消原无之幻妄，复本有之天真，永出迷途，诞登觉岸而后已也。

文昌帝君，于宿世中，心敦五常，躬奉三教。自行化他，唯欲止于至善。功高德著，遂得职掌文衡。恐末学无知，昧已永劫常住之性，因作文广训，示“吾一十七世”之言。妙义无尽，谁测渊源。注解纵多，莫窥堂奥。致令上下千古，垂训受训，皆有遗憾，不能释然。安士先生，宿植德本，乘愿再来。博极群书，深入经藏。觉世牖民，引为己任。淑身变俗，用示嘉谟。以奇才妙悟之学识，取灵山、泗水之心法，就帝君随机说法之文，著斯民雅俗同观之注。理本于心，词得其要。征引事实，祛迷云于意地。阐扬义旨，揭慧日于性天。使阅者法法头头，有所仿效。心心念念，有所警惩。直将帝君一片婆心，彻底掀翻，和盘托出。俾千古之上，千古之下，垂训受训，悉皆释然，毫无遗憾。而又悲心无既，慈愿莫穷。欲使斯民推忠恕以笃胞与，息刀兵而享天年。守礼义以叙彝伦，好令德而远美色。因著戒杀之书，曰《万善先资》；戒淫之书，曰《欲海回狂》。良由世人杀业最多，淫业易犯，以故不惮烦劳，谆谆告诫。又以泛修世善，只获人天之福，福尽堕落，苦毒何所底极。乃宗净土经论，采其逗机语言，集为一书，名曰《西归直指》。普使富贵贫贱，老幼男女，或智或愚，若缁若素，同念阿弥陀佛，求生极乐世界，迥出轮回，直登不退，谢妄业所感之苦，享吾心固有之乐。前三种虽明修行世善，而亦具了生死法。后一种虽明了生死法，而亦须修行世善。至于惠吉逆凶，缕析条陈。决疑辨难，理圆词妙。其震聋发瞶之情，有更切于拯溺救焚之势。诚可以建天地，质鬼神，羽翼六经，扶持名教。允为善世第一奇书，与寻常善书不可同日而语。不谓之菩萨乘本愿轮，现居士身，说法度生者，吾不信也。

不慧少读儒书，罔知孔孟之心传。长学佛乘，未悟如来之性体。迄今年临知命，见等面墙，徒有乐善之心，毫无利人之力。欲将此书，刊刻流布，无奈贫无卓锥，兼以懒于募缘，因是多年，未偿所愿。西蜀居士李天桂，夙具灵根，笃修善行，企得无上佛法，朝礼普陀名山，于法雨禅寺，偶然会遇。若非宿缘有在，何以邂逅如斯。乃屈膝问法，询求出要。余因示以力敦伦常，精修净业，自利利他，唯此为要。若能躬行无玷，方可感化同人。倘所行不符所言，乃奉法反以坏法。彼世之德不加修，而善不力迁者，非无修德迁善之资，乃无良师益友以身率之故也。即赠以此书，令详悉披阅，务使己之动作云为，与书之指示训诲，相契相合，无少参差，庶几可耳。彼遂若获至宝，庆幸无已，发愿刊版，用广流通。又祈作序，普告同人。因不揣固陋，略述颠末。其有欲致君泽民，修身齐家，教子孙以希圣贤，悟心性以了生死者，请熟读而力行之，当不以吾言为谬妄也。

重刻《安士全书》序二

淫杀二业，乃一切众生生死根本。最难断者唯淫，最易犯者唯杀。二者之中，淫则稍知自爱者，犹能制而不犯。然欲其意地清净，了无丝毫蒂芥者，唯断惑证真之阿罗汉方能之耳。余则爱染习气，虽有厚薄不同，要皆缠绵固结于心识之中，从劫至劫，莫能解脱。杀则世皆视为固然。以我之强，凌彼之弱。以彼之肉，充我之腹。只顾一时适口，谁信历劫酬偿。《楞严经》云："以人食羊，羊死为人，人死为羊。如是乃至十生之类，死死生生，互来相啖。恶业俱生，穷未来际。"古德云："欲得天下无兵劫，除非众生不食肉。"又云："欲知世间刀兵劫，须听屠门半夜声。"既有其因，必招其果。不思则已，思之大可畏也。

安士先生恭禀佛敕，特垂哀愍，因著《欲海回狂》以戒淫，《万善先资》以戒杀。征引事实，详示因果，切企举世之人，同怀乾父坤母、民胞物与之真心，永断伤风乱伦、以强凌弱之恶念。又欲同人诸恶莫作，众善奉行，因将《文昌帝君阴骘文》详加注释。俾日用云为，居心行事，大而治国安民，小而一言一念，咸备法戒，悉存龟鉴。由兹古圣先贤之主敬慎独，正心诚意，不至徒存空谈而已。如上三种，文词理致，莫不冠古超今，翼经辅治。以其以奇才妙悟，取佛祖圣贤之心法，而以雅俗同观之笔墨发挥之故也。虽然已能戒淫戒杀，诸恶莫作，众善奉行，若不了生脱死，安能保其生生世世不失操持？则恒生善道，广修福慧，不堕恶趣彼此酬偿者，有几人哉？而了生脱死，岂易言乎？唯力修定慧，断惑证真者，方能究竟自由。余则纵令尊为天帝，上而至于非非想天，福寿八万大劫，皆属被善恶业力之所缚着，随善恶业力之所轮转耳。因是特依如来仗佛慈力带业往生之法，荟萃净土经论要义，辑为一书，名曰《西归直指》。若能一阅是书，谛信不疑，生信发愿，求生西方。无论根机之利钝，罪业之轻重，与夫工夫之浅深，但能信愿真切，持佛名号，无不临命终时，蒙佛慈力，接引往生。既往生已，则超凡入圣，了生脱死，悟自心于当念，证觉道于将来。其义理利益，唯证方知，固非笔舌所能形容也。此系以己信愿，感佛慈悲，感应道交，获斯巨益。较仗自力断惑证真、了生脱死者，其难易奚啻天地悬隔而已。

现今外洋各国大战数年。我国始因意见不同，竟成南北相攻，加以数年以来，水、风、旱、潦、地震、土匪、瘟疫等灾，频迭见告。统计中外所伤亡者，不下万万。痛心疾首，惨不忍闻。不慧滥厕僧伦，未证道果，徒存伤世之心，毫无济人之力。有同乡芹浦刘在霄先生者，清介之士也，世德相承，笃信佛法。今夏来山见访，谈及近来中外情景，戚然曰："有何妙法，能为救护？"余曰："此是苦果，果必有因。若欲救苦，须令断因，因断则果无从生矣。故经云：菩萨畏因，众生畏果。"遂将《安士全书》示之，企其刊版广传，普令见闻，同登觉岸。先生不胜欢喜，即令其甥赵步云出资七百元，祈余代任刊事。忆昔戊申，曾劝李天桂刊版于蜀，彼即祈余作序。后以因缘不具，事竟未行。今蒙刘公毅然赞成，殆非小缘。

窃以袁了凡四训，为改过迁善之嘉言。俞净意一记，为至诚格天之懿行。其发挥事理，操持工夫，最为严厉纯笃，精详曲尽。因分附于《阴骘文广义》三卷之后。莲池《戒杀放生文》，为灭残忍魔军之慈悲主帅。省庵《不净观》等颂，为灭贪欲魔军之净行猛将。省庵《劝发菩提心文》，为沉沦苦海众生之普度慈航。爰附于三种法门之后。譬如添花锦上，置灯镜旁，光华灿烂，悦人心目。果能读之，则不忠不恕之念，忽尔冰消。自利利他之心，油然云起。从兹步步入胜，渐入渐深，不知不觉，即凡情而成圣智矣。庶可了生脱死，永出轮回，面礼弥陀，亲蒙授记。谨为阅此书者贺曰：久沉业海，忽遇慈航。遵行忠恕，归命觉皇。信真愿切，执谢情亡。感应道交，觐无量光。余详戊申序中，兹不复赘。

《袁了凡四训》铸版流通序

圣贤之道，唯诚与明。圣狂之分，在乎一念。圣罔念则作狂，狂克念则作圣。其操纵得失之象，喻如逆水行舟，不进则退。不可不勉力操持，而稍生纵任也。须知“诚”之一字，乃圣凡同具、一如不二之真心。“明”之一字，乃存养省察、从凡至圣之达道。然在凡夫地，日用之间，万境交集，一不觉察，难免种种违理情想，瞥尔而生。此想既生，则真心遂受锢蔽，而凡所作为，咸失其中正矣。若不加一番切实工夫，克除净尽，则愈趋愈下，莫知底极。徒具作圣之心，永沦下愚之队，可不哀哉！

然作圣不难，在自明其明德。欲明其明德，须从格物致知下手。倘人欲之物，不能极力格除，则本有真知，决难彻底显现。欲令真知显现，当于日用云为，常起觉照，不使一切违理情想，暂萌于心。常使其心，虚明洞彻。如镜当台，随境映现，但照前境，不随境转。妍媸自彼，于我何干。来不预计，去不留恋。若或违理情想，稍有萌动，即当严以攻治，剿除令尽。如与贼军对敌，不但不使侵我封疆，尚须斩将搴旗，剿灭余党。其制军之法，必须严以自治，毋怠毋忽，克己复礼，主敬存诚。其器仗须用颜子之四勿，曾子之三省，蘧伯玉之寡过知非，加以战战兢兢，如临深渊，如履薄冰，与之相对。则军威远振，贼党寒心，惧罹灭种之极戮，冀沾安抚之洪恩，从兹相率投降，归顺至化，尽革先心，聿修后德。将不出户，兵不血刃，举寇仇皆为赤子，即叛逆悉作良民。上行下效，率土清宁，不动干戈，坐致太平矣。

如上所说，则由格物而致知，由致知而克明明德。诚明一致，即凡成圣矣。其或根器陋劣，未能收效。当效赵阅道日之所为，夜必焚香告帝，不敢告者，即不敢为。袁了凡诸恶莫作，众善奉行，命自我立，福自我求，俾造物不能独擅其权。受持《功过格》，凡举心动念，及所言所行，善恶纤悉皆记，以期善日增而恶日减。初则善恶参杂，久则唯善无恶。故能转无福为有福，转不寿为长寿，转无子孙为多子孙。现生优入圣贤之域，报尽高登极乐之乡。行为世则，言为世法。彼既丈夫我亦尔，何可自轻而退屈！

或问："格物"，乃穷尽天下事物之理。"致知"，乃推极吾之知识，必使一一晓了也。何得以人欲为"物"，真知为"知"，克治、显现为"格"、"致"乎？

答曰："诚"与"明德"，皆约自心之本体而言。名虽有二，体本唯一也。"知"与"意"、"心"，兼约自心之体用而言，实则即三而一也。"格"、"致"、"诚"、"正"、"明"（此指"明明德"之"明"，与"诚明"之"明"），五者皆约闲邪存诚、返妄归真而言。其检点省察造诣工夫，"明"为总纲，"格"、"致"、"诚"、"正"乃别目耳。修身、正心、诚意、致知，皆所以明明德也。倘自心本有之真知为物欲所蔽，则意不诚而心不正矣。若能格而除之，则是慧风扫荡障云尽，心月孤圆朗中天矣。此圣人示人从泛至切、从疏至亲之决定次序也。若穷尽天下事物之理，俾吾心知识悉皆明了，方能诚意者。则唯博览群书、遍游天下之人，方能诚意正心，以明其明德。未能博览阅历者，纵有纯厚天资，于诚意正心，皆无其分，况其下焉哉。有是理乎？

然一切不深穷理之士，与无知无识之人，若闻理性，多皆高推圣境，自处凡愚，不肯奋发勉励，遵循从事。若告以过去、现在、未来三世因果，或善或恶，各有其报，则必畏恶果而断恶因，修善因而冀善果。善恶不出身口意三，既知因果，自可防护身口，洗心涤虑，虽在暗室屋漏之中，常如面对帝天，不敢稍萌匪鄙之心，以自干罪戾也已。此大觉世尊普令一切上中下根，致知、诚意、正心、修身之大法也。然狂者畏其拘束，谓为着相。愚者防己愧怍，谓为渺茫。除此二种人，有谁不信受？故梦东云："善谈心性者，必不弃离于因果。而深信因果者，终必大明夫心性。此理势所必然也。"须知从凡夫地乃至圆证佛果，悉不出因果之外。有不信因果者，皆自弃其善因善果，而常造恶因，常受恶果，经尘点劫，轮转恶道，末由出离之流也。哀哉！

圣贤千言万语，无非欲人反省克念，俾吾心本具之明德，不致埋没，亲得受用耳。但人由不知因果，每每肆意纵情。纵毕生读之，亦只学其词章，不以希圣希贤为事，因兹当面错过。袁了凡先生训子四篇，文理俱畅，豁人心目，读之自有欣欣向荣，亟欲取法之势，洵淑世良谟也。永嘉周群铮居士，感佩之极，祈上海商务印书馆铸铅为版，以公同志，又印送若干，以结法缘。祈予为序。因撮取圣贤克己复礼、闲邪存诚之意，以塞其责云。

《四书蕅益解》重刻序

道在人心，如水在地。虽高原平地，了不见水，苟穴土而求之，无不得者。水喻吾心固有之明德，土喻吾心幻现之物欲，果能格物致知，无有不能明其明德者。然穴土取水，人无不施工求之，以非水不能生活故也。而道本心具，人多不肯施工。致物欲锢蔽真知，不知希圣希贤，甘心自暴自弃，由兹丧法身以失慧命，生作走肉行尸，死与草木同腐，可不哀哉！

《四书》者，孔门上继往圣，下开来学，俾由格物致知以自明其明德，然后推而至于家国天下，俾家国天下之人，各皆明其明德之大经大法也。前乎此者，虽其说之详略不同，而其旨同。后乎此者，虽其机之利钝有异，而其效无异。诚可谓先天而天弗违，后天而奉天时，万世师表，百代儒宗也。其大纲在于明明德修道。其下手最亲切处，在于格物慎独，克己复礼，主敬存诚。学者果能一言一字皆向自己身心体究，虽一介匹夫，其经天纬地、参赞化育之道，何难得自本心。俾圣贤垂训一番苦心，不成徒设，而为乾坤大父大母增光，不愧与天地并称三才。可不自勉乎哉！

如来大法，自汉东传，至唐而各宗悉备，禅道大兴。高人林立，随机接物。由是濂、洛、关、闽，以迄元明诸儒，各取佛法要义以发挥儒宗，俾孔颜心法，绝而复续。其用静坐参究，以期开悟者，莫不以佛法是则是效。故有功深力极，临终预知时至，谈笑坐逝者甚多。其诚意正心，固足为儒门师表。但欲自护门庭，于所取法者，不唯不加表彰，或反故为辟驳，以企后学尊己之道，不入佛法。然亦徒为是举，不思已既阴取阳排，后学岂无见过于师之人？适见其心量狭小，而诚意正心之不无罅漏也。深可痛惜。

明末蕅益大师，系法身大士，乘愿示生。初读儒书，即效先儒辟佛，而实未知佛之所以为佛。后读佛经，始悔前愆。随即殚精研究，方知佛法乃一切诸法之本。其有辟驳者，非掩耳盗铃，即未见颜色之瞽论也。遂发心出家，弘扬法化。一生注述经论四十余种，卷盈数百。莫不言言见谛，语语超宗，如走盘珠，利益无尽。又念儒宗，上焉者取佛法以自益，终难究竟贯通；下焉者习词章以自足，多造谤法恶业。中心痛伤，欲为救援。因取《四书》、《周易》，以佛法释之。解《论语》、《孟子》，则略示大义。解《中庸》、《大学》，则直指心源。盖以秉《法华》开权显实之义，以圆顿教理，释治世语言，俾灵山、泗水之心法，彻底显露，了无余蕴。其取佛法以自益者，即得究竟实益。即专习词章之流，由兹知佛法广大，不易测度，亦当顿息邪见，渐生正信。知格除物欲，自能明其明德，由是而力求之，当直接孔颜心传，其利益岂能让宋、元、明诸儒独得也已！

近来各界，眼界大开。天资高者，无不研究佛法。一唱百和，靡然风从。既知即心本具佛性，无始无终，具足常乐我净真实功德。岂肯当仁固让，见义不为，高推圣境，自处凡愚乎哉？以故伟人名士，率多吃素念佛，笃修净业，企其生见佛性，死生佛国而已。郁九龄、施调梅二居士，宿具灵根，笃信佛法。一见《四书蕅益解》，不胜欢喜，谓此书直指当人一念，大明儒释心法，于世出世法，融通贯彻，俾上中下根，随机受益。深则见深，不妨直契菩提。浅则见浅，亦可渐种善根。即欲刊版，用广流通。以此功德，恭祝现在椿萱，寿登期颐，百年报尽，神归安养。过去父母，宿业消除，蒙佛接引，往生净土。祈序于光，企告来哲。光自愧昔作阐提，毁谤佛法，以致业障覆心，悟证无由。喜彼之请，企一切人，于佛法中，咸生正信。庶可业障同消，而心光俱皆发现矣。《周易禅解》，金陵已刻。《孟子择乳》，兵燹后失传，杨仁山居士求之东瀛，亦不可得，惜哉！

《法华入疏》序

如来一代所说大小权实，偏圆顿渐，种种法门，无非随机施教，对病发药。及至法华会上，开权显实，会三归一。开迹显本，示本寿量。举手低头，皆成佛道。治世语言，皆顺正法。即一切法，显示实相。即所迷心，示觉道体。凡一代时教之所以然，皆悉显阐赞导，彻了无疑。普令上中下根，悉得开示悟入佛之知见，究竟畅佛出世本怀。猗欤妙哉！故其义理深固幽远，不易测度。传至震旦，千余年来，注者虽多，唯天台智者为得其宗。故以五重玄义，总释经题。以因缘、约教、本迹、观心，消释经文，名为《文句》。可谓无义不显，无机不被矣。又以止观，发明行相，俾《法华》教行理三，彻底圆彰，了无余蕴。以故在昔依之而修者，得道如林。

至唐，而荆溪尊者以三大部文理深邃，不便初机，乃于《玄义》、《文句》、《止观》，各撰注释。注《文句》者，名《文句记》。昔者经、疏、记三，悉皆各行。初学阅之，颇费心力。宋四明道威法师，撮取《文句》及《记》，揉而录于经文之下，名为《入疏》。俾学者不劳遍翻，即得明了，其利大矣。因兹流通中外。元明以来，中国失传。清光绪末，式定大师请得东洋宏教书院新印《藏经》，内有此书。因交金陵净戒寺灭尽师洋数百圆，令其刻版。灭师分作二十卷，样本通皆写完校讫，只刻成六卷，而灭师谢世，因阁置数年。

光于民国八年，因刻《安士全书》等，自普陀来维扬，方知其事。意欲续成，苦无财力。有张瑞曾居士者，宿植德本，笃信佛乘。颇伤世道人心，日趋日下，谓非如来大法，莫能挽回。故于戒杀放生之事，则实力奉行。于戒杀放生之文，则多方流通。以及种种劝善格言，皆不惜巨资，刊刻传布。唯欲同人，共推乾父坤母之心，各怀民胞物与之念，必期于己立立人，自利利他，同登寿域，咸沐佛恩而后已。闻光至扬，频来见访。因以此告，企其成就。彼欣然允许，令光任其校对。奈其书传久，错讹甚多。初未详视，意谓灭师校过，当无大讹。及刻出再校，方知遗漏甚多。因按《文句》及《记》，为之改正。其中每有字句不甚圆润，似欠似赘，而于大意无所妨碍者任之。以版已刻成，不便修治耳。所愿阅是书者，各于自己一念心中，直下开示悟入佛之知见。则不负自己本具佛性，亦不负如来说经，智者造疏，荆溪述记，威师汇入，以及式定大师、瑞曾居士等流通也。刻既竣，遂叙其缘起云。

《普贤行愿品疏钞撷》序

净土法门，其大无外。一切诸佛，及诸佛阿耨多罗三藐三菩提法，皆从此出。一切菩萨，及菩萨上求下化、称性所修之道，皆从此入。所谓无不从此法界流，无不还归此法界也。夫如来为一大事因缘，出现于世。虽随机设教，种种不一，求其若圣若凡，上中下根，乃至逆恶之流，同于现生了生脱死，俯谢三界，高登九品者，唯净土一门为然也。噫！如来大慈，普度众生，唯此一法，堪畅本怀。众生修行，冀出生死，唯此一法，决遂所愿。法门广大，利益宏深，固宜一切佛子，悉皆奉行。何近见愚夫愚妇，率多竭诚归命。而通宗通教之士，反漠然置之，若不闻知者然。其故何在？以研教者按常途教理以论断证，不信有带业往生之事。矜常处生死以度众生，不愿为速出生死之人。不知坯器未烧，经雨即化。烦惑未断，转生即迷。自利尚难，焉能利他。此皆不谅己德，以博地凡夫，稍具慧性，便以法身大士之作略自拟，以致一误永误也。参宗者专主参究，以期明心见性。不知其机稍劣，不能明心见性者多多也。即使已得明心见性，而惑业未断，仍旧轮回生死，不能出离者，又多多也。五祖戒、草堂清、海印信、真如喆等，乃其确证。

噫！死生亦大矣，何可以专仗自力而不仗佛力耶？抑或自力果愈于佛力耶？夫人之处世，大而创业垂统，小而一衣一食，莫不仗众人之力，以成自事。至于了生死大事，乃虽有佛力而不肯倚仗，欲显出格之作略，恐堕愚夫之窠臼。其志可谓大矣，惜乎不知其所谓大也。不观《华严》一经，王于三藏，乃如来初成正觉，为界外四十一位法身大士，所说一生成佛之法。其一生成佛之归宗结顶究竟实义，在于以十大愿王，回向往生西方极乐世界，以期圆满佛果。夫善财所证，已得与普贤等，与诸佛等，所谓等觉菩萨也。等觉去佛，特一间耳，尚须回向往生。举华藏世界海诸菩萨，同禀此教，同修此法。岂今之通宗通教者，其根性之利，证入之深，悉能超过此等菩萨乎？千经万论，处处指归。往圣前贤，人人趣向。岂此诸经论，皆不足遵依，此诸圣贤，皆愚夫愚妇耶？一言以蔽之，曰：业深障重，未应解脱，故致日用不知，习矣不察而已。

《普贤行愿品》者，即八十卷《华严经》末后之《入法界品》。善财遍参五十三员知识，至普贤所，承普贤开示及威神之力，即证等觉。普贤乃为说偈，称赞如来胜妙功德。以文来未尽，故未结而终。清凉国师特著《疏钞》，以大宏其道。至德宗贞元间，南印度乌茶国王，方贡《普贤行愿品》之梵本全文，译成四十卷。前之三十九卷，即《八十华严经》之《入法界品》，而文义加详。第四十一卷，乃现所流通之《普贤行愿品》也。时清凉亦预译场，极为赞扬，奉命撰疏。四十卷之全疏，中国久已失传。幸东洋藏中，尚有其书。北京刻经处，专刻古德佚书，不久当可流通也。此一卷经，又复重为别行疏，以备乐简略及修净土者之研穷。其徒圭峰，为之造钞，固已中外流通矣。但以文富义繁，不便初机。范古农居士，以世以净土三经，并《行愿品》一卷，为净土四经。三经注者颇多，不妨随机取阅。此经唯有《疏钞》，虽发挥尽致，而初机每多茫然。遂即《疏钞》，撷其要义，刊版流通。文虽简略，义仍具足，可谓观机逗教。有益法门，殊非浅鲜。学者果能先阅撷本，后读全文，不但清凉宏赞之心，可以悉知，而普贤劝发，如来出世之心，亦可以悉知矣。敢请通宗通教之士，共随华藏海会诸菩萨，及诸愚夫愚妇之班，一致进行，同往西方。庶可不辜佛化，不负己灵也已。

《金刚经次诂》序

《金刚经》者，即有谈空，不堕空边。即空论有，不堕有边。空有两泯，真俗不二。生佛一致，事理圆融。行起解绝，直趣觉海。一切菩萨，依此而修因。三世诸佛，依此而证果。乃如来一代时教之纲要，实菩萨上宏下化之准绳。示如如之本体，机理双契。证空空之三昧，解行俱圆。妙而又妙，玄之又玄。猗欤懿哉，何可得而思议也已！世多不察，谓为空宗，其辜负佛恩也甚矣。

夫度尽一切众生，不见能度所度之相；不住色声香味触法而行布施，以至六度，及与万行；以无我、人、众生、寿者，修一切善法；无所住而生心；虽说法而无法可说；虽成佛而无菩提可得。是则云腾行海，波涌度门，乃称性缘起之道，行所无事。以故内不见有能度之我，外不见有所度之人与众生，中不见有所证之无余涅槃之寿者相。自他见亡，凡圣情尽。三轮体空，一道清净。如如不动实相妙理，彻底圆彰。故得福德等彼十方虚空也。至于受持此经，为他人说，虽四句、三句、二句、一句，其福胜彼三千大千世界满中七宝布施，及无量百千万亿劫，日日三时，以恒河沙等身命布施之福。良以一切诸佛，及诸佛无上觉道之法，皆从此经出故。故说法者，即是以佛庄严而自庄严，并以庄严一切众生。此其自行化他真实功德，名之为空，岂有当哉？

是故随说此经，虽只四、三、二、一句等，而一切天人，皆应如佛塔庙而供养之。以持经之人，心与道合，心与佛合，故能转最重之后报，作最轻之现报，而复当得菩提也。以自行化他，心不住相，则以如如智，契如如理，直下与菩提涅槃，混而为一。如水投水，似空合空。虽有圣智，莫能分别也。如来一代所说法门，悉以此智照了而修，则水到渠成，云开月露，一尘不立，万德圆彰矣。

马通白居士者，宿植德本，笃信佛乘。品行清高，著述宏富。实当代之文宗，具超格之学识。然以志树儒宗，未暇殚精内典。迨岁周花甲，以沧桑迭迁，悟身世无常，遂屏除一切，专阅佛经。始知如来所说，皆示吾心。而本有衣珠，几致忘却。庆幸之极，转为悲感。后阅此经，心花顿发，因随所见，注为《次诂》。浑融之文，以章段显之。玄妙之义，以平实明之。契理契机，彻上彻下。固初机之良导，实入佛之要门。诸门人欲为刊版，永用流通。庶通方儒士，悉皆景仰而效法焉。其为利益，唯佛能知。勉抒愚怀，用为序引。

《金刚经线说》铸版流通序

此一卷经，人人具足，个个不无。但由迷真逐妄，背觉合尘，不知返观内照，致使不能亲得受用耳。故《华严·如来出现品》云：如来成正觉时，叹曰："奇哉奇哉！一切众生，皆具如来智慧德相。但以妄想执着，而不证得。若离妄想，则一切智、自然智、无碍智，则得现前。"此经由须菩提见佛威仪，叹为："稀有世尊！善护念付嘱诸菩萨。"欲令护念付嘱之法，大明于世，故问："菩萨发无上菩提心，云何应住？云何降伏其心？"此二句，乃护念付嘱之要旨也。而如来以所有一切九类众生，悉皆令入无余涅槃而灭度之，不见众生得灭度相，答其降伏。以菩萨于法，应无所住，不住色声香味触法而行布施，答其应住。又谓不应住色生心，不应住声香味触法生心，应无所住而生其心。且深叹其不住相布施之福德，与十方虚空，同一不可思量。

何以度尽一切众生，而曰实无众生得灭度者？以无余涅槃，即众生本具性体。由迷背不知，初非有失。菩萨为指示之，令其了知衣里之珠，项上之头。既了知已，岂复有得？不过众生自性自度，岂有能度之我，所度之人与众生，并所入无余涅槃之寿者相哉？四相既无，则三轮体空，一道清净矣。由其三轮体空，一道清净，故万行云兴，心无所住。虽复万行云兴，实则一法不立，凡所见情与无情，同一实相。故得山河及大地，全露法王身。而《楞严》以五阴、六入、十二处、十八界、七大，皆如来藏妙真如性，即是其证。是知如来智慧德相，本自具足，无欠无余。但以迷背之故，无端幻起妄想执着，致智慧德相隐而不现。若肯穷究此妄想执着之所从来处，则弥空云雾，彻底消灭；本有天日，全体显现矣。云雾封时，天日亦不曾失。云雾散时，天日又岂是得？度尽一切众生，不见一众生得度者，此之谓也。

其能见此理以行此行者，以无所住而生心，悉见诸相非相也。如是之人，受持此经，乃至四句、三句、二句、一句，为人演说，其福德虽满大千世界七宝布施，尚不能及。以一句染神，永为道种。住相布施，报在人天故也。以故说是经处，即为塔庙。经所在处，即三宝具足。故一切世间天、人、阿修罗，皆应供养也。以说者能不取于相，如如不动。以如如智，契如如理。佛如众生如，一如无二如。终日说而实未尝说，即杜默不说亦未尝不说。以其人行住坐卧、周旋俯仰、着衣吃饭、扬拳竖指，无不是不生不灭无余涅槃，无住心之全体大用。劫外田地，故乡风月，任人自得，有谁阻止？以故卖柴翁闻一句，即得嗣祖传灯，腾辉宇宙。彼既丈夫我亦尔，不应自轻而退屈。则受持之人，宜何如发大菩提心，宜何如生无所住心也。

清道光末，有无住老人陈柱者，宿有慧根，弱冠即诵此经。至七旬外，广阅诸注，折衷其义而为《线说》。以“不住相”一线，直贯到底。其语句颇平实显豁，有益初机。倘由是而得其旨归，则古德之注，如来之经，如开宝藏，随意受用矣。粤东简照南、玉阶二昆弟，以母氏逝世，诸亲友吊奠者，各送诔词挽联，汇而刻之，名《哀思录》。又欲借母氏之故，普利一切，因铸《金刚经线说》版，印数千卷，与《哀思录》同赠吊奠亲友，以酬嘉贶。一以冀母氏莲品高升，一以冀亲友善根增长。诚所谓孝子不匮，永锡尔类者矣。

或疑：《金刚》无相，净土有相，二法如何相融？

予曰：《金刚经》令度尽一切众生，而不见度相，不住色声香味触法，而行布施。布施乃六度万行之首，既令不住相布施，则持戒、忍辱、精进、禅定、智慧，以及万行，莫不皆然。然则《金刚经》乃令人遍行六度万行、普度一切众生之规矩准绳也，遍与一代时教一切法门而为纲要。盖是即相离相，何得谓与净土不相融通乎？夫度生之法，唯净土最为第一。欲生净土，当净其心。随其心净，则佛土净。以不住相之清净心念佛，则是心作佛，是心是佛。其往生西方，证无生忍，乃决定不易之理事也，又何疑乎？

《赞礼地藏菩萨忏愿仪》重刻序

心体本净，因根尘而浊念斯兴。佛性常存，由迷背而凡情孔炽。于是承寂照之力，反作昏动之缘。于常住之中，妄受生死之苦。执着五阴，不知毕竟皆空。障蔽一心，曷了本不可得。耽染六尘之幻境，坠堕三恶之苦途。纵经微尘劫数，莫出六道轮回。故我世尊，特垂哀愍。因地藏菩萨之问，说十力佛法之轮。摧碾烦惑，成就道器。由兹弃舍恶法，断除一切无依行。修持善法，具足一切有依行。然欲得无生法忍，须忏宿世愆尤。若能不着五阴，自可圆证三身。外承佛力、法力、菩萨誓愿力，内仗诚力、悔力、自性功德力。故得弥空罪雾，彻底消灭。本有性天，全体显现。是知《十轮》、《本愿》、《占察》三经，同由地藏大悲愿力，令末世孤露无依众生，悉皆得大恃怙也。

澫益大师，已证法身，乘愿再来。初现阐提之迹，后为如来之使。一生行解，事理圆融。毕世著述，性修双备。欲令浊智成净智，依三经而制忏仪。冀使凡心作佛心，即十轮而明赞悔。宝镜既磨，光明自发。摩尼既濯，珍宝斯雨。诚可谓反本还元之妙法，即心作佛之达道也。弘一上人，宿钦大师著述，特为刻版，用广流通。俾有志于灭幻妄之惑业，证本有之真心，上续如来之慧命，下作末世之典型者，咸得受持云。

《拣魔辨异录》重刻序

学道之人，居心立行，必须质直中正，不可有丝毫偏私委曲之相。倘稍有偏曲，则如秤之定盘不准，称诸物而轻重咸差。如镜之体质不净，照诸像而妍媸莫辨。差之毫厘，失之千里。展转淆讹，莫之能止。故《楞严经》云："十方如来，同一道故，出离生死，皆以直心。心言直故，如是乃至终始地位，中间永无诸委曲相。"《书》曰："人心惟危，道心惟微，惟精惟一，允执厥中。"法藏宿世，固有灵根，即现生之悟与见地，亦非卑浅。但以我慢根深，欲为千古第一高人，特意妄立种种宗旨名相，著《五宗原》，以企后学推尊于己，竟成魔外知见。使当日直心直行，允执厥中，将见密云会下，无人能敌。道风之振，何难超越诸方？惜乎不以实悟实证为事，而预先设法，以为超越一切之计。遂致密云七辟三辟，以正其非。然人非圣贤，孰能无过？果是英烈汉子，自当惭愧忏悔，知非改过，以期实悟实证，则临济法脉，如来慧命，岂不直接其传？何得慢幢高竖，护短饰非。引起其徒弘忍等，更加狂妄，逞己臆见，著《五宗救》。挽正作邪，以邪为正，谤法谤僧，自误误人。较之法藏，更深十倍。盲引盲众，相牵入火。噫！可哀也已。

藏、忍平生，刻意文饰，致令门庭甚盛，士大夫多为外护。故彼父子之语录，并《五宗原》、《五宗救》之僻谬邪说，悉皆续入《大藏》。至雍正十一年，世宗欲选语录，遍阅彼等著作，知其意见僻谬，必至瞎人正眼，着令尽毁其版。又敕天下丛林，凡有此书及版，尽行毁除，倘有私藏者，发觉以违律论。又恐或有深受其毒，莫能尽吐，因将《五宗救》中狂悖甚者，摘录八十余条，逐条驳正。命续入《大藏》，以企开人正眼，报佛祖恩。但以万几无暇，至十三年春，方始脱稿。未及誊清，龙驭上宾。高宗继立，方始刊版。只因未委通人，凡草书替代之字，许多竟作本字。

如以“谓”作“为”，多至百余。世宗所刻书册经版，悉皆校对精严。唯此一书，错讹甚多。故知的系宾天之后所刻。又雍正十三年春，开工刊《大藏》版。此书上谕，命入藏流通。而竟未入者，以高宗御极未久，殚精政治，无暇提倡。其余缁素，以法藏徒党甚盛，恐其一经提倡，或致招祸，因皆置之不论，以故未入。书册殿版，存于大内，除皇帝有敕，无由刷印，因兹不传于世。然此法宝，必有神物守护，令其久秘复出，得广流通。其因缘具于《石印序》中。兹拟重刻木版，因息心校阅，俾还世宗本来面目。应季中居士，愿任刻资。遂序其颠末，以告来哲。

夫欲了生死，必须实证。若唯悟而未证，则烦惑尚在，大须努力。倘能兢兢业业，历缘锻炼，则觉照存心，冥符圣智，人我是非之凡情，无由而起。若不加觉照，依旧凡情炽然，功行愈高，情见愈重，由悟入迷，在所难免。如人睡惺不起，久复睡着。古人谓“大事已明，如丧考妣”，正以烦惑未断，或恐复迷。须知断惑之人，便无凡情。既无凡情，何有生死？大悟之人，其悟纵与佛同，其惑犹未断除，必须念念觉照，庶免凡情用事。藏、忍父子，虽则悟处高深，只因我慢过甚，全体埋没于人我情见之中，而犹欲为续佛慧命之第一高人，以致一错永错，而莫之能返。尽其智力，只做得个平侍者之身份，可不哀哉！如来深知末世众生，烦惑难断，特开一信愿念佛求生净土法门，令其于临终时蒙佛接引，往生西方。既得往生，则超凡入圣，了生脱死，承侍弥陀，追随海众，从兹圆破无明，彻证自心，直至成佛而后已。使藏、忍知此，当即上品往生，证无生忍，普现色身，广度群迷。又何至妆点文饰，欲得超师越祖之虚名，企其流芳百世。一经明眼人看破，竟落得个邪魔外道之实号，而遗臭万年。呜呼哀哉！

《拣魔辨异录》石印序

（代企觉居士赵希伊作）

自佛法入中国，历代皇帝无不崇奉。其唯结缘种，与有所悟证者，种种不一。求其深入经藏，直达禅源，证涅槃之妙心，具金刚之正眼，于修齐治平之暇，阐拈花直指之宗者，其唯清世宗皇帝为第一也。若非法身大士，乘愿再来，握权实不二之道柄，度轮回无依之众生者，其能如是也耶？其所著述，藏内有《圆明居士语录》三卷（圆明居士，世宗道号），其他序、跋、传、记，散见于经论语录中。悉皆妙契佛心，冥符祖意。言言见谛，语语归宗。如走盘珠，似摩尼宝。凡具眼者，无不佩服。

当明季时，密云悟会下，有法藏字汉月者，天资聪敏，我慢根深。大悟之后，欲为千古独一无侣之高人，从兹妄立主见，著《五宗原》，拟己超迈一切。不知如来心印，如清凉月，慢云一起，便掩月光。真如妙性，犹太虚空，慢尘既扬，即污空体。种种涂饰，翻形狂悖，求升反坠，弄巧成拙。密云则辟而又辟，彼与其徒弘忍，执迷不返，则救而又救。反欲凌驾密云，谓己无师自悟，密云强以源流恳付之。所有言说，类多妄造，少有实情。当时知识，虽知其非，以其师尚不奈何，兼彼门庭甚盛，士大夫多为外护，恐其一经辟驳，难免招祸，故皆不敢置论。

至雍正十一年，世宗遍阅密云、法藏、弘忍等录，见彼知见纰谬，录其臆见邪说数十条，逐一辨正，通计十万余言，名曰《御制拣魔辨异录》。即刊书册殿版，又令续入《大藏》，企其除邪说以正人心，振宗风而明祖道耳。至十三年，开工刊藏，而龙驭旋即宾天。高宗继立，以日亲万几，不暇提倡，遂致竟未入藏。而书册殿版，存于大内，不易流通，故今之博学多闻缁素大家，皆不知其名。

吾友子任，光绪甲辰，于京师书肆中得二部。以一送谛闲法师，企彼倡募流通。以一托杨仁山寄东洋，入于弘教书院新印藏中。今春余欲朝海至沪上，遇楚青狄居士。余曰："公好流通古迹，何不取《弘教藏》中《拣魔辨异录》，刊版印行？此世宗以灵山、泗水之心法，为儒释两教作开金刚正眼之大光明藏也。若得流通，不但参禅者直下知归，即宗孔孟而探诚明之极赜者，亦如乘轮遇顺风，速得到彼岸也。"居士曰："余昔于京师烂货摊得一部，藏书笥有年矣。不因子说，几致错过。"即付印刷所，俾照式石印一千部。命余作序。余喜极，遂忘其固陋，为序其隐显机缘如此。

《三十二祖传赞》序

粤自世尊拈花，迦叶微笑。正法眼藏，涅槃妙心，遂得普播寰区。及至大教东布，达磨西来。其圆悟佛性，彻证自心，续如来之慧命，作人天之导师者，实繁有徒。若《传灯录》、《高僧传》所载，乃存十一于千百耳。其隐而弗彰，秘而不显者，又何可胜数耶！

清世宗宪皇帝，久证法身，乘愿再来。若宗若教，无不穷源彻底。御极以来，十年之内，专理政治，不提佛法。以期天下太平，俗美风醇，然后宣布法化，则易得其益。如器除毒，堪贮甘露。至十一年，则以人王身，行法王事。佛法世法，一肩担荷。儒教释教，一道齐行。取灵山、泗水之心法，述传薪续焰之纶音。空有不二，真俗圆融。直欲普天人民，同为如来真子。现未有情，共获本地风光。每于朔望，及佛菩萨诞辰，或面训廷臣，或传谕疆臣，以迄士庶，令其咸了自心，悉趣背尘合觉之道，不至徒具佛性，枉受生死轮回之悲。或敕天下丛林，一切僧众，令其恪守清规，精修梵行，真参实悟，明心见性，以期光扬法道，翼赞皇猷。又于朔望，必亲运睿笔，恭绘一古德道像。取彼本传，提纲摘要，作一小传。又作一赞，以发其奥义。亲笔书于像首。刻石大内，以备摹拓而企流布。自十一年二月起，至十三年三月止，共绘三十二尊。至四月中，龙驭上宾，致无量古德，未蒙一发幽光，为可惜耳。至乾隆九年，高宗以装潢所拓祖像三十二轴，赐武林理安寺。后修寺志，即以此《传赞》，载于首册，以志恩宠。然此《传赞》，未刻书版，故世不获见闻。

窃念古德道风，人天景仰。如皓月当空，万川俱现，其光明皎洁，豁人心目。自可顿开心地，彻见性天。又得世宗睿笔发挥，与古德交光相映，一际无痕。若得一览，当即达本逢源，获衣里之明珠，破尘离着，出大千之经卷。从兹心心相印，灯灯相传。俾自他以共证真常，令凡圣以同登觉岸。庶不负世宗述传一番至意矣。因募应季中居士，出资刻版，以公同志。于每传前，列其题目，以期一目了然。并书缘起，以告来哲。

《净业良导》序

娑婆，生死险道也。极乐，常住家乡也。众生由一念不觉，入此险道，莫之能出。纵欲出此险道，归彼家乡，而生无慧目，不知所趣。若无良导，不但误入歧途，竟成背驰，且有堕坑落堑，丧身失命之忧。净土三经一论，以及一切大乘经论，皆导师也。但以文深义奥，初机不易领会。虽则无边妙义，具足无遗。而以暗钝心识当之，每致有疑而不能决，有信而不能生。因兹历代古德各垂言教，以逗时机，由是法流无壅，而群机悉蒙其利济矣。无名居士，自虽未度，志切度人。因将《乐邦文类》，及莲池、紫柏、憨山、蕅益各集中之合时机者，录数十篇，以应初入法门之士。待其门径已得，然后遍阅全书，则知一滴之味，与大海之味，无二无别，而如来出世一大事因缘，唯净土一法，方能究竟畅佛本怀也。无名居士㧑谦不敢自专，命光鉴定，因题之曰《净业良导》云。

《佛学初阶》序

佛法广大，不易窥测。欲使同人尽沐法泽，必由耳目见闻因果报应、生死轮回之浅近事迹，启迪而引诱之，令其舍拘墟之固执，见天地之广大。庶可断疑生信，愈入愈深。必期于彻悟自心，复还本有，及与仗佛慈力，往生西方，而又以化诸人人。决不肯上辜佛化，下负己灵，长劫甘受生死轮回之苦毒也已。福保丁居士，誓愿宏深，慈悲广大。欲令斯民同登觉岸，因将缁素名贤遗集及佛祖经论中因果轮回之事，及三宝功德，净土利益，辑之成帙，名为《佛学初阶》。企阅者因是而求，举凡断惑证真、即凡成圣之不思议大法，皆可亲得而实有诸己矣。又伊先所辑《佛学指南》、《佛学起信编》、《六道轮回录》，虽繁简不同，要皆为初机学佛之阶梯而已。若是决烈丈夫，当必登峰造极，决不至画地自限，以卑自安，而不复上进耳。

《释教三字经》序

（代明天启时蜀东忠州聚云寺吹万老人释广真作）

人同此心，心同此理。凡圣不二，生佛一如。由迷悟之或殊，致升沉之迥别。大觉世尊，愍而哀之。示成正觉，转大法轮。本一心以建立，作迷津之宝筏。普欲未来，咸登道岸。故以五时所说，及教外别传之旨，付诸弟子，命广流通。由是列宗诸祖，相继而兴，宏宗演教，代佛扬化。迄今世远年深，事多义广，若非读破《大藏》，妙悟自心，无以测其端倪，得其纲要。每欲撮略梗概，开示后进。因念宋儒王伯厚先生作《三字经》，以纪夫伦常日用之道，与历朝治乱之迹，使学者先知其约，后涉其博，幼而学之，壮而行之，立身行道，致君泽民，以复其人性本有之善。遂仿其意，略叙如来降生成道，说法度生。列祖续佛慧命，随机施教。及与古德自利利他，嘉言懿行。题曰《释教三字经》。俾为沙弥时，诵而习之，知佛经之要义，明祖道之纲宗。及其壮而遍阅三藏，历参五宗，妙悟自心，冥符佛意。方知山色溪声，咸示第一义谛。鸦鸣鹊噪，共谈无上心宗。非同非异，非有非空，即权即实，即俗即真。博之则尽十虚而莫容，约之则觅一字不可得。然后乘大愿轮，阐扬法化。普令法界众生，归依一体三宝，复本来之面目，传无尽之心灯。是在后进之发心造修焉，予日望之。

刘圆照居士《摸象诗》序

（以彼作㊣图章，故开端画一圆相）

〇 此一段光明，非因非果，非圣非凡，非断非常，非生非灭，亘古亘今，照天照地。佛未出世，祖未西来，人人具足，无余无欠。无奈众生在迷，怀宝受困，反承此照天照地之光，起惑造业，轮回六道。于是世尊欲施济度，示成正觉。当其夜睹明星，豁然大悟时，乃浩然叹曰："奇哉奇哉！一切众生，具有如来智慧德相。但以妄想执着，而不证得。若离妄想，则一切智、自然智、无碍智，则得现前。"于是随机施化，对病发药。由众生根器不等，故其所说，或渐或顿，或实或权，种种不同。虽则设诸方便，无非曲诱众生，令其各各彻证此之心光，究竟成佛而已。所谓粗言及细语，皆归第一义。始则千机并育，终则一道同归也。又以钝根众生，现生不能了脱，则轮回生死，了无底止。以故特开一信愿念佛法门，俾未断惑者，仗佛慈力，带业往生。已断惑者，仗佛慈力，速证法身。普使上中下根，若圣若凡，同证真常，诞登彼岸。极畅如来出世之本怀，彻获众生本具之佛性。猗欤佛恩，穷劫莫赞！及至大教东流，遂以此法，目为莲宗。以其念佛求生西方，莲花化生，得预莲池海会，亲炙弥陀世尊，及观音、势至、诸上善人故也。

自后达摩西来，传佛心印，直指人心，见性成佛。然此所见所成，乃指吾人即心本具之天真佛性而言。令人先识其本，则一切修证等法，自可依之进趣，以至于修无可修、证无可证而后已。非谓一悟即成福慧两足、圆满菩提之究竟佛道也。喻如画龙点睛，令其亲得受用耳。由是腾辉震旦，炳焕赫奕，即心即佛之道，非心非佛之法，遍布寰区。天机深者，于一机一境，识其端倪，则出词吐语，自离窠臼，入死入生，了无挂碍，得大解脱，得大自在矣。倘根机稍劣，纵得大悟，而烦恼习气未能净尽，依然还是生死中人，出胎隔阴，多致迷失。大悟者尚如是，况未悟乎？固宜专心致志于仗佛慈力之净土法门，方为千稳万当之计也。

圆照刘居士，宿根深厚，现行精纯，于禅净两宗，各得其旨，而尤以念佛法门，为究竟自利利人之道。每有所感，辄形诸诗歌，笔而录之，得一百零八首，题其名曰《摸象》。盖以道大无方，岂凡庸一言可以道尽，不过取其意之所适而已。其子及族人，欲后世咸所禀承，拟列诸家谱。令光叙其大旨，用告来者云。

《佛学述要》铸版流通序

自佛法入中国，千八百余年来，若缁若素，若男若女，深入经藏，彻悟心源者，何可胜数。良以真如佛性，人人本具，但以迷而不觉，初非有失。及闻如来言教，知识指示，则知珠在衣里，佛性恒存，不离当处，得大自在，自利利他，受用无尽矣。天台陈勤先女士，宿有慧根。于台、禅、性、相、净土诸宗，悉知壶奥。而且偏赞净土，冀一切不能彻悟自心、断惑证真者，即生便登阿鞞跋致，亦可谓于博得约，宏法知要矣。其所发挥，机理双契。虽则多录成文，然如一屋散钱，一一上串，俾用者现成持取，三叉歧路，条条标示，令行者勇往直前，亦不可谓无功也。惜其子袁授荀，根性弗类，于其母所述了无所知。抄录而欲流通，其注概节略之。不知有宜节者，有不宜节者。不宜节者而妄节之，则有意义不明，文法不合之弊。而且错讹满纸，致有许多词不达意之处。足见此道，须自有善根，方可优入，否则虽母子至亲，亦不能传。奉化孙玉仙居士，欲铸版流通，冀须眉丈夫，闺阁英贤，同发思齐之心，共证本具佛性。委光鉴订。因正其错讹，离其句读，遂题之为《佛学述要》云。

《格言联璧》重刻序

人之所以与天地并名三才者，以其能格物致知，克己复礼，以明其明德，而止于至善也。去此，则但一血气之伦而已，何可以与天地并立为三而称之乎？孟子以夜气不足以存者，为违禽兽不远。又谓："人之所以异于禽兽者几希，庶民去之，君子存之。"是知任心纵意，胡作非为者，不过名之为人，实则与禽兽或相埒，或不如矣。格物致知，乃群圣传授之心法。以人欲之物，乃由外境而生，必须格除净尽，而吾心固有之良知，自可全体显现矣。固有之良知，即明德也。格之与致，皆所以明其明德也。明德既明，则意诚、心正而身修矣。此匹夫匹妇皆能为之事也。若以推极吾之知识，穷尽天下事物之理，为格物致知者，乃枝末，非根本也，虽圣人亦有所不能焉。能明其明德，则独善其身矣。若得位行道，以先觉觉后觉，则兼善天下矣。吾人未能人欲净尽，天理流行。必须多识前言往行，以为前途导师，日读诵而绎思之，必期于过日寡而德日崇，以至于德纯过无而后已。然曾子临终，尚曰："战战兢兢，如临深渊，如履薄冰。而今而后，吾知免夫！"蘧伯玉行年五十，而知四十九年之非。孔子以德不修，学不讲，闻义不能徙，不善不能改为忧；行年七十，尚欲天假数年，以期学《易》而免大过。虽曰以身说法，勉励后进。实属圣贤格致工夫，自强不息，了无已时也。

山阴金兰生先生，辑先贤警策身心语句，为《格言联璧》，令学者如入宝山，随取而得，其功诚非浅鲜。维扬张瑞曾居士，少即奉为圭臬，继欲普饷同伦，乃详为校订，兼用褒贬圈法，标示其当法当戒者，俾阅者省心力而知去取，其用志可谓诚且挚矣。刻成，问序于余。因略述三才名义，与圣贤格致工夫，以期与本集所说，互相发明，令学者得亲切下手之工夫，而进德不息，以至与天地参而后已也。其具眼者，当不以余言为背谬也。

《不可录》重刻序

女色之祸，极其酷烈。自古至今，由兹亡国败家、殒身绝嗣者，何可胜数？即未至此，其间颓其刚健之躯，昏其清明之志，以顶天履地、希圣希贤之资，致成碌碌庸人、无所树立之辈者，又复何限？况乎逆天理，乱人伦，生为衣冠禽兽，死堕三途恶道者，又何能悉知之而悉见之耶？噫！女色之祸，一何酷烈至于此极也。由是诸圣诸贤，特垂悲愍，或告之以法言，或劝之以巽语，直欲福善祸淫之理，举世咸知。而又征诸事实，以为法戒，企知自爱者读之，当必怵然惊，憬然悟，遏人欲于横流，复天良于将灭。从兹一切同伦，悉享富寿康宁之福，永离贫病夭折之祸。此《不可录》所由辑也。

张瑞曾居士，欲重刻印施，命余作序，畅演窒欲要义。须知美色当前，欲心炽盛。法言巽语，因果报应，皆难断其爱心。若能作不净观，则一腔欲火，当下冰消矣。吾秦长安子弟，多玩促织。有兄弟三人，年皆成童，于月夜捉促织于坟墓间。忽见一少妇，姿色绝伦，遂同往捉之。其妇变脸，七窍流血，舌拖尺余，三人同时吓死。次日其家寻得，救活者一，方知其事。活者大病数月方愈。其家子孙，不许夜捉促织。夫此少妇，未变脸时，则爱入骨髓，非遂所欲则不可。及既变脸，则一吓至死，爱心便成乌有。然当其群相追逐时，固未始无血与舌也。何含而藏之，则生爱心。流而拖之，则生畏心。了此，则凡见一切天姿国色，皆当作七窍流血、舌拖尺余之钓颈鬼想矣。又何至被色所迷，生不能尽其天年，死必至永堕恶道耶？

以故如来令贪欲重者，作不净观。观之久久，则尚能断惑证真，超凡入圣，岂止不犯邪淫，窒欲卫生而已。其女貌娇美，令人生爱心而行欲事者，不过外面一张薄皮，光华艳丽，为其所惑耳。若揭去此之薄皮，则不但皮里之物，不堪爱恋，即此薄皮，亦绝无可爱恋矣。再进而剖其身躯，则唯见脓血淋漓，骨肉纵横，脏腑屎尿，狼藉满地。臭秽腥臊，不忍见闻。较前少妇所变之相，其可畏惧厌恶，过百千倍。纵倾城倾国之绝世佳人，薄皮里面之物，有一不如是乎？人何唯观其外相，而不察其内容，爱其少分之美，遂不计其多分之恶乎？余愿世人，遗外相而察内容，厌多恶以弃少美，则同出欲海，共登觉岸矣。又当淫欲炽盛，情不能制之时，但将女阴作毒蛇口，如以阳纳蛇口中。则心神惊悸，毛骨悚然，无边热恼，当下清凉矣。此又窒欲之最简便法也。

《不可录》敦伦理序

天为大父，地为大母。一切男女，皆天地之子女，皆吾之同胞。既是同胞，当尽友爱，保护扶持，以期各得其所。如是，则为天地之肖子，无忝所生矣。既能保护扶持天地之子女，则天地必常保护扶持于其人，令其福深寿永，诸凡如意也。倘或肆意横行，欺凌天地之子女，则其折福减寿，灭门绝嗣，一气不来，永堕恶道，经百千劫，莫复人身者，乃自取其祸，非天地之不慈也。余且勿论。即如妻女姊妹，人各共有。人若熟视己之妻女姊妹，己则愤心怒气，即欲殴击。何见人之妻女姊妹，稍有姿色，心即妄起淫念，意欲污辱乎哉？夫同为天地之子女，是吾同胞。若于同胞起不正念，则是污辱天地之子女，欺侮同胞。其人尚得自立于天地之间，而犹谓之为人乎？况夫妇之道，与乎三纲五常。男女居室，人之大伦。人之所以异于禽兽者，以其有人伦也。人若行蔑理乱伦之事，则是以人身行禽兽事。身虽为人，实则禽兽不如也。何也？以禽兽不知伦理，人知伦理。知伦理而复蔑伦理，斯居禽兽之下矣。

然一切众生，由淫欲生，故其习偏浓。须深堤防，作亲、作怨、作不净想，庶可息灭邪念，而淳全正念矣。怨与不净，前序已明。兹特约亲而为发挥，冀诸阅者，同敦天伦，毋怀恶念。《四十二章经》示人见诸女云：“想其老者如母，长者如姊，少者如妹，幼者如女。生度脱心，息灭恶念。”《梵网经》云：“一切男子是我父，一切女人是我母，我生生无不从之受生”，“当生孝顺心、慈悲心”。如是则尚保护扶持之不暇，何可以起恶劣心，而欲污辱乎？明有一生患淫，不能自制，问于王龙溪。龙溪曰：“譬如有人谓汝曰：‘此中有名妓，汝可搴帏就之。’汝从其言，则汝母女姊妹也。汝此时一片淫心，还息否？”曰：“息矣。”龙溪曰：“然则淫本是空，汝自认做真耳。”人果肯将一切女人，作母女姊妹视之，则不但淫欲恶念无由而生，而生死轮回，亦当由兹顿出矣。

《不可录》一书，法语巽言之训，福善祸淫之案，与夫戒忌之日期处所，一一毕示。其觉世醒迷之心，可谓诚且挚矣。维扬张瑞曾居士，利人心切，即为刻行。命光发挥窒欲之要，因以怨、以不净，而叙其大旨。继因其堂兄正勋逝世，拟以此功德荐其灵识，俾罪障消灭，福智崇朗，出五浊之欲界，生九品之莲邦。因居士孝友之情，故复撰敦伦之序。祈见闻者，各详察焉，则幸甚幸甚。

普济禅寺打交盘万年簿序

（代了余和尚作，但打交盘未改十方）

圆通道场，弥三际而不增不减。普门风范，即万法而无欠无余。亘古亘今，如如不变。有情无情，法法圆融。虽千佛齐出，了无有兴。纵三灾迭起，又岂有败。此观音大士补怛名山，真如实际之究竟景象也。至于应化门头，则法随缘起，道在人宏。兴废通塞，各有由致。溯自慧锷始祖，开山于梁。真歇禅师，开宗于宋。以及元之孚中，清之潮音。悉皆道高一世，德感九重。丕振宗风，广布玄化。普使四海内外，同被慈云。六道众生，共沾法雨。猗欤休哉，何其盛也！

爰自潮音以来，两蒙敕修。世守成规，家风不坠。至咸丰初，发匪肇乱，人民涂炭。香火多年断绝，用度由兹缺乏。法器什物，皆不舒用。凡住持进院，自所置者，退时仍复搬回本庵。纵有留者，皆作昂价交盘。甚至破败不堪、一文不值之物，一体照新价交。总计洋一千若干元。如市之打店铺者，货物器具，悉卖新主。所谓常住者，只空屋经像而已。弊由兵燹，亦无足怪。至后世道太平，香火鼎盛，仍复安于故习，毫未改革。

余曾理院务，详知其由。今于文莲老和尚退院之时，蒙诸位老和尚，并诸房法眷，委此重任。自愧人微德薄，不敢承当。而再三逼勒，不许推辞。窃念普济，乃天下名山菩萨道场。由梁至民，世经十纪，年满一千。今既忝膺此任，敢不勉力筹度，兴利除弊，培植常住元气，以仰副诸公为法为人一番至意？因言："常住体属十方，非住持一人私有。所有财政，理宜全归常住。凡钱财谷米，庄严什物，无论常住旧有，即本人所置办者，亦不得退时携去，及作价交盘。而住持进院花费，须彼本人自任，不得耗费常住。如是则常住日见丰足，而法道亦随之隆盛矣。"文莲老人闻之，踊跃欢喜，发菩提心，愿将交盘洋一千若干元，一笔勾消。其什物有破败不堪者提出，同众齐去。有可用者，按其新旧名色，登此打交盘万年簿。后所置者，一体登簿。其住持，并常住财政规矩，悉仿诸方丛林。唯选举住持，仍须本寺各房子孙。是之谓子孙十方。

所愿自兹以后，凡为住持，及膺职事者，各各发菩提心，培植常住。庶大士慈恩，竖穷三际，横遍十方。而各人现在则福慧双隆，人天敬仰，临终则形神俱妙，佛圣来迎。如是则不慧一念愚诚，与文老一番婆心，皆悉不落空亡，咸有实益矣。因略叙源委，以冠簿首，俾后之来哲，悉各知其缘起耳。

别庵统祖新公堂序

（代茂量师作）

如来所证之阿耨多罗三藐三菩提道，即我与一切众生现前一念烦恼结业颠倒昏迷之心。能识此烦恼结业颠倒昏迷之心，便可以上续如来慧命，下作人天导师。普令一切众生，同识此心，同证阿耨多罗三藐三菩提道。所谓心、佛、众生，三无差别。迷悟虽殊，体本不二。一条荡荡长安路，从来绝不禁人行。自是不归归便得，故乡风月有谁争。自世尊示成正觉，四十九年，广说经法，指大经于尘中，示明珠于衣里。三千年来，沐法泽而悟自心，证觉道而度有情者，数逾恒沙，何可胜论！

若我别庵统祖，宿植德本，乘愿再来，童真出家，弱冠悟道。辟普门以重兴法雨，传心印而丕振宗风。身居海岛，道播寰区。六坐道场，广垂言教。不特万民倾诚，直使一人注意。由兹赐帑赐紫，屡施九道之雨露。唯期祝国祝民，同沐大觉之恩光。在当时固皆景仰，即后世莫不尊崇。昔先师戒文老人，与开如和尚，每念忝为法裔，莫续徽猷，聊效追远之诚，纠立公堂之会。缘旧立公堂，过于淡薄，不足以昭虔恭而报祖德，起观感而裕后昆。以光绪十八年，阖山共筑朱家尖众香塘。因纠十余家，或任一股，或任数股，共凑洋若干圆，买田百亩，以为新起公堂之备。后因外界侵占一半，只得三十一亩而已。然田属新开，犹是斥卤，故二十年来，尚未成立。今田已成熟，租课照常。因于今春，起立公堂。十柱轮流，周而复始。在如公与吾师之本心，实欲后世子孙，登堂荐献，礼像投诚时，心自思曰："祖师与人同耳，彼既丈夫，我亦宜然，岂可高推圣境，自处凡流？"由是奋发大心，追踪先觉，破无明以证法性，续佛慧以度众生。俾圆通道场，经劫常住。大慧宗统，遍界流行。庶不愧为祖师儿孙，如来弟子矣。凡我同伦，尚勉之哉！（时在民国二年）

眠云公堂序

（代法雨书记僧作）

人生世间，幻住数十年。从有知识以来，日夜营谋，忙忙碌碌，无非为养身家，做体面，遗子孙而已。推其病根，只因执着有我，不肯放下。其念虑固结，虽佛与之说法，亦莫之能解。而于自己主人公本来面目，则反置之不问，任其随业流转，永劫沉沦，可不哀哉！

开然和尚，夙因深厚，托质将门，壮惧杀业，不乐从军。闻化闻老人说法，遂投身座下，剃发为僧，数十年来，专主参究。但恨未得觌面，一叙机缘。其所悟处，深浅莫测。至光绪末年，住持法雨，因自立公堂，以作遗念，题其名曰“眠云”。夫云之为物，来无所从，去无所至，幻生幻灭，了无定相，而能降注甘雨，普润大地，俾有情无情，各得其所。绝似证无我相者之无所住而生心，度脱一切众生而无有度相。然公通身放下，安住其中，其殆示其所悟乎？抑令后世子孙以此为法乎？其义玄妙，可以深长思矣。

通智法师公堂序

（代悟开大师作）

粤自世尊入灭，四依宏法。现普门身，垂形六道，逆顺隐显，种种方便，随顺机宜，皆令度脱，此不可思议神通妙行，唯圣能为，非凡所及。若夫现沙门身，离尘脱俗，高竖法幢，丕振宗风，流通法化，续佛慧命，此为法身大士，大心凡夫，传扬佛法，通途妙行。由斯二行，故得横遍十方，竖穷三际，无一处不蒙佛光，无一人不沐佛恩。至于法传震旦，二千年来，宏法大士，广布法化。宗说兼通，定慧均等。现身说法，以德服人。扇真风于火宅，注法雨于情田。普被三根，总摄众机。各复本有之天真，共证即心之觉道。因兹王臣归命，士庶倾诚。广布玄猷，辅弼政治。其宏功伟迹，多难尽述。即《高僧传》、《传灯录》百余卷书所载者，乃千万分中之一二耳。近世以来，其有宿植德本，示生巨族，只眼觑穿浮世界，一肩荷起大津梁，宴坐圆通道场，深入宝王三昧，总禅、净而同修，会宗、教为一致，出广长舌，宏演圆宗，垂平等臂，普接三根，即凡心以示佛心，统万行而归一行者，其唯我先法师，通公法师其人焉！

师讳寻源，字通智，别号忆莲沙门。俗姓阮，系扬州仪征，中堂元公之幼子也。于道光二十二年癸卯，三月初八日未时示生。母氏某，京都人。迨至元公逝世，嫡子忌刻过甚。其母遂携之以归京都，寄居舅舍。及长，相貌瑰玮，语音洪畅。性好道术，不求仕进，欲为长生神仙，放旷襟怀，优游蓬岛，每以不遇真人为憾。至同治十二年，年二十一，偶至龙泉寺，遇首座本然和尚，洞明教理，透彻禅宗，意必得道高僧，与之谈己所怀。本公笑曰："汝本有之天真佛性，无端背弃，而求不可必得、不出七趣之神仙。弃金担麻，认奴为主。汝具如此相貌，而其志何若是之下劣也？"遂顿弃所怀，即求摄受。本公因为薙发于本京七塔寺，乃石佛寺之支派也。从兹常亲本受业师，研究教典，励志修持。至光绪四年，受具戒于京西云居寺。因念教理粗明，本分未了，说食数宝，有何利益？乃发足游方，遍参宗匠。至十四年，于普陀佛顶山信真老人会下，师资道合，得受心印，是为传临济正宗第四十二世。是年宏《楞严》于法雨寺。此后十有余年，常应讲聘，每期众皆数百。师于《楞严》独有心得，因为注释，欲使大佛顶理，圆通常性，全体显现，毫无隐覆，述成《开蒙》十卷。现蒙维扬万寿寂公，为之刊版流通。所惜赋性率真，唯究根本，不事支末，但欲发挥理性，令其彻底全彰，和盘托出，至于措词立言，或失详审，故致间有参差疏漏之弊。倘蒙具眼作家，稍事修治，则成法苑完璧，楞严宝镜矣。

师平生志在《楞严》，行在净土。日课佛号三万，誓求往生。晨持

《大悲咒》一尺香，以为助行。欲令现未有情，同生净土，故于《弥陀疏钞》及《演义》、《要解》、《便蒙钞》、《势至圆通疏钞》，皆为刊布。谓学者曰：“禅宗名为教外别传，净土实为教内真传。须知即此真传，乃别传外之别传也。汝等烦惑未断，道业未成，切不可错认定盘星，高推禅宗，藐视净土。致令临命终时，业识茫茫，无本可据。虽有不可思议大慈大悲之佛力，由不信故，无从倚托。依旧乘恶业力，轮回恶道，从劫至劫，了无出期。可不哀哉！可不畏哉！”其讲《楞严》也，于七处征心、十番显见处，必详明此土开悟之难，净土证道之易。至《势至章》，则殷勤劝导，不遗余力，直欲法会大众，人各都摄六根，净念相继，即随势至，亲证圆通。其至由恶业而沉沦四趣，乏定慧而坠堕五魔处，尤复极陈得失，痛示利害。每每泪随声出，语音哽噎。常曰：“不知净土，《楞严》乃破净土之元勋。深明净土，《楞严》实宏净土之善导。看经不具择法眼，其辜负佛恩处，类多如是。汝等切不可将禅宗机锋转语，认做实法，薄净土而不屑修持。须知华严会上，华藏海众，同破无明，同证法身，尚须以十大愿王，回向往生西方极乐世界，以期圆满佛果。汝何人哉，敢与彼抗？上辜佛化，下负己灵。诸佛名为可怜愍者！”

师十余年来，各处宏经，云行鸟飞，杳无定处。于天童小白岭，维扬万寿寺，及本山普慧庵，尝多憩息。以二处主人，悉皆尊德重道，且与普慧庵主觉公，法禀同门，交称莫逆故也。至三十二年丙午冬，示疾育王。丁未春，觉公即接至庵，备极照应，经两月余。临终前数日，神气清爽，奋励念佛。至四月初三日未时，合掌念佛，泊尔神逝。世寿六十五岁，僧腊三十五年。全身入棺，瘗于佛顶山后之燕窝冈，乃佛顶文正和尚等预为营造之归宿所也。以平生性好寂静，而住无定所，故无剃度。嗣法门人，本山唯源通，与不肖悟开。外方虽有，不能悉知，恐招彼此亲疏之讥，故概不书。

呜呼！开于昔年，频预法会，屡聆圆音，未明自性。师以孺子可教，遂为预行付嘱。当时虽极惭惶，犹期悟于后日。岂料诸魔未殄，法将云亡。毒药未消，慈父见背。悲夫！众生津梁，如来慧命，将何所托，从何所寄耶？宁可自殒，不忍师逝。唯冀承佛慈力，莲开上品，忍证无生，位登不退，速乘本愿，垂慈济度。庶可以仗师威神，出险道而顿登宝所，即我心识，了烦惑而彻证真常矣。兹以先师遗资，肇立公堂。略叙大端，以垂永久。俾后世法裔，仰先德之徽猷，而励志效法云尔。

立山老人派下子孙公堂序

（代开如和尚作）

一切众生，具有如来智慧德相，但因妄想执着，不能证得。究其原由，总因不了真如妙性，妄认四大为自身相，六尘缘影为自心相。既已认贼为子，遂致背觉合尘，从此根尘互黏，人我敌立，起惑造业，轮回六道，经尘点劫，莫能解脱。大觉世尊，愍兹剧苦，施大法药，令修四念处观，一观身不净，二观受是苦，三观心无常，四观法无我。及余正勤、如意足、根、力、觉、道，三十七品法门。虽根有利钝，乘有大小，莫不皆以四念处而为根本。良以四观若成，则我执即破。我执既破，则五蕴皆空，六尘即觉，返本还原，亲证妙性。譬如垢尽镜明，云开日朗。日即本具，明非外来。得无所得，获大自在。凡情圣见，两俱消亡。尚无涅槃，何有生死。

至于世寿若尽，则焚其形骸者。一则恐彼亡者所作未办，身见未泯，令其豁悟真空，当下解脱。二则正欲存者了知此身，全体虚妄。力修圣道，复本心源。务于动作云为处，亲见主翁，则能自作主宰，不被此臭皮袋多方驱使。庶可以上继佛慧，下化有情，即此苦、无常、无我、不净之幻妄身心，彻证常、乐、我、净之真如佛性。以故无论圣凡，举皆焚化。而天下丛林，无不遵行也。当唐宋佛法盛时，士大夫家，亦多仰遵佛制而用此法，不独唯僧为然。僧既焚化，拾其余骨，置于普同塔中，亦如丛林之海众同居。其中凡圣莫测，行位难辨。凡既附圣，亦易解脱。如苍蝇附于骥尾，不劳而得至千里也已。

法雨常住，当前清咸同间，以久经兵荒，香火断绝，遂致一败涂地。至同治十年，众挽先师公立山老人住持，法道由是重兴，而剃度法嗣，实繁有徒。化开师伯，谋诸本派法眷，各出净资若干圆，修一子孙普同塔，于海会桥东。凡立山老人派下子孙，及诸法徒，皆可入焉。又买众香塘田五十亩，以岁所收租，充春冬祭荐之费。俾伴山、常明、长生、杨枝、宝称五庵，及化恒师派下子孙，六柱轮流，承值当办。使亡者时受祭荐，蒙法利而超极乐之天，存者识破幻妄，修净业而预莲池之会。爰书缘起，以告同伦。

募建药王篷序

（代 撰）

大觉世尊，名大医王，普治众生身心等病。所用之药，其数无量。戒定慧三，摄尽无遗。以故此三，名为药王。若能服之，即凡成圣。然药虽美妙，修合实难。而信愿念佛，求生西方，名为阿伽陀药，万病总治，下手易而成功高，用力少而得效速。上中下三根，即生皆出苦轮。戒定慧三法，当念悉得具足。是知信愿念佛一法，乃药王中之药王也。某幸承宿因，得闻此法，敢不竭诚致敬，孜孜修持乎？拟建茅篷一所，名为药王。安住其中，笃修净业，以期普愈自他身心生死等大病。恳祈檀越，发菩提心，行方便事，略分宝海之涓滴，俾成安身之陋室。由兹夙夜翘勤，礼拜忆念。既能念兹在兹，何难即心即佛。则无边利益，皆所成就。以如是因，感如是果。现生必得蒙佛接引，高预海会。将来必作药树王身，普治众病。若能鉴此愚诚，则此语当不虚弃矣。

法雨寺万年簿序

（代开如和尚作）

得最胜之地，方可宏最胜之道。建非常之事，必须待非常之人。宗匠出，则本立道生。哲人亡，则法残教弛。虽否极泰来，属于天运。而革故鼎新，实赖人为。法雨常住，肇始于大智老人，中兴于别庵统祖，规模宏敞，法道兴隆。嗣后历代住持，虽则无大树立，然皆恪守成规，家风不坠。及至兵燹之后，住持不得其人，遂致一败涂地。殿堂寮舍，坍塌破坏。法器庄严，百无一存。诸房法眷，见此景象，咸皆束手，不肯承当。于同治十一年，众强先师公立山老人住持。荒垣破屋，竭力修葺。兢兢业业，十有余年。自天王殿，至藏经阁，悉皆重新。其余工程，虽未尽复当日旧制，而大局已有可观矣。至光绪十一年，以老病退隐，命先师闻老人继席住持。先师缵承旧绪，发广大心，凡师公力未暇及之工，一切殿堂寮舍，或创或修，无一处不使一新。其规模制度，不亚中兴。凡咸丰年间，压出桃花庄稻田，尽行赎回。又以欲转法轮，须仗庄严法器。十余年来，宏宗阐教，所置什物，上自《龙藏》、佛像，下至桌凳床榻，凡所需用，般般具足。然老人大愿云兴，恨不得十方僧众，咸萃一堂。往昔祇园，复现今日。为法、为人、为常住、为大众之心，如丧考妣，如救头燃。日夜焦思，忧劳成疾。至二十三年冬，修建尚未毕工，而老人竟赍志西逝矣。

如自愧凉德，兼无作略。因厕门墙，委理院务。勉承师命，极力辅弼。虽轻尘坠露，不足添江益岳，然于自分论之，亦可谓鞠躬尽瘁，罄竭愚忱矣。承此未了公案，只得竭力担当。于是奉先师遗命，邀诸法眷，公举定公，继席住持。如仍居旧职，监理院务。及至定公退隐，荷蒙法眷委此重任，虽知弗克担荷，而不容推却者，以先师公案，尚未了毕故也。由是夙夜经营，莫敢或遑，拌此身心，谨成师志。三年之内，所有事宜，悉皆清楚，可以交代，不累他人。故今谨同法眷，备将常住所有巨细什物，一一登记。俾后之莅住持位，膺职事职者，知前人为转法轮，置办什物，一番苦心，大不容易，各加爱惜，无或暴殄。使守成之功，媲美创业。缵绪之德，追踪开山。亿万斯年，永无替废。庶可法轮与愿轮而常转，千古恒守旧家风。国恩共佛恩以并报，奕世常沾新雨露。则法门幸甚，常住幸甚。

化闻老人公堂序

（代开如和尚作）

窃以春秋祭祀，儒礼所重。岁时追荐，释教尤崇。念水源木本之恩，修慎终追远之事。世出世间，又何间然！先师闻老人，多劫熏修，堪为人天福田，乘愿再来，特整大士门庭。生虽示迹都城，世荣以只眼而觑破。身遂栖迟海岛，佛法以通肩而担当。布濩慈云，兴隆法雨。不愧为普门之功臣，直可作别庵之嫡子。去旧更新，梵宇复辉煌之制。宏宗演教，法源得流通之祥。视人若己，急公犹私。住持法雨，十有余年。未曾买一畦养老之田，盖一椽栖身之所。唯欲恢宏祖道，利益将来。日夜焦思，忧劳成疾。功圆果满，撒手西归。德月嗣德未能，报恩无地。欲崇追荐之仪，兼使后人感发，故将老人所筑众香塘田，拨一百亩，以作法眷春冬公堂祭祀之资。使后之登堂荐献、礼像投诚者，诚惶诚恐，自愧自惭，各各取则，人人效法，以老人之心为心，以老人之事为事，庶可不愧为老人儿孙矣。凡我同伦，尚勉之哉！

白华庵法谱序

（此系悬叙，下叙事不录）

吾人一念心性，不生不灭，非色非空，竖无初后之迹，横绝边表之形。不变随缘，历九界而不减。随缘不变，证佛道而不增。光明洞彻，受用自在，直下与十方三世一切诸佛，无二无别。但由迷真逐妄，背觉合尘，致使生佛悬殊，苦乐迥异。大觉世尊愍之，示生世间，成等正觉，广演言教，令其返妄归真，背尘合觉，复还本有之天真，亲证无上之觉道。由是教随机异，法以人殊。为实施权，备设五乘之阶位。开权显实，同归三德之法门。虽一雨普润，四众均沾，而宏扬流通，唯僧是赖。良由割爱辞亲，方能精修净行。负荷法道，必须洞彻心源。故自教启西乾，法传东震，律、教扬镳，禅、净建帜，二千年来，蒙剃度而饮法乳，以斯道而觉斯民者，其世系师承，源源本本，何可得而胜数也！

普陀为观音大士应化之地，历劫常然，无迁无变。而世间凡夫知见之迹，则自五代梁贞明间，始建道场。历宋、元、明，以迄昭代，高人屡出，天章频颁。其间法运，不无否塞，而赖有负荷法道之人，为之调停施设，得以转否为泰，即塞成通。以故圆通道场，振古如斯，不坠厥初也。

香积会斋僧规约序

窃以僧名福田，普利四生九有。斋能助道，均资三乘六和。由福田故，供之则近除饥馑之因，远获应供之果。由助道故，受之则堪修六度之行，用彰三德之身。经所云“于食等者，于法亦等；财法二施，等无差别”者，此之谓也。

钟芳大师有见于此，遂邀净友若干众，人各出洋若干圆，永存普济库房，略生少息，以备每年腊月二十五设斋之费。一日持所立规约过予，祈作一序，冀垂永久，且曰：“昔维摩居士，以神通力，过上方四十二恒沙佛土，于众香国，香积如来所，乞取香饭。于丈室中，普供大众，以作佛事，令其未得者得，未证者证。芳等愧无如是神力，谨具疏斋，用表微忱。欲与十方三世一切大众，同仗弥陀六八洪愿，共离五浊，咸登九品，永侍普门大士，亲证真实圆通耳。”

予曰：“神通人各本具，香饭娑婆岂无？何须更显神通，高越恒沙，求彼所余，饱此大众，然后为得也？当知此斋，师等以实心备办，大众以虚心纳受。办者、受者，各具眼耳鼻舌身意，而眼耳鼻舌身意，当体本空，是何等神通。所办所受，复具色声香味触法，而色声香味触法，直下如幻，是何等香饭。而况根尘既亡，我人岂有？则三轮空寂，一道清净。其为神通也，香饭也，不离当处，任运遍达于十方；不越一念，法尔普熏于三际。即心之幻秽顿消，自性之真净圆显。当念亲见弥陀，临终定蒙摄受。从兹常聆圆音，恒炙休光，当必速满果海，入大涅槃。岂第得三摩地，证真圆通而已哉！由是观之，师等此举，乃与维摩老居士并镳齐驱，无或轩轾。其为功德，当与十方虚空同其寿量，非笔墨文字所能形容者也。如或不识因果，废弛侵没。则昔人以斋僧钱，盖安僧屋者，尚堕火枷地狱。况入私囊，以肥己者乎？殷鉴早悬，各宜洞照。”

圆通庵万年簿序

（代永悟和尚作）

实际理地，不受一尘。佛事门中，不舍一法。昔世尊以五时八教，普应群机，随彼根器，各令得益。其在前之四时，具说六度万行种种法门。摄小，则毫善弗遗。应大，则包括法界。迨至法华，则开权显实，会三归一，普授作佛之记，大畅出世之怀。说者谓《法华》一经，乃如来究竟极谈，具明一代时教所以然之线索，如家业之有总帐簿，天子之有九鼎也。兹万年簿者，亦圆通常住之总帐簿子也。

溯吾师祖普信老和尚，欲摄心禅寂，于同治三年，岁在甲子，创建三椽茅篷，于西天门上，不二石侧，额之曰“圆通”，仅足以蔽风雨、庇身心而已。而老人入修禅观，出睹沧溟，怡情适志，以法为乐，初未意及为精蓝也。按《山志》，圆通庵在西天门上，万历五年，僧圆献结庵于谷内，后以年深遂废。昔处谷内，今踞山巅，其名虽同，而其基稍异。殆后有出谷迁乔，直登大涅槃山，常观大寂灭海者之先兆欤。越五年戊辰，吾师山静老人，摄吾与永庆师兄。幸蒙大士冥加，二三年来，香火渐兴，檀施屡至，遂开拓基宇，改为禅庵。至明年春，先师示寂。吾承师祖慈命，力任院事。而庆兄专修净业，凡九历寒暑，三掩禅关，以辅翼之。迄同治癸酉，师祖西逝。其局势虽未若现今之恢廓宏敞，然已颇有可观矣。从兹以后，剃度益多，香火愈盛。加以徒某、孙某，继任其事，尤复不惜心力，经之营之。举凡基址之高者凿，卑者砌，必使地得其平，人得其用而后已。而殿堂屋庐之宜创者创之，宜修者修之，狭小鄙陋者广大壮丽之，咸使焕然一新，成就大观。以及大而佛像尊经，中而庄严法器与种种什物，即小而一匙一箸，凡佛事所应用，日常所必需者，罔弗备焉。田产虽无几许，而亦可供一季之粮。视卓锥无地者，犹少胜焉。

噫！吾老矣，来日无多。欲后之人有所承守，不敢暴弃，勉效前人，光扬法道。今将常住所有巨细什物，分门别类，一一登簿，以垂久远。夫此庵，非天造地设，乃吾与庆兄，及十方檀越，心血所成，而徒与孙，亦预有力焉。然亦岂徒设云哉？良以欲成佛果，须圆万德。欲转法轮，须仗众缘。今幸众缘略具，当须常转法轮，备修万行，以期万德之圆成耳。而济济后昆，安住其中，无饥寒困苦之忧，有闲适逍遥之乐，可不痛念生死事大，无常迅速，体檀越之诚恳，思建立之艰难，发菩提心，笃修净行，以冀报答四恩于万一乎？凡见庵中一针一草，则曰此为我等续佛慧命，自利利他而设。爱之如身上肉，护之如眼中珠。孜孜修持，惟日不足。能如是者，不愧为如来弟子，大士儿孙，则人敬之，神护之，现在福慧双隆，将来成佛有分。否则袈裟之下失却人身，三途一报百千劫，出得头来是几时？莫言不道。

永悟和尚公堂序

（代本人作）

夫前之无始，后之无终，包太虚而无外，入微尘而无内，清净光洁，湛寂常恒，无生无灭，离相离名，在有非有，居空不空者，真性也。至于揽地水火风之身，乃筋骨血肉之聚。方生即灭，才荣便悴。众骨支撑，如以木为屋。一皮包裹，犹以泥糊壁。里面尽屎尿脓血，外头生垢汗发毛。蛆虫棋布，蚤虱星罗。假名为人，实我焉在？而且以眼、耳、鼻、舌、身、意之闲家具，奔驰于色、声、香、味、触、法之荆棘林，由是起贪、瞋、痴之无明，灭戒、定、慧之正智。五蕴本空，谁肯一照？六尘无性，人皆认真。致令万苦俱集，一灵永昧者，幻身与妄心也。《圆觉》所谓“一切众生，种种颠倒，妄认四大为自身相，六尘缘影为自心相”者，此也。若论真性，则非圣非凡，无朕无兆，亘古亘今，恒自如如。从何以记其年月，陈其荐献？若论幻身，则生同傀儡，死作尘土。妄心，则随境生灭，毫无实义。又何必留鸟迹于空中，系清风于江上也哉！

但以本山恒规，凡为住持，及有名德僧，皆立公堂，以为后人遗念。予自弱冠，出家于圆通茅篷，意谓有此把茅盖头，斗室容膝，足矣。岂知世相无常，随时迁变。檀信日众，输粟布金，年久月深，不知不觉遂变之为梵宇精蓝矣。而又阖山法眷，以予笃厚老成，强攀之为法雨主人。然自愧德薄，何足光扬法道，屡次告退，只住四年。缅想古人，惭惶无地，又何敢引以为例哉？诸法子徒弟辈，固请不已。因幡然曰：“吾生不能宏阐宗风，利益彼等。若设公堂，亦可以作当头棒喝。令彼春冬二季，悬影祭祀时，忽念曰：‘此老某某年生，某某年殁。于今又经几许年月。’因知人命无常，速如电光，一息不来，便成后世。从兹发愤修持，求生西方。

由是拌除幻妄身心，还复本有真性，与弥陀老子共优游于清净寂灭之域，以永享夫常乐我净之乐，则亦不无小补云。”遂令拨桃花庄田若干亩，使其轮流经管，以充两季祭祀之资。乃援笔而为之序。

《初机净业指南》序

会稽道尹涵之黄公，笃信佛法，精修净业。欲令同人，咸修净业，离苦得乐。以净土诸书，文深义奥，不便初机及无学问人。因编作白话，缕析条陈，以示要义，名曰《初机净业指南》。生死海中，得此指南，则背东向西，舍秽取净，信愿念佛，求生西方，当必一超直入如来地，不复在此世界中，长受生死轮回之苦矣。既是志同道合，何妨助其劝导，乃为序曰：

《阿弥陀经》云：“从是西方过十万亿佛土，有世界名曰极乐。其土有佛，号阿弥陀，今现在说法。”又曰：“彼土何故名为极乐？其国众生，无有众苦，但受诸乐，故名极乐。”其无有众苦，但受诸乐者，由阿弥陀佛福德智慧，神通道力，所庄严故。吾人所居之世界，则具足三苦、八苦、无量诸苦，了无有乐，故名娑婆。梵语“娑婆”，此云“堪忍”，谓其中众生，堪能忍受此诸苦故。然此世界，非无有乐。以所有乐事，多皆是苦。众生迷昧，反以为乐。如嗜酒耽色、畋猎摴蒱等，何尝是乐？一班愚夫，耽着不舍，乐以忘疲，诚堪怜愍。即属真乐，亦难长久。如父母具存，兄弟无故，此事何能常恒？故乐境一过，悲心续起。则谓了无有乐，非过论也。此世界苦，说不能尽。以三苦、八苦，包括无遗。三苦者，一苦是苦苦，二乐是坏苦，三不苦不乐是行苦。苦苦者，谓此五阴身心，体性逼迫，故名为苦，又加以恒受生老病死等苦，故名苦苦。坏苦者，世间何事，能得久长？日中则昃，月盈则食。天道尚然，何况人事。乐境甫现，苦境即临。当乐境坏灭之时，其苦有不堪言者，故名乐为坏苦也。行苦者，虽不苦不乐，似乎适宜，而其性迁流，何能常住，故名之为行苦也。举此三苦，无苦不摄。八苦之义，书中备述。若知此界之苦，则厌离娑婆之心，自油然而生。若知彼界之乐，则欣求极乐之念，必勃然而起。由是诸恶莫作，众善奉行，以培其基址。再加以至诚恳切，持佛名号，求生西方。则可出此娑婆，生彼极乐，为弥陀之真子，作海会之良朋矣。

或曰：阿弥陀佛，安居极乐。十方世界，无量无边。一世界中念佛众生，亦复无量无边。阿弥陀佛何能以一身，一时普遍接引十方无量无边世界之一切念佛众生乎？

答：汝何得以凡夫知见，推测佛境？姑以喻明，使汝惑灭。一月丽天，万川影现，月何容心哉？夫天只一月，而大海大江，大河小溪，悉现全月。即小而一勺一滴水中，无不各现全月。且江河之月，一人看之，则有一月当乎其人。百千万亿人，于百千万亿处看之，则无不各有一月当乎其人。若百千万亿人，各向东西南北而行，则月亦于所行之处，常当其人，相去之处，了无远近。若百千万亿人，安住不动，则月亦安住不动，常当其人也。唯水清而静则现，水浊而动则隐。月固无取舍，其不现者，由水昏浊奔腾，无由受其影现耳。众生之心如水，阿弥陀佛如月。众生信愿具足，至诚感佛，则佛应之，如水清月现也。若心不清净，不至诚，与贪瞋痴相应，与佛相背，如水浊而动，月虽不遗照临，而不能昭彰影现也。月乃世间色法，尚有如此之妙。况阿弥陀佛，烦惑净尽，福慧具足，心包太虚，量周法界者乎？故《华严经》云："佛身充满于法界，普现一切群生前。随缘赴感靡不周，而恒处此菩提座。"故知遍法界感，遍法界应，佛实未曾起心动念，有来去相，而能令缘熟众生，见其来此接引以往西方也。怀此疑者，固非一二，因示大意，令生正信云。

《药师如来本愿功德经》重刻序

佛与众生之心体，了无少异。众生与佛之心相，天渊悬殊。相既悬殊，则由相所感之受用，亦悉悬殊矣。佛愍其体同而相用悬殊也，由是运无缘慈，兴同体悲，种种方便，以施济度。众生若知其相用虽殊而本体原同也，固当上慕诸圣，下重己灵，依教奉行，以期复本也。

《药师经》者，世尊叙述东方净琉璃世界药师琉璃光如来，因行果德，显密摄化之功德也。此经系唐玄奘译，文理畅顺。而八菩萨名，与说咒一段，二皆阙如。东晋帛尸梨蜜所译之《大灌顶神咒经》第十二《灌顶章句拔除过罪生死得度经》，有八菩萨名。唐义净所译之《药师琉璃光七佛本愿功德经》，有说咒一段文，凡四百二十八字。三经实本一经，以流通已久，致贝叶脱简，各据所得之梵本以译耳。而药师如来拯拔初机，咒力居多。以故前人取帛尸译本八菩萨名、义净译本说咒一段添之，令文义周足，而药师如来救度众生之心，亦无遗憾。亦如《法华》之《普门品重颂》、《华严》之《普贤行愿品》，合之则称悦佛心，离之则有阙化导。况此经、此咒，举世受持，若不添入，则诵经者不蒙密咒利益，持咒者不知出自何经。前人此举，可谓契理契机，故数百年来，依之流通。张瑞曾居士，发心重刻。恐少知见者谓与藏本不同，致生疑虑，因略述源委，以期共知所以耳。

《修正管理寺庙条例并护教文稿》序

佛法者，心法也。此之心法，乃十法界之根本。不明此法，非但无由亲证本有真如佛性，即世间格致诚正、修齐治平之道，亦不能究竟圆满。何以故？以未得根本，唯事所发之迹象故。是以古今来凡立大功，建大业，辉煌宇宙者，多由学佛得力而来。即宋之周、程、张、朱，发明圣学心法，亦曾取资于佛学。但其门庭知见过甚，不唯不事表彰，反从而辟驳之，则于诚意正心之道，殊为欠缺，可叹也。此法虽人人本具，若未闻佛说，则珠在衣里，莫由自知。是以一切诸佛，莫不以流通法道为嘱。流通之法，最初须以建立塔庙、印造经像为始。以若无塔庙经像，则无由奉尊仪而修净行，阐佛道以导群迷，而一切含识，俱无由瞻礼圣容，培植善根，闻法修持，开发心地也。流通之人，须真修实践之僧，及有势力财力之王臣绅商，一名内护，一曰外护。内护则严持禁戒，笃修净业，于禅、教、律、密、净土，或专主一门，或兼修各宗，必使自他得益，幽显蒙庥，阴翼治道，潜淑民情而后已。外护则不惜资财，广种福田，普令同人，发起信心。内外相资，法遂流通。若无有道德之内护，则师表未立，人将安仰？若无有势力之外护，则资斧无出，外侮莫御。以故如来将入涅槃，以法付嘱国王大臣，并及诸天善神，令于后世乘愿示生一切国土，流通佛法，普利含识。由是二千余年，化被各国者，以内护、外护皆有人故。

我国自东汉时，方蒙法化。至晋而蒸蒸日上，至唐则诸宗悉备，几等西天。由宋、元、明，以至清初，佛日恒辉，法轮常转。至咸同间，以兵歉迭遭，哲人日稀，国家不暇提倡，庸人滥收徒众，多有无赖恶人，混入法门，遂致一败涂地。凡未阅佛经、未遇知识之人，见此游行人间造种种业之僧，便谓僧皆如是，从兹一唱百和，以为佛法无益于国，有害于世，莫不以逐僧占产，改庙为学是务。倡此事者，虽未必全昧心理，由不知佛法之所以然，但以己见妄测，致令一班假公济私者视为奇货，欲饱己囊，彼此效尤，势如燎原。民国初立，屡经缁素高人呈部，祈大总统下令保护。四年，规定保护章程三十一条。犹有词意含浑，易生弊端处，恐为后患。九年，程雪楼居士面见大总统，祈其修改。因详加商酌，规定二十四条。十年五月，公布各省。今夏江苏教育期成会，复援清末民初之例，以借庙开学，呈王前省长。遂蒙赞许，谓为："无戾于法，实衷诸情，审慎周妥，良堪钦佩。"令教育厅饬各县遵照办理。此令一出，随即退任。江苏僧界，大为震惊。盐城各庙，多被侵夺。佥谓去岁大总统教令公布，王前省长竟若罔闻，极口赞美。若不设法挽救，不但江苏一省之寺庙不能保存，而各省同此性质之人，谁不欲仗办学校之名，以灭佛法而占僧产，为最有名誉利益之义务乎？于是公举代表三十人，以浩净退居为首，恳于魏刚长、王愚僧二居士，祈其转达当轴，陈述利害，冀阴翼治道、潜淑民情之法，不至速灭。而江苏韩省长，固通达政体，深知佛法者。众僧具文上呈，旋奉批词："尊重法律，严防弊端。"一秉大公，毫无偏倚。僧学两界，均翕然无事。虽未明言取消王省长前令，而已不啻取消矣。又以事已达部，复呈文于内务部，部咨江苏省长依法办理。由此灭法之祸，遂得消灭。

当此世道人心，陷溺已极，正宜提倡佛法，昌明因果报应、生死轮回之事理。俾瞒心昧理、肆无忌惮之人，知造恶则长劫受苦，作善则永世受乐，自可少戢恶心，渐发善念，决不敢取快一时，以贻身后无穷之痛苦。当春秋时，诸侯、大夫、士死，各随其力，杀人殉葬，而且以多为荣。虽孔、孟、老、庄齐出，亦莫能止。自佛法入中国以来，纵南面称朕者，亦不敢为。千余年来，得寿终而死者，何可胜数？彼谓佛法无益于国，有害于世者，徒以忌妒之心，发此未见颜色之瞽论。使详审其故，能不痛哭流涕，悔其失言乎？虽然，总因僧界无人，故致拘墟者妄生侵侮。倘能各各励志潜修，大明佛法，彼排击侵侮者，当复护持流通之不暇矣。孟子所谓"夫人必自侮而后人侮之，家必自毁而后人毁之，国必自伐而后人伐之"者，此之谓也。我僧界宜如何竭诚精修，以期上续慧命，下度迷情乎哉！

此事始终所有文字，刚长、愚僧二居士，令录而刊之。并将《大总统修正管理寺庙条例》，冠之于首，遍布僧界，庶知有公令，不致复有此种情事发生，一时措手无策耳。刻成，妙莲和尚寄予，祈为序引。妙莲之人，性情纯笃，为刚长、愚僧所器重。此事发生，愚僧每令其奔走，不辞劳苦。予素知其志向高洁，颇通教理，又喜其能代人之劳，成人之美，遂为叙其大致云。

江慎修先生《放生杀生现报录》序

江慎修先生者，乃前清一代之经学大家，婺源明道潜修之隐君子也。博学多闻，无书不读，而且一一皆悉探其精微，入其阃奥。唯以教育英才为乐，不以富贵利达为事。当六岁时，甫受庭训，日记数千言。父奇其敏，以《十三经注疏》遍授之。先生自是精心研究数十年，举凡经史百家、天文地理、音韵翻切之学，无不融会贯通，遂以著述发明义蕴为己任，所著近二十种，几二百卷。当时国家，及名人著述，多皆取为依据。至乾隆三十七年，先生没已十一年，国家开四库全书馆，凡先生所著，悉皆采入，共一十三种，一百五十余卷。其余数种未入者，或撮取纲要于他书中，或其稿甚多，彼此借观，致令遗佚而不得也。噫！先生可谓学研天人，功参造化，穷理尽性，优入圣域之人杰焉，殆汉郑康成，宋周濂溪、邵康节之流欤！世之博学多闻，不讲躬行实践，唯以词章进取为事者，闻先生之风，能不愧死？而且爱惜物命，深信因果，故于放生吃素善报，杀生食肉恶报，随所见闻，录以劝世。其裔孙易园居士，拟欲铸版广布，冀挽杀劫，嘱光作序。光心如背镜，学等面墙，唯学愚夫愚妇之老实念佛，何能发挥道妙，令拘墟者彻见天日，因兹以生正信而获实益耶？然以事关劫运，义不容辞，勉为序曰：

天地之大德曰生，如来之大道曰慈。人、物虽异，心性是同。举凡三乘、六凡，如来视之，皆如一子。何以故？以其皆具佛性，皆堪成佛故。三乘且置。六凡，天、人、阿修罗、畜生、鬼、地狱，虽则高下悬殊，苦乐迥异，总皆未断惑业，未出生死。天福若尽，即便下降。狱罪若灭，仍复上升。犹如车轮，互为高下。我今幸得人身，理宜委曲设法，护惜物命，体天地好生之德，全吾心恻隐之仁。良以诸物与我，同生于天地之间，同受天地之化育，而且同知贪生，同知畏死。仁人于枯骨，尚且掩而埋之，于草木，尚且方长不折，况肯为悦我口腹，令水陆诸物受刀砧烹煮之苦哉？

须知此等诸物，从无始来，亦曾高居尊位，威权赫奕。不知借威权以培德，反致仗威权以造业。竟使恶业丛集，堕于异类，口不能言，心无智虑，身无技术，以罹此难。虽弱肉强食，于事则得。而怨恨所结，能无生生世世，图报此怨之念乎？人纵不念诸物被杀之苦，独不惧怨业深结，常被彼杀乎？又不惧残害天物，天将夺我福寿乎？人唯欲眷属团聚，寿命延长，身心安乐，诸缘如意。正应发大悲心，行放生业，使天地鬼神悉皆愍我爱物之诚，则向之所欲，当可即得。若仗我有钱财，我有智力，设种种法，掩取诸物，以取悦我口腹，不计彼之痛苦，尚得谓与天地并立为三之人矣乎？然我与彼等，同在生死。从无始来，彼固各各皆为我之父母、兄弟、妻妾、子女，我亦各各皆为彼之父母、兄弟、妻妾、子女。彼固各各或于人中，或于异类，皆被我杀。我亦各各或于人中，或于异类，皆被彼杀。为亲为怨，相生相杀。静言思之，愧不欲生。急急改图，尚悔其迟。况肯蹈常袭故，仍执迷情，以为天生异类，原为供人食料乎？然我尚具足惑业，固无由出于轮回之外。万一彼罪已灭，复生人道，善根发生，闻法修行，断惑证真，得成佛道。我若堕落，尚当望彼垂慈救援，以期离苦得乐，亲证佛性。岂可恃一时之强力，俾长劫以无救乎哉！

古有高僧，行步不跨虫蚁，人问其故，答曰："彼此同在生死中，或彼先成佛道，尚望其垂慈度我，何敢轻慢乎？"是知佛视众生皆是佛，众生视佛皆是众生。佛视众生皆是佛，故多方化导之，种种折摄之，纵令绝无信心，亦不弃舍，曲垂方便，令种善根，待其因缘时至，自然发生增长，依教奉行耳。众生视佛皆是众生，故闻佛之言，不生感激，反以己之邪知谬见，多方毁谤，甚至拆毁塔寺，焚烧经典，固结魔党，破坏清修。殆至正智稍开，则便愧悔无及，由兹遂复归命如来，兴崇佛法者，古今来比比皆是。须知父母于逆子，尚生弃舍之心。佛于逆恶不信之流，愈生怜愍。何以故？愍其惑业深重，失本心故。以虽则现时背逆于佛，而即心本具之天真佛性，仍复丝毫不失。如焦模中金像，敝衣中宝珠，蒙尘之秦镜，在璞之荆璧。愚人但见其外相，而不知其内容。佛则遗外相而论内容，故无一众生或生弃舍也。然佛尚不轻众生，众生何可轻众生乎？故凡一切水陆众生，必令各各得所，常得飞走游泳于自所行境，以各乐天真，各尽天年。则此书所说之种种善报，当可具得矣。人既如是，物尚不欲令其失所，何况于人？则互相亲爱，互相扶持，自然俗美人和，必致风调雨顺，其有不物阜民康、时清国泰者乎？

又祈凡我同人，切勿自轻。当思我与如来，同一心性。彼何以惑业净尽，福慧圆满，安住寂光，常享法乐乎？我何以起贪瞋痴，造杀盗淫，轮回六道，莫由出离乎？心性是一，苦乐天渊。若犹以佛性功德，独让如来亲得受用者，尚得名为大丈夫哉？

厦门流通佛经缘起序

如来说法，各随机宜。大根则直示真如妙性，令其了知妙性圆明，离诸名相，本来无有世界众生，常寂常照，不生不灭。五蕴空而六根清净，四相亡而一心昭彰。从兹称性起修，由修证性，云布慈门，波腾行海。虽慈悲行愿，弥纶法界，而复三轮体空，了无自他能所之相。小根则示以三归，作反邪归正之本。示以五戒、十善，作得生人天之因。遇父言慈，遇子言孝，兄友弟恭，夫倡妇随，恪守伦常，各尽其分。兼以戒杀放生，吃素念佛，诸恶莫作，众善奉行。根器稍胜者，则示之以四谛、十二因缘，令其断惑证真，了生脱死。又以一切众生，由身口意，起贪瞋痴。由贪瞋痴，造杀盗淫。以是因缘，轮回六道，相生相杀，尽未来际，了无止息。虽则示以人、天、声闻、缘觉、菩萨等乘，而自力断惑，实非易易。况复末世众生，根机陋劣，不仗佛力，决难解脱。于是特开一仗佛慈力，横超三界之净土法门，俾已证圣者，速圆佛果。未断惑者，带业往生。但具真信切愿，恳切至诚持佛名号，能如是者，万不漏一。如人堕海，乘救船力，速得到岸。末世众生，舍此一法，欲出生死，万无一得。

是知如来大法，抚育群萌，如天普盖，似地均擎，森罗万象，无一能出其外，不在其中者。如日月丽天，普照万国，虽生盲不见光相，亦蒙其照。如时雨普润万卉，大根大茎，小枝小叶，悉皆向荣，纵焦芽败种，亦复平等沐泽。如大海普纳百川，大江大河亦入，小沟小渠，乃至一勺一滴亦入。既入大海，则与大海同一咸味，同一深广，失彼故名，得此海号。故知佛法钧陶化育，了无弃物，为诸法之本源，作众生之恃怙。世出世间一切诸法，无不从此法界流，无不还归此法界。拘墟者不知佛法乃十法界公共之法，唯见其舍俗出家之一端，谓为废弃伦理，沉空滞寂，与世教相乖戾。岂知佛法如太虚之无不包容，如阳春之无不化育。圣以之而为圣，贤以之而为贤。故古之建大功，立大业，勋名动天地，精诚贯日月者，皆自学佛得力而发。即宋之周、程、张、朱，发明圣人心法，亦由学佛而得。以其器量狭小，门庭见重，不唯不肯表扬，反从而辟驳之，欲以关闭后之学者，悉皆不入佛法，故作此掩耳盗铃之计。得人之善，认为己功，反谓人不我若。其于正心诚意，致起罅隙，不能究竟圆满，可不哀哉？

佛法传入中国，将二千年。其间由西竺所译之经、律、论，并此土禅、教、律、密、净等诸宗古德之著述，浩如烟海。随机所近，随人所乐，以为研穷。或遍研各宗，或专主一门。如城四门，就近而入，所入之门虽异，所入之城则同。如大海之一滴，味具百川。如帝网之一珠，影现千粒。一门深入，诸法悉通，以迄无明净尽，寂照圆融，三际坐断，十界平沉，复还本有之天真，以证无上之觉道，固属上上根人。其次则息贪瞋痴，断杀盗淫，诸恶莫作，众善奉行，渐积功德，增长福慧，敦伦尽谊，爱众亲仁，戒杀放生，习成慈善。物尚慈悯，何况乎人？推此风化，以遍世界，尚有互相戕害，竞谋杀戮，各欲灭彼种族，以惬己心乎哉？

厦门蔡吉堂、林鸿猷、陈得禄，愍劫运之惨凄，欲为挽救。冀同人之开悟，流通佛经，乃按本及缴用以出售，绝不求利。欲启人耳目，祈予为序。予嘉其诚，用述颠末。须知佛法以因果报应为下学上达、原始要终之道。今之上无道揆，下无法守，彼此相戕，以杀为乐，只图自己快意，不顾国之灭亡、民之涂炭者，皆由不知因果报应之所酿成也。予常曰：因果者，世出世间圣人平治天下、度脱众生之大权也。当今之世，若不提倡因果报应、生死轮回之事理，欲令天下太平，人民安乐，虽佛祖圣贤齐出，亦末如之何也已矣。

法如庵万年簿序

（节录悬叙）

佛法广大如法界，究竟如虚空。难议难思，莫名莫状。克论大纲，不出二谛。约真谛论，则有佛无佛，性相常住。是以圆通道场，历尘劫而不迁不变；真如法门，尽来际而无替无兴。约俗谛论，则法随缘起，道在人宏。得其人，则辟荆榛而为梵宇，灭狐迹而作狮林，直教佛日增辉，法轮常转；失其人，则即佛地而成业丛，泯经声而宣尘事，致使普门扃户，觉路封途。僧与佛、法，称为三宝者，以其续佛慧命，流通法道，非人莫从，唯僧是赖故也。

《傅大士传录》序

众生一念心性，与佛无二。虽在迷不觉，起惑造业，备作众罪。其本具佛性，原无损失。譬如摩尼宝珠，堕于圊厕，直与粪秽了无有异。愚人不知是宝，便与粪秽一目视之。智者知是无价妙宝，不以污秽为嫌，必于厕中取出，用种种法，洗涤令洁，然后悬之高幢，即得放大光明，随人所求，普雨众宝。愚人由是始知宝贵。大觉世尊，视诸众生，亦复如是。纵昏迷倒惑，备作五逆十恶，永堕三途恶道之人，佛无一念弃舍之心，必伺其机缘，冥显加被，与之说法，俾了幻妄之惑业，悟真常之佛性，以至于圆证无上菩提而后已。于罪大恶极之人尚如是，其罪业小者，其戒善具修、禅定力深者，亦无一不如是也。以凡在三界之中，虽有执身摄心伏诸烦惑之人，而情种尚在，福报一尽，降生下界，遇境逢缘，犹复起惑造业，由业感苦，轮回六道，了无已时。故《法华经》云："三界无安，犹如火宅。众苦充满，甚可怖畏。"若非业尽情空，断惑证真，则无出此三界之望。此则唯有净土法门，但具真信切愿，持佛名号，即可仗佛慈力，往生西方。既得往生，则入佛境界，同佛受用。凡情圣见，二皆不生。乃千稳万当，万不漏一之特别法门也。时当末法，舍此无术矣。

如来以自力、他力，通途、特别，二种法门，普利一切。菩萨荷佛家业，唯以上求下化为事，故于十方法界，随类现身，随机说法，和光同事，方便引导，或隐或显，了无定相。其有内秘圣德，外现异迹，如弥陀之为善导、丰干，观音之为宝志、僧伽，文殊、普贤之为寒山、拾得，弥勒之为布袋和尚，其言其行，非凡情可测，渺不知其为何如人，及至临终发露，或由殁后征验，方得了知。亦有隐显相即，本迹俱示者，如弥勒之为傅大士也。有时据其迹而隐其本，自谓凡夫。有时据其本而拂其迹，自称弥勒。良以众生心量，过于狭小，若非稍有所得，妄拟圣位，便是高推圣境，甘处凡愚。是故大士以身表率，俾知已证等觉者，尚自谓为凡夫。而妄自尊大，甘处凡愚者，皆当为之猛省也。大士一生所行之事，所说之法，悉皆直指向上一着，而复不遗事善，六度齐修，一法不着。至其受法弟子，莫不深契真常，顿空蕴界，舍身命财，作大法施。故得道震两朝，德被异世。由陈至今，千数百年，普令见闻，同种善根。

义乌双林寺，乃大士潜修之所。向有《传录》木版，以屡经钞录刊刻，未经明眼人校订，遂致错讹不胜其多。奉化孙玉仙居士，至双林礼谒大士，得其书归，即欲重刻，以广布大士之道。祈光校订，以冀芜秽尽除，而天真彻现。光勉竭愚诚，息心正订，虽未能一无遗漏，庶可还本来面目矣。玉仙又以大士碑记，文深义奥，若无注释，实难引人入胜，启人景仰。乃祈黄无言居士，为之详注。俾若文若义，一一如指诸掌。庶阅者不劳思索，悉知大士之本迹事理，以为龙华三会得蒙度脱之先导云。

《观河集》重刻序

夫心者，世出世间诸法之本也。若能彻悟自心，则观一切法，悉是自心之所流露；观一切生灭迁变境界，悉是常住寂灭真如实相。《楞严》所谓“观河之见，无有童耄”，肇公所谓“旋岚偃岳而不动，江河竞注而不流”，皆示此即生灭而见真常之微旨也。果能了此，则可谓了事凡夫，达本道人。纵讥诮怒骂，皆能为人解黏去缚，令人起死回生。岂必登座竖义，然后为说法哉？孔子曰：“二三子以我为隐乎？吾无隐乎尔。吾无行而不与二三子者，是丘也。”圣人之道，譬如阳春。阳春一到，举凡大树小草，无不发荣畅茂。纵焦芽败种，不能生成，而亦未尝不蒙煦妪以受润泽也。天机深者，见其高坚前后而不可模仿，广大精微而不可拟议，实则了无奇特，不过日用云为而已。此心之妙，凡圣相同。如来圆满菩提，众生永轮六道，皆不离于此心，但以迷悟逆顺因缘，致令苦乐升沉天渊悬殊也。

长洲彭际清居士，宿根深厚，学问渊博。甫登进士，便悟苦空。视富贵如浮云，不乐仕进。了心性之实际，力修净业。亟欲普度迷流，故尔和光同事，致有述怀、纪事、唱和诸作。虽属文字，实寓深心。其淑世善民，导迷诠真之意，具发挥显示于随机随境之吟咏间，可谓不据位而行政，不升座而说法者。裒辑诸作，分为四卷，乃题为《观河集》，盖取《楞严》观河验见不迁之义。又冀观此集者，勿在文字义理间推测，但观观者，观者既了，河自不流矣。此彭君命名之大意也。

刘君朝侍，以其有益于世，为之刊版流通，实为方便导引之胜举也。祈令为序。予愿观彭君之诗者，当先学彭君之道。其道唯何？曰：妙悟自心，信愿念佛，求生西方而已。倘能于此有得，则尽十方世界森罗万象，皆是现成新诗。否则纵令声韵铿锵，对仗工整，而元气毫无。如画壁之镜，剪彩之花，形虽逼肖，欲令现其光相，舒其芬芳，则断断乎不可得也。

《观无量寿佛经》石印流通序

法身本体，圆离名相。寂光真境，不属根尘。非有非空，五眼莫之能觑。非心非色，四智从何以宣。寂照虚通，真如净妙。万德具备，一法不形。佛净常住，尚不可称。生秽轮回，岂复能立。此实生佛本具之理体，无上菩提之法源也。此理生佛平等，无有高下。但以众生在迷，日用不知。虽具法身，妄受生死。虽处寂光，妄见秽恶。以故如来垂慈，广说诸经，普令一切众生，返妄归真，复本心性。然自力断惑，现生证道，中下根人，末由成办。爰有大士，名阿阇世，以大慈悲，欲佛开示仗佛慈力，舍秽取净，普令上中下根，皆得临终往生之不思议奇特大法门。特示病行，作大逆恶，囚父禁母，以为发起。致其母韦提希，请佛降临，愿离娑婆，愿生净土。于是世尊放眉间光，遍示诸佛净妙国土。其母唯愿生极乐国，又请众生得生方法。因兹如来说此十六依正妙观，但能依教修行，无一不满所愿。非但善人如是，即五逆十恶之人，临命终时，地狱相现，受知识教，称念佛名，或满十声，或只一声，亦得蒙佛慈力，带业往生。诚可谓转凡成圣之大炉鞴，畅佛本怀之大法门，其力用超出一代时教之上。若如来不开此法，则末法芸芸众生，谁能出离苦海乎？是知释迦、弥陀，乘大愿轮，兴慈运悲，度脱众生。一则示居秽土，以秽以苦，折伏而发遣。一则示居净土，以净以乐，摄受而钧陶。而阿阇世王，交相赞助，特现恶逆，成就厌离。殆与两土世尊，砧锤相成，锻淬相济。一逆一顺，以为末世众生究竟得度之化仪。其为利益，难尽赞扬。行于非道，通达佛道，非久证法身者，孰能为之！此经以是心作佛，是心是佛，生佛究竟不二为体。若能于此直下信去，则其人虽未出娑婆，已非娑婆之久客；未生极乐，已是极乐之嘉宾。

智海居士刘朝侍，宿有灵根，笃修净业。因读此经，触发孝思。念母夫人张氏，守节抚孤，孝事翁姑。德镇坤维，身作闺范。笃信因果，长持十斋。净业正因，颇已具足。惜于生信发愿，专持佛号，以求往生，未极致力。由是发心，流布此经。陶玉耕居士，笔法超妙，堪追钟王。因请恭写，石印施送，普令见闻，同植净因。以此功德，令其母神超净域，业谢尘劳，莲开九品之花，佛授一生之记。须知此经，与《阿弥陀》、《无量寿》二经，乃如来于一代通途教理以外，所立之特别法门。如阿伽陀药，万病总治。故无论业之轻重，惑之厚薄，但能信愿念佛，无一不获往生。如摩尼珠，随意雨宝。故但能都摄六根，净念相继，待至业尽情空，心佛双亡时，则一切法门，河沙妙义，无不融会贯通于自心矣。净土法门，其妙如是。其有欲上荐先亡，下济群品，令一切人，不废本分职业，各得现生出离生死轮回者，可不汲汲从事于此法门乎哉！

《佛光月报》序

佛光者，十法界凡、圣、生、佛，即心本具之智体也。此体灵明洞彻，湛寂常恒。不生不灭，无始无终。竖穷三际，而三际由之坐断。横遍十方，而十方以之消融。谓之为空，则万德圆彰。谓之为有，则一尘不立。即一切法，离一切相。在凡不减，在圣不增。虽则五眼莫能觑，四辩莫能宣，而复法法承他力，处处得逢渠。但由众生从未悟故，不但不得受用，反承此不思议力，起惑造业，由业感苦，致令生死轮回，了无已时。以常住之真心，受生灭之幻报。譬如醉见屋转，屋实不转。迷谓方移，方实不移。全属妄业所现，了无实法可得。以故我释迦世尊，示成佛道，彻证佛光时，叹曰："奇哉奇哉！一切众生，皆具如来智慧德相。但以妄想执着，不能证得。若离妄想，则一切智、自然智、无碍智，则得现前。"《楞严》云："妙性圆明，离诸名相，本来无有世界众生。因妄有生，因生有灭。生灭名妄，灭妄名真。是称如来无上菩提，及大涅槃，二转依号。"盘山云："心月孤圆，光吞万象。光非照境，境亦不存。心境俱亡，复是何物。"沩山云："灵光独耀，迥脱根尘。体露真常，不拘文字。心性无染，本自圆成。但离妄念，即如如佛。"是知佛祖种种言教，无非指示众生本具心性，令其返迷归悟，复本还元而已。

然众生机有浅深，迷有厚薄，不假种种言教开导，种种法门对治，则迷云障于性空，何由令其一一彻见心月也哉？以故如来最初成道，演《大华严》，直谈界外大法，不与权小所共，俾宿根成熟一类大机，同证真常，诞登觉岸。复以钝根众生，未能得益，遂为循循善诱，随机演说。或以五戒、十善，摄彼人、天二乘，令其种入佛道之胜因。或以四谛、十二因缘、六度万行，摄彼声闻、缘觉、菩萨三乘，令其得证佛道之近缘。始自阿含，以迄般若，莫不曲顺根性，而为宣说，令其渐次增进，就路还家。佛之本怀，秘而不宣。迨至法华会上，开权显实，开迹显本。人天权小，皆是一乘。客作贱人，实长者子。普授三根之记，大畅出世本怀。与最初华严，始终互映。可谓一大事因缘，全体咐嘱，了无余蕴矣。又以末世众生，根机陋劣，断惑证真，实乏其人。以故特开净土一门，俾上中下根，若圣若凡，同于现生，出此娑婆，生彼极乐，以渐证夫无量光寿。其深慈大悲，实属至极无加矣。

及至大教东来，宏法大士，各专一门，或禅或讲，或律或密。如城四门，就近而入。如药万品，对症方服。如诸部之各司其职，赞襄郅治。如六根之互相为用，辅弼一身。虽则各宗一法，实则法法咸通，法法悉备，不过从入手处论，有如是名目耳。至于净土一法，则如阿伽陀药，万病总治。如摩尼宝珠，随意雨宝。若能都摄六根，净念相继，则得三摩地，亲证圆通。一切功德，河沙妙义，不假外求，悉现自心。良由以果地觉，为因地心，及至其极，则因该果海，果彻因源。法门之妙，穷劫难宣。有能遇者，何胜庆幸！

维扬长生寺可端和尚，宿植德本，久参禅讲。于民国八年，由性莲退居，委令住持。因念《华严》一经，乃如来根本法轮，遂竭力讲演，以冀若幽若显一切众生，同得发起一乘善根。时经三年，讲圆一部。而护法居士，感其至诚，又祈续讲，以培人才。因开华严大学院，学生额定四十八名。又思此段不思议光明，遍照法界，固属如来神通道力，福慧庄严。然此光明，人人本具，个个不无。而衣里之珠，模中之像，达本者虽有，著迹者甚多。忍令同具此光者，多皆长处暗室，不得受用，反承此普照法界不思议真常圆满之光，而为生死结业之本乎？于是拟于每月，出报一册，名曰《佛光》者。以一念心性，佛如众生如，一如无二如故。凡如来施化之因缘、心性真常之实际、五戒十善之因果、戒杀放生之感应、世间善行、出世净业、生死轮回之苦、因果报应之微，与夫高人哲士之嘉言懿行、著述讲章，随缘记载，以资观感。虽则真俗并诠，浅深俱备，而粗言及细语，皆归第一义，固当仁者见之谓之仁，智者见之谓之智，以为入佛封疆之前导，豁发心光之胜缘。倘阅者能知自心原是佛心，则知佛光即是心光。而此心光，寂照圆融。寂而常照，故为无量光。照而常寂，故为无量寿。无量光寿之理体，固一切人之所同具。无量光寿之实证，须待往生西方，面见弥陀，蒙佛授记，圆满菩提以后，方能彻得。此《华严》归宗，以十大愿王，导归极乐之深旨也。凡我同伦，幸各谛信。

募修云谷禅师塔院序

缅维得道高僧，于千百年后，或有见其肖像，读其著述，经历其栖迟之地，瞻仰其闷藏之塔，皆能令人生惭愧心，生景慕心，奋发大志，力修净业，以期远追宏猷，振兴法道，俾如来慧命相续不断，不致有负人与天、地并称三才，僧与佛、法同名三宝者。明云谷禅师，即其人也。师乘宿愿力，于弘治十三年，示生嘉善胥山怀氏。幼入法门，彻悟自性。平生所修，虽注重于禅，而于性相诸宗，儒道心要，无不融会贯通。故能于禅教衰颓，儒道晦昧之际，俾宗风丕振，心法昭明。其于世道人心，裨益良非浅鲜。其得其传而融通儒释，使灵山、泗水心法俱彰者，僧则憨山大师，俗则了凡袁公，为最显著之人也。师灭于万历三年，建塔栖真寺侧。至四十五年，憨山来礼其塔，见其塔院岑寂，一僧独奉香火。因嘱沈定凡居士，修葺庄严，并置长生田，以为久远之计。迄今已三百余年矣。今则基址尚在，垣屋无存。致令古德遗迹，人无知者。近来世道人心，日趋日下。邪见炽盛，正法衰微。若不表彰古德懿范，何由使宗风丕振，魔外归降乎哉？嘉兴鄘般音居士忧之，拟重建塔院，刊布行实。庶出家、在家一切人等，咸知古德芳风。从兹挽回造化之权，命自我立。断除烦恼之障，佛从心现。则可继憨山、了凡之志，以慰云谷禅师之心也。但以工程浩大，独力难成，不得不求助于诸大檀越。果能人各依云谷“命自我立，福自己求”之训，笃实做去。则五福三多，悉萃厥身。天灾人祸，绝闻于世。功勋罔测，利益莫名。谅不至惜彼五家所共之财，而不作此三生有幸之福也。因述所以，祈共赞襄云尔。

《西方公据》重刻序

净土法门，乃如来普度众生之特别法门也。如来愍念众生，示成正觉，俯顺群机，循循善诱。大根则令其悟一心之具造，断惑证真，以直趣菩提。小器则令其明三世之因果，趋吉避凶，为入道方便。虽则大小不同，权实各异，皆须断尽见思二惑，方可出离分段生死。倘惑业未尽，道果未成，纵有修持，不能自主，久经生死，进少退多。以道不胜习，业能缚心，譬如坯器未烧，经雨则化，虽有前功，了无所益。以是之故，特开一信愿念佛、求生净土法门，俾若凡若圣，或智或愚，同以深信切愿，持佛名号，求生西方极乐世界。此则以己信愿，感佛慈悲，感应道交，必蒙摄受，迨至临欲命终，即得随佛往生也。既往生已，则已断惑者，速证无生。具业缚者，亦登不退。从兹亲炙弥陀，参随海众。熏陶化育，染如来之妙香。障尽智圆，复本具之佛性。俯提劣机，曲护初心，唯此法门，最为第一。如来之恩，广大周至。虽天地父母，莫能喻其万一也！

昔人欲令同人各修净业，因辑经咒文说，及诸应验，以为一书，名之为《西方公据》。“公据”者，即“把柄”与“左券”之谓也。果能受持《阿弥陀经》，则知极乐世界无有众苦，但受诸乐，依正庄严，种种功德；阿弥陀佛现在说法，光寿无量，誓愿洪深；诸上善人俱会一处，皆以修此信愿念佛之多善根福德因缘妙行而生。其有不真为生死，发菩提心，以深信愿，持佛名号，以期近则登不退地，远则圆成佛道者乎？而况六方诸佛，普利众生。释迦本师，得无上道。无不资始乎此，而归极乎此。良以一切众生，皆具佛性。是心作佛，是心是佛。由其以果地觉，为因地心，故得因该果海，果彻因源。法门之妙，妙无以加。乃《华严》末后归宗之一着，实如来大畅本怀之圆诠也。有缘遇者，即是多善根因缘。为防疑退，更辑诸图说、应验。

徐子肇珩，宿具灵根。痛二亲之早逝，冀九莲以同登。因发心重刻，广为流布。以期现生父母，历劫怨亲，普及法界众生，共入弥陀愿海。余嘉彼孝思，叙其大致。倘阅者果不以余言为非，当必有亲证此无上甚深大事因缘之一日在。翘冀何极！

乐清虹桥净土堂序

净土法门者，乃如来普度众生，最圆顿直捷、广大简易之法门也。何以言之？以一切法门，皆须断尽见思二惑，方了生死。而断见惑如断四十里流，况思惑乎？断见惑，即证初果。若约圆教，则是初信。断思惑尽，即证四果。圆教即是七信。初果初信，尚有生死。四果七信，方能了脱。而天台智者大师，示居五品，虽则所悟与佛同俦，圆伏五住烦恼，而见惑尚未曾断。然大师本地，实不可测，而临终只说登五品者，深虑末世不致力于断惑证真，唯以明心见性为究竟也。夫明心见性，乃大彻大悟也。若最上上根，即悟即证，则可即了。否则纵悉知未来如圆泽者，尚不免重复受生耳。至于五祖戒再作东坡，草堂清复为鲁公，尚未至甚。而海印信为朱防御女，已属不堪。雁荡僧为秦桧，则诚堪怜悯矣。甚矣！自力断惑证真了生脱死之难也。如来一代所说通途修证教理，虽法门种种不一，绝无具足惑业，能了生死者。唯净土一门，但具真信切愿，以至诚心，持佛名号，求生西方，无论惑业之厚薄，工夫之浅深，皆于临终，仗佛慈力，带业往生。既往生已，即已超凡入圣，了生脱死，从兹渐次进修，即得亲证无生，以至圆满佛果耳。此如来悲愍劣机众生，普令现生顿出轮回之特别法门也。

须知净土法门，正摄上上根人。是以善财已证等觉，普贤菩萨犹令以十大愿王，回向往生，以期圆满佛果，且以此普劝华藏海众。是知回向往生净土一法，乃圆满佛果之末后一着也。世有狂人，不审教理，以愚夫愚妇皆能修习，遂谓之为小乘而藐视之，不知其为《华严》一生成佛之成始成终第一法门也。亦有愚人，知见狭劣，谓己工夫浅薄，业力深厚，何能即生？不知众生心性，与佛无二。五逆十恶，将堕地狱，遇善知识，教以念佛，或满十声，或只数声，随即命终，尚得往生。《观经》所说，何可不信？彼尚往生，况吾人虽有罪业，虽少工夫，较彼五逆十恶，十声数声，当复高超多多矣。何可自暴自弃，以致失此无上利益也？如来称此净土法门为难信之法者，以其下手易而成功高，用力少而得效速。其圆顿直捷，广大简易，超出一代通途教理之上。非宿有善根，决难信受奉行也。吾常曰：九界众生离斯门，上不能圆成佛道；十方诸佛舍此法，下不能普利群萌。盖纪实也。

今之时，是何时也，乃刀兵、饥馑、疾疫俱集之时也。虽未至三小灾，亦三小灾之现象耳。况复邪说纵横，知识稀少，欲闻正法，颇不易得。有胡天仆居士者，发菩提心，笃修净业。又欲同人，各得此益，遂极力提倡而劝导焉。其殆以赞天地之化育，代佛扬化，以为天职欤！而一方之人，闻其说法，感此时世，不禁厌苦欣乐之心，油然而生，遂一倡众和，靡不服从。居士因自舍地基，兼募善信，建念佛堂，开放生池，及藏经楼、功德堂、香积厨、应供堂，居然从地涌出一大道场。念佛堂甚宽大，中供西方三圣立像，以冀行人平时注目，临终即蒙接引也。正中设说法座，听者周围坐。虽至千人，亦不迫窄。俾四远来者，不至有向隅之叹。藏经楼则备请各处所刻之经，以供发心者受持而研究焉。功德堂则备书所出功德之数目，又统设其位，以期存则福增寿永，殁则直登莲邦。而既转法轮，若不辅以食轮，则断难经久不归，故特设香积厨、应供堂，以令念佛听法之人，各得心满意足而后已。放生池则取彼将烹之辈，畜之法堂之前，不独活彼色身，兼以经声佛号资彼慧命。其所建设，皆极周至，约用一万六千余圆，已得落成。拟于尧历八月十五日开讲，实为末法不得多见之事。令其友张云雷，致书于光，祈为序引，冀发起信心而扩充焉。因将如来所说通途、特别两种法门之所以然，并胡居士之心行，及各种之布置，大概书之，以期阅者咸效法焉。倘见闻者同发此心，则俗美风淳，民康物阜，转五浊恶世，为清净莲邦矣，此光之日夕馨香以祷祝者。愿诸上善人，各垂慈悯，则幸甚幸甚！

《阿弥陀经直解》序

吾人一念心性，直下与释迦、弥陀，无二无别。而释迦、弥陀，已成佛道于尘点劫前，又复数数示生，数数示灭，以行化导，欲令吾人继其芳踪。而吾人以烦恼惑业，无力断除，直至今日，尚在生死轮回中，头出头没，渺不知其何所底止。纵令往劫曾闻佛法，依教修行，但以自力劣弱，不能断惑，依旧常沉溺于生死苦海中，莫之能出。静言思之，能不愧死！释迦、弥陀，有鉴于此，特开一信愿念佛法门，令其仗佛慈力，横超三界，俾上中下根，同得往生西方。可谓真慈大悲，至极无加矣。其教起因缘，修持法则，具见于净土三经。而《阿弥陀经》，言简义周，易于受持，故古人列为日诵，欲其家喻户晓，咸沐法泽也。由是诸善知识，各为注释，若揭日月于中天，固已无义不显，无机不摄矣。但初机之人，或以文深义奥，难于领会。王显江居士，特为作一方便，取《要解》等注之义，以显浅之语言述之，名为《直解》，兼附净土种种疑问。其己立立人、自利利他之心，可谓诚且挚矣。显荫法师序之，欲令一切同人，各生真信，老实念佛。因命光再序，遂书此以告阅者云。

《十三经读本》序

天地以阴阳二气，化生万物。圣人以诚明一致，教育群萌。其为道也，横布万邦，竖传万世，有识皆遵，无思不服。虽有圣人复生，不能另立一法，亦不过发挥诚明之道，令其彻底圆彰，和盘托出而已。《十三经》者，二帝、三王、周公、孔、孟，继天立极，教化万世，格致诚正修齐治平之大经大法也。悉本天地无私之至理，吾人本具之良知，初非有奇特玄妙，不可企及者。虽夫妇之愚，可以与知与能。以人同此心，心同此理。尧舜与人同，而人皆可以为尧舜耳。若能遵而行之，则人入圣域，世复大同矣。其世道陵夷，人心浇漓者，由于儒者不知道在躬行，一向逐末。举凡克己复礼、闲邪存诚之义，置之不论，唯以记诵词章，拟为进取应世之资。是殆以圣人参赞化育之道，作为博取名利之艺，其诬蔑圣人、悖逆天地也至矣！由是读书之人，心不知书义，而身不行书道。其作文也，则发挥孝悌忠信礼义廉耻之道，直使一丝不漏。而考其居心行事，则绝无此等气分。直同优人演剧，苦乐悲欢，做得逼真，实则毫与自己不相干涉也。此弊一肇，渐至变本加厉。于是有天资者，习为狂妄，耻循尧舜周孔之迹，而欲驾而上之，竟至废弃圣经，竞作新书。邪说一起，群相附和。遂致一班恶劣小人，欲逞自己劫掠奸淫之心，汲汲然提倡□□□□，而欲实行之，唯恐斯民之不与禽兽相同，而纲常伦理之有碍于己也。致令天灾人祸，相继降作，国运危岌，民不聊生。譬如夜行废烛，海行废舟，欲不陨越沉溺，其可得乎？

施子肇曾，惧斯道之灭没也，乃与二三同志，特立国学专修馆。聚有志斯道者，俾其专精研究，身体力行，冀其有得，而广传焉。唐子文治，十余年来，殚精斯道，搜集《十三经》善本，择其注之简当者，汇而集之，而复一一抉其微言，标其大义，附于诸经之后，其用心可谓诚且挚矣。施子遂即刻之，以期布之学宫，俾各读诵而修习焉。刻既成，已与唐子各为序，述其所以。又令予序。予惟《十三经》之在世，如日月之丽天，有目皆睹，何待粥饭庸僧，特为标指乎哉？虽然，道固无二，仁智见殊。不妨以己之所见，为诸仁智者告，亦未必非穷经希圣之一助也。

窃谓《十三经》所发明之道，乃格致诚正修齐治平之道。阐发格致诚正修齐治平之要，唯《大学》则次第言之，而曲尽其致。《中庸》、《论语》、《孟子》，俱皆发挥此义，但不次第循序而说耳。是知《四书》者，乃《易》、《书》、《诗》、《周礼》、《仪礼》、《礼记》之注疏，而俾其道大明。《孝经》，乃推其实行之效。《春秋》三传，乃示其遵违得失之证验也。由是而吾人之本心，群圣之薪传，俱得大明，以之继往圣而开来学。其为功也，与天覆地载之功相等。彼废经者，是何异欲废天地覆载而自立乎？其不知事务也甚矣。循是而求之，举凡希圣希贤、治国亲民之道，无不一一若指诸掌。不欲希圣希贤则已，若欲希圣希贤，则圣贤之道自备具于吾心与吾身矣。《尔雅》之所训释，乃诸经之总注，俾若文若义，悉得解了也。是则《尔雅》为解义之初步，而《四书》乃成始成终之总持法门也。再进而谈其要义，则明德为本。而明其明德，又为从凡至圣、以人合天之关键。能明其明德，则内圣外王之道备矣。然欲明其明德，必须格去人欲之物，令净尽无余，庶即心本具之真知，彻底圆彰。而读书之能事，只在此几希间了耳。何等直捷，何等痛快。方知人皆可以为尧舜，夫妇之愚可以与知与能，乃真语实语。以人同此心，心同此理故也。欲世道人心，转乱为治，反浇为淳，舍此则无术矣。不知施子、唐子，以予言为然也否乎？然此且就世间法论，切勿谬谓并出世间法论也。至嘱至嘱。

以《大乘入楞伽经·断食肉品》诫神勿享肉食序

（代安徽黟县卢智睿居士作）

谨按佛说，一切众生，皆有佛性。由罪福因缘，轮回六道。若不力修戒定慧，以期断尽贪瞋痴，及生信发愿，念阿弥陀佛，求生西方极乐世界，则无由出离。是则我与水陆飞行，及六道一切众生，从无始来，无不各各彼此互为父母、兄弟、妻妾、儿女、朋友、亲戚，无不各于未来得闻佛法，修戒定慧，断尽烦惑，圆成佛道。以故如来敕诸弟子，戒杀放生，勿食诸肉。然世俗迷情，皆以肉食为敬，而不知其为自他同种恶因，致使将来必受恶报也。我今已知食肉过患，岂忍任彼一乡之人，犹执迷情，以罪业因缘之肉食，累及尊神乎？又恐尊神未能详知所以，或生瞋怒，降以灾祸，则乡人之迷情更甚，致令乡人与尊神将来之恶报更深更大，而不易消灭也。是故特将如来所说之《大乘入楞伽经·断食肉品》，敬化尊炉。庶得上体佛慈，下悯愚诚，爱惜物命，不享肉食之祭。凡用素者，则锡之福祉。若用荤者，即示以祸殃。俾一乡之人，同感尊神聪明正直、好生恶杀之德，庶可普扇慈风，以培菩提之道本，挽回劫运，共乐太平于无既也。恳祈明察，则乡人幸甚，国家幸甚。

扬州普照寺同戒录序

如来大法，普被九界。上圣下凡，咸资钧陶。虽法门无量，不易悉说，而总举大纲，维戒、定、慧。良以入道之要，初则以戒执身，次则以定静虑，次则以慧破惑，由是得以断五住之烦惑，证三德之秘藏。故《楞严》云："摄心为戒，因戒生定，因定发慧，是则名为三无漏学。"此之三法，如鼎三足，若缺其一，便难安立。说虽有三，修在一心。以无定慧之戒，非出世之戒。无戒慧之定，非出世之定。无戒定之慧，非出世之慧。是知三法，原是一法。其言三者，以宏扬者注重为名，及修证者获益判义耳。《梵网经》云："我是已成佛，汝是未成佛，常作如是信，戒品已具足。"又云："众生受佛戒，即入诸佛位，位同大觉已，真是诸佛子。"可知戒之一法，统摄诸法。以故知识宏扬，学人修持，莫不以戒为先务焉。

普照寺者，道清老人所开建也。老人示生四川，年方弱冠，即厌尘劳，遂诣峨眉山华严顶出家，随即受戒，乃穷参力究，发明心要。欲遍参诸方，开扩心地。经过扬州，为徐凝门外永镇乡绅士所识，遂请住持该处之太阳宫小庙。老人察知可建道场，宿缘有在，故允许之，系前清光绪元年也。于是遍募十方，开拓基址，佛殿经楼，杰出云表。凡丛林所应有，行道所必需者，无不备足。从兹冬禅夏讲，大启度门。善士达人，悉相依止。至二十二年，入都请经，得蒙俞允，及敕赐"普照禅寺"之额，实为莫大之幸。即于是冬，开坛传戒，以报国恩而祈民福。迄至民国五年，凡五开戒坛，三启讲筵。而常时修持，虽则禅净并行，而尤注重于净土焉。

迨至八年，年已八十有四矣，因示寂以归极乐，与海会圣众，亲炙弥陀，以证无量光寿耳。其得法剃度弟子甚多。爰有高足，厥名稻香，与光谊属莫逆。欲于今冬，出龛起塔。乃于九月十五日开坛传戒，至冬月初八日圆满，以报佛恩而资师冥福。命光序之。光惟佛教以孝为本，故《梵网经》云："孝名为戒，亦名制止"，"孝顺至道之法"。夫依教奉行，方名为孝。能依教奉行，则凡佛所得者，己悉得之，则即烦恼以成菩提，即生死以证涅槃，方可不辜佛化，不负己灵，为出格之丈夫，作如来之真子矣。若不依教奉行，则袈裟之下，失却人身，三途恶道之苦，穷劫未能尽说也。愿受戒诸佛子，各各勉旃。

重刻《水陆仪轨》序

甚矣佛恩之广大周遍，而靡有孑遗也。初成正觉，说所证法。唯法身大士，方能与会。人天凡小，不见不闻。于是为实施权，寝大用小，随顺机宜，循循善诱。待其已断烦惑，已证真谛，然后种种弹斥，多方淘汰，俾其发大心而冀佛果，不住法而修万行。迨至根机已熟，则会三归一，开权显实，普授作佛之记，大畅出世本怀。从兹了知一切法皆是佛法，一切人皆是佛子，而无复自甘退屈矣。又复悯彼自力劣弱，现在断难了脱者，特开净土法门，令其仗佛慈力，往生西方。其有罪障深重，定业不易转移者，大启秘密观道，使彼承三密力，灭尽无余。然此二法，乃凡圣同修之道，成始成终之法。以其偏显业系凡夫，顿获胜益，作如是说。实则十方三世诸佛，莫不由此以圆成佛道，莫不由此以普度群萌也。

迨至法流震旦，梁武御极，由高僧以示梦，俾普度夫含灵，因兹备览《大藏》，制斯仪轨。自是流通，以至今日。溯其原始，则以无量威德陀罗尼而为发起。究其纂述，与其修设，则一代时教一切诸法，无不备举而读诵修持焉。故其法门广大，利益宏深，不但使六道凡夫，顿脱业缚，亦兼令三乘圣人，速证菩提。然人能宏道，诚堪契真。若请法斋主，与作法诸师，各皆竭诚尽敬，则其利益，非言所宣。譬如春回大地，草木悉荷生成。月丽中天，江河各现影象。故得当人业消智朗，障尽福崇。先亡咸生净土，所求无不遂意。并令历劫怨亲，法界含识，同沐三宝恩光，共结菩提缘种。若斋主不诚，则出钱之功德有限，慢法之罪过无穷。僧众不诚，则是鼓橐籥以为经，交杵碓以成礼，于三宝龙天降临之际，作卤莽灭裂塞责之行，其不至罪山耸峙，福海干枯，生罹灾祸，死受谴谪者，何可得也。

此书杭垣之版，模糊不堪。天童虽刻，亦难普及。以故维扬万寿寂公、宝轮裕公等，募资重刻，以冀广传。令光纪其年月，故略述原委，与其利弊。俾从事此法者，唯得其益，不受其损，则佛圣欢喜，而福慧二俱增崇矣。愿修法者，其各勉旃。

新昌大佛寺修筑放生池募缘序

儒者以忠恕胞与为怀，必须推己及人，以至于物，方有实际。释氏以慈悲济度为事，是故悯诸物类，皆具佛性，欲行救援。无奈世人杀生食肉，相习成风，不知其非。致使生生世世，展转互杀，了无已时，可不哀哉！须知人与物类，同此血肉之躯，同此灵知之性，同生于天地之间，但以彼此宿世罪福不同，致使今生形质灵蠢各异。以我之强，凌彼之弱。以彼之肉，充我之腹。快心乐意，谓为福报。而不知其福力一尽，业报现前，堕彼异类，受人杀戮时，则身不能敌，口不能言，中心忧惧痛楚，方知食肉之事为大罪过，食肉之人为真罗刹，虽欲不令人杀而食之，不可得也。故《楞严经》云："以人食羊，羊死为人，人死为羊。如是乃至十生之类，死死生生，互来相啖。恶业俱生，穷未来际。"又况多劫以来，更互相生，既无道力以行救济，忍使彼受刀砧极苦，我享口舌滋味乎？《入楞伽经》，世尊种种呵斥食肉，有云："一切众生，从无始来，在生死中，轮回不息。靡不曾作父母、兄弟、男女、眷属，乃至朋友、亲爱、侍使。易生而受鸟兽等身，云何于中取之而食？"凡诸杀生食肉之人，若念及此，当即怵然惊，憬然悟，宁可自杀，不能杀一切物矣。

新昌有山，名曰石城，即山凿龛，及弥勒百尺大像。乃齐僧护、僧淑、梁僧祐三师所造者，相好庄严，妙无伦媲。其寺为天台西门，智者大师入灭于此，盖欲表前继灵山，后辅龙华也。大师一生，随机说法，尤加意于放生。以台民多业渔捕，乃以赚施，买渔簄一所，为放生池，兼为彼讲《金光明经》。渔者闻法，皆好生去杀，遂各舍江溪簄梁，六十三所，周三百余里，俱作放生法池。有偷捕者，则立即得祸，至唐时尚然。而世远人亡，法残禁弛，遂致大佛寺外之池，亦为渔捕之所矣。

马契慈居士，景仰僧护、僧淑、僧祐、智者之懿德殊勋，欲使同人，以及水陆空行一切物类，各得同尽天年，同生极乐，将来同预龙华三会。特呈宪严禁，勒其示文，冀垂永久。然池久未浚，淤泥充满。兼须外筑围墙，以防盗捕。又须造桥修闸，建亭铺路。岂特徒壮观瞻，实欲来礼佛者，触境舒怀，上契佛心，庶可消除天灾人祸于不知不觉中。但以工程浩大，不得不募诸十方官绅士商，以及一切善信也。恳祈各发生佛同体，物我不二之心，共出净资，俾观厥成，则其功德，当与十方虚空同一寿量矣。

金山江天禅寺传戒序

如来以三事故，令正法久住于世，众生悉蒙度脱。三事者何？曰戒、定、慧。以众生一向背觉合尘，轮回六道。今欲令其背尘合觉，趣证涅槃。非戒则无所束缚，必至随逐尘境，起惑造业。非定则识波奔涌，何能心无所住。非慧则本具之真心何由彻证，幻起之妄惑何由顿灭。故《楞严经》云："摄心为戒，因戒生定，因定发慧，是则名为三无漏学。"须知此三，全三即一，全一即三。切勿谓戒但为定慧之初基而已。夫律仪戒，执身不作，可云初基。而定共戒，执心不起。道共戒，业尽情空，真穷智朗。岂非定慧之全体大用，何得唯以初基视之？然定共、道共，仍以律仪而为本体。但以持戒功用浅深，而立此二名，初非另有所说之戒本也。世人每以律仪为论，致不知如来制戒大意者，或藐视之。而真戒、真定、真慧，无从闻熏而冀及，为可叹也。

然如来法道，弘范十界。虽宏法大士，各皆三学圆明，而门庭建立，不能不各有专主。或专主于止作持犯，则为律。或专主于修观讲演，则为教。或专主于参究本来，以期彻悟，则为宗。宗名教外别传，律、教乃教内真传。言别传者，欲人于言外见本体也，非谓宗迥出于教理之外也。试观世尊拈花，迦叶微笑，本地风光，彻底显露。了此，则尽世间所有形形色色，无非世尊所拈之花，无不令人彻见自己父母未生前本来面目，况如来金口所说之无上妙法，便非此花，便不能令人亲见本来面目耶？而人天百万，纵见世尊拈花，悉皆罔措。亦如骑牛觅牛，了不可得。若知直下便是，则多少现成，多少省力。由其迷不知返，如演若之头，无端狂走。衣里之珠，枉受贫穷。为可哀也。须知律也、教也、宗也，此三者全，方可以续佛慧命，传佛法道。若或有缺，则便不足以上证无上菩提，下度一切含识矣。卢舍那佛，以戒为体。以恶无不尽名“净”，善无不圆名“满”。断恶修善，乃止作二持也。是律为佛身，教为佛语，宗为佛心。心、语、身三，决难分裂，决难互缺。否则只翼难飞，单轮莫运。欲自利利他，便难如愿矣。

金山，乃千余年来著名道场，虽圆修三法，而注重于宗，故古今来于此大彻大悟者，不胜其多。每间数年，必传一次戒，一以继先佛之洪规，一以作后学之懿范。退居青公，住持融公，乃数十年前之故友。今秋至山观光，二公款留信宿。因言此间常住，明年拟欲传戒，命光作序，以发挥其义。光于宗于教于律，皆无心得，何能不负所嘱？但以平日闻于佛祖古德，而鄙见所领会者，撮略言之，以塞其责。

《遗教经》云：“汝等比丘，于我灭后，当尊重珍敬波罗提木叉。如暗遇明，贫人得宝。当知此则是汝等大师，若我住世，无异此也。”《梵网经》云：“我是已成佛，汝是未成佛，若能如是信，戒品已具足。”又云：“众生受佛戒，即入诸佛位，位同大觉已，真是诸佛子。”愿受戒诸佛子，各各自知自己本来是佛。以迷背故，反承此佛性功德力，轮回六道，受诸极苦。如转轮圣王，梦作蚁子，寻膻阶下，自顾藐小。而床上王体，依旧不失。及至于醒，方知幻作蚁形，了无实体。一切众生，亦复如是。佛本是而未成，业原无而妄造，高推圣境，甘处凡愚，独让释迦世尊为一雄猛丈夫，岂不大可哀哉！倘受戒诸佛子，各各勉旃，则不但不负融公传戒一番婆心，亦可慰如来出世制戒一番圣意也已。

《鄞县至邱隘镇修诸桥梁征信录》序

民生日用，事务多端，若不假往来交通，彼此酬酢，则一事无成，而生计将随之断绝矣。以故平治道路，为治国平天下之急务。故《诗》有“周道如砥，其直如矢”，《书》有“王道荡荡”、“王道平平”之说。或谓此喻王政，非指道路。试思道路不修，不但发号施令，有所阻滞，而农工商贾之往来，与夫供职效力之诸务，皆不能速得遂意也。况既无如矢如砥、荡荡平平之事，而用喻王政，不几与讥诽王政相同乎？故《周礼》设司险、候人之职，而《月令》有修治道路之令。至于护国佑民之正神，如东岳、文昌二帝，则皆示之，不观“修桥补路，行人有益”，与“修数百年崎岖之路，造千万人往来之桥”乎？而且持地菩萨，以平治道路，得证圆通。是知三教圣贤，莫不注重于此也。

鄞县以东，至邱隘镇，二十余里。所过大小各桥，共有二十三道。修建日久，渐见残伤。邑人马元培先生，于去年发心重修。因募诸善信，各出净资。乃亲董其役，俾一一桥梁，各复旧观。间有水大河深者，则傍设石栏，以防昏夜及无目者之颠坠。共用洋二千有奇。今工已告竣，拟将桥工，并诸捐款，备录一册，排印奉送，以昭诚信。又欲阅者知其利益，祈光发挥其义，以冀人各注意也。然此种书册，一阅即成废物。乃附以陆廷燮先生所注之《朱柏庐先生治家格言》，并老《申报》所载之《常识精华》。此二种，皆可以作涉身处世治家教子，与夫小而泛应曲当，大而希圣希贤之法。其用心可谓诚且挚矣。愿诸阅者，同以此心为心，则其利益，岂思议可能及哉！

《净土释疑》序

佛法深广，犹如大海。博地凡夫，孰能穷源彻底，一口吸尽？虽然，倘能生正信心，自可随己分量，各得其益。譬如修罗香象，及诸蚊虻，饮于大海，各取饱腹而已。如来出世，随顺众生，为其说法，各令得益，亦复如是。而末世众生，业障深厚，善根浅薄，心智狭劣，寿命短促。加以知识稀少，魔外纵横。修余法门，欲于现生断惑证真，了生脱死，诚为甚难稀有之事。唯净土一法，专仗佛力，以故不论断证，唯恃信愿。信愿若具，虽罪大恶极，将堕阿鼻地狱之流，尚可以仗十念之力，径蒙佛慈，接引往生。噫！如来大慈普度，一物不遗。唯此一法，最为周挚。由是西天、东土，菩萨、祖师、高僧、巨儒，莫不以此自利利他。所有著述，极其广博。欲探究原委者，固非易易也。

渭渔居士林师尚者，宿根深厚，笃修净业。殚精研究，历有年所。拟欲普引同人，悉生净土，故于净土经论著述中，摘其要义，凑集成文。若集腋以成裘，犹采花而作蜜，确对时机，特申妙辩，共成五十七篇，名为《净土释疑》。词约而精，理深而著。俾阅者无疑不释，有义咸服，从兹欲不生信发愿，持佛名号，求生西方，不可得也。然居士既能集前人之单词只句，一节一段，复用己意，纂集成文。何不直用己文而为发挥？盖欲阅者知此所说，皆有所出，虽是己所纂集，实为经论语录，及诸著述中佛、菩萨、祖师、诸善知识之所说。其入人深而感人切，比专用己语，当不啻相倍蓰矣。窃谓为上智说法则易，以其智能明理，无复疑惑，如良马见鞭影而驰，嘉禾得甘霖而茂也。为下愚说法亦易，以其心无成见，直下信行，如甘之可以受和，白之可以受彩也。唯为中人说法，实为不易，以其知识繁杂，邪正不分，每每以凡情测圣智，以俗见会真理，虽说者种种开导，彼仍复展转怀疑。是故设为问答，至五十七次之多，直使狐疑净尽，佛理昭彰，知好歹者，悉皆遵行。可谓殚精竭诚，剿灭疑惑之健将矣。

然群疑既释，尚须奋发大志，一念单提，则心王由佛力而常时惺惺，烦恼劫贼容身无地，欲不归降，不可得也。烦恼劫贼既归佛化，则虽未出娑婆，已非娑婆之久客，未生极乐，即为极乐之嘉宾。如是则上不辜于佛化，下不负于己灵，尽未来际，与海会大众，亲炙阿弥陀佛于寂光净土之中，岂非所谓雄猛大丈夫哉！愿见闻者，咸皆勉旃。

《观无量寿佛经善导疏》重刻序

人生世间，祸福吉凶，相为倚伏。其所得损益，唯在人之善用心与否耳。诸佛愍自己与一切众生为三苦、八苦、无量诸苦之所逼恼，因思所受苦报，由于过去恶业所感，而所造恶业，由于当六尘境，不了如幻如化，妄起贪瞋痴心之所致也。是知贪瞋痴之烦惑，乃一切众生之大怨家。从兹以戒定慧，断贪瞋痴，复还本具之天真，以成无上之觉道。然则三苦、八苦等，实三世诸佛之导师，而一切众生永离众苦、常享诸乐之无上良缘也。

《观无量寿佛经》者，普令一切若凡若圣，同于现生，往生极乐，或顿或渐，证无生忍，以至圆成佛道之大法也。以圣则自力具足，兼仗佛力，故所证入，最为直捷，以故华藏海众，同愿往生也。凡则仗佛慈力，带业往生，即已超凡入圣，证不退位，从兹渐修，必至圆满菩提而后已。此经中品戒善世福，下品作众恶业，及五逆十恶，将堕地狱，由称佛名，遂得往生也。如是力用，最为洪深。盖由阿阇世王，乘大愿轮，示为恶逆，囚父禁母，而为发起。其母厌离娑婆，愿生极乐，并为未来众生求往生法。世尊乃为说此观想西方依报国土种种庄严，正报佛及观音、势至相好威德，以及九品往生，若因若果之十六观。于第八像观之首，发明宗要云："诸佛如来，是法界身，入一切众生心想中。是故汝等心想佛时，是心即是三十二相、八十随形好。是心作佛，是心是佛。诸佛正遍知海，从心想生。是故应当一心系念，谛观彼佛。"须知法身入想，理实甚深。心作心是，事本平常。平常非常，甚深非深。能圆悟者，方名达人。于第十三观，特为劣机众生开方便门，令观丈六八尺之相。第十六观，又令恶业重者直称名号，由称名故，即得往生。是知相有大小，佛本是一。观不能作，称即获益。于此谛思，知持名一法，最为第一。末世行人，欲得现生决定往生者，可弗宝此持名一行哉！

溯自经传此方，智者、善导、清凉、灵芝，各为著疏。后唯智者一疏独传，余三皆佚。清光绪间，杨仁山居士由东瀛请来此经《善导疏》、《无量寿经慧远疏》、《往生论昙鸾注》，皆久佚之法宝，俱为刻行。《善导疏》不用谛观等深意，但直释经文，俾中下根人，易于趣入。及其趣入，不言谛观，而谛观自然了了矣。可谓契理契机，善说法要。弥陀化身，殆非虚传。莲宗二祖，万代景仰。奈传之久远，错讹甚多，因息心详校而重刻焉。

京师第一监狱于甲子元旦普说三归五戒序

众生心性，与佛无异，但以迷而未悟，故长作众生。《华严·如来出现品》云："奇哉奇哉！一切众生，具有如来智慧德相。但以妄想执着，而不证得。若离妄想，则一切智、自然智、无碍智，则得现前。"须知智慧德相，与妄想执着，唯在一心，初非二物。迷之则全智慧德相，变成妄想执着。悟之则全妄想执着，复成智慧德相。喻如水结成冰，冰融成水，相虽有殊，体本无二。了此则谁不愿断幻妄之惑业，复本具之心性。而高推圣境，甘处凡愚；执性废修，以凡滥圣之谬见，皆无由生矣。《书》云："唯圣罔念作狂，唯狂克念作圣。"孟子谓："人皆可以为尧舜"，"尧舜之道，孝悌而已矣。"是知不能行孝悌为尧舜，不能克念作圣，与不能复智慧德相作佛者，皆自暴自弃，不肯勉力而为之流也。

如来初成正觉，普为一切凡圣说《梵网经菩萨戒》，有曰："汝是当成佛，我是已成佛，常作如是信，戒品已具足。"又曰："众生受佛戒，即入诸佛位，位同大觉已，真是诸佛子。"其要全在令人彻了自己介尔一念心性，即是如来所证之菩提道本。既知是已，孰肯随烦恼染缘，使毕竟清净之性天，被迷云惑雾以障蔽乎哉？又以循循善诱，俾小机者先受三归，以身心归依佛法僧宝，自可返妄归真，背尘合觉；次则令受不杀生、不偷盗、不邪淫、不妄语、不饮酒之五戒，则日用云为，无诸罪咎，而身心清净矣。其有发大菩提心者，再进而为受菩萨大戒，令其理事圆融，福慧并进，以期上求佛道，下化众生耳。

京师为天下首区，故监狱之囚犯甚多。乃以世风日下，兵歉迭遭，致蚩蚩之氓，误干宪网，系闭监狱。岂徒拘束以苦其身心，实欲改过自新，仍作循法之良民也。又以近来佛学昌明，政府特请通法高僧，常至监狱，开示佛法要义，并生死轮回之因，与了生脱死之法。俾彼各知心是佛心，自当行遵佛行。欲了生脱死，非信愿念佛，求生西方，决难如愿。彼等一闻，如临明镜，妍丑自知。如遇慈母，庆幸莫喻。经声佛号，无间晨昏，即监狱为道场，即囚犯为法侣，实为从古未闻之奇事。足征佛法实为烹凡铸圣之大冶洪炉，无论若何之顽金钝铁，一入其中，悉皆铸成微妙庄严之佛菩萨像。彼谓佛法无益于国、有害于世者，皆未见颜色之瞽论，以自误误人也。而本监狱官，因发大心，特请具德法师，于甲子元旦，普与监狱诸佛子，说三归五戒。冀其以归戒制伏身心，以致妄想执着复归乌有，而智慧德相彻体圆彰矣。

汝诸佛子，初以干犯国法，致囚监狱。继由得闻佛法，便染佛香，成佛法器。以恶因缘，成善因缘。非多劫深种善根，万无如此侥幸。譬如摩尼宝珠，能随人意，普雨众宝。由其不识，掷之圊厕，不但无雨宝之功能，而且体质直同粪秽。幸遇智人，知是至宝，从厕取出，种种洗涤，兼用香熏，俾还原质，然后悬之高幢，便可放大光明，随人所需，而雨众宝。佛视一切众生，亦复如是。以故纵令迷之及极，行诸恶逆，如歌利王割截身体，终无一念弃舍之心，而复常伺其机，为之启迪，令得度脱。以其所重在佛性，一切恶逆罪垢，皆不暇计虑故也。汝等若能了知如上所说若法若喻，自可不辜佛化，不负己灵，而政府、监狱官、说法说戒僧之一番厚意，亦不虚设矣。尚期努力进修，则幸甚幸甚！

《金刚经》石刻序

《金刚经》者，发菩提心，行菩萨道，上求下化之标准也。其曰："所有一切众生之类，我皆令入无余涅槃而灭度之。如是灭度无量无数无边众生，实无众生得灭度者。"以众生心性，当体即是无余涅槃，但以迷故，幻成生死轮回之相。如醉见屋转，屋实不转。迷谓方移，方实不移。不过特为点示，俾复本原而已。所谓"但尽凡情，别无圣解；但有去瞖法，别无与明法"者，此之谓也。又令不住色声香味触法而行布施。布施乃六度万行之首，经文简略，但举布施为例耳。若能不住相而行六度万行，则三轮体空，一道清净，圆离我、人、众、寿之凡情圣见，彻证常、乐、我、净之真如妙心，无所住而生心，无所得而作佛矣。实为三世诸佛上成佛道，下化众生，万行圆修，一法不立之无上妙法。故受持者，福德果报不可思议也。由是古今名人，多皆受持及以书写，盖欲以自觉之道，展转以普觉斯民也。唐烋子居士天爵者，宿有慧根，笃信佛法，见地高超，书法精妙。特写此经，刻石流通，以续欧阳询、赵孟頫、董其昌诸公之志事。其为功德，唯佛能知。因不揣固陋，略述经义，以告阅者，庶可同登觉岸云。

《佛遗教经解》刊布流通序

甚矣，佛恩之广大周遍而无有穷尽也。何以言之？以一切众生皆有佛性，皆可作佛，但以迷而未悟，遂致反以佛性功德之力，妄于六尘境中，起贪瞋痴，造杀盗淫，由惑造业，由业受报，久经常劫，轮回六道，了无出期。佛于往劫，知此事已，即发大愿，欲令尽虚空遍法界一切众生，同悟本具佛性，同出生死轮回，同成无上觉道，同入无余涅槃。从兹普为法界众生，久经长劫，行菩萨道，但有利益，无不兴崇，六度齐修，一法不着，难行能行，难忍能忍。其行施也，国城妻子，头目髓脑，悉无吝惜。故《法华经》云："我见释迦如来，于无量劫，难行苦行，积功累德，求菩提道，未曾止息。观三千大千世界，乃至无有如芥子许，非是菩萨舍身命处。为众生故，然后乃得成菩提道。"只此布施一行，尚非劫寿能宣。况其余之持戒、忍辱、精进、禅定、智慧，以及四摄、万行乎哉！及至惑业净尽，福慧圆满，彻证自心，成无上道，普为众生说所证法，直欲同皆得己所得。但以上根者少，中下者多，故复随机施教，令其随分得益耳。及其一期事毕，即入涅槃，犹复不舍大悲，于他方世界，示成正觉，以行济度。如是示生此界、他方，固非算数譬喻之所能及。譬如杲日，为照世故，出没无住。亦如船师，为渡人故，往来不停。且据此番出世，实为周昭王二十六年。及至十九出家，三十成道，说法四十九年，谈经三百余会，固已无机不被，无法不周矣。又以中下根人，自力劣弱，不能现生即出生死，纵有修持，而烦惑未断，再一受生，迷失者多。因兹特开一信愿念佛求生净土法门，俾彼若圣若凡，或愚或智，同于现生，往生西方。则上根者速成佛道，中下者永出轮回。实为三世诸佛普度众生之达道，九界众生速证佛果之妙法。以但具真信切愿，志诚恳切持佛名号，以求往生西方极乐世界，无论工夫之浅深，惑业之轻重，无不蒙佛摄受，令其带业往生。如船拯溺，无所拣择。唯信愿不真，而心行与佛相背者，则不能蒙佛接引也。

佛之愍念众生，前自无始，后尽未来，上自等觉菩萨，下及六道凡夫，无一人不在大悲誓愿弥纶之中。譬如虚空，普含一切。森罗万象，乃至天地，悉所包容。亦如日光，普照万方。纵令生盲，毕世不见光相，然亦承其光照，得以为人。使无日光照烛，便无生活之缘。岂必亲见光相者，方为蒙恩乎？彼世智辩聪者，以己拘墟之见，辟驳佛法，谓其害圣道而惑世诬民。与生盲骂日，谓无光明者，了无有异。一切外道，咸皆窃取佛经之义，以为己有，更有窃取佛法之名，以行邪法。是知佛法，乃世出世间之道本也。犹如大海，潜行地中，其滋润流露，则为万川，而万川无一不归大海。彼谤佛者，非谤佛也，乃自谤耳。以彼一念心性，全体是佛，佛始如是种种说法教化，冀彼舍迷归悟，亲证自己本具佛性而已。以佛性最为尊重，最可爱惜，故佛不惜如是之勤劳，即不信受，亦不忍弃舍耳。使众生不具佛性，不堪作佛，佛徒为如是施设，则佛便是世间第一痴人，亦是世间第一大妄语人，彼天龙八部、三乘贤圣，尚肯护卫依止乎哉？

《佛遗教经》者，佛一期事毕，临入涅槃，诫勖弟子，及一切众生之遗嘱也。其文虽略，其义甚周。其令尊重珍敬波罗提木叉，如尊重珍敬世尊，若能如是尊重佛戒，则是常在佛侧，无少间隔也。故曰："当知此则是汝等大师，若我住世，无异此也。"次下所说戒相，及持戒之益，不持之损，及制心、节食等法，反复叮咛，无微不入。虽慈亲将欲去世，为儿女计，亦不能如是周到，诚可谓吐心吐胆，一字一血。为佛弟子者，宜何如努力修持，以不负所望。未知佛法者，宜何如感激依行，以不辜深恩。其语虽似专指比丘，其意固已弥纶九法界一切圣凡，靡有孑遗。以圆人受法，无法不圆。佛以一音演说法，众生随类各得解。岂此煌煌遗教，不被三贤十圣？而佛视一切众生，犹如一子，当此入灭之时，何忍不加勉勖乎？以向来论者，多以为小机所见，及偏诫比丘，遂致普照九法界之心光，竟局为出家小乘之训诲。可不痛哉！

陈沅荪居士，宿根深厚，学问渊博。初以未见佛经，亦复追随韩、欧、程、朱之迹。近数年来，翻阅佛经，始知佛为圣中之圣，天中之天，所有言教，与儒教无不符合，用之于治世，则格致诚正、修齐治平之道，方能究竟圆满。以儒教只言现生，佛教圆谈三世，倘真知三世因果，虽日挞而求其不格物、致知、诚意、正心、修身，不可得也。世之口是而心非，阳为善而阴作恶者，皆由不知心通法界，与三世因果之故耳。使知之，纵极下劣，亦不肯于明镜之前，现诸丑相，以自贻伊戚也。惜世多不知，故致为己之安富尊荣，直使杀人盈城盈野，而毫不悯恤。噫嘻痛哉！末世人心，残忍已极，使无如来三世因果之说，则人之得正命而死者，盖亦鲜矣。若欲出世，亦不须另起炉灶，但依佛之言教，对治烦恼习气，俾其净尽无余即已。虽身在俗境，不妨断惑证真，了生脱死，以进趣佛果。如西天之维摩居士，及此土之傅大士、李长者、庞居士等。即力有不及，又有仗佛慈力，往生西方一法，以为恃怙。岂必尽人舍俗出家，方为佛弟子乎？彼谓佛为弃伦理、背圣教者，皆因未读佛经，不知佛之所以为佛，而妄以己之凡夫臆见武断耳。由是言之，欲究竟挽回世道人心，非提倡昌明佛法不可。而感佛之恩，至深且切，又欲一切同人，同知佛恩。取《佛遗教经》，以普通注释之法解之，以期政、学、商、农各界人士，同得沐佛慈恩，不致所具佛性常相迷失，而永劫沉沦生死苦海，莫之能出也。将欲刊行，祈光作序。光以佛之深恩厚德，人多未知，以故略为叙述。至于经中所说，一番大慈悲为众生心，阅者当自知之，故不详述。呜乎！佛之为众生，虽天地父母，不能喻其恒河沙数之一。吾固昔受韩、欧之毒，而作一阐提者，幸未生陷，而入佛法。唯恐与我相同之人，未必如我幸遇佛法，故作此剖心沥血之语，以期各各上不辜于佛恩，下不负于己灵也已。

《心经浅解》序

详夫心、佛、众生，三无差别。此无差别之心，虚灵洞彻，澄湛常恒，即寂即照，非有非空，绝凡圣之名称，无生灭之幻象。离心缘相，故情识莫能测度。超文字关，故语言未可形容。然如来智慧广大，于法自在，善以语言显示离言之道，而且广略适宜，各臻圆妙。是以《大般若》广约佛法、众生法，以明心法，有六百卷之多。此经略约心法，以明佛法、众生法，文仅二百六十字，而十法界因果事理，无不毕具。以约摄博，了无遗义。若约而言之，则“照见五蕴皆空，度一切苦厄”二句，复为全经枢纽。再约而言之，只一“照”字，便可法法圆彰，法法圆泯，彰泯俱寂，一真彻露。观自在菩萨先得我心，我等可不随学乎？诚可谓如来之心印，《大藏》之纲宗，九法界之指南，《大般若》之关键，义不可思议，功德亦不可思议。故古今受持读诵者，遍于宇中。著述宏扬者，多难胜数也。然理虽甚深，词须逗机，否则契理而不契机矣。季和骆居士，知见圆融，文字活泼，欲令初机易知，故为白话浅解，说理极其透彻，措词唯取通方。《大云》先载，悦可众心。书册续刊，永传遍界。光庸劣无能，曷胜景仰，谨为序引，以助流通云。

《观世音菩萨本迹感应颂》缘起序

世出世间一切诸法，皆由时节因缘而为发起。故古德云："时节若至，其理自彰。"诚然诚然。光以庸劣百无一能，寄食普陀山法雨寺三十二年。昔阅《普陀志》，见其所载，皆属道场废兴，以及种种寻常等事。至于观音大士往劫本迹事理，以及此方感应因缘，悉皆阙略，不禁令人长叹。民国六年，王采臣、周孝怀、陈锡周三居士来山见访。王、周谓："普陀为观音大士圣道场地，中外景仰，何可久撤讲筵，忍令法道寂寞乎？祈师发心讲经，我等当为筹备道粮。"光以固陋力辞。锡周则曰："《山志》久未修，版已模糊，师若肯修，我当刊刻。"光曰："此事颇不容易，若照旧例，则文人皆能为之。若将大士往劫本迹修证，及此方感应事迹，一一略叙大端，令阅者咸知大士恩周沙界，慈济无疆，从兹发起正信，身心归依，近获人天之福，远证菩提之果者，非遍阅《大藏》，备考群籍不可。若不发挥大士本迹感应诸事理，则成遗主志宾，舍本逐末，与寻常山经水志何异？何以显普陀为大士应化道场，又何以显大士为法界众生之大慈悲父母，而与娑婆众生，因缘最深也？然光以宿业，致令心无知识，目等盲瞽，尚须忏悔一二年，待其业消智朗、障尽目明时，当不惜身命，勉令成就。如其业重，不能感格，当往江西，求黎端甫居士，代为了此公案。此公学贯儒释，笔超侪伍，必能发挥大士之慈悲心迹也。"次年徐蔚如居士以《文钞》印行，致不加详察者谬谓之为知识，从兹信札来往，日不暇给。八年春间，端甫归西，先所发心，竟成空谈。

十一年春，定海知事陶在东公来山，谓：“《山志》流通，令人由信向而改恶迁善，返妄归真，实为挽回世道人心之根本要务，急宜重修。”光以陶公护法心切，救世情殷，即令普济、法雨两寺主人，恳请陶公亲任其事。陶公以公事无暇，乃托邑绅王雅三君任之。一切事宜，外有陶公，山有开如退居，商酌料理。光以无暇，绝不过问。次年陶公升于杭县，犹复鱼雁往还，商酌其事。若非宿受大士付嘱，其能如是也耶？

初于修志议成之后，未及一月，江西彭泽许止净居士来访，一见即成莫逆。光叙昔衷曲，遂以《大士颂》见托，彼即允许。若非大士冥垂加被，何有如此之际遇乎？许君乃备搜藏典，及诸群籍，时经二载，稿方告竣。述成颂文近二万言，而复逐联注其义意，俾阅者悉知所以。又节录各经，以为明证。颂文三卷，经证一卷，共三百七十余页，于夏初寄来。颂中义意，许序已陈，兹不复赘。光昔本欲冠于《山志》之首，今以卷帙繁多，特为别行，兼欲遍布天下后世，倘与志合行，则不易广播矣。

然大士从无量劫来，分身尘刹，其本迹感应，非佛莫知。此数卷颂，不过大地一尘，大海一滴，令不知大士之深慈大悲者，略知梗概，从兹赧然愧怍，勃然奋发曰：“吾人之心，与大士之心，无二无别。而大士圆成佛道，久经长劫，又以悲心无尽，不离寂光，垂形九界，普现色身，度脱众生。我辈从无量劫来，轮回六道，其亲蒙拔苦与乐之恩者，不知凡几。直至今日，尚为凡夫，上负大士拯拔深恩，下负自己本具佛性，静言思之，能不愧死！彼既丈夫我亦尔，不应自轻而退屈。”由是翻转凡情，追随圣迹，克己复礼，闲邪存诚，敦行世善，兼修净业。久而久之，与之俱化。上焉者，即于现生断惑证真，了生脱死。下焉者，迨至临终，仗佛慈力，往生西方。能如是，则人人敦礼义，各各识因果，自然干戈息而人祸永灭，雨旸时而天眷常临矣。陶公所谓挽回世道人心之根本要务者，其在斯乎！所愿见者闻者，同发景仰大士之心，而勉力修习，则幸甚幸甚。

《教观纲宗释义纪》重刻序

教海汪洋，莫测深广，不有指归，则茫无所趣。故陈隋智者大师，以五时八教，判释如来一代所说之法。具显如来出世本怀，唯欲一切众生同成觉道。但以机器不一，故复随顺机宜，循循善诱，为实施权，以接引之。待其既得权益，则开权显实，同归秘藏，方知心佛众生，三无差别，佛如众生如，一如无二如之所以然。可谓揭佛日于中天，普照大地，授穷子以果觉，令绍法王。但以文繁，不便初机，蕅益大师撮取要义，述为《纲宗》，有意义隐晦者，复为略释。俾学者悉知如来说教之意，与夫禀教修观之法，有如导归宝山，直授摩尼宝珠。从兹不但了知不生不灭、非有非空之圆妙第一义谛，为如来心印。即人天权小等法，与治世语言、资生业等，无不皆是第一义谛，皆为如来心印。喻如画龙点睛，立刻飞腾。以法无自性，转变由心，圆人受法，无法不圆故也。默庵法师以释义分注各条之下，又为之纪，以期一目了然。学者得此，既省心力，又易领会，何幸如之！维扬宝轮寺法裕长老，欲重刻广布，命光校其讹字，兼为叙其缘起云。

上海世界居士林《佛学研究丛书》序

众生与佛，心性一如，了无优劣，及与增减。而佛则安住寂光，众生则轮回生死者，以悟与未悟，及顺修、逆修之所致也。如来知众生之皆具佛性，皆堪作佛也，是故示生世间，示成正觉，随机演说一切权实法门。俾彼利根，直下开示悟入佛之知见。其有钝根，亦得渐次熏陶而得悟入。待其悟证及极，方复本具佛性，方离凡圣生佛之差别名相，所谓令一切众生悉入无余涅槃而灭度之，实无众生得灭度者。噫！如来度生之心，可谓慈悲至极，无以复加矣。自后诸菩萨、祖师、善知识，各各潜修密证，宏阐发挥，以上续如来慧命，下作众生津梁。自法流东震，千数百年，其悟自性而断烦惑，出生死以证涅槃者，何可胜数。其绪余尚能移风易俗，胜残去杀，使民日迁善而不知所以为之者。故古今首出庶物之出格高人，莫不以此自行化他，以期天下太平、万国咸宁也。及清咸同间，屡遭兵劫，法运遂衰。自后罢除举业，天资高者，于各种科学外，兼研佛学，知为世间唯一无二之道。当此世道人心陷溺已极，欲为救援，舍昌明佛学，莫能为力，故咸以提倡佛学为急务。而研究会、居士林，随处建立。法不执一，随人之机，或禅或教，或显或密，而为修持，及与发挥。而又注重于净土法门，以期悟与未悟，同于现生出离生死轮回也。良以末法众生，自力微弱，匪仗佛力，决难即生解脱。华严会上，华藏海众，等觉菩萨，尚以十大愿王，回向往生，况末世之学者乎？是知净土法门，乃十方三世一切诸佛，上成佛道，下化众生之成始成终法门。

上海为全国枢要之地，其居士林诸居士，欲普布佛化，于讲经念佛外，季出《林刊》，以期推广。今又继出《佛学研究丛书》，若《起信论》、《楞严经》指要，取深经奥论，以浅显之语言发挥之，俾初机之人易于领会，庶无扞格不入之苦，悉获因指见月之益。从兹相续刊布，以扬佛日之光，俾一切同人，同悟本具之天真佛性，庶不负如来出世之一大事因缘，而挽回世道人心，亦以是为根据。凡我同伦，各宜资助以期遍界流通云。

《金刚经功德颂》序

六度者，菩萨上求佛道、下化众生之要法也。然五度如盲，般若如导。五度无般若，不能究竟到彼岸，不得称为“波罗蜜”。而般若如心，五度如身。般若无五度，亦不能究竟到彼岸，不得称为“波罗蜜”。若二者具足，则一一度皆可究竟到彼岸，皆得称为“波罗蜜”也。《金刚》一经，乃发菩提心、行菩萨道者，遍修六度万行之轨范也。以经文简略，但举布施为例耳。若不住色声香味触法行布施等，故能度脱一切众生，而不见能度之我，与所度之法，并受度之众生相，则四相不生，三心叵得，无所住而生心，无所得而作佛矣。以故受持四三二一句者，功德难宣。持全经者，又何待言。是以自古至今，人多读诵。其顿悟自性，彻证唯心，生预圣流，没归安养者，何可胜数。其次则消除罪业，增长善根，转祸为福，即愚成智者，更加多多也。

许止净居士，取古今载籍中感应事迹，分类述颂。其友刘契净，又为之注。庶阅者咸知义理渊深，功德广大，生正信心，勉效前修，随其功行浅深，亦得种种利益也。经云：“一切诸佛，及诸佛阿耨多罗三藐三菩提法，皆从此经出。”倘能发至诚恭敬心受持，便堕未来诸佛数中，愿各勉旃。

《儒释一贯》序

儒释无二道，生佛无两心。以人同此心，心同此理，一切有情，皆禀真如佛性而得建立故。然复生佛迥殊、凡圣各异者，以因地之迷悟不同，修德之逆顺各别也。由是儒释圣人，各出于世，为之倡导，俾一切众生，返迷归悟，溯流穷源，以复其固有之本性而已。其发挥虽有权实浅深、方便究竟之不同，而其所宗之理体，所修之工夫，其大端固无二致也。

佛以觉为体，而觉有本觉、始觉、不觉。本觉者，即生佛同具之天真佛性，乃性德也。始觉者，依本觉理，起真实修，对治烦恼习气，令其消灭无余之妙智，乃修德也。不觉者，迷背本觉，随境生着，起贪瞋痴，造杀盗淫，认苦为乐，以迷为德，承佛性力，造生死业，一切在迷众生，与不依正觉，错乱修习者，皆是也。本觉，凡圣平等，无有高下。始觉，工夫浅深不一，悟证地位各别，由名字以至分证，历外凡以至等觉，皆在始觉范围之内。由等觉再破一分无明，则修德功极，性德圆彰，福慧具足，烦惑净尽，圆满菩提，归无所得，方为大觉世尊，方证始本合一之最上乘极致，方了修因证果之大丈夫事业。故《华严》云："一切众生，皆具如来智慧，但因妄想执着，而不证得。若离妄想，则一切智、无碍智，则得现前。"所言一切众生皆具如来智慧者，本觉理性也。因妄想执着而不证得者，逆本觉而起惑造业，轮回六道也。离妄想则智慧现前者，顺本觉而修，渐至圆成佛果也。了此性修理致，则不肯自甘下愚，亦不敢以凡滥圣，而必以实修实悟，以期于实证而后已。

儒者以诚明为本，"诚"即明德，"明"即明明德之明，实则"诚明"即"明明德"也。明德乃吾心固有之真知，由有人欲之物，遂锢蔽而不能显现，如云遮天日，了不见其光相。欲明其明德，必须主敬存诚，克己复礼，则人欲之物自无容身之地，而本有真知全体显露，如浮云去而天日昭彰矣。真知既显，则主权得而使者听命，故意之所念，心之所思，皆归于真诚无妄、中正不偏矣。此孔子上承二帝三王修己治人之大经大法，撮要述此，以作天下后世希圣希贤之洪范焉。

若与佛法互证对释，则诚也，明德也，乃本觉性德也。明也，明明德也，乃始觉修德也。物，即妄想执着。格物，即离妄想执着。离妄想执着，则得如来智慧。格人欲之物，自能彻底显现吾心固有之良知与真知也。故曰其发挥浅深虽有不同，其理体、工夫固无二致也。是以古今聪明睿智之人，多皆学佛，因得佛之心法，而儒先圣人之心法，方得悉其底里。以儒者多主于事相，而不致力于悟明心性，若不得佛法为之先导，则自己之心尚非所知，况圣人之心法乎？以故泥迹之儒，多辟佛教，以不知佛法虽为出世间法，亦复具足世间一切善法。举凡伦常修齐之道，固已极力宏阐，毫善弗遗。遇父言慈，遇子言孝，兄友弟恭，夫倡妇随，随己职分，各尽其义，固与世间圣人所说无异。然世间圣人只教人尽义尽分，佛则详示其尽与不尽之善恶果报。尽义尽分，只能教于上智，不能普摄下愚。若知尽与不尽之善恶果报，纵属下愚，亦必歆善报而惧恶果，虽不欲尽义尽分，亦必勉力尽义尽分矣。此如来普被上中下三根之法，每有徒矜知解，不务真修，妄谓因果为小乘者。不知如来圆成佛道，众生常沦生死，皆不出因果之外。唯当人一念心性，不属因果，而复不离因果。欲迥超乎因果之外，非圆成佛道不可。未成佛而辄拨因果，则永失其善因善果，常造恶因，常受恶果，尽未来际，了无止期，可不哀哉！世固有不知佛而妄辟佛者，亦有颇知佛而阴服膺以阳为辟驳者。此种行为，皆由门庭知见太重，不能着实格物致知，以致意有所不诚，心有所不正也。其言皆足以瞎众生之智眼，断如来之慧命。古大人忧之，乘机破斥，使彼作此说者与受其说之毒者，悉皆深知吾佛教人之所以然，不但与儒教不相悖戾，且大有发明儒教、辅弼儒教之至理极功焉。

近来世道人心，陷溺已极，废弃先圣之法，几于无可救药。凡属忧世之士，莫不以提倡佛学为急务。以佛学注重明心，与因果报应。果能明自本心，决不至于错因果。果能不错因果，决可明自本心。既得明自本心，则儒先圣人之心，如来之心，亦可因之俱知矣，此儒释一贯之大旨也。弘道居士，宿植德本，笃信佛乘，悯拘墟者所见之谬，辑彼古人破斥谬见，合会儒释种种言论，以成一书，名之曰《儒释一贯》。将欲排印流通，以光最初曾受韩、欧之毒而作一阐提者，因命作序，一以冀其自愍愍他，自伤伤他，一以冀其仗此因缘，以消灭其谤法之罪咎，以克遂夫往生之素志也。以故不揣固陋，勉述所知，虽文不足观，而意有所本。愿见闻者，同皆格物致知，以自明其明德，弃离妄想执着，同证如来智慧。则古人垂训之至意，弘道辑录之深心，皆可大畅本怀，不至徒设。而世道人心之转回，于兹可以预断矣，何幸如之！

《近代往生传》序

如来调御众生，随机说法，虽权实顿渐不同，大小偏圆有异，要皆为令众生亲证即心本具之真如佛性而已。然此佛性，即心本具，非从外来，不自他得，如取家宝，受用现成，故其证也，乃极易事。无奈众生久居生死，迷惑甚深，喻如宝镜，经劫蒙尘，欲令即复本体，彻现照天照地之光，固非一日二日揩磨之功所能得也。如来悲心真切，知众生自力亲证之难，纵有修持，以烦惑未断，再一受生，不免复迷，从兹堕落者多，超升者少。故特开一信愿念佛法门，俾彼若圣若凡，同于现生，仗佛慈力，往生西方。则已证圣者，速登上地，未断惑者，永出轮回。较彼唯仗自力，修戒定慧，以迄了生脱死，超凡入圣者，其难易盖天渊悬殊也。故自《华严》导归，祇园演说以来，千经万论，处处指归，往圣前贤，人人趣向。迨法流东震，远公大师倡于庐山，当时群贤毕集，后世众哲咸宗。从兹缁素四众，或圆修万行以回向，或专持佛号以求生。至于临终正念昭彰、现诸瑞相以往生者，又何能悉知之而悉见之也。彼《往生集》、《净土圣贤录》所载，特千万分中之一二耳。而百数十年来，修此法者，又复何限。况近世人士眼界大开，密修显化者，实繁有徒。其中以烦惑心，契如来智，出娑婆苦，预莲池会者，当比前更多。岂可不加纪录，而令其湮没乎哉！

余姚杨慧镜居士，特为搜辑，命名为《近代往生传》。其意盖欲为后之辑《往生传》者备底稿耳，故其称呼名字，悉本原文，不加修饰以归画一，但取传信，不任撰修之功。已得若干传，将欲刊布，祈予作序。窃维修持法门，有二种不同。若仗自力修戒定慧，以迄断惑证真，了生脱死者，名为通途法门。若具真信切愿，持佛名号，以期仗佛慈力，往生西方者，名为特别法门。通途全仗自力，特别则自力、佛力兼而有之。即有深修定慧断惑之功，而无真信切愿念佛求生，亦属自力。今以喻明：通途如画山水，必一笔一画而渐成。特别如照山水，虽数十重蓊蔚峰峦，一照俱了。又通途如步行登程，强者日不过百十里。特别如乘转轮圣王轮宝，一日即可遍达四大部洲。吾人既无立地成佛之资格，又无断见惑任运不造恶业之实证，若不专修净业，以期仗佛慈力，带业往生，则恐尽未来际，仍在三途六道中，受生受死，莫由出离也，可不哀哉！愿我同人，咸生正信。

《慈悲道场忏法随闻录》序

（俗称《梁皇忏》）

吾人之心，体本明净，由无明故，烦惑遂生。烦惑既生，便成昏浊，而明净之体，遂为隐没，实未尝减损一丝毫也。欲令复本还元，非竭诚尽敬，恭对三宝忏悔业障不可。诸大乘经，具有令忏悔之文。随人所宗，述为忏法，如《法华》、《光明》、《净土》、《大悲》等。此之忏法，详于披陈罪相者，以梁武帝为度元配郗氏夫人堕于蟒蛇之苦，兼欲一切人民同沾法利，特请志公，并诸高僧，检阅经文，述为忏法。帝亦时运睿笔，发挥意致。惜帝未悉净土法门，故于述成之时，郗氏特现天人妙庄严身，而为致谢。使帝详知净宗，则其夫人当必仗佛慈力，往生西方，高预海会，登不退地。又何得资此大法大心，竟以生天结其局哉？后之礼忏者，悉当注意于回向往生，方获究竟实益。

此忏以大菩提心为本，从兹竭诚尽敬，外慕诸圣，披陈罪咎，内重己灵，故得生佛心融，感应道交，消除历劫之罪垢，开发本具之心光。其为利益，莫能具宣。文虽显浅，较比台宗注重理观，不详披陈罪相诸忏，为能普被三根也。自昔以来，未有讲与注者，盖以文义显豁，无须讲注。须知法无浅深，唯取利人。律无玄义，以道宣律师之上根利智，尚须十次听讲，及其为注，则不厌其详。何独于此法而忽之？观宗谛公，以时当末法，人多不知自省，遂致所行与所学相悖。因发心讲演，以期人各主敬存诚，洗心涤虑，戒慎乎其所不睹，恐惧乎其所不闻，学行相顾，必期于自立于无过之地而后已。方子远凡，宿具灵根，虽出富室，颇好清修，每聆妙义，悉能领会。此次听讲，随为记录，又经宝静、诚一、常静三师为之辅弼，遂得成帙。其父母同预讲筵，躬为缮写，可谓见其子即知其父母，非是父母不生是子也。

方子欲排印，祈余作序。余惟修行之要，敬为第一。人能主敬存诚，则一切凡情无由而起，本具圣智自然发现，凡一切人我是非，无明贡高，以及懒惰懈怠，因循委靡之习气，皆悉消灭。而况恭对三宝，披陈往罪，则惭愧恐惧之心，希圣希贤之念，如饥如渴，油然而生。上慕诸圣，下重己灵，痛念我与诸佛，同一心性，彼何以圆证三觉，我何以久轮六道？从兹改往修来，返迷归悟。譬如摩尼宝珠，堕于圊厕，直下取出，屡次洗濯，俾复本净。待至净极，则悬之高幢，必能随意雨宝。此种大事因缘，若不发挥若文若义之意致，则或有不得实益者，此《随闻录》之所宜普遍流通也。

《因果录》序

因果报应者，乃人事与天理或顺或逆之影响也。故《书》曰：“惠迪吉，从逆凶，惟影响。”人虽至愚，断无幸灾乐祸，避吉趋凶，愿一切同人斥名唾骂，天地鬼神夺魄殛诛，及死后灵魂永堕三途恶道，受诸极苦，经百千劫，莫之能出者。然其所作所为，多皆反其所愿者何也？由世少通人，不提倡因果报应之道，而家袭陋习，唯知以自私自利相传之所致也。间有所作所为顺乎天理，内而家庭恪尽己分，外而交际务益于人，以及种种善举悉皆奉行，若恤灾赈饥，济难扶危，戒杀放生，护惜物命，持斋吃素，诵经念佛，以期自他兼利，幽显均益者，无不家门清吉，子孙兴隆，富贵尊荣，令人景仰。历观传记，凡贤哲挺生，功业杰出，或道传群圣之心，或德为万民之望者，其先代皆有利人利物、资幽资显之懿行阴德焉。然此特凡眼所见之绪余耳，而其人之神识，或上生天宫，或高超佛国。世间凡夫，又何能悉知之而悉见之耶？

因果之理，大发明实维佛经，而儒教经书，亦屡宣说。若《书》之“作善降之百祥，作不善降之百殃”，与《洪范》“五福”“六极”之说，及《易》之“积善之家必有余庆，积不善之家必有余殃”，莫不皆以因果报应之理示人。但以其言简略，只说现世，及与子孙，未能详言过去、现在、未来轮回六道三途之事，若不深研精思，或致当面错过。兼以俗儒每欲各竖门庭，与佛竞异，纵令知之，亦不肯提倡。致使贤者莫由树淑世善民之极功，愚者悉皆怀弱肉强食之恶念，由兹互相攻击，成千古未闻之杀劫。被杀者，人固知其可惨，而杀人者之惨，当更酷烈万倍，惜世人不能悉知悉见。其可见者，若被人杀，若灭门绝祀，乃千万分之一二耳。其在三途所受之苦，则罄竹难书矣，可不悲夫！吾常曰：因果者，世出世间圣人，平治天下，度脱众生之大权也。即圣教昌明之世，若不提倡因果，尚不能普令愚民潜息隐恶，悉使智者大积阴功。况今世道人心，坏至其极，废弃圣经，推翻伦理，邪说横流，载胥其溺。有心世道者，思欲挽回狂澜，若不以因果报应为震聋发聩之资，虽佛菩萨圣贤悉出于世，亦莫如之何，况其下焉者乎！

无锡金居士昌，有见于此，特记录近世及现时各因果事，排印流布。冀人人各怀自利利人之心，以行己立立人之道。则习尚正而风俗淳淑，人祸息而天眷常临。举此竞争士类，同作羲皇上人。因序其大意，以贡阅者。

《生西金鉴》序

（后改作《净土清钟》）

娑婆世界，以音声作佛事。生死苦海，非念佛莫出离。而芸芸众生，迷真逐妄，背觉合尘，久经长劫，轮回生死。于是动我释迦世尊同体悲心，特开信愿念佛、求生西方一门，俾上中下根，若圣若凡，同于现生，往生西方。其成就大机，顿证法身，俯提劣机，速出生死，一代时教，皆莫能及。以故西天、东土之出格高人，莫不以此自行化他，由其为入道之妙门，成佛之捷径故也。

二林居士，取佛菩萨立法度生之因缘，与历代古德僧尼、王臣、士女，下及物类，念佛往生之事迹，兼录其宏扬净土之切要言句，以成一帙，名为《净土圣贤录》。莲归居士，又为续录。皆所以为迷背家乡者作指南，为不识自己者作宝鉴也。但以卷帙浩繁，不利初机。对凫居士欲令初机易生信向，于彼正、续录中，略录事迹显著者二百余条，附之以赞，名曰《生西金鉴》。冀阅者鉴古而怀景仰，咏叹而悉兴起焉，其意固甚深且远也。

昔子房欲破楚军，遍令军中同唱楚歌，楚军闻之，皆动归思。况当此天灾人祸，相继降作，国运危岌，民不聊生，加以邪说纵横，魔侣炽盛，邪正莫辨，无所适从之时，一闻极乐世界之劫外风光、本有庄严，能不同赋归欤，以期乐我天真乎哉！倘阅者洞鉴夫娑婆、极乐之利害，而反复咏叹之，吾知其求生西方之心，若决江河，沛然莫之能御矣。

栖真常住长年念佛序

念佛法门，其来尚矣。以吾人一念心性，犹如虚空，常恒不变，虽常不变，而复念念随缘。不随佛界之缘，便随九界之缘。不随三乘之缘，便随六道之缘。不随人天之缘，便随三途之缘。由其缘之染净不同，致其报之苦乐迥异。虽于本体了无改变，而其相用固已天渊悬殊矣。譬如虚空，日照则明，云屯则暗。虽虚空之本体，不因云日而为增减，而其显现、障蔽之相，固不可以同年而语也。如来以是义故，普令众生缘念于佛，故曰："若众生心，忆佛念佛，现前当来，必定见佛，去佛不远。"又曰："诸佛如来，是法界身，入一切众生心想中。是故汝等心想佛时，是心即是三十二相、八十随形好。是心作佛，是心是佛。诸佛正遍知海，从心想生。"夫随佛界之缘，则是心作佛，是心是佛矣。若随众生各界之缘，则是心作众生，是心是众生矣。了此而不念佛者，未之有也。

念佛一法，乃以如来万德洪名为缘，即此万德洪名，乃如来果地所证之无上觉道。由其以果地觉，为因地心，故得因该果海，果彻因源。如染香人，身有香气。如蜾蠃之祝螟蛉，久则化之。即生作佛，转凡成圣，其功能力用，超过一代时教一切法门之上。以一切法门，皆仗自力，断惑证真，方得了生脱死。念佛法门，自力、佛力，二皆具足。故得已断惑业者，速证法身。具足惑业者，带业往生。其法极其平常，虽愚夫愚妇，亦能得其利益。而复极其玄妙，纵等觉菩萨，不能出其范围。故无一人不堪修，亦无一人不能修。下手易而成功高，用力少而得效速，实为如来一代时教中之特别法门，固不可以通途教理而为论判也。末法众生，福薄慧浅，障厚业深，不修此法，欲仗自力断惑证真，以了生死，则万难万难。

栖真住持莲仁和尚，有见于此，特于三圣殿，立长年念佛道场。祈余序其意致，以期见闻发心，故为书其大纲如此。

归宗精舍同修净业序

如来一代时教，所说一切法门，虽则大小不同，权实各异，无非欲令众生断惑证真，了生脱死，圆彰本有，直成佛道而已。但以众生根机不一，故致如来随顺机宜，作偏、圆、顿、渐种种说耳。然众生轮转生死，久经长劫，惑业深厚，障蔽妙明，非宿根成熟者，欲于一生取办，实乏其人。既不能一生取办，则再一受生，其迷而退者，万有十千，悟而进者，亿无三四。仗自力修戒定慧，以断烦惑而证涅槃，其难如是。致如来普度众生之怀，郁而不畅。众生速出生死之道，塞而罔通。然如来大慈，必欲令一切众生，同于现生了生脱死、超凡入圣，遂开一信愿念佛求生西方之净土法门，无论上中下根，悉令现生度脱，乃以己信愿念佛，感佛慈悲摄受，感应道交，故获斯益。其有已断烦惑者，即可顿证法身，速成佛道。纵令惑业深厚者，亦可仗佛慈力，带业往生。以故《华严》证齐诸佛之等觉菩萨，尚须以十大愿王，导归极乐。《观经》将堕阿鼻之逆恶罪人，犹得以十称洪名，预诸末品。三根普被，利钝全收，尽法界一切众生，但有信愿，无一不被其泽。其圆顿直捷，超出一切法门之上。末世众生，欲了生死，不修此法，泛修其他仗自力之法门，则但可作未来得度之因，断难获现生了脱之果矣。

厦门王拯邦居士者，宿根深厚，现行精纯，谛信因果，笃修净业。普欲同伦，咸生净土，遂于本埠太平岩左，建一精舍，以期同志随己身份，来此念佛，种往生因。于星期日，特请通人，讲演净土法门之所以然，及修持之法则，与夫现生没后之种种利益，亦可谓具大悲心，有择法眼者矣。乃致书祈余题额，兼为叙述大意。余惟净土一法，乃三世诸佛下度众生，九界众生上成佛道，成始成终之殊胜法门，高超一切禅教律，统摄一切禅教律。以一切诸法，溯其原始，无不从此法界流。要其终极，无不还归此法界。因颜之曰“归宗”，取一切法门究竟悉归此法，如江汉朝宗于海之义。此义于《华严》末后归宗处明之，有信不及者，请质之普贤菩萨。又凡修净业一切善信，必须力敦伦常，恪守己分，戒杀吃素，清心寡欲，诸恶莫作，众善奉行。以己所行，化导一切，内而父母眷属，外而乡党朋友，俾一切同伦，咸知心是佛心，固当行学佛行，同修佛慈，同念佛名，以期尽此报身，往生西方，脱幻妄之轮回，证本具之佛性而已。

台湾佛教会缘起序

佛教者，一切诸法、一切诸教之大本也。何以言之？一切诸法，由心建立。一切凡圣，由心出生。世间一切诸教，虽皆说心，然其所说，皆属心之作用。至于不变随缘，随缘不变之体，是心作佛，是心是佛，心作三乘，心是三乘，心作六道，心是六道，所以然之极致，悉皆未能发挥。唯我释迦世尊，彻悟自心，知一切众生之心，与如来之心，无二无别，但以迷而未悟，枉作众生。故曰：“一切众生，皆具如来智慧，但因妄想执着，而不证得。若离妄想，则一切智、无碍智，则得现前。”又曰：“一切众生，皆有佛性。我是已成佛，汝是未成佛。”此皆最初成佛，于《华严》、《梵网》所说者。由是大根众生，顿悟自心，入佛知见。小机未能即入，以故俯顺机宜，而成熟之。又欲一切若凡若圣，同于现生，出离生死，特开一信愿念佛，往生西方法门，普令一切无力断惑，不能超出轮回之外者，悉皆仗佛慈力，带业往生，高预九品之嘉会，亲炙弥陀之休光，以迄于究竟彻证自心而后已。如来抚育劣机，其真慈大悲，可谓至极无加矣！

然佛法虽名出世间法，实于世间伦常孝悌之道，与夫格致诚正修齐治平之法，悉皆发挥罄尽，毫善弗遗。故古今立大功，建大业，浩气充天地，精诚贯日月，言为世法，行为世则者，多由学佛得力而来。而聪明睿智、首出庶物之人，莫不恭敬崇奉，护持流通，以其有阴翼世道，显淑民情，使民日迁善而不知所以为之者之实效故也。拘墟之儒，无此智眼，每肆辟驳，谓佛法蔑伦理而无益于国家。是徒执舍俗出家一机之迹，而不知佛教教人，力敦伦常，恪尽己分，主敬存诚，克己复礼，诸恶莫作，众善奉行，戒杀护生，信愿念佛，以期生入圣贤之域，没归极乐之邦。尽世间一切富贵贫贱智愚贤否之老幼男女，无不皆堪依之而修，岂独为出家者立乎？倘一切人果能依之而修，自可近得出离三界之乐，远证福慧二严之果矣。须知由如来发明心具佛性之理，三世因果之事，不知令许多愚夫愚妇以成贤智，令许多大恶元凶而息阴毒。以故举行佛法，天地鬼神悉示休征，而况于人乎？然即出家一法，亦非蔑伦，以其禀亲出家，精修梵行，以己修持功德，为亲回向，以冀亲之神识，出三界以登九品，悟无生而证本性。较彼徒能奉养，与亲长劫轮回于三途六道而无所恃怙者，不亦多乎？而况佛令弟子视一切众生，皆作过去父母亲属想，以慈悲心，行放生业。岂但现生之亲，不忍漠然置之，即一切水陆空行诸生物，亦不忍漠然置之。纵令力有不及，犹以悲心善念，为之念佛，以冀彼速出恶道，速生西方而后已。由是言之，人果皆依佛法而行，则胜残去杀，世道太平矣。

近十余年来，杀劫遍于中外。由兹戾气，复召天灾。水旱风震，相继降作，世运危岌，民不聊生。忧世之士，思为救援，乃以提倡佛学为急务。人果知三世因果、六道轮回之实事，与夫吾人一念心性与佛无二之妙道，谁肯以是心作佛、是心是佛之资，以之作生死业，永堕恶道乎哉？台湾腾照大师，愍世之不知者多，誓欲普利同人，拟立一佛教会，为之提倡讲说，俾大众悉知。初于本会，按期修持，用作表率，以期风行全境，庶可家家观世音，处处弥陀佛矣。兼复流通各处所刊之经典，俾有信心、识文义者，咸得读诵受持，以实行力敦伦常，恪尽己分，主敬存诚，克己复礼，诸恶莫作，众善奉行，戒杀护生，信愿念佛，以期生入圣贤之域，没归极乐之邦。其为利益，莫能名焉。知光具有同心，函祈作序，乃为述其佛教普利一切有情之大致云。

吴淞佛教居士林发隐序

佛法广大如法界，究竟如虚空，大无不包，细无不举，本一心以建立，随机宜而说法。虽则名为出世间法，实则圆具世间一切善法。虽则毫善弗遗，而复一法不着。唯其不着，故其行得至究竟。（不着，谓不以为德，不自满足。若以不认真行，为不着，其误大矣。）古今凡懿行过人者，多由学佛得力而致。由是即凡夫心，契如来藏，于一一法，悉能达本穷源，亲证实相。虽则理致幽深，而复随根大小，悉皆能入。尽世间无一人不堪修，亦无一人不能修，以人同此心，心同此理故也。须知无量法门，皆须自力断惑证真，方出生死。求其摄生普遍，利济无方，上中下三根同修，初中后始本不二，不断烦惑，不历异生，即得了生脱死，超凡入圣者，唯净土法门为然也。以故上根如文殊、普贤之俦，下根如五逆、十恶之辈，皆为净土法门所摄之机。以其至简至易，至顿至圆，故能如大地之普载万象，大海之普纳众流也。

凡学佛修净业之人，必须力敦伦常，恪尽己分，父慈子孝，兄友弟恭，夫倡妇随，主仁仆忠，唯其无愧天职，方立学佛基址。进而敬受三归，谨修十善，诸恶莫作，众善奉行（莫作、奉行，当在起心动念处论。

若徒在事实上论，则是自欺欺人矣），戒杀护生，爱惜物命，信愿念佛，求生西方。如是之人，世间之宝，生获令名，没归佛国。又须以此普化一切，由亲及疏，由近及远，俾一切人同为善人，即俗修真，居廛为政，化残暴于已著，消祸乱于未萌。由兹俗美风淳，人心丕变，灾消福萃，天眷常临。其为功德，莫能名焉。若或徒窃学佛之名，不务学佛之实，则成佛法之罪人，不但无虚名之可得，且将有实祸以随其后。譬如童子无知，以价值三千大千世界之摩尼宝珠，换取一根糖吃，糖不饱腹，而失毕生恃怙，欲不饥寒而死，其可得乎？

吴淞诸居士，特开佛教居士林，欲令同人励志修持，以期各获实益。祈光著语，以作警策，因为述其大意云。观此，则知佛法为世间诸法之本。彼拘墟者，由无智眼，不能彻见，遂谓佛灭伦理，无益人国。是何异生盲承天日覆照之恩，得以为人，以不见故，谓之为无。岂不大可哀哉！

《佛化随刊》序

佛法者，世出世间一切诸法之本源也。故其道大无不包，细无不举。语其广大，则罄海墨而莫书。语其精微，则觅一字而叵得。凡孝悌忠信礼义廉耻之道，格致诚正修齐治平之法，无不详示无遗。非只谈三世因果，明善恶报应，阐发即心本具之佛性，断惑证真之事理而已。良以一切诸法，悉本于心，唯其彻悟自心，故能建立诸法。知其指归，纵凡夫皆堪造诣。究其极致，虽圣人有不知能。是以古之聪明睿智、首出庶物之出格高人，莫不护持流通，密修显化，而唯恐不及焉。

溯自东汉，法传震旦，求其高人杰出、法道大兴者，唯吾秦最为第一。以佛法大兴，自晋而始，当时苻秦、姚秦，皆都长安，及道安至秦，罗什入关，凡缁素之见越等流、识超侪伍者，皆归趣而师事焉。迨至隋、唐，亦都其地，故其宏宣法道，迈越古今。而当唐之世，诸宗悉备，以国家极意尊崇，故诸宗之首领，多皆住止京师，以其所学所得，阴翼郅治，显淑民情。其法道之盛，他处何能相比。自后虽都迁他处，而宏宗演教、潜修密证者，亦代不乏人。至清之末叶，经发匪、回匪之乱，人民困难，遂置此道于不问，其殆一线之未绝耳。

近十数年来，世道人心，坏乱已极。而乱极思治，否极思泰，凡具通方之知见者，莫不以佛法明因果，示报应，直指心源，发明性体，为挽回世道人心之要道。于是若缁若素，群起而提倡修持之，以期自他同出迷途，诞登觉岸。由是敦笃伦常，精修净业，生入圣贤之域，没归极乐之邦。以故长安佛教会，蔚然而兴。同人以异地而居，非书报莫能达意，故将随见随闻之事，所会所悟之理，潜修密证之方法，格言嘉论之训诲，朋友之所讲习，智照之所发挥，分门别类，录作《随刊》。彼此参观，互相灌输，庶可正智借众论以开发，丽泽由互滋而广润。将见知因识果，永息弱肉强食之恶心，尽分敦伦，同怀仁民爱物之善念。去杀胜残，上溯大同之世，风淳俗美，共作羲皇上人。其为利益，莫能名焉。爰为祝曰：

如来大法，为诸法源。一切诸法，无不包含。
敦伦致治，发挥无遗。事理因果，各适机宜。
缅维秦川，昔号法窟，贤慈密律，悉肇其域。
善导法照，特阐莲宗，普令凡夫，同出樊笼。
末世众生，断惑匪易，唯此一法，堪为怙恃。
自晋及唐，五百余年，震旦法道，莫之能先。
从兹以后，代有高人，潜修密证，率多隐沦。
性天理老，摄受莲池，中兴净土，实启于兹。
若无至德，彼肯屈服？古德芳踪，惜多遗轶。
至清末叶，兵火频兴，人民凋敝，几绝传宏。
近时通人，眼界大开，知非佛法，莫挽劫灾。
由是聚集，缁素同志，随机提倡，用建法帜。
欲普法利，特出随刊，丽泽互益，冀悟性天。
佛由心作，道在人弘，竭诚若极，草偃风行。

光虽庸劣，亦表同情，聊摅愚悃，以作先声。

愿我同伦，各修净行，庶可即生，超凡入圣。

佛川敦本学校缘起序

儒、释二教，其迹似异，其本原同。有执迹而昧本者，每驳斥佛法，谓为灭伦理而蠹国政，无益于社会，有害于民生。此等世智辩聪之瞽论，如来称为可怜悯者。不知佛法具世、出世，且以世间法论，凡儒教之孝悌忠信礼义廉耻之道，格致诚正修齐治平之法，如来于诸大小乘经中，莫不具说。而世间圣人，只据现生，但令人尽义尽分。佛则具说过去、现在、未来三世，并详示其能尽之善报，不尽之恶报。上根之人，但闻义分应尔，自可通身担荷。中下之人，阳奉阴违，则无法可治。若闻三世因果，知能尽则有善报，不尽则有恶报，人纵愚顽，决无幸灾乐祸、趋凶避吉之念。由知三世善恶报应，虽不欲尽义尽分，以冀善报而惧恶报，亦必勉力尽义尽分矣。此但指其最浅近者而论，即可化愚顽为良善，转浇俗为淳风。况其深远者之利益，彼世间凡夫，又何能悉知之而悉见之耶？

至于论孝，则遍该六道，穷尽未来。故《梵网》、《楞伽》等经，皆令生孝顺心、慈悲心，戒杀放生。以一切众生，皆有佛性，皆堪作佛，皆于无量劫来，轮回六道，各各互为父母、兄弟、妻子、朋友。言念及此，理宜令其得所，谁忍以口腹之欲，戕害过去父母、未来诸佛乎？况既造杀业，必受杀报，谁肯以暂时口腹之欲，于未来世，常被彼所杀所食之众生，一一杀而食之乎？而况近来刀兵大劫，惨不忍言，其因皆由杀生食肉之所致也。人能各依佛法，戒杀护生，吃素念佛，不作杀因，自无杀果，何难胜残去杀，以成郅治。由世道太平，而父母、兄弟、妻子、朋友之伦，方得各乐天常，各尽义分，而无遗憾，方合佛说孝顺心、慈悲心之本旨。由是言之，佛之教孝也，远且大矣。

真达大师，生于佛川胡氏，弱冠即悟世非常，乃出家于普陀山三圣堂，精修净业，冀生莲邦。数十年来，父母兄弟，悉皆谢世，承祀无人。本此孝思，推类以及当地苦寒，贫家子弟无力读书，乃以衣钵余资七千余元，交其族之热心公益者，立一敦本小学校，俾当地子弟，同得受学。其学规，注重躬行孝悌等，其所读书，注重《五经》、《四书》等，略兼新法，以期敦本重道而无戾时不适用之弊。族人感其义，将其父母等神主，于校中设祠祀之，此校不废，其祀长存。较彼有子孙或不肖以遗亲之辱，或中绝以断亲之祀者，为荣宠而悠久也多矣。又以佛川地属通衢，每有道路死亡，棺殓无出，特捐一千元，交学校董士置产生息，以其息作棺木掩埋之费，地方贫不能致棺者亦施焉。噫嘻懿哉！真达师之心，可谓平等大公，了无自私自利之见。而族人感之，长时奉其亲之香火。彼为子孙谋者，有此利益乎？

然光更欲彼族人得其实益，不妨略摅愚怀。窃谓真达师出家学佛，以衣钵余资为本乡作公益，而本乡之人，亦当仰其芳踪，各修净业。校中正厅，当供西方三圣像，凡校中董士、教员、学生，朝暮咸行礼敬，以期业消智朗，障尽福崇，方为究竟实益。校中固宜永断荤腥，方不负僧以十方信施开设学校之义。否则不但不合真达师之本心，亦非所以敦本自爱，俾自己与诸学子日在佛法中熏陶，而了不得其实益，为可惜也。须知佛法乃一切诸法之本，而念佛求生净土一法，又为佛法中至圆至顿，至简至易，三根普被，利钝全收，成始成终之无上法门，凡一切人皆宜修习，况在此校者乎？且勿谓僧出资立校，便逼人学佛。此正所谓孝顺心，慈悲心，欲令在此校之一切人，同皆了生脱死，超凡入圣，为弥陀之弟子，证本具之佛性而已。不观今之博学多闻，具深远知见者，多半皆研究修持念佛法门。若居此校而不修持，则成担麻弃金，到宝山而空手归矣，可不惜哉！

《千佛图》颂并序

心如工画师，能画诸世间。佛，正觉世间也。菩萨、缘觉、声闻、天、人、阿修罗、畜生、饿鬼、地狱，有情世间也。亦名十法界。此十法界，虽则圣凡各异，苦乐悬殊，而其本具之真如佛性，固自一如。但以用心各别，故致有此十种之现相焉。《观无量寿佛经》云："是心作佛，是心是佛。"作佛者，谓观想佛像，忆念佛德，及与佛号。是佛者，谓当观想忆念之时，佛之相好庄严、福德智慧、神通道力，悉现于观想忆念者之心中，如镜照相，故体无二。然则心不作佛，则心不是佛，心作三乘，则心是三乘，心作六道，则心是六道矣。心之本体，如一张白纸。心之作用之善恶因果，如画佛、画地狱，各随心现。其本体虽同，其造诣迥异。故曰："唯圣罔念作狂，唯狂克念作圣。"吾人可不慎于所念所作乎哉？

朱晓崖居士，宿具灵根，生即茹素，善绘人物，笔法出神。拟以如来万德庄严妙相，普印于一切众生八识田中，俾其由此善根，渐渐扩充增长，以迄实证。庶不负各人本具之真如佛性，与如来多方引导之大慈悲心。乃敬绘千佛，石印流通。祈光作序，用示所以。因略发挥其心作心是之义，冀见闻者，咸知去取以致力焉。颂曰：

佛由心作，狱由心造，心之力用，最为胜妙。
既能作佛，何可造狱，由迷所趣，祸因恶积。
晓崖居士，欲施引导，敬绘千佛，以示法要。
俾见闻者，咸生景仰，竭诚尽敬，礼供观想。
既睹圣像，即印识田，由此善根，必证心源。
将付石印，用广流通，聊摅所以，表示芹衷。

《佛法要论》序

甚矣，众生之昏迷倒惑，莫能自悟也。背本具之如来智慧，逐幻现之众生根尘。于空花幻影之声色货利，起爱憎执着之贪瞋痴心。贪瞋痴既起之于心，杀盗淫便作之于身。自兹久经长劫，互相报复，从苦入苦，无所底止。纵或戒善禅定自修，得生人天善道，而惑业未断，福尽犹复堕落，轮回六道，了无已时。然得人天者如客居，堕三途者如家乡，如是则不但三途可畏，虽人天亦复可畏也。于是大觉世尊，特垂哀悯，示生世间，成等正觉，随顺众生，说种种法。大根则直说一心具造之理，令彼亲得证悟。小根则详示三世因果之事，令彼渐次修持。既知此理此事，谁肯怀珠作丐，求乐得苦？其背尘合觉，返迷归悟，以期复我本具之天真佛性，不容已也。虽然，烦恼深厚，未易消除，非多劫善根成熟者，实难现生即得超出轮回之外也。故我世尊，以大慈悲，特开一仗佛慈力往生净土法门，俾彼上圣下凡，同于现生，往生西方，实为抚育保绥之要道，亦是速证菩提之妙法。以一切诸佛，非此法莫能圆满菩提。一切众生，非此法莫能即出生死。下手易而成功高，用力少而得效速。由其以果地觉，为因地心，故得因该果海，果彻因源也。

近来世道人心，坏至及极。废经废伦，竞立新法。昧因昧果，任意妄为。因兹天灾人祸，屡屡降作，匪盗纵横，民不聊生。忧世之士，怒焉伤悲。达庵居士冯宝瑛者，宿植德本，笃信佛乘，彻悟自心，深入经藏。悯斯人之迷昧本心，述救世之《佛法要论》。种种发挥，契理契机。俾知吾心固有之佛性，锢蔽于幻妄所起之惑业。因兹于三途六道中，受生受死，故致其形陋劣，其识暗昧，其受用困苦艰难，危险逼迫。譬如置恶陋之相于明镜之前，断无微妙庄严之善影可得。从兹洗心涤虑，笃修戒善，及与禅定，以作出世之因。又复发四宏誓愿，与大菩提心，自行化他，共修净业。以期一期报尽，径生西方，亲炙弥陀，参随海众，速证吾心本具之佛性，普度法界无边之众生。如是则上不辜于佛化，下不负乎己灵，而达庵著论之深心，与诸君流通之至意，亦可畅慰而无遗憾焉。

普陀体仁施棺会缘起序

掩骼埋胔，政出《月令》。泽及枯骨，恩施周文。而况身心并济、存没咸恤之佛法乎？普陀为观音大士道场，历朝钦敬，举世尊崇。故得三寺鼎立，众庵棋布，中外朝谒者，实繁有徒。凡工匠、仆使、负贩、鬻力之人，常逾千数。若至香会，则其数加倍。是故山中诸长老，体佛慈怀，特开医院，以疗治一切有疾病人。或有负贩、鬻力之人，卒遇死亡，无有棺材，殊难妥亡灵而宏慈化。况复海中屡有漂来之死尸，兼夫远方苦行进香者，偶有死亡，即宜殡殓，否则或致溃烂，其于恤死卫生之道，皆有遗憾。真达大师遂发心施棺，又念若不设法，后难永继。民国五年，杨君叔英、祝君兰舫、袁君祖怀、曹君振声等来山，因与谈及此事，诸君共输洋二千元。真达大师自捐四千元。去年又与普济了信、法雨达圆、海岸莲曦、紫竹广德、洪筏愿来、洪筏戒如、报本莹照、鹤鸣清福、普慧坤山、柏子极得诸师，及刘君寄亭、张君宗富二居士，共同商酌办法，因起一会，名曰“体仁”。以仰体佛慈，仁济亡灵，俾亡者无暴尸之惨，山僧无伤慈之诮。诸公皆各出洋一百元，并上所捐，共七千二百元，用置恒产，请示立石。特请本山在会诸师，轮流经理，以岁所收租金，尽数作施棺之费，庶可永传无替。如是则以后之贫穷亡者，咸受其福，而圆通道场，预有光荣。凡出资及经理置办之人，同皆消除宿业，增长善根。现生则福寿双隆，为斯世之表率。临终则形神俱妙，入佛国之封疆。欲后之人悉知，故为述其缘起，俾亿万斯年，永用施行，以副大士救度众生之心，亦不负诸大师、诸居士恤亡护教之一番至意云。

三圣堂万年簿序

法不孤起，道在人弘。胜地名蓝，唯人是赖。得其人，则荆棘林便成旃檀林。失其人，则狮子窟转作野狐窟。三圣堂者，创自明万历三十年。时僧大方结茅于此，适张随、党礼二太监，奉旨督造藏经阁，闲步其地，饮其泉而甘之。乃询其由，知其极旱不涸，寺中遇旱祈雨，必取水于此泉，而辄获膏雨，遂题之为“八功德泉”。因出资命建西方三圣殿，以八功德水，乃西方极乐世界七宝池中所有也。至清康熙间，僧海安重建，自后年久倾颓。咸丰初，承恩堂显法公居此潜修，改名如意庵，乃数楹小屋而已。光绪初，四世孙华德公，募诸沪上洪君某，遂建三圣殿，复原名。自后世道太平，兼以轮船、火车俱通，菩萨香火，日见兴盛，庵中工事，略有端倪。华德公欲息心以专修净业，以庵事交其徒长汀师，令其孙真达师辅之，遂大为建造。及汀师去世，达师更不惜心力，宜修者修，宜建者建，遂成一大精蓝。后以操劳既久，意欲静养，因交与明教师监理数年。今明教师又退，达师因念人寿几何，本庵经几代住持，用数十年之心力，方得殿宇巍峨，寮舍宏敞，庵僧得以清修，香客得以寄寓。当此之时，不将庵中规矩课程，与夫经像庄严，法器什物，书之于册，以遗来者。恐年岁既久，来者不知，或至规矩废弛，什物遗失，致前人建立道场一番苦心，悉付东流。徒令后人安住其中，虚消信施，不修道业，岂不为前人之遗憾？而圆通道场，因之削色，致普门大士含悲于常寂光中也。因令光略叙此庵之缘起，而凡诸规矩什物等，一一详记，庶后之人有所遵守焉。

蔡伯伦居士《嘤鸣集》序

人生世间，固宜各尽其伦。否则名虽为人，实与横行之异类，有何区别？孟子云：“人皆可以为尧舜。”佛经云：“一切众生皆有佛性，皆堪作佛。”其为尧舜作佛之要，在乎力行孝悌，与夫返妄归真而已。其资之以成始成终者，在于克己复礼，闲邪存诚，诸恶莫作，众善奉行而已。近世新学派，竞学欧风，废经背伦，以至公然提倡仇孝、公妻、裸体等，直欲人与禽兽无异，其丧心病狂也甚矣！

伯伦居士，寄居台湾，已三世矣。当弱冠时，即欲归本祖国，以母氏不欲远徙，勉留夷邦，服职多年。及母氏服阕，幡然来归，可谓特立独行，敦伦尽分之士也。侨寓沪上，以相为业。凡遇来者，无论其相之善恶，皆勉以修德积善，以祈善者益善，不善者亦善。深合命自我作，福自己求，与夫有心无相，相随心生，有相无心，相逐心灭等义。而且于议论中，辄谆谆于三世因果报应，与夫净土横超法门，俾一切人由问相而得入圣贤之域，以及往生极乐之邦，其挽回世道人心也大矣。固知有志于济世济人者，虽不居位行政，亦可施行也。因为易其名曰伯伦，不知北仑居士以为然否？

《教诲浅说》序

家庭教育，因果报应，乃现今挽救世道人心之至极要务。若不从此着手，则凡所措置，皆属枝末，皆可伪为。唯从小便教以敦伦尽分之道，因果报应之理，则习与性成，及长而不为贤人者，无是理也。语云：“天下兴亡，匹夫有责。”匹夫身贱名劣，何得有此责任？须知国家天下，由一人一家而积成。彼有权力者，同室操戈，无权力者，聚党劫掠，与夫荡检逾闲，作奸犯法，只图暂时之侥幸，不顾后来之祸福者，皆由从小未受贤父母之善教，不知利人即是利己，害人甚于害己，作善者其家必昌，殁而神超善道，作恶者其家必亡，殁而神堕恶道之所致也。使知声和则响顺，形直则影端，种瓜则得瓜，种豆则得豆，既造如是因，必感如是果，决不至为求自己安富尊荣，致令杀人盈城盈野，以及国运危岌，民不聊生也。是故建大功，立大业，浩气塞天地，清操皎日月者，皆抱己立立人之心，自利利他之愿，故得千百年后，人皆景仰。无奈世人见识褊浅，每多悖道而驰。幼既无贤父母之善教，长又无贤师友之提携，从兹越理犯分，致堕监狱，虽属自取，实堪怜悯。于是各狱皆立一教诲师，日与监犯讲说为人所当尽之道，因果无或爽之理。冀彼洗心涤虑，改过迁善，勉为良民，转相劝化，俾若自若他，同归圣贤之域，庶国家天下，永享太平之福矣。

邵子慧圆，向膺漕河泾监狱教诲师职，其开导监犯之稿，有数十篇，约十余万言。皆劝其守分安命，敦伦尽分之说。而且引经援史，据古证今，文虽浅而意旨实深。虽特为监犯说，而一切人俱宜观览而依行焉。同志者以其有益，因付排印，祈光作序，以为向导。光因将挽救世道人心之要，为之点出，俾举世之人，同注重于家庭教育，与因果报应。而家庭教育，母教最要。使贤母从儿女小时，以身率其敦伦尽分之事，又日为宣说因果报应之理，其儿女决定皆成贤人，又何有越理犯分，伤天损德等行为乎？所愿匹夫匹妇，各任其责，庶可贤人杰出而匪徒革心，礼教兴行而天下太平矣。明理达人，当不以吾言为谬妄也。

横超莲社缘起序

《法华经》云："三界无安，犹如火宅，众苦充满，甚可怖畏。"况当此互相斗争，弱肉强食，杀人之法，无奇不有，而复种种天灾，频相见告之时乎。有智识者，因兹提倡净土法门，以期一切同伦，同得出此三界，登彼九莲也。若论竖出，非力修戒定慧道，断尽烦惑不可。倘烦惑稍有未尽，则三界依旧莫出。况末世众生，善根浅薄，寿命短促，修者纵有亿亿，出者难得一二。以其唯仗自力，是故难得实益。若论横超，但依净土法门，生信发愿，念佛名号，求生西方，兼以敦笃伦常，恪尽己分，诸恶莫作，众善奉行，则万不漏一，咸得往生。既往生已，则了生脱死，超凡入圣，永离众苦，但受诸乐矣。功夫成熟者，固登上品。临终方念者，亦预末流。此则全仗佛力，其利益与唯仗自力者，天渊悬殊。

师宏居士之妻师汤，欲与闺阁英贤，常时修持净业，以期同于现生，出此火宅。遂于附近，建一莲社，半由自捐，半由人助。其工既成，问名于光，因题之曰“横超”。冀一切须眉丈夫，贞静坤伦，怖畏火宅，欲出莫由者，同皆依此而修。庶可长揖娑婆，速达极乐，一超直入如来地，永作逍遥自在人。故为叙述所以云。

《观世音菩萨本迹感应颂》重刻木版序

众生之心，与佛无二。虽迷真逐妄，背觉合尘，起贪瞋痴，造杀盗淫，轮回六道，了无出期，而其寂照真常之本体，仍然如故，毫无损失。以故佛视一切众生皆是佛，悯其业障深重，不能直复本体，故以种种方便，令种善根，先以欲钩牵，后令入佛智。由是久成佛道之正法明如来，而复不离寂光，垂形九界，随类逐形，寻声救苦，应以何身得度者，即现何身而为说法。其现余法界种种身，皆属秘密。现菩萨法界之观世音身，则属显露。以故十方诸佛，皆赞观世音菩萨为大慈大悲施无畏者，以期九法界一切众生，同生信向，同蒙摄受也。由菩萨证穷法界，圆彰自性，彻悟唯心，故能悲运同体，慈起无缘，遍法界感，遍法界应，随彼所感之诚之大小，俾彼各得相当之利益。如《法华·普门品》、《楞严·观音圆通》所说，及此方种种感应事迹，如本书所颂者，何可得而思议也。

良以菩萨之心，犹如虚空，无所不遍。但以众生在迷，不生信向。

譬如虚空，以物障之，便成隔碍。若穿一小孔，即得一小孔之空。穿一大孔，即得一大孔之空。若完全撤去障蔽之物，则与普含万象之虚空，浑合无间矣。是以众生小感则小应，大感则大应。故《楞严》云："求妻得妻（求妻者，求贤慧贞良之妻也，否则妻何得向菩萨求），求子得子，求三昧得三昧，求长寿得长寿，如是乃至求大涅槃得大涅槃。"所言求妻得妻等者，即穿小孔得小孔之空，穿大孔得大孔之空也。其求大涅槃得大涅槃者，即完全撤去障蔽之物，便与普含万象之虚空浑合无间也。《金刚经》所谓："我应灭度一切众生，灭度一切众生已，实无众生得灭度者。"以众生心体，即是无余涅槃，本来无失，又何有得？菩萨特以种种方便，令其消除幻业，复还本体而已。又以众生迷惑深重，不能顿发大菩提心，为接引初机令其入胜故，随彼凡情，满彼所愿，待其善根既熟，即可直得究竟真实利益。此菩萨随类现身，随心满愿之本旨也。

本书付排铸版，拟印数十万部，俾薄海内外之人，咸得受持。现已任及七万多部，则将来之遍界流通，人沐慈化，当可做到。但以字小，不便老人，为一憾事。无锡华慧可居士，宿植德本，笃信佛法，一见此书，欢喜赞叹，若获至宝，庆幸无已。恺出五百圆，命刻木版，冀一切人皆能阅，一切时皆可印可请也。其殆宿世曾受菩萨付嘱，以布慈化而利有情者，噫嘻懿哉！

《阿弥陀经白话解释》序

净土法门，实为十方三世一切诸佛，上成佛道，下化众生之通规，亦为末法时代一切众生，仗佛慈力，即生了脱之要道。良以如来所说一切法门，无非令众生出生死，成佛道耳。但以上根者少，中下者多，故能于即生了脱者，虽在正、像，尚不多见，况末法人根陋劣，寿命短促，知识稀少，邪外纵横之时乎？由是如来预鉴机宜，特开净土一门，俾一切若圣若凡，上中下根，同事修持，同于现生往生净土。上根则速成佛道，下根则亦预圣流。较彼一代所说仗自力法门，下手易而成功高，用力少而得效速。以佛力、法力不可思议，加以众生信愿行力，则无论功夫浅深，罪业轻重，皆得蒙佛慈力，接引往生也。以故如来于诸大乘经，咸皆带说，如《华严》、《法华》、《楞严》等。其专说者，则有《阿弥陀经》、《无量寿经》、《观无量寿佛经》。此三经中，凡弥陀之誓愿，净土之庄严，三辈九品之生因，十方诸佛之赞叹，悉皆显示无遗。而《阿弥陀经》言简义周，最易受持，由是古人列为日课，无论若宗、若教、若律，皆于暮时读诵，是举天下之若僧若俗，无不以净土为归者。然虽如是行持，若不谛审佛祖立法之所以然者，犹然不以求生西方为事，殆所谓日用不知，习矣不察者乎。即通宗通教之高人，尚多崇尚自力法门，不肯仰仗佛力，其志固高，其事实难即生做到。倘惑业未能净尽，再一受生，多半迷失，不但所期皆成画饼，且有因福造业，后生堕落之虞。由是言之，诚堪畏惧。须知净土法门，乃一代时教中之特别法门，不可以与通途法门并论。若不明此义，以仗自力通途法门之义，疑仗佛力特别法门之益，而不肯信受，则其失大矣。佛说难信，盖即指此。若无此执，则谁不信受奉行焉？

近来世道人心，陷溺已极，无可救药。凡有具正知见之伟人杰士，莫不以提倡因果报应，生死轮回，为挽回狂澜之据；精修净业，求生西方，为究竟安隐之法。一倡百和，无不率从，由是吃素念佛，改恶修善者，日见其多。所可惜者，普通善信，未尝学问，虽日读《弥陀经》，究不知所说者为何义。纵有《疏钞》、《要解》等注，亦非彼所能阅。黄智海居士，利人心切，取《疏钞》、《要解》之义，以白话解释之，俾彼稍识字者，亦得了知经义。由是更加精进，竭诚修持，并以转化有缘，则现生身心清净，优入圣贤之域，临终感应道交，直登极乐之邦。其为利益，莫能名焉。爰书大义，以贡阅者。

《欲海回狂》普劝受持流通序

天下有极惨极烈、至大至深之祸，动辄丧身殒命，而人多乐于从事，以身殉之，虽死不悔者，其唯女色乎！彼狂徒纵情欲事，探花折柳，窃玉偷香，灭理乱伦，败家辱祖，恶名播于乡里，毒气遗于子孙，生不尽其天年，死永堕于恶道者，姑置勿论。即夫妇之伦，倘一沉湎，由兹而死者，何可胜数。本图快乐，卒致死亡，鳏寡苦况，实多自取，岂全属命应尔哉？彼昵情床笫者，已属自取其殃。亦有素不狎昵，但以不知忌讳，冒昧从事，致遭死亡者，亦复甚多。故《礼记·月令》，有振铎布告，令戒容止之政（容止，即动静，谓房事也），古圣王爱民之忱，可谓无微不至矣。（忌讳，《寿康宝鉴》详言之，俱宜购阅。）吾常谓世间人民，十分之中，由色欲直接而死者，有其四分。间接而死者，亦有四分，以由色欲亏损，受别种感触而死。此诸死者，无不推之于命，岂知贪色者之死，皆非其命。本乎命者，乃居心清贞，不贪欲事之人。彼贪色者，皆自戕其生，何可谓之为命乎？至若依命而生，命尽而死者，不过一二分耳。由是知天下多半皆枉死之人，此祸之烈，世无有二，可不哀哉？可不畏哉？

亦有不费一钱，不劳微力，而能成至高之德行，享至大之安乐，遗子孙以无穷之福荫，俾来生得贞良之眷属者，其唯戒淫乎！夫妇正淫，前已略说利害，今且不论。至于邪淫之事，无廉无耻，极秽极恶，乃以人身，行畜生事。是以艳女来奔，妖姬献媚，君子视为莫大之祸殃而拒之，必致福曜照临，皇天眷佑。小人视为莫大之幸福而纳之，必致灾星莅止，鬼神诛戮。君子则因祸而得福，小人则因祸而加祸，故曰祸福无门，唯人自召。世人苟于女色关头，不能彻底看破，则是以至高之德行，至大之安乐，以及子孙无穷之福荫，来生贞良之眷属，断送于俄顷之欢娱也。哀哉！

安士先生《欲海回狂》一书，分门别类，缕析条陈，以雅俗同观之笔，述劝诫俱挚之文。于古今不淫获福，犯淫致祸之事，原原委委，详悉备书。大声疾呼，不遗余力。暮鼓晨钟，发人深省。直欲使举世同伦，咸享福乐，各尽天年而后已。须知其书，虽为戒淫而设，其义与道，则举凡经国治世，修身齐家，穷理尽性，了生脱死之法，悉皆圆具。若善为领会，神而明之，则左右逢源，触目是道。其忧世救民之心，可谓至深切矣！是以印光于民国七年，特刊《安士全书》版于扬州藏经院。八年，又刻《欲海回狂》、《万善先资》二种单行本。十年，又募印缩小本《安士全书》，拟印数十万，遍布全国，但以人微德薄，无由感通，只得四万而已。而中华书局私印出售者，亦近二万。杭州、汉口，俱皆仿排，所印之数，当亦不少。

兹有江苏太仓吴紫翔居士，念世祸之日亟，彼新学派提倡废伦废节，专主自由爱恋，如决江堤，任其横流，俾一班青年男女，同陷于无底欲海漩澓之中。遂发心广印《欲海回狂》，施送各社会，以期挽回狂澜。然众志成城，众擎易举，恳祈海内仁人君子，大发救世之心，量力印送，并劝有缘，普遍流通。又祈父诲其子，兄勉其弟，师诫其徒，友告其侣，俾得人人知其祸害，立志如山，守身如玉，不但不犯邪淫，即夫妇正淫，亦知撙节。将见鳏寡孤独，从兹日少。富寿康宁，人各悉得。身家由兹清吉，国界于以安宁。秽德转为懿德，灾殃变作祯祥。毕竟不费一钱，不劳微力，而得此美满之效果，仁人君子，谅皆当仁不让而乐为之也。爰述大义，以贡同仁。

《寿康宝鉴》序

人未有不欲长寿康宁，子孙蕃衍，功业卓著，吉曜照临者。亦未有欲短折疾病，后嗣灭绝，家道倾颓，凶神莅止者。此举世人之常情，虽三尺孺子，莫不皆然。纵至愚之人，断无幸灾乐祸，厌福恶吉者。而好色贪淫之人，心之所期，与身之所行，适得其反，卒至所不欲者悉得，而所欲者悉莫由而得，可不哀哉！彼纵情花柳，唯此是图者，姑勿论。即夫妇之伦，若一贪湎，必致丧身殒命。亦有并不过贪，但由不知忌讳（忌讳种种，详示书后，此不备书），冒昧从事，以致死亡者，殊堪怜愍。以故前贤辑《不可录》，备明色欲之害，其戒淫窒欲之格言，福善祸淫之证案，持戒之方法日期，忌讳之时处人事，不惮繁琐，缕析条陈，俾阅者知所警戒，其觉世救民之心，可谓恳切周挚矣。而印光复为增订，以名《寿康宝鉴》，复为募印广布者，盖以有痛于心而不容已也。

一弟子罗济同，四川人，年四十六岁，业船商于上海。其性情颇忠厚，深信佛法，与关䌹之等合办净业社。民国十二三年，常欲来山归依，以事羁未果。十四年病膨胀数月，势极危险，中西医均无效。至八月十四，清理药帐，为数甚巨，遂生气曰："我从此纵死，亦不再吃药矣！"其妾乃于佛前恳祷，愿终身吃素念佛，以祈夫愈。即日下午病转机，大泻淤水，不药而愈。光于八月底来申，寓太平寺。九月初二，往净业社，会关䌹之，济同在焉，虽身体尚未大健，而气色淳净光华，无与等者。见光喜曰："师父来矣，当在申归依，不须上山也。"择于初八，与其妾至太平寺，同受三归五戒。又请程雪楼、关䌹之、丁桂樵、欧阳石芝、余峙莲、任心白等诸居士，陪光吃饭。初十又请光至其家吃饭，且曰："师父即弟子等之父母，弟子等即师父之儿女也。"光曰："父母唯其疾之忧，汝病虽好，尚未复原，当慎重。"惜未明言所慎重者，谓房事也。至月尽日，于功德林开监狱感化会。彼亦在会，众已散，有十余人留以吃饭，彼始来，与司帐者交代数语而去，其面貌直同死人。光知其犯房事所致，切悔当时只说"父母唯其疾之忧"，未曾说其所以然，以致复滨于危也。欲修书切戒，以冗繁未果。九月初六至山，即寄一信，极陈利害，然已无可救药，不数日即死。死时关䌹之邀诸居士皆来念佛，其得往生西方与否，未可知，当不至堕落耳。夫以数月大病，由三宝加被不药而愈，十余日间，气色光华，远胜常人，由不知慎重，误犯房事而死，不但自戕其生，其辜负三宝之慈恩也甚矣。

光闻讣，心为之痛，念世之不知忌讳，冒昧从事，以致殒命者，其多无数。若不设法预为防护，殊失如来慈悲救苦之道。拟取《不可录》而增订之，排印广布，以期举世咸知忌讳，不致误送性命。一居士以母氏遗资千六百元，拟印善书施送，光令尽数印《寿康宝鉴》，以拯青年男女于未危。则以罗济同一人之死，令现在、未来一切阅此书者，知所戒慎，并由展转流通，展转劝诫，庶可举世同享长寿康宁，而鳏寡孤独之苦况，日见其少。如是则由济同一人之死，令一切人各得寿康，济同之死，为有功德。仗此功德，回向往生，当必俯谢娑婆，高登极乐，为弥陀之弟子，作海众之良朋矣。

孟子曰："养心者莫善于寡欲。其为人也寡欲，虽有不存焉者寡矣。其为人也多欲，虽有存焉者寡矣。"康健时尚宜节欲，况大病始愈乎？十年前一巨商之子，学西医于东洋，考第一。以坐电车，未驻而跳，跌断一臂。彼系此种医生，随即治好。凡伤骨者，必须百数十日不近女色。彼臂好未久，以母寿回国，夜与妇宿，次日即死。此子颇聪明，尚将医人，何至此种忌讳，懵然不知，以俄顷之欢乐，殒至重之性命，可哀孰甚！前年一商人，正走好运，先日生意，获六七百元，颇得意。次日由其妾处，往其妻处，其妻喜极。时值五月，天甚热，开电扇，备盆澡，取冰水加蜜令饮，唯知解热得凉，不知彼行房事，不可受凉，未三句钟，腹痛而死。是知世之由不知忌讳，冒昧从事，以至死亡者，初不知其有几千万亿也。而古今来福最大者，莫过皇帝，福大寿亦当大，试详考之，十有八九皆不寿，岂非以欲事多，兼以不知忌讳，以自促其寿乎？而世之大聪明人，每多不寿，其殆懵懂于此而致然乎。光常谓世人十分之中，四分由色欲而死，四分虽不由色欲直接而死，因贪色欲亏损，受别种感触间接而死。其本乎命而死者，不过十分之一二而已。茫茫世界，芸芸人民，十有八九，由色欲死，可不哀哉？此光流通《寿康宝鉴》之所以也。

愿世之爱儿女者，以及为同胞作幸福，防祸患者，悉各发心印送，展转流传，俾人各悉知忌讳，庶不至误送性命，及致得废疾而无所成就也。彼纵情花柳者，多由自无正见，被燕朋淫书所误，以致陷身于欲海之中，莫之能出。若肯详阅，则深知利害，其所关于祖宗父母之荣宠羞辱，与自己身家之死生成败，并及子孙之贤否灭昌，明若观火。倘天良尚未全昧，能不触目惊心，努力痛戒乎？将见从兹以后，各乐夫妇之天伦，不致贪欲损身，则齐眉偕老，既寿且康。而寡欲之人恒多子，而且其子必定体质强健，心志贞良，不但无自戕之过失，决可成荣亲之令器，此光之长时馨香以祷祝者。愿阅者共表同心，随缘流布，则人民幸甚，国家幸甚。

《辟自由结婚邪说文》序

（代 撰）

人禀天地阴阳之气，受父母精血之质而生。其初生以至三四岁，一举一动，皆须父母抚育。自后虽能自行动，而诸凡事理，皆须父母安排教导，否则便不能生存于世。及其年长，则父母为之择配，俾得享男女居室之乐，以期内外相辅，得以奉父母而尽子职，绵世系而防老死。此天地固然之道，圣人法天制礼，俾人各守彝伦，以尽人道与子道耳。若不依圣人之礼，与父母之命，唯以两情爱恋而为夫妇，则与禽兽何异？彼不知好歹者，专效欧洲恶风，盛倡自由结婚，何不倡初生即不受父母抚育教导，而自由成立为人乎？彼若能一生于世，即自由成立，绝不受父母抚育教导，则自由结婚，实为至当之理事。若不能如此，唯年长能以自力致男女爱恋为标准者，即为逆天悖理、侮圣蔑伦之极重罪人，以其心行与禽兽无殊焉。无锡杨章甫居士，作文辟之。因为序引，以发所未发，冀倡此说者，咸觉悟云。

跋

归心堂跋

夫心者，即寂即照，不生不灭，廓彻灵通，圆融活泼，而为世出世间一切诸法之本。虽在昏迷倒惑具缚凡夫之地，直下与三世诸佛，敌体相同，了无有异。故曰：“心、佛、众生，三无差别。”但以诸佛究竟证得，故其功德力用，彻底全彰。凡夫全体迷背，反承此功德力用之力，于六尘境，起贪瞋痴，造杀盗淫。因惑造业，因业感苦。惑、业、苦三，互相引发。因因果果，相续不断。经尘点劫，长受轮回。纵欲出离，末由也已。喻如暗室触宝，不但不得受用，反致被彼损伤。迷心逐境，背觉合尘，亦复如是。如来悯之，为说妙法，令其返妄归真，复本心性。初则即妄穷真，次则全妄即真。如风息波澄，日暖冰泮，即波冰以成水，波冰与水，原非二物。当其未澄未泮之前，较彼既澄既泮之后，体性了无二致，相用实大悬殊。所谓修德有功，性德方显。若唯仗性德，不事修德，则尽未来际，永作徒具佛性、无所恃怙之众生矣。

故《般若心经》云：“观自在菩萨，行深般若波罗蜜多时，照见五蕴皆空，度一切苦厄。”夫五蕴者，全体即是真如妙心，但由一向迷背，遂成幻妄之相。妄相既成，一真即昧。一真既昧，诸苦俱集。如风动则全水成波，天寒则即柔成刚。照以甚深般若，则了知迷真成妄，全妄即真。如风息日暖，复还水之本体耳。故知一切诸法，皆由妄情所现。若离妄情，则当体全空，以故四大咸失本性，六根悉可互用。所以菩萨不起灭定，现诸威仪，眼根作耳根佛事，耳根作眼根佛事，入地如水，履水如地，水火不能焦濡，虚空随意行住。境无自性，悉随心转。故《楞严》云：“若有一人发真归元，十方虚空，悉皆消殒。”乃照见五蕴皆空之实效也。

归者，归投，归还，即返照回光，复本心性之义。然欲返照回光，复本心性，非先归心三宝，依教奉行不可。既能归心三宝，依教奉行，自可复本心源，彻证佛性。既得复本心源，彻证佛性，方知自心至宝，在迷不减，在悟不增。但以顺法性故，则得受用，违法性故，反受损伤，而利害天渊迥别耳。

师导周居士，欲令子子孙孙，世奉佛法，乃以“归心”名堂，请题其意义，因书此以塞其责云。

《梵网经心地品菩萨戒疏注节要》跋

佛法广大如法界，究竟如虚空。克论其要，唯戒、定、慧三法而已。然此三法，互摄互融，不容独立。而初心入道，则持戒一事，尤为要务。故《楞严》云：“摄心为戒，因戒生定，因定发慧，是则名为三无漏学。”是以如来初成正觉，即说《梵网经菩萨戒》，俾一切菩萨，并梵释诸天，与夫王臣士庶，若僧若俗，迨及娼优奴婢，三途恶道一切众生，同皆受持。是知此戒，乃如来炼圣烹凡之大冶洪炉也。良以六道众生，虽则尊卑贵贱，种种不同，而一念心性，尚与三世诸佛，无二无别。但由宿世善恶各异，致使今生果报不同。如来鉴本遗迹，以故普劝受持。倘能依教奉行，则宿世恶业，可以顿消。现生福慧，速得圆满。初则了妄即真，次则唯真无妄。自可复本心源，亲证妙性矣。故云：“众生受佛戒，即入诸佛位。位同大觉已，真是诸佛子。”又云：“汝是当成佛，我是已成佛。常作如是信，戒品已具足。”此如来金口为一切众生所保任者，可不信乎？

无名居士，宿植德本，笃修净业。欲令自他同出苦轮，选净土著述之切要者，辑为《净土津要》。既而又辑续编，拟以《梵网经》弁之于首。又以经文深奥，不易窥测。开遮持犯，难以解了。不有注解，实难普益。乃以清陈熙愿所节略之《梵网经疏注节要》见选，则若文若义，自可一目了然矣。

夫宏阐净土，何以首列《梵网》？良以欲生净土，当净其心。随其心净，则佛土净。欲净其心，非持佛净戒不可。果能持戒，则贪瞋痴心，不发现行。戒定慧道，彻底圆彰。恒沙功德，无量妙义，不求自得，具现心中。所谓戒为法界，一切法趣戒，是趣不过。况又加以真信切愿，执持阿弥陀佛万德洪名，则能念之心，与所念之佛，相冥相契。现生固已心佛不二，临终不生净土，将何生乎？纵令根机陋劣，未能如是。而以严持佛戒之清净身心，真为生死，发菩提心，以深信愿，持佛名号。迨至临终，感应道交，蒙佛接引，往生西方。即使带业往生，固已永脱轮回，高超三界，常时亲炙弥陀，自可速证法身。况已业尽情空者哉！其有自诩高明，藐视戒律，及与净土，谓自性清净，有何善恶持犯自他净秽，但任天真，即如如佛。从兹口口谈空，步步行有。听其言，则高出九天之上。察其行，则卑入九地之下。生为法门之败种，死作泥犁之主人。较彼带业往生者，尚天地不足以喻其否泰，况上焉者乎！其有欲现生亲得实益，临终决定往生者，请从持戒念佛真实行去，自可不虚所望矣。

石印异僧守松草书《心经》跋

此经文虽简略，理极宏深。性相互融，而真俗双泯。万法森罗，而一道清净。是以观照一起，顿空五蕴聚落。实相圆彰，诞登四德彼岸。语其广大，罄海墨而莫诠其义。语其精微，觅一字而了不可得。至圆至顿，最妙最玄。诚为诸佛之师，菩萨之母，六百卷《般若》之关键，一大藏圣教之纲宗。良由大觉世尊，鉴机说法，智慧自在。或博或约，妙理咸具。譬如月丽中天，影现众水。不但大江大海，悉现全月。即小而一勺一滴，无不各各皆现全月，而无或欠缺。猗欤懿哉！由众生具有生佛平等之妙心，感如来说此真空实相之妙经也。以故自唐至今，闻人名士，每事书持，多有读至数千万遍者。

异僧守松，拟将此经普纳含识八识田中，以为将来成佛种子，运不思议绝妙神笔，书写流通。友人以此帖见赠。拟欲石印，以广其传。又恐或未尽识，因离句楷书经文于后。爰跋数语，以企自他远离颠倒梦想，究竟涅槃耳。须知此经在处，即佛所在。消除灾障，致多吉祥。务须恭敬供养，受持读诵。毋或亵渎，自取罪咎。则度一切苦，成无上道，若操左券而取故物矣。（以字迹相连，不能割裂，故未印。）

清世宗御制普陀法雨寺碑文跋

（乙卯年代赵希伊作）

清世宗宪皇帝，夙植德本，乘愿再来。深入经藏，直达禅源。宗说皆通，悟证邻极。秉灵山、泗水之薪传，阐即心即佛之妙道。自法流震旦，二千年来，于皇帝中，最为第一。若非久证法身，现兹末世，即俗明真，广度含识者，其能如是也耶？佛法普利众生，大士随机赴感。广大如法界，究竟如虚空。非大智慧，莫能形容。清世宗以时雨润物之义，极力发挥，可谓妙契佛心，罕譬而喻矣。予昔读《浙江通志》，见此碑文，不胜钦佩。《定海厅志》亦复具载。今春来礼大士，见碑前供一玉佛，而为龛所蔽，无由观光。以玉佛来仪时，权供碑前。后以建殿无地，遂致常住。查之《山志》，复失此版，怅何如之。因秉烛恭录。乃祈寺主，刻于木榜，悬之亭内。又补刻志版，各述缘起。庶将来君子，皆得同沾法雨，共证真常云耳。

六度室跋

（代唐烋子作）

布施、持戒、忍辱、精进、禅定、智慧，名为六度，亦名六波罗蜜。梵语“波罗蜜”，华言“到彼岸”。谓由此六法，于生死此岸，度烦恼中流，到涅槃彼岸故也。然五度如盲，般若如导。五度无般若，不能究竟到彼岸。而般若如目，五度如足。般若无五度，亦不能究竟到彼岸。二者具足，则一一度皆能到彼岸，皆得名为波罗蜜也。开如和尚，以此名室，可谓知法，而其志与行，亦可想见。爰书此三字，并略述义意而赠之。

心归净处跋

（与刘智空居士作）

夫心者，灵明洞彻，湛寂常恒。有典有则，独为万象之主。无名无相，混融诸法之中。不垢不净，无一尘之可立。即色即空，具五眼而莫见。处尚不有，净从何来。净处既无，归将安寄。实际理地，不受一尘。说个心字，早成疣赘。若能于此直下契入，则其心之全体大用，彻底圆彰，了无余蕴。即可名为无心道人，即可与蕴空大士，比肩齐立，把手共行，普赴众感，现身说法，月印千江，风鸣万籁，遍法界感，遍法界应矣。设或根机陋劣，未能证入，且约生灭门中，指其趣证之方。既由迷心逐境，向外驰求，全智慧德相，变成妄想执着。固当唯精唯一，执持弥陀圣号，真信切愿，企其往生西方。持之久久，心佛一如，不离当念，彻证蕴空。妄想执着既灭，智慧德相亦泯。随其心净，则佛土净。不离当处，冥契寂光。唯此一处，方是吾人究竟安身立命之处。愿吾徒智空，普与法界众生，同赋归欤，则幸甚幸甚！

项伯吹先生《定海县监狱讲经参观记》跋

为政贵得大体，得大体则事无大小，皆有成效。否则但具仪文，而难得实益矣。大体维何？曰唯诚而已。当事者行政，果出于诚，虽异类尚能感化，况人为万物之灵乎哉？故虎不入境、鱼徙他方等异征，载于史册。而《大学》释《书》“如保赤子”，曰：“心诚求之，虽不中不远矣。”以保赤子之心保民，谋无不中。其言“虽”与“不远”者，唯恐人致诚未极，乃反激其致诚之心必至其极，系决断语，非疑豫语。

定海邑令在东陶公，学道爱民，穷理尽性，于儒释圣人心法，大有所得。其居心行政，唯以己立立人、自利利他为本。甫下车，即痛念愚民失教，犯法囚监之苦。其原在于不知因果报应，福善祸淫，及生死轮回，三途恶报等事，一本利己之野心，不惧害人之恶报，故陷乎此。因拟欲与彼宣讲三世因果，六道轮回，三途苦楚，佛国安乐等。庶彼怵然惊怖，顿革先心。翕然信从，聿修后德。以知吾人一念心性，与尧舜无二，与佛无二。谁肯舐刀头之微蜜，而取割舌之祸，以随意雨宝之摩尼宝珠，俾永沉圊厕，不但了无所用，而且常与大粪同其臭秽乎哉？从兹敦行孝友仁慈，及戒定慧道，纵不能即生便与尧舜及佛之道德相齐，然希骥之马，亦骥之乘，希颜之士，亦颜之徒，当仗佛慈力，带业往生，以成就超凡入圣之最胜因缘，使圣贤佛菩萨垂训教人之真语实语，不付东流，其心方惬。夫因果报应，实儒教圣人治天下之大权。但其言约略，遂致儒者习矣不察，漠然置之。致使上焉者，只作自了汉，而不能移风易俗。下焉者即便肆意横行，以期享一时安乐。因兹世道人心，日趋日下，不可救药。乃命普陀前后两寺住持，择山中戒行精严、经教通明僧，为教诲师。两寺住持祈选在家通人，以充此任。陶公谓以言教者讼，以身教者从，教化狱囚，不徒在于能宣说也。遂举智德法师应聘。至开讲日，其布置，与其演说，及所拟之章程，无不一本于诚。居然以监狱为道场，以狱囚为法侣，为定海立县以来之所未有。

良以陶公知狱囚以失教而犯法，一本格物致知，明明德，止至善，及人皆可以为尧舜，人皆可以作佛之意，而为此举。可谓知大体，本赤诚，不愧为民父母矣。而又不以光之不才见弃，以项君之《参观记》寄示于光。阅之不胜欣忭，遂忘其固陋，略跋芜语。企阅者知教化狱囚之宗旨，并陶公之诚，想必有踵其事而为之者，当不止一二三四五六七也。虽然，其说法固不必尽用僧人。其所说若不以三世因果，六道轮回，三途苦楚，佛国安乐为本，纵令妙义能感天花，亦无实效。何也？以其无可动于中，而如风过树，泛泛然与己不相干涉故也。

《往生论注》跋

生死，吾人第一大事也。净土法门，了生死无上妙法也。一代时教，浩若渊海，其究竟畅佛普度众生之本怀者，唯净土一法而已。以下凡信愿念佛，即可带业往生。上圣若肯回向，速得圆成觉道。仗佛慈力，与唯仗自力，其难易固日劫相倍。

天亲菩萨广造诸论，宏阐佛乘。复宗《无量寿经》，作《愿生偈论》，示五门修法，令毕竟得生。具显礼拜、赞叹、作愿、观察、回向之法。于观察门，详示净土庄严，如来法力，菩萨功德。凡见闻者，悉愿往生。昙鸾法师撰注详释，直将弥陀誓愿、天亲衷怀，彻底圆彰，和盘托出。若非深得佛心，具无碍辩，何克臻此！

夫净土一法，为一切诸法之所归趣。以故《华严》证齐诸佛之等觉菩萨，尚须以十大愿王，回向往生。则文殊、普贤、马鸣、龙树、智者、慈恩、清凉、永明等，自行化他，同归净土者，有由来矣。知此，则唯执自力，不仗佛力者，可以怵然惊，憬然悟，以期现生即得出此娑婆，生彼极乐，与观音、势至等诸上善人，俱会一处，常时亲炙阿弥陀佛，以冀证无生忍，圆满菩提而后已也。吾言不足信，请质之普贤菩萨，自可无疑矣。

《大总统教令管理寺庙条例》跋

昔如来将入涅槃，以其法道，付嘱国王大臣，令其护持流通。良以僧众舍俗出家，精修梵行，既乏资财，又无权势，纵能宏扬法化，难免外侮侵凌。若得王臣护持，则法化广被，外侮不生。以其强暴横逆者，息影而匿迹。调柔良善者，起信而投诚。故得大张教网，捞摝苦海之鱼。丕振宗风，彻见自心之月。内护外护，相需而行，则如来法化，自可横遍十方，竖穷三际，普令含识，同沐法泽。良由因闻佛法，方知从无始来，迷背本心，起贪瞋痴，造杀盗淫，致使长劫轮回生死，莫由出离。既知此已，便欲灭除苦因，企得乐果。从兹反迷归悟，兢兢业业，于心则息贪瞋痴，于身则戒杀盗淫。改恶修善，近则感人天之福乐。断惑证真，远则成菩提之觉道。由是恪遵佛教，严持自心，虽在暗室屋漏，长如面对佛天。人怀善念，国息刑法。阴翼治道，消祸乱于未萌。显辅政猷，敦仁爱而相睦。由斯利益，西竺、此土，历代王臣，永遵佛嘱，莫不崇奉护持，唯恐流通传布之不广也。溯自东汉，法流中国，历千八百余年，莫不如是。

迨至清末，法道衰微。哲人日稀，庸人日多。加以国家多故，不暇提倡。僧徒率多安愚，不事清修。教网既弛，外侮自临。由是一班无信根人，觊觎僧产。无法可设，遂借开办学堂，以为口实。每有改佛寺以为学堂，夺僧产以饱己囊者，纷纷不一。及至民国初年，国基甫立，风潮愈甚。同人忧之，遂林立佛教会，屡恳政府保护。故于四年，遂有管理寺庙三十一种条例颁布。其意虽善，但以未加详审。倘施行之人，稍挟偏私，则弊由是生，便成大碍。凡属法门缁素，莫不虑其后患，故屡有意见书，恳其修改。九年秋，程雪楼居士察其利害，又以意见书面呈大总统，既蒙俞允，批交内务部集议。十年春，方始修正为二十四条，详审斟酌，有利无弊。仍呈请大总统，以教令公布施行。然政府颁布，不能尽人皆见。而北京法源寺住持道阶法师，护教情重，遂拟急刊流布，以期僻山穷陬之处，缁素咸知，无或疑虑。问跋于余，以资鼓励。

余曰：如来法道，虽借外护之力，必须内护有人，始获实效。譬如外有金城汤池，虽则坚不可破，热不敢近，而内中主帅昏愚，抚民御兵，各失其道，则士卒百姓，皆成叛党，纵有金城汤池，亦何裨益之有？倘主帅明哲，善得士卒人民之心。仁政所及，谁不颂戴。四远闻风，悉来归服。则举寇仇皆为赤子，尽叛逆悉作良民矣。恳祈同衣，各各发菩提心，力修定慧，以如来无上妙道，自行化他。则人各感佛慈恩，仰僧懿行，自然无信心者，发起信心，有信心者，力行佛道。将见转残忍为仁慈，兵戈永息。变浇俗为淳风，世运升平。如是则上不负国家护持之至意，下不负自己学佛之深心，而佛恩亲恩，皆堪报答于万一。凡我同衣，尚期勉旃！

《药师如来本愿经》重刻跋

佛与众生，心体是一，而其所受用，天渊悬殊者，以其用心不同之所致也。佛则唯以无缘大慈，同体大悲，度脱众生为怀，了无人我彼此之心，纵度尽一切众生，亦不见能度所度之相，故得福慧具足，为世间尊。众生则唯以自私自利为事，虽父母兄弟之亲，尚不能无彼此之相，况旁人世人乎哉？故其所感业报，或生贫穷下贱，或堕三途恶道。即令戒善禅定自修，得生人天乐处，但以无大悲心，不能直契菩提，以致福报一尽，仍复堕落，可不哀哉！是则唯欲利人者，正成就其自利，而唯欲自利者，乃适所以自害也。

《药师如来本愿经》者，乃我释迦世尊愍念此界一切罪苦众生，为说药师如来因中果上利生之事，实为究竟离苦得乐之无上妙法也。众生果能发慈悲喜舍之大菩提心，受持此经、此咒，及此佛名号，推其功效，尚可以豁破无明，圆成佛道，况其余种种果位，种种福乐乎哉？然在佛心，固欲以无上觉道，全体授与一切众生，而众生智有浅深，固不得不随其所乐，令彼所求各各如愿也。须知《药师》一经，及与佛号，并其神咒，即释迦、药师所得之阿耨多罗三藐三菩提法，凡至诚受持者，即是以佛庄严而自庄严也。故玉琳琇国师，常持此经，及此佛号，以是禅、教、律、净之总持法门。故受持者，或生净琉璃世界，或生极乐世界。待至豁破凡情，圆成圣智，则直契寂光，东西俱泯，而复东西历然，随愿往生，则与弥陀、药师，同归秘藏，是名诸佛甚深行处。圣聪大师，以心安和尚所书之本，刻版流通，欲令受持者发起正信，祈简明以告之。

又此经系唐玄奘法师所译。其八菩萨，但举其目，未标其名。说咒一段，又复缺略。后之知识，欲令经义完全，故依《七佛本愿经》，添入说咒一段，共四百二十八字。依《灌顶》第十二经，添入八菩萨名。以三经原是一经故也。须知在昔贝叶，唯属钞写，或有遗亡，以致译文全缺、互异。后人添入，深契佛心。故诸注者，咸皆宗之。恐以藏本对校，致生疑虑，故并书缘起，以庆完璧云。（说咒一段，从说咒前“复次曼殊室利”起，至“所求愿满，乃至菩提”止。）

闻经室跋

四大本无，五蕴皆空。根尘迥脱，心境俱寂。何者是经？何者是闻？何者是室？一念不生，前后际断。灵光独耀，觌体全真。何者非经？何者非闻？何者非室？能如是会，名善闻经。否则当读诵时，竭诚尽敬，如对圣容，亲聆圆音，自可契入深固幽远之经藏，亲见本具之佛性矣。愿吾徒契觉，笃信此语而契悟焉，则幸甚。

《信愿念佛决定往生浅说》跋

净土法门，为诸法之归宿。犹如大海，尽世间所有江河溪涧之水，莫不趣入其中。然一至其中，则同得海名，同成咸味。虽深广之极，莫能穷其边底，自浅而易见处论，其名、体、味、性，固与深不可测处无二无别。自世尊宏开此法以来，不知几何恒河沙恒河沙数众生，依教修行，往生西方也。良由历代菩萨、祖师、善知识，上宗佛意，下顺机宜，循循善诱，令知所以。故得宿具善根者，同得出此娑婆，生彼极乐也。

童莲国居士，欲令同人，同生正信，同发切愿，持佛名号，求生西方。以古德所说，率皆文深义奥，初机不易领会。乃宗其义意，而以浅近之语言出之，因名之为《浅说》。须知能说之文虽浅，所说之法，乃九界同归，十方共赞，千经俱阐，万论均宣之无上甚深第一法门也。阅者倘不以浅近忽略而依行之，则虽未出娑婆，已非娑婆之久客，未生极乐，即为极乐之嘉宾矣。

莲荣堂跋

莲之为物，虽出淤泥，体常清净。人能一切不着，乐我天真，富贵、贫贱、夷狄、患难，视若幻化，素位而行，自适其适。其淫、移、屈、怨之情念，毕竟不生，庶几与莲相似，荣何如之！再进而论之，一切诸法，悉属生灭。勿道世间富贵尊崇，不足为荣。即令得作天帝，乃至上生非非想天，亦不足为荣。何以故？以天福一尽，复降人间。既生人间，难免造业。既造恶业，必堕恶道，长劫轮转，无有出期。辱莫斯甚，荣于何有？所可荣者，断尽烦惑，成菩提道，现身法界，度脱众生而已。然在凡夫地，于现生中，断难如是。固当真为生死，发菩提心，以深信愿，持佛名号，以期往生西方极乐世界九品宝莲花中也。果能如是，则临命终时，感应道交，蒙佛接引，即得往生。从兹永离八苦，常享四德，亲炙弥陀，参随海众，闻法受记，速证无生。不但自己如是，倘能具大慈悲，发大誓愿，广修众善，普化一切，以此功德，奉为父母祖宗回向，亦得承斯善利，同生西方。又况既生西方，证无生忍，则成无上道，获大涅槃，乃决定必得之事。其为荣也，又何加焉！莲荣之义如是，祈顾名思义而实行焉，则幸甚。

邓璞君义庄跋

人未有不为自身及与子孙谋者，而谋之之道，固宜参详。若为众为公，则其福泽绵长。为己为私，便如春露秋霜。倘或加以机械变诈，则何异服砒鸩以求长生，无不立见其死亡，且令神识永堕恶道，备受祸殃。本欲利己，卒成自戕。虽属自取，实可悲伤。宋范文正公置义庄以赡族，欲令族人恒受其利，故八九百年，长发其祥。璞君居士，上承父母之志，踵文正之遗芳，且令其子若孙并族中受赡者，咸念阿弥陀佛，求生西方。是盖财与法同施，色身与慧命同襄。其若自若他之福泽，殆与虚空同寿而无央。乃为发其隐义，俾其子孙与族人，并见闻者，同沐佛光。

印光法师文钞卷四

记

释迦如来真身舍利来仪记

（代 撰）

中天调御，释迦世尊，尘点劫前，早成正觉。泯三际而住寂光，常享四德。愍九界而示受生，频垂八相。从初出世，乃至涅槃，演偏圆顿渐之法，施种熟解脱之益。六道四生，三乘五性，聆圆音而悟道，睹妙相以明心者，虽尽世界微尘，莫能穷其数量。然机薪既尽，应火亦息。晦迹归真，示现灭度。又以利益未来，悲心无尽，碎定慧所生丈六之金身，成金刚不坏八斛之舍利。于是八国均分，各起宝塔，普令含识，广种福田。后一百年，摩竭提国有阿育王，统王阎浮，威德自在，一切鬼神，皆为臣属。启其祖阿阇世王所藏舍利，役使鬼神，以七宝众香为末，造成八万四千宝塔，供养舍利，散布南洲。凡佛法未至之处，则安置于地中。东震旦国，有十九处。大教西来，次第出现，即今五台、育王等是也。《涅槃经》云：若人以深信心，供养如来全身舍利，或供半身，四分之一，万分之一，乃至如芥子许，是人福德，与供养佛，无二无别。以佛舍利，即佛色身，皆由无作誓愿、同体慈悲之所示现。是以人天获得，悲喜交流，竭尽心力，恭敬供养。

福如来出世，尚在沉沦。今得人身，法已衰替。昔人履险涉危，尚多往求正法。现今水陆俱通，敢不巡礼圣迹？遂于光绪三十年乘轮西迈，观光暹罗，次及缅甸，后至锡兰。此三国者，佛法大兴。僧众虽多，不立烟爨。举国奉佛，设食待僧。凡遇礼拜之日，商贾悉皆罢市，同礼宝塔，共植来因。佛世芳规，庶几仿佛。次至中印度，伽耶、王舍、恒河、双林，显著圣迹，逐一巡礼。惜世远人亡，法替教弛，不闻降魔制外之音，但见荒烟蔓草之迹。缅想昔年，为之痛息！回至锡兰都城，适值重修宝塔，中藏舍利，百有余粒。恳祈数粒，福我东人。彼言："舍利我国福田，此塔国王所建，何敢违佛犯法，私与外人？"因日日礼塔，冀佛冥加，辄痛哭流涕，悲不自胜。如是十有二日，感动彼心，禀明国王，许十二粒。既满我愿，弥感佛恩。即回中国，相宜安置。普陀山灵石庵，乃善财参观音之圣道场地，因留三粒。监院静明，修木浮图而供养之。请九粒于四川宝光、龙兴、广德，三寺供养。

按《西域记》，僧伽罗国，即古狮子国，在大海中，近南印度，即锡兰国也。国东南隅，有楞伽山，岩谷幽峻，乃如来说《楞伽经》处。昔阿育王弟摩醯因陀罗出家证道，游化此国，建立塔庙，大兴佛法，此塔乃其创建耳。夫如来舍利，神变无方，济度幽显，覆被人天。见闻瞻礼，皆植福寿之因。供养恭敬，并感尊贵之果。迷云尽而性天朗耀，罪雾消而慧日昭彰。三觉圆满于初心，万德具足于当念。以如是因，获如是果。凡我同伦，幸鉴愚忱。

释迦如来玉像来仪峨嵋山万年寺毗卢殿记

（代 撰）

窃以诸佛出世，各有时节因缘。像教流通，遍周十方三世。溯我释迦世尊，尘点劫前，早成正觉，住寂光清净之土，证法报圆融之身。又以愍念众生，悲心莫置，方便施化，应迹无穷。孺慕深而慈亲至，本不生而数数示生。机薪尽而应火亡，原无灭而频频现灭。如是垂迹，竖穷三际，横遍十方。惟本高而迹广，类源远而流长。且据此番成道，时当周穆二年。《造像功德经》云：如来欲示孝道，升忉利天三月安居，为母说法。

优陀延王渴仰于佛，以紫旃檀雕佛形像，承事供养，如佛无异。及至九旬已满，佛降人间，乃谓王曰："汝初为轨则，造佛形像，令诸众生得大利益。汝之功德，无能及者。若人以金银铜铁等物，雕铸塑画佛像，乃至极小如一指大。此人现生灭无量罪，获无量福。后世尊贵豪富，信乐正法，展转修习，至成佛道。"由是各国王臣，俱造佛像。至阿育王，所造最多。迨夫大教东流，每有金石佛像，浮江漂海而来，涌地裂山而出者，载诸传记，多难具陈。懿哉世尊！慈隆即世，悲臻末劫。绝攀缘而赴众感，如一月普印于千江。住真际而应群机，犹一雨遍润乎万卉。善根未种未熟未脱者，令其即种即熟即脱。应以像身得度者，即现像身而为说法。天覆地载，莫喻斯恩。粉骨碎身，罔酬此德。

清福大师宿植德本，笃修净业。往游印度，巡礼圣迹。回至缅甸，谨选美玉，雕佛三尊，请回中国。法体莹净，妙相庄严。岂良工之能琢，疑古佛以再来。以本寺乃普贤菩萨圣道场地，历朝敕建，四众归崇，佛殿与峰峦齐峙，皇文共日月争光。本殿又为十方常住，僧众云集，一志精修道品，无时不启度门。因送一尊，供大殿内，普令缁素，恭敬供养。当知此像，即佛真身。非玉非石，即色即空。直须一心归命，毕世投诚。朝斯夕斯，念兹在兹。若能一念冥符，方知相相离相。其或六根解脱，自可心心印心。从此复本归元，尘消觉净。五蕴空而五眼具，三惑断而三德圆。于是波腾行海，云布慈门。四摄齐施，一法不着。尽来际以展转传持，俾慧命以永劫常住。是名真佛弟子，可谓知恩报恩。

陕西南五台山大觉岩西林茅篷专修净业缘起记

真如法性，生佛体同。迷悟攸分，苦乐天殊。故我世尊特垂哀愍，虽于尘点劫前早成佛道，又复悲运同体，慈起无缘，不违寂光，示生浊世，出家修行，成等正觉，拯彼迷流，同登觉岸。说法四十九年，谈经三百余会，随顺机宜，循循善诱。大机则示以五蕴皆空，六尘即觉，毕竟一法不立，直下万德圆彰。小机则曲垂接引，为实施权，令其渐培佛种，以作得度因缘。如上随机所说种种法门，虽则大小不同，权实各异，皆仗自力，断惑证真，方出生死。故于如来普度众生之怀，未能究竟舒畅。由是于诸法外，又复特开信愿念佛求生净土一门，指极乐世界以为本有家乡，指阿弥陀佛以为无上慈父，令其发菩提心，持佛名号，以深信愿，求生西方。果能拳拳服膺，念兹在兹，则以己信愿，合佛誓愿，生佛相契，感应道交，现生则业障消灭，福慧增崇，临终则蒙佛接引，托质宝莲。其有惑业已断，则即登补处，速证佛乘。纵令博地凡夫，通身业力，亦可仗佛慈力，带业往生。既往生已，即得迴出凡流，高预海会，惑不期断而自断，真不期证而自证。此之法门，全仗佛力。喻如跛夫日行数里，若乘转轮圣王轮宝，则顷刻之间遍达四洲，是轮王力，非己力也。毕世修行者，固然如是。即五逆十恶极重罪人，临命终时，地狱相现，若能志心念佛，即得蒙佛接引。良以佛视众生，犹如一子，于善顺者固能慈育，于恶逆者倍生怜愍，子若回心向亲，亲必垂慈摄受。又复众生心性，与佛无二，由迷背故，起惑造业，锢蔽本心，不能彰显。倘能一念回光，直同云开月现，性本不失，月属固有，故得历劫情尘，一念顿断，喻如千年暗室，一灯即明。此实一代时教最妙之法，上圣下凡共由之路，遍透九界之机宜，极畅如来之本怀。猗欤懿哉！何可得而思议也。

及至大教东来，庐山创开莲社，一唱百和，无不率从。千五百余年来，潜修显化者，多难胜数。举其尤者，元魏则有昙鸾，陈隋则有智者，唐则有道绰、善导、怀感、飞锡、承远、法照、少康、大行，如上诸师，悉皆道超十地，德震九重，无一法而不通，唯此法以是尚。宋则有永明、昭庆、四明、长芦。永明则汇禅、教、律，归于一心，作《四料简》，偏赞净土。昭庆则血书《华严》，社结净行，宰辅牧伯，争先归依。四明则钞述妙宗，理极观道。长芦则拟结莲社，大圣书名。明则有楚石、妙叶、莲池、蕅益，清则有省庵、梦东，莫不宗说兼通，行解相应，专重净土，普劝修持。在昔之时，禅宗诸师，多事密修，殊少显化。自永明后，率多明垂言教，切劝往生。如死心新、真歇了、中峰本、天如则等。至于宰官居士，若刘遗民、白居易、文彦博、杨无为、王日休、袁宏道、周梦颜、彭绍升等，或结社以精修，或著论以敷宣。如上若圣若贤，若缁若素，异世同音，极力弘阐，故得莲风大振，普遍中外，滔滔然如百川万流之朝宗于海。良由《华严》法身大士，证齐诸佛之后，尚以十大愿王回向往生。《观经》五逆十恶，将堕阿鼻之时，若能十称佛名，即得高预末品。故得无机不被，无法不摄，如天普盖，似地均擎，森罗万象，无一不在其中，能出其外者。诚所谓九界众生离此法，上不能圆成佛道。十方诸佛舍此法，下不能普利群生。由是恒沙如来，出广长舌以赞扬。诸宗尊宿，发金刚心而流布。

南五台者，系观音大士降伏毒龙，现比丘身所开道场。自隋至今千三百余年，其间高人轶事，以屡更沧桑，悉皆湮没，无由而知。至明季时，有性天文理老人，隐居无门洞（俗讹为湘子洞）。后因游方至杭州，住于黄龙庵。莲池大师在家时，即与夫人汤氏归依座下，继则依之披剃。不久老人复返长安。莲池中兴净宗，其源实发乎此。理老若非出格高人，莲池岂肯屈身座下，始终依止乎？事载《云栖法汇》，莲池及太素塔铭中。夫观音大士，辅弼弥陀，度脱众生。此山又为中兴净宗发源之地。其主其山，皆与众生有大因缘。

鹤年居士高恒松者，出身江苏，笃信佛乘。才登仕版，即弃簪缨。备询宗匠，效善财之遍参。普礼名山，同紫柏之游历。至止此山，已经二三。于民国三年，纠合秦僧，修普同塔于大台之下，俾十方禅侣，死有所归。复建二静室，专修净业，以期若存若亡，咸获往生。后于禅悦之暇，游于灵应、摄身二台之下（“摄”俗讹作“舍”）。见其岩高峻，其地平敞，恍悟宿世曾住此处，遂名其岩曰“大觉”。因建茅篷二座，专修净业，以远宗庐山，近法云栖，决志西归，故曰“西林”。量出家此山，曾侍大士香火，后以参叩知识，云游诸方。迄今三十余年，道业未成，以故久寄海上，无颜复回故乡。一日居士自长安来，令将净土法门，及此山此篷作一缘起。拟先刷印若干张，俾见闻者开发信心。继则立石篷中，以垂永久。因喜不自胜，撮略述之。虽词旨拙朴，无补法道，亦不暇顾云。

书《华严经》讼过记

（代宽慧师作）

大矣哉，《华严经》之为教也。称法界性，说常住法。依真如心，示即具体。理超象外，道契寰中。寂照圆彰，能所双泯。离凡圣之假名，绝生佛之称谓。然而珠在衣里，迷者不知。不得不于无可修中论修，无可证中论证。故有五十二位之次第，信解行证之浅深。所谓全性起修，全修在性。及至圆证妙觉，不过复其本体。于本体外，了无所增。但以智断究竟，彻露本地风光。圆满菩提，实无一法可得。因该果海，果彻因源者，此之谓也。十方诸佛成道，无不说此法门。十方菩萨修行，无不依此轨范。文虽八十一卷，六十万余言。而恒沙法门，包括净尽。无边妙义，显示无遗。全事即理，全修即性，全多即一，全他即自。故云："十世古今，始终不离于当念。无边刹土，自他不隔于毫端。"故得受持诵读，罪山崩而福海洪深。书写流通，迷云散而慧日朗耀。

慧宿生多幸，得入法门。往业甚深，心不契道。拟欲书此不思议甚深大经，忏除宿业。蒙寂山和尚、谛闲法师，及诸善知识，提奖赞助，得遂其愿。但以少阅经教，未谙规程，虽常燃香灯，随书随礼，而字体随便，不甚端整。孤陋寡闻，有过不知，时历二周寒暑，已书六十余卷。一日有一老宿见而呵曰："汝发心写经，拟欲资之以忏宿业，显本有，超凡入圣，了生脱死。其所希望，大不可言。如此草率，何以能上感三宝，下契自心，断烦惑以证真常，生安养以侍导师？岂不辜负自己一番苦功，与诸师赞襄之莫大恩德也耶？汝取《华严感应传》读之，见德圆、修德等古德书经之懿范，与彼所获之利益，能不愧死！"慧闻命之下，痛如割心，深恨最初不遇此老。因顿改前非，竭诚尽敬。虽拙朴仍旧，而恭谨笃至。一部笔法，前后不同。恐阅者见怪，故述缘讼过。亦冀一切四众，受持读诵一切经典，悉皆竭诚尽敬，无或怠忽，如对圣容，亲聆圆音。庶慧之罪过，借以消灭，而当人之福慧，速得圆满矣。

重修普陀太子塔兼造荷花池栏杆碑记

（代了余师作）

一切众生，一念心性，与三世诸佛，无二无别。但以无始至今，从未悟故，迷真起妄，背觉合尘，反承此不生不灭常住佛性，而为起惑造业、轮回生死之本。如来悯之，随机说法，普令三根，随分受益。又以法音有间，塔像常存。故令四众建立塔像，企其瞻礼投诚，渐种善根，一觌圣容，永为道种。以作返妄归真，背尘合觉，消除惑业，复本心性之最胜因缘。

普陀乃大士示迹之胜地，历朝祝嘏之道场。自五代梁贞明间开山，迄今千有余年。普门常启，宗风不坠。允为震旦佛国，东南福地。当元季时，有孚中信禅师者，道高一世，德感九重，五坐道场，宏阐宗乘。王公大臣，多从问道。于天历时，住持普陀。至元统间，购太湖石，觅上妙工，造多宝佛塔一座，于寺东南隅。其高五层，计九丈六尺。上三层四面，各雕佛、菩萨、罗汉圣像。慈容妙丽，俨然如生。精工妙手，悦人心目。宣让王尝从师问道，发心施资，故俗称为太子塔焉。迄今五百八十余年，岁月经久，兼以大海之中，咸雾飓风，烈日严霜，摧残诸物，最易败坏。故其塔顶已脱，圣像残缺，石缝裂开，势将崩倒。窃念前人建立，原为国民植福。忍令破坏倒塌，以泯灭古迹，与众生福田乎？但以僧等财法俱贫，莫由措办。

戊午六月，适值锡周居士陈公性良来山，拟建道头牌坊。吾友印光，偕余与法雨住持了清，共谓之曰："公宿承佛嘱，宏护三宝。今太子塔，势将崩倒。僧等愧无德能，无从设法。愿不惜钧力，为之重新。或可置彼修此，以急先务。"伊应之曰："吾愿已发，势难中止。然既蒙见委，当努力代为诸师募缘倩工，勉负责任。”因具疏详述愚诚。仗彼福力，蒙前大总统黎公、前大总统冯公、今大总统徐公，各出净资，以增辉普陀，倡导四众。一时名公伟人，悉发信心，协力赞襄。故于今春三月，随即开工。俾多宝佛塔，又复从地涌出。普济寺前，常见珍池栏楯。又开拓地基，创建塔院，筑正室五楹，偏厦四间。凡所需用，悉皆具备，安一净行头陀，长时奉侍香火。定海县知事冯公秉乾闻之，不胜欢喜，随即出示保护，可谓宿具灵根，不忘付嘱者也。从兹入普门者，亲见多宝。修净业者，常游珍池。其功德利益，当与虚空同其寿量，非笔舌所能形容也已。功既成，乃述其缘起，勒之贞珉，永垂不朽。

普陀海岸道头创建水泥牌坊重修回澜亭碑记

（代了余师作）

观音大士，誓愿洪深，慈悲广大。于十方无尽世界，普现色身，随机说法。诸大乘经，悉载其事。然即就此方应凡夫机所示之迹，亦复多难胜数，妙不可测。况普应六道，及界外三乘之大机乎？若非圆证法身，何能有此大用！锡周居士陈性良，沐恩甚深，报恩心切，拟欲同人咸深感想，因建水泥牌坊一座于海岸。盖欲示人以苦海无边，回头是岸。生死海中，唯有大士可为恃怙。因略叙伊沐恩之事，勒之贞珉。企后之来哲，同生信心，同蒙覆庇。庶可即妄明真，消人我之幻执，识心达本，证寂照之佛性矣。

锡周居士，赋性忠厚。初唯讲求儒道之旨，于如来大法及三世因果之理，尚未深信。夫人胡氏，宿有信心，礼佛诵经，寒暑疾病，修持不懈。年三十余，长子不育，行善益力。不久复有娠，将及诞期，乃得大病。二十九日不进饮食，不能言语，不能转侧。身瘦如柴，体热如火。名医束手，殆无生理。一夕夫人梦一老媪，手持数茎莲花，谓曰：“汝由宿业，膺此恶疾。幸植善根深，以故我从南海，来安慰汝。”随以莲花周身拂拭，曰："拂汝业障，好生嘉儿。"遂觉身心清凉，爽快莫喻。因即苏醒，通身流汗，而热退身安，颜色温和，直与好人等无有异。次日即生一子，适为三月三日上巳嘉辰。经此烧热饥饿二十九日，而儿体丰满庞厚，与无病者所生无异。今年此子已十岁矣。噫嘻异哉！

居士荷蒙大恩，直同生死肉骨，方知佛经所说菩萨不思议利生之事，真实不虚。惜拘墟之士，以凡夫知见，肆口谤黩。适形其无知无识，坐井观天，徒为大悲主怜悯悲伤，而无从救度耳，哀哉！由兹信向之心，十分恳至。去岁来山，拟修牌坊。吾友印光以太子塔将颓，劝令置此修彼。然伊愿心已发，势难中止。故于今春，两工并兴，兼建塔院，及寺前池畔栏杆，并重修凉亭，需费五万有奇。虽亦广乞名望大老，各出净资，襄成盛举。然塔之崇高，池之庄严，坊亭之壮阔，鸠工选材，役夫无算，无一非居士慨输巨款，独力经营，以成就此功德庄严。信心宏愿，吁，可敬矣！捐助善士，悉载塔院碑中。

兹特书此菩萨应化无量百千大海中一滴之相，令诸同人生正信心，各各恭敬供养，称念名号。岂但常蒙加被，逢凶化吉，遇难成祥已哉。倘能竭诚至极，何难断惑证真，超凡入圣。将来亦可如菩萨竖穷三际，横遍十方，普现色身，度脱众生也已。又观音大士，乃过去古佛，以大悲心，垂形九界，应以何身得度者，即现何身而为说法。但以众生机劣，无由得见本相，凡蒙祐者，多皆见为老媪。盖以随顺劣机，显示婆心。若谓实属女身，则于菩萨上同下合之道，毫未梦见在。

无著老人创建常明庵缘起碑记

（代化宏师作）

寂灭真宗，唯心本具。圆通妙道，非人莫宏。兴梵刹以辟普门，布慈云而注法雨，于法运垂秋之际，振将绝欲坠之宗，唯我先师无著老人其人焉！师讳立山，法名满圆，别号无著。道光五年乙酉，葭月二十五日，示生于松江金山顾氏。父即福本悟公。行年十四，父即出家。心欲随之，以母在不果。及至弱冠，礼父祝发。诣大崇福，受具足戒。以寇据南京，不便参方，遂住普陀，或居松江，晦迹韬光，无心应世。至同治庚午，掩关于伴山庵，日礼《华严》，遍参海众。时法雨寺，凋敝已极，住持虚席。本山尊宿信真和尚，率诸法眷，叩关请师。辞不获已，遂允许之。壬申春进院。寺产素薄，香积不充，破屋颓垣，荒凉满目。师伤之，以兴复为己任，竭力经营，整理修葺。四方檀信，布金恐后。不数年间，百废具举，虽未全复当日旧制，而大局已有可观矣。久之，意欲憩息，专修净业，因筑庵于寺西清凉冈之麓，额曰“常明”，盖取心性寂照圆融，横遍竖穷之义，欲人修因以克果也。光绪甲申春，退居是庵，决志西归，念佛不辍。又令庵内二时课诵，二时念佛，永为恒规，寒暑无间。置稻田三百二十二亩，除拨无著公堂一百亩，余者永为常住念佛资粮。又化开等置田四十四亩，以助念佛诸师衣单之费，其详列后。老人尝曰：“末世众生，障深根钝，向上一着，不易凑泊。大悟尚难，何况实证？唯净土一法，三根普被，利钝全收。上圣下凡，皆当修持。良由此法，全摄果觉，以作因心。因该果海，果彻因源。即世相以达实相，以凡心而契佛心。所赖绵佛法，翼国政，感人心者，唯此一法耳。汝辈当恪遵之，毋或废弛，庶可不负四恩，均资三有。后之当家，若有废此成规者，非我弟子。即会同法眷，立时摈黜，毋或容隐，以负我心。”至己丑年腊月初一，安然神逝。僧腊四十六年，世寿六十五岁。所度弟子数十人，能继迹者，唯有化闻。宏等虽列门墙，未登阃奥。其所悟处，不得而知。不敢推高以滥圣，亦不敢就下以屈贤。姑摭其言行大纲，以明此庵之缘起云。（按法雨寺自明万历八年开山，前清两次敕建。洪杨之乱，衰败不堪，无著乃复重兴耳。）

砌普陀山仙人井功德碑记

（代戒如作）

圆通大士，永劫常住此山。超尘仙人，不时安居斯地。虽像教未至，凡俗莫睹夫慈容。而应身所居，仙真恒瞻乎佛日。故秦之安期生、汉之梅子真、晋之葛稚川等，悉皆寄寓兹山，修真养道。所饮甘泉，名仙人井。及至梁贞明间，始建道场。则大士宏慈，由天章而广被。仙人古迹，随佛法以流传。其井前邻大海，上覆土窟。入地丈余，从下涌出。极旱不减，大涝不增。酷暑则凉，严寒则燠。质沉重而清澄，味甘美而润泽。信士饮之，多愈沉疴。故闽粤吴楚之朝礼此山者，必瓶贮携归，以为法药。若非大悲法水，从菩萨大慈悲心中流出，俾饮者近愈疾病，远证菩提，其能灵验远著之若是耶！

四明杏村干居士，来山进香，饮水而甘，询其名义，称叹不已。遂恺然施资，命衲经理。用石砌井，兼铺井道。上建一龛，中供大士，左奉龙王，右安仙人。欲后之取此水者，行清净道，彻法源底，见观音于当处，培佛种于将来。醍醐入口，疾病离身。心地清凉，永无热恼之逼迫。前程远大，常登仁寿之康庄。衲嘉其诚恳，略叙颠末。勒诸贞珉，以告来哲。

江苏兴化刘庄场贞节净土院碑记

佛法者，九法界公共之法也，无一人不堪修，亦无一人不能修。以凡有心者，无不同具佛性，但以迷而未悟，反承此佛性功德之力，起惑造业，轮回六道，经尘点劫，莫能出离，岂不大可哀哉！然以生佛同体之故，遂感如来出世，为之倡明。由兹舍俗出家，力修定慧，断惑证真，了生脱死者，何可胜数。亦有居尘学道，即俗修真，亲证法身，诞登道岸，如维摩居士、傅大士、庞居士等，全家修持，俱证圣果。此诸大士，为物作则，足知其人皆可修，修必获益也。故自法流东土，王臣士庶，闺阁英贤，不离尘劳，精修净业，遂得亲见佛性，断惑证真，与夫感应道交，蒙佛接引，带业往生者，又何可得而胜数也。

鹤年居士高恒松者，江苏兴化人也。宿植德本，笃信佛乘。年当弱冠，即慕真修。弃俗世之缠缚，事选佛之宏猷。于是遍历丛林，咨参宗匠，冀其顿明自性，彻悟唯心，报答四恩，济度群品。高堂奉养，托之夫人。数月一归，以修定省。而夫人某氏，赋性贤淑，克尽孝道，虽复于归，志慕清修。以故居士无失养之忧，高堂得底豫之乐。若非宿愿所结，其能如是也耶！及至椿萱凋谢，遂得无所顾虑，如天际野鹤，任意飞腾。由兹五台、峨嵋、天台、鸡足，所有名山圣道场地，每多一再巡礼。独于终南观音大士道场，更有深契，恍悟宿世曾住此山。足见多生多劫，久修佛道，不于一佛二佛三四五佛而种善根也。

民国十年，自鸡足归，回家祭扫。见夫人已老，孤身无依，念其代己奉亲之劳，悯其守节清修之志，因将本宅，改为贞节净土院。以其令贞女节妇居之，专修净业，求生净土，而立名焉。乡绅好义者，为之禀县出示，凡高氏子孙，及各界人士，不得干预。以此院系私业义币所建，与庵庙性质各别。原产若干亩，增置若干亩，岁所收租，以供院中人衣食之费，量入安人，庶无亏空。其修建之费，皆居士挚友之所佽助。正室三楹，以作佛殿，内供西方三圣坐像，俾诸人于中朝暮礼诵，以备往生资粮。两旁厢房，悉为安宿之所。其来住者，贞女节妇，皆无所择，但须长斋念佛，决志往生，性情柔和，无诸乖戾，不事妆饰，不茹荤酒，断绝俗亲，不妄游行者，方可，否则概不许住。又于每年夏冬，两佛诞日，延请通法女士讲说旬日，庶修途宗旨，各各悉知，不至以了生死法，获人天福。此则上宏下化，一举两得。即悲成敬，二田兼备。是以此议一成，而好义诸友，乐为捐输。如广东简照南、简玉阶、潘达微、李柏农、黎乙真，及沪上诸居士，各随心力，出资相助。以其事与恤嫠局相同，其利益则天地悬隔故也。彼不过令其身有所托，不致饥寒，而饱食终日，无所用心，不诵经咒，不戒酒肉，唯恤现生之志，不计没后神识之归于何所。居此院者，镇日持佛名号，晨昏恳到忏悔，岂但生有所托，不虚度日，兼令没有所归，永出轮回。意美法良，猗欤懿哉！此法既兴，后必有通法义士，行之于恤嫠局，庶可贞节英贤，同预莲池海会。其为功德，无能名焉！

陈圣性贞女贞孝净业记

真如法性，生佛体同。迷悟攸分，凡圣迥别。欲复本有之心性，须断幻妄之惑业。欲断惑业，非严持净戒，力修定慧不可。戒定慧三，力极功纯，则妄惑彻底消灭，本心全体显现矣。譬如磨镜，垢去明存。明本镜具，非从外来，特仗揩磨之缘，以显发耳。虽然，仗自力修行，断惑证真，颇不容易。断见惑如断四十里流，况思惑乎？见惑一断，即证初果，预圣流，尚须七生天上，七返人间，方可断尽思惑，以证四果。虽云十四番生死，而天上寿长，固不易以年月论也。初果圣人，欲了生死，尚如是之难，况具足惑业之凡夫乎？若证四果，则生死根本永断，超出六道轮回之外。若发大悲心，入世度生，则乘愿示生。非如具足惑业者，随善恶业力所牵，升沉于六道之中，自己一毫作不得主也。自力了生死，非宿根深厚者不能。末世众生，何能企及？于是如来特开一净土法门，俾一切若圣若凡，上中下根，同于现生了生脱死。其慈悲救护之心，至极无加矣。其修持之法，亦须严持净戒，力修定慧，而兼以生信发愿，持佛名号，求生西方。信愿真切，念力精纯，现生亦可证圣，临终直登上品，则入菩萨位，证不退地矣。纵根机陋劣，未能如是，但能至心念佛，则心佛相契，感应道交，临命终时，必蒙佛慈接引，带业往生。下至五逆十恶之人，临终地狱相现，若心识不迷，有善知识教以念佛，其人生大怖畏，生大愧悔，虽念数声，即便命终，亦可仗佛慈力，接引往生。一得往生，则永出轮回，高预海会，渐次进修，必证佛果。仗自力了生死，如彼之难。仗佛力了生死，如此之易。凡有心者，皆能念佛，皆可往生。有血性汉子，决不肯令本具之真如佛性，背悟净缘，随迷染缘，长劫轮回于六道之中，而莫之能出也。

陈圣性贞女者，原籍安徽怀宁县人也。父仲龄，业商于扬州甘泉，遂家焉。母高氏。贞女生于清咸丰九年。姊妹三，长即张绍春之母，贞女居仲，与其妹皆自幼茹素，不食荤腥，是盖具有夙根者。其弟三，长树声，前清江西候补知县。次茂之，三茂如，皆业鹾。贞女年及笄，父故，母欲为之择聘，贞女即痛哭流涕，誓愿为北宫之女婴儿子，撤其环瑱以养其母，至老不嫁。其妹则以出家焚修为职志，贞女则以居家侍奉为职志也。母知其志不可夺，遂任之。母有洁净癖，其饮食、衣履、衾枕、床帐之属，无不日新又新。虽地板、仰篷，亦必一日一揩，三日一涤。故凡婢媪之任使，皆不称意。惟贞女则烹纫浣濯，能体亲心，力役服劳，不容旁贷。暇则念经礼佛，日无虚旷。纵佳节盛会，亦从不出门游观。其尽心孝养，笃修净业也如此，非特恪遵女训，实乃真奉佛法。后复归依三宝，受菩萨优婆夷戒，圣性乃其法名也。及母去世，痛极终天。此后依弟而居，修持愈谨。近数年来，绍春信佛日笃，曾来其家，喜其志道相同，遂不复归。过年余，诸弟强迎归。未几，自知不久住世，以诸弟及弟妇，唯知世礼，不解佛法，恐临终彼等悲恋，乱其正念，致失利益。遂至其妹之尼庵，以期正念往生。未久，示微疾，促绍春与三弟至，命请具德僧为剃发作尼，兼为说戒。又令死必火化，俾一物不存，脱体无依方好。绍春许之。遂沐浴，着法服，端坐念佛。绍春令诸尼，及诸弟，同念佛相助。诸弟悲不自持，绍春力诫勿乱正念，诸弟遂皆忍悲念佛。久之，气绝。绍春仍令大众一心念佛二小时。其面相转加光华，远胜生时。其一生修持之力，于此发现。当必往生西方，亲预海会。否则何克有此瑞应耶？时在民国十年十二月十七日丑时。世寿六十有三。虽临终剃发为尼，以无几日，兼欲显彼一生守贞尽孝之懿德贞心，故仍以贞女称焉。

今春绍春来普陀，礼大士，详述其事，祈余作记，以发其潜德之幽光。余按《观无量寿佛经》，净业正因有三：一、孝养父母，奉事师长，慈心不杀，修十善业，此四种属世善。二、受持三归，具足众戒，不犯威仪，此三种属戒善。三、发菩提心，深信因果，读诵大乘，劝进行者，此四种属慧善。前二大小随人，此则唯属大乘。此十一事，若全若半，乃至一事，以深信愿，回向净土，皆得往生。况贞女且有多分，兼以平生专心念佛，岂得不生？其预知时至，并气绝后面相转加光华，足可为证。因将净土法门所以，及贞女贞孝净业懿行，略述大端。以冀闺阁英贤并一切善信，闻风兴起。各守己分，兼修净业。则父慈子孝，兄友弟恭，夫倡妇随，主仁仆忠，愈修净业，愈敦伦常。生益得其令名，没即托质净土。视彼唯知世谛，不解佛法，业识茫茫，无本可据，徒具佛性，全体迷失，轮回于六道之中，堕落于三途之内，尽未来际，了无出期者，不可同年而语矣。凡见闻者，各宜勉旃！

乌程周梦坡居士夫人诞期放生碑记

一切众生，一念心性，与三世诸佛了无二致，但以迷而未悟，故长劫轮回于六道之中，永无底止。虽则人天善道，较三途恶道，苦乐悬殊，然皆随善恶业力，常相轮转。则善道不足恃，恶道诚可怖。岂可不培植善因，妄造恶业，恃己之强，凌彼之弱，取水陆空行一切众生，杀而食之乎？

在昔佛教未来，儒宗圣人皆以世间伦常设教，于吾人本具佛性，及六道轮回，升沉转变，与夫断惑证真、超凡入圣之若理若事，皆未发明，故不禁杀。然其不忍之心，已彰明较著，垂训于世。如《书》之“鸟兽鱼鳖咸若”；《论语》之“钓而不纲，弋不射宿”；《孟子》之“见其生，不忍见其死。闻其声，不忍食其肉”；《礼》之“诸侯无故不杀牛，大夫无故不杀羊，士无故不杀犬豕，庶人无故不食珍”。珍，即肉也。足知杀生一事，儒宗亦非不戒，但以教道从权，姑未永断耳。夫有故而杀，则其杀者固少。无故不食肉，则其食肉者，年无几日矣。后世教道衰替，习为残忍，遂以肉食为家常茶饭。只图悦口，不一省其物类之苦，可不哀哉！

及至佛教东来，则一切众生皆有佛性，及迷之则生死轮回了无已时，悟之则彻证涅槃永劫常住之实理实事，究竟阐明。方知纭纭异类，皆是过去父母，未来诸佛，不但不敢杀而食之，又思令其各得其所。由是圣君贤相，哲士鸿儒，多皆仰遵佛训，俯培己仁，或茹素而断荤，或戒杀而放生。其嘉言懿行，载诸史册。亦企后人同修慈心，愍彼物类同具佛性，由恶业因缘，堕于畜道。我今幸生人道，若不加怜恤，恣意杀害，难免来生后世，怨怨相报。《楞严经》云："杀彼身命，或食其肉。经微尘劫，相食相诛。犹如转轮，互为高下，无有休息。除奢摩他，及佛出世，不可停寝。"然奢摩他道，殊不易得。如来出世，亦不易逢。敢不近法先贤，远遵佛教，推吾恶死之心，拯彼待烹之辈，以祈消除宿业，培植善根，永断杀害之因，同证长寿之果哉？

乌程梦坡居士周庆云者，南浔望族也，乐善好施，世德相承。其祖母许太夫人，赋性慈善，福寿双全。自六十以来，每逢生日，必诫诸子，毋事举觞。令以其费，作济贫救难，恤嫠育婴，施衣施药，种种善事。懿德令闻，一乡钦仰。至七十九岁，特以五百缗钱，起放生会。诸子仰体母慈，敬叙其事，勒石家庙。以期本宗子孙，并诸见者闻者，同发善念，修长寿因。而居士与其德配张夫人，恪守家规，笃信佛乘，唯以利人济物为怀。今其夫人年周花甲，亦欲仰嗣徽音，出资五百圆，于杭州西溪秋雪庵，起放生会，以代祝寿之仪。而其子若孙，亦能先意承志，以悦其亲。居士又欲竖碑一通，企闻风兴起，共挽劫运。因以其事，委光叙述。光自愧财法俱贫，无补世道，而一念愚诚，唯欲世人同发慈心，共修净业，生为娑婆无负欠人，没入极乐莲池海会。因忘其固陋，略述戒杀放生之所以，并周氏世德之大略云。

循陔小筑发隐记

孝之为道，其大无外。一切诸善，无不弥纶。然有世出世间，大小本迹之异。

世间之孝，服劳奉养以安其身，先意承志以悦其心，乃至立身行道以扬名于后世。虽其大小不同，皆属色身边事。纵令大孝格天，究于亲之心性生死，无所裨益，所谓徒徇其迹而不究其本。况乎杀生以养以祭，俾亲之怨对固结，永劫酬偿不已者乎？

出世间之孝，其迹亦同世间服劳奉养，以迄立身扬名。而其本则以如来大法，令亲熏修。亲在，则委曲劝谕，冀其吃素念佛，求生西方。吃素则不造杀业，兼灭宿殃。念佛则潜通佛智，暗合道妙。果能深信切愿，求生西方，必至临命终时，蒙佛接引，托质九莲也。从兹超凡入圣，了生脱死，永离娑婆之众苦，常享极乐之诸乐。亲没，则代亲笃修净业，至诚为亲回向。心果真切，亲自蒙益。若未往生，可即往生。若已往生，高增莲品。既能如是发心，则与四宏誓愿相应，菩提觉道相契，岂独亲得蒙益，而己之功德善根，莲台品第，当更高超殊胜矣。而况以身说法，普令同伦发起孝思乎？此其孝方为究竟实义，非若世间只期有益于色身及现世，竟遗弃其心性与未来而不论也。

是知佛教以孝为本，故《梵网经》云：“孝顺父母、师僧、三宝，孝顺至道之法，孝名为戒。”又于杀、盗、淫各戒中，皆言应生慈悲心、孝顺心。于不行放救戒中，则云：“一切男子是我父，一切女人是我母，我生生无不从之受生，故六道众生，皆是我父母。而杀而食者，即杀我父母。”由是言之，佛教之孝，遍及四生六道，前至无始，后尽未来，非只知一身一世之可比也。知是而不戒杀放生，吃素念佛者，岂究竟至极无加之孝乎哉？

杭垣紫荫张公，孝思无既。亲没数十年，每一念及，尚复挥涕。因念亲故，专念佛名。盖以我此色身，即亲之身。我既为亲念佛，亲必蒙佛摄受也。其孝也，可谓兼世出世而两全之也。而有其父必有其子，其令嗣馨谷，善体亲心，笃修净业，广行众善。初则遍请名贤，发挥祖母费太孺人苦节抚孤、德镇坤维之贤，刻其文为旌节录，冀所以慰祖母之贞灵，而安父终身孺慕之孝思也。继则以父常时思慕，因筑一室，罗植松竹，额曰“循陔小筑”，中供祖母之像，四壁铺张名贤题咏，以期其父常奉颜色，而致其如在之诚也。又以循陔小筑，遍求名贤题咏，一以彰其父之孝思，一以冀感发于同人。深合《观经》孝顺父母、奉事师长、慈心不杀、修十善业之道。既有净业正因，必获往生实果。然则紫荫公之父子，及诸眷属，虽则尚居娑婆，实皆西方极乐世界中之诸上善人也。世之欲孝其亲者，可不以此为法乎哉！

佛顶山路旁造铁栏杆碑记

（代文质和尚作）

圆通大士，誓愿洪深，法界有情，等蒙摄受。一切处普门示现，真智无方。东南海补怛名山，应迹有在。无方故逐形随类，施同体之慈悲。有在故航海梯山，报罔极之恩德。由是历朝钦敬，举世尊崇。无非欲祝同康以翼郅治，消灾厉以福黎元。因兹三寺鼎立，众庵棋布。各宏祖道，共阐佛心。惟慧济一寺，基踞山巅，名曰佛顶。纡屈数里，路由顽石以砌地。盘桓千仞，人若历梯而登天。每至香期，来往绎络。足履滑石，甚属危险。前住持文正，募诸檀信，铺以石条。即彼险道，变作康庄。虽仍巍巍陡峻，而复步步坦平。但以旁无遮护，回避犹觉惴惴。大护法大椿祝公，宿植德本，笃信佛乘，秉居廛为政之权，行即俗修真之道。适来进香，睹此景象，遂发大心，遍竖铁栏。普令来者，登圆通场，行安隐道。得大无畏，不劳每步看脚下。获大总持，了知佛阶在个中。由金绳路，逢左右原，自下地宛转扶掖，一直至山穷水尽，从兹入于佛慧，亲见观音。如斯功德，直与普门施无畏力，同体相用。当必由斯顿超十地，圆满三觉。岂止身心安泰，吉祥萃于厥躬，瓜瓞绵延，余庆覃于后裔而已哉！

济南净居寺重兴碑记

实际理地，了无生佛之名。修持门中，乃有凡圣之号。心体本寂，因烦惑而昏浊顿现。妄性原空，由觉照而真常独存。是知不变随缘，十界之升沉迥异。随缘不变，一心之体用无殊。然此心此理，含生共具。而彻悟彻证，唯佛一人。故我世尊，示生世间，成等正觉，随机说法。大根则直示一真法界，令其无住生心，以迄断惑证真。小器则详谈三世因果，令其趋吉避凶，而为入道方便。虽千机并育，法无定相，而万派朝宗，咸归觉海。举凡格致诚正修齐治平之道，与儒教规程无异。至于明心见性真穷惑尽之事，则儒教发挥未及。以一则随顺世情，一则直示心体。若究其本，则灵山、泗水，同居一地。东鲁、西竺，实无二天。由是古之王臣，无不宏护。今之贤哲，悉皆研穷。以其能阴翼治道，显淑民情，消祸乱于未萌，证本具之佛性故也。

济南为齐鲁名区，文献之邦。当唐宋法道盛时，固已梵刹相望。迄今世远年深，人亡教弛。几多丛林，悉皆湮没。纵有寺宇，尽成子孙。不但当地缁素，末由闻法。兼以来往僧侣，无处安息。对凫居士潘公守廉者，宿承佛嘱，乘愿再来。读书明理，学道爱人，昔年之善政，一一载于口碑。戒杀放生，吃素念佛，近岁之修持，种种勒诸心版。其救难济贫、护法安僧之诚，直可以追给孤而继文正。每念末世人民，如盲无导。以为省会之地，绝无十方丛林，则高僧无缘莅止，正法莫由宏通。其三世因果之理，一心具造之道，或几乎息。将何以拯世俗之沉溺，登斯民于觉岸乎哉？于民国七年，与济宁普济庵德馨退居相商。馨师令本庵方丈健慧，赴省觅地，见东关净居寺故址十余亩，可作道场。其寺建于北宋，现成荒丘，仅存佛殿三楹，亦复势将倾颓。首事欲修，苦无其力。适值慧师以募地开建丛林告。彼固素服潘公、馨师、慧师之德，遂欣然奉送，且禀县立案，以为证据。潘公以古稀高年，遂走京师，祈国务总理翼卿靳公，为之提倡，靳公即捐二千元。时潘公令嗣复，任财政总长，阖潭共捐五千元。又随缘乐助，约六千元。遂于九年春开工，至秋落成。时值榆关田蕴山督军，建节山左。笃信佛法，慨捐千元，极力提倡。并派代表，前往督饬，故得速观厥成。计修佛殿、天王殿各三楹。其周围之祖堂、伽蓝殿、方丈、念佛堂、禅堂、斋堂、大门、客堂、客厅、厨库等，共五十余间。虽无所谓危楼回带、阁道傍出之概，亦可以行参禅念佛、宏法利生之道矣。至九月十九，为佛像开光，成立道场，悬挂钟板。其焚香礼佛者，肩摩踵接。时有孺子堕井，蒙佛救护，安卧家中之异。后有老人痼疾，梦人令饮井水即愈之祥。至十年，济宁大旱，而瘟疫盛行。群取此水，以饮以祷，则甘霖普沛，瘟疫顿息。于是咸称圣水，因建八角亭以覆之，特勒碑记其事。噫嘻异哉！诚之所至，金石为开。此固潘公、馨师、慧师之诚，发起诸人之诚，以成此道场。而众诚相感，故佛慈俯应，以有此不可思议等事。足征心、佛、众生，三无差别。是心作佛，是心是佛。感应道交，有如影响。然寺虽成立，僧无养赡，亦不能安居行道。潘公又复募金一万二千元，存鲁丰公司，按一分二厘起息，每月得洋百四十四元，以作寺中火食，及诸凡应用。则可供常住僧二十人，及挂单僧十人。后若有大慈善家，再捐巨款，则规模即可按资开扩矣。

寺成之后，馨、慧二师，相继归西。因请天目退居能和老人，暂为维持。今请兖州华严寺妙莲和尚为住持。寺中修持，专主净土，不传戒，不应酬经忏。信心施主来寺念佛，或打佛七，以荐先灵，以祈福寿，则无拒。以净土法门，乃一切诸法归宗结顶之法，下手易而成功高，用力少而得效速，为如来普度众生之无上妙道，实凡圣同登觉岸之特别法门。末世众生，根机陋劣，修余法门，难得实益。以一切法门，皆仗自力。唯兹净土，全仗佛力。仗自力，须断惑证真，非最上利根，不能现生了脱。仗佛力，具真信切愿，纵最下钝根，亦可带业往生。二法相较，其难易迟速，奚啻天渊。所以十方诸佛，出广长舌以赞扬。两土圣贤，发金刚心而流布。撮举大要，以告同人。倘能谛信，利益无尽。施资芳名，具列碑阴。仗此功德，必得现生福寿增荣，临终弥陀接引矣。

常明庵万年念佛会碑记

即彼凡情，显如来藏，以果地觉，为因地心，导六趣以登九莲，超三界以享四德，于五浊炽盛之际，作一生圆满之宗者，唯兹念佛一法为然也。昔立山老人，重兴法雨，十有余年。既欲退居静室，专修净业，因筑是庵，以为己及徒辈，尽报投诚，期归安养之所。境界寂静，隔绝尘嚣。规矩严肃，毫无方便。非不贪世缘，甘受淡薄，笃志修持，求生净土者，不能住焉。前清宣统二年，值了谛师当家。有居士陈乐之、顾寿彭等，来山进香，寄居是庵。见其肃肃庵规，济济僧众，远接匡庐之莲社，近承云栖之净宗。了谛师又为详谈念佛一法，事虽简易，理极圆顿，三根普被，利钝全收，为如来一代时教无量法门中之最上宗要。一切法门，恒沙妙义，无不从此法界流，无不还归此法界。以故吾祖立山老人，建立此庵，用接后昆。彼等一闻，遂发大心，纠合同志数十人，人各输洋若干圆，立一万年念佛会。即于次年二月十九日为始，至二十五日圆满。其夜设放施食，普济孤魂。永为定例，一无容改。其庵将此净资，除建会费用外，尽数置产。所收租课，充续建之法费。其有余盈，助常住之道粮。诚恐岁久无稽，用勒贞珉。庶亿万斯年，无或废弛。将见常明道场，香火日盛。十方檀越，信心愈隆。同入佛会，同念佛名，同生佛土，同成佛道。功德利益，何能名焉！其规矩等，详列于后。

普陀普济寺化身塔记

古人云："死生亦大矣，岂不痛哉！"窃谓不知其由，虽痛何益？须知一切众生，随业流转，受生六道。生不知来处，死不知去处。由罪福因缘，而为升降。展转轮回，了无已时。如来悯之，示以由惑起业，由业感苦之因缘，以及常乐我净，寂照圆融之本体。令其了知由无明故，遂有此身，即此色身，全属幻妄，不但四大非有，兼复五蕴皆空。既知蕴空，则真如法性，实相妙理，彻底圆彰矣。又恐或有执情固结，未能解脱。俾舍报之后，用火焚化。庶可令未离着者，速得离着。已离着者，速证法身。兼使现前大众，悟知此身，无有真实。用彼之身，以作证明。所谓应以灰身灭迹得度者，即现灰身灭迹而为说法。焚化之制，盖由此设。凡属僧徒，悉皆遵行。当唐宋法道盛时，在家通人亦多遵行，不独唯僧为然也。

普陀为观音大士道场，普济、法雨为十方共住丛林，来往僧众，实繁有徒。凡有亡者，悉用火化。而化身之窑，法甚拙朴，不但多费柴火，且致骨杂灰土。同生诸居士，宿根深厚，笃信佛法，发菩提心，行利济事，遂仿外国之法，研究斟酌，必期合宜。特备工料，与前后两寺，各造一座。以其形若塔，故名为塔。每塔费千有余圆，可谓真实功德矣。塔甫成，适有往生者，不三句钟，焚化净尽，而骨灰悉存铁函，了无零落灰土中者。因兹大众欢喜，祈勒石志之。铭曰：

受身之始，厥由无明，迷本真如，妄生爱情。
爱情既起，幻质斯托，遂认为我，永不能觉。
如来愍之，特设方便，俾彼存亡，俱离我见。
身既叵得，我从何有，圆灭四相，顿空五蕴。
生灭既灭，寂灭现前，真如法性，复彼本然。
离幻妄相，发菩提心，回向净土，觐光寿尊。

闻法受记，证无生忍，乘大愿轮，度诸可愍。

令彼一切，同生西方，咸于未来，作法中王。

普陀法雨寺化身塔记

甚矣！众生之我执坚固而难破也。只此色身，本地、水、火、风四大所成，而妄执为我。如油入面，永不能出。反将不居阴界、不属凡圣之真我，全体迷背。如镜蒙尘，莫能照鉴。故《华严经》云："一切众生，皆具如来智慧。但因妄想执着，而不证得。若离妄想，则一切智、无师智，则得现前。"是知众生心性，与佛同俦，特因执着，莫能受用，可不哀哉！以故如来种种说法，令其了知从前妄认四大为自身相，六尘缘影为自心相之非，则常乐我净之真身，寂照圆融之真心，自可全体显现矣。又以身相耸然，根机钝者，亦难了悟其妄，不生执着。迨其舍报之后，一经火化，顿成乌有，则存者亡者，皆可悉悟其四大假合之身为非身矣。

同生诸居士，宿有灵根，恪修净行，利人心切，护法情殷。以向来之化身窑，不甚适宜，拟欲改良，殚精研究。仿外国之法而变通之，与法雨、普济各造一座。其形类塔，名化身塔。所费计千余圆，意美法良，功德无量。铭曰：

众生迷背，非我计我，如蚕作茧，如蛾赴火。

本有真我，反不顾问，四大幻质，唯此是认。

如来悲愍，种种开导，兼令火化，俾全智照。

既知其妄，即识其真，得无碍智，见本有身。

乘此智身，回向净土，获无量寿，居诸补处。

不违安养，遍入十方，普令迷徒，归本家乡。

由是众生，咸复本性，福慧圆足，续佛慧命。

愿此功德，普及一切，法界有情，俱登正觉。

镇海李太夫人燃灯照海记

一切众生，具有佛性常光，举凡明暗、通塞、远近，悉皆彻照无遗，固不假日月灯明，方能有见也。无奈众生迷昧本性，背觉合尘，致此佛性常光，变作烦恼无明，不但暗塞远处不能见，即近在目前，若无日月灯光，虽泰山亦不能见，况其他乎？由是轮回生死苦海，如盲无导，了无出期，可不哀哉！大觉世尊愍之，为说种种契理契机之法，使其返妄归真，背尘合觉，以复其本具之真如佛性。又恐根基稍劣，现生未能断尽烦惑，再一出世，复成迷昧。遂开一仗佛慈力、往生西方之净土法门。无论上中下根，但能具足真信切愿念佛名号者，则决定往生，万不漏一。实为如来普度众生之无上第一妙法。犹如乘大火轮，于大海中，普拯沉溺，同登彼岸。有缘遇者，幸何如之！

镇海李太夫人者，云书之母也。宿根深厚，现行精纯。笃修净业，广行方便。不独母仪闺壶，德镇坤维。实堪表率乡闾，力护圣教。普陀悬峙大海，为观音大士应化道场。其最高处，名曰佛顶。登峰四望，海阔天空，诚堪开扩心怀，增长智识。清光绪三十年甲辰岁，赵君馥畴，屠君景三，于此造一灯塔，俾常夜燃之，以破船行迷方之险。又建三楹佛堂，令凡来此妙高峰顶者，一一亲见观音。太夫人亦为佽助若干圆。继念此灯，原属佛光，不但令来往船筏不迷方向，兼复使四远见者忆念大士。欲供永年灯油，以净业纯熟，即便西归。因嘱其子云书为之设法。

癸亥春，山灵欲令规模廓大，兼使后来之人同种善根，遂假祝融之力，以撤去旧建佛堂。慧济寺僧，复为募建。云书遂以七年长期公债票五千圆，施于慧济寺，指定专供灯塔灯油之费。该票利息周年六厘，计银三百圆。俟抽签还本时，即将此银，用置田产。以所收租，充灯油费。佛顶常住，此灯不灭。而贤母、孝子之心光，亦随佛光常昭明于亿万斯年也。彼世之追逐声色，挥金如土，至于父母兄弟皆不过问者，闻云书之风，能不愧死！余故乐为之记，盖欲一切众生，同以佛法之明灯，破除烦恼之昏暗。由兹共出生死苦海，同归极乐家乡，作弥陀之真子，为大士之良朋而已。

重修百丈大智怀海禅师塔院记

自世尊拈花，迦叶微笑。正法眼藏，涅槃妙心，遂得永传。而西天四七、东土二三诸祖，心心相印，固已腾辉竺震矣。迨至南岳让下，出马祖一。其启迪之法，超越常格，机用无方，善巧莫喻。即彼迷情，示本觉心，不离当念，超凡入圣。如惊天霹雳，闻之则丧身失命。如甘露醍醐，尝之则起死回生。不但如来大教，悉彰常住真心，且令山河大地，全显法王妙体。直教举世间形形色色，咸归本地风光。尽宇宙法法头头，亲见当人自己。故得会下杰出八十四位知识，而怀海禅师，实为第一。当野鸭飞去，鼻头扭回，振威一喝，耳聋三日时，直如金像脱模，光明遍照，狮子出窟，威猛无敌。遂于百丈山，大开选佛之场，以一法不立之洪炉，铸万德本具之佛体。其自行化他也，则律、教、莲圆修无间，戒、定、慧一道齐行。其随机说法，了无辙迹，而“灵光独耀，迥脱根尘，体露真常，不拘文字；心性无染，本自圆成，但离妄念，即如如佛”一段，最为亲切。深虑法久弊生，严立清规，预为防范。殆禀佛律制，以期因时适宜耳。遂为天下丛林金科玉律，而天下师表阁，由兹建焉。其律身也严，作务必先众，或有阻之，则不食，故有“一日不作，一日不食”之训。其诫众也挚，故有“不昧因果”一语，令彼误道“不落因果”者，立脱野狐业报之身。若约实际理体而论，则凡圣生佛，因果修证，俱不可得。若据修持法门而谈，则如来上成佛道，众生下堕阿鼻，皆不出因果之外。明理性不废事修，则为正知。执理性废弃事修，则成邪见。毫厘之差，佛狱立判。前百丈主人，欲拯末世狂慧之堕落，不惜现身示报。实与百丈禅师，砧锤相成，煅淬相济。俾后之禅者，彻悟不涉因果之理，实行修因证果之事，以期究竟彻证而圆彰焉。此两百丈之深心，学者不可瞒肝读之也。其山属江西奉新县，其寺当百丈创建后，即敕赐为“寿圣禅寺”。宪宗元和九年，百丈示寂，寿六十六岁。穆宗长庆元年，敕谥“大智禅师”，塔曰“大宝胜轮”。塔距寺二里许，自唐迄今，千一百余年，其法道不无兴衰。赖有负荷法道之人，为之住持，故得寺塔常存，宗风依旧。清末以来，屡罹兵灾，加以荒歉，以致寺无高人，塔院颓败。

民国八年，岁在己未，寺主自成师，不忍祖道湮没，躬请先勤和尚住持，永为十方传贤丛林。至十二年，先勤交与了然。二人系法门挚友也，同念祖师塔院破败不堪，乃具启募于诸方同衣，得洋若干圆。遂将塔殿、献殿，揭底重修，而院墙、僧寮，悉令完好，共用洋若干圆。余者赎回田地若干亩，以供塔院住僧道粮。夫剥极则复，否极则泰。先勤、了然二师，先后住持百丈，殆非偶然。塔院既修，欲发挥百丈道要，与寺塔兴复之由，命光记之。光愧不知禅，姑就百丈故事，及现事，而直言之。俾未来诸贤哲，有所考稽焉。

又自世尊入灭以后，凡诸寺宇，莫不以佛为主，而特立其殿于寺之正中。百丈立《清规》，凡祝厘、祈祷、佛诞等，皆于大殿诵经，而朝暮课诵，更不待言。自《宋高僧传》以“前立佛殿，后树法堂”，讹作“不立佛殿，唯树法堂”。而杨大年作《清规序》，遂踵其谬。不思若无佛殿，凡诸祝厘、祈祷等，当于何处施行？将寺中并无一佛耶？抑供佛于偏殿耶？无一佛，则与外道无异。自居正位，供佛偏殿，以行祝厘、祈祷等事，则与蔑国慢佛何殊？只此最极显著之讹，自宋及元、明、清，年将近千，无人表正。俾百丈禅师，横遭诬蔑，岂不令人痛心疾首？《证义记》改作“不立余殿，先树法堂”，亦不成话。此乃一时急先之说，岂可以为永垂定范？故将事理略表于此，以期后贤知《宋僧传》，及各藏《清规序》之讹，俾百丈禅师大畅本怀于常寂光中，则幸甚幸甚。

重造小白岭五佛镇蟒塔功德碑记

（代 撰）

大觉世尊，视诸众生，犹如一子。以其一念心性，原与三世诸佛，无二无别。由迷背故，不但不能亲得受用，反承此不生不灭常住佛性之力，起惑造业，轮回六道，久经尘劫，莫能出离。因兹示生世间，成等正觉，随机说法，令得度脱。其有善根未熟，并未来世一切众生，皆亦已作得度因缘，所谓流通经教，遍示未来。及其一期事毕，即入涅槃，以大慈悲，化火自焚，碎万德庄严之法身，为八斛四斗之舍利，为令众生礼拜供养，增长福田，作成佛因。由是天上人间，龙宫海藏，各分舍利，起塔供养。人间一分，八国均分，阿阇世王独得八万四千，供恒河中，设立剑轮，而为守护。百年之后，有其曾孙，名为阿育，统王阎浮，威德自在，承佛遗嘱，振兴佛法。取其舍利，役使鬼神，以七宝众香为泥，一日之中造就八万四千宝塔，将欲遍布南洲。耶舍尊者以手障日，五指放光，为八万四千道，令诸鬼神各捧一塔，随光而趋，至光尽处，即为安置。凡佛法未至之处，皆置于地中。迨后法化传通，悉皆次第出现，如育王、五台等塔是也。良以众生在迷，不了六尘当体即是真如实相，因兹起惑造业，长劫沉沦。诸佛设教，不过就彼所迷之六尘境界，一一示其当体即空即假即中，令其转迷为悟，识心达本。故《楞严》云："五阴、六入、十二处、十八界，皆如来藏妙真如性。"三祖云："六尘不恶，还同正觉。"东坡云："溪声即是广长舌，山色无非清净身。"如是则见色闻声，皆堪识心达本。况如来金口所说之经，及真身舍利，并其形像乎哉？虽此方教体，在于音闻，然其闻法获益者，固不如见相获益者之普遍常恒也。以故三世诸佛，无不令人建立塔庙，造佛形像。以其一经触目，八识田中，已种成佛种子，从兹渐渐增长，毕竟得成觉道。由是历代圣君贤相，通方哲人，多皆建立塔庙于名山胜地，令见者闻者，同种善根。此震旦塔庙之来源也。

四明鄞县东，小白岭镇蟒塔者，《县志》及《天童寺志》，皆云唐会昌初，其岭有巨蟒，作祟肆毒，行人患之。时天童住持，厥名藏奂，灭后敕谥“心镜禅师”，乃五泄之子，马祖之孙，洵属大士乘愿示生，一生奇迹，动人景仰，实天童开宗之始祖也。闻其妖异，即往度脱。先施以食，令身安乐，次为说法受戒，令心开悟，兼有所依。所施之食，原属有馅馒头，以法力故，化为无量，蟒食不尽，悉变为石，遍布山间，及与地中。今其遗迹，为馒头石，表白里黑，形质酷肖。其蟒既受法食，又闻法要，遂得消除业障，脱离蟒身。师即依法焚化，拾其余骨，瘗于岭冈，建塔其上，六楞七层，高十余丈，中藏佛像，及诸经咒。以期其蟒，仗佛慈力，速证法身，凡彼种类，皆不兴作，以故名为“镇蟒塔”焉。又期人天鬼神，瞻礼供养者，植菩提之胜因，结成佛之远缘。

自唐及今，千有余年，风雨飘摇，霜雪陵轹，倾颓已半，势将全倒。凡属见闻，莫不嗟叹，谓保存古迹，开垦福田者，何竟寂无其人耶？清末天童住持寄禅，亟欲重修，未及动工，赍志西逝。继席净心，其志更切，以寺中工程甚多，力不暇及。今住持文质，急欲了此公案，乃与净师，戮力同心，各出衣资，并募檀信，襄成胜事，由是缁素欢喜，随力赞助。肇始于民国八年己未冬，告成于十二年癸亥夏，凡五易寒暑，故得复见宝塔，从地涌出。唯旧塔六楞实心，今作八楞空心，盖拟如来眉间白毫，八楞中空，具足光明，众生蒙光照触，直下离苦得乐，近生人天，远预圣流之义。于最上层，供五方五佛。取毗卢法身，位居十界极顶，具足四智菩提。又示从凡夫地，冀证佛果，必须脚踏实地，遵修道品，渐次增进，断惑证真，直至智断究竟，方可彻证本有法身常、乐、我、净四德实义。顶用铜铸，作葫芦式，底节中空，内贮佛菩萨像，及大藏经目，并大乘经咒。以表一体三宝，三德秘藏，不离当处，究竟圆彰。又经是如来法身舍利，像属如来报化二身，冀瞻礼围绕，供养赞叹者，于未来世，同证如来所证功德。中上二节，实以净沙，用镇其颠。其级七层，高十余丈，巍巍然为觉道之宏标，荡荡焉为迷途之良导。塔之周围，高筑院墙，庶芜秽不入，而易为守护。塔之前面，建屋数楹，安一净行头陀，长时奉侍香火。共用银圆五万有奇，功德芳名，另刻于石。以此功德，恭祝国基永固，治道遐昌，佛日增辉，法轮常转。凡倡首经营，出资运力，并现在、未来见闻瞻礼，竭诚尽敬，供养赞叹之人，同皆惑障冰释，吉庆云临，富寿康宁，备膺厥躬，戒定慧道，悉具当念，业尽情空，见本来之面目，福足智朗，证常住之法身，生作娑婆自在之人，没入莲池清净之会。如是则庶可满净、文二师造塔之本愿，而亦不负出资檀信赞成之盛心也。因叙缘起，用勒贞珉。

金陵妙悟律院垂裕记

如来大法，以真如实相为体。此体生佛皆具，在佛不增，在生不减，但以佛则究竟证悟，生则彻底迷失，致使升沉迥异，苦乐悬殊耳。如来愍之，随顺机宜，说种种法，令其返妄归真，背尘合觉。其法之大宗有五：曰律、曰教、曰禅、曰密、曰净。律者佛身，教者佛语，禅者佛心。佛之所以为佛，唯此三业。众生果能依佛律、教、禅以修持，则众生之三业，遂转而为诸佛之三业。三业既转，则真如实相自可亲证矣。犹恐障深业重，不易成就，故以陀罗尼三密加持之，则转识成智，转烦恼成菩提矣。又恐根器或劣，现生不能了脱，再一受生，难免迷失，则生死轮回，穷劫莫出，由是特开信愿念佛求生净土一法，俾上自等觉菩萨，下及逆恶罪人，同于现生，往生西方，则上圣速成佛道，下凡得预圣流，此如来抚育一切九法界众生之宏规也。然宗虽有五，道本一贯。五宗圆具，方可随机各宏一宗，便可上续如来慧命，下启群生昏蒙。否则单轮只翼，何能行远飞空乎哉？律为教、禅、密、净之基址，不持律，则教、禅、密、净之真益不得，如修万丈高楼，地基不坚固，则未成即坏。净为律、教、禅、密之归宿，不念佛求生西方，则律、教、禅、密，皆难究竟。以净土法门，乃十方三世诸佛，上成佛道，下化众生之成始成终法门。所以《华严》证齐诸佛之等觉菩萨，尚复以十大愿王，回向往生西方，以期圆满佛果。况其余一切圣贤，与未断见思之凡夫乎哉！

妙悟律院，向以持律念佛为修持。住持安静和尚切恐后人昧厥宗猷，则兴此院之明禅老人，及己之一番苦心，便归灭没，祈光叙述大意，以为后来住此院之大众诫。按此院乃前朝古刹，清咸丰时已败坏不堪，兵燹后只存破屋三间。明禅老人不惜心力，为之兴复，又得安静师之继述，则成一净业道场。但以产业无多，不能普纳海众，而朝暮课诵，经声佛号，固与诸方丛林了无有异也。当最初建立时，地痞辄来搅扰，意欲侵占。明老持之以忍，遂得消其戾气。后犹占去院右若干地，不久则家败而不能有，售与他人，其人亦不能有，乃售与本院。因开沟渠，掘出钵、铃等法器，知道场地基，龙神守护，占者俱不吉祥，复得归还原主耳。愚人不知因果，每欲侵占寺产，而不知其龙天怀瞋，冥冥之中，折福折寿，所损实重也。刻论因果，俗人尚轻，僧人更重。但俗有身家，其报易见。僧只一己，其报难知。凡僧之住此院者，各须真为生死，发菩提心，严持禁戒，笃修净业。如是则生为世间福田，没入莲池海会。倘或饱食终日，无所用心，则其人格，便成下流。若更破斋犯戒，败坏佛门，则成魔王眷属、地狱种子矣。此院，乃明、安二师及施主心力所成，安住其中，不肯修持，便与侵占常住无异。古德云：“十方一粒米，大如须弥山，吃了不修道，披毛戴角还。”若更身主其事，暗相偷窃，则一气不来，直堕阿鼻地狱，上火彻下，下火彻上，经百千劫，常受焚烧，莫由得出。岂不大可哀哉！安静长老痛念法弱魔强，欲振兴僧众之奋修心，欲消灭俗众之侵占念，冀彼俗则五福备膺，克昌厥后，僧则三学圆明，丕振宗风。故令作此垂裕之记，以期此院永兴无替，常宏法道，则法界众生同蒙利益矣。

甲寿径缘起碑记

四明多佳山，而太白为最。天童选佛场，适居其中。自西晋惠帝永康元年，义兴祖师在此结茅潜修，感太白星变为童子，以供役使，从兹成大道场，故名其山曰“太白”，名其寺曰“天童”。至唐而法璿、心镜等师，宏禅宗直指之道，愈加恢阔。自后千三百年来，法道常兴，宗风不坠，至今犹推为禅宗首刹，盖以负荷法道，代有其人故也。诚可谓得最胜之地，方可宏最胜之道。建非常之事，必须待非常之人。地灵人杰，两适其会，殆有大因缘，非偶然也。

由天童寺左转里许，即为玲珑岩，其峰峦奇峭，如削如画，凡骚客游人至此，无不兴遗世脱尘之想。自此曲折而上，经大溪流、小溪流，至磐陀石，再上至悟心洞、飞来峰、拜经台、观音洞、善财洞，路几二里，固已经数次曲折矣。而极目千里，确有登东登泰之致。况乎遥观大海，天水冥同，令人心胸开廓，似非人间世者。然路径未辟，登陟殊艰，颇为遗憾。梦坡居士周庆云者，宿根深厚，现行清高，世德相承，热心公益。于癸亥秋，寿值花甲，遂来天童作诸佛事，以祈先亡祖祢同生西方，现在眷属俱增福寿。一日游玲珑岩，见其山境胜妙，大畅所怀，而路径崎岖，深拂兴意。遂慨然发心修筑，托其友方君佩绅经理，净心退居督工，以十阅月告竣。自玲珑篷前起，至善财洞止，计一百五十丈有奇，需银一千一百五十余圆。又建石坊一座，需银四百圆。乃名其径与坊，皆曰“甲寿”。过大溪流，路旁有泉，亦名之为“甲寿”。

窃谓“甲”者，首也。既云“甲寿”，当无有超出其上者。以人生百年，如日过隙，留此遗迹，以伴名山，冀彼来者，同皆着眼。或谓世间诸法，生灭无常，称为“甲寿”，岂即能不生不灭耶？须知佛法无所不在，何得离世间法以说佛法？果知见此坊，行此径者，则此坊此径，即不生不灭无始无终之佛法。昔世尊至因地布发掩泥处，指曰："此处宜建一梵刹。"时贤于长者持标于佛指处插曰："建梵刹竟！"即时诸天散花赞叹。且道建坊筑路，与插标建刹，是同是别？若道是别，则古今岂有二致？若道是同，则何得斥为生灭？夫法无生灭，生灭在人。有具眼者，见此坊此径，当必直下亲见自己本来面目，其为寿也，尽未来际，亦无有穷。其或未然，且依经所说，生信发愿，念阿弥陀佛，求生西方，则仗佛慈力，速得亲证。"甲寿"之义，如是如是，具眼者当不以吾言为谬也。

九江居士念佛林莲社缘起碑记

念佛一法，乃如来一代时教中之特别法门，实为十方三世一切诸佛，上成正觉，下化众生之成始成终无上要道。今特立以为林者，缅维远公东林结社，开念佛之先声，了义居士深知此法契理契机，遂于千余年后，极力提倡，重兴莲社，追彼芳踪。虽知自他智慧浅薄，迷惑深厚，而不容已者，以人同此心，心同此理，倘能认真提倡，自可同声相应，固无所论其古今难易也。因兹不辞劳瘁，策厉进行，不遗余力，以冀远近见者闻者，同皆兴起，提倡举行，以至遍周寰宇，岂区区为此一处计乎？然宏扬佛法，道场为本。初则借寓他庵，不但不能持久，而且地址偏僻，往来不便。遂于癸亥年，舍己住宅，为念佛林。其愿力之勇毅宏深，实为罕有。其宅四重。临街一重，向租米铺，年得二百余元，以供林中零用。二重作招待，及会计之所。三重作大殿，中供西方三圣接引像，以常时礼拜瞻仰，临终自易于感通也。四重为净土延生堂，备列捐款各人父母牌位，以期存则福增寿永，没则直登莲邦。且各有楼，以为阅经坐禅之所。居士既发此心，同社之人，悉生景仰，各随其力而为培植，或造佛像，或置庄严，及诸供具，凡道场所应用者，罔不备焉。从兹修持讲演，既得其所，将见善信源源而来，远近各各相效，于以祛凡情而了佛性，挽劫运以致太平，生为圣贤之徒，没预莲池海会。庶不负世尊说法，历代诸善知识宏扬，及了义居士舍宅提倡之一番大慈悲心，与自己即心本具之真如佛性也。

原夫净土法门，理极宏深，唯佛与佛，乃能究尽。勿道博地凡夫不能测度，即久证法身之菩萨，亦不能尽知。以故世尊说此法门时，十方恒河沙数诸佛出广长舌，同声赞叹，普令众生同生信心，且深叹释迦世尊能为甚难稀有之事。世尊亦自谓我于五浊恶世，行此难事，得阿耨菩提，为一切世间说此难信之法，是为甚难。而普贤菩萨，令华藏海众，同以十大愿王，回向往生，非成始成终之要道，能如是乎？是故千经万论，处处指归。往圣前贤，人人趣向。如群星之拱北，众水之朝东也。念佛之人，能如是信，若不往生者，日月当逆行，天地当易位矣，有是理乎？愿见闻者，同皆勉旃。

五台山秘魔岩中庵石窟接引佛装金记

五台为文殊菩萨与万菩萨历劫常住之圣道场地，《华严经》名为清凉山，盖即此凡圣同居之地，在菩萨分上论即是常寂光净土，圆离一切烦惑热恼，究竟清凉也。秘魔岩秘密寺，乃木杈和尚以木杈直示祖师西来意处。凡闻名者，无不生景仰冀慕之心，况身历其境者乎？去寺不远，曰中庵，傍岩建立。其岩高数十丈，其岩窟颇宽大高深，就中塑一接引佛像，高二丈余，极其圆满庄严，盖欲来者同礼慈容，同念圣号，临终同蒙接引往生西方耳。思泰大师未出家前，至此礼佛，发愿为佛装金。后出家受具，遂募诸善信，以了此愿，共用银二百余圆。祈予略将生佛同异之致，弥陀普度之慈，为之发挥，以示来者。

窃惟吾人一念心体与佛无异，由迷而未悟，故其心相则天渊悬殊也。然相虽悬殊，体仍无异。如太虚空，虚明洞彻，了无滞碍，由云雾尘霾故，便成晦塞昏浊之相。须知即此正晦塞昏浊之时，其虚明洞彻之体，仍复如故。是以诸佛悯众生具此真如佛性，由迷背故，反为起惑造业受苦之本。因兹多方引导，令其返本还元。求其下手易而成功高者，无如信愿念佛求生西方也。以众生信愿持名，感弥陀慈悲摄受，故无论上中下根，同得仗佛慈力，往生西方。较比仗自力断尽烦惑，方了生死者，不可同年而语矣。以故佛为众生现种种身，以作得度因缘。须知此像，即佛真身，以众生机劣，见之为像。以佛而论，则身土不二，理智一如，何一法非佛真身，而况此万德庄严之妙像乎？蒲衣童子云："此山一草一木，皆具文殊智慧德相。"岂此佛像不具如来智慧德相乎？但以众生机劣，应以像身得度，特现像身而为说法耳。果能深信此理，不但此像即是真佛，而六道一切众生一一皆是真佛，当悯其愚迷，多方开导，俾其同念佛名，同生佛国。待其见佛闻法，证无生忍时，方知自己本来是佛，今始亲证。彼以强凌弱，杀彼之身，悦我之口，及互相竞争，杀人盈城盈野，不但不生痛伤，而且以为得意者，其迷背罪过，无可为喻，其将来受苦，何其有极！思之，诚可畏也。故谨以此理，为全体是佛，而彻底迷背者告，冀其立即醒悟，勿负如来现身接引之慈，则国家幸甚，众生幸甚。

岳运生居士往生记

一切众生，皆有佛性，皆堪作佛，但由迷悖自性，以致轮回生死，无有了期。如来欲令复本心性，随顺机宜，说种种法。然欲仗自修持力，于现生中，做到真穷惑尽，以出轮回而了生死者，末世实难多见。唯修净土法门，无论上中下根，老幼男女，但具真信切愿，以至诚心，念佛名号，求生西方，兼以诸恶莫作，众善奉行，待至临终，即得蒙佛接引，往生西方，则万不漏一。以仗佛慈力，获此巨益。如乘轮船以渡海，非自己本事能然也。以故历代诸菩萨、祖师、善知识，悉皆极力提倡此法，以其是了生死之捷径、成佛道之要法故也。

岳运生居士者，步云之父也，名泰元，字运生，事亲至孝，乐善好义，天性忠厚，无所适莫。步云于数年来，颇于佛法生正信心，吃素念佛，唯诚唯谨。因劝其父母，同皆吃素念佛，求生西方，并以显浅易解之净土书，为之解说，令其常看。其父遂知自心本具佛性，但以惑业障蔽，不得受用，幸有此仗佛慈力法门，俾我等少善根劣机众生，于现生中，即得横超三界，高预九莲，何幸如之。从兹心心忆念，冀遂所怀。至今七月初，略示微疾。初八日早起，念佛毕，嘱步云："速备衣棺，吾将去矣。"待衣棺备齐，乃沐浴着衣而卧。步云戒其家人，切勿哭泣，令失正念，同声念佛，以助往生。又劝其父，随声心念。虽不闻声，其口辄动，久之遂止，盖已去矣。又复念三小时，方始哭泣。而其父面带笑容，室浮异香。三日入殓，相貌如生。其为往生，可决断矣。步云日与家人灵前念佛，以冀莲品增高，无生速证，藉报劬劳之恩，以尽人子之分。

又步云以才小职卑，薪水无几，仰事俯畜，颇形拮据，向蒙其表叔茅少甫将军贴补所需，此次衣棺葬费，皆系少甫所出。少甫公正廉明，清风高节，忠于国而孝于亲，推其遗爱，故能视步云如子，而步云感其帡幪，故亦视少甫如父。步云吃素之因缘，实由少甫而始。少甫若能由步云而笃修净业，吃素念佛，以期生入圣贤之域，没归极乐之邦，则相得益彰，两全其美矣。因并记之，以为世劝。

汪含章夫人往生记

道之在人，如水之在地，无处不有，苟不加穿凿之功，则其水决难发现。众生心性与佛无二，由无明锢蔽，致佛性功德莫由显现。故《华严经》云："奇哉奇哉！一切众生，皆具如来智慧，但因妄想执着，不能证得。若离妄想，则一切智、自然智，即得现前。"如来一代所说，皆为对治妄想执着之法药，而念佛求生净土一法，尤为圆顿直捷，以其以果地觉，为因地心，故得因该果海，果彻因源。自法流震旦，一切四众，由念佛而往生西方，彻证本具佛性，以圆成觉道者，不知有几千万亿也。

汪含章夫人者，江易园居士之德配也，宿根深厚，赋性淑贤，其事父母，奉翁姑，相夫教子，律己持家，皆足为闺阁法。而且居心仁慈，故于惠施贫乏，救放生命，每每行之。此诸善举，悉由勤俭而得，使其好逸妄费，将有自顾不暇之虑，况能济人利物乎哉？易园多年职任教育，唯欲培植真正人才，不惜心力为之讲授，积劳成疾。于民国八年，卧病不起，医药罔效，势甚危险。有友人以息心念佛相劝，渐获痊愈。既又遍阅佛经，方知佛为大圣人，其教有不可思议之事，且悲昔之不知，幸今之得闻也。于是劝其父母，与其夫人，并及儿女，同修净业。由是夫人虔持佛号，兼诵《弥陀》、《普门》、《大悲》等经咒，决志求生西方。去岁十月有疾，当痛苦时，辄发大愿，愿速往生，见佛闻法，证无生忍之后，乘佛慈力，回入娑婆，度苦众生，心极恳切。月晦之夕，语侍疾者："楼上佛堂，木鱼声甚清亮。屋床壁间，皆金字经，光明照耀。汝曾见闻与否？"又三日前，其姑梦金光满室，光中菩萨不计其数，意谓其媳之病当速痊愈。须知此皆净业纯熟，净境现前之象。至次日十一月朔未时，结跏趺坐，念佛而逝。逝后神色端严，了无死相，通身悉冷，头顶犹温。先时两腿肿胀，不能动屈，及至将逝，遂如平时，故得跏趺而逝，如入禅定也。易园率其儿女，并诸道友，至诚念佛，助其往生，过五句钟，方始安置。设祭待客，概不动荤。村人欲送公祭者，易园止之，令每日来一班人，念佛一期，约二句钟。一则免人虚费，二则实益亡人，三则曲引诸人，同种善根，四则冀丌风气，普播佛恩。实为丧事最善新例，凡有信心者，各当依行焉。

殡殓之后，易园以书寄普陀法雨寺，并汇百圆，祈光相宜为作佛事，以祈未往生则即得往生，已往生则高升莲品。光令念佛堂十六人，打一佛七，又为开示念佛法门之利益，与易园居士之真诚，诸师闻之，悉皆竭诚尽敬。至三七日，其姑祝曰："媳逝多日，生西也未，愿托梦见告，以慰我心。"是夜其子有朋，梦信报纷至，乃取一信，往楼上佛堂看，见佛堂中悬一大灯，光明四彻，远逾电灯。开函见画一张，中有大红莲花，花有台座，花下列小字两行，不复记忆，周围有众多小花，花下之水，其色如银。此日即法雨佛七圆满之日也。得此数征，可知决定往生。

夫众生之心，与阿弥陀佛之心，觌体相同，若以信愿忆念相感，必致弥陀慈悲誓愿摄受。故此间发心念佛求生西方，西方七宝池中即生一朵莲花。倘精进不退，则其花渐见广大。待至其人临终，佛与圣众，即执此花，接引往生。宋荆王夫人笃修净业，姬妾使侍无不率行。有一姬妾无疾化去，夫人夜梦亡妾殷勤致谢，又引其西行，见一宝池，其量广大，中一大花，光明殊胜。妾曰："此夫人生处也。其中周围所有之花，皆蒙夫人教，及展转相教以发心者。"夫人醒已，悲喜交集。未几，值诞生日，念佛立化。有朋所梦，与此相仿，但汪夫人无荆王夫人之功夫及化导之权力，故其境远逊。而有朋未到净业纯熟之时，故只见其画，不能亲见其境。以如是因，感如是果，因不虚弃，果无浪得，于此益信。愿见闻者，各共勉旃。

徐母杨太夫人生西记

一切众生，皆有佛性，皆堪作佛，固无论天、人、修罗、鬼、畜、地狱，况男女贵贱、智愚贤否乎。其升沉六道，轮回不息者，由迷之浅深，与业之善恶，以为因缘，而一念佛性，固未尝因此或有增减也。以迷而不知，不但不得受用，反承此佛性功德之力，作起惑造业，因业感苦之本，岂不大可哀哉！如来愍之，令其返迷归悟，断惑证真，以讫亲证本具佛性而后已。又以众生无力断惑，纵有修持，不能现生即了生死，再一受生，多皆迷失，则尽未来际，解脱无期矣。于是以大慈悲，特开一信愿念佛求生西方法门，俾一切若凡若圣，同于现生，仗佛慈力，了生脱死，较彼专仗自力者，其难易迟速，天渊悬殊也。以故自古迄今，缁素四众，修此法门，往生西方者，不胜其多，即近时亦常见之。

安徽石埭县徐母杨太夫人者，徐居士国治之生母也。其性情孝慈柔善，明敏果决，事父母，事舅姑，相夫教子，持家处事，一一皆悉堪作闺阁典型、女流师范，方之古烈女“母仪”、“贤仁”、“明智”诸传，殆无愧焉。幼即奉佛，老而弥笃。其子三，曰国华、国钧、国治，各受职于政商二界。国治在天津，欲长侍膝下，于民国十年迎养至津，遂持长斋，受优婆夷戒，从兹念佛益精进，颇有瑞征。恐不求一心、专希瑞相之愚人受病，故不录。是秋，安徽水旱奇灾，省长电调国治襄办赈务，以八年在京，办有成绩故也。国治不忍远离，夫人责以大义，促令速去，以救灾黎。国治在皖年余，夫人有病，不许书信言及，恐远道来省，致误赈务，并嘱国华、国钧劝募，以己私蓄倾囊相助，蒙大总统题颁匾额，与慈惠徽章。

十一年赈务毕，皖宪仍縻维国治，乃复迎养皖垣。以年已七十有四，精神衰颓，亲戚中有劝开斋者，夫人曰：“我宁茹素而死，决不食肉而生也。”至今春，病日笃，而神智清明，念佛不辍，谓国治曰：“余于世事，艰苦备尝，故无恋慕，心中唯有念佛一事而已。”又曰：“每一发热，痛苦异常，一想到西方极乐世界，则顿觉清凉矣。”二月廿一，命请僧来寓念佛，以助往生。令将己衣物，尽行变卖，供养三宝。问国治曰：“何日去最好？”国治答以后天是斋日，最好。历数时曰：“余已见释迦牟尼佛，及在津所供之佛菩萨，何独不见接引佛乎？”国治曰：“时至则见矣。”次日，仍复随僧念佛。至廿三黎明，念佛僧福海师曰：“夫人神志气象如常，一二日内，尚不能去。”至巳刻，国治请一接引佛供床前，曰：“阿弥陀佛来矣。”夫人闻之，生大欢喜，起坐瞻视，高声念“南无阿弥陀佛”数声，即结印含笑而逝。国治与诸师，及眷属，犹高声念佛三句钟，始举哀，及沐浴换衣。香气馥郁，有友来吊，于门外即闻之，叹为稀有。三日入殓，面貌比生时更加光彩，顶犹微温，四肢柔软，以数珠置手中，乃屈指握之。

猗欤懿哉！若夫人者，可谓宿根深厚，现行精纯，又得其子国治多方辅助，故令净业成熟，得遂往生之愿。世之不念佛者不必论，即志心念佛者，其子女多皆于将终时，号哭、洗濯、换衣等，俾彼既生悲伤，又生瞋恨，遂致打失正念，仍复永劫轮回于三途六道中，莫之能出。彼犹自谓为尽孝，不知误亲往生之罪，较杀亲为更甚，而举世不知，良可悲伤。国治法母慈仁奉佛，故长斋学佛，屡办赈务，悉皆竭尽心力。今夏来山，以夫人行状见示，祈为作记，以为后世子孙遗范。余以固陋冗忙辞，后复函祈，因约略叙其平生，而于末后事实，稍加详悉，冀世之为人母、为人子者，咸取法焉。

陆西林居士感应记

（民国十五年孟秋）

观音大士，恩周法界，随类现身，寻声救苦，多有深蒙加被，而不自知者。今夏五月，以所印之《观世音菩萨本迹感应颂》，寄苏州西林居士陆寿慈。彼阅至第二卷“救苦门”，不禁有感于中，方知幼时难地获生者，皆大士慈力加被也。遂略叙其事，函致于光云：

> 予家太仓，少孤，赖祖母、寡母教养。母持观音斋，常诵《观音经》、《大悲咒》。咸丰十年，予年十四，值粤匪屡陷各城，从母胡太君，挈吾家三口居乡间伊宅，未几城陷。予携箧有《大悲忏》，从母之姚张太君，命予钞其咒文，由是记诵不忘，日念若干遍。及从母他徙，即依三图毛姓亲戚住。至秋，贼大出，肆掠焚杀。一日午餐，适贼至，祖母年高不能逃，予随母逃向后园竹丛中，贼持矛后追，予母子急跳于河，适有树根，且捉以待，见贼向竹中乱戳一阵而去。闻背后人声，回顾见数贼立河干，摇旗呼哨，若绝不见吾母子者，少选贼去，乃出。及今思之，犹不胜惴惴焉。
>
> 次年十月，将绝粮，贷钱千四百，雇船往璜泾，访族祖竹楼翁。未至而日已暮，船夫推予上岸，并掷所携物于岸而去。日暮途穷，无可为计，不禁痛哭。村媪袁太君怜之，令宿其家，次日命其子伴予谒竹楼翁。翁固贫士，急公好义，有声庠序，聊借行医以期糊口，一见

甚欢慰，许为设法，令多待几日，遂居袁氏月余。及翁资筹妥，送登海船，因到上海，承亲戚引至南门外翠微僧舍。时李相国统兵驻此，得由佣书以进。太平后迁居苏州，勉成家业，得免为沟中瘠，幸哉。

感念从母、袁媪，及族祖之恩德，不啻生死肉骨，终身不敢忘，犹不知经咒之感应也。今读《大士感应颂》诸事迹，始知脱离锋镝，每遇急难，辄逢善人，皆由吾母持斋诵经，感菩萨大慈悲神力覆护之所致也。《普门品》云："心念不空过，能灭诸有苦，于苦恼死厄，能为作依怙。"信然。爰追述之，冀一切善信至诚念菩萨名，及《观世音经》、《大悲神咒》，自可逢凶化吉，遇难成祥，以及业消智朗，障尽福崇，生入圣贤之域，死登极乐之邦云。愿法师愍我愚诚，作感应记，附入《文钞》，普令同人，咸生正信，共沐慈恩。

夫西林居士，宿植德本，现行淳淑，多年以来，长斋奉佛，修持净业。年已八十，精神强健，遇有公益，虽数里远，皆悉步行，人力车等概不肯乘。目力甚好，能写小字。光四月至苏，数来谈叙，其谦卑自牧，为现今所无。彼自幼屡蒙大士冥垂加被，故有今日，然犹未彻知其所以然。则世之受慈护之恩而不知者，盖多多也。譬如杲日，普照万国，盲人虽荷日光生成，以未曾亲见光相，遂谓为无，则其负照临之恩也大矣。愍世愚迷，录以为记。

乌尤山寺新建藏经阁记

（山在四川嘉定乐山县）

佛法大无不包，细无不举。凡十方世界之大，一念心性之微，淑世善民之嘉谟，超凡入圣之懿范，无不彻示原始要终所以然之极致。其道大理微，文深义广，欲阐扬其旨趣，则罄海墨而莫穷其妙。若玄会其圆诠，则觅一字而了不可得。虽圣人有所不知，岂凡情所能测度。是以举行其法，天地鬼神悉无所违。故古今首出庶物、出类拔萃之人，莫不殚精修持，极力流通，以期自他同得实益焉。

综举如来一代教典，分为三藏。“藏”者，深固幽远，无穷无尽之谓。凡佛所说大小乘经，名为“经藏”。凡佛所制大小乘律，名为“律藏”。凡菩萨、声闻所著释经、宗经诸论，名为“论藏”。此皆自佛国请梵本至此土翻译者，约五千余卷。自大法东来，诸宗崛起，代有高人，或著疏以释经，或宗经而造论，以及种种语录、传记，凡属宏扬法道之著述，皆续之于后，名为“续藏”。然古德著述，类多遗轶，入藏者乃百千分中之一二耳，而其多已至二千余卷，况未入藏而举世流通者，更难悉数也。巍巍义山，洋洋法海，随人资禀而为研穷，莫不皆得见真空而彻法源，以复其本具之佛性焉。

乌尤山寺者，西蜀著名之胜地，观音现化之道场也。自唐惠净上人开山以来，历千余年，宗风不坠。虽琳宫绀殿，稍逊往昔，而乘戒俱急，竭诚礼诵，今昔固无二致，非所谓地灵则人杰乎？传度大师住持此山，凡百废坠，渐悉修理。既建弥陀殿，以为专修净业之所。又建此阁，用供所请《频伽书册藏》，以为研究佛法之据。其藏字小，不利老人，拟后有大施主，当入都请梵本《大藏》，以期普得读诵而研究焉。其为法为人之诚，于此可见其概。其阁五楹两层，备极庄严，所费约三千数百圆，皆远近檀越感度师之德而欢喜布施者。工成，致书于光，命为之记。

窃惟一大藏教，义理无尽。而法不自宏，宏之在人。譬如大富长者，库藏众多。设使其子不知，则无从得其受用，殆与贫贱人子，了无有异。倘能知之，则用以自奉，并以周济一切，无不称己所欲，而悉充足，其藏仍复不减丝毫。以此宝藏，是无尽藏，取之不尽，用之不穷，尽未来际，无或罄竭。所愿一切四众，同皆探此宝藏，以自利利他，则灯灯相续，明明不绝。庶不负如来说经，诸祖宏法，度师建阁，檀信佽助之一番至意矣。凡我同伦，各自勉旃。

乌尤山普同塔记

众生一念心性，与佛无二，由妄执故，遂成天渊悬殊。如来愍之，令修四念处观：一观身不净，二观受是苦，三观心无常，四观法无我。此观若熟，我执即破，我执既破，法执亦亡，见思二惑因兹而断，便可以超凡入圣，了生脱死，往生净佛国土，修习菩萨行愿，以期上成佛道，下化众生而后已。其有根机陋劣，现生未能如是者，待其死后，火化其身，俾彼了知五蕴本空，四大非有，一灵真性，彻底圆彰，既不属于见闻觉知，亦无所谓我人众寿，庶解脱乎业累，以亲证夫真常。是以古之在家通人，多皆依此送终，不独僧众为然也，以其既令亡者得其解脱，又令存者悟其本空，其利益殊非浅鲜。既化之后，设道德高超者，必有坚固不化之舍利。即无舍利，其烬余之朽骨，悉安置于普同塔中，亦若生居丛林，参随海众，凡圣同居，藉资熏陶。灵骨既多，必有神超净域，业谢尘劳，莲开上品之花，佛授一生之记者。与之同居，如蝇附骥尾，亦可直达千里。亦如水归大海，悉舍本名，同一咸味矣。此普同塔之所由来也。

嘉定乌尤寺，自唐惠净大师开山，至今千有余年，岁月既久，其普同塔亦已坍塌破坏。幸传度大师住持其中，力振莲宗，既令存者修净业以同生西方，又欲亡者得乐所以共入海会。用是募诸善信，以成其事，命光作记，以发挥其义意。爰为颂曰：

众生受生死，皆由执有我，因兹起三毒，如蛾争赴火。
试观念未生，我究居何所？即令既生后，我究属什么？
既不属根身，亦不属识心，以根无所知，识心因物移。
众生不了故，逐妄而迷觉，认此妄想心，常受生死缚。
如来垂慈愍，令观我本空，既知我空已，诸法尽消融。
况复经火浴，四大悉分散，五蕴原无有，我从何处现？

从此证无生，真我方觌面，普愿法界众，同作如是见。

创建菩提精舍缘起碑记

净土法门者，十方三世一切诸佛，上成佛道，下化众生，成始成终之法门也。以如来所说一代时教，种种法门，皆须修持功深，亲到业尽情空地位，方可了生脱死，超凡入圣。若惑业未尽，则生死轮回决定莫出，纵有修持，只得世福，及作未来得度之缘种而已。此系仗自力以了生死者之难也。净土法门，则以深信切愿，持佛名号，求生西方，兼以敦笃伦常，恪尽己分，诸恶莫作，众善奉行。以己信愿，感佛慈悲，感应道交，故于临命终时，即得蒙佛慈力，亲垂接引，往生西方也。固无论惑业之有无，功夫之浅深，但具真信切愿，虽罪业深重者，尚能出此三界，登彼九莲，况戒善齐修，定慧均等者乎。此系全仗佛力，兼仗自力以了生死者，故于一代时教法门之中，名为特别法门，不得以通途仗自力法门并论也。良由以果地觉，为因地心，故得因该果海，果彻因源。以故千经万论，处处指归。往圣前贤，人人趣向。以其为了生脱死之捷径，超凡入圣之妙法故也。溯自大教东来，庐山远公创开莲社，与僧俗一百二十三人，精修净业，咸得往生。自后代有高人，为之提倡，而天台、清凉、永明、大智等，其发挥阐扬，尤为不遗余力。由是莲风遍及中外，因兹出五浊以预海会者，又何可以算数譬喻而得知其数哉！

近来世道人心，愈趋愈下，凡怀忧世之心，欲为救援者，莫不以归心佛法，提倡因果报应，及戒杀护生，信愿念佛，求生西方为志事。傅裕斋居士，宿植德本，性行淳和，以职任商业，未知佛法。去岁访友至杭，夜宿常寂光兰若，闻众僧念佛声，直同甘露灌顶，醍醐沃心，庆快之忱，非言可喻。因兹触动宿根，即欲与同志，随分随力修持此法。乃与丁甘仁、倪大椿、谭步韶、严子良、孙良臣、傅裕经、傅庭芳、沈晋镛、金益如、林双泉、陈载峰、庄海涛、李述初、吴祖昌、谭子临、谭石卿、谭海秋、谭竹馨、罗稚云、谢崇华、田玉树、傅梦弼、谭肇贵等商，拟于杭州西湖建一精舍，以作现在随力修持，老来专心办道之所，佥称曰善。遂购地建筑，不二年而工竣，因名之为“菩提精舍”。其基地二亩六分七厘，共为两进。前为大殿，五间，中供西方三圣，旁供十八罗汉，以作念佛礼诵之所。后阁五间三层，上层三间，中供三圣尊像，旁供二十四人祖先牌位，以显会预莲池，常侍弥陀，即得亲证无量光寿之体用，不生不灭之佛性。其前后次序，悉以当人之年齿为准。两旁及中层，分装房间，以作诸人静修之所。下为客厅，旁作养心堂，以备高人杰士暂时憩息。

其宗旨大纲有五：一、本精舍原为社友各有职业，不能常住专修，因礼请真心办道之戒僧七位，常年修持，每日二时课诵，三时念佛，以为诸社友乘暇来此修持之向导。衣单食用，通归社友摊任。二、本精舍乃二十四人公同建立，公同经管。将来继管之权，每人只传一房，须择其性质与佛法相应者，其余子孙，概不过问。以免支派蕃衍，无处安居，及人各异见，或致纷争耳。三、本精舍原为自修而设，与寺庙性质各别，不得应酬社外人经忏佛事，即逢年节，亦不任人烧香。唯社友或有祈祷，或有追荐，则无所碍。四、本精舍以专修净业、清净持戒为主旨，荤酒不许入门。凡下棋、打牌，以及与佛法相违之事，一概禁止。凡诸社友，各宜自勉。五、本精舍原为社友静修而设，其居住日期，随己心意，唯不得携带女眷，及小孩等。设或家眷欲来瞻礼，固无不可，但须即日便去，决不许女眷住宿。以期无妨清修，息世讥嫌，俾“菩提”二字，得以光大而扩充之，则为幸大矣。

综此僧俗修持功德，上祈各人历代祖宗，现生父母，消除无始恶业，增长殊胜善根，预莲池之海会，证本具之法身。又祈凡住此念佛诸师，及各社友，与诸眷属，三障冰消，五福云集，生入圣贤之域，没归极乐之邦。又祈见者闻者各各效行，共转凡心，以成圣智，则礼让兴而兵戈永息，忠恕起而物我同观。庶天下太平，人民安乐，唐虞盛世之风便可见于今日，而人皆可以为尧舜，人皆可以作佛之语，悉得其实证焉。此诸居士创建精舍，题名“菩提”之本心也，因略述之。

创建西方三圣殿功德碑记

（代华德师撰）

阿弥陀佛乃法界众生之无上慈父，险难恶道之第一导师，因中发四十八种之誓愿，果上获超诸数量之光寿，端居莲邦，分身遍十方刹海，普摄含识，即生证三德涅槃。至若观音、势至二位大士，则现身尘刹，寻声救苦，摄念佛人归于净土，辅弼弥陀，度脱众生，与乐拔苦，咸令究竟。三圣恩德，深广无量，虽天覆地载，莫能喻其万一，纵粉身碎骨，何由报其涓埃。衲忝为弟子，莫阐宏猷。欲令阖院僧众专修净业，拟创极乐世界三圣宝殿，而资斧空乏，不克如愿。幸有信士洪庆斋，同室戈氏妙芳，夙植德本，笃信佛乘，仁慈居心，宏护为事，率女王洪氏、外孙王天赐，慨施多金，助成胜事，故得金容舒辉，法轮常转，功德利益，何可名言。唯愿三圣垂慈，冥显加被，俾彼本施主，及诸助缘者，各各现世灾障潜消，备膺五福，临终形神俱妙，高登九莲。先亡祖祢，咸升极乐之天。后代儿孙，悉入仁寿之域。因书缘起，用勒贞珉，俾后之安居修行者，知净土法门之所以广大，决志求生，三圣道场之何由成立，福资檀越云尔。

螺头庙东照寺重修地母庙碑记

普载万象，不生分别。普生万物，以给人用。而且不矜其功，不望其报。地之恩德，可谓广大周遍博厚悠久而莫能名焉。圣人立法，凡法施于民，以死勤事，以劳定国，以及御大灾、捍大患者，皆设祠祀之。况吾人毕世所依而生之大地，可不特建殿宇，庄严仪像，常以香花灯烛供养，以少舒报恩之心，恒致如在之诚乎？此东照寺地母庙之所由建也。言地母者，即佛经所谓主地神也。盖以生长万物，若母之养育儿女，故俗称为地母，实非专现女身者。按《华严经·世主妙严品》，主地神有佛刹微尘数之多，虽有从他方世界来者，然只此大地亦非一神所主，殆各有疆界耳。又凡属神祇，皆有升迁进退，如世官僚。官署、官名则永不更改，其人则进退摄谢，了无一定。非如仓颉、孔子、关帝、文昌之专属一人也。

董事叶昌云，以地母庙建立已久，将欲倾覆，募诸善信，得洋若干元。住持慈宽，又助一半。遂得殿宇、法相，悉皆重新。将欲立石，祈叙大义。《易》曰："地势坤，君子以厚德载物。"人能居心行事，有如大地，施恩不求报，受辱不怀瞋，但尽我之天职，不计人之顺逆。如是之人，生入圣贤之域，没登极乐之邦。如持地菩萨，以平地故，心地遂平，得证圆通，将来尚复成无上道，教化九法界一切众生，如天普盖，似地均擎，无有一人不在钧陶化育之中。此观象修道、证心成佛之大利益，愿诸阅者，咸注意焉。

今彩大师往生记

今彩大师，俗姓方，江西雩都县人。宿有善根，少即戒杀吃素。至三十后，深厌五欲多苦，三界无安，遂出家于福建长汀县报恩寺。具戒后，专志苦行，于赣州光孝寺执香灯，精洁虔恭。凡见之者，皆叹其诚。惜常住物，如护目珠，日以礼拜念诵为事，时无虚弃，为寺众所钦敬。继欲专修净业，徙宁都深山石室中，架松为座，聚草作褥，种薯为食，补衲为衣。其为苦行，人所难堪，师恬然适意，以道为乐。久之，有造访者，施以银钱，则却之不受，若与敝衣粗食，则便受之。素性孤洁，不立徒众。有重其德者，代为收四人，实皆未与同住。一徒名德缘，庙稍丰裕，念师清苦，再四哀恳，接回供养。未几，复往莲花山，自以木板隔一小屋而居，寺众尊其道行，听伊自便。终日闭户诵经念佛，除早午二餐外，鱼磬之声，朗朗不辍，数十年如一日。由是缁素信慕者众，每有诚心供养衣履赈施，不容推却者，随即供佛供僧，为彼作诸功德。随身仅留十圆，以备命终焚化之费。其清苦自甘，解脱无着，有如此者。凡造访者，无论缁素，均示以娑婆恶浊，极乐清净，急求出离，是为要务。然须明因识果，修行世善，谨守禁戒，诵经念佛，内外如一，始终不变，方有冀望。从无一言涉及世间福乐者。民国七年戊午，年七十四，十月初，示微疾，至初四日，断饮食，念诵如常，夜深遂息。初五侵晨，寺众不见师起，叩之阒然不应，入室视之，已端坐化去。左手仍执引磬，一如平昔念佛时，头略低垂，面带笑容，与生无异。寺众观之，赞叹不已，佥云："师平日有若是之行履，故致斯时得如此之景象，其神超净域，质托宝莲，可以决定无疑矣。"其徒德森，为余言之。切念末世僧人，每多懈怠，唯贪利养，不修道业。若师者，真可以为末世楷。因笔以记之。

赵尊仁居士往生记

赵尊仁，法名培庚，如皋马塘市人。年三十余，素业商，其性情淳笃无伪，其作事果决率真。近数年来，得闻净土法门，深生信心，日以念佛求生西方为事。置商业，专办慈善公益事，极其认真。由是倡办济生分会，及佛经流通处，凡有善举，力能为者，无不为之。地方路灯，亲自早收晚送，不以为劳。一方之人，皆服其诚。彼以诚感，众以诚应，凡所劝募，无不随愿圆成。民国十五年冬，身婴笃疾，力疾提倡佛七，以祝世界太平，订于腊月初二日起七，至初八日圆满，请掘港西方寺范成师主七，其经济皆善信所自送，入会念佛者四十余人。居士虽带重病，其念佛益精进，若无病者，至初六日下午七句钟，竟念佛坐逝。在会诸人，益加恳切念佛，助彼往生，过数小时，顶犹温，形色与生无异，于以见弥陀愿力，众生心力，两皆不可思议。良以真如佛性，众生本具，特仗因缘启发耳。如种子已布于地，一经时雨，随即发生萌芽。彼世之以本具佛性之力，日驰逐于贪瞋痴杀盗淫中，譬如以随意雨宝之摩尼珠，置于圊厕，则无所受用矣，可不哀哉？闻居士之风，能不愧死！

沙健庵居士往生记

沙健庵，名元炳，江苏如皋人。其品行操持，文章道义，皆足以为末世楷。其学重躬行，不尚词章。其志务尽分，不慕荣宠。以故登太史第后，家居奉亲，冀尽子职，不入仕途。初未知佛为何如人，经具何如义，循袭乎韩、欧、程、朱之说，谓佛法为圣道害，而于国于民皆无所益也。逮辛亥国变后，闷极无聊，常存超出此世界想。试取佛经读之，见其义理精微奥妙，圆融超脱，始知佛为大圣人，其教有不可思议之事。若出幽谷，得睹天日，不禁喜极而悲，惜数十年拘墟之陋。从兹潜心研究，受持读诵，以冀亲证本有佛性，不致常为六道轮回中人。

民国十二年癸亥，年周花甲，厌世之心益切，适谛闲法师莅如讲《弥陀经要解》，亲预法筵，遂知净土横超法门，为等觉大圣、逆恶小凡，同于现生，仗佛慈力，出此娑婆，登彼极乐，随己根性，而得证入之道。于是专修净业，以期往生。次年崔益荣来山归依，与光言居士之学问修持，因令持《文钞》以相赠。次年陈正有以所作《斥丧中食肉饮酒论》见示，据经引史，明辨以晰。知居士学有根柢，志希圣贤，虽未相见，而彼此各皆心许为神交矣。去夏闻光至沪，即欲来见，以病不能出门，未果，犹期异日来山请益，迄至将终前，与友谈论，引为憾事。然既生西方，亲炙弥陀，参随海众，未见一粥饭僧，又何所歉？

至秋，左腋患痈，继以咳血，入冬益甚，中西医均无效。得无以修持力，转重报后报，为轻报现报，以了宿业乎？至腊月十一，遂卧床不起，乃将生平著作，付门人项本源、黄文浚，略嘱咐家事。颇悔从前改广福寺为议会，迁移佛像，有赞成之过。命其子进，出三千金，于东门广慧庵，改建佛殿，以赎前愆。又令家中眷属日夜轮班，在床前念佛，即至临终亦复如是，不得预为洗濯换衣，及哭泣等。殓以布衣，勿用绸缎。丧中无论祀神、待客，勿用酒肉。吾尝作论斥世，汝等切勿随顺恶俗，陷我于罪。又令请僧助念，必期仗佛慈力，往生西方。于床前设香案，供阿弥陀佛接引像，面对慈容，口念心忆，专精一致，概不提及余事。二十四夜，病益殆，僧众咸来助念，居士正念分明，声默相随。延至二十六，虽不闻声，口恒翕张。午后气益促，家人及僧众念佛声益凄紧，至酉时，遂溘然而逝。颇有异香，大众念佛益烈，逾二时顶犹温。直至天明，始停佛声，为拭体，着殓服，举哀。其子能奉命无违，可谓真孝。

噫！若居士者，可谓宿根深厚，见地高超，言行相应，内外一如。据数年来之修持，及平素之信愿，临终之景象，殆中品上生者乎？以孝养父母，行世仁慈，具真信愿，摄心净念故也。然一得往生，当必地登不退，忍证无生，渐次修习，以至圆满菩提而后已，又何歉憾乎哉！兹撮取其徒项本源，其子进，并吾徒崔益荣所述而记之，以期后之辑《往生传》及隐士事迹者，有所本云。

沈翊仙居士脱难记

佛视一切众生，犹如一子，爱无偏党，常欲度脱。以一切众生皆有佛性，皆堪作佛，故虽绝无信心之一阐提辈，亦无一念弃舍之心，机缘若到，自可生信归依，依教修持，以迄断惑证真，了生脱死也。故《楞严经》云："十方如来，怜念众生，如母忆子。若子逃逝，虽忆何为？子若忆母，如母忆时，母子历生不相违远。若众生心，忆佛念佛，现前当来，必定见佛，去佛不远。""如染香人，身有香气。"《法华经》云："若有无量百千万亿众生，受诸苦恼，闻是观世音菩萨，一心称名，观世音菩萨即时观其音声，皆得解脱。"又云："是观世音菩萨，于怖畏急难之中，能施无畏，是故此娑婆世界，皆号之为施无畏者。"良由众生之心，与佛菩萨之心，觌体无异。但以众生迷昧，背觉合尘，致使彼此间隔，莫蒙覆被。倘背尘合觉，一心称名，自然感应道交，垂慈加被，虽遇险难，亦得无虞也。

安徽沈翊仙居士，向不知佛。丙寅春，金陵起金光明法会，遂入会随喜，读《金光明最胜王经》，觉义理精妙，愿常受持。因请一部，日诵一卷，十日一周，周而复始。夏间从军赣地，军事纷繁，不能诵经，但默念阿弥陀佛及观世音菩萨圣号而已。八月赣战失利，全军覆没，唯彼一人得全身命。方知佛慈广大，感应无差，奈芸芸众生不但不生信向，反从而毁谤之，致令无缘大慈，同体大悲，莫由亲受。喻如杲日当空，普照万邦，彼戴盆者，莫见光相，可不哀哉！后得印光《文钞》，乃知净土法门，为一切若凡若圣，现生即得了生脱死之道。仗佛慈力，横超三界，较彼仗自力断惑证真竖出者，其难易天渊悬殊也。冬初归家，特辟静室，供佛及观音圣像，晨夕礼念，以期消除宿业，增长善根，生为三业清净之人，没登九品宝莲之位。以书致光，祈为作记。因将佛菩萨平等大慈大悲，愍念众生，及众生向背不同，致有得受覆被与否之义，书以赠之。以冀无信心者，即生正信。有信心者，益加修持。务必敦笃伦常，恪尽己分，克己复礼，闲邪存诚，众善奉行，诸恶莫作，生为圣贤之徒侣，没入如来之封疆。倘人各如是，则争竞消灭，礼让兴行，天下太平，人民安乐矣，何幸如之！愿见闻者，咸谛信而力行焉。

永春重修东关桥观音灵感记

观世音菩萨，誓愿宏深，慈悲广大，遍周尘刹，随类现身，寻声救苦，度脱众生。由是凡通衢要道，多建庙宇，以期往来之人亲睹圣像，生恭敬心，庶可咸蒙慈覆耳。福建永春，古称桃源，山川秀丽，民俗淳朴。邑东十里，地名东关，与泉州南安毗连，有溪横其间，宽若千丈。宋时即建石桥，以利行人。然水甚冲激，遇大风雨，桥辄倾圮，每数十年，或百年，桥必重修，具载《县志》。邑人崇奉佛教，于桥正中建亭，供观世音菩萨圣像，令来往者，同种善根。清光绪三十四年，岁在戊申，洪水为灾，桥全毁灭。当将毁时，适值半夜，风雨洪暴。桥头一店主陈某，年五十余，颇好善信佛，已熟寐矣，忽闻叩门声甚厉，大呼："速往桥上捧菩萨出！"遂惊醒。而叩声益厉，连呼："速去！"急开门，则了无有人。见水势汹涌，桥摇荡有声，若将仆者。风雨扑面不之顾，驰往桥亭，捧菩萨出。甫离桥，闻崩裂声，则桥正中一段，已随波浪去矣。其人言，初亦不知何以能奋勇如此，殆有神助者然。噫！异矣。

邑人李元贤之父继如公，经商星洲，家道颇丰，热心公益，乃与星洲侨友，倡捐重修，至民国甲寅，桥始告成。迨至丙辰，又遇风灾，桥亭与梁木毁焉，乡民遂奉菩萨于附近庙中，而世道荒乱，桥事无过问者。元贤之母黄太夫人，往庙烧香，经过其地，愍焉伤之，意欲重修。夜梦菩萨现金色身，璀璨庄严，语之曰："唯汝能为我重修此桥，并以祀我，可速为之，以福汝子孙。"由是观之，足见菩萨唯以利益众生为念，而一见圣像即种将来成佛之善根，故特示修桥，而兼令供奉圣像也。太夫人遂驰书谕贤，备款复修。乃举邑人某某董其事，至癸亥二月工竣。当地人士，为悬匾联颂之。仍奉菩萨于桥亭，由是因缘，香火益盛。

在昔董事某君，近至星洲，言及菩萨之灵，邑人佥欲立碑于亭，一以彰菩萨之灵迹，一以启后人之热心。元贤以此事有关于邑人之善根者甚巨，遂函祈光作。语云："非是父不生是子。"又云："欲知其父视其子。"此桥初由继如公倡修，次由黄太夫人重修。元贤恭承父志，恪奉母命，不惜巨款，以期悦亲心而利邑人，其心固与菩萨普度众生之心，有相契焉。世之欲蒙菩萨加被，冀其灭灾障而增福寿者，当于笃行孝友、利人利物中求之，则求无不得矣。

杂著

潮阳佛教分会演说一

（代了清师作）

我大觉世尊释迦牟尼佛，尘点劫前，早成正觉。为度众生，数数示生，频频现灭。且据此番出世，在周昭王二十六年甲寅，示生于中天竺迦毗罗卫国净饭王宫。其母摩耶夫人，于四月八日入毗岚尼园游观，见无忧树花盛开，以右手攀枝欲取，世尊即于右胁诞生，随即一手指天，一手指地，目顾四方，周行七步，曰："天上天下，唯我独尊。"至年十九，于二月八日夜半时，乘乾陟马，逾城而去，直至深山，修出世道。又欲示彼外道皆非正法，故复游历五年，遍访诸仙。后乃独坐观心，日食一麻一麦，苦行六年，于腊月初八日明星出时，举目一观，豁然大悟，叹曰："奇哉奇哉！一切众生，具有如来智慧德相。但以妄想执着，不能证得。若离妄想，一切智、自然智、无碍智，即得现前。"须知世尊出家、游历、苦行、悟道，皆为后世修行者作一榜样，非先实未悟，因兹始悟也。事在穆王二年癸未。从兹随顺机宜，度脱众生，说法四十九年，谈经三百余会，偏圆顿渐，大小权实，观机逗教，令其得益。至穆王五十二年壬申二月十五日，以一切众生，根已熟者，皆证道果，其未熟者，皆亦已作得度因缘，一期事毕，复示涅槃。以定慧所生丈六之法身，作金刚不坏八斛之舍利，散布天上人间，起塔供养，普令众生，同种善根。

至汉明帝永平七年甲子，帝梦金人，项有圆光，飞来殿廷。旦问群臣，是何祥瑞？太史傅毅对曰："西域有神，号之为佛。陛下所梦，其必是乎。"帝遂遣博士王遵、中郎将秦景、郎中蔡愔等一十八人，往求佛法。至月氏国，值迦叶摩腾、竺法兰二尊者，赍佛经像，欲化此方，遂祈同来。至十年始达洛阳，馆于鸿胪寺。后建伽蓝，因以白马驮经，假馆鸿胪之故，因名之曰白马寺。帝问摩腾："大觉世尊何以不生中国？"腾曰："迦毗罗卫国，乃大千世界之中。三世诸佛，悉生于此。边方国土，或数百年，或千余年，声教渐被。此土乃属东方，当土自称中国耳。"五岳诸山道士，以新来佛法，帝极崇重，遂怀忌妒，至十四年正月一日，朝正之次，表请较试。帝允许之。至十五日，于白马寺南门外，筑台置经，以火取验。道经悉毁。佛像及经，悉皆放光。摩腾涌身虚空，现诸神变。即时宰官、士庶、道士、妃嫔等千余人出家。帝即建十寺，七寺安僧，三寺安尼。然此时东西尚未大通，往来者少，佛法流布，仅在北方。三国初有康僧会者，始宏化吴地。至晋而遍及全国，兼流布于高丽、日本、暹罗、安南、缅甸、蒙古诸国。佛法肇始于汉，扩张于晋。及宋、齐、梁、陈、隋，则蒸蒸日上。至唐而律、教、禅、净、性、相诸法，无不具备。五代之时，北方略衰，南方犹盛。至宋而法门气象，不亚唐时。元以蒙古入承大统，崇重佛法，不让前朝。明朝诸帝，奉佛犹殷。唯嘉靖崇信道教，四十余年，法运少衰。万历以来，又复蔚兴。迨至有清，崇重尤隆。世祖章皇帝不观时机，仰遵佛制，罢除试僧度牒，令其随意出家。在当时高人林立，实为有益。从乾隆以后，法道日微，加以发匪、回匪屠戮僧侣，焚毁寺宇，法轮几乎停转。从兹哲人日稀，典型日坠。鄙败无赖之徒，由不试僧之故，多皆混入其中，裨贩如来，造种种业。致令见浅之流，纷纷谤议，竟有逐僧毁寺等种种不法之举。虽事出无知妄作，总因僧界无人，解行俱缺，不能以法化人之所致耳。

溯自法流中国，历代帝王，无不崇奉。唯三武灭佛，而随即更兴，譬冬之冻闭坚固，正成就其春夏之发生畅茂耳。杲日当空，只手焉遮。仰面唾天，反污己身。三武者，魏太武、周武帝、唐武宗也。先皆深信佛法，极意修习。魏武信崔浩之蛊惑，周武听卫元嵩之谗谮，唐武信李德裕及道士赵归真之诬谤。毁灭未久，而主者、助者，皆罹极殃。魏武废教后，不五六年，崔浩赤族，己亦被弑。嗣帝即位，复大兴之。周武废教后，元嵩贬死，不五年而身感恶疾，遍体糜烂。死未三年，隋文受禅，复大兴之。唐武废教后，不及一年，归真被诛，德裕窜死，武宗服道士金丹，疽发背死，宣宗复大兴之。宋之徽宗，初亦甚信佛法，后听道士林灵素之妖妄，遂改佛像为道相，称佛为大觉金仙，称僧为德士，着道士衣，凡作法事，居道士后。下诏不久，京城大水，直同湖海。君臣惶惧，敕灵素止水，愈止愈涨。忽僧伽大圣现灵禁中，帝焚香乞哀，僧伽振锡登城，水即顿涸。随敕复佛旧制。不六七年，父子被金虏去。金封徽宗为昏德侯，钦宗为重昏侯，二宗皆死于五国城。夫佛乃三界大师，四生慈父，圣中之圣，天中之天，教人以返妄归真，背尘合觉，了幻妄之惑业，复本有之心性。尚感恩报德，护持流通之不暇，岂可任一时之势力，灭众生之慧眼，断人天之坦路，掘地狱之深坑？宜其即目交报，永劫沉沦。贻诮将来，以为殷鉴。

《书》曰："惠迪吉，从逆凶，惟影响。"因果报应，亦儒教之圣谟，但未深明其致，故人多暗昧不了耳。由汉至今，千八百余年，自天子以至于庶人，依佛法而明心见性、了生脱死者，如恒河沙。迄今民国启运，各界名人，皆知佛教为世出世间道之源本，保护赞助。我广东乃千余年来宏法胜地，曹溪一脉，流布中外。潮阳灵山，实大颠禅师摄辟佛之大儒入佛法之胜道场地。（师讳宝通，潮州杨氏子。参南岳石头希迁禅师，大悟，遂嗣其法，住潮州灵山。刺史韩退之初不信佛，每作文排斥，至宪宗元和十四年，谏迎佛骨，贬之潮州，因与大颠往还，乃少生信向耳。）今法运虽衰，胜地犹昔。我僧界诸同衣，各宜以古为师，见贤思齐，精进勇猛，力修净业，庶不至宗风扫地，贻辱法门。而况外护有人，内修无障，岂可不自奋勉，以挽既倒之狂澜，续将绝之慧命，冀报佛恩于万一哉！

潮阳佛教分会演说二

今日缁素云集，嘉会宏开，其名义、宗旨、事业、利益，毕竟如何？请略陈之。

言名义者。名为“潮阳佛教分会”。而义则“佛”者，觉也，自觉觉他，觉行圆满，名之为佛，即指娑婆教主本师释迦牟尼佛而言，非过去、现在、未来十方一切诸佛也。“教”者，圣人被下之言，上之所施，下之所效也。佛视一切众生本觉妙性，与己无异，但以迷染因缘，遂成不觉，幻起烦恼惑业，枉受生死苦果。因将众生本具、自己亲证之理，随彼根性，作偏圆顿渐、大小权实等种种异说，令其于不觉心，起始觉智，修德有功，性德方显，真穷妄尽，彻证本觉。一大藏教，皆诠斯义。佛诸弟子，永为典型。此教之所由来也。“会”者，聚也，合也。欲上求佛道，非聚合六度万行而无由。欲下利众生，非聚合三宗四教而不可。今兹一会，乃聚合僧俗两界诸大德，同心戮力，维持法门，振兴佛教，上辅国政，下化同胞。然则此会，亦法王嘉会及法施之会之流类也。

宗旨者。整理法门，保护僧产，俾僧俗各体忠恕慈悲，以永享乎共和幸福耳。

事业者。教育幼僧，习学经典。策励先进，笃修净业。若是在家居士，务祈专念弥陀，求生西方。

利益者。持佛禁戒，自行化他，则俗美人和。依教修观，断惑证真，则超凡入圣。

医家治病，缓则培本，急则治标。外界侵夺，乃法门标病，以其急故，因以保护僧产为首。若论正本清源之道，我同衣果能人人恪守清规，笃修净业，道行若立乎己身，德化自感于同人。彼常谋侵夺排斥者，将反而恭敬供养之不暇矣，何用乎保护为？倘佛会虽立，行为仍旧，善人则厌而恶之，恶人则必以佛会无益为口实，而更加侵夺排斥，纵欲保护，亦无从措手矣。孟子谓“夫人必自侮而后人侮之，家必自毁而后人毁之，国必自伐而后人伐之”者，此之谓也。凡我同衣，各宜勉旃。内护得法，则外侮自息矣。

潮阳佛教分会演说三

诸佛菩萨于诸众生等作利益，无有偏党，如天普盖，如地普载，如日月普照，如膏雨普润，了无憎爱分别之心。然由众生向背不同，致令损益天地悬殊。譬如人处天地之间，以不善摄生故，或因严寒酷暑而致病，或因堕坑落堑以亡身，只宜归咎自己，岂可怨尤天地。又如日月当空，盲人虽不睹光，亦蒙其照。时雨等澍，小草纵难冲霄，亦遂其生。光润是一，而得益各别者，由目坏根小之所致也。其慈悲誓愿，以己功德回向众生，冥熏加被，与垂形六道，和光同事，种种方便利益众生之不思议事，若非彻证自心，遍阅《大藏》，何由得悉知亲见也哉！今以显而易见之一事言之，诸有智者，自当以一悟诸，深感佛恩，而悲其闻法修持之晚也。

当今之世，去尧舜禹汤文武三四千年，其世道人心，远不能与古相比。然由知六道轮回，随业升沉，天狱迭迁，人畜互变之故，虽刚强难化、了无信心之巨恶元凶，其心亦被此法折伏。纵草菅人命，心犹隐伏一惧因畏果影子，遂不至十分暴恶。如列国诸侯，以所爱之臣妾，及与百姓，杀而殉葬，动至数十数百而不以为非，反以为荣者，不犹此善于彼乎？夫文王泽及枯骨，不数百年而杀人殉葬之风遍于天下，虽老、庄、孔、孟齐出，尚不能挽其颓风。自佛法东来之后，生死轮回、因果报应之理，大明于世。勿论诸侯，即南面称朕，亦不敢行，纵有行者，亦断不敢以多为荣也。倘无此法，唯以正心诚意之说，令其推忠恕而笃胞与，息殉葬而全民生，吾恐劝之者徒劳，行之者益炽也。而况后儒唯知治道，不了自心，欲排佛法，强立门庭，皆谓一死永灭，无复后世。若非如来生死轮回、因果报应之理，浃洽人心，则后世人民，其得正命而善终者，盖亦鲜矣。斯盖佛法中最极浅近之法，尚可胜残去杀。而况至极深远之圆顿大法，其世智凡情，又何能测度其利益于万一也耶！

潮阳佛教分会演说四

众生者，未悟之佛。佛者，已悟之众生。其心性本体，平等一如，无二无别。其苦乐受用，天地悬殊者，由称性顺修、背性逆修之所致也。其理甚深，不易宣说。欲不费词，姑以喻明。

诸佛致极修德，彻证性德。譬如大圆宝镜，其体是铜。知有光明，日事揩磨，施功不已，尘尽光发，高台卓竖，有形斯映。大而天地，小而尘毛，森罗万象，炳然齐现。正当万象齐现之时，而复空洞虚豁，了无一物。诸佛之心，亦复如是。断尽烦恼惑业，圆彰智慧德相。尽来际以安住寂光，常享法乐。度九界以出离生死，同证涅槃。

众生全迷性德，毫无修德。譬如宝镜蒙尘，不但毫无光明，即铜体亦被锈遮，而不复现。众生之心，亦复如是。若知即此铜体不现之废镜，具有照天照地之光明，从兹不肯废弃，日事揩磨，初则略露铜质，次则渐发光明，倘能极力尽磨，一旦尘垢净尽，自然遇形斯映，照天照地矣。然此光明，镜本自具，非从外来，非从磨得，然不磨则亦无由而得也。众生背尘合觉，返妄归真，亦复如是。渐断烦惑，渐增智慧，迨至功圆行满，则断无可断，证无可证，圆满菩提，归无所得。神通智慧，功德相好，与彼十方三世一切诸佛，了无异致。然虽如是，但复本有，别无新得。若唯任性德，不起修德，则尽未来际，常受生死轮回之苦，永无复本还元之日矣。

吾辈既为佛子，当行佛行。纵不能豁破无明，顿复性体，以直趣妙觉果海。岂可不圆发三心，笃修净业，以期断烦惑于此身，托心识于莲邦，为弥陀之弟子，作大士之良朋，安住寂灭，游泳佛国，上求佛道，下化众生乎？倘不自奋勉，高推圣境，自处凡愚，畏半生修持之勤劳，甘永劫沉沦之酸楚，迷衣珠而弗珍，登宝山而空归。以具无量功德智慧、神通相好之妙真如性，枉受无量生死轮回、烦恼业果之幻妄极苦。岂非丧心病狂，恶升乐坠，生作行肉走尸，死与草木同腐。三世诸佛，称为可怜愍者。凡我同伦，各宜努力。

味精能挽劫运说

饮食于人，关系甚大，得之则生，弗得则死，故曰食为民天。然天地既为人生种种谷、种种菜、种种果，养人之物，亦良多矣。而以口腹之故，取水陆空行诸物，杀而食之，以图一时之悦口，绝不计及彼等与吾同禀灵明之性，同赋血肉之躯，同知疼痛苦乐，同知贪生怕死，但以力弗能敌，被我杀而食之，能不怀怨结恨，以图报于未来世乎？试一思之，能不惴惴？忍以一时悦口之故，于未来世受彼杀戮乎哉？愿云禅师云："千百年来碗里羹，怨深似海恨难平。欲知世上刀兵劫，但听屠门夜半声。"详味斯言，可以悟矣。

奈世人习惯肉食，劝其吃素，纵有恻隐之心，亦不易从，以无滋味以佐食故。近有化学大家吴蕴初君，有心世道，欲挽杀劫，特专精研究食味一事。乃取麦麸，洗出面筋，酝酿多日，制成酱精、味精，以资饮食之味，其意亦良厚矣。此品其质醇厚，绝无荤物，愿吃素之人，放心用之。光初闻其说，尚不敢信。一日，林涤庵夫妇同来皈依。因与说食肉结果之惨，天灾人祸，多从杀生食肉而起，奈世人多以口舌滋味所误，故难消灭其根本也。彼遂言："吴君所制味精、酱精，甚鲜美，若着少许于食中，即粗粝亦等珍羞矣。"因请光偕江味农居士，并二三友人，同往其厂，看其制法，深佩吴君一番苦心。以此品一行，不但救护物命，且能令同人解怨释结，俾与一切物类，同得共生于天地之间，以各尽天年，其利益大矣。

孟子曰："矢人岂不仁于函人哉？矢人惟恐不伤人，函人惟恐伤人。巫匠亦然。故术不可不慎也。"窃谓吴君此品，艺也而进乎道矣。出此以行世，求利也而实含利人利物、救国救民之深益矣，其功伟哉！慈受深禅师云："饮食于人日月长，精粗随分塞饥疮。下喉三寸成何物，不用将心细较量。"况有此品以辅之，宜一切人各各吃素，以保我身世世生生不遭杀劫。明哲君子，当不以光言为迂腐也。

岳步云为亲所设佛堂说

众生一念心性，与佛无殊。由迷背故，不得受用。反承此佛性功德力，起贪瞋痴，造杀盗淫，以致轮回三途六道，了无已时，可不哀哉！阿弥陀佛，于往劫中，发四十八种大愿，有一愿云："若有众生，称我名号，求生我国，乃至十念，若不生者，不取正觉。"是知佛念众生，如母忆子。众生若能生信发愿，持佛名号，求生西方，如子忆母，自然上契佛心，感应道交。现生蒙佛加被，业障消灭，诸缘顺适。临终蒙佛接引，带业往生极乐世界。从兹入圣超凡，了生脱死。较彼仗自力修戒定慧，直至惑业净尽，方了生死者，其难易奚啻天渊之别。

岳步云居士，信心真切，而且至孝出于天性。其父运生，年老丧明。步云志心念佛，又劝其父念佛，遂得双目复明，由是其父母各皆长时念佛矣。又以公事羁绊，不能常修定省，因请双亲至省，租屋而居，以便承侍。特设一佛堂，以作父母修持之所。而己与妻子，相侍念佛，以祈得亲欢心。亦可谓善于事亲，谕亲于道矣。《诗》云："孝子不匮，永锡尔类。"当必有闻风相继而兴起者！

普劝爱惜物命同用清明素皂以减杀业说

甚矣！近世天灾人祸之频数，而人民死亡之多且惨也。岂天道之不仁哉？实吾人历劫以及现生之恶业所感召耳。断无有无因而得果者，亦断无有作善业而得恶果者。但以凡夫知见，不能了知宿世因缘，似乎亦有不当得而得者。若能旷观多劫多生，则凡所受之善恶果报，一一皆如响之应声，影之随形，了无差爽也。而诸恶业中，唯杀最重。普天之下，殆无不造杀业之人。即毕生不曾杀生，而日日食肉，即日日杀生，以非杀决无有肉故，以屠者、猎者、渔者皆为供给食肉者之所需，而代为之杀。然则食肉、吃素一关，实为吾人升沉、天下治乱之本，非细故也。

其有自爱其身，兼爱普天人民，欲令长寿安乐，不罹意外灾祸者，当以戒杀吃素为挽回天灾人祸之第一妙法。以一切众生一念心性与佛无异，与吾人亦无异，但以宿世恶业，堕于异类，固当生大怜悯，何可恣行杀食乎？无如世人狃于习俗，每以杀生食肉为乐，而不念彼被杀之物，其痛苦怨恨为如何也。以强凌弱，视为固然。而刀兵一起，则与物之被杀情境相同。焚汝屋庐，奸汝妇女，掠汝钱财，杀汝身命，尚不敢以恶言相加，以力不能敌故耳。生之被杀，亦以力不能敌。使其能敌，必当立噬其人而后已。人何不于此苦境，试为设一回想，物我同皆贪生怕死，我既具此顶天履地之质，理宜参赞化育，令彼鸟兽鱼鳖，各得其所，何忍杀彼身命，以取悦我口腹乎？由其杀业固结，以致发生刀兵之人祸，与夫水火旱潦、饥馑疾疫、风吹地震、海啸河溢等天灾，各各相继而降作也。犹如世人送年礼然，我以礼往，人以礼来。断无往而不来，来而不往者。即或有之，必有别种因缘相抵，实皆不出往来报复之外。天之赏罚，亦复如是，而况人之报复乎？故《书》曰："作善降之百祥，作不善降之百殃。"《易》曰："积善之家，必有余庆。积不善之家，必有余殃。"天道好还，无往不复。欲免恶果，先断恶因。欲得善果，先植善因。此天理人情之至谊也。是以现今有心世道人心之人，无不提倡戒杀放生，吃素念佛，以阐明生死轮回、因果报应等事理，而冀其普天人民，同享安乐，同得解脱也。

肥皂之用，遍及中外。而其质料，系以牛油、猪油，助其光滑。其用甚广，则其所杀亦复甚多。近有周文明居士，本如来之慈悲，行减杀之方便，特发明一种素质清明皂。其助光滑者，乃椰子油。其皂去垢，不让荤皂，而洗衣浴身，永离腥膻浊气。不独吃素念佛之人应当用，即一切人亦应当用，以唯益无损，谁不应用也。尚期此皂大行后，彼做荤皂者，通皆改作素皂，其所减杀生命，并中外计之，每年当不止百千万亿也。今当开办之始，周君以余向提倡戒杀放生、因果报应等事理，以期挽救天灾人祸，故祈余发挥特为减杀之诚。遂忘其固陋，乃为述其杀生食肉之过愆，与用此素皂，现在及将来之利益，以冀人人戒杀，户户吃斋，庶可挽回天意。将见雨顺风调，时和年丰。俗美人良，刀兵不作。还彼大同之世，以乐我天真。何幸如之！倘不以此为老僧常谈而忽略之，则为天下国家之大幸也。

息灾卫生预说

凡事预则立，不预则废。以故古圣贤皆致治于未乱，保邦于未危，使普天人民同享太平之福，而浑无功迹之可以赞述，民生其间，何幸如之！近世兵劫之惨，振古未闻，加以水旱瘟蝗，风吹地震，种种天灾，民已不堪其苦。复加土匪四起，抢掠劫盗，无法防御，无处控告。又复同室操戈，大起战争，炮声如雷，子弹如雨，一炮一开，死亡无数，况复多炮镇日常开多日乎？又加飞艇时临，地雷密布，杀人之法，无奇不有，其兵民之随炮雷弹雨而粉身碎骨者，何可胜数。而适当战场之民，其屋庐什物，尽成乌有。若非预逃，亦被掳掠，妻离子散，孤露漂零，吁天呼地，亦无救援。而附近战场之地，及兵所经过之区，其淫掠之惨，不忍见闻。何天既生烝民，而不与烝民之幸福，反与烝民以殃祸，是诚何心哉？须知惠吉逆凶，理无或爽。祸福无门，唯人自召。非自孽决不至感天孽，种是因决不能逃是报。

经云："菩萨畏因，众生畏果。"畏因则不造恶业，自无恶果。畏果则既受恶果，又造恶因，以当受恶果时，仍复彼此戕贼，互相仇害故也。世人造业，大端有三：曰杀、曰盗、曰淫。盗、淫二业，愚顽为势所制，贤智以义自绳，犹复不至太甚。至于杀业，则举世之人，无论智愚贤否，绝少不犯。以贪口腹滋味故，或以智捕，或以财求，取彼水陆飞行一切诸物，种种割烹，以悦我口而养我身。兼之奉父母以尽孝，祀祖宗以追远，祭神祇以祈福，燕宾客以畅怀。凡属冠昏丧祭，无不以肉为礼。若不用肉，似乎蔑理悖德，无颜对人。而不计及彼等同一形骸，同一灵性，同一避凶而趋吉，同一好生而恶死，何忍以唯属妄起之馋心想，不关紧要之空场面，令彼诸物受斩截割烹之苦，以冀我身安心乐，诸凡遂意也？此无他，以世教所拘，相习成风，不加深察而致然也。

唯我如来，洞明三世因果、六道轮回之事理，故令一切众生勿作杀业，以一切众生皆有佛性，皆是吾人过去父母眷属，皆于未来当成佛道。故《梵网经》云："若佛子，以慈心故，行放生业。一切男子是我父，一切女人是我母，我生生无不从之受生，故六道众生，皆是我父母。而杀而食者，即杀食我父母。"言一切男子、一切女人者，总该六道一切众生，非单指人道而言也。故下即曰："我生生无不从之受生，故六道众生，皆是我父母。"若作此想，救济尚不暇，何敢杀乎？《入楞伽经》云："一切众生，从无始来，在生死中，轮回不息，靡不曾作父母、兄弟、男女、眷属，乃至朋友、亲爱、侍使。易生而受鸟兽等身，云何于中取之而食？""菩萨观诸众生，同于己身，念肉皆从有命中来，云何而食？"如来以大慈悲，欲诸众生皆得安乐，度脱生死，以故特为说此预为自救救他之法。倘能于物尚不忍杀，冀其得所，决不戕贼人民，令其受诸苦楚，以至死亡也。且勿谓人畜互变，因果循环，谁其亲见？须知佛以妄语为戒，必不自妄语以欺人。世间中人以上者，尚不肯妄语以丧其品行。况佛为三界大师、四生慈父，岂有自立法而自违法之理乎？是知佛言，毫无疑义。况此方《春秋传》，及《二十二史》中，善恶报应及生死轮回之事迹甚多，惜世人多未之见，即有见者，皆不加详察，而忽略过去，以致同陷于不知因果万丈深坑，故受此同分所感之惨报也。一切人民无不欲安乐长寿，家门清泰，而日取诸物杀而食之，是何异投火坑以求清凉，饮鸩酒以求长寿也？所作之因，与所冀之果相反，何可得乎？

今年水灾、旱灾，将遍全国，又经数处大战，米贵如珠，民不聊生。幸稍宁靖，而元气一时难复，怨魂尚未得所，由彼戾气所结，难免瘟疫流行。不慧愍我同伦遭此惨劫，思欲息其后患，因不揣庸愚，爰遵如来慈济众生、一视同仁之道，用陈预息天灾人祸之法。倘能放开眼界，体贴古今圣贤昌明仁民爱物之心，及与如来普视一切众生犹如一子之道，同皆戒杀护生，吃素念佛，力敦伦常，各尽己分，诸恶莫作，众善奉行，自行化他，以祈遍界同风。人心既回，天和自至，将见雨顺风调，民康物阜，慈善行而干戈永息，礼义兴而强暴不作。如是，则虽在叔季之世，不异羲皇上人矣，何乐如之！倘人各秉此回天之心力，亦未始非办不到者。又当战场地，尸骸分崩，多填沟壑，其尸质被鱼虾所食，以挟怨恨兼腐烂之尸质，必有大毒，人若食此鱼虾，必受疫疠之灾。所以大战之后，每有大疫，皆由贪图口腹而致。况此种既曾食人尸质，人又何忍复食此种？若食，则与食人相去何远？不慧既无道力，又无财力，爰以空言，聊表愚诚。伏乞赐阅诸君，各各以自爱而爱物，俾物我同安乐生育于高天厚地之间，则幸甚幸甚！

因果为儒释圣教之根本说

因果报应者，世出世间圣人平治天下，度脱众生之大权也。而世人不察，或以为佛氏之言，则多方破斥，或以为浅近之义，而弁髦置之。任己世智辩聪，长溺邪见浊港，凡所论议，皆非圣贤根本修己治人之道。致令善无以劝，恶无以惩，其弊遂至竞争名利势位，以至杀人盈野盈城而不止也。噫！可哀也已。

夫因果报应之言论事实，见于经史者甚多。在《书》则曰："惠迪吉，从逆凶，惟影响。""作善降之百祥，作不善降之百殃。"此犹可谓只论现世及子孙耳。至《洪范》之"五福"、"六极"，若不推其前生之因，专归于王政，则成无稽之谈，是岂禹与箕子所以教万世之心哉？且五福之寿、康宁、攸好德、考终命，六极之凶短折、疾、忧、恶、弱，岂王者能操其权而使之然乎？就中唯富与贫，或可人与，余多宿因所感。而"恶"者，乃面貌丑恶，非暴恶也，训作"刚过"，将谓王者威制令其暴恶乎？孔子赞《易》，于《文言》则曰："积善之家，必有余庆。积不善之家，必有余殃。"于《系辞传》则曰："原始要终，故知死生之说。精气为物，游魂为变，是故知鬼神之情状。"非因果报应、生死轮回之说乎？至于《春秋左传》，及《二十二史》中，善恶报应，生死轮回之事，则多不胜书。《二十二史感应录》二卷，乃存十一于百千耳。是知儒者不信因果报应、生死轮回之事理，不但有悖佛经，实为逆天命而侮圣人之言。否则《六经》便非儒者之书，而尧、舜、禹、汤、文、武、周、孔，及历代作史者，皆为惑世诬民之罪人矣，有是理乎哉？

若无三世因果，则天之畀于人者，便不公平，而作善者为徒劳，作恶者为得计矣。唯其宿世之功过不同，以致今生之享受各异，所谓"永言配命，自求多福"，"祸福无门，唯人自召"耳。故佛经云："欲知前世因，今生受者是。欲知来世果，今生作者是。"了此，则苦乐吉凶，皆自己罪福所感，非从天降，亦非人与。是以君子聿修厥德，素位而行，上不怨天，下不尤人。是故经云："菩萨畏因，众生畏果。"畏因则以戒定慧，制伏其心，俾贪瞋痴念，无从而起。其居心动念，所言所行，无非六度万行，利人济物之道。及其积极功纯，则福慧两足，彻证自心，以圆成佛道。众生不知果由因招，念念起贪瞋痴，发而为事，则无非杀盗淫耳。然盗、淫二业，上智以义自绳，下愚为势所制，尚不至太甚。而杀生食肉，谓为固然，由是或以智捕，或以财求，取彼水陆空行一切众生，宰割烹炮，以悦我口腹，养我身体，兼之以奉父母，祭祖宗，祀鬼神，燕宾客，唯取我乐，不思彼苦，举世之人，悉皆如是。杀业积久，则发而为刀兵、水旱、疾疫等灾。业果已熟，莫由逃避，纵生畏惧，了无所益。是以如来愍诸众生，令其爱惜物命，切勿食肉。其仁民之心，至深且远，岂独爱物而已哉！

同乡幼农王居士，宿植德本，笃信佛乘。赋性廉洁，法杨震之四知。修持严明，效曾子之三省。无论居官居家，唯以仁民爱物为志事。痛念近年刀兵之惨，欲为根本解决，遂与夫人俱持长斋，且又极力提倡因果报应，生死轮回，戒杀护生，吃素念佛，以期杀业息而天下太平，仁风行而人民安乐。又欲子孙世守成规，祈余发挥因果至理，俾有所遵循，亦可谓知本矣。夫天下不治，由于家庭无善教，致有天资者习为狂妄，无天资者狎于愚顽，二者皆非国家社会之福。是知教子为治平之本，而教女尤为切要，以今日之贤女，异日即为人之贤妻贤母，人能得贤母之教育，贤妻之辅助，岂有不成贤人乎哉？故曰教子女为天下太平之根本也。

普劝戒杀吃素挽回劫运说

甚矣！世人习为残忍，事事以杀生为礼，而不知其非也。夫一切众生，与我同生于天地之间，同赋血肉之身，同禀知觉之性，同知趋吉避凶，贪生怕死。而况佛经常言："一切众生皆有佛性，皆堪作佛，皆于无量劫来，彼此互为父母、兄弟、妻子、眷属。"何得我欲报恩报德，祈福祈寿，或祭天地神祇，以及祖宗昭穆，或奉养父母，或宴会宾朋，或为悦我口腹，资我身体，一一悉以杀诸物命，以期摅我之诚，悦我之心，不念彼等受诸极苦，及负宿世互为亲属之大恩也？且天地以好生为德，儒者以胞与为怀，何竟不生恻隐爱物之仁心，以致习成弱肉强食之暴行耶？夫爱物者方能仁民，仁民者必须爱物，倘于异类之物尚不忍戕，决不致反忍戕乎同类之人民。若以戕物为故常，则必至杀人盈城盈野，不唯不生怜悯，反以为悦乐快意，良以杀习一长，仁心便丧矣。

至于祭天地圣人，岂无黍稷蔬果以将其诚，何得特取于杀物命乎？吾人生于天地之间，受其覆载，固宜积德行仁，以补天地化育之缺。若论报恩，纵粉身碎骨，亦不能报其万一。岂腥臊臭秽之牛羊豕等肉，便能报乎？况天帝、天人，清净香洁，岂复歆飨此污浊臭秽之气味乎？是殆以己贪图口腹之心，测度天地之心，又以水陆神祇待天地，其诬蔑渎污于天地也甚矣。

至于文武圣庙，春秋二祭，各省府州县，俱杀牛羊豕等以祭，谓为报恩酬德，崇圣重道。清光绪元年，陕西省城文庙，秋祭之先一日，予因往礼谒。大成殿内，牛羊豕等，各陈于架，悉系完全之体，但刳其脏腑而已，其污浊之气、惨凄之形，刺目棘鼻，不忍见闻。时予年甫志学，尚效韩、欧辟佛，不禁浩叹，谓何得以敬圣人之事，而亵渎圣人竟至如此其极！试令彼致祭之人，居此殿中过宿，俾彼熟睹其形，熟闻其气，彼必力拒不肯。岂祖述尧舜，宪章文武，万世师表，百代儒宗之大圣人，反甘此臭秽不堪之物，而歆飨之乎？及至戟门外东边，系杀牛之所，见一大锅，内中之水，污秽不堪，乃洗牛之水也，思之，即欲发呕。嗟乎！何污浊如此，而为敬圣之礼乎？夫黍稷非馨，明德唯馨，何不以黍稷蔬果致诚？而天下二千余县，每年二次，渎污文武二圣，令数万生灵同登死地，实为侮圣戕生之大者。何无尊敬圣人、爱惜物命之大人，出而永革旧例，特立新章，俾二圣之灵不受此种熏污，数万生命不为胙肉，以充致祭者之食料耶？圣人以仁民爱物为怀，岂愿由污蔑自己，而令数万生灵同登死地乎？关帝在世则精忠贯日月，浩气塞天地，富贵不能淫，贫贱不能移，威武不能屈。没后神王玉泉山，隋文帝时，智者大师至玉泉，关帝特运神力，创建寺宇，又求授戒，以为菩提之本，兼愿拥护佛法（见《关帝全书》及《玉泉寺志》）。故天下丛林，皆谓之为伽蓝菩萨，而与韦驮菩萨并镇山门。千余年来，护国护民，尊登帝位，岂竟甘此污秽不堪之生牛羊豕等，以之为美而歆飨之乎？即世间至极下劣之贪馋辈，亦不至甘此臭秽，而谓关帝甘之乎？何竟视文武二圣，卑劣一至此极也。呜乎哀哉！当必有明至理、行实敬之大人，起而革除此侮圣戕物之陋习，不禁馨香顶祝之。

若夫祭祀祖宗，固宜以黍稷蔬果致敬，何可特杀，及买之屠者乎？古人祭先，尚求仁者之粟。今为尽我追远之诚，令彼物类悉受杀身脔割之惨，不但失吾恻隐之仁，亦复大失敬祖之道，以杀行敬，是为大逆。况祖宗既非断惑证真之圣人，当必轮回于六道三途。不为作福，令其超升，已失为人后者之道，何可恣意杀生，以作落井下石之事乎？

至于奉养父母，蔬食岂无甘旨之味，而必须肉食，以陷吾亲于生生世世被杀，以偿受吾孝养之怨债乎？使不知三世因果、六道轮回之事理，尚有可原。今人畜循环，报应昭著，其事迹散见于《二十四史》，及诸载籍。犹复固执陋习，不肯改革，必期于吾与吾亲同受此报，其人谓非丧心病狂，以砒霜鸩毒奉亲，期享长寿安乐乎？哀哉！（三世因果、六道轮回等事迹，诸史中甚多。欲略知大概，当看《欲海回狂》第四十三、四、五，三页，“形灭神存类”之六问答，自可略知。又佛菩萨欲人戒杀放生，以大慈悲示作异类，及杀之以后，方知圣人示现，冀人不敢杀食诸物，以期彼此同得解脱也。其事甚多，不能备书，当看《观世音菩萨本迹感应颂》卷一，第三十页，“物类现相”一段文，自知其概。愿诸观者，同生正信。）

所云宴会宾朋，原为畅叙衷怀，疏通情愫。何可以杀生惨事，佐此清筵乎？彼物与吾及吾友，非有杀父之怨。何得以彼之肉，列我之筵，以作宾客欢娱之助乎？试一思其前后因果，纵食亦不能下咽矣。

世人娶妻生子，原为继续祖脉，是为最吉祥事。若用肉食，则凶孰甚焉。我欲夫妻偕老，子孙蕃衍，令彼物类或受离群之悲，或受刀砧之惨，清夜自思，安乎否耶？又人每遇祝寿、娶妻、生子等吉事，或无意中谈及死丧等字，主人便不欢悦，设有破坏器具等事，便谓不祥。何杀诸生命，脔割烹炮，以至嚼食，而反以为乐、为礼、为吉庆，是诚何心哉？乃习惯而弗思耳。

若论自奉，更不宜杀。当思吾生世间，有何功德及于民物？有何福泽及于祖宗父母？今承祖宗父母之荫，席丰履厚，不极力为善，以崇吾祖宗父母之福，而复恣意杀生食肉，岂但不利于己，亦将累及祖宗父母矣。

而况禀父母之遗体，日以物类资益，久之，则气质随之而变，是为大可畏者。今略引证据，庶知自爱者，力断此嗜好也。《万善先资》云：“孕妇食兔，子则缺唇。食雀，子则雀目。食蟹，子多横生。食鳖，子则项短头缩。食鳗鱼鳅鳝，子多难产。食田鸡，子多喑哑。”《大戴礼》云：“食肉勇敢而悍，食谷智慧而巧。”皆气质随物类之气质转变所致。以吾父母所遗之气质，由食肉故，使潜移密化成物类之气质，则为大不孝。曾见治刎颈未断气管者，活割乌鸡肉，贴于伤处，好之，则彼处仍长鸡毛。贴于外者，当处仍是畜质。尽平生食肉而资于内者，可不惕然惊惧，以保存我所禀父母之遗体乎哉？况肉皆含毒，以杀时恨心所结，故食肉之人，多生疮病，瘟疫流行，每多传染。吃素之人，绝少此患。凡欲解脱怨业，摄卫身体者，不可不知也。

或曰：三牲五鼎，借物摅诚。若如汝说，则古圣贤所立之法皆非乎？

答曰：圣贤随俗尚而立法，初非究竟实义。今既知人畜轮回之事实，固当舍权从实，何可执权废实，以伤天地好生之德，以丧吾心不忍之仁。况借物摅诚，何不取黍稷蔬果，而必取血肉污秽之物乎？将谓天、地、孔、关，甘此秽物，厌彼清馐乎？此无他，以习惯而不知其非耳。至于祭祖、养亲、宴宾、自奉，俱可一返观而悉知其非，悉改其旧矣，故不详述。

或又曰：若如汝说，通不杀生食肉，必至畜生蕃衍，遍满世界矣，将如之何？

答曰：世人所食者，皆是人令滋生。彼猪羊鸡鸭等，悉使牝牡雌雄各异其所，则不十余年，将永断其种矣。况虎豹豺狼，蛇蝎蜈蚣，人皆不食，何自古至今，竟未遍满世界乎？须知食肉者多，则猪羊鸡鸭等，人设法以令其多生。实则多半都是贪图口腹，不惜物命者，随业受报，托生此等物中，以受人杀食耳。故《楞严经》云：“贪爱同滋，贪不能止，则诸世间卵化湿胎，随力强弱，递相吞啖。”“以人食羊，羊死为人，人死为羊，如是乃至十生之类，死死生生，互来相啖。”《梵网经》云：“若佛子，以慈心故，行放生业。一切男子是我父，一切女人是我母，我生生无不从之受生，故六道众生，皆是我父母。而杀而食者，即杀我父母。”《楞伽经》云：“一切众生，从无始来，在生死中，轮回不息，靡不曾作父母、兄弟、男女、眷属，乃至朋友、亲爱、侍使。易生而受鸟兽等身，云何于中取之而食？”大乘经中，如此说者，多难具录。观佛所说，可知杀生食肉，其祸甚深。人畜循环，互相杀食。尚复执迷不悟，则成如来所名可怜悯者。

须知兵劫，皆由杀生而起。世间一日所杀，不知有几万万兆。由杀生食肉者之恶心，与受杀诸物等之恨心，结为兵劫。十余年来，中外战争，罹死亡者，有数万万。而况天灾屡降，水旱瘟疫，风吹地震，海啸河溢，土匪盗贼，诸种灾难，层见叠出，谷米昂贵，民不聊生。吾人值此时代，再不发一自悯悯他、自伤伤他之心，以期挽回劫运，则亦何贵乎预三才之数，为万物之灵乎？忍令具可以为尧舜、可以作佛之心性，而长劫沉沦于互相杀食之业海中，莫之能出，可不哀哉！

冯平斋宜人事实发隐

人生世间，善恶各须辅助，方克有成。虽天纵之圣，尚须贤母贤妻以辅助其道德，况其下焉者乎？以故太任有胎教，致文王生有圣德。故《诗》赞其“刑于寡妻，至于兄弟，以御于家邦”。然此但约文王边说。若论太姒之德，固亦可以辅助文王之道。如两灯互照，愈见光明。两手互洗，方得清净。观思斋太任、太姒嗣徽音之说，可以知矣。由是言之，世少贤人，由于世少贤母与贤妻也。良以妻能阴相其夫，母能胎教子女。况初生数年，日在母侧，亲炙懿范，常承训诲，其性情不知不觉为之转变，有不期然而然者。余常谓教女为齐家治国之本，又常谓治国平天下之权，女人家操得一大半，盖谓此也。以天资高者，若有贤母以钧陶之，贤妻以辅翼之，自可意诚心正，明明德，止至善，穷则独善其身，达则兼善天下。即天资平常者，亦堪循规蹈矩，作一守分良民，断不至越理犯分，为非作奸，以忝所生，而为世害也。惜世人梦梦，不以尽伦守分教女，使日唯从事于妆饰，此外则一无所讲。异日为人妻，为人母，不但不能相夫教子，以成善士，或反相之教之以成恶人。由是言之，教女一事，重于教子多多矣。而余所谓教女为齐家治国之本，及治国平天下之权，女人家操得一大半，乃真语实语也。近世学风大开，女子入学，多被不知教本之教员所误，从兹不以尽伦守分，宜室宜家，相夫教子为事，各各皆欲操政权，作长官，越分计虑，习为狂妄，亦可慨也！安得有长民者，极力提倡，令其在家庭中培植，俾修齐治平之效，出于不知不觉、了无形迹中，则何幸如之。以是之故，余于冯宜人事实，重有感焉。

宜人者，包培斋居士之德配也，生有异性，幼娴姆训，在家孝父母，已嫁孝舅姑，而且笃信佛法，修持唯谨。包君初尚不以为然，久之则与之俱化，而长斋念佛矣。以包君具聪明特达之资，又日与端庄静默、守分尽伦之宜人相处，其至性感人，盖有潜移密化于不知不觉中。包君固明哲君子，一清如水。宦游时于有所入，不知来历者，尚虑其或有错因果处，必正色劝戒，详问来历，以期无负于心而后已。又每戒其子，勿入政界。犹恐或有难免，故又曰："政界中钱，唯日日办事应得薪俸，可以领受。否则悉属非分，终须偿还，不可不慎。"其事亲相夫，持家教子之芳踪，与夫戒杀放生，周急济困，力忏宿业，笃修净土之种种懿行，皆堪风世。至其将终前三日，切戒厚葬，命用薄棺布衣，以为真者既去，何可为此幻躯滥费金钱，暴殄天物乎？况丝绸之原，皆由杀起，用以送葬，是以罪业相加，于亲爱之道，大相乖戾。临终一二日，现诸痛苦，颇觉难堪。卒得见佛光明，结印而逝。盖由宿根深厚，现行淳淑。又得包君深知要义，乃教家人悉为助念，绝不提及诀别等事，亦不略露哀痛情状。又请通法女友，常为开导。比丘六人，相续助念。直至次日入殓，不动哭声。故使神识不生爱恋，得遂往生之愿。则包君成就宜人之净业者，可谓至矣。《法华经》云："善知识者，是大因缘，所以化导，令得见佛。"宜人固包君之善知识，包君亦宜人之善知识，所谓善与善遇，相得益彰。若宜人者，可为当世妇女之师。而包君于其临终助念，及诸举动，实足为修净业者之家人，与其子若孙之轨范也。余故表而出之，以为爱亲者劝。余详事实中，此不备书。

康母往生纪念册发隐

（为康寄遥作）

父母之恩，毕世莫酬。孝之为道，其大无外。如来大教，以孝为本。菩萨视诸六道众生，皆是过去父母，未来诸佛。故地藏有“众生度尽，方证菩提，地狱未空，誓不成佛”之愿。《梵网戒经》以孝顺为至道之法，不但令其孝顺父母、师僧、三宝，且令其于一切众生，生慈悲心、孝顺心，方便救护，戒杀放生，以一切众生皆我宿世之父母、兄弟、妻子、眷属故。由是言之，佛教之孝，前溯无始，后尽未来，无不弥纶而包括之。故莲池云：“亲得离尘垢，子道方成就。”彼恃现生服劳奉养之孝，以诽谤佛教为不孝者，乃固执己井蛙之见，作此未见大海之瞽论也。

为人子者，父母之德，固宜表彰。其表彰之法，注重躬行。必须克己复礼，闲邪存诚。知过必改，见义必为。明因识果，戒杀放生。诸恶莫作，众善奉行。生信发愿，持佛名号。自行化他，同生净土。能如是者，人纵不知其父母之德，而以景仰其人之德，并景仰其父母祖宗之德，以为潜修已久，故有如是之令嗣。否则纵父母祖宗有懿德，人所共知，因其人不肖，人必疑其父母祖宗虽有懿德，或复兼有隐恶，否则懿德之门，何为出此不肖之子孙耶？以是知立身行道，即为表彰父母祖宗之德。为人子者，宜何如主敬慎独，躬行实践，以期无忝所生也！至于名人之挽诔志铭，乃末事耳。

康母之德，具见于挽诔志铭，故不复赘。吾欲康子以孝亲之心，善守父母之遗体，勿令一言一动，一起心动念，稍违正理，以失孝道。语虽似乎宽泛不贴，实为儒释正本清源之道。倘康子与阅此册者，各加勉励，则天下国家之大幸也，岂特康母有光荣哉！

江母郭太夫人西归事略发隐

孔子曰："性相近也，习相远也。"又曰："唯上智与下愚不移。"夫以孟子之贤，犹随俗随教而移。而上智下愚，其人甚少。则芸芸生民，习于善则善，习于恶则恶。其不被善恶之所移者，殆百千万亿分中之一二耳。

味农江居士，端庄谦逊，有古人风。其修持诚恳严密，唯期实益，凡谈玄说妙、好高务胜之习气，概无有焉。光虽钦其天性淳笃，意其家庭钧陶，必有大过人处。及见太夫人西归事略，知居士之资于母者独厚。是知世有贤母，方有贤人。古昔圣母，从事胎教，盖钧陶于禀质之初，而必期其习与性成也。世以"太太"称女人者，盖以太姜、太任、太姒三圣女，各能相夫教子，以开八百年之王业者，用称其人焉。光常谓治国平天下之权，女人家操得一大半，又尝谓教女为齐家治国之本者，盖指克尽妇道、相夫教子而言也。无如今之女流，多皆不守本分，妄欲揽政权，做大事，不知从家庭培植。正所谓聚万国九州之铁，也铸不成此一个大错。以故世道人心，愈趋愈下。天灾人祸，频频见告。虽属众生同分恶业所感，实由家庭失教所致。以故有天资者，习为狂妄。无天资者，狎于顽民。使各得贤母以钧陶之，则人人皆可为善士，穷则独善，达则兼善。夫何至上无道揆，下无法守，弊窦百出，民不聊生乎哉！

懿哉江母！初以孝翁姑，严教育，诵经念佛，以化其子。而味农居士，又特扩充母训，精研佛学，能以净土利益，预为劝谕。殆至临终，多方助念，俾得承佛慈力，往生西方。可谓笃于事亲，了无遗憾。然犹不以为足，又欲世之孝子慈孙，咸以此道成就其亲。亲在则婉为劝谕，令其诸恶莫作，众善奉行，信愿念佛，求生西方。亲没则竭诚尽敬，一心念佛，以祈莲品高升，无生速证而后已。此西归事略之隐义也，故特为发明云。

陈了常优婆夷往生事迹兼佛性发隐

一切众生，皆有佛性。而佛与众生，心行受用绝不相同者，何也？以佛则背尘合觉，众生则背觉合尘。佛性虽同，而迷悟迥异，故致苦乐升沉，天渊悬殊也。若能详察三因佛性之义，则无疑不破，无人不欲修习矣。三因者，正因、了因、缘因也。一、正因佛性，即吾人即心本具之妙性，诸佛所证真常之法身。此则在凡不减，在圣不增。处生死而不染，居涅槃而不净。众生彻底迷背，诸佛究竟圆证。迷证虽异，性常平等。二、了因佛性，此即正因佛性所发生之正智。以或由知识，或由经教，得闻正因佛性之义，而得了悟。知由一念无明，障蔽心源，不知六尘境界当体本空，认为实有，以致起贪瞋痴，造杀盗淫，由惑造业，因业受苦，反令正因佛性，为起惑造业受苦之本。从兹了悟，遂欲反妄归真，冀复本性也。三、缘因佛性。缘即助缘。既得了悟，即须修习种种善法，以期消除惑业，增长福慧，必令所悟本具之理，究竟亲证而后已。

请以喻明：正因佛性，如矿中金，如木中火，如镜中光，如谷中芽。虽复本具，若不了知，及加烹炼、钻研、磨砻、种植、雨泽等缘，则金、火、光、芽，永无发生之日。是知虽有正因，若无缘、了，不能得其受用。此所以佛视一切众生皆是佛，而即欲度脱。众生由不了悟，不肯修习善法，以致长劫轮回生死，莫之能出。如来于是广设方便，随机启迪，冀其返妄归真，背尘合觉。法门虽多，戒定慧三，摄无不尽。故《楞严经》云：“摄心为戒，因戒生定，因定发慧，是则名为三无漏学。”而三者之中，唯戒最要。以能持戒，则诸恶莫作，众善奉行，其行与佛近，其心必不至与佛相远也。故如来于《梵网经》，为众生保证云：“我是已成佛，汝是未成佛。若能如是信，戒品已具足。”又云：“众生受佛戒，即入诸佛位。位同大觉已，真是诸佛子。”是持戒一法，乃超凡入圣、了生脱死之第一要道也。使众生不具佛性，纵令修习种种善法，亦无成佛之理。

如石不具金，冰不具火，砖不具光，砂不具芽，纵令烹炼、钻研、磨砻、种植、雨泽等缘，一一经于累劫，亦无金、火、光、芽等发生之事。若知此义，孰肯以性具之菩提涅槃，妄作烦恼生死，独让诸佛及三乘圣人受其真常之乐，自己甘受其幻妄之苦也哉？然约通途教道，在凡夫地，欲了生死，大非易事。若约信愿念佛求生净土之特别法门，则即于现生，悉得了脱，果具真信切愿，万中决不漏一。末世众生，唯此一法，堪为恃怙。以故法运愈晚，此法愈当机，善知识提倡愈切。而真实修持，得遂往生之证验，时或见之。

优婆夷了常者，安徽无为县陈锡周了圆居士之继配夫人也。姓胡氏，赋性慈善，笃信佛法。锡周初不知佛法。长子天寿，颇聪明，十四岁殇。意谓我居心行事，无大过愆，何得有此？遂于因果报应、生死轮回之事，概谓为无。夫人知其执不可破，辄密默修持，不令彼知。未久，夫人有娠，将临产期，忽得大病，二十九日不能言语饮食转侧，体热如火，身瘦如柴，名医束手，绝无生望。一夕，梦老母持一把长干莲花，云："汝以宿业，得此恶病。幸有善根，是故我从南海来安慰汝。"随以莲花从头至足拂之，云："拂去业障，好生嘉儿。"顿觉身心清凉，即惊醒起床，便成好人。次日生子，庞厚丰满，与健妇所生无异。取名天民，今已十五岁矣。锡周由是方知佛慈广大，三世因果之理事真实不虚。从兹夫妇各吃素念佛，努力修持，于救济贫苦患难，斋僧修庙，施善书，舍棺材，悉随己力为之。锡周归依光，法名了圆。夫人函祈归依，因名了常。九年，夫妻儿女五人，同于北京法源寺受菩萨戒。

去年春，夫人欲来普陀见光，因先朝九华，归至沪，适奉直兵祸将作，遂未果来，每引以为憾。光慰之曰："至心念佛，则日与弥陀圣众相对越，何得以不见粥饭庸僧为憾乎？"以深受惊吓，故身体瘦弱，久不复原。锡周祈光开示，光令作退步想，作已死想，遂得大愈。今春复病瘦弱，不思饮食。于二月廿八日，正念佛间，见两童子执长幡，上书"西方接引"四字。谓锡周曰："此兆于我则幸，于君则不幸，以己一归西，内顾无人故。然念佛之人，不贪生，不怕死。"因请僧四位，诵经礼忏念佛廿八日，以祈寿未尽则速愈，寿已尽则速生西方耳。从此身心适悦，了无病苦。至四月初，复觉不适，知归期将至，一心念佛，以求速生。初五，全家都为念佛，又请师僧换班续念，昼夜佛声不断，夫人但默随之。初六午前，令备浴具，浴已，着新衣，往佛堂礼拜，供献香花。归即移床向西侧卧，唯专念佛，概不提及诀别等事。至亥时，见佛来，欲起礼拜，因扶起令坐，作合掌低头状，云："尚有三千佛，念完即去。"全家，同僧俗三十余人，俱大声念，夫人遂高声念佛而逝，面带笑容，室有异香。全家俱不现悲哀相，又念佛二小时，方为安置。次日午时入殓，顶尚温暖，四肢柔软，香气犹存。噫！夫人可谓宿有善根，现值善缘。不现世间爱情，破坏正念。唯仗多人佛声，成就净心。故得感应道交，蒙佛接引，离此苦域，登彼乐邦。何幸如之！

临终一关，最为要紧。世有愚人，于父母眷属临终时，辄为悲痛哭泣，洗身换衣，只图世人好看，不计贻害亡人。不念佛者，且置勿论。即志切往生，临终遇此眷属，多皆破坏正念，仍留此界。临终助念，譬如怯夫上山，自力不足，幸有前牵后推、左右扶掖之力，便可登峰造极。临终正念昭彰，被魔眷爱情搬动等破坏者，譬如勇士上山，自力充足，而亲友知识，各以己物，令其担负，担负过多，力竭身疲，望崖而退。此之得失，虽由他起，实属自己往昔劫中成全破坏人之善恶业力所致。凡修净业者，当成全人之正念，及预为眷属示其利害，俾各知所重在神识得所，不在世情场面好看，庶可无虞矣。兹因讣至，故发其佛性及助念之隐义，并夫人事实之大略，以期修净业者，知所取法焉。

大慈悲室发隐

大慈悲室者，王母朱夫人之卧室也。王母朱夫人者，浙江山阴处士王君楚辰之德配，心三、为广二居士之生母也。夫大慈悲，乃如来之室，夫人何得窃取此名？如来于法华会上，令宏经之善男子、善女人，入如来室，着如来衣，坐如来座。随释之曰：“如来室者，一切众生中大慈悲心是。如来衣者，柔和忍辱心是。如来座者，一切法空是。”复颂曰：“大慈悲为室，柔和忍辱衣，诸法空为座，处此为说法。”然既入此室，决无不着衣、坐座之理。夫人既以大慈悲名室，其三法宏经之实，为有与否？曰：此义当以六即论之。若论究竟圆证，则唯佛一人。若论理即，则一切众生，无不即心本具。夫人殆由名字而起观行，以期证入相似、分证者。请略陈之：

夫人年二十六，方归王君。王君家颇富，笃信佛法，性好施舍。独力建一庙两进，以奉观世音及天医神，盖欲大士寻声救苦，天医冥消众病也。又且施茶、施药、施灯、施衣，岁以为常。放生、惜字，各为立会以提倡之。戚族待以举火者十数家，族子弟之资以就学者甚众，以故家道中落。此虽王君所为，实为夫人阴相以成。使夫人无大慈悲心，柔和忍辱心，及不知一切法空之实义，当早为掣肘阻止，否则拌命以争，何至竟令家道零落，半生居贫守困乎？又夫人于于归后，即蔬食，永断腥荤。凡麻油香果等亦不食，唯饮白水。衣唯粗布。绫罗裘葛，脂粉簪钏，概悉屏除。日则纺织缝纫，夜则礼佛诵经，竟岁不出外户。沉默寡言，亲戚过访，寒温之外，辄谈因果报应等事理。事舅姑以孝，相夫以德，教子有法。世以太姜、太任、太姒以誉女人，称为太太，固多惭德。若夫人者，则无愧怍焉。

越十有五年，王君卒，心三、为广皆幼。夫人上奉老姑，下抚幼子，备历艰辛，若忘昔富者。及子堪就学，则尽卖于归衣饰，以备束脩。为心三聘妇娄氏，未娶而丧明。亲族咸劝退婚，夫人绝不见听。卒娶之，且嘱心三善视之，毋见恶焉。夫人初则默诵《心经》，日有定数。孀居后，则一心念佛，以期出此娑婆，生彼极乐耳。宣统元年，年六十矣。三月间，姑没。夫人亲理丧葬，哀劳致疾。四十余日，形容枯瘦，而神气极清。临终前二日，嘱心三、为广备衣棺，曰：“吾后日午后当逝矣。”因诫之曰：“愿汝等进德修业，勉为完人。庄子云：‘哀莫大于心死。’汝能体此意，则吾心安矣。”夫人居常念佛皆默念，届时，极安舒。心三问所见。曰：“毋扰吾正念。”嘱点灯笼于室门，遂安坐而逝。没后两手柔软如生时。噫！平昔志愿如彼，临终安静如此。其往生西方，断可必矣。《观经》以孝养父母、奉事师长、慈心不杀、修十善业，及受持三归、具足众戒、不犯威仪，与发菩提心、深信因果、读诵大乘、劝进行者，为净业正因。此十一事，有其一种，以深信愿，回向往生，皆得如愿。况夫人三十余年，刻苦清修，永断女习，恪守闺范。二十年来，一心念佛，深厌五浊，冀生莲邦。临终子问，尚恐见扰。则不生净土，将何生乎？

设使夫人不知一切法空，无柔和忍辱心，及大慈悲心，则于于归之初，当日事妆饰，唯美食美衣是务，岂肯食蔬衣布，甘受淡薄，如深山之老头陀乎？若夫施舍落家，行之不悔，犹不为难。聘妇丧明，众劝退婚，坚持不听，更加怜愍。是皆大慈悲、柔和忍辱之发现处。人皆以为难，而夫人了不为难者，以知一切法空故。否则人我等相，横于胸中，决不能视人犹己，视富贵如浮云，安贫守困，以法为乐也。及末后预知时至，子问所见，尚以无扰正念是诫，令悬灯于大慈悲室之门，随即坐逝。其心中固已将母子恩爱，及世间名誉，摆脱净尽。然此实属顶门一针，除非顽皮，当即知痛。而双手柔软，用表提携贫病之德，以作慈悲、忍辱之证。噫！若夫人者，可谓两间之完人矣。当今之世，宜家之教，弛而不张。不有发大慈悲心，以身为法者以镇之，则将伊于胡底？古云："以言教者讼，以身教者从。"夫人之于儒于佛，俱堪为法，殆乘愿而特为闺壶母仪，女流师范者乎！

余赋性刚直，学识肤浅，以故活埋海岛，期其藏拙免愆。而心三居士谬以知识见视，致书请教。因不避忌讳，痛下针锥，意其必定绝交，岂知反为佩服，知其家庭，必有善教。乃以其母之懿德贞心，未能表彰为憾，遂详书其心行修持，祈余叙述。故为发其隐义，以期世之为父母及妇女者知所取法，各各善教其女，以期异日相夫教子，使有天资者皆为善身觉世之贤士，无天资者亦为循规蹈矩之良民，则庶几乎天下太平，人民安乐矣。曷胜祷祝！

马母姚夫人往生事实发隐

世间眷属，各有因缘。菩萨乘愿，众生随业。善恶各以类聚，种性了无或爽。《孝经》所谓欲知其父视其子，《易传》所谓方以类聚，物以群分也。以故西天维摩诘，此土傅大士、庞居士，全家皆悉彻悟自性，亲证无生，去来自在，得大解脱也。

近来各界名人，眼界大开，悉皆尊崇佛法，密事修持。安徽桐城马通白居士，乃现今之文学大家，著述甚富。初亦渐染于韩、欧、程、朱之见，不但不知佛为何如人，且不知自己一念心性当体与佛了无有二也。及至晚年，学识日晋，见地日高，方知佛为大圣人，其教有不可思议之事。从兹日诵《金刚经》，兼持佛号，以期圆离四相，彻证一心，即于此生，迥出五浊也。其第三女，名君斡，颇聪明，通文理，有古烈女风，通白甚爱之，然于佛法绝无信向。后得病甚苦，不能忍受。通白悯之，对彼念《金刚经》，彼一闻经声，身心安乐，及至经歇，复觉苦痛，通白遂彻夜为念。忽起坐，止令勿念，若好人然，且曰："我于《金刚经》所说道理，悉皆悟到。"便欲现大人相，说无生法，冀一切见闻之人同种善根，诡言家中褊隘，欲往医院将养。以通白与其婿方时简，同寓京师，租屋共住，故不能过于宽敞幽雅也。通白见其志决，乃令其夫送之德国医院，择极超胜之屋安置之。令其夫与医院侍人各去，彼则合掌坐脱矣。噫嘻异哉！此与庞女灵照，给其父离座，彼即据座以坐脱者何异？李木公素不信佛，闻通白说此因缘，全家归依三宝。《普门品》所谓"应以何身得度者，即现何身而为说法"，讵不信欤？而其夫时简，经此现相，见犹拘墟，行状中反湮没之，其罪过实非浅鲜。

今蒙通白之侄怙庭，以其叔母往生事实，并其子根伟哀启见示。知通白与其妻、其女，皆有大来历，非偶然者。按状，夫人姓姚氏，讳泽润，幼受庭训，深娴妇道，事父母舅姑唯谨。其姑疾革，刲股和药，吁天以祷。家固清贫，通白教授生徒，夫人代持家政，克勤克俭，故得无虞，教子女有法度，为乡里所称。数十年来，历经世变，深厌无常，遂专修净业，以期出此娑婆，生彼极乐。年逾古稀，犹然强健。今秋初，示微疾，饮食渐减，而晨昏礼拜持诵无少间。至八月初四，始卧床，胸鬲，气不通畅，嘱其女君玮，及侄妇孙孝达，代为诵经。孝达即怙庭之妻，平日以净业互相勉勖，故常侍相为辅助也。至初九夜，夫人见诸佛金光灿烂，伏枕作礼拜状。又见观音伸手下垂，己则仰握菩萨手，连称菩萨名不已。嘱孝达诵《弥陀经》，孝达诵至佛土种种庄严处，曰："如此境界，历历在前，吾所见，不异经所云也。"家人环侍念佛，有饮泣者。夫人责之，谓："若等何得如此以累吾也？"至初十午刻，唇尚微动，久之遂逝。面色黄润，眉额间朗明若镜，顶上热气外溢，相距尺许，即觉熏蒸，盖其净业纯熟，身心清净之所表现耳。

夫欲学佛法，先须力敦伦常，恪尽己分。观夫人之孝事父母舅姑，以及相夫教子等，即《观经》所谓"孝养父母，行世仁慈"也。而其深厌无常，专修净业，又与同志互相勉勖，乃所谓"至诚心、深心、回向发愿心"，与"发菩提心，劝进行者"之义，皆兼而有之。既有三世诸佛净业正因之因，决感仗佛慈力往生净土之果。彼世之不尽己分以敦孝慈，妄欲冀附于仗佛慈力带业往生之例，虽佛力、法力不可思议，由自己心地不正，与三世诸佛净业正因相反，断难获永离众苦、常受诸乐之果矣。修净业者，尚鉴之哉！

曹云荪了义居士舍宅为念佛林发隐

佛法广大如法界，究竟如虚空。理本自心，虽博地凡夫毫无所歉。道出常情，非十方诸佛莫能尽知。刻论契理契机之法，唯信愿念佛求生西方，最为第一。利自利他之道，唯不住相布施福德，可等十虚。

了义居士，既闻净土法门功勋殊胜，虽博地凡夫，具足惑业，但能生信发愿，持佛名号，如子忆母，心心相续，决定仗佛慈力，往生西方，了生脱死，超凡入圣。由兹发大菩提心，修最殊胜行，又欲法界有情，等蒙利益，于是殚精竭力，提倡赞扬。然人同此心，心同此理，既经发挥其奥，谁不愿得其益？由是善信预会，多至数百，悉具信愿，笃修净业。居士喜不自胜，即将自己素所住之舍宅，和盘托出，永作居士念佛林。其意唯欲自他同修净业，同于现生，往生西方，及一切远近善信，见者闻者，同皆发起，以致遍周寰宇，永久勿替也。与求世间名誉，及人天福报者，固已天渊悬殊焉。同社诸人感此盛情，窃恐不立证据，后或湮没，致居士一番利人之心，或成断灭，因为报县立案，勒碑林中，非徒扬居士之盛德，实欲发见闻之热心。又以不慧久修此宗，故特致书，命为序引，以冀阅者闻风兴起，展转传扬，竖尽未来，横遍十方，庶如来一切众生皆具佛性、皆当作佛之言，悉皆诣实，不致犹有遗憾矣。不慧承斯盛情，谨将一切法门，与净土法门，依之修行，以了生死，证无生，其中之难易迟速，略为敷宣。庶自度己力而修，不致有法不契机，长轮回于三途六道，莫之能出之感伤也。

如来一代所说一切法门，无非为众生断烦惑以了生死，证无生以成佛道耳。但众生根机不一，致所得利益各别。其有宿根深厚者，现生即可断尽见思，超出三界，进学菩萨上求下化之道，以期圆满菩提，则何幸如之。其或根机稍劣，纵令禅定力深，彻悟自心，而见思未断，则依旧轮回。况从生至生，何能自保？倘一随福迷，则直堕三途矣。其下焉者，又何待言。此自力了生死之难也。如来悬知末世众生无力断惑，特开一信愿念佛求生西方法门，俾彼法身大士，与具缚凡夫，及五逆十恶之极重罪人，同于现生，往生西方。既生西方，则了生脱死，超凡入圣，各随己资，而为悟证。其慈悲抚育之心，虽天地父母，不能喻其万一。以此法门，仗己信愿念佛之力，感佛慈悲摄受之力，感应道交，故得不断烦惑，带业往生，较彼专仗自力者，其难易不可同年而语矣。念佛之人，若知此义，自能死尽偷心，专修此法，不致好高务胜，随经教知识语言所转，舍此别修诸余法门也。普愿见闻，悉皆谛信。

裘焯庭先生与其夫人双寿序发隐

人在天地之间，藐乎小尔，何以与天地并称，谓之为三才？以人同此心，心同此理，人皆可以为尧舜，人皆可以作佛，由其具赞天地之化育，振乾坤之纲维之功能德用，故得此嘉名。彼不自振拔，甘为下愚，生为行肉走尸，死与草木同腐，并生有害于社会国家，死受苦于三途恶道者，乃不慎所习而致，非本具之天真佛性有异也。故孔子曰："性相近也，习相远也。"夫所谓赞天地之化育，振乾坤之纲维者，非专指有位者而言，虽匹夫匹妇，各能优为。果能诚意正心，自修其身，以明其明德，其诚中达外，必致家人与邻里乡党、亲戚朋友，群相观感，而潜移默化于不知不觉中。是故一乡有善士，则一乡淳谨而靖谧。如汉陈寔婉训梁上君子，其乡之盗贼绝迹。鲁义姑欲存其兄之嗣，齐国之敌兵立退。此殆匹夫匹妇赞化育、振纲维之一端耳。孟子谓："穷则独善其身，达则兼善天下。"盖指其多分而言焉。

当今之世，世道人心陷溺已极，只期自私自利，置道德仁义于不顾，几于无可救药。然天下不治，匹夫有责。倘人各兴起，负此责任，各各守分安命，知因识果，孝亲敬兄，敦笃宗族，严教子女，俾成良善，十数年间，世皆贤人，贤贤互益，必召天和，尚何天灾人祸之有？是知阐明因果，善教儿女，为天下太平之根本。如裘焯庭夫妇，人皆知其有盛德热心，能以至诚无私心，孝亲敬兄，抚育诸侄，周给贫穷，振兴学校。深信佛法及与因果，济度幽魂，救护生命。为一乡之标榜，作同人之模范。致使子女媳孙，同皆贤孝，家道兴隆，麟趾呈祥。而不知此德此心，固从无量劫来，禀佛诸恶莫作，众善奉行，一视同仁，自利利他之教之所习，兼资受生以来，得贤父母钧陶化育之所致也。

先生与夫人将届七旬，同人欲为祝其期颐，敬录其实行，用佐寿筵。又祈不慧，随喜赞助。窃思先生、夫人之德，序文具标，若徒作华丽之文，以为赞颂，不但非我所能，亦非我所宜，故推本而发其隐义以言之。须知吾人之寿，原自无始无终。由其真如妙性为烦恼惑业所蔽，故致随业升沉于六道轮回中，其寿便局促短小，不堪言状。如来愍之，为说断惑证真之法，令其返本还元，超凡入圣。从中下手易而成功高者，唯信愿念佛求生西方为第一。其子愫楹，建安养堂，为二亲修净之所，实得祝寿之大体。待百年后，往生西方，证无量寿，方为孝子尊亲之究竟实义，方副同人颂德祝寿之景仰诚心也。（愫楹，号佩净。）

孙母林夫人事实发隐

吾人一念心性，与三世诸佛了无有异。其智愚苦乐天渊悬殊者，以宿世今生之所修所习，有善恶顺逆之所致也。《华严经》云：“若人欲了知，三世一切佛，应观法界性，一切唯心造。”言“法界性”者，即生佛同具之妙真如性，在佛不增，在生不减，处生死而不垢，证涅槃而不净，亘古亘今，不迁不变，湛寂常恒，如如不动。此性最可尊贵，故众生虽迷之及极，如来绝无一念弃舍之心，多方教化，冀其复彼本性也。“一切唯心造”者，乃指修习顺逆而言。顺修则为人，为天，为声闻、缘觉、菩萨，极之则圆成佛道，安住寂光。逆修则堕修罗、畜生、饿鬼、地狱，极之则永堕阿鼻地狱，经尘点劫，受诸极苦，莫由出离也。由是观之，十法界皆由今昔修习而得。故孔子曰：“性相近也，习相远也。”了此，而不返迷归悟，背尘合觉，以慎所修习者，未之有也。其返迷归悟、背尘合觉之道，固非一端。求其下手易而成功高，用力少而得效速者，唯净土法门为然也。

孙母林夫人者，庆泽之生母也。宿植德本，禀性淑贤，其孝亲敬夫，教子持家，周给贫乏，救护生命，皆足为女流师范。而且笃信佛法，修持净业，自少至老，无或废替。况身禀女质，既难远参高人，而家住玉田，绝少宏法上士，而毕生孜孜修持者，乃多劫之熏修所致也。溯昔夫人归孙君时，贫不自给，操劳苦作，过于佣保。中年以后，家渐富裕，有子五人，孙十余人，仆婢甚多，宜享逸乐，其操劳苦作，不改旧度。衣只粗布，不服绫罗，洗浣补缀，尚不忍弃。见人之饥寒，不异身受，必施金推食，其心方安。人有求祈，必令忻悦而去。昆虫蝼蚁，诫勿伤害。即蛇蝎毒物，亦令设法驱去，绝不肯令其受伤也。盖欲子孙世守勤俭仁慈之道，以身率之，而冀其依行焉。平时每以因果报应诫子孙，常曰："利人实为利己，害人甚于害己。凡居心行事发言，皆须归于慈善一边而后已。汝等若能如是，则为无忝所生。否则纵令富贵至极，亦属污辱祖宗之大怨家也。"故其子孙，多皆笃厚敬谨，不染时风。尤可异者，去冬兵灾起时，庆泽奉母远避于亲眷家，当其去时，心虑惶恐，夫人以装老衣之箧命携之，亦不言其所以，至腊月遂殁，适得具敛。虽曰年高八十有八，不可不预，然其心地安详，不随境乱，于此可见。当夫人临终时，庆泽率其家人同声念佛，忽若发狂，遂将窗纸撕破，适有二蝶大如掌，从窗棂入，黄质杂黑白章，彩绚非常，绕尸而飞。家人驱之，竟不能去。历大半日，殡殓已毕，舁入他院，蝶亦随棺飞翔，直至灵柩安妥，方始飞出，向西而去。夫时当腊月，况在北方苦寒之地，何得有蝶？当时本家与亲眷七十余人，同皆惊异，谓为不经见闻之瑞。盖以夫人盛德净心所感，以表其离此娑婆，生彼极乐之祥，但以世人根机陋劣，特示为蝶，此岂真蝶乎哉？

庆泽述其母之心行大略，祈余发挥，以为世劝。噫！人子扬亲之德，固为分所应尔。然扬亲之德，而不修德慎行，则更甚于诬亲以恶。故《孝经》以"立身行道，扬名于后世，以显父母"，为孝之终。如孔孟等，未见叙述父母之德，而天下后世，无不尊其父为圣父，母为圣母。欲表彰亲德者，不可不知。世孝如此，可谓极矣，而于亲之灵识，无大裨益。若以佛法论，亲在则谕亲于道，俾其返迷归悟，背尘合觉，信愿念佛，求生西方。亲没则志诚念佛，为亲回向，设祭待客，概不用荤，庶可令亲未往生则即得往生，已往生则高升莲品。此固如来普度众生，令复本具佛性之要道。人子欲报亲恩而扬亲德者，当终身奉行而广为化导，其利益唯佛能知，非语言文字所能形容也已。

崔母孙夫人往生传发隐

圣人诚明之道，如来真常之法，匹夫匹妇，皆堪与知与能。以人同此心，心同此理，凡圣虽异，心体无殊。故曰：惟圣罔念作狂，惟狂克念作圣；人皆可以为尧舜，人皆可以作佛。一切众生皆有佛性，由迷背故，枉受生死轮回之苦。而佛视六道众生，悉同一子。况生信发愿，虔持佛号，具行世善，兼持经咒，志诚回向，以祈往生，有不感应道交，蒙佛接引，离此娑婆，生彼极乐者乎？

崔母孙夫人者，注川处士之德配，祥鸠、祥鸥、祥鸿之生母也。其性情沉默淳厚，其行事勤俭宽和，其孝亲相夫，持家教子，济贫恤困，戒杀护生，皆足为闺壸仪型，女流师范。非宿有善根，岂能如是耶？而且笃信佛法，虔受归戒，年逾七十，精修净业。其子祥鸿，多方辅助，故得预知时至，正念往生。可谓女中丈夫，火里莲花，不辜佛化，不负己灵者矣。彼世之须眉丈夫，多才多艺，自命非凡者，及乎临终，则业识茫茫，无本可据，依旧轮回于三途六道之中，岂不大可哀哉！

或曰：每见载籍，毕世修持，定慧力深，宗说兼通，解行相应者，多有生死不了，仍复受生。何崔母以五六年工夫，竟得往生，了生死耶？有何证据，而知其决定往生耶？

答曰：子未知了生死有自力、佛力之所以也。一切法门，皆仗自力。净土法门，全仗佛力。仗自力，非见思净尽，无由出离生死。仗佛力，若信愿真切，即可带业往生。譬如渡海，一由自浮，一由乘舟，到岸虽同，其难易安危，奚啻天渊悬殊也。《观无量寿佛经》示三种净业正因：“一者，孝养父母，奉事师长，慈心不杀，修十善业。二者，受持三归，具足众戒，不犯威仪。三者，发菩提心，深信因果，读诵大乘，劝进行者。”

此十一事，或有一二，加以信愿念佛，悉得往生。况崔母之将及全备者乎？又五逆十恶众生，临终地狱相现，有善知识教令念佛，或至十声，或只数声，直下命终，亦得仗佛慈力，往生下下品中。况崔母五、六年来，日夕系念者乎？言证据者，临终不起爱恋，密默念佛，竖手示敬，端坐而逝，即此数端，便是往生之相。况没后全身已冷，顶门犹热，及至入殓，面貌如生，征于经论，谓“顶圣眼天生”之说，其往生又何疑焉？

或曰：此境师未亲见，安知非其子之饰词乎？

答曰：饰词世固有之，乃不知因果者之所为。祥鸿欲令同人同生信心，同修净业，同生西方，冀其母高升莲品，断不敢犯大妄语，俾其母与己，同获未得谓得，未证谓证，以凡滥圣之至极重罪也。

《慈悲镜》发隐

近世杀劫之惨，振古未闻。推究其由，皆因食肉之所酿成。是食肉为杀劫之因，杀劫乃食肉之果。而果复造因，因复感果，展转互杀互食，了无已时，可不哀哉！然杀劫之惨，人所共戚。而杀生食肉之惨，人所共乐，实则不异于自杀自食，及自杀食其父母、兄弟、妻子、眷属也。故《入楞伽经》云：“一切众生，从无始来，在生死中，轮回不息，靡不曾作父母、兄弟、男女、眷属，乃至朋友、亲爱、侍使。易生而受鸟兽等身，云何于中取之而食？”食肉之过，可胜言哉！

泉州诸善士，欲挽杀劫，特立大同放生会。放生云者，欲感发众人之慈悲心，从兹不忍食肉耳。既不食肉，则现在不造杀业，将来不受杀报，虽曰爱惜物命，实为预护自身。若大家同抱此志，何难感召天和？倘放者自放，食者自食，则所放有限，所食无穷，消放者个人之杀业则可，消众同分之杀业则未也。故特撮取古人浅显劝戒语言，名《慈悲镜》，布之乡邑。以期见闻，同发慈悲，共持杀戒，咸事素食，庶可挽回劫运，共享太平。因为略陈食肉之过以助之。愿食肉者，将生作己想，将己作生想，想之久久，即以威逼令其食肉亦不敢，况徒为口腹乎？至于敬神、祭先、奉亲、宴客，岂素食便不可，必杀生而方可乎？

唐氏先茔附青莲尼塔发隐

人皆可以为尧舜，人皆可以作佛，以人同此心，心同此理故也。其不能者，皆卑劣自居，不自奋发，乃不为耳，非真不能也。《礼》云："饮食男女，人之大欲存焉。死亡贫苦，人之大恶存焉。"然有志于为尧舜作佛者，则不以大恶存者，以易其大欲存者。故孔子曰："志士仁人，无求生以害仁，有杀身以成仁。"孟子曰："生亦我所欲也，义亦我所欲也，二者不可得兼，舍生而取义者也。"余于大成庵青莲尼，深有感焉。

按尼系武进西郊某姓妇，青年祝发，精修梵行，为远近善信所钦敬。清咸丰十年，贼陷常州，尼着袈裟礼佛，投入庵前池中。及贼至，则庵村悉成焦土。越数日，有汪、邵二公，潜归探视，见尼尸浮于池，二公仰其懿德清操，待夜深，出其尸，藁葬于庵之基。越十有六年，光绪改元，唐驼之父恂之公弃世。驼母邹恭人，罗掘数十千，购其葬所，乃当日大成庵基。村人欲卖地，偷将尼骨埋于所购之坟地内，堆一小冢。邹恭人详究由来，不唯不以为嫌，且颇生敬仰。每祭扫，率驼兄弟，兼祭尼坟。夫邹恭人，当此之时，年齿甚盛，居贫守节，为夫抚育其子女，家计不充，赖勤针黹，兼为人浣濯衣服以度日。时驼兄光盛年十一，驼仅五岁，妹甫三岁，零丁孤苦，不堪言状。邹恭人勉力支持，以养以教，令驼兄弟成人成德。其处境虽与青莲尼异，其懿德贞心固与青莲尼无或轩轾也。至光绪二十八年，邹恭人弃世，遂与恂之公合葬焉。而驼兄弟服职外方，二十余年，未共祭扫。

迨民国十年，驼兄辞官归里，驼亦由沪回常，相偕祭扫，求尼坟而不得。问其地主，云以不便耕种，乃移于桑田中矣。驼与其兄光盛议曰："现尚知此尼之德，故有保护之念，若不设法，后难免夷墓暴骨之惨。况汪、邵二公，冒险而偷葬。吾母率吾兄弟，年年致祭。若置之不理，不但有愧于汪、邵二公，且大得罪于吾母，我等何可抱此遗憾？”乃择吉移葬于其父母之茔，又为建一石塔，大书“大成庵青莲尼师之塔”，题其后曰：“尼服袈裟殉难，其志行可想，特迁遗骨葬我父母茔内，唯愿世人共相保护之。”驼之意，子孙或有迁徙及与断绝，欲为久远之计，非求世人保护不可。有以不合宜谏者，驼曰：“此尼乃佛门真修行僧，生为远近所景仰，贼欲来，而服袈裟以自溺，与古之仁人义士相去何远？况吾母素所钦佩，俾吾兄弟致祭，今葬我父母茔内，如请高僧于家供养，有何不可？又此尼具此懿德清操，或已超凡入圣，使吾父母常得亲近，当可蒙其慈力，即得高超三界，托质九莲，以故吾宗吾母之意而乐为之。”

孟子以富贵不能淫，贫贱不能移，威武不能屈者，为大丈夫。若此尼者，初舍饮食男女之大欲存者，长斋奉佛，精修梵行。没立杀身成仁、舍生取义之大节，以期不负己灵，不玷佛化，为人天之标榜，弭末俗之颓风，非所谓女中大丈夫乎！宜其唐驼为之建塔，又持衣钩，遍求名人为之题赞，以期发潜德之幽光，维世道于弗坠耳，爰为发其隐义云。

唐孝子祠校发隐

孟子曰：“人皆可以为尧舜。”又曰：“尧舜之道，孝悌而已矣。”有子谓：“君子务本，本立而道生。孝悌也者，其为仁之本欤！”夫为尧舜，为仁，不外乎敦行孝悌，初非有奇特玄妙，艰难困苦，欲为而不能者。人固各当自勉，以期不负独为万物之灵，而与天地并称为三才耳。且天地至广至大，人得以七尺之躯与之并称者，以其能赞天地之化育，继圣贤之志事也。否则机械变诈，败常乱俗，徒污天地与人类耳，形虽为人，实则禽兽之不如。以禽兽不知礼教，人知礼教，知礼教而悖之，斯居禽兽之下矣。是人也，生既为衣冠禽兽，死必堕三途恶道。人亦何苦以能为尧舜为仁之资，甘心永作畜生、饿鬼、地狱之可怜众生，是诚何心哉？无他，皆由家教未至，与自己不自振奋而致然也。

近来欧风渐至，一班新学派，厌故喜新，趋之若骛。凡欧人为国为众之好处，皆所不学，其蔑礼乱伦处，则变本加厉，竟至废经、废伦、仇孝等，无所不至，直欲人与禽兽了无有异而后已。有心世道人心者，各怀忧惧。武进唐驼，欲挽颓风，以先曾祖唐孝子安邦公事，虽经表彰，载之邑乘，未立专祠，知者盖鲜，遂设祠勒碑以表彰之。又于其中立一小学，名为“唐孝子祠校”，俾当地贫子弟读书其中，冀其顾名思义，效法前人，敦本重伦，以尽己分，初则服劳奉养以安其亲，次则立身行道以荣其亲。既能孝矣，必能笃修悌、忠、信、礼、义、廉、耻等，则为人之道得，为尧舜为仁之道亦得，而赞天地之化育，继圣贤之志事之道，亦可以随分而得。驼之意，盖如此，以故不辞辛苦，鬻字以办，诚可谓敦本重伦、尚德慕义之士，驼其贤乎哉！其族侄允中，亦随力劝助，足见唐氏之多贤人也。

虽然，驼之贤有自来矣。按驼生五岁，父恂之公即弃世，时驼兄光盛十一岁，妹始三岁，家徒壁立，零丁孤苦，不堪言状。母邹恭人，日勤针黹及与人浣衣，赖以度生，以养以教，俾驼兄弟皆成人成德。且为其夫买墓地，成契后，村人移大成庵青莲尼骨于其地中。邹恭人询知，不唯不以为嫌，且深生景仰，岁时祭扫，必令二子致祭于尼。及恭人逝后，地主移葬他处，驼兄弟感母慈，兼恐后或夷灭，遂复移置其父母茔内，且建塔表彰其懿德清操焉。夫邹恭人当夫逝时，年齿甚盛，居贫守节，教养二子，钦敬以身殉法之尼，其殆魏慈母、鲁义姑之流，懿德贞心，堪为世范。故感驼年逾五十，不减孺慕，欲广孝思，以报母恩，爰立此祠，设校于中，以教乡里之贫子弟，冀为挽回世道人心之据，可谓笃于事亲，克尽子道矣。因为发其隐义，俾安邦公之孝行与邹恭人之潜德悉彰，庶见者闻者，咸皆兴起。《孝经》云：“夫孝，天之经也，地之义也，民之行也。”由是言之，一言一行有不合道，皆为不孝。故曰：“孝悌为仁之本。”“尧舜之道，孝悌而已矣。”凡为人子者，可不深长思而亟自勉焉！

广东高州佛学研究会缘起

（代何剑菁作）

佛法大无不包，细无不举，不但依之可以断惑证真，了生脱死，即格致诚正、修齐治平、明明德、止至善之道，若能会通佛法，则事半而功倍。以世间圣人所说，但只令人尽分，唯上智之人，方能恪遵，若在中下根性，则便漠然置之。佛则详示因果报应，生死轮回，及一切众生皆具佛性，皆可成佛等事理，俾上智者必期于证本有，下愚者亦不敢肆意纵情，以膺未来之苦，势必改恶迁善，希圣希贤，虽在暗室屋漏之中，常如面对佛天。如来以三归、五戒、十善，普摄在家男女。能修五戒、十善，便可胜残去杀，反浇复淳，永离三途恶报，常享人天快乐。最浅者尚能如是，况其最深者乎？故知如来为三界大师，四生慈父，圣中之圣，天中之天。由是圣君贤相，通人达士，莫不依教修习，护持流通。以一切诸法，以心为本，唯有佛法究竟发明故也。

溯自东汉，大教西来，近二百年，只在北方。至三国康僧会，感化孙权，南人始沾佛化。至晋而遍及全国，及高丽、日本等。至唐而各宗悉备，堪比西天。数百年来，法道流通，高人林立，载诸传记，何可胜数。而曹溪法脉，出我粤东。传佛心者，莫不宗之。固知粤虽边鄙，于如来大法，有大因缘。由是禅宗大兴，虽在家二众，多有彻悟本有，明心见性者。历宋、元、明，法道弗替。明季垂末，勃然蔚兴。憨山以宏法遭谗，谪戍粤东，中兴曹溪。时摧使四出，百姓涂炭。制台不能设法者，憨山以一席话取消之。读《憨山年谱》，及《年谱疏》，知粤民沐大师之恩者深矣。迨至有清，崇重尤隆。世祖仰遵佛制，罢除试僧，及与度牒，令其随意出家。在当时高人林立，颇为有益。而佛法式微之兆，实基乎此。自后百有余年，尚复蔚然。嘉、道以来，哲人日稀，典型日坠，国家不事提倡，僧侣颓于奋发，加以咸、同之际兵灾绵连，前修既没，后昆无闻，以致鄙败无赖之徒多皆混入法门。在家儒士，非具超格之知见者，莫不以佛法为赘疣，谓其无益于人国。而如来格致诚正、修齐治平，及断惑证真、了生脱死之大经大法，以不研究，谁得而知？新学派出，妄以己意肆其谤黩，遂至毁寺逐僧者，相继而起。

近数年来，各界人士眼界大开，知佛法为世间唯一无二之道，不但不与一切哲学、科学、政治、法律相抵触，且能令彼一切哲学、科学、政治、法律，悉获实益。于是凡有志于亲见本来面目，及挽回世道人心者，莫不研究佛法，受三归以正三业，奉五戒而修十善，吃素念佛，戒杀放生。昔之嗤为愚夫愚妇之所为者，今则伟人名士悉为之，于是各处皆设佛学研究会、佛经流通处。剥极则复，否极则泰。今之世道人心，陷溺已至极点，若不以因果报应、生死轮回，及一切众生皆具佛性、皆可成佛为训，决难收效。以吾人一念心性，不变随缘，随缘不变。随悟净缘，则证三乘，及佛法界。随迷染缘，则成人天，及四恶趣法界。虽十法界之升沉苦乐，天地悬殊，而本有心性，在凡不减，在圣不增。倘谛了此义，虽使丧身失命，决不肯舍悟净缘，取迷染缘，以致永劫轮回，莫之能出也。是知因果报应、生死轮回等法，乃标本同治，凡圣共由之大道；世出世间圣人平治天下，度脱众生之大权也。当今之世，若舍此法，虽尧、舜、禹、汤、文、武、周、孔齐出，亦末如之何也已矣。

天下不治，匹夫有责。吾高佛法，凋残已久。出家在家，等皆梦梦。同人等发起佛学研究会，并佛经流通处，俾有志于己立立人、自利利他者，随己大资而为修持。深则见深，何难断惑证真，了生脱死。浅则见浅，亦可改过迁善，希圣希贤。挽回世道人心，促进人群道德，固与政治、宗教各范围，不相干涉，不相背戾也。区区之忱，祈垂洞察！

上海佛学编辑社缘起

心性者，十法界一切圣凡，堕狱生天，证真成佛之根本也。因果者，世出世一切圣贤，平治天下，度脱众生之大权也。然此心性，人各自具，真常寂照，妙莫能名。只因迷而未悟，不但不得受用，反承此心性之力，起惑造业，由业堕苦，展转沉迷，轮回六道，尽未来际，了无出期。致我释迦牟尼世尊，特垂哀愍，兴无缘慈，运同体悲，不离寂光，示生世间，精修梵行，成等正觉，于是叹曰："奇哉奇哉！一切众生，皆具如来智慧德相，但因妄想执着，而不证得。若离妄想，则一切智、自然智、无碍智，即得现前。"由是随机说法，令得度脱。但由机器差别，故致法无定相，或渐或顿，或权或实，或显或密，或性或相，必期于彻悟此在凡不减，在圣不增，终日随缘，终日不变之妙真如性，悉得彻证而后已。以此心性，体虽不变，用常随缘。随迷染缘，由厚薄不同，而成六凡法界。随悟净缘，因浅深各异，而成四圣法界。既知体常不变，由迷逆悟顺，相用天殊。其谁不欲舍迷染缘，随悟净缘，复还本有之天真，圆成无上之觉道乎！十法界，一一不出因果之外，欲离苦得乐、超凡入圣者，固宜慎所择也。又虑众生业重障深，纵种善根，得生人天，既未断惑，必致造业，一堕恶道，苦无了期。于是以大悲心，特开净土法门，俾具缚凡夫，于现生中，即得出此娑婆，生彼极乐，与住、行、向、地，及等觉菩萨，如观音、势至、文殊、普贤等，俱会一处，亲炙弥陀，以渐证夫道果耳。噫！世尊之恩，可谓极矣。虽天地覆载，亦难喻其少分焉。

迨至众生机尽，如来应息，而大悲利生，终无有尽。由是诸大弟子，分布舍利，结集经藏，俾遍界以流通，冀普沾乎法润。及至东汉，大教始来，但由风气未开，故唯在北方流通。至孙吴赤乌四年，康僧会尊者，特开化建业，蒙如来舍利降临，致孙权极生信仰，遂修寺建塔，以宏法化，此法被南方之始也。至晋而遍布高丽、日本、缅甸、安南、西藏、蒙古诸国。自兹以后，蒸蒸日上，至唐而诸宗悉备，可谓极盛。天台、贤首、慈恩以宏教，临济、曹洞、沩仰、云门、法眼以宏宗，南山则严净毗尼，莲宗则修专净土。如各部之分司其职，犹六根之互相为用。良以教为佛语，宗为佛心，律为佛行。心、语、行三，决难分属，约其专主，且立此名。唯净土一法，始则为凡夫入道之方便，实则是诸宗究竟之归宿。以故将堕阿鼻者，得预末品。证齐诸佛者，尚期往生。

如来在世，千机并育，万派朝宗。佛灭度后，宏法大士，各宏一法，以期一门深入，诸法咸通耳。譬如帝网千珠，珠珠各不相混，而一珠遍入千珠，千珠悉摄一珠，参而不杂，离而不分。泥迹者谓一切法，法法各别。善会者则一切法，法法圆通。如城四门，随近者入，门虽不同，入则无异。若知此意，岂但诸佛诸祖所说甚深谛理，为归真达本、明心见性之法。即尽世间所有一切阴、入、处、界、大等，一一皆是归真达本、明心见性之法，又复一一皆即是真是本，是心是性也。以故《楞严》以五阴、六入、十二处、十八界、七大，皆为如来藏妙真如性也。由是言之，无一法非佛法，亦无一人非佛也。无奈众生，珠在衣里，了不觉知。怀宝循乞，枉受穷困。以如来心，作众生业。以解脱法，受轮回苦。可不哀哉！以故宏法大士，不惮艰辛，种种方便，而为开导，令其谛了十法界因果事理，彻悟即心自性，以迄究竟圆证也。

由唐而宋而元而明而清，足一千年，声教弗替，虽不及唐时之盛，犹可称伯仲之伦。自咸、同来，兵火连绵，饥馑荐臻。高人日稀，庸人日多。国家不暇提倡，僧侣无力振兴。由是在家高人，以未尝研究故，谬袭韩、欧故套，遂致一败涂地。至清末之时，大开学界。天资高者，遂皆翻阅佛经，始知道本在是，遂皆息心以研究焉。及至民国启运，法制维新。奉教自由，载于宪法。十余年来，风气大开。举凡政、军、学、商各界伟人，多皆研究佛法，吃素念佛。顾联承、赵云韶等诸居士，欲令同人，悉沾法利，拟于上海北京路长康里，设一佛学编辑社。凡属发明心性之论，彰显因果之说，戒杀放生之利益，念佛往生之感通，与夫深经奥论之解释，高人懿士之修持，取便编辑，月出一册，以饷当世。庶不知佛法者，因兹而知。稍知佛法者，展转入胜。果能依佛言教，诸恶莫作，众善奉行，主敬存诚，洗心涤虑。不但天灾人祸，从兹消灭，俗美风淳，永享太平。将见彻悟唯心，亲见佛性，离三界之苦因苦果，证一乘之乐因乐果。庶不负此即心本具之真如妙性也已。

常斋会题词并缘起

众生心性，与佛同俦，由善恶业，报分人畜。

人有智识，畜无技术，恃强凌弱，遂杀而食。

成家之子，不惜重债，况杀彼身，但图口快。

怨恨固结，历劫互偿，试一思及，中心痛伤！

爰集同人，共立此会，凡百应酬，概用素菜。

特立规约，并述缘起，普愿见闻，各笃胞与。

原夫水陆空行一切众生，无一不知疼痛苦乐，无一不知贪生怕死，而且无一不是吾人无量劫来之父母、兄弟、姊妹、妻子、朋友、亲戚，又复无一不能于未来世深种善根，修持净业，断惑证真，圆成佛道。但以宿世恶业，堕于异类。固宜深生怜悯以护持之，令彼各得其所。何可以强凌弱，或以智取，或以钱取，俾彼一切，悉充口腹？彼等力虽不敌，心固衔结，故致生生世世，展转互杀。为一时之口腹，杀身命于多劫，较比自杀，酷烈万倍。何苦为此招殃祸事，一何愚迷至于此极？

在昔鲁国有二勇士，彼此互闻而未相见，一旦相遇，沽酒共饮。一曰：“无肉不能成欢，当去买肉。”一曰：“尔我肉也，何须更求？”其人以为所见甚高，遂袒衣相割，彼此互食。又复割彼之肉，转以奉彼。意气扬扬，以为吾人之交，情意真挚。相割相食，遂至于死。凡见闻者，皆叹其愚。世人因食肉故，造诸杀业，遂至累劫展转互杀，较彼勇士更为酷烈。由无慧目，不知后报，反为得意，用自矜夸，斥素食者以为迷信及以薄福。世俗相袭，恬不知非。以故如来于《梵网》、《楞严》、《楞伽》等诸大乘经，极陈杀生食肉之祸，可谓拔本塞源之真慈大悲也。

近世杀劫之惨，千古未闻。况复水火、疾疫、风吹、地震、旱潦等灾，不时见告。总因杀业以为缘起，致令世道人心愈趋愈下，由是天灾人祸相继而兴，如立镜前，不能逃影。同人忧之，欲令世人同持杀戒，各秉蔬食，无论祝寿祈福、冠婚丧祭、宴宾会友等事，俱用素筵。一以全吾恻隐之心，一以冀吾所尊奉之神祇，并吾之祖宗、父母、朋友、亲戚，止息杀业，增长善根，非只独为水陆空行一切物类计也。又期彼此效法，达之乡国，及与天下，将见俗美风淳，民康物阜，共乐大同之化，永息争竞之风，则鸟兽鱼鳖咸若。庶人与天地并立为三，称为三才，与“乾为大父，坤为大母，民吾同胞，物吾与也”之义，不至徒有空言，毫无实义矣。

乐清柳市募建净土堂缘起

三界无安，犹如火宅，众苦充满，甚可怖畏。众生愚痴，常住其中，纵受极苦，不求出离。虽有本具佛性，由其迷背，反作起惑造业之本，以致经尘点劫，莫由解脱，可不哀哉！况今世道人心陷溺已极，杀劫之惨，振古未闻。加以新学潮流，拨无因果。圣贤道义，斥为迂腐。任己臆见，而为提倡。盲引盲众，相牵入火。致令天灾人祸，相继降作。蚩蚩蒸民，诚堪怜悯。于是有心世道者，奋发大志，欲为救援。以为此等业果，皆由唯知自私自利，不知三世因果、善恶报应。以为人死神识即灭，有何灵魂，随罪福因缘，受生于人天及三途恶道耳。既善恶同一磨灭，何不任意所为，以期身心快乐乎？由是逆天悖理，损人利己，以及杀害生命，取悦口腹之事，炽然竞作，无所顾忌。使知三世因果，当即恐其受报，而不敢稍萌此念，况实行其事乎哉？是知我佛所说三世因果、生死轮回之事理，乃无明长夜之慧日也。而念佛求生西方极乐世界，乃生死苦海之慈航也。欲挽劫运，舍此末由。以故各处诸大心缁素，悉皆汲汲然提倡佛学，以冀天下太平，人民安乐也。

乐清胡天仆居士，于虹桥建一净土堂，于八月十五日开讲，万众欢欣，叹所未有。柳市诸善士景仰不已，拟在当市亦建一所，以期普沾法润。除首人任捐外，拟欲募诸四方。包又舞居士祈光作疏。窃谓因果一法，乃世出世间圣人，平治天下，度脱众生之大权。而念佛一行，实十方三世诸佛，普令众生，现生出苦之达道。舍此则邪见无由灭，实益无由得也。契理契机，利益难思。恳祈有力大人，各各赞襄，俾佛堂成而讲会长开，人心转而劫运顿息。庶胜残去杀，一视同仁之象，复见于今。其功德利益，当与十方虚空同其寿量，非笔舌所能形容也已。

请净权法师讲《法华经》启

（代法雨监院作）

伏以如来知见，蕴于众生心中。不因佛说，谁能自悟？释尊一代所说诸经，唯有《法华》畅谈此义。举手低头，皆成佛道。治世语言，悉顺正法。示衣里之明珠，出火宅之险难。孤露乞儿，作长者之真子。无明厚地，得法性之甘泉。即众生心，示如来藏。若不讲演，谁得而知？恭维净公大法师，宿受佛嘱，作如来使，常宏大教，普利群伦。以大智慧，发大辩才，直教顽石点头，天花坠地。晚久仰德风，未获一晤，缘悭障厚，愧何如之。兹者敝寺主人，拟于来年夏月，讲演《法华》。固知座下悲运同体，慈起无缘，故敢冒昧恳求，唯祈默然允许。将见昔日灵山一会，各各同瞻，此际观音普门，人人得入矣。伏祈慈悲，则法门幸甚，众生幸甚。临启，无任恳祷冀望之至。

请净权法师讲《弥陀疏钞》启

（代法雨住持作）

伏以圆觉妙心，有情各具。修持克证，其孰知宜？恭维净公大法师，宿受佛嘱，乘愿再来。开如来之知见，续台衡之薪传。谛观圆融，禅净一致。导三乘同登九品，引五性共证唯心。晚久仰高风，殊少亲近，愧为法雨守门庭，绝无智力宏觉道。详察现世时宜，唯净土最为当机。拟讲《弥陀疏钞》，非我公莫慰众望。恳祈不违本誓，俯徇下情。待到明年七月，飞锡荒山。好令百千四众，栖心秘藏。以悬河之妙辩，畅如来之本怀。俾无问自说之经，理事双彰之疏，悉得大明。岂但荒山之深幸，法门之深幸而已哉！唯愿慈悲，默然允许。临启，无任激切冀望之至。

宁波功德林蔬食处开办广告

一切众生，皆有佛性，皆是过去父母，未来诸佛。设法救护，尚恐不及。何可为悦我口腹，以杀彼身躯乎？须知水陆飞潜诸物，同吾灵明觉知之心，但以宿业深重，致使形体殊异，口不能言。观其求食避死情状，自可悟其与人无异矣。吾人承宿福力，幸生人道，心有智虑，正宜敦天父地母、民胞物与之谊，以期不负人与天地并名三才，以参赞天地之化育，俾民物各得其所，以同受覆载，同乐天年而后已。倘其不体天地好生之德，恣纵自己饕餮之念，以我之强，凌彼之弱，食彼之肉，充我之腹。必至一旦宿福已尽，杀业现前，欲不改头换面，受彼展转杀食，其可得乎？况肉食有毒，以杀时恨心所结故。故凡瘟疫流行，蔬食者绝少传染。又肉乃秽浊之物，食之则血浊而神昏，发速而衰早，最易肇疾病之端。蔬系清洁之品，食之则气清而智朗，长健而难老，以富有滋补之力。此虽卫生之常谈，实为尽性之至论。因俗习以相沿，致积迷而不返。须知仁民者必能爱物，残物者决难仁民，以习性使然。是以圣王治世，鸟兽鱼鳖咸若。明道教民，黏竿弹弓尽废。试思从古至今，凡残忍饕餮者，家门多绝。仁爱慈济者，子孙必昌。始作俑者，孔子断其无后。恣食肉者，如来记其必偿。祈勿徒云远庖，此系随俗权说。固宜永断荤腥，方为称理实义。

近世杀劫之惨，实为千古未闻。若详推其根源，皆由食肉所致。忧世之士，各欲拔本塞源。申江开办功德林，固已先竖赤帜矣。此邦道尹黄公、镇使王公、知事姜公，及张让三公、吴东山公等诸乡绅，谛闲法师、开如、了余等诸沙门，同悯近世杀劫，拟植仁寿幸福，特步申江之后尘，以树宁地之先声，创办本林，提倡素餐。俾邦人士冠昏丧祭，便用素筵。宴宾会友，悉资蔬食。以代庖之微业，作救劫之大权。专以利生为志，绝非唯利是图。于是聘请名工，制造珍品，以备邦人士冠昏丧祭宴会需用。或来本林以就食，或送贵宅以供用。多少厚薄，俱可随意。凡有惠顾，决无失误。恳祈官商善信，同发戒杀护生之心，共行断荤茹素之事。俾慈风从兹普扇，庶杀劫自此消灭。将见时和年丰，民康物阜，永无天灾人祸，长享安乐太平矣。此固道尹诸公发起本林之深心，而晨夕焚香念佛以恳祷者。尚冀各处效法，故为叙述缘起。

启建水陆寿筵小参

（代友人）

只此一念菩提心，即是常住无量寿，
普令法界诸众生，性修功德皆成就。

恭维无遮胜会斋主，定圣秦太太，宿根深厚，赋性淑贤，笃信佛法，归依三宝。即俗修真，垂母仪于闺壶。随缘体道，作师范于女流。常时厌离娑婆，非徒自作归计。一意欣求极乐，每欲普度群萌。兹值六旬初度，婺焕中天，远离尘嚣之市井，直诣圆通之道场，力辞亲朋祝献之仪，大启法界圣凡之会。以自己之诚心，感三宝之慈力，必得夫与己身业障潜消，诸缘尽吉，现生膺洪范之五福，临终登九莲之上品。子荣孙贵，奕世长发其祥。道泰时康，阖国咸有其庆。岂徒令当斋正荐王氏、秦氏，祖祢先亡，同生净土，所愿十方法界，四生六道，一切含识，共证真常。本儒者己立立人之心，行菩萨自利利他之事。只因佛由心具，故愿寿与人同。咦！

性具福寿妙难诠，奚啻如海与如山，
穷尽三际无生灭，迥超思议两重关。

对灵小参

（代 撰）

三界原来无别法，唯是一心之所作，
识得诸法皆由心，何难超凡而证觉。

恭维当斋正荐某某居士，宿具灵根，笃信佛法，聪慧明达，温良恭俭，孝顺出于天性，仁慈及于庶物。推因计果，以心验福，当享上寿膺高爵，以大展经纶，何甫弱冠便夭折，而即捐身世。想必爱亲情切，欲得同生净土，故现无常，激发令亲出世之心，以成世间莫大之孝，所谓即不孝以为大孝，由无常而证真常，冀报亲恩，兼警同伦，现身说法，善巧无喻。无如令亲爱子之心，更加真切。恐汝净业未熟，未能往生，故来圆通道场，建无碍会，普济孤魂。以此功德，俾汝未生则即得往生，已生则高增品位。兹者欲汝解第一义，登上品莲，见弥陀于自心，证无生于当念，特设香斋，兼示法要。

须知父母未生以前，原无男女之相。四大分散之后，唯有灵知之心。由幻业以相缠，故不能直下了脱。倘凡情以顿息，又何难彻底承当。相因业以幻生，业由心而妄起。心若不生，业便消灭。业尽情空，返本还元。譬如云散长空，天日顿现乎本体。水归大海，江河莫比夫洪深。遍十方而无欠无余，尽三际而不生不灭。此理悟之虽易，证之实难。须发信愿之心，求生西方，定仗弥陀之力，速离五浊。从兹承侍如来，参随海众，闻法受记，开佛知见，断惑证真，得本圆通。然后仗佛慈力，乘本愿轮，遍法界以普现色身，俾迷流以同登觉岸。咦！

近水楼台先得月，向阳花木早逢春，
自从遍吉导归后，海众悉皆废南询。

启建水陆对灵小参

（代友人）

娑婆原是苦封疆，生死轮回实可伤，
拔断爱根归西去，历劫热恼顿清凉。

恭维无遮胜会当斋正荐琴涛邵先生，宿植德本，素著景行。读书明理，垂典型于市廛。学道爱人，助政治于官府。通商裕国，人咸佩两袖之清风。济难扶危，心独揭一轮之明月。兼以笃信佛法，崇重三宝，虽未专修定慧，实能上合慈悲。寿临知命，便抛幻躯。事堪痛心，故援金臂。兹者孝男某某，并诸眷属，欲崇追荐之仪，大启无遮之会。须知心、佛、众生，三无差别。由迷悟之不同，致升沉以硕异。当念昔标清风明月之懿范，原承法身般若之威神。了此则自能息认影之狂心，起反照之正智。方知头本不失，佛自圆成。不离此念，入圣超凡。永辞虚妄之幻苦，恒享真常之法乐。然理可顿悟，事难即圆。宜发信愿之深心，求生净土，定蒙光寿之慈父，导归莲邦。从兹神超清泰，业谢尘劳，莲开上品之花，佛授一生之记。然后乘本愿轮，回入娑婆，逆顺隐显，度脱众生，普令法界有情，共证常住佛性。俾此明理爱人之心，清风明月之操，竖穷三际，横遍十方，庶可谓不辜佛化，不负己灵，超群拔萃，真大丈夫者矣。咦！

冰水岂有两种湿，生佛原同一觉心，
但能返观观自性，即获本具无价珍。

定海张总戎荐亲对灵小参

（代 撰）

一念真如性，光明遍大千，
悟迷虽有异，本体总天然。

恭维诰封某某张老大人，生前积善修德，居仁由义，故致身后余庆长发，奕叶相承，德范恒新，簪缨永继，作股肱于元首，为国家之爪牙。兹者法会宏开，用申超荐。急须了知在生积德、即今受荐之心，性本如如，不迁不变，常寂常照，离念离名，圆满无量功德，具足无边妙用。凡不能令其减损，圣不能令其增益。非色非空，历十界而无异。不生不灭，尽三际而常然。所谓“灵光独耀，迥脱根尘。体露真常，不拘文字。心性无染，本自圆成。但离妄念，即如如佛。”若能如是会得，自然亲见天真佛性，直趣无上菩提。如或未能，须仗阿弥陀佛大悲愿力，往生西方极乐世界。果若圆发三心，直下即登九品，花开见佛，证无生忍，方知前来升沉六道，积善修德，乃至即今亲临法会，闻法受荐，一念心性，从本以来，原自清净无有染污，原自具足河沙功德。咦！

一条荡荡西方路，直下归家莫问程，

自是不归归便得，故乡风月有谁争。

祭盛寅怀文

（代了余师作）

维年月日，方外友了余，谨以香茗蔬肴之仪，致祭于寅怀盛公之灵曰：维公之生兮不生，缘会而生。维公之灭兮不灭，缘尽而灭。若彻悟夫自心兮，生灭不殊虚空楔。纵未明乎本有兮，去来何异水中月。幸夙因之深厚兮，禀性真诚。叹佛缘之稍疏兮，惜未闻净土横超之秘诀。论现因之明廉而公正兮，来报必在诸天宫殿，王公阀阅。虽暂享人天之幻福兮，难免花残而月缺。祈以世福回向极乐净域兮，必蒙弥陀慈父垂金色臂以迎接。从兹永辞五浊恶世兮，常享五清。庶可不负与余久交兮，亦堪慰余末后告公之诚实说。尚飨！

祭韩山曦居士文

（代法雨常住作。居士品行端方，为商界中冠。）

维公之心兮，忠厚慈祥。维公之行兮，廉洁端方。居廛为政兮，德风被处，使彼奢者俭，懦者强，凶恶者迁善，放荡者息狂。笃信佛乘兮，多方宏护而赞襄。溯昔八十四年前兮，本不曾生。即今现在兮，又岂有亡。去来虽无定相兮，主人翁原自露堂堂。若推因以验果兮，不在天宫享天福，定在极乐世界侍愿王。须知天福兮易尽，净土之乐兮，穷未来际了无央。尚祈圆发三心兮，直登上品。庶可彻证本有兮，永为苦海沉溺众生作舟航。尚飨！

胡嘉科祭祖母文

（代 撰）

呜呼！维吾祖母兮，母德堪师。每一思及兮，辄生伤悲。为女流之懿范，作闺阃之善导兮，实效法乎周之三太、虞之二妃。抚育不肖孙之周挚兮，如天覆地载而无遗。冀予学成德立，出而为国家作辅弼，处而为乡里作仪型兮，岂料予之不才，德不加修，学无所成，俯仰天地，愧莫能支。幸因游学泛览兮，得遇如来普度众生之文词。方知吾人一念心性兮，直与诸佛无二无别，亘古亘今不转移。但以迷悖，逐境生贪，起惑造业，致受果报于三途六道兮，实于本性不减一毫厘。修持法门无量无边兮，俱不若仗佛慈力横超三界之适宜。以若能生信发愿，以至诚心，念南无阿弥陀佛，求生西方极乐世界兮，决定感应道交，蒙佛接引，往生西方七宝池。五逆十恶，临终地狱相现，念佛数声，即蒙接引得预下品下生兮，况吾祖母之懿德善行两相资。缅维禹为大圣，不免鲧之神识入于羽渊，化为黄能兮，不禁悲喜交集，如狂如痴。是以西方有大圣人兮，发之于至圣先师鲁仲尼。伏愿吾祖母谛信而勿疑兮，直下即可蒙佛慈。又祈与吾祖父，并及历代祖妣兮，同发怖生死苦，感佛慈悲之心，依此修持。庶可相率同预莲池海会，亲炙弥陀，承事众圣兮，因兹彻悟本具佛性，以迄圆证夫无上大菩提。尚飨！

阿弥陀佛像赞

悲哉众生，无所恃怙，孤露竛竮，如逃逝子。纵闻佛法，依教修行，自力劣弱，难破无明。猗欤世尊，慈悲心切，四十八愿，三根等摄。普令众生，信愿持名，仗佛慈力，带业往生。以果地觉，为因地心，感应道交，如磁吸针。如来恩德，穷劫莫赞，唯冀含识，悉副佛愿。

《观世音菩萨本迹感应颂》卷首像赞

猗欤大士，誓愿难宣，悲运同体，慈起无缘。寻声救苦，随类逐形，普现色身，遍情无情。若有众生，遇诸苦难，一称其名，立见救援。富寿儿女，凡有所求，礼拜供养，随愿悉酬。何以称名，便获感通？由菩萨心，久证真空。无心之心，合生佛心，众生迷背，无从受恩。因遇灾难，并所恳叨，一发诚心，感应道交。如清凉月，丽彼中天，影现群水，一无所偏。若或无信，莫由相感，如水昏动，月影不显。咎在于水，非月不照，若得澄静，即现光耀。亦如阳春，普生诸芽，遇根枯者，朽腐更加。甘霖普澍，草木同荣，唯无根者，不荷生成。入道之要，信为第一，欲蒙慈济，非信莫得。缅维菩萨，何能如此？为有远本，故致尔尔。远本维何？圆证三觉，名正法明，福慧两足。虽住寂光，悲愿无央，复现菩萨，辅弼法王。十法界身，无身不现，三际竖穷，十方横遍。菩萨功德，难尽赞扬，垂示梗概，作长夜光。特祈江西，居士止净，遍阅藏典，撰为赞颂。恭摹圣像，遍界流布，普令含识，同蒙覆护。

疯僧像赞

奸桧受贿误国民，故劳我师特扫秦，一柄扫帚撑天地，几句法语镇乾坤。惜彼陷溺已深固，虽承指示不问津，致令神归阿鼻狱，铁像千古跪岳坟。

净土问答并序

大矣哉净土法门之为教也！是心作佛，是心是佛，直指人心者，当逊其奇特。十念一念，即登不退，历劫修证者，当仰其高风。普被上中下根，统摄律教禅宗。如时雨之润物，若大海之纳川。偏圆顿渐一切法，无不从此法界流。大小权实一切行，无不还归此法界。不断惑业，得预补处。即此一生，证大菩提。九界众生离此法，上不能圆成佛道。十方诸佛舍此法，下不能普利群生。是以《华严》海众，尽遵十大愿王。《法华》一称，悉证诸法实相。如斯大力用，诸佛共宣扬。若此极发挥，诸祖皆如是。诚可谓一代时教之极谈，一乘无上之大教也。不植德本，历劫难逢。幸得闻熏，勉力修习。恐彼无知狂徒，谓为浅近，故此依教赞述，令其奉行耳。

问：念佛法门，愚尚能修。律、教、禅宗，智犹难晓。何谓此法统彼诸法？

答：欲知此义，须深明佛力、自力，大小优劣，则一切疑惑泮然冰释矣。夫佛与众生，心性虽同，若论力用，天地悬殊。良由众生具足无量烦恼恶业，功德智慧不能显现。佛则具足无量功德智慧，烦恼恶业净尽无余。佛与众生，迷悟不同，致使力用，胜劣迥异。律、教、禅宗，皆仗自力了脱生死，所以久经长劫，尚难出离。念佛法门，全仗佛力，又兼自力，了脱生死，所以尽此一生，便登不退。

问：自力、佛力，其义云何？愿垂明诲。

答：律、教、禅宗，最初须深明教理，依教修行。修行功深，断惑证真，方出生死。若教理不明，则盲修瞎炼，若非得少为足，便是着魔发狂。纵使理明功深，亦颇断惑，倘有丝毫未尽，依旧不出苦轮。直待惑业净尽，方可出离生死，尚去佛地甚大悬远，更须历劫进修，始可圆满佛果。譬如庶民，生而聪慧，读书学文，多年辛苦，学问既成，登科入仕。由其有大才能，所以从小渐升，直至宰相，官居极品，再无可升，于群臣中，位居第一。若比太子，贵贱天渊，何况皇帝？毕世为臣，奉行君命，鞠躬尽瘁，辅治国家。然此相位，大不容易，半生勤劳，通身能耐，到下场头，不过如是。若学问才能稍不充足，则不能如是者有百千万亿也。此是自力。学问才能，譬深明教理，依教修行。位至宰相，譬修行功深，断惑证真。只可称臣，不敢作君，譬虽出生死，尚未成佛。（臣决定不敢作君，臣欲作君，除非托生皇宫，为皇太子。修余法门，亦可成佛，但与净土较，奚啻日劫相倍。读者须善会其意，勿泥其词。然依《华严》末后一着，等觉菩萨，尚以十大愿王，回向往生。正与托质皇宫，为皇太子，意义相齐。净土法门，得《华严》一经，遂得如大海之横吞万川，如太虚之总摄万象耳，猗欤大哉！）学问不充，不能如是者甚众，譬惑未断尽，不出生死苦海者甚众也。

念佛法门，纵不明教理，未断惑业，但能信愿持名，求生净土，临命终时，决定蒙佛亲垂接引，往生西方。既生西方，见佛闻法，悟无生忍，即此一生，定补佛位。此是佛力，又兼自力。谓信愿持名，是自力能感于佛。誓愿摄受，垂慈接引，是佛力能应于我。感应道交，故得如是。又若深明教理，断惑证真，则往生品位更高，圆成佛道更速。所以文殊、普贤、华藏海众，马鸣、龙树、诸宗祖师，皆愿往生也。譬如托生皇宫，一出母胎，贵压群臣，此是王力。迨其长大，学问才能，一一充足，便能承绍大统，平治天下，一切臣宰，皆听诏谕。此则王力、自力，兼而有之。念佛法门，亦复如是。未断惑业，仗佛慈力，往生西方，便出生死，犹如太子初生，贵压群臣。既往生已，惑业自断，定补佛位，犹如太子长大，承绍大统，平治天下也。又已断惑业，如马鸣、龙树、诸宗祖师，已登补处，如文殊、普贤、华藏海众，皆愿往生者，犹如昔镇边鄙，不堪承绍，今居东宫，不久登极也。

祈尽舍旧习，于此法门，极生信愿，专精修习。则无尽烦恼，不难顿断。无量法门，自然证入。其圆成无上佛道，度脱无边众生，若操左券而取故物矣。尚勉之哉，尚勉之哉。

为在家弟子略说三归、五戒、十善义

悲哉众生，从无始来，轮回六道，流转四生。无救无归，无依无托。若失父之孤子，犹丧家之穷人。总由烦恼恶业，感斯生死苦果，盲无慧目，不能自出。大觉世尊愍而哀之，示生世间，为其说法。令受三归，为翻邪归正之本。令持五戒，为断恶修善之源。令行十善，为清净身口意三业之根。从兹诸恶莫作，众善奉行。三业既净，然后可以遵修道品，令其背尘合觉，转凡成圣，断贪瞋痴烦恼之根本，成戒定慧菩提之大道，故为说四谛、十二因缘、六度、三十七助道品等无量法门。又欲令速出生死，顿成佛道，故为说念佛求生净土法门，使其不费多力，即生成办。噫！世尊之恩，可谓极矣，虽父母不足譬，天地不足喻矣。不慧受恩实深，报恩无由。今汝等谬听人言，不远数千里来，欲以我为师。然我自揣无德，再四推却，汝等犹不应允。今不得已，将如来出世说法度生之意，略与汝等言之。并将三归、五戒、十善，及净土法门，略释其义，使汝等有所取法，有所遵守。其四谛，乃至三十七助道品等，非汝等智力所知，故略而不书。汝等若能依教奉行，便是以佛为师，何况不慧。若不依教奉行，则尚负不慧之恩，何况佛恩。

三归者，一归依佛，二归依法，三归依僧。（“归”，亦作“皈”，“皈”字从“白”从“反”，取其反染成净之义。）

归者归投，依者依托。如人堕海，忽有船来，即便趣向，是归投义。上船安坐，是依托义。生死为海，三宝为船，众生归依，即登彼岸。

既归依佛，以佛为师，从今日起，乃至命终，不得归依天魔外道、邪鬼邪神。

既归依法，以法为师，从今日起，乃至命终，不得归依外道典籍。（法，即佛经，及修行种种法门。典籍，即经书也。）

既皈依僧，以僧为师，从于今日，至命终时，不得皈依外道徒众。

五戒者，一不杀生，二不偷盗，三不邪淫，四不妄语，五不饮酒。

好生恶死，物我同然。我既爱生，物岂愿死？由是思之，生可杀乎？一切众生，轮回六道，随善恶业，升降超沉。我与彼等，于多劫中，互为父母，互为子女，当思拯拔，何忍杀乎？一切众生，皆有佛性，于未来世，皆当成佛。我若堕落，尚望拔济。又既造杀业，必堕恶道，酬偿宿债，展转互杀，无有了期。由是思之，何敢杀乎？然杀生之由，起于食肉。若知如上所说因缘，自不敢食肉矣。又愚人谓肉为美，不知本是精血所成，内盛屎尿，外杂粪秽，腥臊臭秽，美从何来？常作不净观，食之当发呕矣。又生谓人及禽兽、蛆虫、鱼虾、蚊虻、蚤虱，凡有命者皆是，不可谓大者不可杀，小者可杀也。佛经广说戒杀放生功德利益，俗人不能得读，当观安士先生《万善先资》，可以知其梗概矣。

不偷盗者，即是见得思义，不与不取也。此事知廉耻者，便能不犯。然细论之，非大圣大贤，皆所难免。何也？以公济私，克人益己。以势取财，用计谋物。忌人富贵，愿人贫贱。阳取为善之名，遇诸善事，心不认真。如设义学，不择严师，误人子弟。施医药，不辨真假，误人性命。凡见急难，漠不速救，缓慢浮游，或致误事。但取塞责了事，糜费他人钱财，于自心中，不关紧要。如斯之类，皆名偷盗。以汝等身居善堂，故摘其利弊而略言之。

不邪淫者。俗人男女居室，生男育女，上关风化，下关祭祀，夫妇行淫，非其所禁。但当相敬如宾，为承宗祀，不可以为快乐，徇欲忘身。虽是己妻，贪乐亦犯，但其罪轻微。若非己妻，苟合交通，即名邪淫，其罪极重。行邪淫者，是以人身行畜生事，报终命尽，先堕地狱、饿鬼，后生畜生道中，千万亿劫，不能出离。一切众生，从淫欲生，所以此戒难持易犯，纵是贤达，或时失足，何况愚人。若立志修持，须先明利害，及对治方法，则如见毒蛇，如遇怨贼，恐畏怖惧，欲心自息矣。对治方法，广载佛经，俗人无缘观览，当看安士先生《欲海回狂》，可以知其梗概矣。（利，谓不犯之利。害，谓犯之祸害。）

不妄语者，言而有信，不虚妄发也。若见言不见，不见言见，以虚为实，以有为无等，凡是心口不相应，欲欺哄于人者皆是。又若自未断惑，谓为断惑，自未得道，谓为得道，名大妄语，其罪极重，命终之后，决定直堕阿鼻地狱，永无出期。今之修行而不知佛法教理者，比比皆是，当痛戒之，切要切要。

以上四事，不论出家在家，受戒不受戒，犯之皆有罪过，以体性是恶故也。然不受戒人，一层罪过。受戒之人，两层罪过。于作恶事罪上，又加一犯戒罪故。若持而不犯，功德无量无边。切须勉之。

不饮酒者，酒能迷乱人心，坏智慧种，饮之令人颠倒昏狂，妄作非为，故佛制而断之，凡修行者，皆不许饮。并及葱、韭、薤（音械，小蒜也）、蒜，五种荤菜，气味臭秽，体不清洁，熟食发淫，生啖增恚，凡修行人，皆不许食。然此一事，未受戒者，饮之食之，皆无罪过。受戒饮食，一层罪过，即是犯佛戒罪。佛已禁制，汝又去犯，故有罪也。（五荤菜，西域有五，此方但四。）

十善者，一不杀生，二不偷盗，三不邪淫，四不妄言，五不绮语，六不两舌，七不恶口，八不悭贪，九不瞋恚，十不邪见。

此中前三名身业，中四名口业，后三名意业。业者，事也。若持而不犯，则为十善。若犯而不持，则为十恶。十恶分上、中、下，感地狱、饿鬼、畜生三恶道身。十善分上、中、下，感天、人、阿修罗三善道身。善因感善果，恶因感恶果，决定无疑，丝毫不错也。

杀、盗、淫、妄，已于五戒中说。

绮语者，谓无益浮词，华妙绮丽，谈说淫欲，导人邪念等。两舌者，谓向彼说此，向此说彼，挑唆是非，斗构两头等。恶口者，谓言语粗恶，如刀如剑，发人隐恶，不避忌讳。又伤人父母，名大恶口，将来当受畜生果报。既受佛戒，切莫犯此。

悭贪者，自己之财，不肯施人，名之为悭；他人之财，但欲归我，名之为贪。瞋恚者，恨怒也。见人有得，愁忧愤怒。见人有失，悦乐庆快。及逞势逞气，欺侮人物等。邪见者，不信为善得福，作恶得罪，言无因果，无有后世，轻侮圣言，毁佛经教等。

然此十善，总该一切。若能遵行，无恶不断，无善不修。恐汝等不能体察，今略举其一二：当孝顺父母，无违无逆，委曲宛转，劝令入道，断荤吃素，持戒念佛，求生西方，了脱生死。父母若信，善莫大焉。如决不依从，亦勿强逼，以失孝道，但于佛前代父母忏悔罪过，斯可矣。于兄弟则尽友，于夫妇则尽敬。于子女则极力教训，使其为良为善，切勿任意骄惯，致成匪类。于邻里乡党，当和睦忍让，为说善恶因果，使其改过迁善。于朋友则尽信，于仆使当慈爱。于公事则尽心竭力，同于私事。凡见亲识，遇父言慈，遇子言孝。若做生意，当以本求利，不可以假货哄骗于人。若以此风，化其一乡一邑，便能消祸乱于未萌，致刑罚于无用。可谓在野尽忠，居家为政矣。

示某比丘尼

（系世家妇出家者，代友人作）

光阴迅速，时序更迁。刹那刹那，一念不住。此殆造物出广长舌，普为尔我一切众生说人命无常，荣华不久，急寻归路，免受沉沦之无上妙法耳。汝既厌弃世荣，发心出家，必须努力勤修，切莫因循度日。出息虽存，入息难保，一息不来，即属后世。当念形质虽禀五漏，心性原具三德，痛洗积劫之女习，力持弥陀之圣号。观此娑婆，浊恶甚于圊厕。信彼极乐，即我本有家乡。不求此世来生，人天王等福乐。唯愿报终命尽，蒙佛接引往生。朝斯夕斯，念兹在兹。念极功纯，感应道交，临命终时，必克果愿。既生净土，顿悟无生，回观世间富贵，奚啻阳焰空花，直同囹圄毒海耳。

然欲生净土，先治染习。佛经屡言：富贵难学道，女人亦难学道。良以富贵之人骄慢成性，奢侈为心，尚不能谦光接物，卑以自牧，又何能息虑忘缘，虚心求道乎？女人则唯矜容仪，常怀妒忌，不知纵是天姿国色，依旧粪袋革囊，既恋幻形，何悟妙性？如来为治此病，令修四念处观，一观身不净，二观受是苦，三观心无常，四观法无我。此观若成，则恋身恃势之习，消灭无余，不异洪炉之化片雪耳。汝以富贵女人出家，凡骄奢艳冶习气，必须彻底抛弃，不使一毫蕴于胸中，将来方有出苦分在。

现今法弱魔强，良师善友最不易得，直须上友古人，以古为师。《比丘尼传》、《善女人传》、《净土十要》、《净土圣贤录》，当熟读之，庶取法有地，堕魔无由矣。近来僧尼多不如法，不可滥收徒众，坏乱佛法，实为至要。当恪守清规，力修净业，生为坤范，死预莲池，庶不负跳出万丈火坑，亲为如来弟子矣。勖哉勖哉，勿忘我语。

戒堂小食榜

三德圆融之体，因戒以彰。四大幻成之身，依食而住。趣证菩提，须全戒度。精修道品，必赖食轮。汝等既发无上道心，欲得三聚净戒，竭尽心力，投诚礼忏。堂外诸师，及诸护法，唯恐汝等身心疲劳，道业难以成办，于午食前，特设小食，以点汝心，令得安隐。当知此食，体即禅悦，无生无灭，即色即空。同《净名》之香饭，惑稍方消。乃《华严》之金刚，劫坏不坏。汝等若能了知三轮体空，六尘即觉。则一念不生，十界消殒。食法心境，一一平等。如空合空，似水投水。消与不坏，打成一段。方可称为持净戒人，是则名曰能报恩者。否则粒米如山，何能消受？则将来之披毛戴角还，大有日在。汝等务各勉旃！

幽冥戒牒

心体本净，因迷妄而烦惑斯生。世界原清，由幻业而浊恶顿现。一迷永迷，从劫至劫，沉沦于生死之域，汩没于尘劳之中。观照未起，焉知五蕴皆空？贪染成性，岂了六尘即觉？怀无价之宝珠，枉膺困苦。具常住之佛性，甘受轮回。大觉世尊，愍而哀之，示成正觉，为制戒法。上自三乘、十地，下及地狱、鬼、畜，凡有心者，皆令受持。良以一切众生，皆具如来智慧德相，但以妄想执着，不能证得。若离妄想，一切智、自然智，即得现前。由此三聚净戒之力，直下止恶防非，反妄归真。垢尽光呈，尘破经出。即业识心，成如来藏。复常住之真心，不迁不变。证寂灭之法性，无减无增。入诸佛位，为法王子。尽来际以度脱众生，俾自他以齐成觉道。懿哉世尊，以戒度生，令离苦以得乐，使即凡以成圣。慈恩浩荡，法利汪洋，虽天地父母，渺不能喻其万一矣。

爰有一四天下，南赡部洲，中华民国，省府县界居住，奉佛修因荐亡生莲信士某某，伏为某某，生于某年月日时，享年几十几岁，于年月日时，忽尔神逝。痛念身捐尘世，神游幽冥，未了一心，难出六道。欲仗佛力，导神识以往生极乐，故来本寺，乞说戒以先净根身。由是恭秉佛敕，建坛作法。奉请娑婆教主释迦世尊、极乐导师阿弥陀佛、《佛说梵网菩萨戒经》、幽冥教主地藏菩萨、现坐道场观音大士、十方三世无尽三宝，临坛证盟，垂慈加被。（“现坐道场”四字，唯普陀可用，别处当作“寻声救苦”。）俾无作妙善戒法，从彼顶门，流入身心，成就法器，绍隆佛种。因兹先令归依三宝，反邪归正。次令忏悔业障，清净根身。次令发四宏誓，上求下化。然后为说三聚净戒，令其身口意业，有所依凭。从兹断恶修善，自利利他。若能自强不息，何难破五住而出二死，满四宏而证三德矣。须知娑婆浊恶，触缘障道。极乐清净，睹境明心。以此受戒无上功德，回向往生极乐世界。三心圆发，十念称名，定蒙弥陀亲接，圣众偕迎。一弹指顷，即生彼国，托质莲胎，永离众苦，闻法受记，顿证无生。然后乘本愿轮，回入娑婆，圆应群机，现随类逐形之身，遍就诸缘，阐即心自性之法，普令法界众生，共入弥陀愿海，可谓最上佛子，真大丈夫矣。作法既竟，用给牒文。仗此功德，即生净土。

示陈生

（寄居普陀化雨学堂，其父为本堂教习）

孟子以君子三乐，过于王天下，其三则曰“得天下英才而教育之”。可见教育英才，其事甚大，其任甚重，其关系甚非浅鲜。良由英才得其教育，则可以继往圣，开来学，治国安邦，淑世善民。失其教育，上焉者则无所范围，不能超群拔萃，作一碌碌庸人。下焉者则朋奸比匪，为非作恶，或陷身于乱臣贼子之列，而不自知也。不慧少不努力，老无所成，上负父师教育之心，下失教育英才之乐。唯愿天下英才皆得教育，同享此乐之心，未尝一日忘也。子相貌出众，聪明过人，若肯发愤为学，将来必定大有成就，不可度量。恐以好游，虚度时光，致令拂云干霄之材，反等拱把寻尺之料矣。昨所说诗，恐子未能记忆，今录以示子，庶可助其发愤为学之心，以作顶天履地、举世无双之士矣。诗曰：“年少青春似过驹，窗前事业竟何如。欲为天下无双士，须读人间万卷书。雨露难滋枯根草，风雷但化有鳞鱼。相如不愤题桥志，焉得高乘驷马车。”又曰：“三尺龙泉万卷书，老天生我意何如。山东宰相山西将，彼丈夫兮我丈夫。”古人此二诗，其劝励英才之心，可谓亲切恳到、至极无加矣。祈熟读而深思之，则幸甚幸甚！

示净土法门及对治瞋恚等义

如来出世，原为令诸众生，断惑证真，了生脱死，直下成佛而已。但以众生根性不等，以故如来曲顺机宜，为说一切大小权实、偏圆顿渐等法，法虽种种不一，皆为成熟众生善根，令其究竟成佛耳。然断惑证真、了生脱死，岂易言哉？若非宿种今熟及法身示现二种人，纵有修持，亦非即生及一生二生所能顿了，根机钝者，则久经长劫尚难了脱，以其唯仗自力故也。如来悯念众生自力了脱之难，于是特开一信愿念佛、求生西方极乐世界之净土法门，但具真信切愿，持佛名号，虽五逆十恶，将堕阿鼻地狱之极重罪人，尚得往生，况诸恶莫作、众善奉行之善人乎？况受持三归、具足众戒之佛弟子乎？

净土法门，三根普被，正接上上根器，旁引中下之流。愚人每每辟为浅近小乘，总因未阅大乘经论，未亲具眼通人，以己颠倒执着之心，测度如来原始要终之道。如盲睹日，如聋听雷，彼固不见不闻，宜其妄相评论也。须知信愿念佛一法，乃如来普度众生，彻底悲心之所宣说。唯观音、势至、文殊、普贤等菩萨，能究竟担荷。彼见愚夫愚妇皆能念佛，便目之为浅近小乘，是何异见小星悬空而小天，小虫行陆而小地耶？若于此法能生信向，即是多劫深种善根。若能以深信愿持佛名号，都摄六根，净念相继，则即凡夫心，成如来藏。如染香人，身有香气。现在与佛气分相接，临终有不感应道交、蒙佛接引者乎？其摄心念佛，并随分修持、随缘化导等法，及禅宗、净宗之所以然，佛力、自力之大小难易，详示印光《文钞》中，祈息心详阅，则自知之，此不备书。

修行之要，在于对治烦恼习气。习气少一分，即工夫进一分。有修行愈力，习气愈发者，乃只知依事相修持，不知反照回光，克除己心中之妄情所致也。当于平时，预为堤防，则遇境逢缘，自可不发。倘平时识得我此身心全属幻妄，求一我之实体实性，了不可得。既无有我，何有因境因人而生烦恼之事？此乃根本上最切要之解决方法也。如不能谛了我空，当依如来所示五停心观，而为对治，所谓多贪众生不净观，多瞋众生慈悲观，多散众生数息观，愚痴众生因缘观，多障众生念佛观。（五停心者，以此五法，调停其心，令心安住，不随境转也。）

贪者，见境而心起爱乐之谓。欲界众生皆由淫欲而生，淫欲由爱而生。若能将自身他身，从外至内，一一谛观，则但见垢汗涕唾、发毛爪齿、骨肉脓血、大小便利，臭同死尸，污如圊厕。谁于此物，而生贪爱？贪爱既息，则心地清净。以清净心，念佛名号。如甘受和，如白受彩。以因地心，契果地觉。事半功倍，利益难思。

瞋者，见境而心起忿憎之谓。富贵之人，每多瞋恚。以诸凡如意，需使有人，稍一违忤，即生瞋怒。轻则恶言横加，重则鞭杖直扑。唯取自己快意，不顾他人伤心。又瞋心一起，于人无益，于己有损，轻亦心意烦躁，重则肝目受伤。须令心中常有一团太和元气，则疾病消灭，福寿增崇矣。昔阿耆达王，一生奉佛，坚持五戒。临终因侍人持拂驱蝇，久之昏倦，致拂堕其面，心生瞋恨，随即命终，因此一念，遂受蟒身。以宿福力，尚知其因，乃求沙门为说归戒，即脱蟒身，生于天上。是知瞋习，其害最大。《华严经》云："一念瞋心起，百万障门开。"古德云："瞋是心中火，能烧功德林；欲学菩提道，忍辱护瞋心。"如来令多瞋众生作慈悲观者，以一切众生皆是过去父母、未来诸佛。既是过去父母，则当念宿世生育恩德，愧莫能酬，岂以小不如意，便怀愤怒乎？既是未来诸佛，当必广度众生，倘我生死不了，尚望彼来度脱。岂但小不如意，不生瞋恚。即丧身失命，亦只生欢喜，不生瞋恨。所以菩萨舍头目髓脑时，皆于求者作善知识想，作恩人想，作成就我无上菩提道想。观《华严·十回向品》自知。又吾人一念心性，与佛无二，只因迷背本心，坚执我见，则一切诸缘，皆为对待。如射侯既立，则众矢咸集矣。倘能知我心原是佛心，佛心空无所有。犹如虚空，森罗万象，无不包括。亦如大海，百川众流，无不纳受。如天普盖，似地均擎，不以盖擎自为其德。我若因小拂逆，便生瞋恚，岂非自小其量，自丧其德？虽具佛心理体，其起心动念，全属凡情用事，认妄为真，将奴作主，如是思之，甚可惭愧。若于平时常作是想，则心量广大，无所不容，物我同观，不见彼此，逆来尚能顺受，况小不如意便生瞋恚乎哉？

愚痴者，非谓全无知识也，乃指世人于善恶境缘，不知皆是宿业所招，现行所感，妄谓无有因果报应，及前生后世等。一切众生，无有慧目，不是执断，便是执常。执断者，谓人受父母之气而生，未生之前，本无有物，及其已死，则形既朽灭，魂亦飘散。有何前生，及与后世？此方拘墟之儒，多作此说。执常者，谓人常为人，畜常为畜。不知业由心造，形随心转。古有极毒之人，现身变蛇。极暴之人，现身变虎。当其业力猛厉，尚能变其形体。况死后生前，识随业牵之转变乎？是以佛说十二因缘，乃贯三世而论。前因必感后果，后果必有前因。善恶之报，祸福之临，乃属自作自受，非自天降，天不过因其所为而主之耳。生死循环，无有穷极，欲复本心以了生死者，舍信愿念佛、求生西方，不可得也。

贪、瞋、痴三，为生死根本。信、愿、行三，为了生死妙法。欲舍彼三，须修此三。此三得力，彼三自灭矣。数息一观，可不必用。以当念佛时，摄耳谛听，其摄心与数息相似，其力用与数息天殊也。念佛一观，但看印光《文钞》，及净土著述，自知。

问：若如所云，即丧身失命，亦只生欢喜，不生瞋恨。设有恶人，欲来害己，将不与计较，任彼杀戮乎？

答：凡修行人，有凡夫人，有已证法身之菩萨人，又有以维持世道为主者，有以唯了自心为主者。若唯了自心，及已证法身之菩萨，则如所云，以物我同观，生死一如故也。若凡夫人，又欲维持世道，则居心固当如菩萨深慈大悲，无所不容，处事犹须依世间常理，或行捍御而摄伏之，或以仁慈而感化之，事非一概，其心断断不可有毒恚而结怨恨耳。前文所示，乃令人设此假想，以消灭瞋恚习气。此观若熟，瞋习自灭，纵遇实能害身之境，亦能心地坦然，作大布施，仗此功德，即生净土。较彼互相杀戮、长劫偿报者，岂不天地悬隔耶！

昭文古会杀生致祭辩讹

（即安徽黟县祭昭明太子之会）

世俗迷惑，以恶为善，以造业为修福者，多多也。其最惨目伤心者，莫过于做会祭神。富家大户，必杀大生以祭，一以冀得多福，一以彰其富有。即贫家小户，亦必杀鸡杀鸭，以期神常保护，令其福寿增延、诸凡如意也。不知天地以好生为德，神为天地主宰诸事，岂其心与天地相反，而为己一享其祭，令无数生命，同受刀砧之苦，是尚得谓之为聪明正直、赏善罚恶之正神乎？其原由于贪馋之愚夫，特借祭神之名，大杀特杀，以期悦己口腹，遂相习成风，而不知其为造大恶业。谓为祭神，神其食之乎？况既名为神，必秉聪明正直之德，当以作善、作恶，为降福、降殃之准。岂杀生祭我，即作恶者亦降福。不杀生祭我，即作善者亦降祸乎？若是则其神之心行，与市井无赖小人无异，何以称其为聪明正直之神乎？既为聪明正直之神，决不为此妖魔鬼怪，不依道德仁义之事。况深入佛法，彻悟自性，受佛大戒，毕世蔬食之昭明太子乎！

按太子姓萧，名统，字德施，梁武帝长子也。生而聪睿，仁恕恭俭。笃信佛法，力修净业。遍览众经，深达谛理。受菩萨戒，居常蔬食。于宫内别立慧义殿，招引名僧讲论玄奥。夫武帝尚且多年蔬食，祭先则以面为牺牲。太子所悟所证，超过武帝奚啻十倍，实为古今居士中不多见之人。其事迹语言，载《梁书》，及《广弘明集》，并《居士传》。岂有生而如此持戒仁慈，死而即为贪图肉食之神，人若杀生以祭，即便降福，否则即便降祸之理乎？良以世人只知食肉为美，遂以自己贪图臭秽腥臊之见，谓神亦如是，从兹彼此相效，不知其非。譬如蛆虫食粪，意谓天仙亦当贪此美味，而常欲奉之以冀锡其福庆也。彼受杀之生，多多皆是宿世杀生祭神冀己食肉之人，以偿当日杀生之报者。而一班愚人，一闻杀生祭神，便欢喜踊跃，以为作福。而不知将来变作此等生命，被人杀时，有口不能言，无法得免脱矣。况以深入佛法，受佛大戒，毕生蔬食之出格高人，平白诬以贪图肉食，且杀无数生命以祭之，其逆天悖理、诬圣蔑贤之罪，愈当生生世世，永为此等被杀之物，岂不大可哀哉！

安徽黟县卢智睿居士，悯彼本乡杀生祭神之惨，深恐无知愚人，由杀生故，将来自受其报。祈予发明真理，以开导之，俾明理之君子共扇慈风，挽回劫运，庶得一切含生悉皆优游生长，各尽天年于天地之间也。因叙其所以，冀彼深知其非而力改之，以作天下太平、人民安乐之基址云。杀生祭神之非既知，则杀生祭先、养亲、宴客、自奉之非，可以不言而喻矣。若能嘉纳，其利益唯佛能知，祈深思之。

世界佛教居士林新林落成颂

真如佛性，含识共有，奈因不知，迷头狂走。故我世尊，示生世间，普令众生，各悟性天。由机不一，致教不同，爰开律教，禅密净宗。余悉自力，净兼佛力，现生了脱，实为第一。大哉法门，彻上彻下，等觉逆恶，同趋并驾。法流东土，肇启庐山，千数百年，遍界宏传。出家四众，在家四民，获往生者，多难具云。近来世运，愈趋愈坏，欲挽狂澜，非佛莫赖。诸大居士，极力提倡，特创新林，矗立沪上。诸宗咸宏，注重净土，法法圆通，绳其祖武。光本庸僧，无力宏法，仰兹芳踪，心甚悦洽。摅我愚诚，是祝是颂，横遍竖穷，则效无竟。

募刻《华严经》普回向颂

大哉《华严经》，为诸经之王，法门与功德，二俱不可量。如来成正觉，直说所证法，预此法会者，唯法身菩萨。二乘虽在座，不见亦不闻，何况诸凡夫，而得预闻熏？佛以大慈悲，摄浅于最深，末后归宗处，令觐弥陀尊。唯此奇特法，凡圣俱遵行，圆摄于等觉，及六道群萌。末世人根钝，断惑甚为难，信愿念佛者，决定登九莲。此经功德力，犹如摩尼珠，随意雨众宝，悉与愿相符。助刻诸善信，各各愿不同，荐亲与祈福，无不获感通。求子即得子，求寿即得寿，宿障咸消灭，所作皆如意。譬如阳春到，草木悉发荣，亦如杲日出，诸事借以成。纵求世间福，终作出世因，如病遇仙丹，直下便成真。愿诸施资者，所愿皆具得，迨至舍报日，同生极乐国。面见阿弥陀，蒙佛亲受记，法忍证无生，作佛所作事。欲诠功德力，历劫难赞扬，有能信受者，同证无量光。

题《憨山大师六咏》手卷

（契真系李国松法名）

憨山大师，大权示现。宏法功深，忌者诬陷。谪戍广州，以御祸乱。幸有大吏，另目相看。宏法曹溪，慧命续断。相机说法，巨弊消散。护国安民，功高文宪。没后肉身，不坏不变。粤赣相争，归曹溪畔。六祖七祖，彰诸时谚。增辉佛日，为法城堑。著述宏博，日月光灿。《大藏》流通，惜只少半。遗佚者多，时或出现。《六咏》妙偈，笔法遒健。文义超妙，愈读愈焕。二百余年，幸无残欠。佛子契真，得诸沪店。欲表鸿猷，特作手卷。祈光题词，以彰法范。遂为略述大纲，以期后哲闻见。

题心佛阁等三题

江苏钱养元居士，以“心佛阁”等三目求题。然初未谋面，诚恐执理废事，错认消息，邪正混乱，因漫为三歌，冀彼抉膜除翳，邪正分明，理事圆融耳。至于声韵法律，非吾所知，祈于文字语言之外观之，则幸甚。

题心佛阁

生佛平等只此心，迷悟不同致升沉。欲复本具真如性，须事圆证大觉尊。虔诚礼敬罪业灭，恳切忆念福慧深。一朝惑尽常光现，照彻天地与古今。

题明心见性之斋

宴晦清斋竭力参，参透父母未生前。四大五蕴俱脱落，六根七情咸消蠲。烦惑净尽波澄海，真常显露日丽天。识心达本能如此，不负当人字养元。

题仙佛合宗处

仙佛殊宗作么合，一唯究心一固壳。长生到底有终尽，无生毕竟无灭没。若谓三教是一家，一家尊卑实彰灼。纵同个人一身躯，岂可混乱头与脚？须知生佛平等心，百千异道未彻觉。我佛释迦大觉尊，圆证此心独超卓。复愍法界诸众生，迷背此心同演若。随机广演众法门，多方解黏而去缚。或禅或教或律仪，毕竟总为这一着。若能当念离能所，月朗中天水归壑。倘或根钝机未熟，当以净土为依托。如来彻底大悲心，深恐中下永轮落。说此不可思议法，直同阿伽陀妙药。生信发愿持佛名，唯求临终生极乐。如子忆母无间断，感应道交难测度。蒙佛接引得往生，永谢生死苦海恶。见佛闻法悟无生，圆明五眼绝翳膜。承佛慈力己愿轮，回入娑婆度五浊。普令无尽诸含识，复本心源俱成佛。此是超格大丈夫，自利利他真作略。一法普摄一切法，约即是博博即约。佛法广大无边际，世间毫善皆包括。唯有长生炼丹法，绝无一言教人学。试观天觉《护法论》，批判直截词理廓。岂是儒者偏佞佛，唯善是崇无适莫。《仙佛合宗》一部书，邪人毁佛妄穿凿。曲引佛法证丹法，鸩毒甘露贮一钵。《慧命》魔经亦如是，阅之令人正眼矐。斯等尚非老子徒，《道德》体统全剥削。况复如来最上乘，何能解了生恭恪？妄以己意巧诬谤，盲引盲众赴火镬。安得常有大力人，普为斯世振木铎。令出邪途归觉路，各各身心得解脱。若谓吾言不足听，一任升天并化鹤。君看世间有智人，谁用摩尼弹黄雀？往劫若种真善根，决不负此一络索。把手相牵行不得，肯否凭君自斟酌。

为梨园会首某上堂

三界原来一戏场，诸人及早返家乡。
莫待锣鼓齐休歇，归路不知枉着忙。

法无定相，遇缘即宗。山僧杆木随身，不妨逢场作戏，应彼来机，令其就路还家。须知吾人现前一念见闻觉知之性，与彼十方三世一切诸佛常住寂灭之性，无二无别。但以迷心逐境，背觉合尘，致使轮回六道，了无出期，由善业而暂升人天，随恶业而永堕三途。镬汤炉炭，驴胎马腹，万苦备膺，一灵永昧。认六道业报之身，为自己本命元辰。仗亘古亘今、不迁不变之佛性，受头出头没、忽升忽坠之苦荼。镜花水月，了无实相。不异当场演剧，生旦净丑、君臣佐使迭更，而主人翁本来面目，毫无改变。惜乎众生当场即迷，以幻为真，弃背本有，枉受轮回。诸佛菩萨愍之，以不思议如幻三昧游戏神通，示生世间，与彼同事，应机说法，唱还乡之曲，指归元之路，令其悉皆了境明心，背尘合觉，亲见本来面目，彻证真常佛性。又恐劣机，未能顿出尘劳，若一受生，难免仍旧汩没，遂即大开方便，令其往生西方，则出离戏场，归家安坐，永离众苦，但受诸乐矣。虽然，因斋庆赞一句，作么生道？（卓杖云：）咦！

逢斋若会吃饭人，堪现神通游戏身。

《大云月刊》出版祝词

炎炎火宅，其焰甚炽，加以邪说，助其威势。拨无因果，各谋自利，同室操戈，了无顾忌。悲哉同胞，无所覆庇，虽欲出离，不知去处。爰有开士，特发宏誓，提倡佛法，以行救济。譬如大云，降注大雨，使彼烈焰，直下顿止。因果循环，备明其理，示利人者，正属利己。俾知自心，与佛同体，一切众生，皆宿父母。各宜扶持，如兄如弟，争竞消灭，礼让兴起。进修净业，普扇莲风，生入圣域，没登佛封。唯冀此报，遍界流通，庶几所祝，适得其宗。

东瀛佛教会来山欢迎词

如来大法，弥纶法界，三乘六凡，罔不攸赖。在佛本意，普令成佛，由机不一，对病发药。大小权实，偏圆顿渐，宗教律密，各适其便。如城四门，门门可入，就路还家，庶省心力。瓶盘钗钏，原是一金，百千法门，不离自心。证自心者，名曰成佛，得无所得，圆满三觉。然此诸法，皆须自力，业尽情空，方获实益。根机利者，现生即得，若或钝劣，历劫莫克。由是如来，特垂慈愍，开净土门，普施救拯。无论上圣，及与下凡，悉令现生，登九品莲。法虽无量，此五摄尽，求其稳妥，唯净最胜。以果地觉，为因地心，因果该彻，妙无等伦。由是经论，无不宏赞，荷法道者，普令刻办。大法东来，近二千年，律教禅密，遍界宏传。净土一宗，肇始庐山，迄至于今，蔚乎盛焉。日本一国，虽在东偏，山水钟毓，代有高贤。溯自东晋，法传彼土，此后来学，不胜屈指。三教五宗，东林南山，金刚秘密，悉由此传。古德著述，多为保存，俾彼各国，求法得门。因是之故，人才益充，封疆虽小，全球称雄。去年佛会，邀此观光，接待优盛，馈赠辉煌。今兹来山，愧无珍物，有渎嘉宾，莫摅私臆。幸有新书，名《观音颂》，聊表衷曲，以为馈赠。大士慈恩，遍周法界，浅草一事，曷胜感戴。唯愿诸公，悉本佛慈，辅君宏法，唯仁是施。凡属国民，一体同观，勿分畛域，稍有私偏。人既沐恩，天自眷德，降祥获福，永久弗忒。富者赠财，仁者赠言，愧无二实，但贡空谈。注重势利，历劫相刑，注重道义，菩提斯成。空谈不空，法道流通，各国则效，令名无穷。

李母黄太夫人墓志铭

语云：“天下不治，匹夫有责。”以天下乃合众一家而成，使家家夫妇皆知道义及与因果，敦本重伦，躬行不渝。则所生子女，习见习闻，如水入器，如金就型，其性情自成贤善，必不至暴戾恣睢，以恶为能也。然人之贤否，资于母者，比父为多，以胎时禀气，幼时观感，有不期然而然者。故朱子著《小学》，开章即明胎教。而文、武、周公、孔、孟，皆资贤母而为成德、达才、作圣之本。是知女子相夫教子之权，实不亚于男子行政治民之道。而世之昧者，倒行逆施，不令于此致力，而令参政服官。是何异执刀于刃，能不立见截手乎？

李元贤身居商界，有儒者风，笃信佛法，敦行孝友，乐善好施，印送善书。光意其家庭教育，必有大过人者。今寄其母氏行述，祈为作墓志铭，方知所见不谬。按述，夫人姓黄氏，永春水磨乡人。幼娴姆训，性仁孝慈和，深谙世务。年廿六，归李公继如。如公少孤，家贫，伶仃孑立。夫人乐天知命，勤纺织以持家，俾如公安心经营，不怀内顾之忧，以成业起家。每数年一归，夫妇相敬如宾。初无子，遂育义子元春，视之若己出。后生元贤，及女琴娘，一视同仁，了无所谓亲疏也。及二子成立，家颇丰裕，夫人勤俭温和犹昔。如公顾而乐之，谓二子曰：“吾家之得有今日，皆汝母克勤克俭，战兢以持之所致也。”清光绪末，如公归而筑室。

地方土痞知其富而欲啖也，遂讼于官。凡鸠工庀材、度支会计，皆夫人亲经理之。由夫人平时救难济贫，矜孤恤寡，修桥补路，振兴公益，为乡里所感佩。于是凡善人君子，咸欲救援，土痞惧众怒之难犯也，遂寝其事，可以知夫人之德之才之识矣。及如公没，夫人即持斋念佛，课诸孙读书。琴娘早寡，家贫，迎养于家，谕以守节抚孤，及诵经念佛等大义，母女相辅修持以为常。晚年，孙曾绕膝，元贤又能继其父业，夫人益兢兢焉戒满持谦，不许家人骄奢，及以杀生。凡出，必携金钱，以期遇贫穷者而周济之，其乐善好施，出于天性。所办善举甚多，姑举一二。邑之东关桥，为一邑要道，毁于风灾，值世道荒乱，无过问者。夫人经其地，怒焉伤之，立命元贤克期修复，费巨金不少吝。桥成，邑人士为悬匾联颂美焉。元贤经商星洲，民国十年，以地方不靖，奉母南渡。星洲华侨拟办华侨医院，夫人捐万金为倡，后以费巨未果，夫人命移其款以办本邑平粜，及与学校。尝恐二子不喻其意，谓曰："吾岂不愿家富，而屡以巨款作义务者，乃为汝等却祸而积德耳，当善体吾意。"至十二年癸亥，五月十九日申时，没于星洲寓所。距生于咸丰九年己未，十月初二日戌时，享寿六十有五。兹于十六年月日，与继如公合葬于本邑之大鹏山。子二，女一，孙八，女孙五，曾孙五。

噫！若夫人者，可谓镇坤维而辅乾纲，师女流而型闺阃，克尽母道，无忝所生矣。使世之为母者皆如夫人，何至同室操戈，互相诛戮，俾国运危岌，民不聊生，兼致种种天灾常常见告乎？吾常曰：治国平天下之权，女人家操得一大半。又曰：教子为治平之本，而教女更为切要。盖以世少贤人，由于世少贤母。有贤女，则有贤妻贤母矣。有贤妻贤母，而其夫与子之不为贤人者，盖亦鲜矣。其有欲挽世道而正人心者，当致力于此焉。铭曰：

猗欤李母，赋性淑贤，仁孝慈和，本自先天。
相夫教子，各适其宜，福由德大，祸以仁离。
救急济贫，矜孤恤寡，凡有义举，无不喜舍。
造桥利人，巨费不吝，医院未立，款移周窘。
知富招祸，热心义务，积德贻谋，永久弗替。

笃信佛法，修持唯谨，母女同心，仪型闺闱。
资此功德，求生净土，佛以诚感，得蒙迎取。
维兹贤母，女中之英，母咸如是，世自太平。
感世竞争，益景懿范，爰书大端，以为世鉴。

潘对凫居士望七大庆颂

猗欤居士，乘大愿轮，示此浊世，现宰官身。小试鸣琴，仁风载道，及乎退休，修持益奥。推恩贫困，普施资粮，特兴净居，复古道场。戒杀放生，劝导维勤，念兹劫运，非此莫援。寿高望七，健愈耆年，心心弥陀，常住不迁。为如来使，辅弼法王，普引同人，共登乐邦。

王欣甫居士懿行颂

於穆王公，宿植德本，赋性纯笃，制行唯谨。孝以奉亲，慈以睦族，化被闾阎，俗转淳淑。居官行政，唯务利民，所治七邑，群颂至仁。凡所折狱，不须繁词，实理实情，俱得其宜。上官倚重，下民感戴，有清末叶，循声无再。但以率真，不事攀援，致令职分，终止县官。期尽天职，无意名闻，只此一事，足征素心。知命赋归，企尽孝养，兴学敦本，为世模仿。及至晚年，阅历愈深，笃修净业，冀出苦轮。迨及临终，果符宿愿，得生西方，顶暖可验。睹公之像，读公行状，实为斯世，最上榜样。爰取大义，述为颂文，以期懿范，仪型后昆。

王母蒋太夫人西归颂

缅维王母，懿德堪钦，慈祥恺悌，乡国悉闻。上法二妃，及与三太，子孙贤善，母仪是赖。长子名震，孝慈第一，凡有善举，悉皆辅弼。昔见其子，即知其母，以无是母，焉有是子。笃修世善，深信佛乘，母子同心，念佛求生。年逾八旬，身心强健，忆佛念佛，不杂不乱。及至临终，正念分明，吉祥而逝，随佛西行。莲登九品，地证不退，留此懿范，永锡尔类。

蕴空张夫人西归颂

（本名蕴宣，法名蕴空）

五蕴宣时，当体即空，了此意义，惑业消融。赋性仁爱，民物是矜，慈悲喜舍，俱有分程。即俗修真，居尘学道，圆发三心，专持佛号。精诚既至，感应道交，蒙佛接引，忍界横超。顾命子媳，勖以常念，自利利他，于此可见。奉劝见闻，同发信心，庶于现世，各证妙因。

王母杨太夫人懿行颂

（云南王九龄之母，性情静定不执着。一居士云：“夫人前生，殆参禅悟而未证者。”）

众生心性，与佛同俦，迷悟向背，各有其由。懿哉王母，宿根甚深，孝友慈善，厚德法坤。其貌如山，其性若石，决疑断计，人莫测识。虽未读书，心与道契，偶形言说，咸属要义。苦乐好恶，险夷顺逆，平等一视，镇静之力。察果验因，宿事禅门，悟而未证，此语颇真。大众受苦，我岂独乐，升沉任缘，的是禅着。（九龄劝母念佛求生西方，母云：“大众受苦，我岂独乐？我但升沉任缘而已。”）唯知自力，不知佛力，致于净土，殊失巨益。子既深信，代亲修持，当承佛慈，托质莲池。一登净域，彻证唯心，庶可乘愿，普度群伦。

龚圆常夫人写经瑞应颂

蒯若木居士夫人龚圆常，长斋奉佛，修持唯谨。民国五年，特刺臂血，写《弥陀》、《地藏》、《大悲》、《往生》等经咒，以祈消除宿业，临终往生。至圆满日夜半时，卧而未寐，忽见脚际床外，现一圆光，其大如盘，明逾电光，经一小时多方隐。既见此瑞，益加精进，过数年，念佛而逝。若木适检所写血经，以为此事可以开发信心，因绘图征文，特寄一分于光。乃为颂曰：

卓哉龚夫人，宿植大善根，志欲振坤维，示生在名门。赋性孝友慈，姆训素所娴，事亲奉舅姑，内外无间言。相夫教子女，一一悉合礼，困亨无戚欣，知命故能尔。及至闻佛法，致力反闻闻，欲证圆常实，书经续圆音。提起无情刀，刺出臂中血，即使凡夫血，全作善逝说。凡圣原不二，经血浑无别，由其契真智，性光遂露泄。性光圆且常，何得小而促，须知具无明，莫能全体觌。仗此修持力，回向生净土，临终蒙佛接，托质宝莲里。见佛证无生，修普贤行愿，智断究竟时，性光方全现。蒯君惜世人，多多未觉悟，借此瑞应图，引入如来地。

《金刚经》劝持发隐

十法界凡圣生佛，虽则高下不同，苦乐迥异，而其心之本体，咸皆寂照常恒，不生不灭，灵明精妙，无变无迁。所谓“人同此心，心同此理，一切众生，皆有佛性”者，此也。须知此心，不涉因果修证、凡圣生佛，而因果修证、凡圣生佛，悉依此心而得建立。良以体虽不变，用常随缘。随悟净缘，则成四圣法界。随迷染缘，则成六凡法界。纵悟净至极，圆满菩提，安住寂光；迷染至极，永堕阿鼻，受诸极苦，其根身器界，固已天渊悬殊，而心之本体，悉皆了无增损于其间也。果知此义，谁肯以可以作佛、具足法乐之心，枉令永作受生死轮回之苦众生耶！

《金刚经》者，一切诸佛彻证即心自性之妙法，一切众生究竟超凡入圣之捷径也，故曰：“一切诸佛，及诸佛阿耨多罗三藐三菩提法，皆从此经出。”《华严经》云：“奇哉奇哉！一切众生，皆具如来智慧，但以妄想执着，而不证得。若离妄想，则一切智、无师智、无碍智，则得现前。”是以此经，屡以住法、着相为戒。以住法、着相，纵有修习，总不出妄想执着之外。既全体在妄想执着中，又何由令如来智慧彻底显现耶？以故令发菩提心者，发心度脱一切众生，令入无余涅槃而灭度之，而复不见一众生得灭度者。以无余涅槃，众生心本自具，但以迷真逐妄，遂成烦恼业苦，初非有失。既经指示，则返妄归真，即烦恼业苦，复成无余涅槃，今岂有得？约智名“如来智慧”，约理名“无余涅槃”，名虽异，而体原一耳。由其心住实相，不住幻相，故内不见我为能度，则无我相；外不见人及众生为所度，则无人及众生相；中不见所得之无余涅槃，则无寿者相。四相既无，三轮体空，故得万行云兴，一法不着，所以不住色、声、香、味、触、法而行布施等也。布施，为六度万行之首，举其首而例其余，佛语善巧，不须繁词。如是则波腾行海，云布慈天，不矜不伐，行所无事，则上契如来果觉，下契即心自性。故得受持四三二一句者，其功德等彼十方虚空也。世人不知在离相无住处着眼，遂谓此经破相，不知此经乃示人广行六度万行，上求下化，兴无缘慈，运同体悲之无上妙相也。须知佛法真利益，必由不着、无住而得，欲不着、无住，非竭诚尽敬不可。竭诚尽敬，乃修习佛法成始成终之要道也。

真达大师，欲令受持者咸发欢喜诚敬之心，乃请汪鸿藻居士楷书，刊印流通，并附《功德颂》于后，以期受持者，悉得前人所得焉。

观世音菩萨三十二应发隐

观世音菩萨，誓愿宏深，慈悲广大，虽已成等正觉，而复示作菩萨。虽则示作菩萨，而复于十方法界，普现色身，寻声救苦，度脱众生。十法界身，无身不现，令彼一切称名致敬之众生，现在离所受之幻苦，将来得成佛之真乐。于此娑婆世界，因缘最为甚深。故《普门品》无尽意菩萨，既闻观音得名之因缘，复问游此世界方便说法之事，佛遂略说三十二应身，以明其概。三十二应身者，于十法界之四圣法界中，略举佛、辟支佛（即缘觉）、声闻等三法界身（菩萨乃其本位，故不说）。于六凡法界中，天则略举梵王、帝释、自在天、大自在天、天大将军、毗沙门等六身而已。人则小王、长者、居士、宰官、婆罗门、比丘、比丘尼、优婆塞、优婆夷，长者、居士、宰官、婆罗门妇女，童男、童女，十五身而已。于八部中，天已前列，此则不计，则有龙、夜叉、乾闼婆、阿修罗、迦楼罗、紧那罗、摩睺罗伽，又有执金刚神。此八种身，修罗一种，系修罗法界，余则或属于天，或属于畜，或属于鬼。六凡法界，唯少地狱一法界耳，但是语略，非菩萨不于此处现身救苦也。须知三十二应，不过略举大概，以例其余，若详说者，数岂有尽。菩萨兴无缘慈，运同体悲，随机应现，神变无方，能以意会，则妙义全彰。若拘拘然执迹而论，则失菩萨不动真际，现诸威仪，了无计虑，无适不当，如一月普印千江，千江悉现全月，一春普育万卉，万卉各具春光之妙矣。然菩萨所现，尚不止唯有情身，若夫山河城池、楼台屋宇、桥梁道路、树林禾稼，随彼机缘，亦皆示现。怡山所谓“疾疫世而现为药草，饥馑时而化作稻粱”，足征菩萨慈悲之心矣。

广州番禺高塘珠冈寺宗禅大师，念菩萨恩德，广大周挚，因修一阁，以奉圣像，中供观音本像，两旁供三十二应像。而本愿居士等三十二人，各随己力，出资以助，其功德不可思议。窃念过去劫中，一女人修佛塔，三十二人相助令成，后同生三十三天，倡首者为帝释，辅助者作四方八天之天王。宗禅大师、本愿居士等，不求人天福报，但愿倡者、助者，及现在未来之瞻礼供养者，同得现生慧朗福崇，优入圣贤之域，临终情空业尽，直登极乐之邦，见佛闻法，证无生忍，回入娑婆，度脱众生而已。又祈雨顺风调，民康物阜，兵戈息而天下太平，礼让兴而风俗淳美。爰为发其隐义云。

《嘉言录》题词

净土大法门，其大无有外，如天以普覆，似地以普载。等觉欲成佛，尚复作依赖。逆恶将堕狱，十念登莲界。普被九界机，咸皆勤顶戴，畅佛度生心，唯一了无再。我以宿业力，曾作一阐提，效法韩欧等，其愚莫能医。幸得病数年，时复深长思，古今众圣贤，岂皆无所知？彼既悉尊奉，我何敢毁訾？虽圣有不知，韩欧焉足师？因兹皈依佛，剃发而披缁。自谅宿业深，宗教非所宜，唯有仗佛力，或可副所期，专心修净业，庶得预莲池。近十余年来，人或谬见问，所答亦以此，不敢稍越分。海盐徐蔚如，以其切而近，再三于京沪，为之付排印。语言虽朴质，人皆不见愠，遗迹而究益，多有生正信。圆净李居士，宿根深复深，注释诸经论，阐明如来心。继以费精神，衰病每相侵，舍博而守约，立志追东林。又欲利初机，作修持规箴，节录《文钞》语，分类以编纴，并自出净资，印施诸有缘。冀使一切人，勉力希圣贤，敦伦而尽分，各完己性天，众善悉奉行，诸恶尽销蠲，信愿勤念佛，求登九品莲。临终佛来接，有若月印川，直下往西方，永出生死渊，见佛悟无生，渐致福慧圆。因请为著语，以期广流传，俚言入雅目，徒招诮且怜。赧颜贡愚诚，祈各自审焉，若未超等觉，且预回向员。

《佛说轮转五道罪福报应经集解》题词

众生本性，爰无生灭，由迷背故，轮转永劫。三界无安，犹如火宅，众苦充满，出离莫得。五道轮转，了无止期，有如车轮，上下旋移。佛出世间，发明所以，因背觉故，轮转不已。欲得止息，须识因果，力修定慧，灭除人我。人我情空，见思惑尽，方于三界，永离生衅。然此事理，虽极胜妙，唯上上根，方可亲到。倘或钝劣，莫道现生，或千万生，亦难有成。罪福报应，佛已彰显，三途固恶，人天亦险。以由有福，多为祸基，所得善报，为恶前驱。世尊大慈，特为妥虑，爰开净土，普令得度。若生深信，及发切愿，虔持佛号，即生事办。此经略说，五道轮转，罪福报应，因果俱阐。由读此经，知生死苦，欲了生死，当修净土。王君约之，具大悲心，推阐理事，若指掌纹。在近世中，疏解佛经，如此明达，实莫与京。悯世沉迷，拨无因果，弱肉强食，竞争人我。致使斯民，如堕水火，益热益深，其何以可。特宏此经，详释其义，如聚众盲，令其明视。亦如明镜，普照万象，形分妍媸，像无二样。知因在我，自慎所行，改恶迁善，冀获休征。息竞争风，敦行仁让，俗转淳朴，唯道是尚。王君功德，实难思议，印施利益，永久弗替。共挽狂澜，依正道流，庶几同伦，其乐悠悠。但释经义，未诠净业，引而不发，是谓善说。恐诸阅者，未悟此义，爰为指明，令知出路。如来所说，一切教典，见思不尽，生死莫免。唯有净土，专仗佛力，如子幼稚，赖母抚育。如度大海，须仗舟船，直登彼岸，身心坦然。若昧此义，欲自浮泅，不但吃力，且有溺忧。奉劝阅者，深信因果，回此精力，求生净土。敦行孝友，恪尽己分，以身率物，感化远近。诸恶莫作，众善奉行，克己复礼，闲邪存诚。能如是者，名真佛子，生预圣流，没生佛土。佛法广大，普荫人天，唯兹净土，摄机周全。等觉大圣，逆恶小凡，平等摄受，令登九莲。知娑婆界，五道轮转，知极乐国，九品安坦。善缘悉备，恶缘悉殄，除非痴人，谁不自勉？亲炙弥陀，参随海众，忍证无生，位邻极圣。欲复本性，唯此为要，舍此别修，无人能到。

泥金绘像《普门品》颂

大哉观世音，彻证法界藏，乘大悲愿力，普现诸色相。寻声以救苦，随感而遍应，如月到中天，万川悉印映。良由众生心，与菩萨无二，因其背觉故，遂致成隔异。既遇诸灾难，仰冀垂救援，即此一念心，便契真觉源。以故一起念，念于菩萨名，遂于当念中，蒙救离灾刑。世尊在灵鹫，广宣《法华经》，无尽意菩萨，以名敬致征。世尊遂略说，现身救苦事，大地举一尘，略示少分义。由是诸众生，得有所怙恃，如天地覆载，如父母抚育。昔有一善士，欲广菩萨慈，泥金书《普门》，兼绘救苦仪。年代已久远，幸得常保守，故致吴蜨卿，亲获谨承受。欲启世正信，因祈为著语，愿令法界众，同证实相理。乃忘其固陋，略表诸因缘，庶几见闻者，登第一义天。

附　录

南五台山圆光寺观音菩萨示迹之记

示迹之记，文词典雅，叙事精详，惜于菩萨不思议无作妙力，殊欠发挥。量不揣固陋，勉述一赞，以冠于首。俾事理交融，体用咸彰。生之所以能感，圣之所以能应，俱在斯焉。以企后之览者，发菩提心，见贤思齐，以观音之心为心，以观音之事为事，庶可亦为未来世之观世音耳。虽文不雅驯，而其意义有可取焉。

赞曰：观音大士，于无量劫，久成佛道，为度众生，不离寂光，现菩萨身。又复普应群机，垂形六道，以三十二应、十四无畏、四不思议无作妙力，寻声救苦，度脱群萌，应以何身得度者，即现何身而为说法。直同月印千江，春育万卉，虽则了无计虑，而复毫不差殊。良由彻证唯心，圆彰自性，悲运同体，慈起无缘，即众生之念以为心，尽法界之境以为量。是知无尽法界，无量众生，咸在菩萨寂照心中，故得云布慈门，波腾悲海，有感即赴，无愿不从也。

释圣量和南谨述

（山去陕西省城七十里，此下乃示迹之记）

大山岩穴，龙蛇所居，岁久成袄，肆其凶孽，吞啮不已，祸及生民，变怪升腾，非人所制。若非应身大士，孰能救济！巍巍乎妙智神力，其容思议？然于不思议境，强以文字纪述事迹者，冀千载之下，方来君子，启深信耳。

昔隋时仁寿中，此山有毒龙焉，以业通力，变形为羽人，携丹药货于长安，诈称仙术，以欺愚俗，谓此药之灵，服者立升于天。呜呼！无知之民，轻信此语，凡服此药而升天者，不知其几何，又安知堕彼羽人之穴，以充口腹耳，而一方之民，尚迷而不悟。唯我大士，以悲愿力，现比丘身，结草为庵，止于峰顶。以妙智力，伏彼袄通。以清净风，除其热恼。慈念所及，毒气潜消。龙获清凉，安居岩穴。民被其德，各保其生。昔之怪异，不复见矣。由此灵贶达于朝廷，以其于国有功，于民有惠，建寺峰顶，而酬酢之。大士以慈风法雨，普济含灵；慧日净辉，破诸冥暗。于是缙绅向慕，素俗钦风，割爱网以归真，弃簪缨而入道。大士尝居磐石，山猿野兽，驯绕座隅，百鸟聚林，寂然而止，如听法音，久而方散。

呜呼！建寺之明年，六月十九日，大士忽示无常，恬然入灭。异香满室，愁雾蔽空。鸟兽哀鸣，山林变色。于是寺众闻于朝廷，中使降香，奉敕赙赠，以崇冥福。荼毗之际，天地晦冥，斯须之间，化为银界。忽闻空中箫鼓响，山岳摇，瑞云奔飞，异香馥郁。忽于东峰之上现金桥，桥上列诸天众，各竖幢幡，及雨金花，纷纷而不至于地。最后于南台上，百宝灿烂，广莫能知，冲天无际。影中隐隐现自在端严之相，慈容伟丽，缨络铢衣，天风飘飘，焕然对目。尔时缁白之众，千百余人，咸睹真仪，悲喜交集，莫不涕泣瞻依，称名致敬，始知观音大士示迹也。清气异香，经于累月。左仆射高公，具奏其事。皇上览表，嘉叹久之。收骨起塔，御书牌额，锡号为“观音台寺”。拨赐山林田土，方广百里。每岁时降御香，度僧设供，大崇法化。至唐大历六年，改号为“南五台山圣寿寺”焉。

五代之世，兵火连绵。诸台殿宇，并遭焚毁。虽有残僧坏屋，尚与木石共处矣。至宋太平兴国三年夏，前后六次，现五色圆相、祥云等瑞。主僧怀伟具申府尹，被奏天廷，敕赐金额，为“五台山圆光之寺”。由是增修宝殿，绘塑真仪。烟霞与金碧争辉，铎韵共松风演妙。诸台屋宇，上下一新。嗣续住持，香灯不绝。

慈辉所烛，石孕祥云。法雨所沾，水成甘露。台南数百步，有石泉焉，注之方池，色味甘洁，能除热恼，能润焦枯。舒之则沙界滂沱，卷之则石池澄湛。或时亢旱，迎请者相继于道途。感应如期，州郡已彰于简牍。怀生蒙祐，草木沾恩。自昔迄今，声华不泯。

噫！大圣以悲愿力，福被一方。而一方之民，亦不忘于慈祐。每遇清明之月，及夏季忌辰，不远百里，陟崄登危，皆以净心踵足而至者，何啻百千万耶！扶老携幼，阗溢道路，相继月余。各以香花、音乐、缯盖、幢幡、资生之具，持以供养。于是头面顶礼，致敬致恭，睹相瞻仪，旋绕赞叹，莫不洗罪蒙福，弭障沾恩，岂徒为奔走跋涉而已哉！

寺僧法忍，虑其岁月经久，灵迹湮没，持诸残碑，嘱为斯记。普明固辞弗获，甚愧非文，倘遇贤士，改而正诸，不亦宜乎！太白山释普明谨撰，元至元七年庚午正月十五日。都院主僧释澄渊立石。

观世音菩萨灵感记①

观世音菩萨，大慈大悲，救苦救难，有求皆应，无愿不从，其寻声救苦之迹，备见于《本迹感应颂》。兹录其近世一事，以为无恃怙者，作一覆庇云。

袁恭宏，江西人，世为木商。清咸丰间，发贼陷江西，首者执恭宏索藏金，不得，欲杀之。适有客贼来，其贼出迎，遂命将恭宏扃置一室，缚于柱。恭宏素持《观音经》并圣号，遂闭目默诵，待死而已。而客贼迁延不去，款留过宿，其贼不暇问。入夜恭宏睡着，迨醒则身在野地，衣沾露湿，仰见满天星斗，心知蒙菩萨慈佑，乘夜遁逝，得免于难。承平后，以知府需次苏垣，与陆西林居士述其事。西林欲令遇厄难者咸发信心而蒙救护，致书祈附于《文钞》之后。以版已排竣，故附于此。

① 此记原为全书排竣后，附于卷首目录之下，今移于附录中。

念佛三昧摸象记

（了余师原稿，略为笔削。以《佛学丛报》检错数句，故录原文。）

岁在丙午，予掩关于慈溪之宝庆寺，谢绝世缘，修习净业。值寺主延谛闲法师，讲《弥陀疏钞》于关傍。予遂效匡衡凿壁故事，于关壁开一小窦，不离当处，常参讲筵。从兹念佛，愈觉亲切，佛号一举，妄念全消，透体清凉，中怀悦豫，直同甘露灌顶，醍醐沃心，其为乐也，莫能喻焉。

一日，有客诣关而问曰："念佛一法，吾已修持二十余年，于生信发愿修行，非不真切，而业深障重，终未能到一心不乱境界。窥吾根性，只合带业往生。虽念佛三昧，非此生所敢冀，其能得之法，与所得之相，师其为我言之。"

予曰："三昧境相，唯证方了。如人饮水，冷暖自知。我既未证，焉能宣说？"

客固请不已。予曰："若论其法，必须当念佛时，即念返观。专注一境，毋使外驰，念念照顾心源，心心契合佛体。返念自念，返观自观。即念即观，即观即念。务使全念即观，念外无观。全观即念，观外无念。观念虽同水乳，尚未鞫到根源，须向这一念'南无阿弥陀佛'上，重重体究，切切提撕。越究越切，愈提愈亲，及至力极功纯，豁然和念脱落，证入无念无不念境界。所谓'灵光独耀，迥脱根尘；体露真常，不拘文字；心性无染，本自圆成；但离妄念，即如如佛'者，此之谓也。工夫至此，念佛法得。感应道交，正好着力。其相如云散长空，青天彻露。亲见本来，本无所见。无见是真见，有见即随尘。到此则山色溪声，咸是第一义谛。鸦鸣鹊噪，无非最上真乘。活泼泼应诸法，而不住一法。光皎皎照诸境，而了无一物。语其用，如旭日之东升，圆明朗照。语其体，犹皓月之西落，清净寂灭。即照即寂，即寂即照。双存双泯，绝待圆融。譬若雪覆千山，海吞万派，唯是一色，了无异味，无罣无碍，自在自如。论其利益，现在则未离娑婆，常预海会。临终则一登上品，顿证佛乘。唯有家里人，方知家里事。语于门外汉，遭谤定无疑。”

又问：“人于日用，普应诸缘，何能触目菩提，头头是道乎？”

答：“心生则种种法生，心灭则种种法灭。万境不出一心，一心融通万境。若了心体本空，何妨该罗万象。须知万象如幻，生灭唯是一心。诸缘无缚，本自解脱。六尘不恶，还同正觉。心境一如，有何罣碍？不见《华严》事事无碍法界，所谓一一尘中一切刹，一一心中一切心，一一心尘复互周，重重无尽无障碍。以故器界毛尘，云台宝网，咸宣性海，悉演真乘。竖穷三际，横遍十方，觅一毛头许不是道者，亦不可得。则法法头头，无非大寂灭场。心心念念，悉契萨婆若海。唯心妙境，唯境妙心。离四句，绝百非，绝待圆融，何可得而思议也哉！”

上来所说，如盲摸象，虽未离象，恐非全象。笔以记之，以质诸亲见之者。

劝毁淫书说

维扬张瑞曾居士，重刻《格言联璧》，令光校订。以原文质略，殊难感发，因为笔削，俾文义顺畅。居士欲广流传，劝附入《文钞》。遂略标缘起，列于“附录科”中，庶阅者不至以掠人之美见诮也。释印光记。

三代而下，世多邪说，而邪说之最足以害人心世道者，莫如淫词小说为甚。盖圣贤经传，唯恐不能觉天下之愚迷。而淫词小说，唯恐不能丧斯民之廉耻。以故小说出而淫风炽，淫词兴而贞德衰。然谁无羞恶之心，岂肯作禽兽之事？但以聪明子弟、灵敏妇女，一睹此书，悉为所惑。初则艳其词章，以为佳妙。继则情随文转，不能自持。遂致竟以希圣希贤宜家宜国之身，甘作钻穴逾墙偷香窃玉之事，而绝无顾惜者，皆此等邪书之所蛊惑也。其毒人也，烈于蜜饯砒霜。其陷人也，惨于雪覆坑坎。令人灭理而乱伦，折福而损寿，破家而杀身，辱先而绝后。及其死也，尚使神识堕于地狱，受诸极苦，久经长劫，莫由出离。可不哀哉！凡作此书，及贩卖此书者，其罪甚于叛逆之首，乱贼之魁，当为国法所必诛，天律所不赦也。

奉劝当权诸名公伟人，及一切有心世道仁人君子，凡见此等人，务必劝令改业。凡见此等书及版，务必尽行焚毁。有力则独任其资，无力则劝众共举。又祈辗转化导，俾人各景从，必期于世间永无此书，人民各敦彝伦而后已。将见佛天云护，灾障冰消。身心安泰，家门迪吉。富寿康宁，现身获箕畴之五福。勋徽爵位，后裔纳伊训之百祥矣。特将收藏小说四害，并焚毁淫书十法，详列于后。企有心世道者，采取而举行焉。（四害、十法，见《格言联璧》。）

戒烟神方

（千万不可加一味药，加则不灵）

鸦片流毒，受其害者，不知凡几矣。有志同胞，每欲戒而苦无良方。近来市上所售戒烟丸药，多参以吗啡毒质，虽可抵瘾，受害尤甚。今此神方，简便易办，有利无弊。务望有志戒吸鸦片诸君，从速照服，百发百中，万勿轻忽。

△ 甘草八两川贝母四两杜仲四两

右药三味，用清水六斤，熬至一半，将药用布去渣，加入好红糖一斤成膏。每次服三钱，温水冲下。

服法：初三天，每药膏一两，加入烟一钱。第四、五、六天，一两药加烟八分。第七、八、九天，一两药加烟六分。第十、十一、十二天，一两药加烟四分。第十三、十四、十五天，一两药加烟二分。第十六、十七、十八天，一两药加烟一分。十八日后，每两药加烟一分，再服七日。以后不须加烟，服完此膏，其瘾自断，并无难受，及一切毛病，真奇方也。断瘾后，切忌再吸，爱惜光阴，保养精神，至祷至祷。正戒烟服药时，忌食酸味。

防法：倘戒烟期内，发生别种毛病。每两药膏，照期多加烟一分，不可过多。自然病愈，万无一失。

此方治好多人。有每日吸二三两烟者，均服一料断瘾。不但不生毛病，而且精神强健。极灵极效。

解砒毒方 ①

歙人蒋紫垣，有秘方解砒毒，立验。然求之者必索重资，不满所欲，则坐视其死。一日行医邻县，中夜暴卒，见梦于居停主人曰："吾以耽利之故，误人九命，死者诉于冥司，冥司判我九世服砒死。今将赴轮回，我赂鬼卒，求以解砒毒方相授。君为我活一人，则我少受一世业报。若得遍传济世，君更获报无量。"言讫，呜咽而去，曰："吾悔晚矣！"其方，以防风一两，研末，水调服，并无他药。又《异谈果信录》载，冷水调石青，解砒毒如神。

原跋

印光法师，法名圣量，别号常惭，陕之郃阳人。驻锡普陀法雨寺之藏经楼，世罕知者。甲寅岁，高鹤年居士攫师文稿数篇，印入《佛学丛报》。霨受而读之，合掌欢喜，叹未曾有。大法陵夷，于今为极。不图当世尚有具正知正见如我师者，续佛慧命，于是乎在。师之文，盖无一语无来历，深入显出，妙契时机，诚末法中应病良药也。戊午春，以历年搜访所得之文二十二篇，印于京师，是为初编。旋谒师于普陀，获稿颇夥，并

① 此药方原附于卷首目录之后，今移于附录中。

承知友录稿见寄。己未秋，又以录存各稿三十八篇，印为续篇。是年冬，衔恤南归。南中缁素索阅是书者尤众，爰商之商务印书馆，重付排印，以广流通。复经张君云雷，广为征集，并爵续搜之稿，共增三十四篇。由周孟由、朱赤萌、黄幼希三君，合初、续两编，按类编次，详为校勘，较前两次所印尤完善矣。书成，谨记其缘起如是。庚申仲冬，浙西徐文霨敬识。

明管东溟先生《劝人积阴德文》①

（先生名志道，字登之，江苏太仓人，学者称东溟先生。生于嘉靖十四年，卒于万历三十五年，寿七十三。）

昔人有云："积金遗于子孙，子孙未必能守。积书遗于子孙，子孙未必能读。不如积阴德于冥冥之中，此万世传家之宝训也。"其义本于孔圣赞《易》。《文言》曰："积善之家，必有余庆。"善而曰"积"，不尚阳德而尚阴德也。庆而曰"余"，不在一身而在子孙也。必举家咸务阴骘，而后可称积善之家。亦必此身先得本然之庆，而后子孙受其余庆。是故余庆易晓，而本然之庆难晓也。《书》曰："考终命。"又曰："祈天永命。"此可以言本庆乎，未尽也。当以二氏因果之说，参合《易传》之说。道家谓积功行者，天曹除其冥籍，升诸仙籍，以至于入无极大道。佛家谓修净业者，临终往生西方极乐世界，以至于成无上正觉。皆言此身之本庆也，其义隐然合于"余庆"二字中，而儒者未之察耳。

有宋巨儒，兴起斯文，以忠孝节义之纲维末造，真有罔极之功于万世，而于此不无遗照焉，乃廓然尽扫天堂、地狱，以及三世修因证果之说也。程朱盖曰："君子有所为而为善，则其为善也必不真，何事谈及因果？其勉君子至矣。"以吾观于君子、小人之心，无所为而为者至少也。

① 此文原附于卷首"题词并序"之后，今移于附录中。

君子之作善也多近名，苟不彻于十方三世之因，必不足以涤其名根。小人之作恶也多为利，苟不惕以罪福报应之果，必不足以夺其利根。程朱勉君子无所为而为善，独不虑小人无所忌而为恶耶？然后知孔子道及余庆、余殃之际，乃彻上彻下之言也。愚讲修身齐家之道，一一以孔子之庸德庸言为矩。而所以行庸德、谨庸言，亦必归重于程朱之绳墨。独于三世因果，及三祇修证之实际，则不得不破程朱之关。正欲断君子之名根，拔小人之利根，而使之同修阴骘也。

修阴骘亦岂易言？人能充无欲害人之心，充无穿窬之心，则阴骘可修矣。其大要不出老氏之三宝，曰慈、曰俭、曰不敢为天下先，而以忠信出之。报人之德，不报人之怨。分人之过，不分人之功。成人之美，不成人之恶。隐人之恶，不隐人之善。我不负人，而任人之负我。我不谤人，而任人之谤我。以深心提人于生死之海，而人以浅心钝置之，毋弃毋亟。以热心共人于风波之舟，而人以冷心遐遗之，毋忮毋求。销大衅于曲突徙薪，而勋名有所不必取。蒙极诬于明珠薏苡，而心迹有所不必明。为国家扶欲坠未坠之纪纲，则众嫌不必恤，而又不以气节自有也。为世教发难明当明之道术，则众咻不必虞，而又不以门户自标也。流俗之所争趋者吾避之，流俗之所共恶者吾察之。幽则必阐，而过则必原。其道必不诡于中庸，而其心则不求人知，而求天知。不患人之不己知，而求为可知。求可知之中，不求可为乡愿知，而求可为狂狷知。不求可为狂狷知，而求可为中行知。不求可为一乡一国之善士知，而求可为天下之善士知。不求可为天下之善士知，而求可为万世之善士知。亦不必求为万世之善士知，而求可为依中庸之君子遁世不见知而不悔者，默相知于天眼遥观、天耳遥闻之中。又不求生前之遐福，而求可质诸三界之鬼神。不求死后之荣名，而求可俟千百年之后圣。则阴骘之至也。阴骘之至，人不知而天知之。可以转凡身而为圣身，离人道而登天道。上帝命之治世，诸佛提之出世矣。此非从身所感本然之庆欤？一身不足以尽积善之庆，故其余又及于子孙，皆感应自然之理也。传家者审诸。

普劝发心印造经像文

弘一释演音示纲　弘实尤惜阴演绎

印造经像之功德

众生沉沦于苦海，必赖慈航救济，而后度脱有期。佛法化导于世间，全仗经像住持，而后灯传无尽。以是之故，凡能发心，对于佛经、佛像，或刻或写，或雕或塑，或装金，或绘画。如是种种印造等法，或竭尽己心，独力营办；或自力不足，广劝众人；或将他人之已印造者，为之流通，为之供养；或见他人之方印造者，为之赞助，为之欢喜。其人功德，皆至广至大，不可以寻常算数计。何以故？佛力无边，善拔诸苦。众生无量，闻法为难。今作此印造功德者，开通法桥，宏扬大化，遍施宝筏，普济有缘。其心量之广大，实不可思议。故其功德之广大，亦复不可思议也。敬本诸经所说，略举十大利益。谨用浅文，诠次如左：

一、从前所作种种罪过，轻者立即消灭，重者亦得转轻。

贪瞋痴，为造孽种子。身口意，为作恶机关。清夜自检，此生所犯者已多不可计。若合多生所犯者言之，所造罪业，多于寒地之冰山，能勿骇惧？虽然，罪性本空，苟一动赎罪心机，誓愿流通圣经，庄严佛像。罪恶冰山，一遇慧日，有不消灭于无形者乎！

二、常得吉神拥护，一切瘟疫、水火、寇盗、刀兵、牢狱之灾，悉皆不受。

人间种种恶报，无往而非多生恶业所感。一念之善，力可回天。修行善业，而从最方便易行之印造经像之殊胜功德上做去，其感动吉神而蒙护卫，此中实有相互获益之关系。盖神道、天道，自佛法言之，均为夙业所驱，未脱长劫轮转之苦因。所以如来说法，常有无数天神恭敬拥护。阿难集经，四大天王为之捧案。印造经像，为诸天龙神非常欢喜之事，以此功德而感吉神常为拥护，终此报身，离诸灾厄，宜也，非幸也。

三、夙生怨对，咸蒙法益而得解脱，永免寻仇报复之苦。

人间一切争持、嫉妒、诈欺、诬陷、掠夺、残杀等种种构怨行为，莫不起因于自私自利之一念。佛法以破除我执，为救苦雪难第一工程。印造经像，普益人间，为不可思议之法施功德，所及至广。法雨一滴，熄灭多生怨对之瞋火而有余。化仇而为恩，转祸而为福，其权何尝不操之自我也。

四、夜叉恶鬼，不能侵犯。毒蛇饿虎，不能为害。

悭贪丑行，为堕落鬼道之深因。瞋火无明，为降作毒虫之征兆。结怨多生，寻仇百劫。恶缘未熟，任尔逍遥。时会已来，凭谁解救？鬼魅相侵，虎蛇见逼，孽由自作，事非偶然。修士惕之，印造经像，预行忏罪。于是纵有恶缘，悉皆消释，倘临险地，胥化坦途矣。

五、心得安慰，日无险事，夜无恶梦。颜色光泽，气力充盛，所作吉利。

尘世多众，十之七八在惊忧、疑闷、懊怨、痛苦中。吾人一生，十之七八在惊忧、疑闷、懊怨、痛苦中。盖为我计者，我以外各各皆立于敌对之地位，孤与众抗，危孰甚焉。况乎欲心难餍，有如深谷。无事自扰，不风亦波。此所以形为罪薮，身为苦本也。佛法善灭诸苦本。彼印造经像者，或以亲沾法味而开明，或则暗受加被而通利。诸障雪消，心安神怡，润及色身，有断然者。

六、至心奉法，虽无希求，自然衣食丰足，家庭和睦，福寿绵长。

至人行事，所见独真。事机一至，急起直追做去，无顾虑，无希求，发心至真切，用力至肫挚，自然成就全超卓。印造经像之事，以如是肫切恳挚、至诚格天、至心奉法之人为之，虽不计功德，而所得功德实无限量。即仅就其人所得一部分之世间福言之，自然一一具足，而无少欠缺。苟或有人心存希望而始行善，发心不真切，结果即微薄，可决言焉。虽然，一念之善，一文之细，皆不虚弃，皆有无量胜果。譬之粒谷播于肥地，一传化百，五传而后得百万兆。作宏法功德者，乌可无此大计，无此决心哉！

七、所言所行，人天欢喜，任到何方，常为多众倾诚爱戴，恭敬礼拜。

夙生存嫉妒心，造诽谤语，扬人恶事，暴人短处，称快一时者，殁后沉沦百劫，惨苦万状，备受一切恶报。一旦出生人间，因缘恶劣。任至何地，动遭厌恶。任作何事，都无结果。而宏扬佛法之人，善因夙植，存报恩之心，充利群之念。或净三业，作写经画像功德。或舍多金，作印经造像功德。所得胜福，不可称量。现在一切受大众欢敬之人，原从夙生宏法功德中来。往后一切令大众欢敬之人，实从现今宏法功德中出。植荆得刺，栽莲得藕。一一后果，胥由自艺也。

八、愚者转智，病者转健，困者转亨。为妇女者，报谢之日，捷转男身。

夙生吝于教导，以及肆口谤法，肆意毁谤有德之人者，沉沦重罪毕受后，还得多生蠢愚无知报。夙生为贪口腹，恣杀牲禽，以及曾为渔夫、屠夫、猎户、庖丁，与曾操制造凶器、火器、毒药等权，助成他人凶杀之业者，沉沦重罪毕受后，还得多生恶疾残废报。夙生贪欲无厌，只知剥人以肥己，悭吝鄙啬，不肯周急而解囊者，沉沦重罪毕受后，还得多生贫穷困厄报。夙生知见狭劣，心存谄曲；巧言令色，掩饰行欺；逐境攀援，容量浅窄；因循怠惰，倚赖性成；烦恼垢重，怨愤易发；妒忌心深，情欲炽盛者，沉沦重罪毕受后，还得多生女身报。唯有佛法，善解诸缚。苦海无边，回头即岸。罪山万仞，息念便空。是以虔作流布佛经、庄严佛像之无上功德者，过去积罪，自然逐渐铲除，未来胜福，稳教圆满成就。

九、永离恶道，受生善道，相貌端正，天资超越，福禄殊胜。

一切含灵，舍身受身，往返六道，如车转轮，千生万劫，常在梦境。作善不已，罪毕斯升。骄纵忘本，种堕落因。作恶多端，福削寿倾，百千万倍，恶报堪惊。地狱、饿鬼，以及畜生，堕三恶道，万劫沉沦。难得易失，如此人身。作十善业，修五戒行，生人天道，夙福非轻。诸佛如来，悲悯同深，广为说法，首重摄心，正念无作，离垢超尘。是故印造经像，上契佛心。仅此微愿，已种福因。自是厥后，做再来人，诸福圆具，出类超群。

十、能为一切众生种植善根。以众生心，作大福田，获无量胜果。所生之处，常得见佛闻法，直至三慧宏开，六通亲证，速得成佛。

佛世有一城人众，难于摄化。佛言："此辈人众，与目连有缘。"因遣目连往。全城人众，果皆倾心向化。诸弟子问佛因缘。佛言：目连往劫曾为樵夫，一日入山伐木，惊起无数乱蜂，其势汹汹，欲来相犯。目连戒勿行凶，且慰之曰："汝等皆有佛性，他年我若成道，当来度汝等。"今此城人众，乃当日群蜂之后身也。因目连曾发一普度之念，故与有缘，种因于多劫之前，一旦机缘成熟，而收此不可思议之胜果。

由此观之，吾人生生所经过之时代，在在所接触之万类，一一皆与我有缘。一一众生至灵妙之心地，皆可作为自他兼利之无上福田。我既于一一众生心田中，散播福德种子。一一众生，皆与我有大缘。一一众生心田中，所结无量大数之福果。虽谓此无量大数生生不已之福果，即为播因者道果成熟时期之妙庄严品，亦无不可。且吾人能先行洁治自己之心田，接受十方三世诸佛如来之无上法宝，作为脱胎换骨、转凡成圣之种子。吾身即与十方三世诸佛如来，有大因缘。诸佛愿海胜功德，一一摄于我心中。我愿与佛无差别，诸佛慈愿互相摄。因该果海，果彻因源。无边胜福，即缔造于此日印造经像、宏法利生之一真心中矣。普愿现在未来一切有缘，善觅福田，善结胜缘。勿任妙用现前之大好光阴，如滔滔逝水之在眼前足底飞过也。

印造经像之机会

印造经像者之所得功德，已略如上述。但何时何处，足以适用此种植福之举，特为研究，以便力行。今谨约述如次：

一、祝寿

生本无生，无生而生。法身寿算，本来无有限量。其现在幻躯，乃从业报中来，报尽便休，无异昙花一现，何寿之足云？今为随顺俗情故，姑且开此祝寿方便门。

凡自己家中，或长者，或侪辈，或自身，举行祝典时，切勿杀生宴客，浪掷金钱，妄造怨业。亦勿贪恋无足重轻之虚誉，征文征诗，接收过情之称许。作此虚文，对众即为欺饰，问心适足惭汗。以故莫善于扫除一切俗尚，而从事于印造经像（有力则刻经造像，无力则写经画像），仰以报四重恩，俯以济三途苦，既能获无量福庆，又可留永久记念。此种胜举，尊者居士尤宜悉心提倡，留良榜样与多众看。若亲戚朋友家举行庆祝时，亦劝准此行之，为造胜福。双方所得功德，不可称量。

二、贺喜

一念妄动，而起欲爱，于本空中，幻出色身。终此天年，但见百苦交煎，诸怨环逼。闻法而觉醒者，方惭愧痛苦之不暇，又何喜之足云？夫妻父子，无非夙债牵缠。安富尊荣，尽是生埋境界。是以觉王眼底，在在可悲。今为多方汲引故，姑且开此贺喜方便门。

凡男娶女嫁时，生儿育女时，职位升迁时，新屋落成时，公司行号开张时，凡百营业获利时，以及其他一切世俗所认为欢喜之事。事而在己，应省下欢喜钱财，作此刻经造像之殊胜功德。其戚友之表情道贺者，宜预向声明所定意旨，俾知所遵循。群以宏法范围内事，为多众示范。由知识阶级，开此风气，转移俗尚，响应至捷而至宏远，可以断言。事在戚友，亦宜迎机利导，免作无谓之举。省下金钱，作此自他兼益之图。

三、免灾

天灾人祸，无代蔑有。灾分大小，胥由一切众生别业、同业，感召而至。“災”字从水从火，示其来势猛烈，有一发而不易收拾之概。灾殃之种别，若刀兵，若瘟疫，若饥馑，若牢狱；若洪水为患，田庐淹没；若大地震裂，城邑为陷。此外如毁灭一切所有之风灾、火灾，以及其他猝不及防之一切悲惨之结果，皆得以灾祸之名目括之。触目而惊心，思患而预防。讲求避免之方，不可一日缓。今为饶益一切有情故，特别开此免灾方便门。

无论山居、水居、平壤居，所有种种因境而生之特异灾厄，以及刀兵、寇盗、疫疠、火患、牢狱，与多生怨对寻仇报复之一切祸灾。或为父母师长，及诸眷属，与诸戚友，祈祷免祸；或为并世而生之一切众生，发大慈悲心，代为祈祷免祸；或为过现未来四生六道中一切众生，发大菩提心，代为祈祷免祸。其最实际最有效之胜举，当以流通佛经、庄严佛像，为第一美举。是何为者？以十方三世诸佛，悯念众生故；三界灾厄，唯佛威神力善能消除故；矢诚宏法之人，与诸佛慈悲救拔之深心宏愿，默相感通故。

四、祈求

动若不休，止水皆化波涛。静而不扰，波涛悉为止水。水相如此，心境亦然。不变随缘，真如当体成生灭。随缘不变，生灭当体即真如。一迷则梦想颠倒，触处障碍。一悟则究竟涅槃，当下清凉。不动道场中，本来一切具足，又何欠缺驰求之有？今为多众劝进故，特别开此祈求方便门。

凡为自己，及六亲眷属之忧年寿短促者求延寿，为子嗣艰难者求诞育，以迄疾病之求速愈，家宅之求平安，怨仇之求解释，营业之求顺遂，一切作为之求如意（但有伤道德之行为及职业，与佛道不相应故，均在屏除之例），求国内平和，求世界平和，求现在未来一切法界众生回心向善、离诸魔难。以至一切闻法之人，求增长智慧，求证念佛三昧，求临终时无诸苦厄，心不颠倒，往生极乐。皆宜作此写经印经造像画像功德。至诚祈祷，终能一一满其所愿。

五、忏悔

省庵法师《劝发菩提心文》有云："我释迦如来，最初发心，为我等故，行菩萨道，经无量劫，备受诸苦。我造业时，佛则哀怜，方便教化，而我愚痴，不知信受。我堕地狱，佛复悲痛，欲代我苦，而我业重，不能救拔。我生人道，佛以方便，令种善根。世世生生，随逐于我，心无暂舍。佛初出世，我尚沉沦。今得人身，佛已灭度。何罪而竟生末法？何障而不见金身？"抚躬自问，能不惶悚无地？今为消除罪障故，特别开此忏悔方便门。

修持戒行，为末世众生度脱生死苦海，最重要、最切用之一方法。欲修戒行，当向律藏诸法典参求。在家弟子，宜读《十善业道经》、《在家律要广集》、《优婆塞戒经》、《菩萨戒本经笺要》、《梵网经合注》。出家戒律不备录。夫然后了知一切过咎所在。对于自己前此曾作诸不善事，深自追悔，而欲以忏悔开灭罪之门、辟自新之路者，当以流通佛经，庄严佛像，为最有效。作此功德时，至诚忏悔，以赎前愆。前此所作诸不善业，可以立即消灭。若代为他人忏悔者，亦适用此方法。

六、荐拔

“树欲静而风不息，子能养而亲不在。”此普天下为子女者，对于父母养育之恩，酬报无从，而抱无限之悲痛者也。然而吾父吾母，躯体虽殁，尚有不与躯体俱殁者在。是何物？曰灵性是。此灵性者，舍身受身，被夙业所驱，重处偏堕，自难作主。循环往复，三途六趣，从劫至劫，了无出期。吁嗟乎！三界火宅，岂得留恋？善哉莲池大师有云：“亲得离尘垢，子道方成就。”是以善报亲恩者，当虔修出世法。使我今生之生身父母，仗我不可思议之愿力，脱离生死苦海，为第一要图。并使我百劫千生之生身父母，现尚滞留于六道中受苦无量者，咸得仗我不可思议之愿力，方便脱离生死苦海，为第一要图。以念多生父母深恩故，作彻底酬报想。以念多生父母沉沦六道故，视六道众生皆父母，作六道众生未度尽时，誓不成佛想。无论先觉后觉，人人皆有一亲恩未报之大事因缘在。今求浅近易行故，特别开此荐拔方便门。

凡值父母丧亡，或亡后七七记念，一周年记念，以至数周年、无数周年记念，或死期，或诞辰，或冥寿，作诸记念，皆宜举行印造经像之殊胜功德。其祖父母，及外祖父母，与其他一切平辈、幼辈，亦宜作此功德，以资冥福。若亲戚朋友丧亡之时，亦宜以此类宏法功德，代却一切无益之礼数。其所获功德，至无限量。

以上所述，不过仅就大概言之。此外植福机会，不胜枚举。欲悉其详，广诵一切经典自知。

印造经像之方法

一、写经

凡《大藏经》中诸经，及诸律论，以至古今来一切大德之著作，长篇短段，集联题颂，皆可恭敬书写。或与通达佛法之人商量，酌定一切，尤为妥善。若自己不能写者，可以托人为之。若自己能写，则以自写为是。书法虽不必如何精美，但须工整，不可苟且潦草。普陀山印光法师云：“写经，宜如进士写策，一笔不容苟简，其体必须依正式体。”又谓：“古人写一字，礼三拜，绕三匝，称十二声佛名。”慈训殷勤，感人至深。敬录之，为作写经功德者劝。

二、画像

凡佛菩萨像，皆可绘画，或大或小，或坐或立，或墨画，或着色，均好。长于作画，长于画人物，而又熟览内典者，尤易得法。如于画学毫无根柢，下笔之宜忌漫无把握者，勿轻易为此，致惹亵慢而招过咎。

三、刻经印经

或刻木版，或排印，或石印，均可酌量行之。或出资向流通处，指请现成经典，赠送有缘，以广流布，而宏劝化。或于他人劝募之时，出资赞助，作见闻随喜功德。悉可种植善根，获大利益。有光纸，落墨不可用，若贪贱用之，所得功德，较用本国纸，当减十倍，不可不知。

四、刻像印像

得名画家画就之佛菩萨像，求其流传久远，广行摄化者，莫善于制版刷印。或倩名手，镌刻坚质木板。或勒石，或制铜版、锌版，及玻璃版，均佳。

发愿文之程式

此种发愿文，应附书于经像之后。格式甚多，不胜具述，今略举六例如下：

一、写经

某年月日，弟子某，敬写某经若干部。以此功德，愿我震旦国中，以及世界各国，风调雨顺，物阜时雍，灾难消除，干戈永息，共沐佛化，同证菩提。（祝愿辞，尽可随意活变，此特备一格式而已。）

二、画像

某年月日，弟子某，敬舍微赀，请画师某，恭画某佛某菩萨像若干纸。愿我身体安康，资生具足，现世永离衰恼，临终往生西方。并愿以此功德，回向法界众生，同度迷津，齐成佛道。

三、刻经

某年月日，某居士（或其他相宜之名称）几旬生辰。弟子某某等，咸以戚好，窃援昔人写经祝寿之例，敬刻某经，并印送若干部，以广弘愿，亦祈难老。伏唯三宝证知。

四、印经

某年月日，第几男某诞生。弟子某敬施资印送某经若干部，以结法缘。并愿法界无子众生，皆得诞生福德智慧之男，绍隆家业，弘宣佛法，普利有情。绵衍相承，尽未来际。

五、刻像

某年月日，弟子某某等，舍资合刊某佛像，或某菩萨像，并印送若干纸。惟愿我等罪障消除，福慧增长，早证念佛三昧，共生极乐莲邦，普度众生，同圆种智。

六、印像

某年月日，弟子某，敬施资印送某佛像，或某菩萨像若干纸。伏愿仗此功德，为母某氏（若为他人者，可随改他名称），忏某罪某罪。诸如此罪，愿悉消除。或不可除，愿皆代受。令现前病苦，速得安痊。若大限难逃，竟登安养。仰乞三宝，证明摄受。

如欲广览愿文格式者，可请阅《灵峰宗论》。此书系扬州东乡砖桥法藏寺刻版，价两元。上海有正书局，及上海北泥城桥北京路佛经流通处，北京卧佛寺佛经流通处，以及他处著名之佛经流通处，皆有寄售，价约二元左右。此书首卷，全载愿文。如能熟读此愿文，不仅能通愿文之格式，并能贯通佛法之精义。奉劝有志之士，其毋忽焉。又发愿虽为自己之事，必须附以普及众生等语，如是则愿力普遍，功德更大矣。

写时、画时之注意

写经画像之时，宜断荤酒。沐浴，着净衣。拂拭几案，焚香礼佛，然后落笔。如是乃能获胜功德，得大利益。故印光法师云："欲得佛法实益，须向恭敬中求。有一分恭敬，则消一分罪业，增一分福慧。"又《印光法师文钞》中，有《竭诚方获实益论》，言此事最为详明，宜请阅之。《印光法师文钞》系上海中华书局排印增广本，各埠分局皆有，可就近请之。

结论

观以上所说写画刻印佛经佛像，有如是等胜妙作用，及如是等种种应用方法。以是，吾人应随时随力，依此方法，欢喜奉行。其家境富裕者，可以任刊刻经像等事。即资用不充者，亦可自己抄写映画，及量己力所及，请已经印就之经像等，转施他人，以结善缘而增福德。虽施经一部，施像一纸，倘出以至诚恳切之心，其功德亦无量也。

又无论男女老幼，得见此文，而能欢喜踊跃，出至诚心，广大心，随时随处，向人宣说流布佛经，庄严佛像，如上所述种种消灾救难、种福获益之事。开导大众，不厌不倦。虽遇无知谤阻，不较不馁。此一团宏扬大法之真诚，如纯粹之黄金然，愈经烈火锻炼，光彩愈焕发。精诚所至，天地鬼神，皆将感格。何况无知之人，天良同具，而终无感化之机乎？

又乐成人美，奖人为善之道，尽人可行。不论何时何处，随见随闻，有人偶尔发心作宏法功德，不问已作、现作、将作，一一出吾欢喜赞叹之语，以温慰之，策进之，使当人向善之心愈坚壮，余人慕善之心咸热烈。此不费分文之无上功德，尽人可为。此《普劝发心印造经像文》，传达之处，无论见者闻者，皆得方便为之。彼盛倡手无斧柯，为之奈何之说者，乃自暴自弃，自误误人之言也。如来舌相，薄净广长，能覆面轮。此稀有之福德舌相，实从万劫千生赞叹随喜之功德中来。至诚宏法之人，随时随处，迎机利导，方便善巧。勤作赞叹随喜功德之人，善于运用其广长舌相，谁谓不可以此胜妙功德，革除众生罪业之相，而获福无量哉！

阅览佛学经书翻动时减少罪过之注意

学人阅览寻常书本，每于翻动页角时，往往用指甲掠划，以致纸质伤损，指印纵横，殊失尊重保护之道。此种恶习，施之于寻常有益身心之书籍，已有罪过。何况佛学经书，为超出生死苦海之宝筏。天神地祇，咸皆恭敬拥护。而可任意亵慢，不加爱护哉？且末世众生，福量渐薄。享用各物，得之弥艰。物质日劣。近时所出之纸，亦远不如前。若常常划翻，纸易破裂。以此积习，施之佛学经籍，乃大不敬，急宜切戒。旁观者能善言劝导，使之悔改，功德甚大。

又有以指尖蘸口中津液，黏纸翻掀。虽纸质未必损伤，然墨色及纸角纯白之色，易致污染。又以污秽口液，抹于佛经之上，亵渎之罪，实无可逃。况乎有病之人，口津沾书，易使后来展诵之人，得传染之病。以己累人，尤为损德，所当切戒。窃谓佛书流通世间，为养人慧命、度人出苦之无上宝典，阅者宜加意保存爱惜，期其传之久远，救拔多众，普利有缘。各页翻动之时，当用指肚从旁轻轻掀起，不可卤莽，宜加慎重。其始虽觉未惯，久之自能得心应手也。

又临开卷时，案头尘垢，先须揩抹干净。经籍面页、底页外，能加外护，或纸或巾，均佳。

唐义净三藏法师西域取经诗

（附此以见闻法之幸）

晋宋齐梁唐代间，高僧求法离长安，
去人成百归无十，后者安知前者难。
远路碧天唯冷结，砂河遮日力疲殚，
后贤如未谙斯旨，往往将经容易看。

普为现在印送受持以及永远展转流布《增广文钞》者

回 向 颂

净土法门，是法界藏，机理双契，最为无上。
等觉大圣，逆恶小凡，律教禅密，普遍包涵。
十方诸佛，尽劫宣扬，妙义奇勋，尚难周详。
况我凡庸，偶有发挥，地尘海滴，微乎其微。
自谅陋劣，非佛莫度，亦有同志，唯此是务。

由是故有，种种芜语，聊摅愚诚，岂宏净土。
因诸居士，为利初机，数次刊布，冀有所依。
有叶德广，出资三千，拟作印费，期广流传。
八月长围，陕垣堪悲，围解求救，尽数济饥。
又有善士，随意捐助，三五千部，尚可凑数。
愿出资人，及读诵者，消除业障，增崇福祉。
家门清吉，身心安康，生入圣域，没往西方。
先亡祖妣，历劫怨亲，俱蒙佛慈，获本妙心。
兵戈永息，礼让兴行，人民安乐，天下太平。
四恩总报，三有齐资，法界众生，同证菩提。

民国十六年丁卯夏历二月十九日，古莘常惭愧僧释印光谨撰

传　记

中兴净宗印光大师行业记

真达、妙真、了然、德森等

师讳圣量，字印光，别号常惭愧僧。陕西郃阳赵氏子。幼随兄读儒书，颇以圣学自任，和韩、欧辟佛之 议。后病困数载，始悟前非，顿革先心。出世缘熟，年二十一，即投终南山南五台莲华洞寺出家，礼道纯和尚薙染，时清光绪七年辛巳岁也。明年，于陕西兴安县双溪寺，印海定律师座下受具。师生六月即病目，几丧明。后虽愈，而目力已损，稍发红，即不能视物。受具时，以师善书，凡戒期中所有写法事宜，悉令代作，写字过多，目发红如血灌。幸师先于湖北莲华寺充照客时，于晒经次，得读残本《龙舒净土文》，而知念佛往生净土法门，乃即生了脱生死之要道。因此目病，乃悟身为苦本，即于闲时专念佛号。夜众睡后，复起坐念佛。即写字时，亦心不离佛。故虽力疾书写，仍能勉强支持，及写字竟，而目亦痊愈。由是深解念佛功德不可思议，而自行化他，一以净土为归，即造端于斯也。

师修净土，久而弥笃。闻红螺山资福寺，为专修净土道场，遂于二十六岁（光绪十二年丙戌），辞师前往。是年十月入堂念佛，沐彻祖之遗泽，而净业大进。翌年正月，告暂假朝五台，毕，仍回资福，历任上客堂香灯、寮元等职。三载之中，念佛正行而外，研读大乘经典，由是深入经藏，妙契佛心，径路修行，理事无碍矣。年三十（十六年庚寅）至北京龙泉寺为行堂。三十一（十七年辛卯）住圆广寺。越二年（十九年癸巳），普陀山法雨寺化闻和尚，入都请藏，检阅料理，相助乏人。众以师作事精慎，进之。化老见师道行超卓，及南归，即请伴行，安单寺之藏经楼。寺众见师励志精修，咸深钦佩，而师欿然不自足也。二十三年丁酉夏，寺众一再坚请讲经，辞不获已，乃为讲《弥陀便蒙钞》一座。毕，即于珠宝殿侧闭关，两期六载，而学行倍进。出关后，由了余和尚与真达等，特创慧莲篷供养，与谛闲法师，先后居之。未几，仍迎归法雨。年四十四（三十年甲辰），因谛老为温州头陀寺请藏，又请入都，助理一切。事毕南旋，仍住法雨经楼。师出家三十余年，终清之世，始终韬晦，不喜与人往来，亦不愿人知其名字，以期昼夜弥陀，早证念佛三昧。

然鼓钟于宫，声闻于外。德厚流光，终不可掩。民国纪元，师年五十有二，高鹤年居士取师文数篇，刊入上海《佛学丛报》，署名“常惭”[①]。人虽不知为谁，而文字般若，已足引发读者善根。逮民六年（五十七岁），徐蔚如居士得师与其友三书，印行，题曰《印光法师信稿》。七年（五十八岁），搜得师文二十余篇，印于北京，题曰《印光法师文钞》。八年（五十九岁），复搜得师文，再印《续编》，继合初、续为一。九、十两年，复有增益，乃先后铅铸于商务印书馆，木刻于扬州藏经院。十一至十五年间，迭次增广，复于中华书局印行，题曰《增广印光法师文钞》。夫文以载道，师之《文钞》流通，而师之道化，遂滂浃于海内。如《净土决疑论》、《宗教不宜混滥论》，及《与大兴善寺体安和尚书》

① 考《佛学丛报》原刊，《净土法门普被三根论》发表于该刊第九期（1914年2月15日出版）。《宗教不宜混滥论》、《佛教以孝为本论》、《如来随机利生浅近论》发表于该刊第十期（同年3月15日出版）。《释迦舍利来仪记》、《释迦玉像来仪记》、《印施极乐图序》、《重刻阿弥陀经序》、《与大兴善寺体安和尚书》发表于第十二期（同年6月15日出版）。

等，皆言言见谛，字字归宗，上符佛旨，下契生心。发挥禅、净奥妙，抉择其间难易，实有发前人未发处。徐氏跋云："大法陵夷，于今为极。不图当世，尚有具正知正见如师者。续佛慧命，于是乎在！"又云："师之文，盖无一语无来历，深入显出，妙契时机，诚末法中应病良药。"可谓善识法要，竭忱倾仰者矣。当初徐居士持书奉母，躬诣普陀，竭诚礼觐，恳求摄受，皈依座下。师犹坚持不许，指徐母子往宁波观宗寺皈依谛公。民八年，周孟由兄弟奉庶祖母登山，再四恳求，必请收为弟子。师观察时机，理难再却，遂为各赐法名。此为师许人皈依之始，而《文钞》亦实为之缘起也。师之为文，不独佛理精邃，即格致诚正、修齐治平、五伦八德等儒门经世之道，不背于净业三福者，亦必发挥尽致，文义典雅，所以纸贵洛阳，人争请读。由是而慕师道德，渴望列于门墙之善男信女，日益众多。或航海梯山，而请求摄受。或鸿来雁往，而乞赐法名。此二十余年来，皈依师座之人，实不可以数计。即依教奉行，吃素念佛，精修净业，得遂生西之士女，亦难枚举。然则师之以文字摄化众生，利益世间，有不可思议者矣！

师之耳提面命，开导学人，本诸经论，流自肺腑，不离因果，不涉虚文。应折伏者，禅宿儒魁，或遭呵斥，即达官显宦，绝无假借。应摄受者，后生末学，未尝拒却，纵农夫仆妇，亦与优容。一种平怀，三根普利，情无适莫，唯理是依。但念时当叔季，世风日下，非提倡因果报应，不足以挽颓风而正人心。人根陋劣，非实行信愿念佛，决不能了生死而出轮回。故不拘贵贱贤愚、男女老幼，凡有请益，必以诸恶莫作、众善奉行、因果报应、生死轮回之实事实理，谆谆启迪，令人深生憬悟，以立为人处世之根基。进以真为生死，发菩提心，信愿念佛，求生西方之坦途要道，教人切实奉行，以作超凡入圣之捷径。虽深通宗、教，从不谈玄说妙，必使人人皆知而能行，闻者悉皆当下受益。此即莲池大师论辩融老人之言曰："此老可敬处，正在此耳。"因师平实无奇，言行合一，所以真修实践之士咸乐亲近，致使叩关问道者，亦多难胜数。且师以法为重，以道为尊，名闻利养，不介于怀。民十一年（六十二岁），定海县知事陶在东、会稽道道尹黄涵之，汇师道行，呈请大总统徐，题赐“悟彻圆明”匾额一方，赍送普陀，香花供养，极盛一时，缁素欣羡。师则若罔闻知，有叩之者，答以“虚空楼阁，自无实德，惭愧不已，荣从何来”等语。当今竞尚浮夸之秋，而澹泊如师，实足挽既倒之狂澜，作中流之砥柱。若道若俗，获益良多。

师俭以自奉，厚以待人。凡善信男女供养香敬，悉皆代人广种福田，用于流通经籍与救济饥贫，但权衡轻重，先其所急而为措施。如民十五年（六十六岁），长安被困，解围后，即以印《文钞》之款，急拨三千圆，托人速汇赈济。凡闻何方被灾告急，必尽力提倡捐助，以期救援。二十四年（七十五岁），陕省大旱，得王幼农居士函告，即取存折，令人速汇一千圆助急赈。汇后，令德森查账，折中所存仅百余圆，而报国寺一切需用，全赖维持，亦不介意。二十五年（七十六岁），应上海护国息灾法会说法时，闻绥远灾情严重，即对众发表，以当时一千余人皈依求戒等香敬，计洋二千九百余圆，尽数捐去，再自拨原存印书之款一千圆为倡。及回苏，众在车站迎接，请师上灵岩一观近年景象。犹急往报国，取折饬汇讫，而后伴众登山。师之导众救灾，己饥己溺之深心，类皆如是。魏梅荪、王幼农等居士，在南京三汊河，发起创办法云寺放生念佛道场，请师参加，并订定寺规。继由任心白居士，商请上海冯梦华、王一亭、姚文敷、关䌹之、黄涵之等诸居士，开办佛教慈幼院于其间。一一皆仗师之德望，启人信仰，而得成就。且对慈幼院之教养赤贫子弟，师益极力助成，其中经费，由师劝募，及自捐者，为数颇巨。即上海市佛教会所办慈幼院，师亦力为赞襄。至其法施，则自印送《安士全书》以来，及创办弘化社，二十余年，所印各书，不下四、五百万部，佛像亦在百万余帧，法化之弘，亦复滂溥中外。综观师之一言一行，无非代佛宣化，以期挽救世道人心，俾贤才辈出，福国利民。而其自奉，食唯充饥，不求适口，衣取御寒，厌弃美丽。有供养珍美衣食，非却而不受，即转赐他人。若普通物品，辄令持交库房，俾大众共享，决不自用。此虽细行，亦足为末世佛子矜式者也。

师之维护法门，功难思议。其最重要者，若前次欧战时，政府有移德侨驻普陀之议。师恐有碍大众清修，特函嘱陈锡周居士，转托要人疏通，其事遂寝。民十一年（六十二岁），江苏义务教育期成会会长等，呈准省府借寺庙作校舍。定海知事陶在东，函师挽救。师即函请王幼农、魏梅荪二居士设法，并令妙莲和尚奔走，遂蒙当局明令保护。十六年（六十七岁），政局初更，寺产毫无保障，几伏灭教之祸，而普陀首当其冲，由师舍命力争，始得苟延残喘。及某君长内政，数提庙产兴学之议，竟致举国缁素，惊惶无措。幸师与谛老在申，得集热心护法诸居士计议，先疏通某君，次派代表请愿，而议未实行。逮某君将退，又颁驱僧夺产《条例》，期次第剥夺，以达灭教目的。幸《条例》公布，某即交卸，得赵次陇部长接篆。师特函呈设法，遂无形取消。继嘱焦易堂居士等斡旋，始将《条例》修正，僧侣得以苟安。二十二、三年（七十三、四岁），安徽阜阳古刹资福寺，唐尉迟敬德造供三佛存焉，全寺为学校占据；山西五台碧山寺广济茅篷，横遭厄运。两皆涉讼官厅，当道偏听一面之辞，二寺几将废灭。各得师一函，忽转视听。广济因此立定真正十方永远安心办道之基础。资福亦从兹保全，渐次中兴。二十四年（七十五岁），全国教育会议，某教厅长提议全国寺产作教育基金，全国寺庙改为学校。议决，呈请内政部大学院备案。报端揭载，群为震惊。时由佛教会理事长圆瑛法师，及常务理事大悲、明道诸师，关、黄、屈等诸居士，同至报国，叩关请示。师以卫教相勉，及示办法。返沪开会，公举代表，入都请愿。仗师光照，教难解除。江西庙产，自二十二，至二十五（七十六岁），四年之内，发生三次大风波，几有灭尽无遗之势。虽由德森历年呼吁，力竭声嘶。中国佛教会，亦多次设法。终得师之慈光加被，感动诸大护法，群起营救，一一达到美满结果，仍保安全。此其荦荦大者。其他小节，于一函或数言之下，消除劫难，解释祸胎，则随时随处，所在有之，不胜枚举。非师之道德，足以上感龙天，下孚群情，乌能至此！

师之无缘慈悲，化及囹圄，及与异类。民十一、二年，应定海县陶知事请，物色讲师至监狱宣讲，乃推智德法师应聘。师令宣讲《安士全书》等，关于因果报应、净土法门各要旨，狱囚多受感化。及沪上王一亭、沈惺叔等居士，发起江苏监狱感化会，聘师为名誉会长。讲师邓朴君、戚则周（即明道师在俗姓名）、乔恂如等居士，皆师之皈依弟子。由师示以心、佛、众生三无差别，及注重因果、提倡净土，为讲演之要目。而狱官、监犯，因之改过迁善，归心大法，吃素念佛者，亦大有其人。其于异类也，十九年（七十岁）二月，师由申太平，赴苏报国。铺盖、衣箱，附来臭虱极多。孳生之蕃，致关房会客窗口与窗外之几上，夏秋间，均常见臭虱往来。有弟子念师年老，不堪其扰，屡请入内代为收拾。师皆峻拒不许，且云："此只怪自己无道德。古高僧，不耐臭虱之扰，乃告之曰：'畜生，你来打差，当迁你单！'虱即相率而去。吾今修持不力，无此感应，夫复何言？"泰然处之，终不介意。至二十二年（七十三岁），臭虱忽然绝迹，师亦不对人言。时近端午，德森念及问师，答曰："没有了。"森以为师年老眼花，一再坚请入内检查，确已净尽，了无踪迹，殆亦为师迁单去矣。师在关，净课外，常持《大悲咒》，加持水、米，以赐诸医束手之危病者，辄见奇效。一日，报国藏经楼发现无数白蚁，师在山闻之，赐大悲水令洒之，白蚁从此绝迹，此为二十七年夏事也。师之法力神应，类多如此。

师固不喜眷属，故无出家剃徒。然渴仰亲近，迭承训诲，深沾法益，在家二众，不可胜数。其出家缁侣，除与谛老法师为最相契之莲友外，而久承摄受，饱餐法乳，仍承以莲友相待者，过去则有了余和尚，现在尚有了清和尚及真达二人。确居学人之列者，已故则有圆光、康泽、慧近、明道诸师，现在尚有妙莲、心净二和尚，及莲因、明西二师，与妙真、了然、德森等，暨现在灵岩、报国二寺诸师。此乃指常久亲近，屡蒙教导提携，沐恩戴德，有逾剃度师者。若随缘请益，通函问道，及读师之《文钞》、流通各书，而沐法泽者，盖亦不可胜举。然则师虽不收徒弟，而中外真正佛子，实多数赖以为师。师又宿誓不作寺庙主，自客居法雨，二十余年，晦迹精修，绝少他往。自民国七年，印《安士全书》以来，迭因事至沪，苦乏安居之所。真达于民十一年，翻造太平寺时，为师特辟净室一间。从此来沪，卓锡太平。而力护法门诸君子，如南京魏梅荪、西安王幼农、维扬王慧常、江西许止净、嘉兴范古农、沪上冯梦华、施省之、王一亭、闻兰亭、朱子桥、屈文六、黄涵之、关䌹之等诸居士，或因私人问道，或因社会慈善，有所咨询，亦时莅太平，向师请益。至各方投函者，更仆难数。则太平兰若，名传遐迩，亦自师显。至民十七年（六十八岁），师因厌交通太便，信札太多，人事太繁，急欲觅地归隐。真达乃与关䌹之、沈惺叔、赵云韶诸居士商，三居士遂将苏州报国寺，举以供养。即由弘伞、明道二人，前往接管，真达以数千圆修葺。故十八年，师离山在沪，校印各书，急欲结束归隐时，有广东弟子黄筱伟居士等数人，建筑精舍，决欲迎师赴香港，师已允往。真达乃以江浙佛地，信众尤多，一再坚留。终以法缘所在，遂于十九年（七十岁）二月往苏，即就报国掩关。先是木渎灵岩，真达请于师，立为十方专修净业道场，一切规约章程，悉秉师志而定。三、四年来，以旧堂狭隘，不能容众，正在设法改建堂寮，从事刷新。适师至苏，与灵岩咫尺，内外施设，请益多缘，而仰承指导，日就振兴。灵岩迄今推为我国净土宗第二道场者，岂偶然哉？师在关中，佛课余暇，圆成《普陀》、《清凉》、《峨眉》、《九华》各志之修辑，及函复弟子学人问法。今四山志已早出版流通，函答诸文亦已有《文钞续编》印行，为师至苏以后之所赐者，可谓恒顺众生，无有疲厌者矣。逮二十六年（七十七岁）冬，为时局所迫，苏垣势不可住，不得已，顺妙真等请，移锡灵岩。安居才满三载，孰料智积菩萨显圣之刹，竟为我师示寂归真之地耶！

师之示寂也，预知时至。二十九年春，复章缘净居士书，有云："今已八十，朝不保夕。"又云："光将死之人，岂可留此规矩。"逮冬十月二十七日，略示微疾。至二十八日午后一时，即命召集在山全体职事及居士等，至关房会谈，告众曰："灵岩住持，未可久悬。"即命妙真任之。众表赞同，乃詹十一月初九日，为升座之期。师云："太迟。"改选初四，亦云："迟了。"后择初一，即点首曰："可矣。"旋对众开示本寺沿革，达两小时余。后虽精神渐弱，仍与真达等，时商各事，恬适如常，无诸病态。初三晚，仍进稀粥碗许，食毕，语真达等云：“净土法门，别无奇特，但要恳切至诚，无不蒙佛接引，带业往生。”此后精神逐渐疲惫，体温降低。初四早一时半，由床起坐云：“念佛见佛，决定生西！”言讫，即大声念佛。二时十五分，索水洗手毕，起立云：“蒙阿弥陀佛接引，我要去了！大家要念佛，要发愿，要生西方。”说竟，即移坐椅上，面西端身正坐。三时许，妙真至，承嘱咐云：“汝要维持道场，弘扬　净土，不要学大派头。”后不复语，只唇动念佛。延近五时，在大众念佛声中，安详西逝。按数日之间，一切安排，如急促妙真实任住持等，虽不明言所以，确是预知时至之作略。身无一切病苦厄难，心无一切贪恋迷惑，诸根悦豫，正念分明，舍报安详，如入禅定。观师之一生自行化他，及临终瑞相，往生莲品当然不在中下。师生于清咸丰十一年辛酉十二月十二日辰时，寂于民国二十九年庚辰十一月初四日卯时，世寿八十，僧腊六十。灵岩赖师以中兴，而得师示现生西模范，时节因缘，有不可得而思议者矣。兹谨卜明年辛巳二月十五，佛涅槃日，适师西逝百日之期，举火荼毗，奉灵骨塔于本山。

师之落叶归根，悟证如何，吾人博地凡夫，皆无他心道眼，不敢妄评。唯读师迭次出版之《文钞》，与本年新印之《续编》，及凡经手流通各书，其提倡念佛，发挥道妙，自行化他，笃实修持之实行，有功净土，足征为乘愿再来之人无疑也。凡信愿念佛、洞明净宗确旨之士，当首肯斯言。真达等随侍最久，知之颇详，爰将师之一生行业，略述梗概，而为之记。

中华民国二十九年岁次庚辰腊月初八日，真达、妙真、了然、德森等顶礼敬述。

印光大师示寂记

灵岩山寺护关侍者

印光大师，今年八十，法体素健。夏历十月廿七日，为寺中沐浴之期，是日清晨七时许，大师自关房策杖赴浴室，步履稍急，足忽蹶。由随侍人扶回关房，即延吴无生居士诊视，毫无损伤。

二十八日早起，精神如常，午间亦进饮食。下午一时，大师召集在山全体执事及居士等三十余人，告众曰："灵岩住持，未可久悬。"即以妙真师任之。于是詹十一月初九日为妙真师升座之期。大师曰："太迟了。"次改选初四日。大师曰："亦迟了。"乃复择初一日。大师曰："斯可矣。"议定后，进晚餐，即休息。至后夜分，抽解六次皆溏泻。

二十九日晨，精神少现疲乏，过午即恢复，行动如常。晚食稀粥一碗，且准备翌日亲为妙真师送座，入夜安寝。

十一月初一日，早起精神甚佳，并讨论接座仪式颇详。因真达老和尚由沪赶至，故送座之事，乃由真老行之。来宾有叩关问疾者，一一与之周旋。是日略进饮食，入晚就寝。

初二日早起，精神体力稍有不适。延王育阳、李卓颖两居士，及本寺昌明师，合拟一方。服药后，眠息二、三小时。晚来众为助念，安卧入睡。

初三日，早、午均见良好，尚能自己行动，至解房大小净，便后洗手，佛前礼佛，及在室外向日二次，食粥一碗。入晚又进粥碗许。食毕对真达老和尚云："净土法门，别无奇特，但要恳切至诚，无不蒙佛接引，带业往生。"说毕，少须，大便一次，尚不须人扶侍。嗣后精神逐渐疲惫，十时后，脉搏微弱，体温低降。

初四日上午一时三十分，大师由床上起坐云："念佛见佛，决定生西。"言讫，即大声念佛。二时十五分，大师坐床边呼水洗手毕，起立云："蒙阿弥陀佛接引，我要去了！大家要念佛，要发愿，要生西方。"说竟即坐椅上。侍者云："未坐端正。"大师复自行立起，端身正坐，口唇微动念佛。三时许，妙真和尚至。大师吩咐云："你要维持道场，你要弘扬净土，不要学大派头。"自后即不复语，只唇动念佛而已。延至五时，如入禅定，笑容宛然，在大众念佛声中，安详生西矣。直到现在，矗坐如故，面貌如生。

护关侍者谨白，民国二十九年夏历十一月初四日下午八时记。

印光大师舍利记

范古农

“舍利”梵语，正云“设利罗”，华言“灵骨”，乃戒定慧忍行功德之所熏成者。昔释迦世尊之涅槃也，自火荼毗，碎身为五色舍利，光莹不坏，且现神变，此为佛舍利。嗣后凡有德高僧，荼毗皆有舍利，但光泽、坚固等逊于佛。今灵岩山印光大师舍利可得而记焉。

大师生西百日而荼毗，适逢世尊涅槃圣节。是日天气忽尔晴朗，缁素送者二千余众。真达老和尚举火。入晚，烟白如雪，现五色光。翌日晚，灵岩住持妙真和尚，偕众赴荼毗所检骨，色白质坚，重如矿，触之，作金声。顶骨裂五瓣，如莲花。齿全不坏，三十二颗。发现舍利无数，其形有珠粒者，有花瓣者，有块式者。其色有红者，有白者，有碧者，有五彩者。形色殊异，数以百计。

检毕，别为六聚，各盛以盘，识之曰：“五色舍利珠”，珠者粒圆而散者也；曰“五色小舍利花”，花者珠粒相黏成花状也；曰“五色大舍利花”，大花者薄片如花朵者也；曰“五色血舍利”，血者肉所化也；曰“五色舍利块”，杂形如块者也；曰“牙齿三十二粒”，所谓牙齿舍利也。此六聚者，将珍藏于山，以资纪念而垂瞻仰。检余灰烬，辄有信士，礼拜祷求，必有获者，菲律宾吴国英居士其一也。他若新加坡广洽法师，先得五彩舍利；五台山法度上人得翠色舍利；上海乐慧斌居士得巨块血舍利，皆因缘之特殊者欤。妙真上人以六聚舍利，摄影分赠知识，远近见者，莫不叹为稀有，至有发心迎请供养，永作纪念者。

记者曰：大师一生，严净毗尼，专志净土。最后一着，既现生西瑞相以垂范，复留舍利以彰法身不坏之相，令有缘者，瞻礼供养，咸获功德。大师悲度众生，弘愿无尽，有足征者，岂仅净德庄严而已哉！时维中华民国三十年辛巳仲春，净业学人古农范寄东和南谨述。

印光大师舍利灵变记

袁德常

印光大师于去年庚辰十一月初四日，预知时至，身无病苦，面西端坐，念佛而逝。时予亦若有所感召，适于是冬十一月初二日，领同最后一般弟子，朝山皈依。灵岩僧众，且惊为侍疾而来，何以预悉？其实恋恋师门，已近十载，恩同父母，年必三、五至，至必一、二宿，多所摄受，深沾法益。此行遂得亲侍左右，执手晨夕，训迪殷殷，遗音在耳。不意圣凡顿别，再觐无由，最后一面，言之痛心！

今年二月十五日，师尊百日纪念，举行荼毗。予以无锡净业社代表，参加典礼，先二日到山，灵前助念。十四日风雪交加，十五日风和日暖。十六日又骤变阴雨，一若人天同此悲感，众生福薄，此后谁来度生者。荼毗时，但见白烟西去，不绝如缕。遍山善信，一路跪拜，悲壮念佛，声震若雷。此情此景，岂非师尊道德所感！

予既参加荼毗典礼，尚欲亲睹舍利，又以十九日，观音圣诞，社中祝圣，不能不返。十七日早餐后，向方丈和尚告假起行。忽闻人云："灵骨已出，舍利无数。"遂往化身窑探视，则见尚有少数余灰。二、三僧人，伏地检寻。问之，果然，随即礼拜，跪请舍利。相继而来者，又有十余人，莫不获得舍利，满愿而去。予独一无所得。同人有以圆正不具之舍利见赐者，感激非常，承以掌心，虔诚念佛，继续检寻。后见一小舍利，光明触目，亟欲取出，几乎得而复失，幸有同人代为检得。再放掌中，则见掌中已变有两粒。其他一粒，不知从何而来，并此则已得其三矣。此岂非师尊慈悲，愍我愚忱，灵感所赐欤？

舍利既得，于愿已足。但见灰中尚遗极小骨屑。窃思此皆师尊精血所成，小大何别，尤当珍重。发愿专检灵骨，当与舍利一并供养社中，永久纪念。午餐后，乘车返锡，抵家时已七时许矣。晚餐后，唤集家人，焚香顶礼，迎请舍利，暨师尊灵骨。启而瞻视，忽见骨中尚有无数舍利，光耀夺目，亦不知从何而来！此又是师尊怜愍吾锡一般苦恼众生，特垂灵异，照开昏蒙，令启正信。此之利益，叹莫能穷矣。

翌日，供奉社中，大众礼拜参观，则见五色舍利，小大不等，光明灿烂，有如明珠。莫不悲喜交集，惊为稀有之圣瑞。从此吾邑善信，皆可礼拜获福，增长善根。佛恩师恩，可谓重矣！

民国三十年二月，无锡袁德常谨记。

复王心湛居士书

（民国十三年）

弘一法师

损书承悉一一。小印仓卒镌就，附邮奉慧览。刻具久已抛弃，假铁锥为之。石质柔脆，若佩带者，宜以棉围衬，否则印文不久将磨灭矣。

朽人于当代善知识中，最服膺者，唯光法师。前年尝致书陈情，愿厕弟子之列，法师未许。去岁阿弥陀佛诞，于佛前燃臂香，乞三宝慈力加被，复上书陈请，师又逊谢。逮及岁晚，乃再竭诚哀恳，方承慈悲摄受。欢喜庆幸，得未曾有矣！法师之本，吾人宁可测度？且约迹论，永嘉周孟由尝云：“法雨老人禀善导专修之旨，阐永明《料简》之微。中正似莲池，善巧如云谷。宪章灵峰（明蕅益大师），步武资福（清彻悟禅师）。弘扬净土，密护诸宗。明昌佛法，潜挽世风。折摄皆具慈悲，语默无非教化。二百年来，一人而已。”诚不刊之定论也。孟由又属朽人当来探询法师生平事迹，撰述传文，以示后世，亦已承诺。他年参礼普陀时，必期成就此愿也。

率以裁复，未能悉宣。二月四日昙昉疏答

阅《净土十要》，宜先阅《念佛直指》、《净土法语》、《净土或问》、《净土十疑论》；复阅《西方合论》；又阅《生无生论》，宜参观《亲闻记》；最后阅《弥陀要解》，参观《便蒙钞》。